货殖探索系列

中国典当史资料集

（前475—1911）

刘秋根 编

河北大学出版社

图书在版编目（CIP）数据

中国典当史资料集：前475-1911 / 刘秋根编. --
保定：河北大学出版社，2016.12
ISBN 978-7-5666-1072-0

Ⅰ.①中… Ⅱ.①刘… Ⅲ.①典当业－经济史－中国
－前475-1911 Ⅳ.①F832.38

中国版本图书馆CIP数据核字(2016)第248498号

责任编辑：王红梅
　　　　　李　达
封面设计：张彦琪
责任印制：靳云飞

出版：河北大学出版社（保定市五四东路180号）
经销：全国新华书店
印制：保定市正大印刷有限公司
开本：185mm×260mm　1/16
字数：560千字
印张：26.25
版次：2016年12月第1版
印次：2016年12月第1次印刷
书号：ISBN 978-7-5666-1072-0
定价：56.00元

⊙ 国家社会科学基金重大招标课题《山西契约文书的搜集整理与研究》（课题批准号：14ZDB036）资助出版

⊙ 教育部省属高校人文社科重点研究基地河北大学宋史研究中心基地建设经费资助出版

⊙ 河北省人文社科重点研究基地建设经费资助出版

⊙ 河北大学历史学强势特色学科建设经费资助出版

⊙ 河北大学中国史学科“双一流”建设经费资助出版

《货殖探索系列》总序

目前社会经济史研究丛书之类，多名之曰“中国社会经济史丛刊”“社会经济史丛书”“社会经济史系列”，或在其前冠之以某某大学、研究中心等，而河北大学中国社会经济史学科之论著却欲以《货殖探索系列》名之，其义何在呢？“货殖”一词，其渊源自不须多言，然其含义却稍有辨析之必要。就“货殖”古义言之，有“食货”“货殖”“平准”等。“食货”之含义较广，举凡国计民生、日用家常均属之；“货殖”则侧重于农工商业及私人家庭经营致富；“平准”则多与“均输”连用，指国家干预经济，增加财政收入，或国家举办商业、手工业，等等。当然，司马迁撰写《货殖列传》时还表现出了强烈的“通古今之变”的思想，应也属于“货殖”的应有之意。

本系列以“货殖”为名，就是从这一含义出发的。这或与河北大学中国社会经济史学科初创时之学术旨趣有关系。记得20世纪80年代初入河北大学宋史研究室（今宋史研究中心前身），其时，漆侠师正撰述《宋代经济史》，谈起选题问题，记得先生之意大概有两层：一是此前学术界对赋役制度，租佃制度，土地制度，地主、农民经济研究较多，而对于手工业、矿业、商业、货币金融、禁榷制度研究还比较薄弱，故应从后者入手；二是中国社会经济史既要以断代为基础，但又不应局限于此，而应前后贯通。此一说奠定了河北大学中国社会经济史学科的学术理念和方法论基础。我个人的研究乃至整个河北大学中国社会经济史都是遵循这一理念前行的。而这一旨趣又是与三十多年来中国社会经济史界对市场经济、工商业、商人研究格外重视的新学术潮流暗相契合的，故敢以此名丛书焉。

本系列从研究对象上说重视农工商业、货币金融等部门经济、私人经济、商人高利贷者，但经济制度、国家财政、地主农民经济亦不轻视；从方法论上说，重视运用民间契约文书、碑刻、档案等新材料，重视贯通性的专题研究，重视区域社会经济史研究，重视历史学的考订方法，但正史、文集、方志、笔记小说等传世文献材料，断代的研究方法，经济学、社会学、金融学、会计学等分析方法，乃至计量研究方法亦不偏废；从体裁上说，当然重视学术专著，但资料集、高水平的中国社会经济史教材亦属之。

河北大学宋史研究中心、历史学院重视中国社会经济史学科，河北大学各级领导支持中国社会经济史学科，河北大学出版社对这一学科成果的出版也是给予了真心的配合。有鉴于此，河北大学中国社会经济史学科团队的诸位贤俊将竭尽心智，做好这一系列。

是为序 。

刘秋根

2016 年 10 月 21 日于保定市七一路迎宾小区自宅

凡　　例

一、本书所收资料上起秦汉时期，下至清末，民国初年稍微选编了一点。

二、本书篇章结构以笔者的《中国典当制度史》[①] 为原型，有所合并。

三、本书资料来源有史籍、方志、文集、笔记小说、白话小说、戏曲、档案、民间契约、账册、书信等，大体上是每节按年代先后排列。白话小说、戏曲、诗歌等文学作品中的材料，虽细节、时间等是真实的，但毕竟有虚构成分，所以列于各专题最后，以示区别。

四、凡原资料涉及几个章节的，皆不加割裂，以保持其完整。此类资料，按其主要内容编入某一章节，他处不再重复。但有的资料由于篇幅太大，中间相隔太多，所以分段录入，虽来源一致但并不重复。

五、书中资料的说明部分置于括号内，括号外为正文。还有标有引号的，引号内为原文中的对话部分。

六、有的档案资料、法律文献资料篇幅太大，所以有删节，删去部分以“……”标明。文字残缺不清晰者，以“□”标明。

七、资料来源直接注于引文下面，标明文献时代、作者、书名、卷（章）数、子目、版本，书后不再列参考文献。

八、每条资料中数字的大小写以尊重原文献为主。

九、原文中的古体字、通假字等保留不变，以最大程度地保留古籍原貌。

---

① 上海古籍出版社 1995 年版。.

目　　录

第一章　中国典当业的起源、名称变化

第一节　中国动产抵押借贷的盛行与典当业的起源及早期发展

1.（战国）淳于髡者，齐之赘婿也，长不满七尺。《索引》称：赘婿，女之夫也，比于子，如人之疣赘，是余剩之物也。

——（汉）司马迁《史记》第一二六卷《滑稽列传》，中华书局 1959 年版。

2.（战国）商君遗礼义，弃仁恩，并心于进取，行之二岁，秦俗日败。故秦人家富子壮则出分，家贫子壮则出赘。应劭曰：出作赘婿也。师古曰：谓之赘婿者，言其不当出在妻家，亦犹人身体之有疣赘，非应所有也。一说，赘，质也，家贫无有聘财，以身为质也。

——（汉）班固《汉书》第四八卷《贾谊传》，中华书局 1962 年版。

3.（西汉）司马相如初与卓文君还成都，居贫愁懑，以所著鹔鹴裘就市人阳昌贳酒，与文君为欢。文君抱颈而泣曰："我平生富足，今乃以衣裘贳酒。"

——（汉）刘歆《西京杂记》第二卷，《中国野史集成续编》第二册，巴蜀书社 2000 年版。

4.（东汉）质：以物相赘。从贝从所。赘：以物质钱，从敖贝阙。敖者，犹放，贝当复取之也。

——（汉）许慎《说文解字》第六卷，中华书局 1963 年版。

5.（东汉）虞患其黩武，且虑其得志不可复制，固不许行，而稍节其廪假。（公孙）瓒怒，屡违节度，又复侵犯百姓。虞所赍赏，典当胡夷，瓒数抄夺之。

——（南朝）范晔《后汉书》第一〇三卷《刘虞传》，中华书局 1985 年版。

6. 佛在室罗伐城给孤独园，邬难陀共处道交易，以粗绶，换他细绶，事恼同前，制斯学处：若复苾刍种种出纳求利者，泥萨祇波逸底迦；言种种者，谓作多种经求方便；出纳息利者，谓以钱等而规其利，或以金银真珠贝玉及诸缕线，贮娶谷麦，驱驰车马，为求利故。或以成物博未成物……若他将苾刍物为生利时，苾刍贪利默而不止，得到之时得根本罪……若为三宝出纳，或施主作无尽藏，设有驰求，并成非犯。然此等物出利之时，应一倍纳质，求好保证，明作契书，年终之日，应告上座及授事人皆使同知，或告彼信心邬波索迦。若苾刍出息得利欲舍之时，若是苾刍所应蓄财，舍与可信苾刍，若不净财舍与信心俗人，此谓作法，非是永施，若不还者，应就强索，不可唐捐。

——（唐）义净译《小乘律·根本萨婆多部律摄》第六《出息求利学处》第十九，频伽精舍校刊《大藏经》寒帙。

7. 又复世尊在广严城猕猴池侧重阁堂中……施主报曰：其无尽物，不合如是，我之家中，岂无安处，何不回易求生利耶？苾报曰：佛遮我等不许求利……世尊告曰：若为僧伽，应求利润。闻佛语已，诸有信心婆罗门居士等，为佛法僧故施无尽物，此三宝物，亦应回转求利。所得利物还于三宝而作供养。时诸苾刍还将此物与彼施主，索利之时多与诤竞……世尊告曰：不应共彼而作出息，复共富贵者而为出息，索物之时，恃官势故不肯相还，佛言：不应共此而作交易。复共贫人而为出息，索时无物。佛言：若与物时，应可分明，两倍纳质，书其券契，并立保证，记其年月，安上座名及授事人字，假令信心邬波索迦受五学处，亦应两倍而纳其质。

——（唐）义净译《小乘律·根本说一切有部毗奈耶》第二十二《出纳求利学处》第十九，频伽精舍校刊《大藏经》张帙。

8. 缘在室罗伐城，世尊在逝多林给孤独园，远近皆闻中国有佛出现于世，彼诸声闻弟子有大神通，作诸变化，广说妙法。若人能于彼弟子作供养者，得大果报，饶益增广，是时北方有诸商客，闻此声誉……尔时六众苾刍种种出息，或取或与，或生或质，以成取成，以未成取成，以成取未成，以未成取未成。言取者，谓即收取，他方爱乐所有货物，载运将去，觅防守人立诸券契，是为取；言与者，谓与他，八日十日等而立契证，是名为与；言生者，谓是生利，与他少物，多取谷麦，或加五，或一倍二倍等，贮蓄升斗，立其券契，是名为生；言质者，谓纳质取珠宝等，同前立契，求好保证，与其财物，是名为质……苾刍如是交易以求其利。时诸外道婆罗门居士长者见是事已，皆生嫌贱，云：何沙门弟子，出物取利，与俗何殊，谁能与彼衣食而相供给？诸苾刍闻具以白佛，佛言：广说如上，乃至制其学处应如是说。

——（唐）义净译《小乘律·根本说一切有部苾刍尼毗奈耶》第十《出纳求利学处》十二，频伽精舍校刊《大藏经》张帙。

9.（北魏）永安中，转廷尉司直，不拜。拜洛阳令。后为镇南将军，金紫光禄大夫，迁大府少卿，转卫将军，广平太守，治有能名……雅性清俭，属岁饥馑，家馈未至，使人外寻陂泽，采藕根而食之。遇有疾苦，家人解衣质米以供之。然其为治，亦尚威严。朝廷以其清白，赐谷一千斛，绢一百匹。兴和初卒，年五十二。

——（北齐）魏收《魏书》卷八八《良吏·羊敦传》，中华书局 1974 年版。

10.（南梁）天监末年，下敕于庄严寺建八座法轮，讲者五僧，以年腊相次，旻最处后。众徒弥盛，庄严讲堂……至于是日，不容听众。执事启闻，有敕听停讲五日……得人之盛，皆此之类焉。旻因舍什物嚫施，拟立大堂，虑未周用，付库长生，传付后僧。

——（唐）释道宣《续高僧传》卷五《义解·梁杨都庄严寺沙门释僧旻传》，《续修四库全书》第1281册，上海古籍出版社2002年版。

11.（北齐）天保三年，又敕于邺城西南八十里龙山之阳，为构精舍，名云门寺，请以居之，兼为石窟大寺主……帝大喜焉，因曰：今以国储分为三分，谓供国、自用及以三宝，自佘彻情归向，通古无伦，佛化东流此焉盛矣，具如别记。即敕送钱绢被褥，接轸登山，令于寺中置库贮之，以供常费。稠以佛法要务，志在修心，财利动俗，事乖道化，乃致书返之。帝深器其量也，敕依前收纳，别置异库，须便依给，未经王府。

——（唐）释道宣《续高僧传》卷十六《齐邺西龙山云门寺释僧稠传》，《续修四库全书》第1282册，上海古籍出版社2002年版。

12.（南齐时萧坦之不同意拥立始安王萧遥光，其子被杀）坦之从兄翼宗，为海陵郡。将发，坦之谓文济曰："从兄海陵宅故应无他。"文济曰："海陵宅在何处?"坦之告，文济曰："应得罪。"仍遣收之。检家赤贫，唯有质钱帖子数百，还以启帝。原死，系尚方。

——（南梁）萧子显《南齐书》卷四十二《萧坦之传》，中华书局1972年版。

13.（东魏）曾贡文襄王蒲桃一盘，文襄报（李元忠）以百缣，其见赏重如此。孙腾、司马子如尝诣元忠，逢其方坐树下，葛巾拥被，对壶独酌。庭室芜旷，使婢卷两褥以质酒肉。呼妻出，衣不曳地。二公相视，叹息而去，大饷米绢，受而散之。俄复以本官领卫尉卿。卒，有米三石，酒数斛，书籍药物，充满箧架。未及赙至，金蝉质绢，乃得敛焉。赠司徒，谥曰敬惠。

——（唐）李延寿《北史》卷三三《李灵·曾孙元忠传》，中华书局1974年版。

14.（北齐）珽，字孝徵……（齐神武时）后为秘书丞，领舍人，事文襄。州客至，请卖《华林遍略》。文襄多集书人，一日一夜写毕，退其本曰："不须也。"珽以遍略数帙质钱摴蒱，文襄杖之四十。

——（唐）李延寿《北史》卷四七《祖莹·子珽传》，中华书局1974年版。

15.（南齐）彦回薨，澄以钱一万一千，就招提寺赎高帝所赐彦回白貂坐褥、坏作裘及缨，又赎彦回介（巾）帻、犀导及彦回常所乘黄牛。

（褚炫）罢江夏郡还，得钱十七万，于石头并分与亲族。病无以市药，以冠剑为质。

——（唐）李延寿《南史》卷二十八《褚裕之·从孙褚彦回，弟澄传》，中华书局1975年版。

16.（南齐）法崇孙彬。彬有行业，乡党称善。尝以一束苎就州长沙寺库质钱，后赎苎还，于苎束中得五两金，以手就巾裹之。彬得，送还寺库。道人惊云："近有人以此金质钱，时有事不得举而失，檀越乃能见还。"辄以金半仰酬，往复十余，彬坚然不受。因谓曰："五月披羊裘而负薪，岂拾遗金者邪?"卒还金。

——（唐）李延寿《南史》卷七十《循吏·甄法崇传·孙彬》，中华书局1975年版。

17.（南梁）邻人有被诬为盗，见劾，妄款。诜矜之，乃以书质钱二万，令门生诈为其亲，代之酬备。邻人获免，谢诜，诜曰："吾矜天下无辜，岂期谢也?"

——（唐）李延寿《南史》卷七十六《隐逸·庾诜传》，中华书局1975年版。

18. 当，《左传·哀公八年》：以王子姑曹当之。注云：言求吴王之子以交质。《汉书·匈奴传》：汉出三十余骑入匈奴，捕虏数千还，匈奴终不敢取当。注云：当者，报其值。《后汉书·刘虞传》：虞所赍赏，典当胡夷，瓒复抄夺之。注云：当，音丁浪反。［按］俗谓质铺曰当，当字义备此三书。

——（清）《通俗编》卷二三《货财·当》，《续修四库全书》第194册，上海古籍出版社2002年版。

19. 典当：俗以衣物质钱谓之为当，盖自东汉已然。《后汉书·刘虞传》：虞所赍赏，典当胡夷，瓒复钞夺之。注云：当，音丁浪反，亦谓之典。杜甫诗：朝回日日典春衣。鲭言：典质库，今人作质库取利，至为鄙恶。案此库唐以前唯寺僧为之，谓之长生库。梁甄彬尝以束苎就长沙寺库质钱，后赎苎，于苎中得金五两，还之，则此事已久矣。

——（清）郝懿行《证俗文》卷六，《续修四库全书》第192册，上海古籍出版社2002年版。

20. 邝湛若有《前当票序》《后当票序》，全谢山《春明行箧当书记》叙之。因谓《六经》《三史》，无有"当"字。按《后汉书·刘虞传》："虞所赍赏，典当胡夷。"注：当，丁浪反。是"当"字所自始也。

——（清）陆以恬《冷庐杂识》卷一《当》，中华书局1984年版。

第二节　中国典当业名称的演变

21.（宋）江北人谓以物质钱为解库，江南人谓为质库，然自南朝已如此。按，齐阳玠《谈薮》云：有甄彬者，有行业，以一束苎，就荆州长沙寺库质钱。后赎苎，于苎束中得金五两云云。

——（宋）吴曾《能改斋漫录》卷二《以物质钱为解库》，《笔记小说大观丛刊》29编4册，（台北）新兴书局1978年版。

22.（北宋）先生袁元，不知何地人也。葛裘草履，遍游天下……一日，游齐州长清县，市有李生，以财豪于邑下……经浃旬，一日，忽闻门外喧竞。生忘先生之言，遽出视焉。有跛而丐者，在生开典库前，出言秽恶。生忿然殴之，跛者仆地，首触户限，奄然无气，既久不复生。

——（宋）刘斧《青琐高议后集》卷十《袁元》，上海古籍出版社 1983 年版。

23.（北宋）元丰官制行，始正职掌……货之不售者，平其价鬻于平准，乘时赊贷以济民用；若质取于官，则给用多寡，各从其抵。岁以香、茶、盐钞募人入豆谷实边……分案九，置吏六十有五……所隶官司二十有五……抵当所，掌以官钱听民质取而济其缓急。

——（元）脱脱《宋史》卷一六五《职官五·太府寺》，中华书局 1977 年版。

24.（南宋）（总领有淮东、湖广、淮西、四川四所）淮东西有分差粮料院、审计司、榷货务以通判权、都茶场、御前封桩甲仗库、大军仓、大军库、赡军酒库、市易抵当库、惠民药局。湖广有给纳场属官兼、分差粮料院、审计院、御前封桩甲仗库、大军仓库、赡军酒库。

——（元）脱脱《宋史》卷一六七《职官七》，中华书局 1977 年版。

25.（南宋）淮士典库，在大木头街……右隶建康府。

回易库，在斗门桥西。

抵当两库，一在御街锦绣坊之南，一在宽征坊。

惠军典库，在十三丈街。

右隶沿江制置司。

抵当两库，一在旧米市，一在鸡行街……右隶淮西总领所。

典库在转运司衙之东。

右隶江东转运司。

——（宋）周应合《景定建康志》卷二十三《城阙志四诸库》，《宋元地方志丛书》第二册，（台北）大化书局 1980 年版。

26.（元）但属宫观田地、水土、庄田、竹苇、园林、碾磨、船只、解典库、浴塘、店舍、铺席、醋酵，不拣甚么差发休著者。

——（元）《大元圣政国朝典章》卷三三《道教·宫观不得安下》，中国广播电视出版社 1998 年版。

27.（元）广惠库，大使一员，副使一员，至元三十年，以钞本五千锭立库，放典收息，纳于备用库。

——（明）宋濂《元史》卷八十九《百官志五·储政院·内宰司·广惠库》，中华书局 1976

年版。

28.（明）程邦政，字师文，歙县人，以赀为郡掾……尝质肆金陵，而有误偿金二百者，已复有以珍玉留质金百，未及授而其人夜暴死，皆追还之……不逞少年数贷师文钱而归其半，久之不能应也，恚而昧丧，将要师文于途，不利焉。

——（明）张萱《西园闻见录》卷十五《厚德·住行》，《续修四库全书》第1168册，上海古籍出版社2002年版。

29.（明）留都地在辇毂，有昔人龙袖骄民之风，浮惰者多，劬勚者少，怀土者多，出疆者少。迩来则又衣丝蹑缟者多，布服菲屦者少；以是薪粲而下，百物皆仰给于贸居；而诸凡出力之孔，拱手以授外土之客居者。如典当铺，在正德前皆本京人开，今与绸缎铺、盐店皆为外郡外省富民所据矣。以是生计日蹙，生殖日枯。而又俗尚日奢，妇女尤甚。家才儋石，已贸绮罗；积未锱铢，先营珠翠。每见贸易之家，发迹未几，倾覆随之，指房屋以偿逋，挈妻孥而远遁者，比比是也。

——（明）顾起元《客座赘语》卷二《民利》，中华书局1987年版。

30.（清）高宗南巡，驾次顺天之通州，曾出一联以令侍臣属对。联曰："南通州，北通州，南北通州通南北。"凡十三字，以南北通州四字贯之。纪文达公昀对之曰："东当铺，西当铺，东西当铺当东西。"

——（清）徐珂《清稗类钞》第八册《文学》，中华书局1984年版。

31.（清）当店五处，沙河一，蕉麻一，鸦山一，本城二，共税银二十五两。

——（清）道光《博白县志》卷六，道光十二年刊本。

32.（清）典质业者，以物质钱之所也，最大者曰典，次曰质，又次曰押。典质之性质略相等，赎期较长，取息较少。押则反是，所收大抵为盗贼之赃物也。

——（清）徐珂《清稗类钞》第五册《农商类·典质业》，中华书局1984年版。

33.（清光绪二十八年十二月）庚寅，谕军机大臣等，有人奏请将私设小押、暂押、当局查封提究，开单呈览一折。据称京畿盗案，层见叠出，实由小押、私当为之罪魁。请将私设各当局严密查抄，永远封禁，并将开设私当之人，送交刑部治罪等语。着步军统领衙门、顺天府、五城御史按照单开各处，严密查抄，分别究惩。原折单均着钞给阅看。将此各谕令知之。

——《清德宗实录》卷五百九。

34.（清，广东）观各乡商业之繁盛与否，可以当业推之，有则繁盛，多则更繁盛矣。计沙湾司有当店三间，大龙、坑头、蔡边各一；按六间，市桥四，渡头、沙头各一；押六间，沙湾二，大龙、钟村、古坝、紫泥各一。茭塘司有当一间，在南村；按四间，河南、策头、南村、新造各一；押三十六间，河南二十五，策头二，芳村、瑶头、大涌口、天池、员冈、石楼、穗石、昌华、茭塘各一；小押一十四间，河南十一，芳村二，花地一。鹿步司有当四间，东圃二，乌涌、横沙各一；按一间，在回龙；小押二间，俱在东圃。慕德里司有押一十二间，江村二，中和、均和、石龙、人和、竹料、高增、钟落潭、太和、高塘、西湖各一。合捕属二按、三十七押、一十二小押，共有当八间，按一十三间，押九十一间，小押二十八间。

——丁仁长等《番禺县志》卷一二，转引自李文治编《中国近代农业史资料》第一辑，生活·读书·新知三联书店1957年版。

35.（清）随捐随收，秋以为期，收有成数通禀各宪，发交饷押，照章三分行息，周年可得三百六十金。

——张联桂《问心斋学治杂录》卷下《捐临江书院经费序》，《明清法制史料辑刊》第一辑第30册，国家图书馆出版社2008年版。

36.（清光绪七年二月初四日）淮扬一带有所谓“代步当”者，大都资本无多，而开在村镇。既收各质物后，自度当本不能周转，则又将各物汇当于城中大典，故扬人又名之曰“接典”者。按，接典亦奉宪示出票，并非小押可比。日前扬城内同益大典被焚，计有接典七家，平日所当之物亦称为祝融氏收去。然人之当于接典者，现仍持钱赎物，虽告以同益被焚而人皆不允，谓我但在汝家质物，汝店并未失火，同益之焚与我何干？因是纷纷吵闹，黠者串诈、愚者捐生、武人聚殴、文人兴讼，计已不一而足。各接典主知势不能支，理无可辩，尽有倾家荡产而仍不得了结者。现俱赴扬谋之同益大典，而同益惟执一例字相抵。闻近数日内，沙头接典刘姓夫妇服洋烟而死，上有老亲下有幼子，亦所不顾；陈家集接典陈姓，投河救起后，夜间复自缢而死，其妻旋亦自缢，并无子女，竟致断祀。

——《申报》2812号《贻害小典》。

37.（清光绪九年三月廿一日）故晋唐之间质库之设，始盛行于城邑，渐推渐广至于今日，支乡巨镇无处无之，至少一二，多则无虑十数家。然在昔承平时开设典肆者，犹必家道殷实，循例请颁木榜领官本，比于鹾贾，曰盐商、曰当商。尝见兖豫齐淮间，典肆之墙壁皆大书特书“裕国便民”四字，其高自标榜如此。每逢地方水旱成灾，拟筹巨款，郡邑长官必先请盐当开写捐簿，而后钱布米豆诸商次之，推执牛耳，莫之敢践，其为时贵重又如此。核其赀本，大都不下二三十万金，承开典当者，非家号素封不能措办，是以一城内外有四隅不能遍及者，于焉有代步之设。

洎乎大兵之后，井邑萧条，民生凋敝，非设质库无以济闾阎之穷乏，况不时之需有余之家亦在所不免，于是封疆大吏如曾文正诸钜公，胥有招殷商开典当之举。敛赀私设者遂错出其间，而沪上为尤甚。自以赀本细微，即无部榜又无藩帖，不敢以典当自居，巧避其名曰质。噫！质与典有以异乎？无以异也。质即典，典即质也，然而其息则视典为重矣。其息有三分者、有四分者，其期则视典为迫矣，有以八个月为期满者、有以十个月为期满者。

更有集些须之耗本，步军犯之后尘，而开设小押者，其息则视质铺尤重矣。以期计息，以十日为一期，有一期取二分者，有一期取三分者，其期则视质铺为尤近矣。有以十期为满者，有以十二为满者，大抵操业愈下，则获利愈厚，居心愈贪则待人愈刻，岂徒押铺为然哉？而小押之害已不可胜言，其取息之重、满期之迫犹其显焉者也……本馆前因左侯相有禁绝小押铺之示，所有质铺准其并而为典，不能则闭，有益民生，殊称快事，曾着为论说，极言其流弊。其为害也若此，则宜禁可知。或犹以小押可以济典质之穷，补典质之阙，极力回护者，谓典闭于昏、质闭于夕，押则烛尽三条门犹虚掩，来者不拒，美恶兼收，人弃我取，人却我与，窘迫者恃为救命星君，亦未可深罪。斯言也强词夺理，固不为无见，然未计利弊之大小轻重而一思之耳。信石疗疾可奏奇功，世皆目为毒药，而深恶痛绝莫之敢蓄者，以其为福无几，为祸无穷也。彼以小押为便者，殆犹知信石之能疗疾，而遂以杀人为讳，可乎？

——《申报》3604 号《沪上典质押三铺利弊说》。

38.（清光绪二十四年闰三月廿七日）典当一业在三百六十行中目为上等，其业不知始自何时。闻之唐人诗文中有所谓长生库者，大率富僧所设，任人以物质钱，营其子母。至宋代小说乃有解库之号，则为富人所开而非僧寺之长生库矣。若今沪上之业此者则有三等，上等者谓之当，月取利二分以内，期以十八月为满；中等者谓之质，月取利二分至二分四厘，期以十二月至十四月为满；下等者谓之押，十日为期，十期为满期，取利三分。押千钱之本，满日以千三百钱赎，逾日即没矣。此三者惟沪上备之，他处则只有当而无质押。当中伙友多皖南徽郡人，彼都人士利心最重，故徽人之业贾者遍廿二行省，无处不有。利心既重，则欺骗愚懦之事间或不免。如金陵某典伙所为，得不谓之昧心悖理乎？抑某窃有疑焉，票写三两余，而剪取原金之半，某乙何其胆大，岂不计赎取时之票物不符？既云柜中各伙串通，岂管银房者亦并串通而不为之核计耶？况尤可疑者，某甲即遣奴赎当，岂逆知有此纠葛而贸焉踵至乎？

——《申报》9010 号《类论本报纪待父天年、典伙昧良二事》。

39.（清末）台人称曰当铺者，即内地质店也。当铺有二种：其大者曰当铺，小者曰展当店。当店之金利，对一圆取二钱，展当店殆倍之。而当铺偿却期限四月，展当店二月，过期而不偿还者，卖却其物器，亦如内地质店规约。巡抚刘铭传莅任于此地也，恶其贪暴利、苦贫弱，严禁之。其后更设官当者，而其害倍蓰于昔日。今也解禁，大稻埕艋舺市中，营当铺、展当店者往往有焉，未知其利害得失之所在云。

评曰：当铺、质店，名异而其业相同，人间社会必须之物。唯监察法不精到，则盗赃滋炽，不可防遏，当局者宜致思已。

——（日）佐仓孙三《台风杂记·当铺》，《台湾文献丛刊》第 107 种，台湾银行经济研究室。

第二章　中国历代官府、私人、寺院典当业的演变

第一节　官府典当业

40.（五代，后唐明宗）应汴州城内百姓，既经惊劫，须议优饶，宜放二年屋税，兼公私债负。如是在城回图钱物及公私质库，除点简见在外，实经兵士散失者，不计年月远近，并宜蠲放。

——（清）徐松《全唐文》卷一〇七《加恩汴州诏》，山西教育出版社 2002 年版。

41.（宋）公使库者，诸道监帅司及州军边县与戎帅皆有之，盖祖宗时以前代牧伯皆敛于民以佐厨传，是以制公使钱以给其费，惧及民也。然正赐钱不多，而着令许收遗利，以此州郡得以自恣。若帅宪等司则又有抚养、备边等库，开抵当、卖熟药，无所不为，其实以助公使耳。

——（元）马端临《文献通考》卷二四《国用》，中华书局 1986 年版。

42.（北宋熙宁四年五月戊子）同勾当开封府司录司检校库吴安特言："本库检校孤幼财物，月给钱，岁给衣，逮及长成，或至罄竭，不足推广朝廷爱民之本意。乞以见寄金银见钱，依常平仓法贷人，令入抵当出息，以给孤幼。"诏千缗以下，如奏施行。

——（宋）李焘《续资治通鉴长编》卷二三三，中华书局 1992 年版。

43.（北宋元丰四年十二月八日，东京开封）都提举市易司贾青乞于新旧城内外置四抵当所，委官专主管；罢市易上界等处抵当，以便内外民户，从之。

（元丰五年）五月二十九日，都提举市易司贾青言：市易既革去结保赊请之弊，专以平准物价及金银之类抵当，诚为良法，乞推抵当法行之畿县，从之。

——（清）徐松《宋会要辑稿》食货三七之三〇、三一，中华书局 1957 年版。

44.（北宋元丰八年）八月二日，诏：诸镇寨市易抵当并罢，仍立法。

（元丰八年）八月八日诏：诸路州军抵当，取息至薄，民间缓急赖之，可以存留其半市易，余并罢，如抑勒，依给纳常平钱物法，从户部请也。

——（清）徐松《宋会要辑稿》食货三七之三二，中华书局 1957 年版。

45.（北宋元符元年）二年二月二日户部言：河北东路提举常平司奏，乞将本路诸州管下外镇，并依元丰旧法兴置抵当，从之。

——（清）徐松《宋会要辑稿》职官二七之十六，中华书局1957年版。

46.（北宋崇宁二年）六月十八日诏：府界诸县除万户及虽非万户而路居要紧去处，市易抵当已自设官置局外，其不及万户处，非冲要并诸镇有监官，却系商贩要会处，依元丰条例并置市易抵当，就委监当官兼领。

七月九日，户部言：湖北提举司申：县镇不及万户处，虽非商旅往来兴贩之地，除市易务不须置外，却有井邑翕集，兼在僻远，正民间缓急难得见钱去处，欲乞依旧存留抵当库，令逐处官兼领看详，欲诸路并依六月十八日已降朝旨施行，从之。

——（清）徐松《宋会要辑稿》食货三七之三四、三五，中华书局1957年版。

47.（北宋政和元年）十二月十八日，前知汝州慕容彦逢奏：孤幼财产，官为检校，不满五千贯召人供抵当，量数借请，岁收二分之息，资以赡养，俟其长立而还之。法意慈恻，尽于事情。而形势户虚指抵当或高估价值，冒法请领，不唯予负岁息，乃至并本不纳。迨其长立，冒法请领之人或役官远方，或徙居他所，或不知存在，或妄托事端，因致合给还之人，饥寒失所。欲乞检校孤幼财产，不许形势户借请及作保，其所借抵当，委官验实，估定价值，方许给借，从之。

——（清）徐松《宋会要辑稿》食货六一之六二《民产杂录》，中华书局1957年版。

48.（南宋建炎二年二月）癸亥，罢在京及诸路市易务，以其钱输左藏库，惟抵当库仍旧。自熙宁初创市易法，及是，言者以为所入不偿所费，遂罢之。

——（宋）李心传《建炎以来系年要录》卷十二，（台北）文海出版社1980年版。

49.（南宋）嘉定五年三月二十八日，知和州富嘉谋言：窃惟两淮、历阳为淮西要郡，昨来胡寇侵扰，攻围不下者，人人有死无二，而本州厢禁军坚守之功为多。欲籍官田立广惠以给民之孤独，开质坊、收利息以给军人守城之有功者，二者皆不可缓……今将公库赺积到钱三万贯文，及将本州旧醋库改作激励抵当库，在阛阓处开置，月收息钱，专助添支当来守御立功厢禁军，以为军人无穷之利，以示激劝。

——（清）徐松《宋会要辑稿》食货六二之七三，中华书局1957年版。

50.（南宋）以集英殿修撰知太平州，前是例兼提领江淮茶盐，子才以不谙财恳免。至郡，首教民孝弟……蠲黄、池酒息六十余万贯，三县秋苗畸零万五千余石，夏税畸零绸帛四千五百余匹、丝七百余两，绵一万三千余两，麦二千余石。郡有平籴仓，以米五千石益之，又以缗钱二十六万创抵库，岁收其息以助籴本。

——（元）脱脱《宋史》卷四一一《牟子才传》，中华书局1977年版。

51.（南宋黄畲知台州）为济粜仓，为抵当库，葬民之栖寄暴露者，为棺千五百，置养济院，又创安济坊以居病囚，皆自有子本钱，使不废。故叶适谓畲条目建置，忧民如家。

——（元）脱脱《宋史》卷四二三《黄畲传》，中华书局 1977 年版。

52.（南宋度宗时）改浙东安抚使。给二万楮以振之……两浙及会稽、山阴死者暴露与贫而无以为敛者，乃以十万楮置普惠库，取息造棺以给之。

——（元）脱脱《宋史》卷四二一《常楙传》，中华书局 1977 年版。

53.（南宋刘克庄）愍海贾以命易货，向来互市，使者强买干没之事毫发不施，以所积赢余二万缗创恒当库，收其利息为天时不顺之备，纲解水脚之输。

——（清）陈棨仁《闽中金石略》卷十《太常少卿陈炜墓志铭》，《宋代石刻文献全编》第四册，北京图书馆出版社 2003 年版。

54.（南宋）今江东一路共有本钱十五万贯，而所名息钱才二千余贯。臣愚欲乞睿慈将诸路抵当库并行减罢，所有见在钱物限日下尽数起发，如有侵兑，并勒填补，庶几少赡军旅之费，取进止。

——（宋）洪适《盘洲文集》卷四十一《乞罢诸路抵当库札子》，文渊阁《四库全书》第 1158 册，（台北）商务印书馆 1983 年版。

55.（南宋）莫若具申朝廷，乞支降官会二万贯，内五千贯付本军打造战船二只，拨付永宁、宝盖二寨，添贴使用；余一万五千贯发下本州，知通同共交管；置抵当库一所于本军，选差将佐一员干当，将收到息钱分明上历，不得那移他用。遇战船稍有损动，即从本军报州，委官计料，立便修葺，所费少而见功多。

——（宋）真德秀《西山先生真文忠公文集》卷九《申枢密院措置军政状》，文渊阁《四库全书》第 1174 册，（台北）商务印书馆 1983 年版。

56.（金）中都流泉务，大定十三年，上谓宰臣曰："闻民间质典，利息重者至五七分，或以利为本，小民苦之。若官为设库务，十中取一为息，以助官吏廪给之费，似可便民，卿等其议以闻。"有司奏于中都、南京、东平、真定等处并置质典库，以流泉为名，各设使、副一员，凡典质物，使、副亲评价直，许典七分，月利一分，不及一月者以日计之，经二周年外又逾月不赎，即听下架出卖。出帖子时，写质物人姓名、物之名色、金银等第分两及所典年、月、日钱贯，下架年月之类。若亡失者，收赎日，勒合干人，验元典官本，并合该利息，陪偿入官外，更勒库子，验典物日上等时估偿之，物虽故旧，依新价偿。仍委运司佐贰幕官识汉字者一员提控，若有违犯则究治。每月具数，申报上司。大定二十八年十月，京府节度州添设流泉务，凡二十八所。明昌元年，皆罢之。二年，在都依旧存设。使一员，正八品；副使一员，正九品，掌解典诸物，流通泉货。勾当官一员，攒典一人。

——（元）脱脱《金史》卷五十七《百官志三》，中华书局1975年版。

57.（清雍正十一年十二月十九日）据臣等督管之三旗右卫扬威将军宗室舍木德处报称：雍正七年七月初六日，将赏赐滋生银一万两、余平银二百八十七两六钱六分滋殖，至雍正十年十月止，滋生息银除用于各项杂支及出征二千兵丁家属红白事施恩赏赐银外，余银四千零二十五两四钱零二厘六毫，业于去年奏销在案。兹据该将军宗室舍木德处呈称，自雍正十年十一月初一日始，至十一年十月二十九日止，计一年十二个月，将赏赐之二万两投资于布、米、衣、钱、典当五铺，转滋生息银数，各项使用之银数，出征兵丁家属中红白事赏赐之银数，具造满汉文密册三十六卷，查转奏闻等语，于雍正十一年十二月咨呈前来。臣等详查，册内开列投资所开之布、米、衣、钱、典当共五铺，所有本银二万两，余平银二百八十七两六钱六分，自雍正十年十一月初一日起，至十一年十二月二十九日止，共十二个月，共得生息银四千二百七十四两零一分四厘四毫。其中五铺之房租、工食钱及购煤、炭、纸、笔、盘缠等项，共支出之银一千零十两九钱七分六毫解销，实滋生息银三千二百六十三两零四分八厘八毫，除其中出征兵丁二十四人红事，每件以赏银八两计，赏赐银一百九十二两。九十三人白事，每件赏银十二两计，赏赐银一千一百一十六两，共施赏赐银一千三百零八两外，余滋生银一千九百五十五两零四分三厘八毫。兹有本银二万两，余平银二百八十七两六钱六分，新旧所得生息银六千九百八十四两四钱四分六厘六毫。将该将军宗室舍木德赍送档册核算，俱各相符，为此恭谨奏闻，请旨。

雍正十一年十二月十九日，交奏事郎中张文彬转奏，同日奉旨：知道了，钦此。

镶红旗查得，右卫原滋生银二万两，余平银二百八十七两六钱六度分，陆续得利银四千零二十五两四钱零二厘六毫，十年十一月至本年十月，共得利银四千二百七十四两零一分四厘四毫。

红白事一百一十七件，赏银一千三百零八两，买煤、炭、纸、笔、房租、工食用过银一千零十两九钱七分六毫，实存利银一千九百五十五两零四钱四分六厘四毫。新旧利银共五千九百八十两零四钱四分六厘四毫。所得滋生利银数俱各相符。

——《清雍正朝镶红旗档·右卫滋生银额具奏折》，东北师范大学出版社1985年版。

58.（清乾隆九年夏四月壬戌）天津水师满营都统福昌等奏，赏给兵丁滋生银三万两，陆续将本银交库外，现余银八万九千八百余两。经高斌奏请，将钱布油酱等四铺关收，只存典当、估衣、弓箭、染房等铺，皆减为一分五厘息。所存银三万两，交盐运使转交天津殷实商人等，按一分生息。

——《清高宗实录》卷二百十四。

59.（清乾隆）原任大学士张廷玉所交恩丰当一座，尚书舒赫德所交春和当一座。臣等随派员查收得，恩丰当原赏给时，成本银三万五千两，现存利银一万二百四十四两三钱六分，二共银四万五千二百四十四两三钱六分。春和当原赏给时，成本银一万八千二十一两四钱一分五厘，现存利银二百四十两九钱，二共银一万八千二百六十二两三钱一分五厘。今二座当铺所有架本并现存银钱，俱与原数相符。臣等请将此二座当铺，于内务府司员内拣选除派二三员，令其妥协料理滋生，于每年岁底，臣等详细查明具奏，仍归入原本内一并滋生。俟四五年后利息充裕，臣等再行酌量应如何办理之外，另行奏闻。

——《内务府奏销档》乾隆十五年二月总管内务府奏，转引自《北京师范大学学报》1978 年第 6 期《红楼梦历史背景资料之三——清代前期的高利贷和典当业》。

60.（清乾隆十六年九月癸巳）云南开化镇总兵张凌霞奏：营伍名粮，不得虚冒。开化书识，除本身名粮外，竟有分食空粮至二十余分之多者，名曰伙粮。……再，开化设有生息当铺二处，因原定以钱一千一百文，作银一两，出入之数与市价高低不一，恐有亏折，概不当钱。兵民不乐赴当，遂至生息不敷。现搭换制钱二千余串，银出银入，钱当钱赎，原本无碍矣，赏赍亦敷。再总兵衙门所需食物，相沿陋例，令夷民上纳。名虽给银兑换，实有勒派之弊。现刊行晓谕，一概禁革报闻。

——《清高宗实录》卷三九九。

61.（清乾隆）为请旨事，本年十月十二日，据步军统领衙门咨称，民人刘裕泰入官万春等当铺五座，现有架本银钱共计十二万三千九百三十八两六钱零，再铺面房并住房共五百四十七间半，奏准咨交内务府查收办理等因，咨送到臣衙门，臣等当即派委郎中昌躅等详细查收去后。兹据该员等呈称：职等查得刘裕泰入官万春当铺五座，现有架本银一万七千八百四十九两八钱二分，架本钱十万四千七百一十四千二百九十文，每千合银六钱，共值银六万二千八百二十七两五钱七分。现存银一万一千九百二十五两四钱二分，现存钱五万二千二百二十六千五百二十文，每千合银六钱，共值钱三万一千三百三十五两九钱二分八厘。以上五当架本银钱，并现存银钱数目，共十二万三千九百三十八两六钱零，均与原奏数目相符。复查自本年九年二十五日，步军统领衙门查收结算后，至十一月十九日，五当取赎又得净利银三千四百一两九钱四厘。现存银两俱系色银，当平较市秤每两短银三钱等因，呈递前来。臣等伏查经营当铺，必须为人老成，又稍能通晓生息之员方可。今内务府现开当铺十四座，每当现今派员一人管理。

——《内务府奏销档》乾隆十八年十二月内务府奏，转引自《北京师范大学学报》1978 年第 6 期《红楼梦历史背景资料之三——清代前期的高利贷和典当业》。

62.（清乾隆五年）奏准，海保入官万成当铺一座，架本银三万三千八百七十四两零，仍留开设。所有一应公用等项，移于万成当所得利银内动支，如不敷用，仍由丰和当利银内拨给外。其余剩利银，仍分赏内务府文武官员。后因每年官员等所分利银无几，于乾隆十二年三月本府奏准，年终停其分给，将所剩利银，如遇司官内管领等随围，照护军参领骁骑参领等应得帮银之例，逾一月者给帮银二十两，逾二月者给帮银四十两；散秩六品以下官员，逾一月者给帮银十两，逾二月者给帮银二十两，俱由当铺滋生银两内动支放给。

〇十九年奏准，吉庆等十当共架本银三十八万八千八百五十一两零，俱收回。将现存银两及销变货物架本银两，陆续解交长芦盐政，借给商人营运。每年所得利银，交纳内库。再吉庆等十当，从前借给各官银两内除陆续交过本利外，将其余尚未交还银三万六千二百三十八两零，照宗人府例，作为五年将本利催齐，归入万成、丰和二当一体生息。俟利银充裕之时，另行请旨办理。

〇三十年奏准，丰和、万成二当本利十万三千两收回，交与长芦盐政，按一分生息。每年可得利银一万二千三百六十两，遇闰加银一千三十两，作为放给随围官员人等帮银，以及热河盘山黄新庄汤泉打牲乌拉等处总管、盛京佐领年例养廉、各等处月例纸笔饭食、并杂项出差人等帮贴盘费。续因差务繁多，所得滋生利银不敷放给，将各等处月例年例以及总管等养廉、出青随围官员人等应得帮银俱减半放给。

——光绪《大清会典事例》卷一千二百十三《内务府·恤赏·恩赏银两》，《续修四库全书》，上海古籍出版社2002年版。

63.（清乾隆十九年四月二十七日和硕庄亲王等）为奏闻事：查臣衙门所属吉庆等十当……今据各该管当官员将吉庆等十当所得乾隆十八年利银数目呈报前来。查得各当原有成本银三十一万八千五百六十八两三钱二分四厘九毫，自乾隆十八年正月初一日起至十二月三十日止，核计所得利银自九厘三毫至六厘三毫不等，共实得过利银三万六百二十二两四钱五分一厘八毫，并十七年分所存利银二万六千五百六十五两四钱一分二厘五毫，内搬移恩丰当装修铺面房间等项，用过利银二百七十两，现今通共实存本利银三十七万五千四百八十六两一钱八分九厘二毫等语，查吉庆等九当，其所得利银，与原奏八厘数目相敷，毋庸置议外，其宝聚一当所得利银仅六厘三毫，按原奏八厘数目核计，少银五百四十三两七分，应行着落该管官员，勒限一年，如数赔补，归入利银数内，照旧营运生息可也。

——《内务府奏销档》，转引自《北京师范大学学报》1978年第6期《红楼梦历史背景资料之三——清代前期的高利贷和典当业》。

64.（清乾隆二十四年八月丁未）广西巡抚鄂宝奏：广西赏恤兵丁，营运银四万一千两。缘边地无可营运，是以分派各营，专委弁目，开张典当，定以二分取息，均匀拨给。行之三十余载，兵民均沾实惠者。若一旦议停，实无余款可以抵补，应请仍循旧制。得旨：如所议行。

——《清高宗实录》卷五九五。

65.（清乾隆三十年四月甲戌）四川总督阿尔泰奏："川省兵红白事件赏需银，于乾隆二十四年奉旨令各省督抚就地方情形筹议具奏，经分前督臣开泰奏请，将川省各营内交商生息之项，全数彻回，归还原本。其重庆、夔州二处，向无民当。营中自行开设，生息充赏，仍令照旧开设，并请于盐茶项下动银一万四千五百余两，交宝川局，每年加铸二卯，除扣还工价外，可得利银七千七百余两，足敷赏恤，并可陆续归本。而重、夔二当，本银四万一千九百余两，每年息银仅获五千三四百两，较之钱局悬殊。臣与藩司等悉心计议，不若将营员所设官当概停，其当本银四万一千九百余两，定限于三十一年岁底完缴。此内酌留一万九千余两，交钱局随卯带铸。除归还价本，余息足敷添补赏项之用。至停当之后，未经带铸以前，所需赏项，拟于犒赏屯番案内，鼓铸余息拨用。俟带铸获有余息，即行归还原项。”得旨：“如所议行。”

——《清高宗实录》卷七三五。

66.（清乾隆三十年九至十月，英濂等奏）查办桑寨多尔吉家产，内有当铺一座，随米铺一座，共架本银五千七百二十三两零，咨交内务府查收办理等因。查此二铺开设台阶厂地方，其街市情形颇宜营运。查阿哥等滋生银两所开当铺原有四座，除用外，今只剩庆瑞、庆盛二当，若将此一当留存，一体滋生，遇阿哥等应用时拨用，似属便益。其当中本银较少，即将庆瑞、庆盛二当积银银钱，酌量拨入，不须另请增添本银。

——《内务府奏销档》，转引自《北京师范大学学报》1978 年第 6 期《红楼梦历史背景资料之三——清代前期的高利贷和典当业》。

67.（清乾隆三十三年四月二十日，总管内务府奏）为奏闻事。乾隆二十九年正月初七日奉旨，世子额驸拉旺多尔济应领俸银，着支给十年，交内务府大臣办理生息收贮，钦此，钦遵。经臣衙门奏派郎中伊灵阿、主事穆克善开设当铺，善为生息办理，统俟一年，将所得利银数目呈明，另行奏闻等因，奏准在案。今据该员等呈称，职等领得额驸拉旺多尔济十年俸银，并缎匹折银，共计银一万六千七百七两五钱八分八厘，于二十九年三月内开设玉成当生息，至三十二年三月初六日止，三年所得利息内，除买房间装修并拨补钱盘外，净得利银四千六百四十二两四分一厘六毫，业经按年呈明，具奏在案。今查自上年三月初七日起，至本年三月初六日止一年，除铺内伙食、劳金、纸笔等项费用外，净得利银二千四百二十九两八钱二分六厘。按原架本合计，每月每两得利银一分零。现在实存本利银二万三千七百七十九两四钱五分五厘六毫，房间装修值银一千八百两，以上统计二万五千五百七十九两四钱五分五厘六毫，理合呈明，等因前来。应将此项银两，仍令该员等善为营运生息外，再查先经军机处、臣衙门节次议定，凡开设当铺获利至八厘者，应毋庸议，不足八厘者，着落管令当铺官员赔补，如过八厘至一分者，量加奖劝等因，奏准在案。今办理世子额驸拉旺多尔济当铺之郎中伊灵阿、主事穆克善，获利已过一分，应请照例各赏给纪录一次，以示奖劝可也。

——《内务府奏销档》，转引自《北京师范大学学报》1978 年第 6 期《红楼梦历史背景资料之三——清代前期的高利贷和典当业》。

68.（清）乾隆四十四年，奉旨：三万两成本庆盛当，二万二千两成本庆昌当，着赏给仪郡王永璇。三万两成本庆瑞当，着赏给定郡王绵恩，钦此。

再查六阿哥分会时，加赏当铺一座（本利共银四万四千九百两零）；八阿哥分府时，加赏当铺二座（本利共银六万九千六百两零）；绵恩分府时，加赏当铺一座（本利共银四万两零）。此次十七阿哥分府，臣等查现有分府赏用当铺八座。谨将各当成本数目，另缮清单，恭呈御览，可否一体加赏之处，伏候钦定……

遵旨，查得十七阿哥分府，照贝勒例，应得庄园人等每年交差银三千五百九十五两，又赏银五万两，至金银、朝珠、缎绸、衣服、什物、牲畜等项，共约计值银三万六千六百五十五两零。又加赏庆祥当铺一座，本利共值银四万八千四百十三两零。以上统计，共约值银十三万八千六百余两。谨奏。奉旨：知道了，钦此。

——《内务府奏销档》，转引自《北京师范大学学报》1978 年第 6 期《红楼梦历史背景资料之三——清代前期的高利贷和典当业》。

69.（清乾隆二十九年）恩露当，原架本银一万两，自雍正九年至乾隆二十九年，共交过利银四万二千两，内陆续垫交过不敷一分利银六百四十七两九钱六分，除置买开设当铺房一所，计二十九间，用过银八百两，现在实存架本银八千五百五十二两四分。

恩吉当，原架本银二万两，余平银九百九十五两九钱六分三厘九毫。自乾隆十年至二十九年，共交过利银四万七千两，除置买地基、装修房间，用过银二百古文就是这样，不必再改为二百一十三十三两六钱六分。现在实存架本银二万七百八十二两三钱三厘九毫，官房一所计三十六间。

万成当，现在实存架本银五万两，利银三百四十五两六钱。官房一所，计三十二间。

丰和当，现在实存架本钱五万两，利银七百九十四两八钱六分。官房一所，计四十七间。

恩丰当，原架本银一万七千两，余平银三百七十二两七钱。自乾隆二十九年七月至十一月，共得过利银九十七两三钱一厘五毫五丝九忽。除置买开设当铺房一所，计二十七间，用过银二千三百九十九两一钱八分，现在实存架本银一万五千七十两八钱二分一厘五毫五丝九忽。

以上五当，通共本利银十四万九千六百六两四钱二分五厘四毫五丝九忽，内除恩露、恩丰、恩吉三当，置买房间地基并装修，垫交不足一分利银，共享过银四千六十两八钱，现在实存本利银十四万五千五百四十五两六钱二分五厘四毫五丝九忽。

——《内务府奏销档》，转引自《北京师范大学学报》1978 年第 6 期《红楼梦历史背景资料之三——清代前期的高利贷和典当业》。

70.（清）内务府当铺的本银生息

当铺名称	设立年代	初设之本银	关闭年代	用途
丰和当	1729	4000 两	1766	分赏内府官员
万成当	1740	33874 两	1766	分赏内府官员
恩成当	1745	25000 两	1753?	赏内大臣养廉
恩德当	1745	25000 两	1753?	赏内大臣养廉
承恩当	1745	25000 两	1751	赏内大臣养廉
裕和当	1745	25000 两	1751	赏内大臣养廉
恩吉当	1745	20000 两	1766	赏给太监应用
庆瑞当	1747	51743.825 两		以备阿哥应用
庆盛当	1747	51743.825 两		以备阿哥应用
永庆当	1747	50000 两	1753?	赏给内府三旗红白事应用
吉庆当	1747	50000 两		赏给内府三旗红白事应用
广盛当		20483 两	1748	
广信当		10584 两	1748	
广润当		18058 两	1748	
广得当		27326 两	1748	赏给傅恒
宝聚当		18001 两	1748	
宝成当		13452 两	1748	
宝全当		17964 两	1748	
丰裕当			1749	
恩丰当	1750	45244.36 两		原赏张廷玉
春和当	1750	18262.32 两		原赏舒赫德
庆丰当	1755	57064.11 两		
庆春当	1759	18000 两		
玉成当	1764	16707.59 两		赏额附
庆昌当	1767	26040 两		
庆祥当	1771	22000 两		

——转引自赖惠敏《乾隆朝内务府的当铺与发商生息》,《近代史研究所集刊》第 28 期。

71.（清乾隆时）至常郡五方杂处，兵苗繁庶，前曾官设恩裕典铺，亏公歇业。

——中国人民银行太原中心支行刘建民先生①藏，《湖南典商减息案》抄本。

① 以下简称“刘建民先生”。

72.（清光绪元年十月廿七日）贸易之中倡设典当，而穷民有济急之用。然以富商经营重利盘剥，则贫者用千文已需加利，月数十文积至数百文，是以千数百文抵千文之用，虽以为便而实见其苦矣，故官当不可不设也。官当之外又有商当，而其息必仿官当。今之贸易者所谓官利几厘，即官当之息数也。官利虽有多寡而大要不出一分之外，而当息必至二分，已过于官利矣。经营之人通用洋银并无质物，而当必取。质衣裳杂物值十者当其四五，金银珠宝值十者当七八，往往不能增一二，是当规又严于官利矣。东南未灾以前，当商定利亦在几厘至一分而已，夫此几厘至一分者，虽曰商开，无异官设，谓之便，谁曰不然？若同治以后，当利每以二分为率，更有未纳帖照不以当字书招而混为质押者，其息至三分而其期止六个月、八个月不等，贫者贪其大，当千文者质押可当千一百文，亦遂群相赴就，而不知重利难减、转瞬即满、受累为不轻矣。夫大当取二分息、以十数月为期，已倍于从前几厘至一分与三年限满，而犹曰官当也，此已欺人，况质押乎？昨阅邓御史奏《官当停止有碍民用》一折，内云若官当全行裁撤，则民当必借以居奇，于民生恐多窒碍，可知民当之息较官当为重也。夫京师尚有官当，而外省不尽设立，假令蒙旨准复官当，则京师贫民尚可趋官当以避重利，而外省贫民不得不赴商当照息加偿、按期取赎，岂非外省贫民较苦于京师乎？夫一物质钱一千取赎再当，经三次进出，其物已倍原价，一有遗忘即经满限，故物入当柜时作已非我有之想，钱经用去已有财物两失之悲，乌忍取其厚利哉？在兵燹以后，当商资本原不如前，故虽收息加多、立限较促，而仍有不能运动之患，动称折阅，不知贫民身家当兵燹以后亦迥不如前，当有定规迫于待用，即欲计较而其势不能，此中隐情尤念之而心恻者也。况夫当息既加，官利仍旧，即当商吃本太重恐难运动，然市面通行，即使借资亦尚以几厘者博二分，岂铺中开销须用一分外乎，何犹曰折阅也？外省既无官当，而京师官当以御史所奏，断难如内务府所议，竟不复设，但仅令京师贫民得赴官当而外省民当不行变通办理，则民间之受累者犹不加少，安得各省均设官当乎，又安得各省民当皆减利而加限乎？

——《申报》1099号《论官当》。

73.（清光绪九年正月十三日）奴才毓橚荣、毓桂昂跪奏，为永济当未尽事宜，拟派司员永远经管，以期当本无亏，恭折奏闻，仰祈圣鉴事。窃查前经奴才溥廉等具奏，清查永济当本利，另派新商接领办理，并委司员妥为经理，暂不按年派员轮管。此后如有未尽事宜，随时奏明办理折，于本年三月二十日军机大臣奉旨“知道了”。其遵化等州县欠交大钱变价银两，着即咨催直隶总督勒限解交归款，余依议，钦此钦遵在案。奴才毓橚前经奏报查明各项事宜折内声明，查永济当现存架本与原奏相符无亏，至有未尽事宜另行会同奏明办理，亦在案。兹查永济当虽系官本无阙，然所有典当尚不踊跃，奴才等随即谓据该管司员等禀称，实因官本仅有七万吊有零，不敷周转，职等时常饬令该商宋德魁各处通融办理。据各铺商人禀称，因该管司员等暂为经理，诚恐借垫日久，仍前无着，不能通融，是以典当未能踊跃。职等正在筹措间，即蒙查询，只得据实禀明等语。奴才等伏查，设立官当本为附近旗民人等借资周转，久沐皇恩，自应妥议章程，不惟长资接济军民，且须本利永无亏短，方为妥善。奴才等再四熟商，拟议将此项架本按照各县发商生息之例，即着落原派承办事务衙门行走、石门工部员外郎懿绵、内务府郎中德衡额阿尔萨兰达蔡阿、员外郎广泰等常川经理，所有利息仍照旧章交库。至官本如不敷用，即由该管司员自行借垫，无论赔赚，俱与官本无涉，亦不交□。惟官本如有亏短，即着落该管司员等赔补。倘有升迁事故，仍令该司员等之子孙接管经理，如有亏短，着落分赔。倘该司员之子孙于当中之事未谙、有不愿接管者，准可将自行措垫之本补回，呈谓辞退。至接领商人，亦饬该管司员等随时稽查。如有日久生弊，或有事故，即另选妥商，依举接允。永济当未尽事宜，拟派司员永远经理其事，以期军民久沐皇恩，本利可保无阙。理合恭折奏闻，是否有当，伏乞皇太后、皇上圣鉴。谨奏，军机大臣奉旨，户部议奏，钦此。

——《申报》3548 号《光绪八年十二月二十六、二十七日京报全录》。

第二节 私人典当业

74.（唐，太平公主）由是滋骄，田园遍于近甸膏腴，而市易造作器物，吴、蜀、岭南供送，相属于路……籍其家，财货山积，珍奇宝物，侔于御府。马牧羊牧、田园、质库，数年征敛不尽。

——（五代）刘昫《旧唐书》卷一八三《武承嗣传附太平公主》，中华书局 1975 年版。

75.（唐）古者受禄之家，食禄而已，不与人争业，然后利可均布，人可家足，如闻朝列衣冠，或代承华胄，或在清途，私置质库、楼店，与人争利，今日已后并禁断。

——（清）徐松《全唐文》卷七八《会昌五年正月三日加尊号后郊天赦文》，山西教育出版社 2002 年版。

76.（五代，李元懿）臣为北海令时，夏秋苗上每亩麻、农具等钱，省司元定钱十六。及刘铢到任，每亩上加四十五，每顷配柴五围、炭三秤。省条之外，严刑立使限征。臣窃闻诸道，亦有如刘铢配处，望令禁止。臣在任时，奉刘铢文字，放丝三万两，配织绢五千匹，管内七县，大抵如是。及征收在赋税之前，督责抑凌，借役户民，多造店碾硙典库，请朝廷指挥，许人论告。差军人百姓五工已上，出放物至匹斤，以坐赃论，自然止绝斯弊。

——（清）徐松《全唐文》卷八五六《上六事疏》，山西教育出版社 2002 年版。

77.（北宋熙宁三年三月）制置司若谓周官有贷民之法，取之于道，于理无嫌，则今兼并之家例开质库、课场，若恐取民倍息以伤贫细，则所在皆可官自开置以抑兼并，然自前世以来恶其太近衰削，不忍为之，今青苗钱一事，无乃近于此乎？

——（清）徐松《宋会要辑稿》食货四之二七，中华书局 1957 年版。

78.（南宋）州治在陵、罗二水之间，大海环其南，三江绕其东北，阴阳家谓其得浮龟之形（《图经》），夷俗悉是椎髻左衽（《寰宇记》），化州典质为业者十户而闽人居其九，闽人奋空拳过岭者往往致富。（《范氏旧闻拾遗》云）

——（宋）王象之《舆地纪胜》卷一一六《广南西路·化州》，四川大学出版社2005年版。

79.（南宋临安）融和坊北，至市南坊，谓之“珠子市”，如遇买卖，动以万数。又有府第富豪之家质库，城内外不下数十处，收解以千万计。

——（宋）吴自牧《梦粱录》卷十三《铺席》，（台北）文海出版社1981年版。

80.（南宋）京师人鲁畤，绍兴十一年，在临安送所亲于北闸下。忘携钱行，解衣质于库，见主人如旧熟识者，思之而未得。退访北关税官朱子文，言及之，盖数年前所常见丐者也。其人本豪民，遭乱家破，与妻行乞于市。使三子拾杨梅核，椎取其实以卖。少子尝见一白鼠在聚核下，归语父。父戒曰：明日往捕之，得而货于禽戏者，必直数百钱，勿失也。迨旦，母与偕至故处，果见鼠，逐之。及涌金门墙下，入穴中而灭。母立不去，遣子归，取锸劚地，深可二尺，望鼠尾犹可见。俄得一青石，揭去之，下有大瓮，白金满中。遽奔告其父，父至，不敢启，亟诣府自列，愿以半与官，而乞厢吏护取。府主从其言，得银凡五千两。持所得，即日鬻之，买屋以居。而用其钱为子本，遂成富家，即质库主人也。（畤说）

——（宋）洪迈《夷坚乙志》卷十一《涌金门白鼠》，中华书局1981年版。

81.（南宋）钤辖葛钥之子，富于资财，拉吴博。吴仅有千钱，连掷获胜，通宵赢过百缗，葛不能堪。明日复战，浃辰之间，所得又十倍。吴由是启质肆，称贷军卒，不数年利入万计。其父呼还家，读书益勤，两预贡籍。

——（宋）洪迈《夷坚支丁》卷九《盐城周氏女》，中华书局1981年版。

82.（元）老夫姓张，名义，字文秀，本贯南京人也。嫡亲的四口儿……俺在这竹竿巷马行街居住，开着一座解典铺，有金狮子为号，人口顺都唤我作金狮子张员外。

——《元曲选》第一册《相国寺公孙合汗衫》第一折，中华书局1958年版。

83.（元）小生姓林名盛，字茂之，在这汴梁城内开着座解典库。这里有个上厅行首刘倩娇，我和他作伴，我一心待要娶他，他有心待要嫁我，争奈有老婆在家，和我生了一儿一女，我因此不好说得。

——《元曲选》第四册《马丹阳度脱刘行首杂剧》第三折，中华书局1958年版。

84.（明）王封君梦祥，王文肃公有数质库，取其息，至久而中耗。文肃公以闻府君，急收之，尚有什一二存。府君曰：“收之其耗露矣，不责偿且益玩我。责之急，彼不死水火，则桎梏耳。姑示不测，以空名縻之。”及府君卒，而诸库橐皆如洗也。又遗令毋得问乡里诸责，且析其券，以故业渐落，不能如太父时。

——（明）张萱《西园闻见录》卷十四《宽洪·往行》，《续修四库全书》第1168册，上海古籍出版社2002年版。

85.（明）常熟董华岩者，其内弟为巨盗，被收。密呼董曰：“我有藏镪若干，可亟取以脱我。”董取之而佯报曰：“无有也。”则又嘱曰：“尚有某二处，可急往迹之。”董即呼其子敬岩，悉发为已有，而置毒物于饷，杀其内弟。自是家渐饶，广开质库。咫闻录［可鉴］

——（明）毛晋《虞乡杂记》，《丛书集成》初编第3157册，第206函，中华书局2010年版。

86.（明）长兴臧尧山先生之父开典于城门内，偶至典中，值一乡人赎典物者与家人小忿争。臧翁不直其人，其人逞忿，以手扑翁面者再。家人欲痛辱之，翁不许，反送其人至门，安慰而别。其人到家，甫三日即死。

——（明）李乐《续见闻杂记》卷十，《续修四库全书》第1171册，上海古籍出版社2002年版。

87.（明）董尚书（份）富冠三吴，田连苏湖诸邑，殆千百顷。有质舍百余处，各以大商主之，岁得子钱数百万。家畜僮仆不下千人，大航三百余艘，各以号次听差遣。

——（明）范守己《御龙子集·曲洧新闻》卷二，《四库全书存目丛书》集部第162册，齐鲁书社1997年版。

88.（明正德年间，苏州昆山财主宋敦晚年得子，人称宋小官，后家境败落经历磨难，得盗贼所遗财富）其它都变卖，不下数万金。就于南京仪凤门内买下一所大宅，改造厅堂园亭，制办日用家伙，极其华整。门前开张典铺，又置买田庄数处，家僮数十房，出色管事者千人。又畜美童四人，随身答应。

——（明）冯梦龙《警世通言》第二十二卷《宋小官团园破毡笠》，人民文学出版社1984年版。

89.（明，李大鸿）又出母钱为质于姑孰者二。姑孰距江宁不三舍之遥，亦永籍为公家之关中也。以是计算应如桴鼓，贾人咸西面事之为祭酒云。

——婺源《三田李氏统宗谱·恩授王府审理正碧泉李公行状》，转引自《明清徽商资料选编》第五章，黄山书社1985年版。

90.（明）小韩者，杭州人，少年美丰姿……（母死流落无家）一日，偶立于陕商盐店之下，见有算簿在案。店中人不娴算术，前后昏错，致主人翁屡叱之。韩遂代为布算一局，从容下筹，甚有条贯……（于是得到这个盐商器重，视同已出。盐商死后，韩反用计害一富贾遗孀荆娘，得其财）而韩自谓用计之得，鬼神所莫知也，广张典库，纵畜少艾，遂为杭城富人。

——（明）《狯园》卷七《小韩负心报》，《续修四库全书》第 1267 册，上海古籍出版社 2002 年版。

91.（明）维扬萧姓，世业鹾商。翁以好士，挥霍数万金，家以中落，郁郁而亡。其长子希圣自幼得与诸名士游，熏陶入学，由甲科入馆选，转部郎而膺外任。初为云南大理太守，奉太夫人，并携其幼弟希贤赴任……（希贤无意之中，得墨绿富矿，因而致富，当时其母与兄已归乡，希贤乃携银回原籍，时乃明末，希贤主张以其所得银）仍配盐业为商，以其余分设质库，广置田宅。

——（清）吴芗厈《客窗闲话》卷一《萧希贤》，《笔记小说大观丛刊》第 1 编第 2 册，（台北）新兴书局 1978 年影印本。

92.（清康熙四十八年八月戊午）偏沅巡抚赵申乔疏言：永州镇中营游击唐之夔，违禁取利，将饷银发钱铺换钱，给银少而取钱多；又令营兵放债，盘剥小民。其永州镇总兵李如松故纵属员，不加管束，又自行开设典铺，亦属违例，相应题参。

——《清圣祖实录》卷二三八。

93.（清和珅）当铺七十五座，查本银三千万两。

外钞刘、马二家人……当铺四座，本银一百二十万两。

——（清）薛福成《庸盦笔记》卷三《查抄和珅住宅花园清单》，《笔记小说大观丛刊》第 1 编第 1 册，（台北）新兴书局 1978 年影印本。

94.（清和珅）当铺十处，本银八十万两，号件未计……籍珅之家人刘全、刘陔、刘印、胡六家，除金银外，当铺八座。

——（清）佚名《殛珅志略·查抄和珅家产清单》，《笔记小说大观丛刊》第 4 编，（台北）新兴书局 1978 年影印本。

95. 道光六年（1826）山西太谷阳邑镇商人在华北各地开当情况表

编号	典当名称	化缘人及所去地方	页码及所在碑的位置
1	永益当、永增当、永丰当	杜士和从赤峰县化	第 436 页，东亭第六排左六正面
2	三合当、乾元当、常吉当、魁盛当通裕当、永惠当、永隆当、丰亨当、庆长当、丰利当	杜楚兰等从塔子沟化	第 437 页
3	晋顺当、恒兴当、天盛当	王映山从房山化	第 438—439 页
4	恒兴当、永平当、德隆当、元吉当、天佑当、方生当、致和当、庆和当、天合当	杜赐麟从琉璃河化	第 439 页

续表 1

编号	典当名称	化缘人及所去地方	页码及所在碑的位置
5	德顺当、富新当、丰泰当、兴茂当、通泰当、咸丰当、源盛当、万盛当、吉亨当、丰盛当、万全当、丰益当、万聚当、源昌当、庆昌当、久盛当、久升当	杜士谦从承德府化	第 439—440 页
6	合和当、公兴当、公盛当、永庆当、公义当	杜能藩从成安县化	东亭第六排左六背面，第 440—441 页
7	丰泰当	孔昭明从通州化	第 441 页
8	存诚当、东义当、义成当、天诚当、性诚当、长泰当、长泰当、恒顺当、广益当	石中宝从中卫县化	第 441—442 页
9	源茂当、义利当、近成当、万亿当	杜系昌从武安县化	第 443 页
10	元升当、阎宗典	杜璞等四人从张家口化	第 443 页
11	万合当、万源当、源顺当	禅房赵恭祖从通州化	第 444 页
12	美裕当、卞裕当、裕丰当、义和当、三发当、复新当、三和当、天顺当、隆顺当	杜尔顺从张家口化	第 444 页
13	五常当	白环等人从永年化	东亭第一排左五北面。第 445 页
14	仁和当、恒庆当、洪升当、巨来、百川当	杜金桥等从邯郸化	第 445—446 页
15	永合当、长宁当、恒昌当	杨景和等人从河口化	第 446 页
16	常泰当、三泰当、吉泰当、德兴当	杜楚兰从塔子沟化	第 446—447 页
17	大川当、大信当、义和当、大成当、义胜当、如川当、信成当、镇兴当、永顺当	王登科从新城化	第 447 页
18	德新当、常新当、日新当	贾三善从丰台镇化	第 448 页
19	隆泰当、久征当、万顺当	杨天培从广平化	第 448 页
20	仁义当、昌盛当、三合当、广源当、宁元当	杜士振从归化城化	第 448 页
21	永合当、公合当	杨光荣从固州化	第 449 页
22	王成当、泰来当	杨景震从香河县化	第 450 页
23	义胜当、丰亨当	刘嘉乐等人从京都化	第 451 页
24	瑞和当、大顺当、双和当、大亨当、大来当、大川当、宁远当、仁和当、广裕当	杜士卓从绥远城化	第 451 页
25	公合当、永顺当、德合当、兴盛当、恒盛当、魁盛当	杜恕心从归化城化	第 452 页

续表 2

编号	典当名称	化缘人及所去地方	页码及所在碑的位置
26	大泉当、广泰当、涌隆当、广成当、亿恒当、广元当、广亿当、广丰当	杜大玉从诺尔化	第 452—453 页
27	吉亨当	杜有信从汤阴县化	第 453 页
28	永新当、复新当、德兴当	孔应贞从保安州化	第 453 页
29	天一当、天和当	杨大贞从武安县化	东亭第一排左七北面。第 454 页
30	广元当、亿兴当、广德当、广裕当、广丰当、广来当、广泰当、涌隆当、广和当、广成当、大泉当、兴隆当、广亿当	乔泽深从兴化镇化	第 455 页
31	昌合当、世远当、万诚当、聚远当、复诚当、万源当	杜起泰从中卫化	第 445 页
32	当行（施钱十钱）、丰元当、广育当、公盛当、存仁当、合义当、东源当、广兴当	程宽从黎城化	第 445—446 页
33	聚丰当、宝聚当、长顺当、兴源当、同盛当、王昌当	王元德从清风县化	第 456 页
34	东升当、存诚当	杜大经从潞村化	第 456 页
35	恒德当、王顺当、聚成当、正兴当、德昌当	杜冠山等从陕西化	第 457 页
36	宁远当、隆泰当、万顺当、协和当、当泰当、保和当、广泉当、德盛当、五常当、宗贤当、宗义当、五合当、王合当、广承当、隆盛当、郭生当、永泰当、万庆当	杨效武从广平化	第 457—458 页
37	裕滋当、裕成当、德成当	贾三畏从京都化	第 458 页
38	天和当、王顺当	生员杜际泰从武功化	第 458—459 页
39	元升当、常泰当	监生杜焕龙从京都化	第 459 页
40	天佑当、恒隆当、永盛当	杨德魁等从扶风县化	第 459 页
41	常合当	马璞从延庆州化	第 460 页
42	三发当	程光辅从京都化	第 461 页
43	泰来当	杨得善从中卫化	西亭第一排右一背面。第 461 页
44	文新当、公庆当、永安当、泰来当	张天培从天津化来	第 462 页
45	兴裕当、通泰当、公益当、万成当、恒源当、恒裕当、会计当	?	第 462 页

——《道光六年重修净信寺碑记》，此碑在太谷县阳邑镇。据史若民《平祁太经济社会史料与研

究》第一编，山西古籍出版社2002年版。

96.（清道光乙巳）立分析典业阄书兄弟汪左淇、实卿、逊旃、运钥同侄恩淞、恩淋、恩深、恩芳，缘乙巳春，我兄弟因家计浩大，进不敷出，设为存本分利之举，方期各房省俭整理，相与有成。不意去年用度益繁，均各动本。若再因循荏苒，伊于胡底？再四思维，不得已，禀明伯、叔、母：议将德新、协和、怡和、敬义四典分承。今奉伯、叔、母命，邀集亲族，兹凭亲族每房分承一业，先立墨议，备载详明，再立阄书，秉公拈定，嗣后各守各业，毋坠家声。所有各条开列于左，一样四本，各执一本，永远存照。

——公项银钱已载明，墨议为据。又复立骑缝印簿壹本，结存公项存本总数，存入公匣为据。

——大、二、三、四房财本于本年四月清算明白，载在墨议。又复立骑缝印簿壹本，各房结存本钱总数，存入公匣。又分写四本，每房收执壹本，永远为凭，兹不备载。

——平湖德新典系租虞姓房业，其押租并店底计作本钱，实卿阄得。

——清浦协和典所置典屋、内外栈屋并店底，计作本钱，逊旃阄得。

——汤溪怡和典罗埠栈系租洪姓屋业，所置典屋并店底计作本钱，左淇阄得。

——汤溪敬义典柜台门面，系租洪姓屋业，所置后首典屋、罗埠栈屋及当屋租、押项并店底，计作本钱，恩淞阄得。

——四业各房即已阄定，其四典账目凭亲友一概算清，分拨明白，日后四个房头子孙不得以账目不清生端借口。

——各亲友附记存本，墨议均已载清。此外四典并无会票在外。

……

大房峻亭公、逊旃、运钥承祖业并分受财本各款汇清

收承本渊源、分业墨议：入来分受足钱叁万千文。

收同入来大房另存项：足钱玖千肆百贰拾陆千叁百肆拾肆文。

收同入来坐飞协和典友暂项：足钱五百肆拾壹千五百叁拾文。

叁共足钱叁万玖千玖百陆拾柒千捌百五拾柒文。

又收公项拨来生息本足钱肆千柒百千文。

收各亲友存公项拨来附生息本足钱叁千五百千文。

收自亲眷存公项拨来生息本足钱陆千五百千文。

收本典各友附生息本足钱五百柒拾玖千玖百柒拾叁文。

四共生息本足钱壹万五千贰百柒拾玖千玖百柒拾叁文。

大共计存本足钱五万五千贰百肆拾柒千捌百叁拾文。

阄得清浦协和典实存典本足钱五万玖千陆百肆拾壹千肆百玖拾五文（原七六银壹万捌千肆百柒拾五两陆钱五分贰厘）。

四月吉辰清查总簿备载

内除上年结存德新往来，今作拨付德新典足钱叁千叁百千零玖百伍拾陆文。

除拨找公项零足钱柒拾柒千零肆拾贰文。

除拨付怡和典足钱壹千零拾五千陆百陆拾柒文，叁共除拨足钱肆千叁百玖拾叁千陆百陆拾五文。

除拨付净存协和典实本足钱五万五千贰百肆拾柒千捌百叁拾文。

对上计存合数……

——《汪氏典业阄书》，转引自汪庆元《汪氏典业阄书研究》，《安徽史学》2003年第5期。

97.（清）中兴功臣之富者，惟合肥李姓为最。兄弟六人，一、二、四房，皆约数百万，而不得其详。三房则知之确。分爨时，析为五，每有见银三十五万两，田产、典铺在外。六房早卒，遗寡妻幼子，兄弟五人，合银二百万两与之。而五房极富，家中田园、典当、钱庄值数百万不算。就芜湖而论，为长江一大市镇，与汉口、九江、镇江相埒，其街长十里，市铺之七八皆五房创造，贸易则十居其四五。合六房之富，几可敌国……若杨玉科、席宝田、刘铭传诸将皆数百万。其余百万者，未可数。

——（清）欧阳昱《见闻琐录·后录》卷二，转引自李文治《中国近代农业史资料》第一辑，生活·读书·新知三联书店1957年版。

98.（清末）又原奏所称，扬州、芜湖等处质库相望各节，经臣饬据查明，芜湖县之源庆公典，系李瀚章之侄李经榘所设，曾据李经榘呈明，当涂、繁昌各有典铺一所，请领发商生息银两，经太平府批存在案。扬州府属仪征县之盛肇大典，内亦有李姓资本二万两，但非李瀚章所存。又上年正月间，扬州有被焚之同益公典，人皆指为李瀚章之胞侄所开。

——《左宗棠全集·奏稿卷五十九·续查已革道员被参各款据实覆陈折》光绪八年十二月初五日，上海书店1986年版。

99.（清光绪十年闰五月十二日）五月杪，浙抚查明胡雪岩家产备抵各省公款咨文到部，计亏短公款共银一百六十余万两，其家产入官者计典当二十六铺，衣庄一座，统计各铺本银较亏短数目不相上下。现虽入官作抵然，其款项仍须展缓解到，盖以其变价尚须时日也……计开备抵各铺：杭州城内典当四家，广丰、公和、广顺、成大；杭州城外典当一家，泰安；海宁硖石镇典当一家，万和；德清城内典当一家，公顺；德清新市镇典当三家，恒甡、庆余、同庆；龙游城内典当一家，庆生；石门城内典当二家，裕大、大亨；桐乡石门湾典当一家，大生；归安双林镇典当一家，大成；镇江城外典当一家，祥泰；海宁城内典当二家，义慎、裕丰；仁和塘栖镇典当一家，公义；衢州城内典当一家，余庆；金华城内典当一家，源生；湖南浏阳典当一家，乾利；上海典当四家，大和、悦来、裕丰、丰裕，此四家即在嘉兴黎里镇。杭州衣庄一家，公济。

——《申报》4031号《亏短备抵各项清单》。

100.（清光绪九年十月廿二日）于是父子谋定于江宁、苏州、武昌各开二典，于扬州开四典，挈眷僦住扬州。每典先发本银二十万两，其长子于上科登贤书，次子已久捐两淮运判。今已遣长子回晋专选典伙来南，一切照西典古法，以杜亏账、放火、伙遁、害主之患，不用一外人。现于扬州城内买地造屋，百堵皆兴，大约岁底即可开张。此风一传，即有富绅、巨贾、小贩、盐帮趾错于门。翁谦抑逾恒酬应悉协，有言及财者，翁则云另有财东，我不过受重托为总管而已。语云长袖善舞，多财善贾，其翁之谓欤！

——《申报》3802号《巨商开典》。

101.（清）徽商赵老朝奉者，开典铺于常邑，其子用韬，娶魏某之女……悍妒异常，待其夫如酷吏之虐重囚，用韬爱其貌而畏其威。

——《养疴客谈》（虞阳说苑·乙编），《笔记小说大观丛刊》第38编第9册，（台北）新兴书局1978年版。

102.（清）宜人李氏，讳某，字某，嘉缉之元室也，上元县人，祖某、父某。李氏故巨族，以资雄于乡。由里门至京国，不持资而行，沿途巨区各镇皆设有质肆，足供往来……年二十三来归，奉姑以谨，娣姒女妹间欣欣如也……嘉缉婚未逾月，赴馆扬州……又明年，馆直隶易州。先是，嘉缉岁考当得饩，贫不暇及。及是，宜人典嫁服，撤首饰以营之……姑有裘服在典中，宜人以己服易之，再赎而再典，无以易也。其后乃终不自着裘。

——（清）邓嘉缉《扁善堂文存》卷下《亡室李宜人权厝铭并序》，光绪二十七年刊本。

103.（清同治）山右某诸生幼游庠，家富闭户潜修，至老未遇。年七十登贤书，初见房师曰："门生六十年无知己，今得老师，是再造恩，无以报。家有二子，开设三典，颇能自给。二子各分一典，以一典敬谢老师。"即授以券，其房师亦年近六十，候缺无期，寒苦极矣。闻之喜出望外，不暇择言，欣然与其子为□□焉……房师遂致仕而为财翁。"

——（清）邓文滨《醒睡录初集》卷七《人事类·敬谢老师一典当》（申报馆刊）。

104.吴县潘中堂芝轩，状元宰相，贵极人臣。其长男某，弱冠举于乡，考取内阁中书，咸期以远利。三十年后，忽慕清净，思祝发为僧……佃户不能纳租，即销其籍。颇有伪饰给之者，亦听焉。家故巨富，质库十余，逼时贷其息。境有大工，或灾歉，首先倡捐，动辄万金。大吏为请叙，即固辞。

——（清）采蘅子《虫鸣漫录》卷一，《笔记小说大观丛刊》第1编第7册，（台北）新兴书局1978年版。

105.（清同治）有富室嫁女者，衣饰器具，无一不备极精美，费已巨万。将婚前数日，女从容白母曰：父为我置厚奁，无微不至，感且不朽，奚敢他求？然我家如此巨富，嫁女无一典肆，恐为宗族乡党羞。女故无利心，只求伪饰外观，终当完璧归赵耳。母以语父，父允焉。俗例：以质库赠嫁者，必结采亭，悬某典招牌，并陈簿籍于其中，令典内各执事，衣冠济楚，拥护而前，以为夸耀。父既如所请，送奁日，遂循俗例而行。成婚三日，壻竟执簿入肆，按籍而稽，居然自作主人翁矣。父闻之，恚甚。然邻里亲族周知，嫌于自悔，乃隐忍焉。

——（清）采蘅子《虫鸣漫录》卷一，《笔记小说大观丛刊》第1编第7册，（台北）新兴书局1978年版。

106.（清）山西灵寿县杨氏，巨族也，以豪富名，在京师开设当铺七十余所，京中人呼之为当杨。墨林太守尤以侠着，慷慨慕义，挥手千金，无少吝，甚喜接纳寒士，有广厦大庇之意。

——（清）王韬《遁窟谰言》卷一《江楚香》，光绪六年刊本。

107.（清）清江浦为南北孔道，乾嘉间河工极盛……有徽人汪已山，侨此二百年矣。家富百万，列典肆，俗呼为汪家大门……未及二十年，家遂大落，典肆以负帑入官，汪亦贫悴而死，未至六十也。

——（清）徐珂《清稗类钞》第七册《典商汪已山之侈》，中华书局1984年版。

108.（清光绪十九年七月初十日）津城之称富户者，动曰东韩西穆，而长源号杨氏、涌源号郑氏，亦以材世其家。郑氏之力虽不敌杨，然家产亦值数十万金，且无败家浪子，安常处顺，当绳绳继继，传之奕祀不失为富家翁。不知何故，去岁竟不能支持，拟以房产地业以及典当数家，商借洋款四十万金，迄无成议。今岁遂以各业抵归杨氏，杨氏典当向以中字冠首，现在郑氏原业闸口之勇庆当，已改中育牌号；而大沽某典改曰中通，咸水沽典当一所亦以中字名之，归杨管业，于七月初二日悬牌交易矣。富贵不常，繁华如梦，能无感慨系之？

——《申报》7304号《浮云变幻》。

109.（清）光绪三十一年秋季分开设当铺数目表

内城字号	商人姓名	籍贯	开设地址
德顺	周子澄	顺天大兴县人	崇文门内闹市口
南恒肇	吴又林	江苏人	东单牌楼北米市路东
瑞增	夏周臣 王朝甫	顺天宛平县人 顺天昌平州人	东单牌楼北路东
同丰	同福堂	顺天大兴县人	东单牌楼总布胡同
泉盛	富锡堿	顺天大兴县人	东安门外菜厂胡同路北
和兴	荣安堂	顺天大兴县人	东安门外八面槽路西

内城字号	商人姓名	籍贯	开设地址
恒丰	怡爱堂	顺天宛平县人	北新桥南石雀胡同路北
震盛	富锡璟	顺天大兴县人	东四牌楼魏家胡同路北
同义	戴立堂	顺天大兴县人	东四牌楼十二条胡同老君堂
祥福	姚季衡	顺天通州人	朝阳门内大街路北
广丰	五福堂	顺天大兴县人	朝阳门内大街路北
信成	敬思堂	顺天大兴县人	朝阳门内南水关林驸马胡同
和丰	福庆荣	顺天大兴县人	东四牌楼炒面胡同路北
华富	李馨亭	顺天大兴县人	东四牌楼马大人胡同路北
孚善	善庆堂	顺天大兴县人	东四牌楼马市路东
嘉和	齐通甫	顺天宛平县人	隆福寺西口外路东
谦益	邵儒臣	顺天大兴县人	东四牌楼隆福寺西口内
全益	周辅卿	顺天昌平州人	朝阳门内大街路北
祥茂	索耆寿	顺天大兴县人	朝阳门内南小街路西
庆丰	李荣	顺天通州人	朝阳门内南小街路东
和聚	万和堂	顺天大兴县人	东四牌楼香饵胡同路北
松茂	张玉衡	顺天大兴县人	东四牌楼五条胡同东口路东
元聚	钰成全	顺天大兴县人	东四牌楼七条胡同中间路北
长源	王华臣	顺天大兴县人	东四牌楼十二条胡同横街路东
元盛	宋荣堂	顺天大兴县人	东四牌楼汪芝麻胡同东口外路西
东恒肇	吴又林	江苏人	东四牌楼北六条胡同
万丰	养源堂	顺天大兴县人	北新桥北路东
源和	余永昌	顺天大兴县人	北新桥北路东
裕丰	娄厚甫	顺天大兴县人	安定门大街路西
丰源	福厚堂	顺天大兴县人	安定门内交道口西路南
万庆	高华谷	直隶深州人	南锣鼓巷路东
阜丰	娄厚甫	顺天大兴县人	南锣鼓巷南头路西
恒益	周辅卿	顺天昌平州人	安定门内大街路西
庆元	沈松岩	顺天大兴县人	安定门内国子监口外路东
富源	李子洲	顺天大兴县人	东直门内人街路北
天聚	胡星桥	顺天大兴县人	北锣鼓巷琉璃寺
中和	郭宗益	顺天大兴县人	后门外烟袋斜街
恒益	李子洲	顺天大兴县人	地安门外三座桥路北

续表 2

内城字号	商人姓名	籍贯	开设地址
宝华	刘春溥	顺天大兴县人	地安门外钟楼后赵府街
亿丰	济元堂	顺天宛平县人	地安门外旧鼓楼大街路西
宝善	和易堂	顺天大兴县人	地安门内蜡库路东
利源	郭廷益	顺天大兴县人	东安门内路北
有容	李光绶	山西太原府人	东安门内骑河楼西口路北
万泉	纯善堂	顺天宛平县人	阜城门内十八半截路北
聚源	余会堂	顺天大兴县人	德胜门大街路西
谦益	邵延年	顺天大兴县人	德胜门内果子市路北
同兴	邵延年	顺天大兴县人	东四牌楼九条胡同西口内路北
聚盛	刘辅臣	顺天宛平县人	德胜门内大街弘善寺口外路东
丰盛	富锡璟	顺天大兴县人	西安门内大秤它胡同路南
同和	李珠舫	顺天宛平县人	西直门内大街路北
天源	徐月艇	顺天宛平县人	新街口南路东
宝丰	袁宝三	顺天通州人	西直门内横街沟沿路东
中元	张耀亭	顺天大兴县人	西四牌楼当街庙路东
天和	李润田	顺天宛平县人	西四牌楼路西
万成	王峻峰	顺天宛平县人	护国寺口内路北
西恒肇	吴又林	江苏人	阜城门内锦什坊街
北恒肇	吴又林	江苏人	宫门口太平街路南
中兴	郭光益	顺天大兴县人	阜城门内锦什坊街
玉兴	伍贵善	顺天宛平县人	阜城门内西斜街路东
和合	曾槐亭	顺天大兴县人	阜城门内翠花街口路西
日丰	邵延年	顺天大兴县人	阜城门内大街路北
如泽	吕松泉	顺天宛平县人	西单牌楼西半截碑胡同路东
亨裕	广治唐	顺天大兴县人	沟沿石碑胡同口外路东
公益	四合堂 李润田	顺天大兴县人 顺天宛平县人	西单牌楼二条胡同
天寿	李润田	顺天宛平县人	西单牌楼路东
增寿	李万增	顺天大兴县人	西单牌楼炭市路西
久隆	曹子瑞	山西汾州府人	西单牌楼报子街
天泽	吕松泉	顺天宛平县人	西长安街路北
德盛	三之堂	顺天大兴县人	西长安门外路东

续表 3

内城字号	商人姓名	籍贯	开设地址
镃增	王伯岑	顺天大兴县人	前门内兵部洼路东
万成	贾手咏 李皓田	顺天大兴县人	宣武门内南闹市口西路北
万隆	高华谷	直隶深州人	西单牌楼兴隆街路北
惠元	相吉人	顺天宛平县人	德胜门内蒋养房东口内路北
信义	李栋年	顺天宛平县人	西四牌楼羊肉胡同
亿和	康仪	顺天大兴县人	交道口南路东
义盛	娄厚甫	顺天大兴县人	后门内黄化门口内路北
丰盛	诒锡堂	顺天宛平县人	阜城门内葡萄园路北
钰盛	扶风堂	顺天宛平县人	西单牌楼旧帘子胡同
同福	李海泉	顺天大兴县人	崇文门内苏州胡同路北
崇兴	马仲三	顺天宛平县人	地安门内大石作南口内路东
松裕	王德禄	顺天宛平县人	西四牌楼南大院胡同路南
广顺	纯善堂	顺天大兴县人	朝阳门内八大人胡同路北
仁汇	异乐堂	顺天宛平县人	东四牌楼驴市胡同路北
德茂	周子澄	顺天大兴县人	西直门内半截胡同
广德	李兰波	顺天大兴县人	安定门内交道口路北
隆丰	松润堂	顺天大兴县人	东四牌楼南路东
万利	高华谷	直隶深州人	前门内旧刑部街路北
公和	龙剑堂	顺天宛平县人	西四牌楼武定侯胡同路南
宝盛	孰德堂 中和堂	顺天大兴县人	德胜门内果子罐胡同口外路北
东富源	沈紫臣	顺天大兴县人	东直门内大街路北
义丰	娄厚甫	顺天大兴县人	地安门内织染局西口路北
天昌	徐月艇	顺天宛平县人	锦什坊街南头学院胡同路北
天兴	徐月艇	顺天宛平县人	曹公观后永泰寺胡同路南
义聚	娄厚甫	顺天大兴县人	东四牌楼南沟栏胡同西口外路东
聚和	李润田	顺天宛平县人	南锣鼓巷井儿胡同东口路北
乾丰	刘祝三	顺天大兴县人	北新桥二条胡同路南
增盛	李昆浦 韩味兰	顺天宛平县人	正阳门内西交民巷路南

以上共九十七家，每家缴银四十两，共银三千八百八十两。

外城字号	商人姓名	籍贯	开设地址
恒茂	刘贡南	顺天大兴县人	崇文门外中三条胡同路北
祥源	耆寿堂	顺天大兴县人	朝阳门外大街路南
泰盛	伊勒图	顺天大兴县人	崇文门外木厂胡同路北
天源	耆寿堂	顺天大兴县人	花儿市猪营路南
复成	如松堂	顺天宛平县人	崇文门外东茶食胡同
同顺	朱云亭	顺天宛平县人	崇文门外北芦草园路北
德福	李润田	顺天宛平县人	前门外大蒋家胡同
长盛	富锡璟	顺天宛平县人	前门外长巷下三条高庙路东
济通	刘仲霖	顺天宛平县人	前门外三里河路北
兴盛	陈济川	顺天宛平县人	前门外西珠市口路北
德成	李莲舫	顺天大兴县人	前门外给孤寺路南
广聚	王松泉	顺天宛平县人	前门外十间房南路东
同义	王庚臣	顺天武清县人	板草胡同路北
公兴	慎思堂	顺天宛平县人	前门外陕西巷
承庆	唐辉庭	顺天大兴县人	前门外樱桃斜街路北
恒盛	恒德堂	顺天大兴县人	崇文门外小市口东路南
仁泽	敬恕堂	顺天大兴县人	宣武门外南横街路北
通盛	追来堂	顺天大兴县人	崇文门外关王庙街路北
和盛	五福堂	顺天大兴县人	宣武门外骡马市大街路北
鼎盛	同和堂	顺天宛平县人	前门外蝎子庙路北
和源	曹子功	顺天宛平县人	宣武门外北柳巷路西
和兴	崇善堂 宝善堂	顺天宛平县人	前门外五道庙路东
通源	李璋	顺天宛平县人	京西八里庄
同聚	刘义	顺天大兴县人	海甸西蓝靛厂火器营南门外路南
悦来	冯天德	顺天宛平县人	京西门头村街中间路北
干泰	李永茂	顺天宛平县人	京西香山四王府村街中间路北
同兴	崇善堂 宝善堂	顺天大兴县人	前门外三里河八角胡同口外路北
亿源	福厚堂	顺天宛平县人	前门外王广福斜街路西
德润	朱佩如	顺天大兴县人	东直门外上关路北
广兴	王永福	顺天大兴县人	东直门外东坝镇十字街路北

续表 1

外城字号	商人姓名	籍贯	开设地址
广源	章文泉	顺天宛平县人	孙公园中间路北
聚通	敦叙堂 蔡荷初	顺天大兴县人	前门外炭儿胡同路北
瑞通	三益堂	顺天宛平县人	前门外南柳巷路西
四和	夏周臣	顺天宛平县人	南横街西头路北
瑞生	鉴湖堂	顺天宛平县人	宣武门外驴驹胡同路北
广恒	贾西瀛	顺天宛平县人	宣武门外大街路西
恒德	刘玉臣	顺天大兴县人	宣武门外大街路东
海裕	崔立世	山西介休县人	朝阳门外大街路北
元成	何学闵	顺天宛平县人	京西青龙桥北路西
乾元	李燕臣	顺天宛平县人	京西海甸灯笼库路西
永祥	永安堂	顺天大兴县人	永定门内路东
万泉	乔佩芳	顺天大兴县人	京西海甸城府路北
同泽	梁子修	顺天宛平县人	阜城门外关厢路南
义兴	王振堂	顺天宛平县人	海甸老虎洞路北
德成	周子澄	顺天大兴县人	广渠门内路南
裕如	王晓亭	顺天大兴县人	阜城门外大街路北
广通	王寿山	顺天宛平县人	德胜门外上清河镇桥北路西
恒兴	梁英圃	顺天大兴县人	右安门外南关路东
恒肇当东号	刘禹臣	顺天大兴县人	东直门外二里庄路南
永盛	焦景芳	顺天昌平州人	前门外延寿寺街北头路西
松年	高伯泉	顺天大兴县人	左安门外关厢路西
和顺	曹子功	顺天宛平县人	京南黄村镇
同丰	李润田	顺天宛平县人	京西北辛庵村中间路北
福庆	杨熙珍	顺天大兴县人	东直门外东坝镇西头路北
福和	刘宗波	顺天大兴县人	前门外煤市街
天德	刘星垣	顺天宛平县人	前门外西柳树井路北
宝善	善庆堂	顺天大兴县人	京南采育镇南门外路东
永通	焦茂亭	顺天昌平州人	正阳门外兴隆街六条口外路南
长茂	刘长润	顺天宛平县人	京西树村中间路东
泰和	崇德堂 积善堂	顺天宛平县人	京西琉璃渠村中间路南

续表 2

外城字号	商人姓名	籍贯	开设地址
华裕	黄月亭	顺天大兴县人	正阳门外长巷三条胡同路西
丰聚	李新亭 于浚川	直隶深州人	彰仪门内大街王子坟路南
万裕	高华谷	直隶深州人	京南采育镇十字街路东
天丰	长善堂	顺天宛平县人	宣武门外永光寺中街路东
汇丰	娄厚甫	顺天大兴县人	德胜门外上关教场口内路南
长盛	刘辅臣	顺天宛平县人	京西长新店街南头路东

——刘建民先生藏《步军统领衙门、顺天府、五城御史会奏折》。

110.（清宣统三年三月十六日）南通州城内源大典当，架本九万余串，典房七十九间，旁院五十间；又石港镇和祥丰宝记典当，架本六万六千余串，典房七十七间；又刘桥镇安福仁记典当，架本三万余串，典房五十九间；又东台县梁垛镇典房一所，生材家具俱全，该典东已推抵邮传部接收，并经州尊出示晓谕在案。以上现存产业，较新创者利便无穷，如有合意者，请至京、津、宁、沪、汉、汴各交通银行接洽，或迳至各该典与部委面议。良产难得，幸勿错过。

——《申报》13712 号《典业招盘》。

111.（清宣统三年闰六月廿八日）无锡典当向较别邑为多，近来城厢内外各处继武踵开者络绎不绝，讵有前任归安县知县某令，因隐匿誊黄，婪收漕粮，经绅民控发省吏，查实奏参革职。该令即携赃潜归原籍，以材自娱，出其宦浙数十年贪囊与民争利。闻除去岁为鼎记、庆余两庄倒去数万外，尚有二十余万之谱。现拟于北门外坛头弄内租屋，翻造开设典当，不日即将拆卸旧屋鸠材庀工矣。

——《申报》13843 号《革令为孽利，常州》。

112.（清宣统三年九月廿日）军政府查悉，苏州城内外盛氏家产甚多，现已逐一查明，派人收管。其各典当如大顺、豫大、久大等均系盛氏之典，昨经军政府每典派兵四人，先行把守大门，诚恐漏货。一面派人到典查明账目，点见各货，开呈军政府后，仍令该典原有经理各执事人等照常生理。闻婿门外盛家衖全弄各市房，亦须收归军政府管理，此举大快人心。

——《申报》13922 号《民军占领苏州后种种》。

113.（清末）许翁，歙县人，余尝见之于故人汪镜轩坐上，盖即汪之妻父也。家故巨富，启质物之肆四十余所，江浙间多有之，至翁犹然。翁为人极厚悫，其言呐呐然如不出口。而其子弟中则有三四辈，以豪侈自喜，浆酒霍肉，奉养逾王侯……凡其家设肆之处，无远不至。至则以片纸至肆中，取银钱无厌足。主者或勒之，辄怒曰：“此故吾家物，何预公事?”使所善倡家，自至肆中，恣所取。主者大惧，皆以书白许翁。许翁自度不能要束其子弟，乃曰：“今吾悉闭诸肆，彼无所取，则已矣。”为书遍告诸肆，使同日而闭。已而，肆中诸客皆大哗：“主人所不足者非财也，何为悉罢诸肆？主人自为计则得矣，如吾曹何?”许翁闻之曰：“诚如公等言。”乃命自管事以下悉有所赠，管事者或与之千金，或两千金，视肆之大小，自是递降，至厮役扈养皆有分也，最下亦与钱十万。方许翁定此议时，初未尝量较其人数，及此议出，主者按籍而计之，则四十余肆，其人几及二千，各如数拜赐而去，而许翁之钱罄矣。十数世之积，数百万之赀，一朝而尽，亦可骇也。

——（清）许承尧《歙事闲谈》第17册，转引自张海鹏《明清徽商资料选编》第三章，黄山书社1985年版。

114.（清）一个姓何的，绰号叫做何九缸，因他开井掘了九缸银子，所以有这雅号。他只有一个儿子，前开典铺，后开栈房。

——（清）坐花散人《风流悟》第四回，远方出版社2001年版。

115.（清）六郎道：“耳闻不如目睹，你把妻子与我看看，若果生得好，我就把一爿当铺与你赌。”裴胜应允，遂引六郎到自己房边，远远站着，又设计把杨氏哄出来。六郎见了道：“果然好，和你交易。”……（裴胜）不上几掷，把六郎的筹码剿得精光，众人道：“文契要花押了。”那六郎是爽利汉子，当下画了花押，把当铺交与裴胜而去。

——（清）醒世居士《八段锦》第三段，远方出版社2001年版。

116.（清）姜宽见李瓂相问，心中暗想：“盟兄创的六十余座当铺，使奴唤婢，家成业就，在家享福，永不出门行侠作义。”

——《刘公案》第十八回《请李瓂激怒草上飞，访恶迹冤魂诉冤状》，《中国古代珍稀本小说续》贰拾，春风文艺出版社1997年版。

第三节　寺院典当业

117.（唐）（师俗姓郑，贞元六年受戒来此寺，时年二十一，精研法华，勤于寺务）于寺内别置粥堂，施众僧及时来道俗，凡历廿九载，无一日而阙焉。又会僧□转藏——历十三载。与常住造立铺店，并收质钱舍屋，计出缗镪过十万余资，咸舍所用，服玩仕俗之利曾不为已有也。当寺有所遗阙，法师常悉力济之，皆去难就易，转灾成福。至贞元十五年，祀天下大旱，人用乏食，百姓流离，京师米斗至五百，由是父子兄弟不相保焉。

——《山右石刻丛编》卷九《福田寺置粥院碑》，《隋唐五代石刻文献全编》第一册，北京图书馆出版社 2003 年版。

118.（唐，陈希烈）茅山紫阳观，右臣奉敕与修功德使元静先生、李含光、内谒者监程元暹等同检校修造前件观并了，并设斋谢上讫。去年九月二十二日录奏，奉敕宜付所司，修造观回残钱二百四贯二百八十五文。右修造外，有前件回残，为造观成附奏。奉敕：便赐观家充常住，郡司已准数分付三纲讫。臣又与观主道士刘行矩等商量，请于便近县置一库收质，每月纳息充常住，其本伏望长存。观额及徒众先受地顷亩并足。今载所收纳苗子，支来载粮亦充，并关内先有奴婢四人，小牛六头，车一乘，见在……右观家先贫，什物数少，昨修功德使程元暹奉敕支供黄箓斋，外有回残银一百两，令臣分付观内徒众将回，市所欠什物等，并令充足观内松竹果木等。

——（清）徐松《全唐文》卷三四五《修造紫阳观牒》，山西教育出版社 2002 年版。

119.（北宋开宝九年，宁德）国家自辛未年中，爰舍金帛，命所司建精舍，仍铸天冠菩萨梵容，斤斧功成，藻绘事就，谨舍铜金帛三百八十七千八百一十八文，建道场一，会修设五千僧功德庆赞，兼舍本州铁金帛二千绳充长生，供给常住，差灵隐寺副寺主辨隆为寺主，数年挂意，今日召工。

——《福建金石志》卷六《大华严寺庆寺疏》，《宋代石刻文献全编》第四册，北京图书馆出版社 2003 年版。

120.（北宋元丰元祐以后，龙图阁曾公帅长沙，）既至，问其地利之所出，度不足以赡众，则化净檀为油麦库以生财。役力事众，未有效劳者，则合众力建度僧之库，越两年而告成。

——（宋）慧洪《石门文字禅》卷二十一《重修僧堂记》，《四部丛刊》景明径山寺本。

121.（北宋）浮桥，由郡直上南台，有江，广三里，扬澜浩渺，涉者病之。元祐以来，江沙颇合，港疏为二，中成楞严洲。八年癸酉七月，郡人王秘监祖道为守，相其南北，造舟为梁……縻金钱千万，一出于施者。明年绍圣元年甲戌十月成，以其余钱三千九百缗分给负郭三县僧寺，以为本钱，俾岁取息口待缺弊修造。十一月落成，为文记之。寻又为屋以覆缆柱，架亭于其侧，以憩行者。中亭之北，又有泗洲堂一所，命僧守之。

——（宋）梁克家《淳熙三山志》卷五《驿铺门》，《宋元珍稀地方志丛刊》甲编五，四川大学出版社 2007 年版。

122.（南宋）绍兴丙子，大慧被旨东来，育王廓依之，璞继至。众逾千数，以为第一座……复来依焉。大慧移径山，璞以继之，遂主此山，禅衲云集。以祖孙三人世继坐道场，筑堂于丈室之东，名以三秀，遂为空门美谈。才具素高，以其暇日兴土木之工，皆极其壮丽，增庾入数千斛，施者委金帛，创为长生局五所，百需皆备，月施金钱饭僧以万计。

——（宋）楼钥《楼钥集》卷一一六《育王山妙智禅寺塔铭》，浙江古籍出版社 2010 年版。

123.（南宋）今僧寺辄作库质钱取利，谓之“长生库”，至为鄙恶。予按梁甄彬尝以束苎就长沙寺库质钱，后赎苎还，于苎束中得金五两（注），送还之。则此事亦已久矣。庸僧所为，古今一揆，可设法严绝之也。

——（宋）陆游《老学庵笔记》卷六，中华书局 1979 年版。

124.（南宋）使司据湘山报恩光孝禅寺住持僧□□曰：先于癸巳年十月初三日交割院事：乃见常住坐□通债叁百余贯，百色空虚，惟东库所存本钱贰百捌拾□贯贰拾捌文。市租潮入院之后，革除浮□支遣，不一二年□填还旧债本利肆百余贯，接□供众创造堂殿廊庑等。……今常□大小债负分文还足，勾销文薄，即无挂欠外，照得东库□本，今已揍一库钱共肆百贯文市，逐月运息支俵僧行祝圣衬钱，余外添纳免□钱贯外。祖潮新创西库一座，今亦揍（凑）足库本钱四百贯文市，除已令管库僧如海德聪收附库簿，逐月申呈使府签押外，照得本寺往年之间，动辄欠债叁伍百阡，皆因余盐之端。今祖潮所置西库，逐月运息买盐供众，实为利益。切缘本寺十方去处住持知事更换不一，心向后主首，知事库子与库僧通用移易不时借借，因少积多，侵用库本，向来倒败之由，皆因此弊。……（乞严立法，立赏钱一百贯，并许徒弟等人告官根究）当代住持赐紫慧鉴大□等庵道慈谨施衣资贰拾壹贯文市。添凑免丁库本□伍百贯文市，永为常住运息者。右出公据付湘山报恩禅寺收执照应，嘉熙二年叁月拾日给……（官名略）湘山住持所贵乎得人也，尚矣。居无何，近年以来，了无前代住持规范，往往为已之念重，为香火之念轻……由是檀施零星，香火冷落。帑藏枵然，逋负山积，岌岌乎若不能以一朝居也。……（因参政李鸣复之命，金州万春僧祖潮入此寺）祖潮怀帖入院，未期年果而檀信云从，捐金旋谷，近悦远来……东库之亏数复补，祖潮尽力于常住。因思山间日用，惟盐为最急。以日而会所费尤不赀。于是复以其修造之赢余，铢积寸累仅四百缗，创为西库，月收息可十二缗，仅足偿一月市盐之费……（申州给据刻石）嘉熙戊戌六月跋，其刻在全州。

——（清）谢启昆《粤西金石略》卷十二《本寺创库库本公据》，《宋代石刻文献全编》第四册，北京图书馆出版社 2003 年版。

125.（南宋）本觉创自李唐……（历兵火屹然，嘉熙旱灾，有司劝粜本院谷尽，僧起屋八十多间）又明年鼎新长生库庐，捐衣钵所有以营子本之入……（乃补舟楫及众器具）

——（清）倪涛《嘉禾金石志》卷二十二《本觉禅院记》，凤城古籍书店 1990 年版。

126.（南宋）丁可福田庄记云：耕而食，生者所以为养……伊庵权师来天台，主万年，方外禅衲云阗雾合。师谓其徒了性曰：来者多食指，奈何？……性曰：原隰奥区无有垠堮，施者有限，疲人力于一役，如其惫。乃访故老，寻废址，筑庄于泄上，曰福田，为屋一区，堂庑库庾两序具备，存施钱千缗，为母以倡子，岁又赢焉，因农隙广陇亩，其本不摇而力有余。地岁浸久且将雕镂谽谺尽为阡陌，高下封畛綦分绮错，利可既哉！

——（宋）陈耆卿《嘉定赤城志》卷二十八《寺观·天台禅院·万年报恩光孝寺》，《宋元地方志丛书》第11册，（台北）大化书局1980年版。

127.（南宋）大禅明禅师，秀州人，妙喜会中龙象，丛林所谓明大禅也……先是杨和王梦一异僧，欲化苏州一庄。翌旦，师忽杖屦徒步而至。王见师奇伟，与梦中无异，首言："苏州一庄为径山供佛斋僧，无穷之福。"王未有可否，遂达孝宗。会和王入朝，上为言："闻卿舍苏州庄与径山，朕当为蠲免赋税。"和王谢恩，归即以庄隶径山。此庄岁出二万斛，犁牛、舟车、解库、应用，百事具足，师于缁素有大因缘，江浙两湖皆号之为布袋和尚再出之云。

——（明）吴之鲸《武林梵志》卷十《径山寺》，文渊阁《四库全书》第588册，（台北）商务印书馆1983年版。

128.（南宋淳熙十五年）本院诸殿堂虽殿主执干，尚阙长明灯，遂募众缘，得钱叁拾叁贯。入长生库，置灯油司。逐年存本，所转利息买油。除殿主殿堂灯外，别置琉璃明灯，仰库子逐月将簿书诣方丈知事签押，不许去后移易，贵得绵远。

——（清）阮元《两浙金石志》卷十《宋宝藏岩长明灯碑》，《宋代石刻文献全编》第二册，北京图书馆出版社2003年版。

129.（南宋）（广照于干道元年死并葬，为铭记其对寺之功绩，故于忌辰追荐）今来幸蒙堂头佛慧卿和尚创置柴荡，供应常住年计□用，又承山门已将先师在日桩管长生衣钵米壹伯壹拾硕，转变见钱叁伯叁拾贯文足，并徒弟僧□等三十人共率钱贰伯柒拾贯文，共揍前项米钱计陆伯贯文足，添置柴荡伍佰亩在昆山□□□，永入本院为业，每至忌辰，乞依例就常住办食斋僧，一堂设位供养，僧众讽诵追□□□。

——（清）缪荃孙《江苏通志稿》金石十二《广照和尚忌辰追荐公据》，《宋代石刻文献全编》第二册，北京图书馆出版社2003年版。

130.（南宋）养济院，在宋兴寺，嘉定五年，黄公度创，今为居养院。省札……僧徒捐千缗，就寺置质库，计其所赢，每三岁买祠牒度管干有劳行者一人为僧，嗣掌两院事务。

——（宋）周应合《景定建康志》卷二十三《城阙志四·庐院》，《宋元珍稀地方志丛刊》甲编第二册，四川大学出版社2007年版。

131.（南宋）永宁寺罗汉院，萃众童行本钱，启质库，储其息以买度牒，谓之长生库。鄱阳并诸邑，无问禅律悉为之，院僧行政择其徒智禧主掌出入。庆元三年四月二十九日，将结月簿，点检架物，失去一金钗。

——（宋）洪迈《夷坚支癸》卷八《徐谦山人》，中华书局1981年版。

132.（南宋）四明僧庐，在六邑总大小二百七十六所，只鄞一县，城内二十六，城外八十。天童日饭千僧，育王亦不下七、八百人，行仆称是。天童岁收谷三万五千斛，育王三万斛，且分布诸库，以罔民利，等而下之，要皆有足食之道。

——（宋）刘昌诗《芦浦笔记》卷六《四明寺》，中华书局1986年版。

133.（南宋）又裒其余作二库曰资道，曰博利，以供僧及童子纫浣之用，彼庸道人日夜走衢路，丐乞聚畜，盖未必能办此。明方为其徒，发明大事因缘，钱帛谷粟之问，不至丈室……慧明以书来，求予文，记其寺之废兴，因告以予说使并刻之……绍熙三年三月三日，中奉大夫，提举……食邑三百户陆某记。

——（宋）陆游《渭南文集》卷一九《重修天封寺记》，文渊阁《四库全书》第1163册，（台北）商务印书馆1983年版。

134.（金）蓟州玉田县：旧辽清宁之元，有盐监张公（起梵宇、后卒）……幸而其子从宜，有父风度。清宁八年……筑庵二区，延致诸方道人，在寺及永济务，各施息库一。

——（清）张金吾《金文最》卷三六《永济务大天宫李碑》，（台北）成文出版社1967年版。

135.（南宋）廓姓林氏，福之长溪人……才具素高，以其暇日兴土木之工，皆极其壮丽，增庾入数千斛，施者委金帛，创为长生局五所，百需皆备，月施金钱，饭僧以万计。又造金塔以奉舍利，此特其余事尔。日本国王阅师偈语，自言有所发明，至逊国以从释氏，岁修弟子礼，辞币甚恭。

——（宋）楼钥《楼钥集》卷一一六《育王山妙智禅寺塔铭》，浙江古籍出版社2010年版。

136.（南宋）淳祐八年，制帅颜颐仲祷雨有感，施钱二万，米五十石，建长生库、接待庄。

——（明）周应宾《重修普陀山志》卷二《规制建置》，（台北）明文书局1980年版。

137.（元延祐六年六月）壬子，赐大乾元寺钞万锭，俾营子钱，供缮修之费，仍升其提点所为总营府，给银印，秩正三品。

——（明）宋濂《元史》卷二六《仁宗本纪》三，中华书局1976年版。

138.（元）不许檥袒出外，于茶坊酒肆等行坐，及各处住持耆旧僧人将常住金谷掩为己有，起盖退居，私立宅舍，开张解库，饮酒茹荤，畜养妻妾，与俗无异。败坏教门，已经禁约去讫。

——《大元圣政国朝典章》卷三三《释道·僧道教门清规》，中国广播电视出版社1998年版。

139.（元）但属宫观田地、水土、庄佃、竹苇、园林、碾磨、船只、解典库、浴塘、店舍、铺席、醋酵，不拣甚么差发休著者。

——《大元圣政国朝典章》卷三三《道教·宫观不得安下》，中国广播电视出版社1998年版。

140.（元）兹有曲沟社居李珪、李珍、李璧，每思鞠育，谛想恩怀，恭伸克念之诚，当启尤怜之至。昆季同垂商略，诣于彰德在城大天宁禅刹，施财五千缗，收入常住库，每岁抽息饭众，以资冥福，可为诚施以自他方一也。

——（清）武亿《安阳县金石录》卷一二《口乡北曲沟礼下舍财施主孝子李珪等长供记》，《辽金元石刻文献全编》第二册，北京图书馆出版社2003年版。

141.（元）寺有勤旧，曰资瑞，号雪岩，里人也。性苟俭，不竞时习……一日语余曰："寺之缺文，补苴殆十八九，唯佛殿自祖禅师始创，岁久将腐挠，藏殿虽年近，渗漏颇多。二者皆大缘事，矧常住岁入租尔，日支不给。且仰贷富室，曷取赢而奏成乎？愿竭囊长出统钞贰千五百缗为长生局本，命四勤旧主掌。遇寺支乏，立券就贷，依时生息，岁无丰凶，必本息顿偿，毋缩展转贷。偿廉慎出，内厥息蕃衍，用以贸田入租，专给兴修土木工直之费，毋他侵取。本则常存，计图绵远，其可否乎？"

——（清）阮元《两浙金石志》卷一五《嘉兴路资圣禅寺长生修造局记》，《辽金元石刻文献全编》第二册，北京图书馆出版社2003年版。

142.（元）祈林院三尊佛为头儿的下院田地、水例、园林、碾磨、店舍、铺席、浴堂、解典库，他每的不拣什么呵，遮么是谁休倚气力夺要者……铺马祇应休拿者，税粮休与者……官差休发着。

——（清）沈涛《常山贞石志》卷一七《祈林院圣旨碑》，《续修四库全书》第906册，上海古籍出版社2002年版。

143.（元）延祐四年二月初五日……特奉圣旨，阿剌不花真定府龙兴寺里，看念藏经去者，更问省家要壹伯锭中统钞，龙兴寺里分付常住，存本用息点长明灯者，么道钦此。当寺住持讲主崇琛除钦遵外，将上项钞领受付库，存本运息，燃灯于观音阁下大悲菩萨像前，安置供养外……（延祐五年七月建）

——（清）沈涛《常山贞石志》卷一九《龙兴寺常明灯钱记》，《续修四库全书》第906册，上海古籍出版社2002年版。

144.（元）故太师答剌罕秦王右丞相既薨，其夫人怯烈真氏…愿以楮币五千□□寺僧之职出内者，规其息以为汝父秦王薨愍二忌，供佛饭僧超度之赀，并与吾母瀛国夫人生辰延寿修营之助。

——（清）沈涛《常山贞石记》卷二四《秦王夫人长生钱记》，《续修四库全书》第 906 册，上海古籍出版社 2002 年版。

145.《老学庵笔记》云：今僧寺辄作库，质钱取利，谓之长生库，至为鄙恶。梁甄彬尝以束苎就长沙寺库质钱，后赎苎还，于苎中得金五两，送还之，则此事已久矣。今之富商，往往以质钱取利，而僧寺无之，亦古今之异也。

——（清）俞樾《茶香室丛钞》卷十一《长生库》，《笔记小说大观丛刊》第 23 编第 6 册，（台北）新兴书局 1978 年版。

第三章　中国历代典当业的资本与劳动

第一节　历代典当业的资本规模

146.（北宋元丰四年）四月十九日诏：茶场司条令中书别立抵当法。先是，特旨令市易司罢除请官钱，令民用金帛抵当，公私便之，故欲推广其法也。

六年正月十九日，太府寺抵当之法才行于畿邑，外邑殊未施行，今欲乞许将诸路常平司市易赊借钱及宽剩钱五路各借十万缗，余路各借五万缗，充抵当本钱，从之。

——（清）徐松《宋会要辑稿》职官二七之一二、一三、一四，中华书局 1957 年版。

147.（南宋）罗友诚节次领周守遵钱二百七十贯，开张质库，且有文约可凭，今已越八年矣……罗友诚勘下杖一百，锢身押下县，监还未尽本钱五十四贯外，更监纳息钱一百贯足。如一月不纳，押上照断监还。

——《名公书判清明集》卷九《户婚门·库本钱·领库本钱人既贫斟酌监还》，中华书局 1987 年版。

148.（南宋）廓姓林氏，福之长溪人……增庾入数千斛，施者委金帛，创为长生局五所，百需皆备，月施金钱饭僧以万计。

——（宋）楼钥《楼钥集》卷一一六《育王山妙智禅寺塔铭》，浙江古籍出版社 2010 年版。

149.（明万历三十八年）立遗嘱人、托孤人程少轩，有幼子梦周，年仅拾岁，系洪南池亲家之婿。万历叁拾捌年十二月间，轩偶患急疾，自思勤劳，苦积财本捌拾万。轩恐梦周年幼无靠，诸子长大，倚强欺弱，蚕食财产，特接洪南池亲家至舍，托孤立墨议，将松江府在城千户所前典，今迁移在大红桥，约本银拾壹万壹千，掌典业应孝、百俨；又扒湖州府南门老典，约本银肆万柒千，掌典业程大理，俱扒与梦周名下受业。

——安徽师范大学图书馆藏《万历程少轩立遗嘱托孤墨议》，转引自王裕明《明清徽州典商研究》图版 15，人民出版社 2012 年版。

150.（明万历十八年左右）闻（秦）耀濡首权力，建牙江楚，家资田园计四五十万，家奴开设典当，在无锡苏常各处者十余铺，每铺不下二三万金。今虽回籍，尚享王侯之富。

——康熙《衡州府志》卷十九《艺文志》沈铁《劾贪婪抚臣疏》，《北京图书馆古籍珍本丛刊》史部，036，书目文献出版社1998年版。

151.（明）丙申秋，先君将承祖并续置家业赀财配搭分明，各有阄书。外存本村河西当铺轮管生息，丁酉轮予掌管，算明结账。戊戌以后，尽系诸弟经营。又存安庆八卦门铺，内批银壹千叁佰两与予。念余十三载勤劬，以旌予劳，仍存本属予掌管生息……凡十有七载，未遑经理贾事，至辛丑，始得往分授之典清算。黄州铺照众分数，尚缺本银陆佰陆拾捌两有零，八卦门典铺向□族兄见竹掌管。丁巳，见竹兄故，余同诸弟侄到铺，将典本、银两、货物、铺基共计银贰万贰千陆佰柒拾捌两有零，各房所收银两，悉凭见竹兄故笔面算，不以先支后支起息，俱以义让合同补足其数。除义让扒补外，仍代众用银五佰玖拾贰两有零。嗣后河西典凭亲族算明，各房支数过多，惟予独少银壹千肆佰贰拾肆两有零……今将各房历年所附本利，逐一算明批还完足外，余安庆、九江、广济、黄州、湖广七典，每各分授本银壹万两。其基址、屋宇、田地、山塘各项，品搭三股均分，请凭亲族眼同写立孟、仲、季分书三册一样，各执一册，其外存赀本、产业、物件，以备吾用。所有剩余，以作三分常贮。

孟房实授本银并铺基开于后

一分授本银壹万两

一还附本利银贰万柒仟陆佰捌拾壹两贰钱贰分

一找帖银壹仟伍佰玖拾两

三共银叁万玖仟贰佰柒拾壹两贰钱贰分

一坐安庆绣衣坊铺典本在银壹万零陆拾贰两零捌分贰厘

一坐安庆绣衣坊铺屋地银伍佰两

一坐黄州府前铺典本在银柒仟柒佰柒拾玖两陆钱陆分肆厘

一坐广济孝义坊铺典本在银捌仟柒佰伍拾捌两捌钱肆分贰厘

一坐安庆枞阳门铺典本在银柒仟玖佰叁拾贰两壹钱柒分捌厘

一坐家中铺典本在银肆仟贰佰叁拾捌两肆钱伍分伍厘

六共银叁万玖仟贰佰柒拾壹两贰钱贰分

仲房实授本银并铺基开于后

一分授本银壹万两。

一还附本利银壹万陆仟壹佰零贰两叁钱陆分肆厘。

二共银贰万陆仟壹佰零贰两叁钱陆分肆厘。

一坐安庆府巷口铺典本在银壹万壹仟壹佰贰拾肆两伍钱贰分贰厘。

一坐楚省审院坡铺典本在银壹万壹仟肆佰陆拾壹两伍钱壹分捌厘。

一坐家中铺典本在银贰仟柒佰壹拾陆两叁钱贰分四厘。

三共银贰万陆仟壹佰零贰两叁钱陆分肆厘。

季房实授本银并铺基开后

一分授本银壹万两。

一还附本利银伍仟捌佰壹拾贰两陆钱玖分壹厘。

一帖银壹仟两。

三共银壹万陆仟捌佰壹拾贰两陆钱玖分壹厘。

一坐九江府前铺典本在银壹万叁仟肆佰柒拾壹两四钱叁分四厘。

一坐家中铺典本在银叁仟叁佰肆拾壹两贰钱伍分柒厘。

二共银壹万陆仟捌佰壹拾贰两陆钱玖分壹厘。

——《徽州千年契约文书·宋元明编》第8册《崇祯二年休宁程虚宇立分书》，花山文艺出版社1992年版。

152.（乾隆二十四年八月丁未）广西巡抚鄂宝奏：广西赏恤兵丁，营运银四万一千两。缘边地无可营运，是以分派各营，专委弁目，开张典当，定以二分取息。均匀拨给，行之三十余载，兵民均沾实惠者。若一旦议停，实无余款可以抵补，应请仍循旧制。得旨：如所议行。

——《清高宗实录》卷五九五。

153.（清乾隆）矧湖南僻省，尽属徽商小典，资本不过数千，其中尚有领借公本，合伙共贸，非若北直、江浙地方大商巨典，资本数十万，日出数千金，即取息虽微，而转运甚速，以彼一日出入，不啻商等一年之贸迁。夫商等有限资本，每票少者分钱许，多则数钱，两许纵多，亦不过数十两及百两上下为止。可怜经年累月，受尽辛勤，所获几何？

——刘建民先生藏《乾隆嘉庆湖南典商减息案》。

154.（清乾隆三十年四月甲戌）四川总督阿尔泰奏……而重、夔二当，本银四万一千九百余两，每年息银仅获五千三四百两，较之钱局悬殊。臣与藩司等悉心计议，不若将营兵员所设官当概停，其当本银四万一千九百余两，定限于三十一年岁底完缴。

——《清高宗实录》卷七三五。

155.（清乾隆四十七年十一月）谕军机大臣等：据何裕城奏：陈辉祖交伊妻舅申兆仑银三万两，令开典铺生息。又于上年十月内，陈辉祖交伊杂色金一千余两，嘱其易银营运。

——《清高宗实录》卷一一六八。

156.（清乾隆五十八年六月丙子）谕书麟等奏，审拟溧水县知县陈璜于县民陶仁广在无服叔祖陶仁宇典铺内为伙，窃物潜逃……况村镇典铺，赀本不过千余金，而陶仁广所窃估赃，竟多至三百余两，致累陶宇春照数赔补，又遭讼累，中人之产不因此而荡尽耶？

——《东华续录》卷四七，《续修四库全书》第0374册，上海古籍出版社2002年版。

157.（清乾隆年间）如老三房阄得东分内有东昌府城南义兴杂货铺，本银二万零二百五十一两，又闻喜县城长发当铺本银一万二千七百两，二共本银三万二千九百五十一两，即将此二铺分与有任得受。着有条于阄得两分内兑出本银三万两，给与有任内除拨，还东分多银二千九百五十一两外，其余二万七千零四十九两，亦归入二铺生意，以足六万之数。如老三房阄得西分内有博平县韩管屯天章当铺本银三万八千四百一十两，即将此铺分与有任得受，着有条于阄得东分内兑出银三万两，给与有任。内除拨还西分多银八千四百一十两外，其余二万一千五百九十两，亦归入铺生意，亦足六万之数。

——河北大学刘秋根先生藏《曲沃行氏家族诉讼抄本》。

158.（清乾隆）随经遍加查访，皆由闽省典铺资本微薄，大当不过数千金，小当只有千余两。本少利微，出息有限。

——《福建省例·当税例·永禁当铺领买米谷》，《台湾文献丛刊》第199种，台湾银行经济研究室印行。

159.（清乾隆十五年六月）戊子，谕王大臣等……现将二十五万余两本银，开设当铺七座。

——《清高宗实录》卷三百六十七。

160.（清道光）“垲记阄书笃字

隆泰典本分得一半，本银壹万陆千零零贰两壹钱叁分玖厘。

恒裕典本分得一半，本银壹万柒千壹百玖拾陆两玖钱伍分玖厘。

泰丰典本分得一半，本银陆千叁百捌拾两零肆分伍厘。

恒隆典本分得一半，本银陆千零肆拾叁两壹钱叁分贰厘。

长隆典本分得一半，本银肆千陆百玖拾柒两贰钱柒分。

长兴典本分得一半，本银柒千叁百零柒两柒钱陆分陆厘。

润元衣庄本分得一半，本银伍千伍百伍拾柒两伍钱贰分壹厘。

以上总共实得本银陆万叁千壹百捌拾肆两捌钱叁分贰厘。”

——南京大学历史系藏《道光十九年笃字阄书》，转引自王裕明《明清徽州典商研究》图版17，人民出版社2012年版。

161.（明）南直隶江阴县术士胡似庄，卖妻而去，得银二三千，心里盘算：“有心这样快活，索性在扬州做三百两不着，讨二个小，两个丫鬟。县里吴同知房子要卖，倒也齐整，也得八百。还又张小峰他有田八十亩，央我做中出卖，没有主子，好歹回去买了。衣服、首饰、酒器、动用家伙，也得三百。余下一千，开个小小当儿。我那妇人那有这等福消受?”

——（明）陆人龙《型世言》第三十一回《阴功吏位登二品，薄幸夫空有千金》，春风文艺出版社 1998 年版。

162.（明）一日问主人家道：“你这杭州，可有什么赚钱的生意做得么?”主人家道：“我杭州做生意的高低不等，那有巨万本钱的，或做盐商，或做木客，或开当铺，此是第一等生意，本钱也大，趁钱也稳。其次或贩罗缎，或开书坊，或锡箔，或机坊，或香扇铺，或卖衣铺，本钱极少恰要数千金，外行人不识其中诀窍，便要折本。”

——（明）金木散人《鼓掌绝尘》第十三回《耍西湖喜掷泥菩萨，转荆州怒打假神仙》，华夏出版社 1995 年版。

163.（明）到了次年正月初一日，众伙计会同拜年吃酒，中间老成的伙计也就说起小朝奉生意的事。汪彦道：“他年小性痴，且把三千两到下路开个小典，教他坐在那里看看罢了。”……汪彦占卜得往平江下路去好。那平江是个货物码头，市井热闹，人烟凑集，开典铺的甚多，那三千两那里得够，兴哥开口说：“须得万金方行，不然我依旧闭着口，坐在家里。”那老朝奉也道他说得有理，就凑足了一万两。

——（清）艾衲居士《豆棚闲话》第三则《朝奉郎挥金昌霸》，人民文学出版社 1984 年版。

164.（清康熙年间）宦萼道：“你是读书大通人，见得到，再想还有甚好事说来，我一并奉行，你也有一半功德。”小娥道：“……拿十万金开一座当铺，多的不当，富的不当，专当与穷若百姓。成两的就不当，只当三钱五钱的，只要一分利息，够房租、工银那就罢了。虽不赚钱，却不得折本，穷人却沾了多少恩惠……宦萼此时一心要行好事，二来又是新来的次妇人善意，二善相合，他就力行起来。腾了几间闲房子，接了向惟仁一家过来，请他掌管当铺。兑出十万金来做本，一分行息，专当与穷民小户，每年送他劳金二百四十两。”

——（清）曹去晶《姑妄言》第二十回《受恩百姓男妇感洪仁，积德贤朗父母膺上寿》，远方出版社 2001 年版。

165.（清）且说这毛二胡子先年在杭城开了个绒线铺，原有两千银子的本钱；后来钻到胡三公子家做“篾片”，又赚了他两千银子，搬到嘉兴府开了个小当铺。此人有个毛病：啬细非常，一文如命。近来又同陈正公合火贩丝，陈正公也是一文如命的人，因此志同道合。

——（清）吴敬梓《儒林外史》第五十二回《比武艺公子伤身，毁厅堂英雄讨债》，人民文学出版社 1993 年版。

第二节　典当业的资本组织方式

166.（南宋绍兴十二年八月三日）禁客旅私贩茶货，私渡淮河，与北客私相博易。若纠合伙伴，连财合本，或非连财合本而纠集同行之人，内自相告发者，与免本罪。

——（清）徐松《宋会要辑稿·刑法二·禁约》，中华书局1957年版。

167.（南宋）江湖连接……民计每岁种食之外，余米尽以贸易。大商则聚小家之所有，小舟则附大舰而同行，展转贩粜，以规厚利。

——（宋）叶适《水心集》卷一《上宁宗札子》。文渊阁《四库全书》第1164册，（台北）商务印书馆1983年版。

168.（南宋）盖因有海商，或是乡人，或是知识海上之民，无不与之相熟。所谓带泄者，乃以钱附搭其船，转相结托，以买番货而归。少或十贯，多获百贯，常获数倍之货。

——（宋）包恢《敝帚稿略》卷一《禁铜钱申省状》，文渊阁《四库全书》第1178册，（台北）商务印书馆1983年版。

169.（南宋）枣阳申师孟，以善商贩着干声于江湖间。富室裴氏访求得之，相与欢甚，付与本钱十万缗，听其所为。居三年，获息一倍，往输之主家，又益三十万缗。凡数岁，老裴死，归临安吊哭，仍还其资，裴子以十分之三与之。得银二万两，买舟西上。

——（宋）洪迈《夷坚三志·辛》卷八《申师孟银》，中华书局1981年版。

170.（南宋）鄱阳石头镇汪三，常以宰牛为务，多与其侣陈二者共本。庆元元年十一月，买得水牯甚大，牵归杀之。

——（宋）洪迈《夷坚三志·壬》卷十《汪三宰牛》，中华书局1981年版。

171.（元至元）二十一年，设市舶都转运司于杭、泉二州，官自具船给本，选人入蕃，贸易诸货。其所获之息，以十分为率，官取其七，所易人得其三。

——（明）宋濂《元史》卷九四《食货志二·市舶》，中华书局1976年版。

172.（明）平阳、泽、潞豪商大贾甲天下，非数十万不称富，其居室之法善也。其人以行止相高，其合伙而商者，名曰伙计，一人出本，众伙共而商之，虽不誓而无私藏。

——（明）王士性《广志绎》卷三，中华书局1981年版。

173.（明）幸室丁氏贤能，同受甘苦，善承吾志，将伊衣饰、家伙变易银壹拾伍两四钱，助我出外生意。因而奋志经营三载，除给家用外，仍积本壹佰叁拾余两。乃伙外甥，卜地巢县，啼河开典。

——上海图书馆藏《天启渭南朱世荣分家簿》，转引自王裕明《明清徽州典商研究》图版 16，人民出版社 2012 年版。

174.（明）郭之垣、张素行皆所谓鸮集泮林者也。先是，之垣窥里民秦杲之耄与其侄秦梦日之稚，而皆饶于赀也。逐诱以合伙开当，令两人各出三百金为母，而己一庄贮货，亦虚算银三百两。夫银有盈缩，庄无动摇，庄在而货将焉往，货毕而庄又焉往？两人固已坠其云雾中矣。亡何管鲍不终，子母均析，此庄岿然独存，非三人鼎分物乎？乃之垣雄居不吐，且先发讼端也。

——（明）张肯堂《䍦辞》卷五《郭翟环》，杨一凡《历代判例判牍》第四册，中国社会科学出版社 2005 年版。

175.（明）立合约人窃见财从伴生，事在人为，是以两同商议，合本求利。凭中见各出本银若干，同心揭胆，营谋生意。所得利钱，每年面算明白，量分家用，仍留资本，以为渊源不竭之计。至于私己用度，各人自备，不得支动店银，混乱账目。故特歃血定盟，各宜苦乐均受，不得匿己维己。如犯此议者，神人共殛。今欲有凭，立此合约一样两纸，存后照用。

——吕希绍《新刻徽郡补释士民便读通考》，转引自谢国桢《明代社会经济史料选编》，福建人民出版社 1980 年版。

176.（清）立合同人朱六吉、孙贞吉，今于广信府铅山县河口镇，贰家均买龚宅屋一所，改造并装当架、柜台等项，贰宅办认，不在行本之内。外合本开张朱元亨字号典铺生意。二面议定，本领各出一股均做，每年得利，除本典典税、房租、辛力、伙食一应使用，仍存利银贰人均分，不得多寡不公之事。如有欺隐者，听凭中友公论，无辞。开张之日，公立总簿贰本，各执一本，八本登簿，递年存算。今恐无凭，立此合同一样贰张，各执一张，永远存照。

康熙拾贰年肆月日，立合同人朱六吉、孙贞吉

中友：韩少山、朱顺之、李九畹、徐子雯、李君明

代书：范天锡

——南京大学历史系藏《康熙孙氏文契簿》，转引自王裕明《明清徽州典商研究》图版 13，人民出版社 2012 年版。

177.（清雍正十年四月初二奏）恩赏江宁生息银共二万两，所开当铺一座，本银三千五百两；合伙典当银六千五百两。米铺两处，本银四千两。布铺一处，本银三千两。柴场一处，本银一千两。又油盐店三处，钱店二处，共本银二千两。

——《雍正朝汉文朱批奏折汇编》第二十二册《署两江总督尹继善奏覆料理江宁驻防兵丁生息银两折》，江苏古籍出版社 1991 年版。

178.（清乾隆十六年）炽、炜、焯奉继母命，请伯父、叔父暨诸堂叔复立清扒阄分合同。弟炽等兄弟三人不幸幼孤，蒙伯父匡扶，经今一十三载。前于乾隆四年腊月父逝后，已凭诸叔祖、伯父、叔父及诸堂叔将阄分兆隆典业彻底清查，伯父名下合得一半，炽父名下合得一半，其典屋与伯父均业。又伯父手创有朱家角兆豫典业，但炽父四股之一，伯父四股之三。二典所存本银曾经分析，立有合墨，各执一纸为凭。今奉继母命，复将二典所存资本除去历年支用仍存本银，并父遗田产及续置嘉善屋宇，恳伯父、叔父暨诸堂叔复行分扒，以便炽兄弟等各人名下自行支给管业。

今遵同诸伯叔父查阅乾隆四年腊月总账，承父遗存兆隆典本银壹万贰千壹佰两零九钱一分六厘，内悬借用该股，计派本银贰千伍佰拾陆两四钱八分六厘，除挂此项，实存本银玖千伍佰捌拾四两四钱三分，又高记客本壹佰两；查兆豫典除父手所领客本，该名下存银壹千叁佰叁拾伍两九钱四分六厘，又菊富记客本银贰佰伍拾两。二典共存本银壹万壹千贰佰柒拾两零三钱七分六厘。又查父手外存积油本、会本共银肆佰两，收会利伍拾两，收江廷彩兄除折耗实本银壹佰肆拾捌两，存棉花本陆拾两，四共计银陆佰伍拾捌两。但此四宗当日分扒时，继母曾已执为小伙，未入合墨。又查外存检已客本壹佰贰拾两，二典总存本银壹万肆千伍佰陆拾肆两八钱六分二厘。

自乾隆五年起至乾隆拾伍年止，共支用过银钱捌千玖佰叁拾贰两贰钱一分二厘，又收各项客利贴用，另有细账。其兆隆典除支过共存本银壹万零叁佰零伍两柒钱零伍厘，悬借在内。又存二典高检、菊富记三宗客本肆佰柒拾两，又存二典检记客本银壹千贰佰两，此项系前四宗本利。除支过历年来递积总成此数，此宗银两并养赡银日后均分。其枫泾兆豫典乃伯父遗割基业，其正屋、顶首、栈屋、赵屋，并朱家角屋，价俱是四股之一，共计存本叁千叁佰捌拾贰两三钱六分。大共总存本银壹万伍千叁佰伍拾捌两零六分五厘。

今将兆隆典合得一半，计银壹万零叁佰零伍两柒钱零五厘，内扒贮捌佰两，每年支利捌拾两，以为汪氏孺人养赡之需，仍该存本银玖千伍佰零伍两柒钱零五厘。兄弟三人均分，炽名下分授本银叁千壹佰陆拾捌两伍钱陆分捌厘，炜名下分授本银叁千壹佰陆拾捌两伍钱六分八厘，焯名下分受本银叁千壹佰陆拾捌两伍钱六分八厘。

其兆豫典存本银叁千叁佰捌拾贰两叁钱六分，除去朱家角屋价并枫泾正屋、顶首、栈屋、赵屋，共悬本壹千壹佰陆拾贰两九钱四分七厘，除仍存贰千贰佰拾玖两四钱一分三厘。内扒出伍佰两与炽名下，承长该分资本，除此仍该存本银壹千柒佰拾九两四钱一分三厘，并前高检、富菊各客本一并存众，以为扦葬风水祭祀婚嫁等事，有余不足，均分均补。

其朱家角屋价银四股之一，计本伍佰叁拾捌两零四分柒厘，仍悬账上，俟脱手得价若干，三人均分。其枫泾正屋，现在议价未成，炽等兄弟因思屋价重大，恐本少难以转运，今奉继母命愿将正屋、顶首及栈屋、赵屋尽行归并伯父名下，伯父缴还悬本银陆佰贰拾肆两九钱，炽、炜、焯三人均分，每人分得银二百两，附存兆豫典作为客本。仍贰拾肆两九钱支出，三人分乞（讫）。其兆豫典分拨余本壹千柒佰拾九两四钱一分三厘，支出附入以作客本。其祖父所有未分之产业，俟伯、叔、众等分扒之日再分，父遗田产除扒贮蒸尝，余田及善邑已造屋宇凭公分扒开列于后。

——《乾隆十六年黄炽等立阄分合同》，《徽州千年契约文书·清民国编》第8册，花山文艺出版社1992年版。

179.（清乾隆时山西某当商）留自己夫妇养老银壹仟两整，每月要利银壹拾两整，以为日用之费。

长子赐爵分本银捌佰两整，作为壹俸。

二子赐位分本银捌佰两整，作为壹俸。

三子赐禄分本银捌佰两整，作为壹俸。

四子赐权分本银捌佰两整，作为壹俸。

五子赐贵分本银捌佰两整，作为壹俸。

日后所得利息，除过出利、家中公费并内外劳经银两，许按五股均分。

乾隆叁拾叁年贰月吉日总算大吉大利。

京中在账本利银叁仟伍佰陆拾陆两整。

家中借贷架货银贰仟零肆拾柒两零零壹厘。

五人支使过银壹佰陆拾玖两零肆分壹厘。

以上三项共计银伍仟柒佰捌拾贰两零肆分贰厘。

原本银肆仟两整。

殡葬银肆佰贰拾两零陆钱肆分。

养老银肆佰两整。

娶亲银壹佰贰拾两整。

借母银贰拾两整。

借位银贰拾两整。

爵旧缺支银伍拾叁两贰钱肆分。

位旧缺支银伍拾壹两陆钱玖分。

禄旧缺支银玖拾壹两贰钱玖分。

权旧缺支银壹佰零叁两陆钱贰分。

贵旧缺支银肆拾贰两叁钱伍分。

除讫原本等项十一宗，每股开出利银玖拾两整。

下余银玖两贰钱壹分贰厘，五十一年二月三十日截出，仍系五股均分讫。

爵除支使过银伍拾贰两贰钱陆分陆厘，

新旧共缺支银玖拾两零玖钱柒分肆厘。

位除支使过银贰拾壹两伍钱，

新旧共缺支银壹佰贰拾两零壹钱玖分。

禄除支使过银肆拾壹两柒钱叁分贰厘，

新旧共缺支银壹佰叁拾玖两伍钱伍分捌厘。

权除支使过银贰拾肆两玖钱陆分捌厘，

新旧共缺支银壹佰陆拾捌两陆钱伍分贰厘。

贵除支使过银贰拾捌两伍钱柒分陆厘，

新旧共缺支银壹佰零叁两柒钱柒分肆厘。

以上新旧缺支共计银陆佰贰拾叁两壹钱肆分捌厘。

当日同众亲长公议，将爵等兄弟五人每人分到资本银捌佰两整，作为银股贰俸，爵位禄权兄弟四人每人人力作为壹俸。日后天赐获利，照依银人拾肆俸均分，众人务必同心协力，不许私心瞒昧，怠惰偷安，则财无不发、利无不增矣。

在中亲长田廷赐、任超舆、武敬承。

——刘建民先生藏《乾隆商人家庭清算册》。

180.（清嘉庆十六年，山西当商）立分伙约人王加恩，所生四子良卿、良臣、良相、良宰，俱已长成婚配。因年老衰弱，不欲经理，将家内产业请同家长俱已分拨，有分单可凭。惟有在沁源县大南川开设恒裕当生理，四子默体亲意，俱不分拆，故立合伙，将父之本钱壹千串整作为贰股，兄弟四人每人入钱本壹千伍佰串整作为叁股，各亲随人力一股。以上人银共作壹十捌股，日后获利按股均分。又议定每年人力各使钱伍十千整，再有嫁娶修造之事，五十千之外，许在铺内借钱壹百千整。一账之期，长除短补，各出情愿，不得反悔。自立合同之日，再不许在铺生息私财，免生角口。如有利已私心，人股不得，罚银壹百两整。恐口无凭，立约为证。

该批五年之内与良卿、良宰捐纳监生起结银两在铺中使用。

嘉庆十六年二月二十肆日，立合伙约人良臣、良卿、良宰、良相

中人：张凤鸣、孔肇智

——刘建民先生藏《嘉庆十六年王加恩立分伙书》。

181.（清嘉庆十六年）十一月初八日详此案于七月二十二日委……缘胡殿魁即胡清源，籍隶惠民县，与昔存今故之阳信县人朱惠圃素相交好，朱蕙圃与监生刘文澜即刘学渠向在县城伙开宏盛号当店生理。嘉庆二十年十二月间，前署惠民县事另案参革，阳信县孙令以时值岁暮，乡民每多典质，恐各当铺勒掯穷民，搀用私钱，有碍民用，移会县丞靖厚针赴各典当查禁。该县丞在本城宏盛号及范永烂所开之成号当内有钱数千，查出铅钱二十六文至三十文不等。牒县查办，经孙参令将刘文澜传案管押。（实际上乃乡民赎当之钱，非掺私钱使用）

——《雪心案牍》第九册《武定府嘉庆二十五年分，惠民县革生胡殿魁京控前署县孙参令等勒借银两一案》，清抄本。

182.（清道光时）并讯据琦善家人王福供称：天津大沽地方，有义和当铺一座，道

光四年间，我主人本制钱两万串，与山西人岳泉等伙做，铺内系岳泉管事；又于五年间，与山西人陈宝书，在宁河县北河地方，伙开全和当铺一座，我主人本制钱两万串，陈宝书在当铺管事；六年间，又与山西人曹流得在盐山县属羊二庄地方伙开时和当铺一座，我主人本制钱两万串。以上三处，俱系我出名，写立公中合同。

——中国第一历史档案馆藏《道光鸦片战争专题档案史料》。

183.（清）道光二十年二月二十四日，审得扶风县民范纯熙控张建烈等一案。缘范纯熙之祖范凤鸣于乾隆年间出资七千两，开设晋顺当铺，张建烈之父张乃仓领本营运，历系以钱一串作银一两。嘉庆十二年间，范凤鸣长子范凌霄在铺经理，后来范氏兄弟食指浩繁，将资本分作十分。范周易、范周锡、范班、范黄氏陆续将本利抽回。十二年，范九霄、范登霄、范维希、范平娃亦陆续抽去本利，俱经范凌霄清算付给。道光十五年范纯熙欲行出伙，凭众算明，本利共银一千四百余两。除去开销各项，只应找钱一千二百串有奇。因念伊父子在铺有年，情愿多给钱三百余串，共给钱一千六百串，给范纯熙收受出伙，马晋升书写合同为据。道光十七年，范纯熙复在该铺借钱二百串，范鹤霄借钱三十串，范九霄、范登霄闻风而来，纷纷告借，该铺不肯付给，以致诘讼。十九年，范纯熙复行控县，凭众庞凤清、许大林、王歧、程彩和、杨德凤、孙世廷处和。议明让去范纯熙、范鹤霄借项二百三十串，再帮给范九霄等三百串，范纯熙三百串。孙世廷书写永绝葛藤合同为据。此范氏祖孙父子与张建烈合伙开设典当、范氏兄弟屡次抽本出伙、范纯熙事后屡控之原委也。本年二月，范纯熙复控，提集人证，讯悉前情。查范凤鸣出资开铺，其弟兄子侄陆续抽用，俱系其子范凌霄清算付给。凌霄既没，其子范纯熙复抽回本利。后来具控，又邀请亲友处和，两次写立杜绝合同，犹复逞私具控，希冀死灰复燃，殊属不合。断令毋得讹索，永息争端。两造悦服，取具遵结，并饬房照抄杜绝合同二纸，并范纯熙出伙分账清单一纸附卷，此判。

立写割藤人范纯熙，自从晋顺当开设以来，历年已久。内有范凌霄资本银七百两，作为银力一俸，又协人力一俸，与其子范纯熙协人力五厘。至今多年，分利已觉不少，此刻当行满年二分。一则生意利微，兼之范纯熙资斧不给，情愿抽本不作。央人说合，抽回资本钱七百串文，内协人力核算勾消清楚，所有铺内余利架货、业底家具什物，并合号、隆号、晋长号、元泰号余利家具底子及开除一切账项核清，共抽去钱一千六百串整。同人洗算明白，俱皆抽清，并无异说。自抽之后，干心出伙，日后典铺及合隆、晋长、元泰等号有利有害，与我范姓并不相干，晋顺当亦不得额外滋事。恐后人心不古，立此割藤一纸，永无一言，晋顺当存据。

李嘉谕

仝说事人杨克，代书人马晋隆、王崇道

道光十五年正月吉日范纯熙立

立写凭据文契人范纯熙，因为先年晋顺当内有范姓本银七千两，迨后家道分析，因将本银按家分拨。自嘉庆十八年至二十四年，亲房范周易、范周锡、范班、范黄氏等不愿生理，俱将分股推于长门，其本银俱系身父凌霄添出，一切算给清楚。又亲房范九霄、范登霄、范维熙、范平娃等于道光十二年抽本不作，俱系自己亲手经算，一切账目交给清楚，抽收领契先后各立收书字据。身于道光十五年亦为抽收资本，所有当铺与和顺、合和、顺隆、晋长顺、元泰春诸号资本家俱余息护账一切等项，俱已照前算给清楚，立有字据，所有身长支欠银四百两已抵应分之钱归结清楚，已身亦辞铺回家。至此，范平娃与晋顺当永断葛藤。十七年身因贫困，两宗揭使当铺钱二百三十串文，鹤霄亦揭使钱三十串文，九霄、登霄、维熙、平娃等问知此言，亦向告借。因不允，反致兴词殊，连身在案。自知范姓理曲，再三央托乡地诸位亲友等从中周旋，劝着晋顺当追念合伙旧情，怜其贫乏，将身与鹤霄欠项概为情让，挪给九霄等钱三百串文。又因自己实系长房，父子在铺经理多年，又情挪己钱三百串文，从此两家永无异言。嗣后范姓再如有人滋事异言者，惟范纯熙一人是问，诸公执此鸣官。

说合人：彭修、于瑞西、庞凤清、许大林、李嘉瑜、王岐、程彩和、李永清、刘万镒。

道光十九年十二月十九日立，代笔人孙世鳌

——《府判录存》卷三，《明清法制史料辑刊》第一辑第19册，国家图书馆出版社2008年版。

184.（清道光二十年）今将所有湖南、介邑生意典号贰拾壹处，共计银人俸股贰拾玖俸五厘，统至道光十九年终，总算本利银叁万捌千肆佰捌拾两零贰钱贰分九厘，当与母亲公驳出奉养银壹千两正，其余按四股均分，每股应分银玖千叁佰柒拾两零零五分柒厘贰毫。惟内有四号入本宗项，当时未便抽出，故作公项留后生发，特为提明，以备后鉴。计开：

三宁康记入本纹银叁千两正，作为银俸一俸；

永升福记入本纹银贰千伍佰两正，作为银俸一俸；

聚美和记入本纹银贰千两正，作为银俸贰俸，随公人俸壹俸；

元茂公记入本纹银叁千两正，作为银俸壹俸，随公人俸五厘。

以上四号共入本纹银壹万零伍佰两整，银人共计六俸五厘，共为公项，异日发达获利，本息仍照四股均分。

今先将各典号银人俸股所坐积利银两分讫：

寰已分到积利银陆千柒佰肆拾伍两零伍分柒厘，并三宁人俸壹俸，永升人俸壹俸，如泉人俸壹俸，中孚人俸壹俸，恒茂人俸壹俸，益茂人俸壹俸，荣茂人俸壹俸，如沾人力壹俸，祥发人俸壹俸，广茂人俸壹俸，丰茂人俸壹俸，共计人俸壹拾壹俸；

宿已分到积利银陆千柒佰肆拾伍两零伍分柒厘，并聚美和人俸壹俸，松华人俸壹俸，从心欲人俸壹俸，履升典人俸壹俸，萃升典人俸壹俸，祥发人俸壹俸，福茂人俸壹俸，共计人俸柒俸；

觐已分到积利银陆千柒佰肆拾伍两零五分柒厘，并思德人俸壹俸，丰茂人俸壹俸，益升典人俸壹俸，从心欲人力壹俸，临福敦人俸壹俸，共计人俸伍俸；

肯分到积利银陆千柒佰肆拾伍两零五分柒厘。

以上房地生意及各房家具，当日凭中概按四服分讫，日后各执各业，别无异论。

兹遵慈命，特立此分阄四张，各执一张，存据。

壹样分阄四张，各执壹张，永远存照。

道光二十年三月十二日立分阄文约人赵炳寰、赵炳宿、赵觐堂、赵肯堂公立。

今将二十一典号所坐银人俸积利各宗，详列于左，以备查阅：

三宁康记银人贰俸，共本利银捌千贰佰叁拾捌两五钱柒分贰厘，除屡年支用过银叁佰两，除支用净坐积利银柒千九佰叁拾捌两伍钱柒分贰厘；

永升福记银人贰俸，共本利银陆千贰佰五拾陆两叁钱柒分捌厘，除屡年支用过银叁佰贰拾两，除支用净坐积利银五千玖百叁拾陆两叁钱柒分捌厘；

聚美和记银人四俸，净坐本利银肆千肆佰玖拾五两零捌分；

如泉涌记人俸壹俸，净坐积利银捌佰零玖两捌钱零五厘；

中孚堂人俸壹俸，共积利银陆佰伍拾两零零柒分叁厘；

益升典人俸壹俸，共坐积利银壹千叁佰柒拾柒两捌钱伍分九厘，除屡年支用过银贰佰两，除支用净坐积利银壹千壹佰柒拾柒两捌钱八钱五分九厘；

思德人俸壹俸，共积利银捌佰叁拾柒两柒钱玖分捌厘；

松华人俸壹俸，共积利银壹千肆佰贰拾叁两玖钱壹分，除屡年支用过银肆佰捌拾两，除支用净坐积利银玖佰肆拾叁两玖钱壹分；

从心欲记人俸贰俸，共积利银柒佰贰拾陆两捌钱柒分陆厘；

恒茂长记人俸壹俸，共积利银贰千零陆拾捌两柒钱零玖厘，除屡年支用过银壹佰陆拾两，除支用净坐积利银壹千玖佰零捌两柒钱零玖厘；

丰茂人力贰俸，共积利银贰千捌佰伍拾伍两玖钱伍分玖厘，除屡年支用银贰佰肆拾两，除支用净积利银贰千陆佰壹拾伍两九钱伍分九厘；

益茂人俸壹俸，共积利银贰千肆佰叁拾叁两壹钱肆分，除屡年支用过银壹佰陆拾两，除支净坐积利银贰千贰佰柒拾叁两壹钱肆分；

履升人俸壹俸，共积利银陆佰柒拾捌两伍钱肆分，除屡年支用过银叁佰伍拾两，除支用净坐积利银叁佰贰拾捌两伍钱肆分；

萃升典人俸壹俸，共积利银壹千佰叁拾贰两零壹分，除屡年支用过银陆百伍拾两，除支用净坐积利银肆佰捌拾贰两零壹分；

荣茂华记人俸壹俸，共积利银陆佰叁拾陆两柒钱捌分壹厘；

如沾润记人俸壹俸，共积利壹千伍佰壹拾壹两零贰分肆厘；祥发成记人俸贰俸，除屡年支用过银伍佰贰拾两，除支用净坐积利银陆佰叁拾肆两零捌分；

广茂人俸壹俸，共积利银叁佰玖拾伍两五钱陆分；

福茂人力壹俸，共积利银伍佰叁拾肆两五钱四分；

临福敦记人俸壹俸，共积利银陆拾壹两五钱壹分五厘；

元茂公记银人壹俸伍厘，共本利银叁千陆佰捌拾贰两零贰分，除屡年支用过银壹佰两，除支用净坐积利银叁千伍佰捌拾贰两零贰分。

以上二十一典号，除历年支使，净统计人本并积利银叁万捌千肆佰捌拾两零贰钱贰分玖厘。

——刘建民先生藏《道光典商阄书》。

185.（清道光二十五年）计开

张贻绪入资本钱贰仟肆佰仟，作钱股壹俸伍厘。

张贻绩入资本钱贰仟肆佰仟，作钱股壹俸伍厘。

张贻祖入资本钱贰仟肆佰仟，作钱股壹俸伍厘。

公合堂入资本钱壹仟陆佰仟，作钱股壹俸。

谨身堂身股壹俸。

白丕显身力壹俸。

惠寿身力壹俸。

道光二拾五年贰月初二日。

——北京晋商博物馆藏《沁州万亿当合同》。

186.（清）△表兄大人起居多福，百事叶吉，侍俸安康，定如私祝。启者，兹因同和当近年疲累情形日复一日，偏遇此旧东时光更紧，只能长使不能再添，看看将及闭门。弟与伊号诸位相处光景吾尽知，虽有不忍坐视之心，无奈心有余而力不足。正在傍观着急无救之际，幸有某号王东家，闻风前来意欲救伙。弟听之即将王公邀至弟处，将口气探听，将同和当诸兄约定，如此往返，商酌旬日光景，幸赖天佑不该绝同乡数十人之衣食，亦可使平谷市面不至挚肘。已经成全妥式，当场三面言定，旧东家净清东钱若干，以后利害与伊毫无干涉。新东暂入进钱多寡，以钱多少一俸，共作己股己俸。号中旧人无论身股辛金，原人不动。惟新东由△处某号拨来俸股、伙友五人，此一条在新东主见以作心服劳靠，按旧伙似乎不愿为此又费许多唇舌，又将新旧伙友减去股俸者。两人照此惟恐新旧难处，然非此不成，两相再四安咐，方得曲全。就于去腊月△日推弟作中，笔迹注定，约具账谱，一切落明矣。择于新正月某日开旧市，立新帐字号，改为益△当。静看日后东伙相处并时运如何，则不用中人为难矣，此弟为人作忙一切情形也。今来弟铺中诸务照常，贱躯平适，足可告慰，勿烦锦念耳。乘□兄回籍之便，专此泐陈，顺候玉祉近安。

——刘建民先生藏《陆一堂来往书信》。

187.（同治五年）职员王子鉴禀为遵札招徕试开公典事……现在试开公典，招徕各典凑集资本，议定每五百两为一股，应得官利、余利，应遵江宁议许章程，由各商自相商办。惟资本多寡难于臆度，设有告罄之时，除一面赶紧筹措接济外，拟请查照江宁禀定成案，禀请给示暂停一月，以待转输。

——《吴煦档案选编》第六辑《吴煦代王子鉴拟遵札试开公典禀》，江苏人民出版社 1983 年版。

188.（清同治）同立合约字邹开记、蔡泰记、李品三、杜顺德、邹登记、陈深记、林添记、林克记、王金庆，盖闻猗陶致富经营，不乏芳规；鲍营（管）知心贸易，自有成约。兹我同人，芝兰夙契，胶契相孚，爰居今而则古，既合券以联财，自宜宏兹大业，固厥新基，匾曰德源，合共七股，得利就母均分，计本银七仟员，既协同有九人之庆，允符获三倍之占。所赖大振宏规，更图久远，则不朽之盛业在兹矣！自宜各守条规，勿忘照约，庶几管鲍之休风，猗陶之胜概，再见于今日，亦后人所以取法焉。爰立合约字一样九纸，各执为信。股分条目标明于后：

一公议：举王迁记当事，在店总理各事。公议：得利十员抽一员，以作全年辛勤谢劳。

一议：本店生理必须在架充足，方准开支；得利闲时不得预支，须待年终结算明白，照股分支，各宜自守规约。

一议：本店伙不能荐人，恐不能受唤用，多生情弊花费。

一议：各股伙如欲抽本别图生理，不得私退外人承坐；务先期通知当事及诸股伙，许抽方抽，毋得自便。

一议：股伙不得向店内暂移银钱使用，如有急需，必须别处移挪。

一议：店内逐月销号首饰、衣物，在股及当事店伙不得擅行抽摘，不致故衣难卖。

一议：店内日清簿尾结存银钱，总须实存。账目如有虚存浮议，惟该当事是问赔补。

一议：股伙公议，本店不出支单、期票。或二三月间生理兴旺，措手不及，由当事先邀齐各股伙面商，均无闲款借与公司外，再由当事向他处暂借，不得擅专。

一店内所有伙计，均系当事选用，如有舞弊账目以及赃架失号，惟当事向保认人是问赔还。

一店内各伙计辛金，由当事秉公议定，逐月宜向当事取用，不得自行擅专。

列在股本银开列于左：

邹登记　在本银壹仟员　再添本银四佰员

邹开记　在本银壹仟员　再添本银四佰员

蔡泰记　在本银壹仟员　再添本银四佰员

李品在　在本银壹仟员　再添本银四佰员

陈深记　在本银壹仟员　再添本银四佰员

林添记　在本银伍佰员　再添本银贰佰员

林克记　在本银伍佰员　再添本银贰佰员

杜顺德　在本银伍佰员　再添本银贰佰员

王金庆　在本银伍佰员　再添本银贰佰员

共九人　合柒股正，本银七仟大员正

另当事壹纸，共拾纸，各执为照。

柒股共再添本银贰仟八百员，合前在本银，计共银玖仟八佰员，再照。

合约合符

同治七年叁月　日　同立合约字　李品三　邹登记

邹开记　蔡奉记　陈深记　杜顺德

林添记　林克记　王金庆

——《台湾私法债权编》第一章《第二十二合股字》，《台湾文献丛刊》第79种，台湾银行经济研究室印行。

189.（清）承曦兄家用过银，系天锡堂平干银四十九两二五，可将此项拨在伊本身帐上。伊在铺一应使过之项，并伊本身人俸，望即算至十三年底，开一清单与伊结来。至于今年伊故用过衣衾棺木钱项，即为出典公帐，无须记伊本身帐矣。但衣衾棺木之项，并恒聚堂帐上，除补还净该之项，务须开在清单后，以便教伊家人知晓可也……覆者，明春咱典又届帐期，干城宋二兄人俸一事，照铺旧规，应将十三年底算明截出，但众东因宋二兄在铺竭力劳心，且帐期即在眼前，因议俟五年期满，再为截算。兹已时值年终，可于宋二兄五年人俸一应该有之项，截清算起，暂存咱典。至于众东五年总算单，亦须与各堂名下各抄一本。

——刘建民先生藏《恒裕典信稿》。

190.（清光绪八年十月廿八日）杭垣自赭寇肃清后初无典当，民间咸以为不便，于是官为创办，首开保大、公济两典。自此以后，富绅巨贾陆续开张，历年以来已增至十四五家矣……近闻各绅集议，以沈、李两巨宦合开一典，多集股份，于衣饰铜锡之外兼收杂货，利则定以三分，期则满于一载，庶有以夺小押之利而抒贫民之急。现已择定于章家桥里塘巷内，沈姓巨宅内开张典号全庆，想生意必当热闹也。

——《申报》3451号《新开典当》。

191.（清光绪十年六月廿二日）先是，（盛宣怀）观察尊人现权杭巡道，旭人观察康本以名进士起家，历任实缺监司，政声洋溢。而其为人温厚和平，多积阴德，居恒义方之训，首以利己损人为戒。曾因凭借祖业，设有质库二十余处，合业者十之七，独开者十之三。顾以不耐烦冗，察哲嗣杏荪观察精力兼人，悉以家事典事付其主持，而已绝不过问焉……殊不知观察早有成竹在胸也，其初已传谕各典，将本年探架之钱分文不动，今又拟将独开之典减贯脱卸数处，并将各典探架之钱全行提还各户存欸，而探架向在秋间，已允各存户统于七八月清偿本利，现银分毫不折不减，亦不以典当勒抵。

——《申报》4070号《中流砥柱》。

192.（清光绪十年十二月十一日）徽人戴某与本邑吴某股开泰来典，吴昆季三人各出资本一千串，戴亦一千串，各家存项多至万余。然戴亦非殷实之商，惟将开裱画铺之徐某存项千串改作己本。今该当亏本一万串之谱，即行闭歇。核算账目，除存本无着外，再须找出千余串。吴知戴无力独自担当，徐向索存项，持有存钱手折为凭。吴以并无此项存款为词，徐心不能甘，遂将此项捐于城内善堂，由堂董禀请上海县提追。曾经前署县黎邑尊先传典当董事问知细情，随提戴到案供明以上情形，然亦无力理偿，随发厅看管候示。现由莫邑尊提案覆讯，饬再传徐到案质讯，以便核断。

——《申报》4237号《存项轇轕》。

193.（清光绪）亲立卖在股饷典字人李品三，今因乏银别创，愿将在德源饷典本银一股，抽出半股发卖。托中引向林启丰承坐，三面议定，估价六八佛银一千五百大圆，即日交银清楚，随向德源过数，所有每年得息对半均分，日后不得异言生端。恐口无凭，合立卖字一纸并缴德源全股股字一纸，付执为照。

即日同中见收过六八佛银一千五百大圆足。再照。

光绪乙酉年十二月二十八日

为中人高岛

亲立卖在股德源字人李品三

代书人卢镇卿

——《台湾私法商事编》第二章《第二卖股字》，《台湾文献丛刊》第91种，台湾银行经济研究室印行。

194.（清光绪十四年三月十一日）启者，本公司奉有工部局凭照，可以收当各种对象，无论多少均可典当，为沪上极大之当，现开设在河南路老巡捕房间壁第〇字二百廿二号门牌，定于礼拜五即本月十七日开张，此布。公大典当启。

——《申报》5388号《奉凭开设外国典当公司》。

195.（清光绪十九年）亲立卖在股饷典字人李品记，因前乏项，曾将所存在德源饷典半股，向林英记胎借母银九百五十元，又利息银二百十五元。今因无力赎回，愿将此半股托中引向林英记找卖，三面议定，估值佛银一千四百元。兹将对抽分得利外，再找出六八佛足银二百三十五元，合共一千四百元，银主与中当面许诺会完。其银即日同中交收足讫，其德源每年得利应归英记掌管。日后德源生理兴隆，品记无干。所有股字并结册，因年前有卖过英记半股，已经缴还，口恐无凭，合立卖股字一纸，付执为照。

光绪十九年四月日

为中人王湘记

陈善记

立卖股字人李品三自笔

——《台湾私法商事编》第二章《第二卖股字》，《台湾文献丛刊》第91种，台湾银行经济研究室印行。

196.（清光绪十九年）立抽回股份字人，郡城内三元巷郑修记，即郑行记江立，有间分应份条款内，于光绪二年九月间，有同王振记、苏裕记、吴陆记、苏妹官、黄温记、高瑞记、蔡合兴等号，伙开同裕号典铺于郡城内三四境豆签口，公出资本一万五千二百圆，即作股份一百五十二份，修记在资额二千五百圆，即作股份二十五份，当年各立有合约执据。后经股伙余金源抽出股份十份，尚存股一百四十二分，今因行记挂欠债项，乏银抵款，爰与诸股伙商酌，愿于二十五股内抽回股份一十二分五厘，应得本银一千二百五十圆，并历年支剩得利银四百九十六圆四角六占正及贴本年九月止按得利银，暨在架加头升利约有五百零三圆五角四占正，共银一千圆。即日收过公司来本利银二千二百五十圆正。保此果系行记江立阄分应得份额，与房亲等人无干。此系公同甘愿，各无抑勒反悔，恐口无凭，合立抽回股份字一纸，付本铺公司收执存照。

即日同中收来股份本利银二千二百五十圆正完足。再照。

光绪十九年九月终

为知见堂叔郑泽淇

立抽回股字人郑修记即郑行记江立

为中人王辉老涂湖老

代书人蔡兴记康昆老

——《台湾私法商事编》第二章《第七抽股字》，《台湾文献丛刊》第 91 种，台湾银行经济研究室印行。

197.（清）福建水师提督李润堂延钰既致仕，遂侨居泉州。年七十五岁，犹有九妾，生子十八人，女二十三人。九妾各出私蓄二千金，于泉郡东门内合设一当，名九如。各妾每轮值管理一月，余及闰月所得子钱，则充当中公用，故其让利常至九月，盖逐月争期多当也。其名九如者，亦取《左传》如夫人之义耳。

——（清）徐珂《清稗类钞》五册《农商类》，中华书局 1984 年版。

198.（清末）当课，邑旧无当铺，清光绪二十年，邑令张公海槎设专经书院，筹捐款基本五千贯，谋存放生息，特商邑富绅集股，并领捐款，开两益当，年纳课五两。时因筹办豫省河工，饬各当铺，预纳二十年之课，许以后逐年坐扣。旋奉文增当课为五十两，除年扣五两，止纳四十五两。光绪末年，本亏铺闭。民国前后，劝工局附设公质店，商会会董集股本开集益公店，照例纳营业税一百圆，均不久即闭。

——民国《南川县志》卷四《各税·当课》，（台北）成文出版社 1976 年版。

199.（清光绪三十年）具禀商人义济有限公司执事王芝山、赵云翔、总理刘禹臣、副理陈秉璋等，禀为当铺止典，以难通融，集股创立义济有限公司，质物周转，恳恩申详立案，以资开办而济困乏事：窃因天津县商人郑士庄向在咸水沽地方开设源庆当，历有年所，接济困乏，商民称便。惟大直沽、白塘口、咸水沽向系当铺四家，自遭庚子焚掠，惟余源庆当一家，支持质赎。不但咸水沽一方借以周转，附近九十余村皆以为救急之所。奈该铺东郑姓借贷北京汇丰银行洋债，即以该当铺架本作质。嗣因市面滞塞，生意赔累，洋债逾期，无资归还，当蒙天津县尊唐传谕，郑姓以该当架本作抵有案。迄今将架本点交汇丰银行收讫，因而止典候赎，以致该处商民虽有衣物，典质无门，人情困厄已极，遂有乘间开设代当小押者，扣利六七分或八九分，甚至于十分以外。其期限少则一月，多则一百日，逾期不赎，变为卖价，商民吃亏太甚。商等不忍坐视，遂于势迫计穷之时，而筹通权达变之术。邀集京津各商，凑妥股本洋八万元，即以源庆当改名曰义济有限公司，质物通融。拟先试开五年，其质物期限，则斟酌大当小押之间，而以十二个月为满，逾期不赎，变为卖价，利息则照当铺旧章，官利三分。至应纳课款，则悉照当行旧例，访之舆情，均符众望。此不过暂时接济，倘未至五年期限而有富商大贾可以独立承请开当铺者，商等将资本收齐，情愿退让。所有一切办法，均照有限公司章程，至当行一切条规，俟有复开当铺者再行遵办。商等不敢居见义通为之名，只欲成济困救乏之举，此系权变一时，接济一方，至他处当铺，市面通行，商民殷实，不难周转，均不得援此为例。

——《天津商会档案汇编·典当业·商民陈秉章、王芝山集资八万元筹设义济典当有限公司文及商部准予立案札》，天津人民出版社 1989 年版。

200.（清光绪三十三年）第七合股字

同立在本开张元会境街集源号质屋股份契约字人黄东记、黄勤记、黄嘉记、黄从记、黄盈记、黄成记、黄兰记、黄宾记、黄履记、黄春记、黄武记。窃闻上古诸金石，不必约而志相同；后世各具心肠，必待约而言乃践，此立约所由来也。我集源质屋，迄今百有余载矣！迩来抽股日众，资本日少，以致每年得利仅抵福食、薪金，而营业等费尚有不敷。乃于本年一月间，邀诸股重立股份，再定章程，所贵在和，不让鲍卿专美；生财有道，独与吕氏媲休。凡我在股诸人，通计在本七三银六千圆，每千圆应得一份，共以六份为准；同力合作，得利均分。自今而后，不必读致富之书，利可获乎十倍；不必观理财之政，业可永以百年；所谓安如磐石，固若苞桑，胥是道也。谨立在本股份字一样十一纸，各股各执一纸为照。

计开诸股主在本银数列左：

黄东记应得：一分，实在本七三银一千圆。

黄兰记同五厘，同五百元。

黄履记同同同同

黄从记同同同同

黄春记同二厘五毫同二百五十元。

黄武记同同同同

黄盈记同一分同一千圆

黄勤记同五厘同五百圆

黄嘉记同同同同

黄宾记同同同同

黄成记同同同同

计十一股，共得六分，实在本七三银六千圆。

黄勤记、黄兰记、黄宾记、黄东记、黄嘉记、黄成记、黄春记、黄武记。

光绪三十三年三月一日。

第二十五合股字

合约书

右因黄海等，于本月十六日蒙厅长许准，开设质屋营业。其店号名之曰协益，住在观音街第五十六号番户。同立合股资本约字人王清标、陈洽泉、叶扁、陈池、黄沧海、许启嫂、洪粗齿、李春州、黄滨等，共出资本龙银一千三百七十元，合开质屋并故衣营业。若后日生理得失，应就股内资本银均摊。虽为获利起见，亦系经营一途，所冀将来振兴鸿业，广蓄财源，俾合股诸君共沾利益，慎勿稍有偏私，致伤和气。此乃相议妥洽，各无反悔异言，余者公订条规，以便遵守。谨将所议条规，开列于后，口恐无凭，共立合约书一样九枚，各股各执一枚存照。

计开公订条规如左：

一股内每人在资本龙银之额：如陈池在资本龙银三百圆，王清标在资本龙银三百圆，洪粗齿在资本龙银二百圆，黄沧海在资本龙银一百六十员，陈洽泉在资本龙银一百圆，李春州在资本龙银一百圆，许启嫂在资本龙银一百圆，叶扁在资本龙银六十圆，黄滨在资本龙银五十大圆，共计一千三百七十圆。

一本号银项若有余裕，不能私行转借。倘银项若有缺乏，亦不得擅用本号信记，私行承借。必要集诸股东同家长黄沧海商议为妥。

一本号逐年应存计册，以告诸股内。或无得利，听其退股来回资本。或有得利，听其开支利银。如不愿开支，欲将得利银合算为资本，亦各从其便。

一本号销胎诸货，无论轻重，若诸股内及诸伙缺乏需要，应由公订估价，然后照价买（卖）出，不得私行抽记，以乱规约。

一本号凡开费以及杂款，俱要登记账簿，听股内任意随时查阅，不得阻挡。

此系恐有不妥，以便斟酌，合立共五条规约，批明再照。

光绪二十八年旧历八月初五日，立合股约字人李春州、陈洽泉、黄沧海……

秉笔人：杨克炽。

一批明，自光绪三十年正月间，生理已废号，各人各本利抽回清楚，以后不能行用。

——《台湾私法商事编》第四章第一节《合股字》，《台湾文献丛刊》第 91 种，台湾银行经济研究室印行。

201.（清末）同立合股契约字人谢友我、陈维茂、谢群我、吴清德、活泉公司。窃以经营殊致，咸求什一之沾；而财物互通，原有子母之例。况地成都邑，不少阮氏之囊；裘有肃霜，即济相如之困。故浊酒不时，尚欣有妇；则金钱往返，尤足便民。今合资以共储，使将无而易有；至蝇头之聚，不得预知。而骏业之营，固所同愿也。爰是我诸人共相酌议，各备资本合股，伙开质铺生理：在台南市打铁街廿番户，匾曰大源号。统计五人，在出本金三千二百圆，作为三十二分股额，公举谢友我、许荣记为当事，经营办理，以图财源广大，骏业兴隆也。缘谢友我因事务浩繁，不得参办，特将店中生理事务，一概委任许营记专行掌办，以冀永远绵长。所有利权应何设法及雇用伙伴、司理等事，均听许荣记调度主裁，俾得尽心营谋，以振厥业。凡每年结账，除开各费而外，有实得利，先以十抽一给赏当事许荣记，以为酬劳，其余俟典质架号充足，除还借项盈余，方得集议开支；毋得以强欺弱，吵索先支。该当事亦不得徇情设私，又不得借母银而付开支得利，致有亏本不敷。倘后生理，因时变计，或有紧要事件，当请股东邀同议妥举行，俾得和衷共济，利获三倍也。诸君咸宜信守条规，勿忘初合之志也。则管鲍遗风，晏子善敬，再见于今矣。立合约字一样五纸，各执一纸为照。

并将诸位芳名、股本及订议条约规矩列明于后：

一联财合伙诸人务照约书股额，各备在足数本金，不得虚荫股额，致误资本短缺。

一倘本店生理兴旺，缺需资本，须由联财中诸人照股分拨，配借本店，应需典质之济。

一本店内凡有销号品物，如在股之人及当事店伙等不得□行抽摘；倘有欠要抽一、二号之物，须与当事言明，照故衣打卖之价，增加一利抽销。若是金器销号者，必依照时价公平估约，务以现银交易，不得违约。

一在架号头，经派店伙司管，关系甚重，各当守分谨慎无失；倘有号失，惟认司管之人赔出，不得妄证，累及他人。

一店中库房、银器房及号房，惟司管之人得以出入办事，银柜惟管者得以收取。若非司管之人不得妄入库房、银器房等，以涉嫌疑。其应管之人，当行阻挠跟究，倘有遗失，定向司管之人是赔。

一股伙凡有资项付借本店，每圆每个月行利息一分五厘，届年终清偿利金，不得先支。

一股伙凡向本店借项，每圆每个月利贰分，依届年终清利，延期不纳，以利加利照算，各无异言。

一凡有资项付借本店，若要取回，须先通知当事人预早筹措，切勿临期莫及之难。

一股伙或付借本店，或向本店支借，均不拘年限，听可随母还利，各从其便，毋得刁难。

一股伙中如有欲出别图生理者，必先问股内之人；不承受外，方可与他人承坐，违者将股分充公。

一店中伙伴由当事人雇请，妥当司理；而伙伴切当遵守店规，不得偷闲托故，倘有不宜及弄端作弊等事，听当事人改雇，斥革追究，股东不得徇私偏秘阻挡。

一店中诸人不得互相荐伙，在店空冒虚名，荫领辛金，致生理多费不敷。

一店中伙辛水，宜向当事支给，及股伙之人，俱不得私授浮借，侵渔丝毫，各宜遵约。

一店中伙伴能秉公办事，全无暧昧私侵，若系久年店伙，倘家中有要事缺憾项，于辛金外多加借用者，在股东诸人俱当承坐，不得推诿。

一在股芳名列明于左：

一谢友我在出本金壹千二百元。

一谢群我同陆佰元。

一陈维茂同肆佰元。

一吴清德同肆佰元。

一活泉号同陆佰元。

计在出本金叁仟贰佰圆，作叁拾贰分。

——《台湾私法债权编》第一章《第二十一合股字》，《台湾文献丛刊》第79种，台湾银行经济研究室印行。

202.（清光绪三十四年）

侯东秀堂资本钱陆仟吊整，作为钱股叁俸。

庞思忍堂资本钱肆仟吊整，作为钱股贰俸。

梁裕厚堂资本钱贰仟吊整，作为钱股壹俸。

阎肇楠人力股捌厘。

宋文元人力股陆厘。

魏国良人力股伍厘。

张维勤人力股叁厘。

以上统共钱人股捌俸贰厘，日后仰蒙天赐获利，按钱人股均分。所有本铺架利梯架家倨（具），俱系财东填讫，与众伙无干。众伙倘有高升未宜者，按上年清单、本年应支核计清结。此乃各出情愿，不得争竞。立此合同一样四张，财东各执一张，铺存一张，永远为据。

中人侯子和、梁心如。

——刘建民先生藏《裕庆当万金财源账》。

203.（清末，陈竹甫）委予集股开典。遂邀吴廷芬侍郎、袁焕烟世叔，合股开设仁大典。嗣因吴、陈、黄三东相继作古，后辈景况不同，意见不一，且黄氏子亏倒，遂将典盘顶与吴砚农、王驾六二君接开，改牌万昌，仍委予为经理。任事至今，忽忽四十余载矣。

——余鲁卿《经历志略·慈善公益一》，转引自王裕明《明清徽州典商研究》附录，人民出版社2012年版。

204.（民国二年，大津）为声明备案事：窃商由前宣统二年十一月，承永益成众债主公举，组织益成当公司，原议人力推转，进退准可自由，当经呈明在案，以宣统三年八月为开办期。不料自承此主席，旋经津市奇滞，银根奇紧，难于推转，惟奈于众债主公举，不得不勉为其难。孰想转年正月十四日复重有兵匪之变，地面荒乱，直接间接大受影响，勉强支持，迁延至此，欲进不能，欲退不得，千思无奈，惟有商同永益成之众债主即益成当之众股东，当将各股票有现出售者，另觅财东收买，借期财力推转，较胜人力。刻正收买将尽，尚有股票未在原主收存，或股票未在津地者，皆经友人担负，以便新财东得手布置。现已布置就绪，更改益成当为同盛当，至于内容章程，随立合同为据……惟同盛当由商一人担负责任，所有益成当公司新旧各事，自当均由张品三一人清理，概与商及同盛当无干。为此呈请备案存查，伏祈会宪电鉴施行。

——《天津商会档案汇编·典当业·商民边秀岩等禀陈益成当公司遇难后改为同盛当请予备案文》，天津人民出版社 1989 年版。

205.（元）老汉汴梁人氏，姓杨名从善，有个孩儿唤作杨国用是也。今蚤到长街市上，本意寻个相识，合火去做买卖，营运生理。

——《元曲选》第四册《玎玎珰珰盆儿鬼》，中华书局 1958 年版。

206.（明）说那两个人，是河南开封府杞县客商，一个是赵申，一个是钱己，合了本钱，同到苏松做买卖，得了重利，正要回去。

——（明）凌蒙初《二刻拍案惊奇》卷二十五《徐茶酒乘闹劫新人，郑蕊珠鸣冤完旧案》，人民文学出版社 1996 年版。

207.（明）原来是徽州程朝奉，就是金朝奉的舅子，领着亲儿阿寿，打从徽州来，要与金朝奉合伙开当的。

——（明）凌蒙初《初刻拍案惊奇》卷十《韩秀才乘乱聘娇妻》，人民文学出版社 1995 年版。

208.（明）那韩道国坐在凳上，把脸儿扬着，手中摇着扇儿，说道："学生不才，仗赖列位余光，在我恩主西门大官人做伙计，三、七分钱，掌巨万之财，督数处之铺，甚蒙敬重，比他人不同。"

——（明）兰陵笑笑生《金瓶梅词话》第三十三回《陈经济失钥罚唱，韩道国纵妇争锋》，人民文学出版社 2000 年版。

209.（明）西门庆派人在杭州置了一万两银子的缎绢，与乔大户合伙开店，以西门庆为一方，乔大户为一方，三位伙计为一方。合同规定，"譬如得利十分为率，西门庆分五分，乔大户分三分，其余韩道国、甘出身与崔本三分均分。"

——（明）兰陵笑笑生《金瓶梅词话》第五十八回《怀妒忌金莲打秋菊，乞腊肉磨镜叟诉冤》，人民文学出版社 2000 年版。

210.（咸丰）金华韩生，贫甚，有屋售于堂叔。叔在京为贵家司典铺，颇饶裕，每岁寄数十金赒给之……一岁逼除，雨雪纷霏，逋欠交积，室中悬釜待炊……至京见叔，亦不敢遽有所求，惟瑟缩苦寒，叔暂令买老羊皮蔽体。适典主人拥卫出行，遇雨于道，求停辔之地。从者曰："某典近在里许，可往宿也。"主人素贵倨，向未尝一至。众闻其来，咸侧足悚息以迎。命合典俱出见，皆袍服甚都，狐裘锦带，环主如云。生以酸寒，厕足其间。自顾布衣弊甚，面目枯槁，缯纩无温，不敢仰视，主人略问数语而去。典中旧例，以朔望至府交账，叔如期往。账本交进良久，不发出，传语曰："前所见生员，可速偕来。"叔疑其有所忤也，踌躇不已。至则命进叩谒，谓之曰："典中人皆华服趾高，其浮薄之态可见，尔叔尤甚，想管典数十年，侵蚀多矣。今以管钥账本交汝，念系读书人，必能朴素自安，办事必诚悫无欺，可小心任之。"生拜受出，至典，则同伴之人竞来称贺，敬受约束。叔亦笑颜相向，曰："典事汝必未谙，可仍交我办理，汝安坐读书，每年奉银若干。惟交账一往何如?"生亦甚以为然。由是每往，必蒙主人青盼，并更发本数十万，约偿息甚微。生借以营积，富至倍蓰。自开典三处，暇时诵读不缀，连捷春秋榜，遂授广东县令，衣锦荣归，至今富豪于乡。

——（清）张培仁《妙香室丛话》卷十四《俞漱阖先生杂记》，《笔记小说大观丛刊》第 27 编第 9 册，（台北）新兴书局 1978 年版。

第三节　典当业的经营管理体制

一、劳动形态：非雇佣劳动

211.（南宋）淳熙间，木工周宝以小商贩易安丰场……（来杭）又骤贫，郁郁绕西湖而行。过赤山，见军人取质衣于肆，为缗钱十余，所欠者六钱。而肆主必欲得之，相诟骂。宝为之解纷，视箧中才余五钱，为代偿。而主者又必欲得一钱，宝亦大恨怒。

——（宋）沈氏《鬼董》卷五，（知不足斋丛书），《丛书集成新编》第 83 册，（台北）新文丰出版公司 1985 年版。

212.（南宋）《夷坚戊志》载裴老智数，谓绍兴十年七月，临安大火，延烧城内外室屋数万区。裴方寓居，有质库及金珠肆在通衢，皆不顾，遽命纪纲仆，分往江下及徐村，而身出北关。遇竹木砖瓦芦苇椽桷之属，无论多寡大小，尽评价买之。明日有旨，竹木材料免征税，抽解城中，人作屋者皆取之。裴获利数倍，过于所焚。（又见《宾退录》）

——（宋）洪迈《夷坚志再补·裴老智数》，中华书局 1981 年版。

213.（南宋）绍兴间，淮壖有一道人求乞，手持一铁牛，高呼铁牛道人。在浮光数月，忽一日入富家典库乞钱。主人问铁牛究意，对曰："能粪瓜子金。"主人欲以资财易之，道人坚不肯。后议止赁一宿，令置密室，来早开视，果粪瓜子金数星。道人至，取铁牛去。主人妄想心炽，寻访道人，欲买此牛，道人不从。百色宛转，方允议以日得金计之，偿以一岁金价。在家数日，粪金如前……

——（宋）俞琬《席上腐谈》卷下，《笔记小说大观丛刊》第 4 编，（台北）新兴书局 1978 年版。

214.（明）长兴臧尧山先生之父开典于城门内，偶至典中，值一乡人赎典物者与家人小忿争。臧翁不直其人，其人逞忿，以手扑翁面者再。家人欲痛辱之，翁不许，反送其人至门，安慰而别。其人到家，甫三日即死。

——（明）李乐《续见闻杂记》卷十，《续修四库全书》第1171册，上海古籍出版社2002年版。

215.（明）徐鏊，字朝楫，长洲人，家东城下。为人美丰仪，好修饰，尤善音律，虽居廛陌，雅有士人风度。弘治辛酉，年十九矣。其舅氏张镇者，富人也，延鏊主解库，以堂东小厢为之卧室……（遇美人与卧起）解库中失金首饰，美人指令于城西黄牛坊钱肆中寻之，盗者以易钱若干去矣。诘朝往访焉，物宛然在，径取以归，主人者徒瞪目视而已。

——（明）陆粲《庚巳编》卷二《洞箫记》，中华书局1987年版。

216.（明）张芹者，先君之管典铺仆也，忠勤端亮，生平无伪言，无遽色……即主人支用浮于所付，亦必曲为营办，以赴公家之急。以故典中赀尽，而芹之产亦无存焉……惜年未五十暴卒，惟置东欢圩田二十亩，因先慈所付赀，为公家借支无以偿，乃以此田归之先慈。先慈见背，田分授余，余即口呼其子还之。

——（明）沈瓒《近事丛残·张芹》，广业书社1928年标点本。

217.（清）先高祖分产无多，幸高祖母史太淑人奁资稍丰。高祖勤苦操家，中年渐充裕，开一典铺于甘棠桥，取息极薄。人有称贷者，无弗应。以产求售者，必苦劝其耐守。售者以万不得已告，方履亩成交，议直必满其愿。阅数年，有求赎者，欣然收价。求找贴者，至再三不拒。一生专用纹银出入，从无二戥，斗斛权衡，均平不苟。百数十年来，惟高祖所买之田，各房有世守者，食报可谓悠久矣。

——（清）姚世锡《前徽录》，《笔记小说大观丛刊》第16编第5册，（台北）新兴书局1978年版。

218.（清）长山袁翁，少极贫……先作些小生意，逐渐张大，一年之后遂为巨贾，问舍求田，买僮蓄婢，遂于室旁开一典肆……（原典主）乃觅二死孩，裸以襁褓，挟至其肆，求质银十两。主柜者大怒，势将用武。翁适在侧，急止之，而拱手向肆主曰：“老兄欲证成我为信人耶？此孩子之死，正值小肆开市之日，不为无缘，请如数质之。”因使人贾一小棺，殓孩于内。此孩子不必远送，即我所立地砖下瘗之可也。亟乎僮仆执锸，就脚下掘一穴，才尺余，忽得一石板。发之，板下列巨瓮十数，瓮中白镪皆满，一肆大惊。

——（清）闲斋氏《夜谭随录》卷四《袁翁》，《笔记小说大观丛刊》第2编第10册，（台北）新兴书局1978年版。

219.（元）楔子叙：我是汴梁第一等大财主刘均佐，吝啬之极，后遇冻倒门首秀才刘均佑，让刘均佑给自己看“解典库”。

——《元曲选》第三册《布袋和尚忍字记》，中华书局 1958 年版。

220.（元）李逊乃汴梁人氏，至钱塘为官，病重，将妻张氏、子春郎遗托给汴梁财主刘弘。刘弘祖宗以来所积家财万贯，家开解典库，由弘之妻侄王秀才掌管。

——《元曲选外编》第三册《施仁义刘弘嫁婢杂剧》，中华书局 1959 年版。

221.（明，唐寅）适典中主管病故，学士令华安暂摄其事。月余。出纳谨慎，毫忽无私……（得秋香后）华安次日将典中账目细细开了一本簿子，又将房中衣服首饰及床账器皿另开一账，又将各人所赠之物亦开一账，纤毫不取。

——（明）冯梦龙《警世通言》第二十六卷《唐解元一笑姻缘》，人民文学出版社 1984 年版。

222.（明四川保宁府合溪县财主沈阆）此时他家有个家人叫做沈实，他也是本县宋江口人，父亲沈俭，也是沈家家人。他从小在沈阆书房中伏侍。沈阆见他小心忠厚，却又能干，自己当家后，把一个当铺、前后房产，还有隔县木山，俱着他掌管。

——（明）陆人龙《型世言》第十五回《灵台山老仆守义，合溪县败子回头》，春风文艺出版社 1998 年版。

223.（金守溪先以摇船为生，偶买两担生铜，后被云南客人认出为金，卖出而发财）从此发迹，就在城中买了宅子，开了典铺，收买奴仆。因骤富，怕人弄他，只得搬至仁寿村住，也不开典，以造酒为生。

——《世无匹》第二回《干白虹潦倒醉乡，金字溪浮沉利海》，《古本平话小说集》下，人民文学出版社 1984 年版。

224. 原户部尚书福昌安便有当铺三座，其中广泰当本银七千两……系家人达哈里经营；永祥当，本钱三万八千二百零吊，系家人杨值经营；永春当，本钱四万八千零吊，系家人额腾额经营。

——《内务府来文》嘉庆四年三月，转引自《北京师范大学学报》1978 年第 6 期《红楼梦背景资料之三——清代前期的高利贷资本》。

二、劳动形态：雇佣劳动

225.（北宋）王介甫知鄞县日，奉行赦书节文，访义夫节妇，得三人。其间一人可采：姓童，为人主典库，谓之判子。家中养疏属数口，奉寡姊，承顺不违。甥不事家业，屡负人债，辄为偿之而不以告姊。方欲奏上而代到不果，闻以诖误之过，为后宰所笞。部中有两道者，常善遇之，每有堤塘桥道之役，令化募闾里修筑，不劳而成。

——（宋）江休复《江邻幾杂志》，《笔记小说大观丛刊》第 22 编第 2 册，（台北）新兴书局 1978 年版。

226.（南宋）若甲出钱一百贯，雇倩乙开张质库，营运所收息钱，虽过于本，其被雇倩之人系借本因而营运，况系主家出本雇人，或凭倩开张质库及所收息利，既系外来诸色人将衣物、金银、匹帛抵当之数，其本尚在，比之径借取利过本者，事体不同，即不合与私债一例定断。

——《庆元条法事类》卷八十《申门·随敕申明》，黑龙江人民出版社 2002 年版。

227.（南宋）（为振奋融州士之气）麟曰：此邦之士，其文采亦足观，要必有生财之道以资荐送而后可……□公曰：以缗钱为贡士库□，钱物相推以取□焉，可乎？今虽寡鲜，姑绵□于此□而大之，则俟后之君子。于是置□□设□藏，募市民之能经干者主之，月收其息而积之，岁终则会而稽之。大比则通三岁□□之息□□而给之。凡库之区画，具载规约。□□就绪，人咸德□公，而相与言曰：夫进取□□，吾属患者。公乃慨念及此，非仁人君子之用心。畴克尔耶！

——（宋）谢启昆《粤西金石略》卷十二唐麟《太守刘公创置融州贡士库记》，影印《宋代石刻史料》，（台北）新文丰出版公司 1982 年版。

228.（清乾隆四十年）王翁，以缎肆起家，人呼为缎子王。翁京师旧家子，习书算，少孤露，遂流为丐……王翁去为典肆佣职，炊爨洒扫，以勤慎，颇为肆主所倚。至除夕，主者核计簿，屡舛，甚焦灼。时翁侍侧，睨而笑。主者曰：“子胡笑?”曰：“此亦无难算。”曰：“试核之。”翁持筹一核，符合。主者大喜曰：“吾不能早识子，屈子久，明年畀汝资本，为我职庙市。”庙市者，隆福、护国诸寺各有市，百货云集，典肆缣帛之属，期满弗赎，别有人售于市。市列摊职此者，月俾数金酬其劳。翁司此，和气迎人，售速而利三倍。

——（清）《蜨阶外史》卷二《缎子王》，《笔记小说大观丛刊》第 2 编第 2 册，（台北）新兴书局 1978 年版。

229.（清同治）包头复盛当铺规

东伙公议铺规订立章程，禁止做油粮钱盘空买卖，又禁放账赊欵（欠），皆以现成为是，亦不准与亲族人等承保浮挪暂借银钱等项，专立此章，阖铺人等慎守遵行，如有违者决不容情，各宜思行毋致后悔。

同治八年四月

——潘敏德《中国近代典当业之研究》第 183 页，台湾师大历史系 1985 年版。

230.（清末）不晤数年聚首难期，其光仪之贵，是以专甬寸函恭候福安，兼贺宝号生意遂心，千祥云集。谨启者，西山兄之令侄某人，原系宝号举荐，近来不法铺规，急务全无紧要，早膳以毕，沿街玩戏，责罚善劝，并无悔意，诚恐失足陷穽迷途邪迳，彼此无光。因此执事者将伊开消，今着弊伙本人送至宝典，亦可报良友之不负心也，此达……

新春以来，风和日暖，仰鸿业以茂集，瞻财猷而日新。谨维宝典新祺增盛，福祉维新，以颂以祝。敬启者，日前某人贤台驾临，诸多简亵，抱歉良深矣。辱承所荐，愚外甥某人已蒙金诺闲住，今委某人携领愚甥并带行李衣物，适地拜晤，伏祈客留，更须指教。实蒙关注格外，但愚本拟亲恳，猬务羁身，弗克闲停。但舍亲在该典中是一学生意之人，而且数年光景，未便久居，不得已即向执事者恳求闲居，该典只应允暂住年终，到明正另觅枝栖等语。余阅毕，函内情形无法踌踌，况余又定明正旋里，未便在号中启齿，此等景况，置于两难境界，思之再三，惟祈二位贤契垂念共事之情、桑梓之谊，尚乞格外光顾，或令舍亲在宝号闲居，抑另觅着足之地，均听明裁，勿虚所望，是为至恳。如蒙允准，速请惠我玉音，余便中寄信于舍亲，教以明正来地，即赴宝号侍立崇阶，得依常领清诲，不致失于轻薄之徒。如此成全其美，不惟伊等感激非浅，即余亦戴……

襟兄大人阁下：日前返舍，缘玉体违和，未及面别，□某人来舍，询知逾宿即瘳，吉人天相，欣慰兼之。启者，有堂侄某人，向在某号学习有年，缘素性迂直，自辞出铺，客岁在沙质铺办事。今春质铺歇业，来舍托觅生理。兹值铺中乏人，其人或内外账目，或取柜或杂办，均可适用。吾兄如有意提携，祈即附一回音，当即着伊来铺就理职事。至于账目银钱意外之虞，有弟承担。临颖翘切，即候近安，并请某翁大人寓祉。愚襟弟顿……

一元复始，万象更新，恭惟某兄大人阁下：福履绥和，诸多畅爽。际此初春，正宝典生意骏业鸿升之时也，可贺可贺。客冬辱临搅扰，又蒙厚赐，郇厨谢谢。陋荐族孙某人，承概允侍立左右，应当亲身赴送宝典，奈俗务羁绊，弗克如愿。既在同寅，谅不见责。今即命伊持书自为叩谒，听其指示。其人平素和众，办事无不竭力，且专心谋管账，一切可托，伏祈录用，尚望训诲训诲，不惟伊感隆德，使弟则叨光无涯矣。寸楮不恭，伏惟原宥，敬此奉候新春迪吉，兼贺元宵佳节，名正具……

仁兄大人阁下雅鉴：既属同舟，浮言勿叙。昨日某兄言及伊因误犯铺规，令正业已算出，目今悔之不极。屡次恳托，代伊求情，依然效力。观此苦情，又今其再三恳求，语语矢志痛改前非，果尔改过迁善，循规蹈矩，亦可谓回岸发奋之永良耳。因此公同商议，大众齐向某人与伊婉转，仍旧复业。然虽如此，尚要通禀列位，是以作札，恭候台安。并祈怜伊在铺同事数年，举目罕亲，无门可报，惟望额外垂青，量才办事，非特伊感激不尽，即弟等亦承情之至。今着伊持信函伏乞容留，其余细情，俟文驾莅铺之日，再为面叙一切可耳。忝在同事，不避忌讳，冒言直陈，伏维采纳，不胜荣欣，谨此布达，并候春安，兼请同事仝顿启……

属在知交，套言不申。敬启者，承蒙所荐某人兄于小号虽然进铺，尚未定夺俸金，权以客礼相待，意欲谅才而用。不意月之几日，乘弟赴邑，忽将某姓因卷号，不由分说乱打一顿。弟儿日返铺，方知其详，似此横暴，何能长久？只得令其来沙，另图好事。方命之愆，谅不我责。谨此奉上，兼请时安，不戬……

某兄大人阁下：福随时茂，德与日增，谅必生意兴隆，与春光并茂矣。贺贺。启者昨接华函下颁，捧诵之余，实感关照。盛情举荐某人素知练达，但小铺目今新进铺者五六人矣，兼之当头清淡，日当百有余号，实无用人之处。方命之愆，谅不我责，谨此恭候台安，伏惟朗照不宣。愚弟某某某顿。

——刘建民先生藏《介休人沙市开典尺牍》。

231.（清末）某老兄先生阁下：久闻我兄居家贵恙绵延，吉人天相，不药自然而愈，理宜趋谒问安，正值事繁人稀，不暇面谈，歉甚歉甚。为某某一节，今正告辞，多方劝导，意旨固牢不可破，只好令其去之。我兄既来周旋，敢不如命是听？但渠素行慌唐，骄而且傲，学习将近两载，当字未尝搦管写有一号，算盘不曾及于门账。牙粉、牙搠、口盂、香胰陈设满盘，每日清晨净脸水洒满院扑香，申饬之间意若罔闻，若此行径，何以为商？少数枚举，我兄详参，可惜青年又有我兄金面，作为浮住，一再不能守分，彼时亦难为情，惟兄莫怪。此奉财安，百吉。弟某某鞠躬。

——刘建民先生藏《民国天津典当家信》。

232.（清末）**辛俸**

执事八千四百，司楼七千，正钱饰五千，副钱饰三千，头柜三千二百，二柜三千，三柜三千，四柜三千，五柜二千八百，正写票二千二百，副写票二千，清票二千，卷包四人，各二千，大学生一千四百，二学生一千二百，三学生一千，四五学生各八百，六七学生各七百，八九学生各六百，十学生五百，十一以下学生各四百，初进学生试用周年开俸四百，厨房正灶二千，副灶一千八百，更夫一钱五百，茶行一千五百。

月酒

内缺各二百四十，柜上各二百，中班各一百六十

学生及厨房各一百四十，试用学生亦一百四十

存箱

每串提十文，除柜上经手人得二文，余八文交内，照股分派，执事四，司楼三，司钱饰各二。

写票各二，清票卷包每人各二，学生每人各半股。

未开俸学生无有先按每串提十文归未开俸学生，然后再按股分派，存箱一款，只准在典者分派，回家者亭分，以昭划一，而俾公允他款列后。

余利

十四个月让一月，二十九个月让二月，柜上经手得一半，余半交内按股照分。

执事四，司楼各三，中班各一，学生各半股，试用学生无份。

九八消

取利百文销二文均同事分闰，执事四，司楼三，钱饰二，柜上各二。

中班各一，学生各半股，试用学生无份。

巧利

本日即取及巧日两利，均归柜上经手人独受，过六日经手人得，一天七日归东，是谓之巧日。

售利

即卖货利，按十一成提一成，归同事分润，照每字号之发俸薄，按股分派无俸者无份。

执事四，司楼三同，钱饰二，柜上各二，中班各一同，学生各半股，使用学生无份。

包皮

卖货照本加一厘，执事十五，司楼七，司饰十五。

使用

卖货照本加一厘，每字号看货者二百文，大学生、二学生各四百文，其余学生并厨房各人一百文，伺候花所者二百文，随东君者二百文。

不提衣

卖货照本加一厘半，执事四，司楼三，钱饰各二，柜上各二，中班各一点五，学生各一试用学生各半股，厨房及随东伺候花所每人每字号提二十文。

福食

内缺每天两荤两素，柜至学生均是一月八犒，四大四小，大四荤小二荤，初二、初八、十六等为大荤，初六、十二、十八、二十七为小荤。

盘货点心

四千文归学生分润。

晒皮货点心

四千文归学生分润。

万号酒：

每月上二菜，办酒一次。

大节六次：

正月初五、元宵、二月初二、五月端午、八月中秋、腊月二十四，每人二百文，按数办酒席。

小节三次：

五月十三、冬至、除夕每人一百文，按数办酒席。

——安徽师范大学图书馆藏《典业杂志·湖口同兴典规章》。

233.（清末）客过三山路，商游四海边。雁飞不到处，果被名利牵。乐哉事业，难哉经营，本铺开设，东家公论，各立规矩，事有条定，禁约已出，勿得私情，倘有违者，割股罚俸。为此告白诸位亲友知悉，今公议定，铺内不许跟随会事，以及空抽、空借、信当、押号等情，均为约禁。凡遇亲友，倘有是议，祈宜体谅，免开尊口，勿致面阻，殊属不便。如有伙计故违前项，罚银拾两，铺内公用，决不宽纵。各宜谨遵，专此预白。合铺公立。

——刘建民先生藏雷大庆《元集壹本》。

234.（清末）典伙之辛俸定章甚微，虽有亚禄，即满货使用，各典章程大小不同。近年生活程度之高数倍于前，中缺学生最苦。

——余鲁卿《经历志略·慈善公益九》，转引自王裕明《明清徽州典商研究》附录，人民出版社2012年版。

235.（清末）窃思典业为伙出息甚微，当此各物腾贵之时，常虞不敷家计，以致拮据者居多，此典伙在日之大略情形也。一旦遽尔身故，遗下孤儿寡妇，既饔餐之不给，复棺敛以无措，白发黄口莫保晨昏，若不妥为矜全，必致转乎沟壑。

——余鲁卿《经历志略·保育会章程录》，转引自王裕明《明清徽州典商研究》附录，人民出版社2012年版。

236.（元）第二折叙：外扮陈德甫上诗云……“小可姓陈，双名德甫，乃本处曹州曹南人氏……家道艰难，因此将儒业废弃，与人家做个门馆先生，度其日月。此处有一人是贾老员外，有万贯家财，鸦飞不过的田产、物业、油磨坊、解典库、金银珠翠、绫罗缎匹，不知其数，他是个巨富的财主（可无尺男寸女，陈让店小二注意街市上卖男女者）……小可今日正在他家坐馆，这馆也不是教学的馆，无过在他解典库里上些帐目……”（酒务店小二见秀才周荣祖用功名不遂，潦倒而来，将小儿欲卖，陈德甫引向员外门前。员外在家里叹叙）：“自从与那一分人家打墙，刨出一石槽金银来，那主人家也不知道，都被我悄悄地搬运家来，盖起这房廊屋舍、解典库、粉房、磨房、油房、酒房，做的生意就如水也似的长将起来……我这解典库里有一个门馆先生，叫做陈德甫，他替我家收钱举债。”

——《元曲选》第四册《看钱奴买冤家债主》，中华书局1958年版。

237.（清，皮奉山，人称“皮五瘸子”，因得窖藏发财）话说皮五老爷，在家无事，心内想开个当铺玩玩……再言皮五老爷，他到典当之中，与众位伙计言明：每年薪俸，与汪朝奉加一倍给付。众人欢喜，次日盘货，择日开张。

——《绣象清风闸全传》第二十五回《皮奉山开当铺，潘彩臣拔劣迹》，春风文艺出版社1997年版。

三、典当业内部运营体制的发展

238.（南宋，临安）且如士农工商诸行百户衣巾装着，皆有等差。香铺人顶帽披背子。质库掌事，裹巾着皂衫角带。街市买卖人，各有服色头巾，各可辨认是何名目人。

——（宋）吴自牧《梦粱录》卷十八《民俗》，（台北）文海出版社1981年版。

239.（明）海阳多上贾，艳草市诸孙，诸孙比屋，素封艳处士从理。处士父曰玄积，受贾而饶……（因父命，释儒而贾）处士即次霅上，修故业而息之，计一取赢，矜取予，必以道以质。及门者踵相及，趋之也如流。慎择掌计若干曹，分部而治，良者岁受五秉，次者三之，又次者二之。岁会则析数岁之赢，增置一部，递更数岁，又复递增。凡百以质剂起家，宜莫如处士。

——（明）汪道昆《太函集》卷五十二《南石孙处士墓志铭》，黄山书社2002年版。

240.（明，汪栋）迨祖母及尊人先后即世，门以内事无大小悉赖北堂综理，门以外事无巨细悉籍从祖维持。典业则择贤能者委之，因材授事，咸得其宜。尝语任事者曰：祖宗创业艰难，吾惟守此不坠而已，幸勿苛刻，以失吾家忠厚风。于是笃志下帷，更深攻苦，凡经传子史以及文艺诗词莫不浏览翻阅。

——《休宁西门汪氏大公房挥佥公支谱·明经栋公传》，张海鹏《明清徽商资料选编》第三章，黄山书社1985年版。

241.（乾隆二十二年）讵本镇汪新芝、蔡中和、邓文茂各典，凡乡民将来麦花豆质当贮栈，迨至向赎，（缺七字）货，而管栈之人索要出栈钱，每两二十文，如无，货包不放。汉等住居附近，见闻熟悉，因思□□□□，□无此例，即各镇典铺亦无有此弊风，爰于八月二十六日，汉等将典栈苛索事环吁，蒙准示□□□省□。第念德政永垂于无替，仁风广被于无穷，莫如碑禁，使陋弊不致复燃，恩泽不止一时，为此连名□请，再叩恩准碑禁。

——《明清苏州工商业碑刻集》第九目《金融类·昭文县永禁典当苛索出栈钱文碑》，江苏人民出版社1981年版。

242.（清）君讳士英，字达庭，姓贺氏，世居渭南南原之坳底村。考坤量公，讳广生，赠朝议大夫……坤量公善贾，设质库于杨郭镇，距坳底十里。卒之年增设铁楼镇质库，诸事草创……公以家事倚兄弟，而以一身总理诸质库……初仅有质库二，后岁岁增设，增至三十处，散布于渭南、临潼、蓝田、咸宁、长安数百里之间。每月必遍历诸处，乘一骡，随健足一人。六十后易以小车，七十乃乘肩舆。来去无定期，亦不以道里为次，人莫能测。每至一处，察司事者神色，即知库中近日事。徐视架上衣物，检阅记载簿，诘司事者曰：有外侮乎？有内变乎？某与某忿争乎？某也惰，某也嗜饮，某也狙诈，不可任。某物价不平，某项记载轇轕，且厘正。司事者不能隐，告以实。公小留，为筹画之，遣者遣，罚者罚，朴实能任事者于应分赢余外，别出己赀奖之不少。游移司事者惧且奋，一饮食，一出入，一眠起，人人心中各有一主人翁。虽公去已远，犹时时劝诫，不知其何时奓户而入也。

——（清）路德《柽华馆文集》卷五《贺达庭墓志铭》，《续修四库全书》第1509册，上海古籍出版社2002年版。

243.（清同治九年）典当业员工守则：

一典内诸同事，各有专司，不得擅离职守，凡学生皆不准出典门。

二典内各友，临睡务须互相照应火烛，至二更后，不准点灯看书、烘火，因火烛无情，尤不准点油纸捻进房，违者着执事面斥，以昭慎重。

三典伙不准私自出门赌博、嬉游、酗酒及外务等事。

四典门每日以夜饭前责令司更关锁，钥匙交进账房收管。

五各伙吃烟，不准吃进包房内以及柜台里，至各楼上尤严禁止，以防火烛。

六典伙如有正事外出，当禀明执事，不得擅自私出典门。限以二更为度，毋许在外留宿。

七典伙亲友往来，不得擅自留宿。

八各伙回宅，须预先与执事嘀定，每年准以两个月为度。更灶回家，自倩替工，钱均己出。

九典伙不准将自己衣物在本典质当，并不准借用当下衣物。

十存箱失票，出典售利，各款照后开章程分派。

十一执事总管各务，筹理出入银钱，督察通典情形，悉心布置，以昭安靖。

十二管楼督同卷包，估值货物。如有信当，不得徇情朦弊，立饬经手，照章赔罚。倘楼房内遗失货物，查察不出者，责令照赔。

十三管饰逐日每件封对，过细估值。如有铜饰、假珠皆即声明，经手赔本。倘饰房内遗失货物，查察不出者，责令赔偿。

十四管钱并理钱票，逐日出入，即登簿核明，票根相符。倘有失察舛误，稽查不出，责令照赔，并不准私自移借，即本典伙友，亦不准向钱房内悬宕银钱。

十五分清系专抄票本，核计月利，列明字号，免防弊窦。如有错误，惟经手自问，以专责成。

十六柜友不准徇情信当，如有此情，不独饬经手赔偿外，仍估计信当若干，按数议罚。

十七柜前倘有无知之人出言不逊，无（务）宜宽恕，切勿与之较量。设有故意滋事，亦须告知执事与伊理论。缘生意之道，总以忍耐、和气、息事为贵。

十八本日即取及巧日两利，均归经手柜上独受。

十九取赎倘有错号，惟经手柜上与学生对赔。

二十写错花色、当本，票账相符，柜上独认；如票账不符，各赔一半。

——安徽师范大学图书馆藏《典业杂志·同治九年屯溪同裕典规章》。

244.（清末）前在宝典搅扰数日，多谢多谢。启者，小记出回之货，才开贰捆，内有章字贰佰六拾九号牌，牌上四件，打开只有三件，祈典查看老账，看老账是何衣服，当本若干，速赐明示。再者，来往账上有某人兑用过钱若干，宝典尚未登账，望祈一并过账，来往相对，此达。

前者弊伙带来之号，速即清查，系原日当时吊下，卷号之人粗心卷起，即时将小蓝布单袍披写，系几年月日章字号，因将此衣存留内房，今在账内查出，将原号随舟带来，望祈收讫为妥。

——刘建民先生藏《商人尺牍》。

245.（清末）清河富室王氏，设质库于邑城累世矣。代远，子姓繁，有仍拥巨资者，有仰此自给者，营业之事，则择一人主之。光绪时，主之者为寿萱观察锡祺。锡祺好学，好刻书，尝刊《小方壶斋舆地丛钞》，于营业不甚措意。而族众忌之，意其主持有年，必增益多金，思有以倾之也。乃各出其长物，典于质库，而必取重值。库伙以典物者之亦主人也，不得不如数以应之。凡若此者，几于无日蔑有，而因应穷矣。架本（典肆之资本曰架本）不足，寿萱则以假贷资挹注，久之，遂破产。时人为之语曰：清河王，自上当。盖质库一曰典当，俗谓质物曰当，为人所欺曰上当。王氏之当，非寿萱一人所设，族众亦主人，而各以己物往质，故为自上当也。

——（清）徐珂《清稗类钞》第四册《讥讽类》，中华书局1984年版。

246.（清末）予自幼好学，不免用心过度。至二十五岁冬腊，接手经理万安典事，在小南门外，起初账、包、钱、饰四缺，予一人经理。予非习典业出身，经此负担，不免操心。嗣新创万康典，老闸地方，又创仁大典、旗昌质，操劳更甚。

——余鲁卿《经历志略·家世出身十》，转引自王裕明《明清徽州典商研究》附录，人民出版社2012年版。

247.（清）吾乡俗语：当铺学生尿壶锡，谓无他改，乃弃物也。凡在典学生，务概守分，得能一生始终到老，就是真福。若不守典规，竟无出头之日，何也？另改他业，势所不能，只因从初习惯成自然：关门自大惯，一派充壮惯，目看排场惯，耳听阔气惯，吃惯穿惯，懒惯用惯，高楼大厦登惯，粗工打杂使惯。如改他业，嘴头呆钝，全无应酬。不晓场面，不知世故，居处不能遂心，使令又不遂心，吃不遂心，穿不遂心，又无本事，不能得大俸金，用不遂心，有多少委曲于心，以致难改他业。若或强而图之，无非东不成西不就，误此一生，是谁过耶？劝尔后生，急早回头多是路，切莫船到江心补漏迟。

——杨联陞辑《典业须知·保名二》，转引自《食货月刊》第一卷第四期。

248.（清末）语云："衣落当房，钱落赌场。"不知爱惜，糟蹋最多，在此场中，最易造孽。尔等后生，现习典业，身居大厦之中，日在银钱丛里，丰衣足食，谁晓艰难？大凡典业，过处全在包房，踏进包房，尽是孽地。孽根从幼所积，幼小无知故也。凡习典业者，无好收场，无好结果，何故也？只因眼界看大，习以为常，视人家当进货物，如同草芥，轻弃字纸，随心所欲，不知物力维艰，不知来路非易，孽根渐积，日久年深，相德衰尽，根本全弃，以致有夭年者，有终老无子者，迨至醒悟，追悔已迟。惟望后之君子，责在包房，做一日事，尽一日心，见物惜物，见字惜字，不辞劳苦，勤于检点。出了包房，过就无分。所谓衙门里面好修行，是好作福之地，切莫弄巧贪安，自谓得志，糟蹋过甚，天理难容。愿我同人，勤修所职。现在之福，不可不惜；将来之福，不可不培。惜福延年，家门吉庆。太上曰：祸福无门，惟人自召。能如是存心，天必赐汝以福耳。

——杨联陞辑《典业须知·达观》，转引自《食货月刊》第一卷第四期。

249.（清末）在典中习学，必先谨言静性，勿可多嘴多涉（舌），是为要紧。须思慎言寡尤，不惹人厌。

每日侵早，最要夙兴出来，勿可贪眠好睡。

起卧即要出房，扫地抹棹，俟同前辈，搬运铜钱，发赴柜内，勿可避而不前。

当门开后，即要停在柜内，以听呼唤。接票寻包，必须先上出楼，再行到楼寻货，亦宜快速为是。勿可与同伴相争，凡事必要让人，切勿自恃蠢性。

晚间俟典内公事毕后，诚宜习学字算，必须以每夜学字几页，学算几遍，总要作定格式为主，勿得借此谈说，自骗自身，自误将来终身耳。

每遇胜会，新年过节，勿可与同伴外游。即前辈率汝同嬉，亦要善言推辞，祇就说我是学生，不敢奉命，既承前辈美意，容当日后再为奉陪。目下只好在典看守门户，兼可应酬公事，又好习字算。如此回答，一则不拂前辈之欢心，又可取悦执事之意悦，岂不美哉？

食物不可好吃，每日切宜留心谨记，勿得瞎吃乱食。切勿与人赌胜吃物，不但有伤身体，且关多病多痛，惟祈加意是幸。

在典习学事务，言难尽嘱，所有各色随时事件，并客来侍奉照应，均要刻刻在心，叫即上前，必须遵听前辈指使，是为至要。

自己身体，务要随时小心。天时或寒，即要衣裳穿暖；稍有燠热，亦不可就脱。春间总宜暖热，夏天不可贪凉，秋天更要小心，冬令多着衣裳，遂（逐）日必须时刻谨慎为主。

银钱二字必要慎重，能得有日补缺出息之钱，自宜存贮，切不可妄用。试思千里在外，祇为银钱而来，积少成多，将来可圆家室，勿得虚靡妄费，总宜自知。

艰苦两字，最关紧要。至于他人之钱，意外之物，非我所有，切勿生心妄想，须要□光明来清去，否则苟且之为，最属下流人也，尤宜思之慎之。

凡遇有人往徽，必托前辈先生代写平安信稿，自当照样正楷端写安信一封，烦恳带家，免贻亲虑是嘱。

——《习业要规》，转引自王振忠《清代江南徽州典当商的经营文化》，http://humanities.ncu.edu.tw/english_ver/HC_events/conferences/090304/Zhen-zhong_Wang.doc.

250.（清光绪三年腊月十三日）江浙典伙徽人居多，若直隶、山东等处之典肆，总推山西人为巨擘。故天津各当铺除店东外，司事以下，半系晋人。其位尊而多金者曰大当家，一当之中总其成而已。次则有二当家、三当家之分，位既有差，权亦少杀。由当家而外，又有管进支者、司管钥者、写票者、站柜者、查号者、叠衣者、出入银钱者，名目不一而足。当家虽一当之尊，然平时手一簿籍，睫毛长寸许，目无全牛。须遇有大当客进门，三当家乃起而肃入柜房，递烟送茶，展问邦旅。二当家在旁谛听，知有来历，亦伛偻而前。二当家进而三当家退，无何大当家亦至，和霭谦光，有加无已。即看货议价，亦不问当钱若干，惟问打算用钱多少，一若恐以当字污若人者，此诚积习相沿固无足怪。

——《申报》1759号《胶版貂褂》。

251.（清光绪六年八月十六日）典当中之伙友相传曰朝奉，初不知其命名之意，人有面目冷落语言尖刺者，每以朝奉譬之。盖开典商者，虽亦将本就利，无异于各项经营，而衣饰作抵限期取赎，其操纵固在于我，而且物有估价，无须饶舌，来者多系急不待缓之人，不必有所迁就。即便典铺林立，或亦有顾而之他。而凡有朝奉，无不以此等面目相向者。人即见而惯之，因亦忍而置之，故为朝奉而或以他事歇业，多至无啖饭之所，以其居移气养移体者，一时不能更易，而他店不敢请教也。然则舍典当之外，各店之伙不可以效法朝奉也明矣。

——《申报》2655号《和说》。

252.（清光绪七年九月初八日）即如昨报所载扬州阜成典橱役自刎一节，非刻之一字贻害哉？典中管事之人俗称之曰朝奉，其神情本属难看。试观各典柜上诸伙，终日鹄立以俟生意，及生意上门，无论为当为赎，面上则绝无笑容，口中则绝无软话，满脸冰霜，一身棱角，一似典中之朝奉，其身分无异于官府门前之主顾，其情形无异于犯人，此固到处皆然，渊源一派者也。吾乡见陗厉棱角之人则目之以朝奉面孔，直以此为诟病，其人盖可知矣。阜成创营之初，所用诸伙自应慎为选择，虽典当生意不招而自来，而柜上之颜色望而自长，亦足为生意之累，而况用此刚愎执拗之人为之管事，又何怪其酿成命案也？

——《申报》3053号《用人不可太刻论》。

253.（清光绪九年三月廿一日）忆数前年前，出北门而散步，瞥见市门之侧丛人屯聚，若蜂蚁声甚哗。趋而视之，盖押铺中人与取赎衣物者相争执，操吴音。余北人也，其言嗷嘈，猝莫能辨，第见门外人攘臂而登，旁观者曳而下之。柜内人以手自指其鼻，趺趺故出，在后者挽而止之。须臾铺伙转面向内，示人以背，取赎者徒肆咆哮，唇焦舌桥无如之何，乃持衣一束扯绉如油炸麻花，踉跄而去。余就旁观而询之，有江北人久于海上者笑谓余曰：“所言君未解其事，君未知耶？然此等事每每有之，鬼蜮伎两（俩）习以为常，固无足怪，今日之事亦此类耳。其人以絮衣一领请暂抵青钱三百，以偶有所缺只需此数，且嫌其取息太重，故不欲多得钱。厥后因事迁延而届期满，而铺伙之狡黠者，向有抽替之弊，以旧易新，名为封包，转售之以得善价，而东主不知也。彼典絮衣者届期来赎，而赵帜已易，故剑难求，是以不胜其愤。与之再二争论，铺伙顾丛人而言曰：‘我有一言诸公共听，安有絮衣一领表里俱新，仅押钱三百者乎?’闻者皆唯唯。客曰：‘尔丧尽天良，徒逞巧辩，吾云暂抵。’有诸伙曰：‘押物以票为凭，写票以字为据，即云暂抵，何以不书?’客语塞良久，乃搔首顿足而叹曰：‘咍，人心如是，成何世界？此地尚可复居耶？’彼二人所争执之言如此，为君述之，其恍然乎？”余曰：“诺，已知之矣。过耳秋风，置之不论不讥。兹以论次典质押铺连类及之，据事直书，曲直是非固自有在矣。”

——《申报》3604号《沪上典质押三铺利弊说》。

254.（清光绪十年闰五月十二日）好捕头至英公堂称，昨因开银匠店之潘益成令学徒将银木梳等件至源来当铺质钱，该当伙察得银梳系铜质喷银，不应混当，即行扣留，嘱令知照司务往取。旋由潘去，口角争执，当伙将潘及银梳交捕暂押。今特解案，银梳四只呈阅，并称据潘言，银梳并非全铜，不过次银打成。然当伙慎察真伪，如系伪物不妨退还，何致将人交捕？源来当伙罗午岑称，管首饰房柜台上之朝奉，误收铜质假充金银各件，已非一次，赔累殊甚。昨因该学徒持银梳来当，柜台朝奉察系铜质，问明是银匠店，因着其招司务来取。及来则一味持蛮，为此交捕。潘益成供，开银匠店因需用钱五百文，令学徒将首饰银之木梳四只及全银之秋叶一对、圈一付向该当质钱五百文，学徒回称已被扣留，因自向理说：梳非全铜，秋叶与圈确是全银，只要当钱五百，何得谓之伪物混当？彼仗势竟将我交捕，黄太守谓：该当伙如果察得次银，尽可不当，何致将人交捕？姑不准理，斥退，梳则发还潘益成领去。潘又称，彼只将银梳交捕，全银之秋叶及圈应令归还。其时罗已退下，太守随喝逻回，随问秋叶及圈何不交案。罗答称此系柜台朝奉经手，我惟将伪物交捕。太守谓潘：将各物只欲当钱五百文，并无不合。该当伙既察得梳系全铜，将人交捕，何以秋叶与圈乃匿不交出耶？殊属非是，判罚当伙罗午岑洋十元充公，押令缴洋开释，再饬差往取秋叶与圈。该当铺旋即缴到罚洋，罗得释去。太守此断可为典当朝奉恃势欺人者戒。

——《申报》4031号《当伙欺人》。

255.（清光绪十一年十一月廿三日）金陵三山街有协隆公典，不知为何人所开。其门首有两荷校者，当户而坐望之，状不类青皮，□询旁观，始知其血气方刚者，乃该典之柜伙。其愚而好用者，乃该典之出店。缘前日有一广东人，持该典当票一纸票，上系时辰表一只，在柜外浼该伙代为一查，以视合用与否。该伙以此表当值不及三之一，今既有此转折，必表主无力来赎，将来不难李代桃僵，隐怀侵吞之意，遂坚执不肯与看。广东人言之至再，且愿奉两月利息酬其举手之劳，犹坚持不可。广东人未免扫兴，峭语讥该典伙。平日抑勒乡愚，傲狠已惯，见广东人出言相顶，遂群起而攻之。有一人从柜内伸手扭其衣领，口称捆起来。外一人即挥老拳相应。广东人大受其辱，奔而反诉诸主人。讵此人系藩署宅门内之奔走者，因该伙詈广东无一好人，又皆强盗，于是合署之籍隶粤东者均积不能平，窃窃私语，事为梁方伯所察知，即遣人驰往查问。该典反以东家之势刀相抵，较前更甚。去者见势不相下，乃诣江宁县告以颠末。桂明府深知近□各当铺多恃东家之势，欺压平民，藐视官府，因即传知该典管事人交出为首者收押请示。适方伯亦不愿为已甚，令桂明府自行酌办，遂即请出大方盘为和事老人云。

——《申报》4566 号《典伙逞凶》。

256.（清光绪十二年五月初五日）启者，本质头柜司账之吴子澄已经停歇，计吴某到本质仅四十余日，亏累不一而足，留其体面置不与较，自问待彼不薄。昨阅申报，忽见吴某所登在典当中数十年并无未完事件，此无稽之语，实深骇异。原其心迹，不故（过）掩耳盗铃为自己退步而已。其有弊无弊，必待将来逐件取赎后方知底细，是非虚实难逃公论。正大质启。

——《申报》4719 号《声明》。

257.（清光绪十九年九月十五日）典当股东何安祥扭控经事汪少愚吞没银两一案，黄大令讯供之下，着将汪收所限缴银两，已纪前报。嗣因汪延宕不交，大令遂于前晚提汪至案，谓本县前堂限尔赶紧先交银四千两，并交监照，尔胆敢一味拖延分毫不交，实属荒谬，着即钉镣收禁。汪闻谕叩头如捣蒜，情愿措交，惟求交保。大令曰：前堂谕尔交银四千两，准尔觅保，迄今分文不交，尚欲求保耶？仍命收禁。汪再四求恩，供称求大老爷予限三天，愿交银四千两。大令曰：本当收禁，姑念一再苦求，准限三天交银，着具切结备查。人则还所。

——《申报》7368 号《县案汇录》。

258.（清光绪十九年十一月初九日）典当质铺以及小押店等，惟沪上为最多。押店月期甚短，其利较大，不肖之徒时有掉包情事。若当铺则堂堂正正，未闻有此种弊端，有之自某当始。本月初有浦东人某氏，赴南市某当铺赎取银钏。当伙令学徒入内查检，良久不出。该氏催促至再，并无原物。旋经柜伙调处，赔还银钏一双。该氏不与计较，取之而去。至前日下午，该氏复至该当铺，声称所当银钏共重三两五钱，前日尔所赔者祗重三两，缺少五钱，理应补偿。当伙一再辩论，该氏不服，申申怒詈，良久始去。

——《申报》7421 号《典伙舞弊》。

259.（清光绪二十一年十一月十三日）李桂泉控仆人吴良斋即朗斋窃取银水烟袋、象牙烟枪、衣服等物，当报捕房，旋拘获送案。经大令讯供押候责惩，并饬原告传到荐头张士定即国桢复核。昨李偕张投案，张递禀伸诉无辜受累，并称吴胞叔名永年，现在城内广大典当为执事，胞兄名启昌亦在当内。去年因吴骗监生衣服，曾与其叔一面。大令谓：此事必须给还当本，尔与其叔妥商赔偿，否则惟尔荐保是问。李桂泉着明日投公堂具状领赃，又命提吴朗斋，供胞兄与胞叔均在广大典当，小的亦体面中人，求恩格外从宽大。令问：张国桢名片何来？供十月二十，荐小的至李公馆服役，因亏欠伊钱，曾将窃取之物当钱给予。去年一同嫖赌，伊亦系家丁，与李素来认识。大令谓：张荐尔生意，并非教尔窃物，尚欲胡言倾轧，实属可恶，着照原断先行枷号一个月，期满笞二百板。

——《申报》8152 号《法捕房事》。

260.（清光绪二十四年闰三月初一日）浙江平湖新埭镇恒泰典当内，于三月廿七晚逃走学生一人，带走满号金银首饰珠子约值数百千文。今年岁数廿左右，身体不长不短，脸盘长尖，面皮带油瓷色，两眉有些倒下。身穿蓝洋布长衫，黑布棉背心，茶青罗绒夹套裤，墨绿心子挖如意头京式薄底鞋子。原籍徽州人，现在平湖口音，姓程，小名叫玉春□叫焕光。此人上海未曾到过，一无朋友，谅想来申必寓客栈，每日必在热闹之处茶酒烟馆戏员游戏，拜托仁人君子代为察访。如其查着送信，谢洋廿元；□获原人失件，谢洋五十元，决弗食言。上海西门内庄家桥南首望花楼南狮子衖张仰渠告白。

——《申报》8984号《寻人》。

261.（清光绪三十年八月初四日）又原参痞棍高长寿入汇丰典铺行窃，被获送案。高长寿说称教民，该县不追其作贼，反饬差谓典铺不应送案。恶差陈泰、胡元宾率众十二人入典铺，咆哮讹索无厌，典告差虐，县弗究问，典不能支，遂至闭歇。而该县索典税如故，以致差役愈横一节。查该县城乡并无汇丰典铺，只有城内汇通一典，业已闭歇。询据士庶居民佥云，前年有石门高村宦裔高长寿因完粮乏资，将祖遗衣服赴该典当洋九元，典伙汪姓见物良贵，疑是窃来，止给洋八元，告以尔知我晓。高长寿不服，与之争论，汪伙倚势凌人，遂唤丐头石春将高长寿锁扭送官，致高长寿族人高道锟等至县，以诬良为贼喊禀。邻绅亦素知高长寿夙甚安分，皆动公忿，相率赴案代为剖白。经该县讯得实情，斥责丐头立将高长寿释放，交令绅董送归，传谕该典服礼寝事，所断尚无不合。

讵该典东崔姓到铺，偏听典伙之言，反恨地方官不肯办贼，负气闭歇，饰词上控，多方挟制，至令案悬未结。该典平日颇着声势，差保不敢上门，县差陈泰胡元宾等牵众入典，咆哮讹索情事，途遇该典伙夏炳辉向其细询。据云此案始因汪伙办理不善，后因伊东性情太执，今年二月间众议，令典开门着高挂红炮。高本有理并已听人调处遵办，可谓不失忠厚，无奈伊东坚执不从，仍要办高为贼，高乃诗书人家，其父亦曾出仕，何至作贼，实系栽诬等语，并向该典附近铺邻逐细访查，所言皆同。调查县卷亦相符合，原参所云均属误传。

——《申报》11282号《查明知县被参各款折》。

262.（清光绪三十二年十一月二十三日）甬郡各典当向有各衙门规费，前经鄞县高令禀准宁府，将此项规费拨作乡约及法政南城各学堂经费。现各典当创办商业学堂，拟将此项规费充作经费。日前慎泰当等联名禀道，经宁绍台道喻观察批云，鄞县各典当规费前据高令禀请，分拨办理乡约及法政南城各学堂经费，本道在府任时业已批准在案。事关公益，同属造就人材，果能实惠均沾，原不必划分疆界。商等议办专学亦为急务，该业类皆殷富，通力合作易于观成。据禀前情应如何设法两全，免致竭蹶之处，仰宁波府迅即会同绅董，妥议具复察核，勿延（具）。

——《申报》12114号《典业创办学堂宁波》。

263.（清末）黄深甫者，休宁县人，与余同事，仁大典管包先生也。其人直而不苟，管束学生极严。每学生交小簿一本，饬令凡有出息支用，必登于簿，按月交账，必责积存十元，交与管包。典业学生拜管包为师，有师生之谊。收存阖典学生，凑有五十元，收入本典存户，按一月一分生息，按年结账一次。如此储蓄，数年之间，而学生之娶亲资有着矣。此法不但有益于学生，且益于学生之全家及终身，并间接有益于本典。盖学生有资存于本典，必谨慎小心，不敢为非也。

——余鲁卿《经历志略·杂记四十》，转引自王裕明《明清徽州典商研究》附录，人民出版社2012年版。

264.（北宋东京开封府）其中有一个员外，家中巨富，钱过壁斗，米烂陈仓。家中开三个解库：左边这个解库专当绫罗段匹，右边这个解库专当金银珠翠，中间这个解库专当琴棋书画，古玩之物。每个解库内用一个掌事，三个主管。这个员外姓胡名浩，字大洪。

——（明）罗贯中《三遂平妖传》第一回《胡员外典当得仙画，张院君焚画产永儿》，北京大学出版社1983年版。

265.（明）西门庆自从李瓶儿过门，又兼得了两三场横财，家道营盛，外庄内宅焕燃一新，米麦陈仓，骡马成群，奴仆成行……又打开门面二间，兑出二千两银子来，委付伙计贲地传开解当铺。女婿陈经济只要掌钥匙，出入寻找，不拘药材。贲地传只是写账目，秤发货物。傅伙计便督理生药、解当两个铺子，看银色，做买卖。潘金莲这楼上堆放生药，李瓶儿那边楼上厢成架子，阁解当库衣服首饰，古董书画，玩好之物。一日也尝当许多银子出门。陈经济每日起早睡迟，带着钥匙，同伙计查点出入银钱，收放写算皆精。

——（明）兰陵笑笑生《金瓶梅词话》第二十回《孟玉楼义劝吴月娘，西门庆大闹丽春院》，人民文学出版社2000年版。

第四章　中国历代典当业兼营业务的种类

第一节　谷典

266. 卯年（八二三?）正月十九日，曷骨萨部落百姓武光儿，为少年粮种子，于灵图寺便佛账麦壹拾伍硕，其车壹乘为典。限至秋八月十五日已前送纳足，如违限不纳，其请不着领六，任寺收将。其麦壹斗，陪为贰斗。如身东西，一仰保人五娘等代还。恐人无信，故立此契，书指（纸）为记。

便麦人武光儿

保人男五娘年十三

保人男张三年八岁

见人李隆隆

——《敦煌法制文书》契据，《中国珍稀法律典籍集成》甲编第三册，科学出版社 1994 年版。

267. 巳年（八三七）二月六日，普光寺人户李和和为（少）种子及粮用，遂于灵图寺常住处，便麦肆汉硕、粟捌汉硕，典二斗铁铛壹口。其麦粟并至秋八月内纳足。如违限不还，其麦粟（请）［倍］，仍任掣夺家资等物，用充麦粟直。如身不在，一仰保人等代还。恐人无信，故立此契，用为后验。

便麦粟人李和和（押）

保人男屯屯

——《敦煌法制文书》契据，《中国珍稀法律典籍集成》甲编第三册，科学出版社 1994 年版。

268. 癸未年（九二三）五月十六日，平康乡百姓彭顺子乏少粮用，遂于高通子便麦两硕，至秋肆硕；便粟两硕，至秋肆硕。只（质）典紫罗郡（裙）一要（腰）。若身东西不在，一仰口承人妻张二娘子面［上］取物交纳。恐为无信，立此文书。

——《敦煌法制文书》契据，《中国珍稀法律典籍集成》甲编第三册，科学出版社 1994 年版。

269. 兀女浪杰典麦契

（西夏）天庆十一年五月初三日，立文人兀女浪杰今将自己□□袄子裘一领，于裴处典到大麦五斗，加三利三斗五升。其典不充，限至来八月一日，不赎来时，一任出卖不词。

立文人兀女浪杰（押）

知见人讹静□□（押）

刘折兀埋典麦契

天庆十一年五月初四日，立文人刘折兀埋，今将自己马毯一条，于裴处典到小麦五斗，加四利，共本利小（大）麦七斗。时，一任出，不词。

立文人刘折兀埋（押）

同典人来兀哩嵬（押）

知见人马能嵬（押）

康吃□典麦契

——《少数民族法典法规与习惯法》下《司法文书》，《中国珍稀法律典籍续编》甲编第十册，黑龙江人民出版社 2002 年版。

270. 天庆十一年五月五日，立文人康吃，今将自己旧皮毯一领，于裴处典到大麦七斗，加三利，共本利大麦九斗一升。其典不充，限至来八月一日。不赎来时，一任出卖不词。

立文人康吃（押）

同典人笃屈遏（押）

——《少数民族法典法规与习惯法》下《司法文书》，《中国珍稀法律典籍续编》甲编第十册，黑龙江人民出版社 2002 年版。

271. 吃□□□典麦契

天庆十一年五月初六日，立文人吃□□□，今将自己旧皮毯一领，于裴处典到小麦三斗，加四利，共本利大麦四斗二升。其典不充，限至来八月初一日。不赎来时，一任出卖不词。

立文人吃□□□（押）

知见人□□（押）

夜贺尼典麦契

天庆十一年五月初七日，立文人夜贺尼，今将自己旧皮毯一领、苦皮四张，于裴处典到小麦一石三斗，三利，共本利大麦一石六斗九升。其典不充，限至来八月四日。不赎来时，一任出卖不词。

立文人夜贺尼（押）

知见人武屈粟（押）

夜利那征布典麦契

——《少数民族法典法规与习惯法》下《司法文书》，《中国珍稀法律典籍续编》甲编第十册，黑龙江人民出版社 2002 年版。

272. 天庆十一年五月初九日，立文人夜利那征布，今将自己白毡一领、皮裘一领，于裴处典到大麦一石五斗，加三利，共本利大麦一石九斗五升。其典不充，限至来八月四日。不赎来时，一任出卖不词。

立文人夜利那征布（押）

同典人兀女□□（押）

——《少数民族法典法规与习惯法》下《司法文书》，《中国珍稀法律典籍续编》甲编第十册，黑龙江人民出版社 2002 年版。

273. 某人典麦契（甲）

天庆十一年五月初一日，立文人〇，今将自己袄子裘一领、马毯一条、旧皮裘一领，于裴松处典到大麦一石，加三利，小麦一石，加四利，共本利二石七斗。其典不充，限至来八月初一日。不见来赎，一任出卖不词。

□□屈卜立文人□□□□

书契智□□

——《少数民族法典法规与习惯法》下《司法文书》，《中国珍稀法律典籍续编》甲编第十册，黑龙江人民出版社 2002 年版。

274. 某人典麦契（乙）

天庆十一年五月初一日，立文人〇，今将自己马毯一条、皮裘一领，于裴松处典到小麦五斗，加四利，大麦一石，加三利，共本利大麦二石。其典不充，限至来八月初一日。不赎来时，一任出卖不词。

立文人〇

书契人□□□

——《少数民族法典法规与习惯法》下《司法文书》，《中国珍稀法律典籍续编》甲编第十册，黑龙江人民出版社 2002 年版。

275. 某人典麦契（丙）

天庆十一年五月初二日，立文人〇，今将自己皮裘一领，于裴松处典到大麦三斗，加三利，小麦七斗，加四利，共本利大麦一石三斗七升。其典不充，限至来八月初一日。不赎来时，一任出卖不词。

立文人〇

书契智□□

——《少数民族法典法规与习惯法》下《司法文书》，《中国珍稀法律典籍续编》甲编第十册，黑龙江人民出版社 2002 年版。

276.（北宋）至于买卖之余，则又加以质当，去年八九月间，为成都买扑酒坊人李安典糯米一万贯，每斗出息八钱，半年未赎，仍更出息二分。

——（宋）苏辙《苏辙集》卷三六《论蜀茶五害状》，中华书局 1990 年版。

277.（南宋淳熙十四年左右）岁饥，畿内小民或以农器、蚕具抵粟于大家，苟纾目前，明年皆有失业之忧。①

——（宋）陆游《渭南文集》卷三十四《尚书王公墓志铭》，文渊阁《四库全书》第1163册，（台北）商务印书馆1983年版。

278.（宋）陈光庭：绍兴庚子大旱，岁饥，死徙不可胜计。光庭创东西二仓，节己口腹，聚谷于中，令里人以物质谷，不取其息，春耕则纳质以取谷，秋敛则纳谷以取质，民咸德之。

——永乐《乐清县志》卷七《人物·忠义》，天一阁藏本。

279.（宋）汪廷美，婺源人，……又有从质麦种十石者，过期给言：种败，无所收。廷美还其质，更遗之麦，以偿其费。

——弘治《徽州府志》卷九，天一阁藏本。

280.（元至顺元年正月）乙亥，赐燕铁木儿质库一……丙子，衡州路饥，总管王伯恭以所受制命，质官粮万石赈之。

（二月）庚戌，茶陵州民饥，同知万家奴、江存礼以所受敕质粮三千石赈之。

——（明）宋濂《元史》卷三四《文宗纪》，中华书局1976年版。

281.（元）楔子：[正末上] 自家张屠的便是……（因母亲病重，想米汤喝，家中乏粮，令夫人以衣当米说）大嫂，家中无米，将绵袄我去王员外家当去。[外旦云] 这袄子是故衣，只值三升米，你将去如珍珠一般，休要作贱了。

——《元曲选外编》第三册《小张屠焚儿救母杂剧》，中华书局1959年版。

282.（明，淳安知县时期）今本县细访得各都图富积谷粟之家，每每乘荒岁勒掯贫民，质物典当，倍约利息。其贫甚虑无可偿者，虽倍约亦固不与。夫当凶岁，小民菜色羸形，妻啼子号，甚者颠仆路衢，辗转沟壑，少有人心者见之有不能为情者……故令里老人等将本县言意劝谕尔等，量将所积谷粟借贷贫民，不许取利，积厚德以遗尔子孙。其有念人之急，不取其利，亦不取其本而直与之者，本县以尚义名目书匾鼓乐奖之，列名县志。如仍前略无恻隐倍称取利，许贫民指告以凭重治。

——（明）海瑞《海瑞集》上之三《劝赈贷告示》，中华书局1962年版。

283.（明）迩来富商设米典，佃农将上米质银，别以下中者抵租，虽丰岁辄称歉收，迁延逋负。

——万历《秀水县志》卷一《风俗》，成文出版社1970年版。

---

① 以上各契约均无法肯定其债权人如裴松等，是否开设了质库，但可以证明质库进行动产抵押谷物放贷的可能性。

284.（明，朱国桢）一开银之源，人各自私，何以开之？悉招质库，不分主客，告以……米到即质，质值以十之八九为率。如米价百两，质八十五金。复粜，渐质渐减，减不废粜，大约百金可得三百金之米。在质者本利递增，风闻竞起；在粜者质之利寡，粜之利多，计期取息，百不失一。

——《南浔镇志》卷十九《江南水患异常，旧守荒政可纪疏》，《续修四库全书》第717册，上海古籍出版社2002年版。

285.（清）同日又据淮刑官呈详，天长县民吕实开张米铺，刘干以衣一件当米五升。后欲加当少许，而实不允，遂以私开典铺首之本县。

——（清）李渔《禁令百则·禁差扰》，《中国古代地方法律文献》乙编第1册，世界图书出版公司2009年版。

286.（清）徽民有资产者，多商于外。其在籍之人，强半贫无卓锥，往往有揭其敝衣残襦，暂质升合之米，以为晨炊计者，最为可怜。然巨典高门，锱铢弗屑，于是有短押小铺，专收此等穷人微物，或以银押，或以钱押，或以酒米押，随质随赎，民称便焉。

——（清）林云铭《挹奎楼遗稿》卷一《劝当议》，《四库全书存目丛书》集部第230册，齐鲁书社1997年版。

287.（清）昔广东邝舍人湛若有嗜古之癖，其生平所聚，琴剑炉钵之属，充栋接架者，皆希世之珍也。然贫甚时，或绝粮，即以所有付之质库。及不时有余资，又复赎之而归，如此者不一而足，湛若皆为文以记之，世所传《前当票序》《后当票序》者是也……雍正癸丑，献艺于仪曹之贾，货不中度，南辕已有日矣。俄而因他事留滞不果，长安米贵，居大不易，于是不能不出其书质之。

——（清）全祖望《鲒埼亭集》外编卷十七《春明行箧当书记》，《四部丛刊初编》集部第153函，第廿一册，上海商务印书馆1922年版。

288.（清乾隆九年四月丁丑）安徽巡抚范璨奏：今岁二麦丰收，无藉平粜，惟查囤户，例有严禁。民因米价易昂，不敢粜尽，而又待用银钱甚迫，暂行典质，此亦人情之常。遂有一种射利之徒，避囤户之名，为典质之举。先与富户、当户讲定微息，当出之银，复行买当，赀本无多，营运甚巨。坐视市米缺乏，价值大长，始行赎卖取利，不顾民食维艰，视囤户尤酷。臣现饬行除农民余米无多，质押者听；如数至百十石，概不得质当。得旨：好，甚应查禁者，不谓汝能办此，勉力以实为之。

——《清高宗实录》卷二百一十五。

289.（清乾隆十二年三月甲辰）甲辰，陕西道监察御史汤聘奏：近闻民间典铺，有收当米谷一事，囤积甚多。在典商不过从中射利，而奸商刁贩，恃有典铺通融，无不乘贱收买。随收随典，辗转翻腾，约计一分本银，非买至四五分银数之米谷不止。至米价昂贵时，陆续取赎出粜。小民一岁之收，始则贱价归商，终仍贵价归民，此弊江浙尤甚。不独米谷，每年遇蚕丝告成及棉花成熟，一如收当米谷之法。小民衣食之计，止以供奸商网利之图。请敕谕直省督抚，严饬州县有司，无论城乡典铺，如有囤积米谷等货，尚未粜卖者，谕令首出，照值官为收买，免其惩治。隐匿不报，一经发觉，即照违制律严行治罪。并嗣后每季取具各典铺并无囤当米谷等项遵依甘结存案，再犯治罪如律。得旨，所奏是，着各该督抚照所请实力行之。该部知道。

——《清高宗实录》卷二百八十六。

290.（清乾隆十年，陈大受）户部议覆条奏：今察禁商贩收米不即发粜，质当典铺更番购买之弊，等因。臣窃以除弊务去其太甚，立法必求其便民，固当因地制宜，体察妥办。查商贩之资本稍丰者，每有于秋成后收积待价之事，然得价亦即出粜，仍为本处食用，市价亦藉此不致愈昂，岂可概为察禁？如令其随收随粜，则市价太贱，势将贩往他处，一至青黄不接，民间转致全无积蓄，其何所恃？况米粮非比他物，可以收贮数年，富民积粟，概于次年秋前发粜，断无留待下年者。是一岁所收，原供一岁之用，出产只有此数，尽先贱粜，而不计日后之缺，曷若藏之于民，而源源出售之为得也。

——《皇朝经世文编》卷二十六《户政一·理财上·覆部议禁米囤核城工疏》，光绪乙未石印本。

291.（清乾隆十三年三月）是月，两广总督策楞覆奏：……一在禁止质当。贫农耕作之际，家中所有，靡不在质库之中。待至秋成，逐件清理，御冬之具，更所必需。每以食米转换寒衣，交春又以寒衣易谷。年来官之查察颇密，当商恐蹈囤积之愆，遇有米粮，已不愿抵当。

——《清高宗实录》卷三百十一。

292.（清）邑市粜止有米而无谷，粜亦止担夫贩卖城中，其谷粜必于人家临仓交易，民食颇艰。然邑有放谷之俗，尚为存厚。凡乡邻称贷，视其初年数目，谓之源头谷，嗣是岁以为常。春放冬还，息止三分，苟无宿逋，终其身可取给。即时价倍蓰，富户必留以俟，又家具、衣服皆可质谷，如期偿还。故邑当青黄不接，民犹可少纾其困云。

——（清）乾隆《平江县志》卷十三《风俗》，《中国地方志辑成·湖南府县志辑8》，江苏古籍出版社2002年版。

293.（清）“直隶当商皆放债收谷，冬成坐谷营利最大。若以原价则予之，彼不取之本境，而取邻境，皆可与富民共济……在三四月即以其价予之，买补多在冬底，彼中间旷数月，既可以营子母之利，且可择便而图。”

——（清）黄可润《畿辅见闻录》，清刻本。

294.（清）窃查江西抚臣毓岱近有筹议民间质借谷石章程一折……臣伏查抚臣原奏，以推广社仓成法为名，因民间向有私开谷押者，贫民得以物质谷，以谷典钱，其事甚便。遂欲令官为经理，庶奸民不得讹诈，贫民不敢拦抢。是其说虽曰调剂贫富，其意实专为防护富民也。然如其法，不惟于贫民无益，且于富民有害。大凡官多一令，即民多一累。民间买卖典质，缓急相通，日用常行，相安已久，无论贫富，皆知自计赢缩，自趋便利，惟其不关涉官府，所以相与无为也。今无故官为当铺之例，势必纷纷给帖，则吏胥门丁纸笔饭食之费，州县年节之规，名色叠出，既称富户，所取必多，纵使州县自守清廉，尚知约束，安保后任之不踵事增索？彼富民积谷虽多，亦欲自图安静，岂肯以富户自居，坐受官府之扰累？其必不乐领帖者情也。然官府既有领帖之令，事在必行，则不领官帖者，吏胥刁徒，必加禁制，必不准其典卖谷石，则必有土豪市侩，句串书役，慨然领帖，以遂其垄断之私。官费既多，索价必多，揽利必专，转使良善富民，有谷而不敢典卖，此其为富民害者一也；江西诸州县仓库，岂能尽实？往时有借买仓谷为名，向富民短价勒买者，既而并不给其值，富民顾恤身家，往往入银代谷，以求解脱。今若使富民承领押帖，则凡官仓亏谷，必惟该富户是问，此其为富民害者二也；往时贫民乏谷，向富民典卖，东家讲价不定，尚可求之西家，典买之途甚宽，故贫民便之。今乃惟给有官帖者始可交易，则其途甚狭，转使市侩领帖，得以居奇，坐制民食。民以物质谷，则昂其质价，与买贵无殊。民以钱赎谷，则多方刁勒，使不能如限取赎，此其为富民害，而因为贫民害者三也。

抚臣又曰：农民于新谷既登，贱价售人。迄春夏米贵，所储早罄。欲令农民于有谷时，赴富家质当，其意盖欲民毋卖谷、而只许其当，以为谷尚可取赎也，此又不达民情矣。夫农民当有谷时，孰不思量入为出？除计口授食外，昏嫁日用一切，亦欲卖钱使用。凡典价只可及卖价之半，譬如时价每卖八百文，如需钱八千使用，则只卖十石已足。今若禁卖使典，只得半价，势须出典二十石，方足应用。是使民无故而耗去二十石也，将何以资朝夕？又须按月加利，则何如径卖十石之为省乎？向来民间典谷，三年不赎则没入其本，其取息亦不过一二分，无多至三分者。今乃欲定以衣物典谷，每石加息谷三斗；以谷典钱，每月加利二分五厘，而又不得过一年之限，过则没入其本。取息既苛，限期又促，断难取赎，是以二十石之谷，止得半价，甫及一年而尽没之也，其累贫民实甚，臣所谓贫富交困者此也。臣又伏思，抚臣所以必给官帖之意，为恐谷押家被人讹诈，及米贵时贫民沮米出境乘机拦抢也。臣查此二者，皆不常有之事。遇荒歉之岁，富民肎出谷典卖，价纵稍昂，贫民亦皆感悦。惟其贪利无厌，闭籴长价，贫民求食不得，始而群起怨詈，甚至抢夺者有之。若歉岁沮米出境，原贫民不得已之计。盖江西诸郡山多水少，产米既稀，西隔大庾诸岭，川广之米不通……此二者，皆因有谷之家为富不仁所致，非因卖谷而致然也……臣窃意州县中必有希图添设当行，可多收陋规者，遂托言调剂民食。

——（清）盛康《皇朝经世文续编》卷四十三《户政十五·仓储》辛从益《论官理质谷疏》，光绪二十七年石印本。

295.（嘉庆九年，秦承恩）查各省穷民，可以借通有无，而资日食者，惟典铺是赖。但典铺只有银钱两项，而于粮价贵贱无所损益。江西有谷之家，间有于东作方兴之时，将所余谷石，任听农民以物质押，资其工作。秋后加利清还，较之典铺尤为利便。但欲有益穷民，必先保全富户。盖质押谷石与典当银钱不同，典商多在城市人烟凑集之区，以银钱为当本，一席之地，即可深藏。富户于乡村僻壤，积谷必建仓廒，方能收贮，又须雇人看守，此不同者一也。典商当本，动逾数万，又系随时取赎，子母相权，利复生利，源源接济，转运不匮。富户以谷为当本，少则百余石至数百石，最多亦不过数千石。春借秋还，每年止能出借一次，此不同者二也。典当银钱，价贱固赎，价贵亦赎，当本可以不竭。质押谷石，价贱则赎，价贵则止。甲年不赎，乙年无本，此不同者三也。典当银钱，以票为凭，不论其人是否认识。钱自数百文，银至数百两，皆听质押，人数逾多，收利逾厚。质押谷石，并不设票，类皆附近农民，肩挑步运，以资日食，可数石至十余石为止。当户若多，当本易竭，此不同者四也。典当银钱，本多利大。既不择人，又不定数，甲年未赎，乙年仍准再当。质押谷石，谷本无多，当户有定，不能减去常年当谷之赵一，转给常年并未当谷之钱二。故甲年还谷之家，即系乙年当谷之户，且甲年曾当五石，乙年不能加至六石，亦不能减少四石，如赵一还谷之后，乙年不愿再当，应听富户另给钱二质押。又或甲年借谷五石，连利应还谷六石五斗，乃赵一秋后仅止还谷四石，不特并未加利，而且短少原本，是伊既［已］失信于人，所有已还之谷，乙年亦应听富户另给别人，不许赵一藉词再行挟当，此不同者五也。典当银钱，定例值十当五，限满不赎，准将原物变价，归还当本，不甚悬殊。质押谷石，多系粗布方服，变价之时，不能敷本。然穷民所以亦必取赎者，甲年所还之谷，乙年仍可押食，不误春耕，此不同者六也。典当银钱，并无折耗，又系循环出纳，利可生利，故扣月日久暂加三取利。质押谷石，一出一进，既有搬量折耗之虞，又有气面廒底、鼠耗霉变之患，其名加三，其实所得无几。况每年只能出借一次，如甲年正月初一日押谷一石，十二月三十日取赎，只许加利三斗。即五月初一日押谷一石，六月初一日取赎，亦应加利三斗。其故何也？盖押谷系在青黄不接，其价甚贵。取赎必俟秋熟以后，其价［已］贱。故有押谷之时，价值二两以外。还谷之时，其价不及一两。即使照例加三，穷民已经暗亏富户之本。若再扣算月日，不使截长补短，富户岂肯乐从？且恐启射利之徒押谷贩卖之渐，此不同者七也。典当银钱，认票不认人，亲族乡邻，均可代当。惟押谷即至亲密友，亦不可代。如赵一甲年还谷五石，乙年仍须赵一亲身质押，否则伯叔兄弟，冒名代当。及至赵一亲来，谷已无存，最易争执，此不同者八也。典商请帖完税，每年不过数金，刁民无所借口。押谷之家，谷本无多，受当借谷，出息甚微。刁民因其并未请帖，往往指为私开典当，抢簿挟制，甚至串同书役讹诈，以致富户畏惧，粜而不借，此不同者九也。典当银钱，不分地界，不拘远近，人人可当。惟质押谷石，刁徒往往把持，不许远村之人搬运，其不同者十也。

以上各条，丰年尚可相安，一遇歉收，最易滋事……如能鼓励富户，收买谷石，不必领帖，听其营运，或数十石，或数百石，或数千石，均可由少至多，逐渐滋长。此家如是，彼家亦如是，此村如是，彼村亦如是。行之日久，通县无不如是，通省亦复如是，不出数年，民谷较之官谷，可多百倍。间遇荒歉，以民间之谷，借民间之食，即本耕三余一、耕九余三遗意……如各州县民情土俗，或与所指小有异同，访查确实，以便民为主，听其酌改。并令仿照当铺款式，亦立当票，于还谷之时，发给当户收执，以为来年当谷之据，亦可杜绝争端。

——（清）贺长龄《皇朝经世文编》卷四十《户政十一·仓储下》，秦承恩《劝民间质谷谕》，光绪二十七年石印本。

296.（道光二年三月辛未）江西巡抚毓岱奏，推广社仓成法、筹议民间质借谷石章程以裕民食而安贫富……查江西民间向有谷押之名，贫富均便。应照典铺官为给帖，有谷之家，准开谷押。农民于青黄不接之时，听其将物质谷。秋后以谷取赎，照旧每石加息三斗。由开押之人，刊刷小票，注明付给，赎时将票销算。秋冬农民有谷时，亦准赴押质当银钱，按月加利二分五厘。其取赎衣物谷石，均不得过一年之限。如此缓急通融，穷民于秋冬储谷有余时，不必贱价而售。春夏口食不足时，无须贵价而籴。富户以谷出纳，无须远赴市集粜卖，可免拦抢之害。而邪奸囤积居奇、刁民重利盘剥之弊，均可杜绝。行之日久，民间之积谷必多，市集之粮价自减。得旨，细心妥为之，总期有益于民，贫富两便，方为至善也。

——《清宣宗实录》卷三十一。

297.（道光二年十一月壬辰）谕军机大臣等：御史程矞采奏……据称：民间谷押，其息不过一分五厘，至二分而止。今每石官定纳息三斗，徒为富户继长增高，未尝为贫民裒多益寡。秋后取赎，谷经风飏折耗，息再加增，是盖藏尽归盘剥。至以物质谷，价值较谷多至数倍。向来三年不赎，则没入其本。今官限一年，是衣物未得半价，甫及一年，遂已尽没。市廛典铺，例准三年取赎，何独质谷勒限一年？其以谷典押银钱之议，尤不便民等语。民间典质称贷，有无相通，事所常有。江西省所属，向有殷实之户，于青黄不接之时，将余谷听农民质押，以有余补不足，沿行日久，贫富相安。若再另立禁令，官为限制，事涉烦苛，致滋流弊。

——《清宣宗实录》卷四五。

298.（清道光三年）娄境泗泾、枫泾各当，囤积约有二万余石之多。据供系各铺户寄存之米，故当籍票根不载。其有票根者，仅一千二百余石。今请将有票根之米发还，原当待赎，其各铺所存之米，请运荒图平粜。

——姚光发等《松江府续志》卷十四《田赋志·赈恤·娄县知县何士祁请赈并募捐助赈》，（台北）成文出版社1974年版。

299.（清）为出示晓谕事。案据禀生孙岐、饮宾孙熙等禀称，生族职员孙明捐义田一百五十顷，前已禀明立案。查此项义田，除每丁给领三斗耕种外，每年尚有余谷，并族中急公会、祭会、义学会，共计有谷二千余石。诚恐分借弊生，久囤谷烂，现在合族公议，将谷开设谷当，每石取息二斗，秋后取赎，择族中敦实者四人经理。其事当青黄不接之时，邻里贫民咸得其便，且上年谷价多昂，下年谷价较贱，虽加息二斗民不受累，而族中谷石日积日多，虽有荒年可保无虞。诚恐地方贤愚不等，毋论有谷无谷藉此挟当，合将开设谷当缘由，禀明给示等情到县。查谷米本贯流通质押，实资接济，耕作贫民当青黄不接之时，如遇窘乏，得将衣物以质谷石，乡田同井有无相通，诚为便民良法。今职员孙明捐置义田之外，复将余谷并各会谷开设谷当，由本族以及邻里睦□任恤，殊堪嘉尚。但谷有定数，焉得人人而济之？倘有无赖棍徒，或恃强勒押，或藉端讹索，不可不严其禁，合行出示晓谕。为此示仰该处军民人等知悉，尔等当知孙职员开设谷当，专为济贫，非以图利。质押对象，听其凭公估计，不得以少当多。每石取息二斗，必须按数付交，不得故意短欠。谷贵之时，自必质押者众，每年总以谷尽为度，更不得强质滋扰。谷石日积日多，丰稔之年可以周急，荒歉之时得以全生。

——（清）沈衍庆《槐卿政迹》卷一《开设谷当禁止挟诈告示》，《历代判例判牍》第十册，中国社会科学出版社 2005 年版。

300.（清）陈淙，字少南，世业疡医，兼精内科。端午，尤封君晋馈酒二壶，一邻子睹之而笑。少南曰：“君饮之乎？”捐一壶与之，欣然持去。顷往索壶，已质米八升矣。少南以钱赎之，邻子饮醉，反来索壶，大声诟辱。少南惟笑而已。邻人不平，欲掠之。少南曰：“无须动气，彼穷乏无聊，特来寻事耳。”赠以百钱而去。人皆服其量。

——（清）黄印《锡金识小录》卷八《陈淙》，（台北）成文出版社 1983 年版。

301.（清）巴陵乡中，向有头谷。头谷者，石息三斗，春夏贷而秋收，此两利也。盖贷时平价千钱，收时新谷七百。此谓乡斛，城斛大乡斛二斗。还者计费钱九百一十，赢其本九十，收者获息三斗，明岁则为钱三百，岁有三分之入而无放息之难与应官之税。及荒年本息之出者，计一里出几且十万。贫不饿死，谷价高，富者日益富。然质贷者多用衣物絮被之属，始夏脱棉乃质，秋则取之。后来岁俭粜早贵，冬寒，人未还谷，求先出质。富者不肯。而岳城中有典铺三家，新墙有二，城陵一。人贪日短而息少，争以好衣物付典，而以粗大者质谷，以是谷衰浸以尽亡。富者惟恃田租，十裁有其放谷之二，食紧则开仓立罄，缓则以为钱而贷之。于是一县之谷，秋熟外流不禁，春夏不可以荒矣。近上官有劝积社谷者，谷甚少而无起仓之费。派掌之人惮后累，余尝以告于官，欲请提补南仓而休养。浸昌之日，城中止容一典库，余皆禁之。并禁以谷为钱者，官常漠然不知所谓也，呜呼！

——（清）吴敏树《柈湖文集》卷二《巴陵积贮说》，北京大学图书馆藏本。

302.（清）克轩先生徐氏，讳承照，字宫月，巴陵三都人也……家田不盈六百亩，以二百亩为谷田，施族之鳏寡婚丧不举者，余以置义学。岁俭，冬寒甚，语其弟巡检君曰：今日我大寒，加裘乃已。质谷者衣物多在此，奈何？明日即呼乡人与衣，明春，召还谷者，以其谷与之。凡出谷千余石，不复质焉。

——（清）吴敏树《柈湖文集》卷九《徐克轩先生传》，北京大学图书馆藏本。

303.（清）平俗：青黄不接时，有将衣物质谷者，春借秋还，其息加二加三不等，谓之源头谷，亦称头谷。本息无欠者，次年仍质如其数。虽时价倍蓰，富户必留以俟之。乾嘉时，比户皆然，合邑不下百万石，故虽饥不为害。近岁军兴，富民有戒心，行者十无一二矣，贫民所以重困也。夫质谷与典商不同，典用银钱，随时取赎，子母相权，利复生利。谷则春散秋收，每年只能出借一次。又谷价有新陈之异，借时价贵，还时价贱，名为加二加三，其实仍在半数之中。且谷贱则赎者多，贵则赎者少。甲年不赎，乙年无本，所质衣物，类多粗敝，变价常虑不敷，是头谷利赖于贫民者多。为富户计，不及典肆远矣。然仍乐为之者，月计不足，岁计有余，岁计不足，累岁计之有余，如一夫营本谷三百石，即可准躬耕百亩之获。此贫富交利，旧俗之最善者也。

——（清）李元度《天岳山馆文钞》卷四十《杂著·平江县志论·仓储》，《续修四库全书》第1549册，上海古籍出版社2002年版。

304.（清同治）巴陵放谷之俗，实为善事。凡乡邻称贷，视其初年谷目，谓之原头谷。嗣是岁以为常，春放秋还，质以农物，息止三分。（见积储谕）秋收后谷不外流，或更籴入，通有谷之家，无虑数十万石。若乾隆中屡逢歉岁，富民好施，又有减息及预还质物者，风俗加厚，人益不病。（壬申志）

——（清）杜贵墀等《巴陵县志》卷五二《杂识二》，第五部分，岳麓书社2008年版。

305.（清）许旦复《小除夕杂咏·饯岁》：度日艰难望岁终，朝朝累我泣途穷。质衣炊米范丹（舟）济，乞米人谁仁祖同。华烛他家饶乐事，寒毡有客郁愁衷。何如速去无相溷，化籥从头换一通。

董志、汪志按：浔镇质库向例每日辰开酉闭，惟除夕通宵夜晓。近来以多警防盗，请官给示。虽除夕亦不复放开矣。

——（清）周庆云《南浔志》卷三十三《风俗·十二月》，《续修四库全书》第717册，上海古籍出版社2002年版。

306.（清，张淡杰）稻性宜水……近来佃农奸顽，将田中稻谷先时砻舂，或趁新贵粜，或投典贱质，妄希贸易以博利。

——（清）周庆云《南浔志》卷二一《农桑一·农事总论》，《续修四库全书》第717册，上海古籍出版社2002年版。

307.（清光绪二十二年正月初三日）钦加同知衔、赏戴花翎、特授龙泉县正堂、加二级、纪录十次任，为出示晓谕事：照得江省质铺，照章只准取息二分，与典当并无二致，历经各属遵章办理在案。兹本县位任，查得泉邑城厢各处质铺均以谷当为名，似质非典，取利甚厚，贫民不无受累。现经本县传集城厢内外开设质当之谷余、鼎丰、乾丰等店会商，谕令遵章减息。当据各该店面禀请，自本年十一月初一日为始，以后按月取息二分，所有各乡现开质铺亦均一律照办。诚恐小民未及周知，合亟出示晓谕。为此示仰阖邑绅商士庶人等知悉，现自光绪二十一年十一月初一日起，毋论城乡各处所开质铺谷当，一律照章按月取息二分。如有乡铺阳奉阴违，仍前多取，一经查知或被告发，定即照例严办，抉不姑宽，其各凛遵毋违，切切，特示。

——《申报》8198号《县示照登》。

308.（明，赌客乃钤辖葛玥之子，小名尊哥）不数日间接连输下几千万缗，尊哥世袭官衔，虽不加贫，公估白手得钱，积累巨万。从此开起典库，那典库生理，取息二分，还且有限，惟称贷军装，买放月粮，利上加利，取赀无算。

——（明）《石点头》第六卷《乞丐妇重配鸾俦》，远方出版社2001年版。

309.（明嘉靖四十三年，吴中大水，米价踊贵，太湖内洞庭山）辨悟道："敝寺人众缺欠斋粮，目今年荒米贵，无计可施。寺中祖传《金刚经》，是唐朝白侍郎真笔，相传价值千金，想都管平日也晓得这话的。意欲将此卷当在府上铺中，得应付米百来石，度过荒年，救取合寺人众生命，实是无量功德……"当下严都管将经包袱得好了，捧了进去，终久是相府门中手段，做事不少，当真出来写了一张当票，当米五十石。

——（明）凌濛初《二刻拍案惊奇》卷一《进香客莽看金刚经，出狱僧巧完法会分》，人民文学出版社1996年版。

第二节　私人存款

310.（北魏世祖入长安，因发现一处寺院有弓矢矛盾）命有司案诛一寺，阅其财产，大得酿酒具及州郡牧守富人所寄藏物，盖以万计。

——（北齐）魏收《魏书》卷一一四《释老志》，中华书局1974年版。

311.（宋，牛生自河东赴举，中途遇雪，借宿菩提寺）僧乃为设火具食，会语久之，曰："贤宗晋阳长官，与秀才远近。"牛生曰："是叔父也。"僧乃取晋阳手书，令识之，皆不谬。僧喜曰："晋阳常寄钱三千贯文在此，绝不复来取。某年老，一朝溘至，便无所付，今尽以相与。"牛生先取将钱千贯，买宅、置车马、纳仆妾，遂为富人。

——（宋）李昉《太平广记》卷三四八《牛生》，中华书局1961年版。

312.（南宋）浮桥由郡直上南台，有江，广三里，扬澜浩渺，涉者病之。元祐以来，江沙颇合，港疏为二，中成楞严州。八年癸酉七月，郡人王秘监祖道为守，相其南北，造舟为梁……縻金钱千万，一出于施者。明年绍圣元年甲戌十月成，以其余钱三千九百缗，分给负郭三县僧寺以为本钱，俾岁取息以待缺弊修造。

——（宋）梁克家《淳熙三山志》卷五《驿铺门》，《宋元珍稀地方志丛刊》甲编五，四川大学出版社2007年版。

313.（南宋）朝散公，性豪爽，能诗，好谈论，年高益喜怒不常。公事之，曲尽其孝。少家贫，叔祖为浮屠，曰："幸乳岩有精鉴，知公必贵，督教之，且留钱浮屠氏所谓长生库，曰：此子二十岁登第，吾不及见之矣，留此以助费。"已，皆果如其言。公待朝散公，泣祭而谢之，钱分文不复取。自是，赤手自奋以至通显。

——（宋）黄震《黄氏日抄》卷九十六《安抚显谟少卿孙公行状》，文渊阁《四库全书》第708册，（台北）商务印书馆1983年版。

314.（元）延祐四年二月初五日，有昭文馆大学士、资德大夫、功德使司使阿刺不花，钦奉圣旨，该于闰正月初十日，拜住怯薛弟一日，嘉禧殿内有时分，对速古儿赤脱欢尚书、黑闾火儿赤站班司徒、舍儿伯赤脱因院使，特奉圣旨：阿刺不花真定府龙兴寺里，看念藏经去者，更问省家要壹伯锭中统钞，龙兴寺里分付常住存本，用息点长明灯者么道，钦此。当寺住持讲主崇琛除钦遵外，将上项钞领受付库，存本运息，燃灯于观音阁下大悲菩萨像前，安置供养外……（延祐五年七月建）

——（清）沈涛《常山贞石志》卷一九《龙兴寺常明灯钱记》，《续修四库全书》第906册，上海古籍出版社2002年版。

315.（元）兹有曲沟社居李珪、李珍、李璧……诣于彰德在城大天宁禅刹，施财五千缗，收入常住库，每岁抽息饭众以资冥福，可为诚施以自他方一也。

——（清）武亿《安阳县金石录》卷一二《□乡北曲沟礼下舍财施主孝子李珪等长供记》，《辽金元石刻文献全编》第二册，北京图书馆出版社2003年版。

316.（元）中书省尝令李留判者市油，桑哥自请得其钱市之。司徒和礼霍孙谓非汝所宜为，桑哥不服，至与相殴，且谓之曰："与其使汉人侵盗，曷若与寺僧及官府营利息乎？"乃以油万斤与之。

——（明）宋濂《元史》卷二百五《奸臣传·桑哥》，中华书局1976年版。

317.（元）故太师答刺罕秦王右承相既薨，其夫人怯烈真氏出家为尼，"……愿以楮币五千□□寺僧之职出内者，规其息以为汝父秦王薨愍二忌，供佛饭僧超度之赀，并与吾母瀛国夫人生辰延寿修营之助。"

——（清）沈涛《常山贞石记》卷二四《秦王夫人长生钱记》，《续修四库全书》第906册，上海古籍出版社2002年版。

318.（清初）君讳祯，字宁侯……质库所入，不责倍称之息于人，人争归人。所赢辄过当，繇此其业数蹶又数起云。临清之破也，悉亡其赀，君恐以累故人之寄橐者，将倒庋还之，绝去什一弗复事。闻者感其意，固请乃止。未几，尽复其所失且倍焉。

——（清）吴伟业《梅村集》卷三三《太仆寺少卿席宁侯墓志铭》，文渊阁《四库全书》第1312册，（台北）商务印书馆1983年版。

319. 崇祯中……有陈锡元者，本徽人家，依扬州富商赵昌祺，司质库中奔走事……乃令往盐厂课灶户，司盐务出入，岁得千金独厚……（后中年娶妻，谈起生计问题，陈锡元有恃无恐地说："无恐，我有八百金，贮主人典中。汝日坐啖，亦不过羡余微利耳。"

——（清）严思庵《艳囮二则》，《笔记小说大观丛刊》第5编6册，（台北）新兴书局1978年版。

320.（凌应揆为清康熙癸未进士）先生本寒素，仅积百余金，于汪氏典中，取薄息以佐薪水，立命先业师往典取回，携交先母。

——（清）姚世锡《前徽录》，《笔记小说大观丛刊》第16编5册，（台北）新兴书局1977年版。

321.（清乾隆十一年秋七月）己酉，又谕曰，白钟山在总河任内办理河工，种种滥用，应赔帑银甚多……又程致中女壻汪绍衣，在清江开当铺，收存白钟山银四万两；又商人程容德，收存白钟山银二万两。又商人程迁益，收存白钟山银二万两，代为生运等语。

——《清高宗实录》卷二百七十。

322.（清乾隆十七年）东山为蒲邑巨观□，其上者为泰岳之神，兴云出雨，灵庇无疆。土人每岁于廿八日献乐报赛，相沿已久。嗣因所费无出，久将废坠，爰公募银二百两付之典商，岁生息银三十金，以为献戏之资。

——《明清山西碑刻资料选》续1辑017《昭兹来许》，山西人民出版社2007年版。

323.（清）乾隆丙辰岁（四十二年），东神山纠首老先生等十位，因土戏亵神，谋献苏腔，又虑戏资无出，议请封首三十人募银二百两，置租三十三千，每年除纳贡而外，得租三十千以备戏资，诚盛事也。后又有乐善好施者续入十数人，置租公用，俱有碑碣可考。近因天时人事之不齐，神事几至废坠。太值四十一年，首事与同事张纬祖、王端、曹子申等十四人同心协力，遵前人之制，复请封首三十二人募钱二百余千，除费用刻碑而外，净存钱二百千，放之典铺，每年获息二十千。前后共计有公项钱五十千。每岁加戏一天，两社尽心办理，有余则存之公所备用，不足则值年为首按分均摊。

——《明清山西碑刻资料选》续1辑021《用垂永久碑》，山西人民出版社2007年版。

324.（清乾隆二十八年秋七月）戊午。谕军机大臣等、熊学鹏奏查沈作朋家产供词内有将伊子沈焕、用刑夹讯一节，办理甚属错谬……即如折内所称、沈作朋家产，有伊兄沈作梓当铺一所，共银一万三千余两，内沈作朋衹有本银一千两等语。沈作朋历任监司藩臬，现据伊子从任所带回银数千余两，交他处典铺生息，置买货物，岂有自己当铺，止存银千两之理。且沈作朋置办产业，俱系伊兄经理，安知非沈作朋明知有此案败露，早于伊兄沈作梓名下，豫留地步乎？此中应行研究处，转不详悉推问，辄将伊子夹讯，徒示严求。

——《清高宗实录》卷六百九十。

325.（清乾隆五十九年二月）各省驻防协领，俱借俸禄养赡，家有积蓄者甚少。诺穆三等同系协领，何以资财独厚？即据现经查出房地外，诺穆三尚有寄存帽铺银一千两，钱铺银二千两。托蒙阿亦有寄存泰来当银一千两，杂货铺银五百两。

——《清高宗实录》卷一四四六。

326.（清）且断令两房各出七千金，立典生息，以为每年祖宗祀墓祭扫门户支应公费，法良意美，至周至备。

——河北大学刘秋根先生藏《行氏家族诉讼抄本》。

327.（清）更有一法，俗名状元会者，约会首十人，每人纠十会，共百位。每位一月交银一两，共百两。连交十月为满，共集千两存当生息，数月后便可取其息以作每月交还各位本银。摇在十次内得者，下月仍交银一两，满十月便不必再交。摇至百次，各本尽收。约八年满，取存当银千两置义田。如此周而复始三四十年，可置田几百亩，作善会根基。

——（清）余治《得一录》卷一《枫泾同善会规条》，《官箴书集成》第七册，黄山书社1998年版。

328.（清）奉天锦州府锦县为呈覆事，道光十三年七月初十日，奉袭封衍圣公府札付内开……奉此卑县卷查此案，先于道光十一年九月二十七日，据孔继潢呈控兴成当赵国祥等勒抗东本……身遵谕前往，查得兴成当以道光八年东伙算清总账起，共存原本钱十万零七千一百吊，欠外借贷，凭帖来往，生息银两，浮存共九万五千三百二十三吊五百七十文，两项共合二十万零二千四百二十三吊五百七十文。本当在存有架本钱一万九千零五十二吊五百文；存欠里来往钱七千二百零八吊六百一十文，存欠里借贷钱七万二千四百九十五吊二百二十文。存兴成隆本钱八千吊，利钱一千三百四十吊；存兴源烧锅本钱二万吊，利钱九千吊；存西桂本钱一万吊，利钱一万零一百三十九吊六百八十文；存有众东支使钱二万三千二百三十四吊九百七十文。存有铺伙除赔项东家承认使出劳金外，欠长支钱一千五百七十九吊一百四十文，存铺垫钱三千三百二十七吊七百五十文，存压租钱三千吊，现存贴钱四百二十三吊一百九十文，通共合钱十八万八千八百零一吊零六十文；净赔钱一万三千六百二十二吊五百一十文。每股应赔钱一千一百四十四吊七百五十文，孔继潢名下原本钱三万一千五百吊；系作钱股三个半，共应赔钱四千吊，并除名下支使钱六千九百八十四吊九百二十文；下剩本钱二万零五百一十五吊。理合将查明各款，开具清账一本，禀复核夺等情，据此正在提讯间……赵国祥因年景歉收，放出借贷讨要不齐，生竟落荒，无钱清找，以致孔继潢呈控到案。

——《曲阜孔府档案史料选编》第三编第15册，齐鲁书社1981年版。

329.（清）闻里中有某者，家本裕，一寺僧信其可托，密以私蓄五百金授某，以生薄息。竟未立券，但凭纸折取利记数而已。

——（清）郑光祖《醒世一斑录》卷五《鬼神·因人为灵》，《续修四库全书》第1140册，上海古籍出版社2002年版。

330.（清咸丰）龙华盛会，辛年一举，经费在数百千文。观乎众善之布施，先视上会之积累。辛亥之会，积累仅一百五十四千，焉足敷数百千之费？所幸合邑好善，人有同心，现又垫会二百六十余千，基思植而会举矣。是会也，神人共悦，垫会布施之多，几遍四方。而邑人郝怀瑾从乌里雅苏台募化众善银八十两，代州、繁峙众善垫会钱九十六千，更为盛焉。至会圆满，共收垫会布施壹仟捌佰玖千文，除会费壹仟贰佰五十六千，除修庙堤六十六千，垫会愿收者还之，愿仍垫者生息之，共余肆佰八十六千，出贷当、杂两行，预作下会之根基。乎所接少而所遗多，实因感者诚而应者灵。顾吾喜其会之独盛，而利及会。会也，爰循旧规，刻垫会者之名于石，记垫会者之钱于账。至旧垫会前碑载明，兹不赘云。

清咸丰二年岁次壬子如月吉旦

邑岁进士高许攀熏沐敬记书丹

——《晋商史料全览·忻州卷·咸丰二年龙华会碑记》，山西人民出版社2006年版。

331.（清光绪五年十一月十九日）据闻妇系杭之钱塘县人，其故夫向为杭府南量房库书，现已亡故数年。身后所遗住屋一所及租房三间，并有存款四千余金，其三千金分存于三处典当生息，别有洋一千二百元散存于洋坝头四条巷等三处肉店中，亦按月收息。该妇抚孤守节，借此度日。

——《申报》2397号《朴水告状》。

332.（清光绪九年五月初三日）新城有某绅富家，一孀母抚二女，一继子。除产业归子外，提出六千两为两女嫁资，长女去年已嫁，奁资三千两；次女尚幼，其资存某典，五厘生息。一妪服役十余年，为女主心腹，怂怂女主云：外间已如此，一旦有变，典当必闭逃，此银即无着，不如取出随身办理为妥。女主信之，托其兄某孝廉起本。某劝之不听，只得往取，当晚即交到元宝二十只，谓三日后付清。验明收入套房箱内……次日某孝廉至，闻妪已去，问其原由，不禁大笑云：中吾计矣。女主问之，某云：此妪之奸，惟妹不觉，今日二十只宝必携去矣。女主不信，入房视之，果已席卷，而二千文尚在。某云：毋急，我深知其故，于昨日极力怂劝时一目了然，此宝乃铅洋也，典款并未往取，幸未破财。此人去妹家安矣。其借钱正为欲饰箱之沉重，扛者不疑也。幸哉幸哉。女主无言，某大笑而去，知者咸服其智云。

——《申报》3645号《竹西近闻》。

333.（清）光墉借官款周转，开设阜康银肆，其子店遍于南北，富名震乎内外，佥以为陶朱、猗顿之流。官商寄顿赀财，动辄巨万，尤足壮其声势。江浙丝茧向为出口大宗，夷商把持无能与竞，光墉以一人之力垄断居奇，市值涨落，国外不能操纵，农民咸利赖之……前一岁，有僧以赀五百元存于杭城典肆，肆伙以为方外书名不便，拒而不纳。僧以木鱼敲于门外三日三夜，光墉偶过其处，问故，许之。

——（清）刘体仁《异辞录》卷二，中华书局1988年版。

334.（清末）尔资东是否孤寡，本县不得而知。兹据夹呈女东来信，不知孰请何处无用讼师，代作此稿。尔与其花钱请人写信，何如遵断息争为愈也？此案阎贺氏供称，向在尔铺寄存三百金，虽无契据，而尔所呈房契、账簿，疑窦亦多。本县为尔息争，不肯加尔以昧赖之名，但勉尔以恤孤之义，情理兼尽，待尔不薄。旋据贺清玉以藐断抗违等情覆恳前来，本县责其任性，令其少待，以为尔必能了此讼端。乃断结半月有余，复假内东来函，抗官违断，实属不顾体面。尔陕人领人资本，胡花浪费者不一而足，何独于本县断银百两，必如此禀命而行？来函云贺阎氏是寡妇，该氏亦系孀孤，本县不应为彼害此，此真讼师笔墨也。夫寡妇与寡妇不同，有寡而富者，有寡而贫者，损富益贫，实具消息盈亏之理。寡妇而能开当铺，令出百金有何大害？况此案蔓讼一年有余，若永远不结，再经上控，或被府提，尔之花消岂直百金而已？况房契、账簿均被本县朱笔批驳，一经谳司阅看，尔将何词自解？仰仍遵原断，限三日内交银百两，饬领完案。如违责押追比不贷。尔此次所请讼师，写此不通之信，于该当铺无丝毫之益，着不必给钱。

——樊增祥《樊山批判》卷二《批当商刘德胜恳词》，《历代判例判牍》第十一册，中国社会科学出版社2005年版。

335.（清光绪二十二年五月十二日）据称湖南省幕任骥即任小棠，又名任子龄，入长沙府幕兼管臬幕，遇事把持，擅作威福……任骥又与已革同知徐渤伙开钱铺、典当多处，家资至数十万金……任骥又在省城与已革广西同知徐渤伙开阜隆钱铺、隆庆典当，在益阳伙开宝□典当，在巴陵伙开人和公济等典当，计资本不下二十余万金。又购盐票二张，值二万余金。任骥一介游民，在湘处馆，若非剥削官民何以至此一节，臣详悉访查，任骥所开钱铺及各典当皆系通济典铺华光庭经手，而乾和庆隆管事杨小东、李厚钧等亦皆深知底蕴，遂札饬布、按两司转饬长沙、善化二县，将华光庭、杨小东、李厚钧及阜隆钱铺舒寿祺等传集赴司查讯。据华光庭等佥称，任骥伙开典当，省城只隆庆典，入本钱一万串，又先后存银五千两、存钱二千串；乾升德、福瑞和等典共存银一万两、存钱一千五百串；鼎裕、鼎隆、五福、同仁等典共存银五千两，大有豫盐号存银六千四百两，均系八厘行息，实无盐票；又益阳县城通裕质当入本钱三千串，岳州府城公济典入本钱八千串，存银一千两；人和典入本钱二千串、存银二千两；华容县城公和典入本钱六千串。至阜隆钱铺系徐渤独开，并未与任骥合伙，仅来往数内尚存银七十八两八钱二分，此外并无余款，均各出具并无隐瞒，如虚查出自甘究治，并将自己家产充公，切结。比将簿据呈验，尚属相符。综计各典共入任骥本钱二万九千串，又存钱三千五百串，共钱三万二千五百串；各典号共存银二万九千四百七十八两零，通共银钱并计约合银五万六余千两。据华光庭等又称，闻任骥存项内尚有代人存放之款，益阳通裕典去冬有汪姓将任骥名片来取息银属实，据藩臬两司据情具详，并檄查益阳岳州禀复前来，覆查各供委无遁饰，尚无二十余万金之多。此查明任骥伙开钱铺典当之实在情形也。

——《申报》8325 号《光绪二十二年五月三日京报全录》。

336.（清光绪二十二年腊月初八日）前出使美日秘大臣崔惠人星使自前年乞病归里，与其族侄承武股开典当，复存银巨万在典生息，客冬又以万五千金付同茂布庄权子母。今春星使忽欲将典股及存款一并抽提，承武不允，由是南北两阮诟谇。时闻各就芜湖之仙源会馆，筵请同乡评其曲直。十月杪星使以同茂存银一年，期满该本利一万六千有奇，乃乘舆亲往索取。承武迎入后厅，甫坐定，忽闻呼救命声。跟人入视，则星使已跌仆于地上。乃急归报其公子，一面以图吞殴辱赴县喊控。万邑尊立带刑仵书差驰诣同茂验看，星使自称伤腰膂甚剧。邑尊再三抚慰，并命取署内之卧轿送星使归第，立逮承武到案，发礼房候讯。官意以两造当有鲁仲连其人者出为排解，讵阅旬余之久竟无人过问。承武以年老托病保释，闻两下为财结怨已非一日，恐不易了云云。

——《申报》8527 号《阅本报纪竹林启衅事》。

337.（清宣统元年正月初十日）芜湖关道札、芜湖县文云：腊月二十一日，据贵州矿务商局工程师逻克赖函据称，鄙人因与前使美国钦差崔国因向来交好，知其家道殷实，是以于去年华历七月间，将银一万两存放伊开之汇隆典当内，冀得七厘之息。不料崔钦差今年去世，鄙人即向该典取银，该典管事崔国新未肯付本，仅付一年之息，将存票展期三个月，立本年八月初一日存票一纸，期至十月底本利一并归还。乃到期专人往取，该典一味推托，意在图赖，本利均不肯付。不得已鄙人亲来芜湖，函请芜湖县饬差立提该典东及管事等收押；一面将典暂封，勒令还清鄙款方准开张当。蒙芜湖县饬提该典伙计夏静廷到案追款，彼时不肯交银，业已被押交银在案。然所押之夏静廷实系典当之小伙计，无用人也，是以函请道台大人赐恩，速即札饬芜湖县，将该典东崔有泰、管事崔国新一并收押，比追鄙款；一面将典暂封，勒令还清鄙款方能启封等因到道。

——《申报》12926号《关道饬查外人索款案安庆》。

338. 予前知黄静园居停之亏空必倒账，惟余一人知之，而渠之兄弟至戚茫然不知者，仍不谙市面账情，及不知静园之各典有巨数之存项也。予以东家之内容不可稍露于人，然奈经理之仁大典存项颇多，予即设法归还。至各存户声说，东家存银甚多，要还存项，请即来取，如不来取，下月止利。零星提去，约有数万。竟有不来提取者，予只得将其本利付账，存储铁箱，候其存据携来交付。

——余鲁卿《经历志略·交际十六》，转引自王裕明《明清徽州典商研究》附录，人民出版社2012年版。

339.（清光绪二十七年）丁筱记存款凭折

今收到

丁筱记名下二四曹平银八千两正，言订周年六厘生息，遇闰不增，息不转本，先期支用，作为还本，对周付息，不得预支，凭折支取，两无异说，此据。

光绪二十七年十二月初一日苏同兴公典具

经收苏萱臣

陈雨农存款凭折

今收到

陈雨记名下九八通典钱一千二百串文，言明此款作为暂存，无论久远，概不生息，有事取用先期知会，以便筹措，凭折支取，两无异说，此据。

光绪二十七年十二月二十四日苏同兴典具

经收人苏萱臣

——安徽师范大学图书馆藏《典业杂志》。

第三节　政府及社会款项的发典生息

340.（北宋熙宁六年）十二月十八日，都水监言：乞将本监钱一万五千贯送抵当所出息供用，从之。

二十六日，军器监言：乞将本监钱一万九千余贯，依武学例送府司出息供用，从之。

二十七日，论市易司市利钱量留支用外，十万贯并送抵当所出息，准备支充吏禄。其抵当所令都提举市易统辖，罢勾当曹官一员，却置勾当公事二员，专切检校。

——（清）徐松《宋会要辑稿》职官二七之九，中华书局1957年版。

341.（清雍正元年四月）戊寅，命发内库银九十万两交与诸王大臣，分派八旗及包衣三旗，令属下官员营运生息，以备各旗护军校、骁骑校、前锋、护军、领催、马甲、步兵等有喜丧之事，俾得永远沾恩。其应给银数，自二十两至四两止，令参领以下至各族长查明具保，该旗都统咨行内务府领取，无得虚冒。有不敷者，酌量加增，于二年正月为始。

——《清世宗实录》卷六。

342.（清）岳麓、城南两书院核定经费一并列后：

钦赏及借司公帑原本银四千两，发交汉镇盐商生息，每月每两收息银二分，每月（年）纳息银九百六十两，以作正膏火之用。

又提出节年余息银二千五百两，发交湘潭县典商生息，每两每月收息银一分五厘，每年纳息银四百五十两，以作加增膏火之用。

上共每年收息银一千四百一十两，盐道每年按季径发经管书院之教官。

——（清）陈宏谋《培远堂偶存稿》卷四十八《文檄·申明书院条规以励实学示》，《清代诗文集汇编》第281册，上海古籍出版社2010年版。

343.（清雍正七年三月）戊午，又谕，朕为在京八旗兵丁悉心筹画，其家若有吉凶之事，需用之费，无所取办，一时拮据，实为可悯。特给内库银两，令王大臣等营运生息，以备兵丁一时之用。今思外省驻防之满洲、汉军兵丁等，亦当一体加恩。江宁、杭州、西安、京口、荆州、广东、福建、宁夏、右卫共九处，每处赏银二万两；天津、河南、潼关、乍浦、成都共五处，每处赏银一万两，俱着于布政司库内支给，交与该将军、副都统等公同存贮，营运生息。如该处驻防兵丁家有吉凶之事，将息银酌量赏给，以济其用。其本银永远为存公生息之项，不令缴还。该将军、副都统等务须尽心办理，使兵丁均沾实惠。倘该管大臣、官员，有私自侵蚀、那移或委任非人，以致本利亏缺者，定行从重治罪，仍于该管及委用等官名下严追还项。其营运利息之处，亦必公平办理，倘指称官银名色，或占夺百姓行业，或重利刻剥阎闾，与商贾、小民争利，扰累地方，着各督抚不时稽查，即行参奏。倘督抚徇隐不奏，经朕访闻，必将该督抚一并议处。此项本利银两，每年出入之数，交与在京八旗都统、副都统查核。一旗或管一省，或管二省，着怡亲王大学士等酌量派定，每年于岁底，各省该管大臣官员等造册赍送各该旗查核奏闻。再，各省督标、抚标、提标兵丁等，亦仿此例。每标或给银一二万两，或给银数千两，按照兵丁之额数，分别银两之多寡，亦着怡亲王、大学士等酌量派定，其银即交与各该督抚、提督委员料理，经惠济兵丁。一切照驻防之例行，其前后接任之时，将此造入交代册内核查。至于各省镇标兵丁等，一时难以遍及，候朕酌量国用之出入，次第加恩，陆续降旨。

——《清世宗实录》卷七九。

344.（清雍正八年七月）辛巳，大学士马尔赛等遵旨议奏，恩赏各镇标兵营运生息备用银两，按数着拟，陕西西宁镇二万两，凉州镇一万六千两，江南苏松镇一万四千两，陕西宁夏镇、广西左江镇各一万三千两，浙江定海镇，湖广镇旱镇、彝陵镇，福建漳州镇、汀州镇，陕西延绥镇，云南曲靖镇、乌蒙镇，贵州古镇，各一万二千两；江南狼山镇，浙江黄岩镇、温州镇，福建台湾镇、福宁镇，山东登州镇，陕西肃州镇，广东左右二翼、碣石镇，云南普洱镇各一万两；直隶正定镇，浙江处州镇，福建海坛镇、金门镇，山西大同镇，陕西兴汉镇、广东潮州镇，云南鹤丽镇、永顺镇、楚雄镇、开化镇、临安镇各九千两；湖广襄阳镇，江西南赣镇，陕西大通镇，广东高州镇，云南永北镇，四川川北镇、重庆镇、松潘镇、建昌镇各八千两，山东兖州镇，湖南永州镇，河南南阳镇、河北镇、广东琼州镇，广西右江镇，贵州安龙镇各六千两，直隶马兰镇、天津镇，江西南昌镇，福建南澳镇左营，广东南澳镇右营各五千两，行令各镇总兵官会同督抚、提督，于该省藩库照数支领，料理营运，从之。

——《清世宗实录》卷九六。

345.（清雍正九年十一月）乙亥，兵部覆议，云贵、广西总督鄂尔泰疏言，恩赏各省兵丁营运生息银两，督抚提镇等标业经领讫，至协营兵丁尚未颁给。云南省共兵四万七千九百八十名，督抚提标与各镇标共领银十一万九千两，分给协营已属有余。贵州省共兵二万八千六百余名，今威宁协添兵五百名，都江一带约须添兵四千名，而古州一镇尚未请领赏银。抚提两标、安龙一镇共止领银二万二千两，现在不敷分给协营。广西省共兵二万一千七百余名，抚提两标左右两江镇，已共领赏银四万一千两，若分给协营，所少无多。黔粤兵丁每名赏银二两，便足以资营运，所获生息尽可济用。再，营运生息之处，必须公平办理，嗣后各省如有将营运银两，或占百姓行业，或重利放债，与商贾、小民争利者，请将出纳官弁照骚扰地方索诈部民财物例治罪，该上司照失察属员贪劣例议处，并请通行直省将军、督抚、提镇一体遵行。应如所请，从之。

——《清世宗实录》卷一一二。

346.（清乾隆元年四月）戊子，谕内大臣海望，广储司每年所收八旗滋生利息银两，往往不能尽用，徒存于库。此项银两，原为滋生以助贫穷兵丁缓急之用，今尔等一年之内所收利息若干，兵丁一年之内红白事件需用若干，羡余若干。按此项羡余银两数目核计，或现在加恩赏给应领恩赏人等，或遇未得钱粮不应支领之鳏夫及无子嗣之孀妇红白事件赏赐之处，着内务府总官会同八旗大臣，查明详议具奏。寻议内务府八旗满洲蒙古汉军兵丁，先后总共支领过滋生银一百十万两，每月应支利息银一万一千两，每年总得利息银十三万二千两。内除汉军于明年正月起赏给恩赏银外，八旗满洲蒙古包衣三旗，约计应需银七八万两。羡余之银，仍尚有二万余两。照此数核计，应赏事件十八款，俱予加增定议。俟命下之日，请即由本年交纳利息银两内动用，年终汇题八旗照原议支赏银两数目奏闻，汇题羡余银两存库。从之。

——《清高宗实录》卷十七。

347.（清乾隆四年三月）甲寅，谕、据大学士查郎阿等奏称：宁夏镇标分发各当铺生息银两，自上年地震后，查被灾甚重之各当铺，所领生息本银共计八千五十七两零；其虽经被灾，货物未致全失之各当铺，所领生息本银共计四千五百四十两零，可否分别加恩宽恤？谨此请旨等语。朕念宁夏此次地震，商民同时受灾，深为悯恻。着将被灾甚重各商，所领八千五十七两之本银并利银，俱着豁免。其被灾稍轻之各商，止令交还所领本银四千五百四十两零。所有应交利银，悉着豁免。至此项豁免银两，有关兵丁缓急之需，不便缺少。着在兰州藩库内，照数拨补足额，以资生息，俾兵民一体均沾恩泽。

——《清高宗实录》卷八十八。

348.（清乾隆七年四月）壬寅，谕：世宗宪皇帝轸念兵丁贫苦，酌发帑金分定各该标营营运生息，俾缓急有赖，兼以利济商民。请嗣后每年所得息银，除赏给外，余剩存贮司库，不准复行作本生息。其直隶、山西、湖广三省之外属协营未及编赏，及河南之外属各营兵丁未曾赏给者，查四省皆有以息作本之银。已经充裕，应令该督抚提镇等量为通融，一体分给。再，各省滋生银两利息，约以一分为准，不得过一分五厘，着为例。如违例将息作本并私取重利者，将该管官指参。

——《清高宗实录》卷一六四。

349.（清乾隆九年七月）壬辰，户部复议：署凉州将军黑色奏称："各省分给盐当生息银两，向例不得过一分五厘。凉州米、布、煤等铺，皆系自行贸易，早晚赢绌不齐，并赁屋租银，亦系本人情愿，均与发商生息者不同，故有二分至三分八厘不等。倘息银太少，恐不敷赏之用。应如所请，通融量加，不必定拘一分五厘旧例。"从之。

——《清高宗实录》卷二二一。

350.（清乾隆）十三年戊辰，歙绅徐士脩增置（紫阳书院）号舍，又捐银一万二千两赡学者。五十四年己酉，歙绅项琥修。五十九年甲寅，歙绅鲍志道捐银八千两，交淮商生息，添补经费。小字：其时盖因徐士修所捐一万二千两本发典商生息，历年典商消乏、亏欠，比追无着。而经费动支本银八千四百两，仅存原本三千六百两。故鲍志道捐银八千两，即将各典亏欠概行免追……后经鲍志道之孙员外郎鲍均捐银五千两，存两淮生息。又据黟邑各绅将原捐存建碧阳书院银内拨出银六千两输入，并据黟绅胡尚焓、胡元熙、胡积城捐银五千两，除归还垫项四千两，余银七千两发交歙、休二县典商生息，而膏火始无亏缺矣。

邑人公议（黟县书院）延请经费由典商领本出息，官吏俱不为经理。

徽州六属，绩溪较瘠，读书寒士最多，是以每届乡试之期赴试者寥寥。户部主事邑人胡培翚与合邑绅士劝捐，得银五千两，请于太守及邑宰立案。其银发典生息，每科以息银分给应试者旅费。一切条规刻于石，以垂久远。

——道光《徽州府志》卷三《营建志·学校》,《中国地方志辑成·安徽府县志辑 48》,江苏古籍出版社 1998 年版。

351.(清)留养院，一在南关药王庙，一在娄家营，一在中羊村。乾隆十九年署知州罗以桂奉制宪方置署，州捐五十金。盐、当商人共捐一百五十金，二十年以六十金买固安民拨补腾壤衙地三顷四十七亩，余金畀当商权之，收其租息以赡留养。

——乾隆《祁州志》卷二《建置》,(台北)成文出版社 1976 年版。

352.(清乾隆九年夏四月壬戌)天津水师满营都统福昌等奏，赏给兵丁滋生银三万两，陆续将本银交库外，现余银八万九千八百余两。经高斌奏请，将钱布油酱等四铺关收，只存典当、估衣、弓箭、染房等铺，皆减为一分五厘息。所存银三万两，交盐运使转交天津殷实商人等，按一分生息。臣等查每年所得利息，现虽敷用，而添驻兵丁时，一切需用既增，若不另筹滋生之计，必至不能接济。若将现存本银在此生息，又恐难以获利。请将现有银一万两，仍交盐运使转交天津殷实商人，按一分生息。嗣后再剩银两，即交此处兵民，酌量生息，可以久远有益。奏入、报闻。

——《清高宗实录》卷二百十四。

353.(清乾隆九年四月丁丑)江苏巡抚陈大受又奏：苏城六门，旧有义学，皆系借设寺院，又无一定经费。现据绅士捐银四千余两，在郡城适中之王府基及六门地方，建设七处。又建市房一百二十间，岁得租银发典生息。又绅士捐助圩荡九百余亩，统计岁入租息，酌给塾师膏火，及一切费用已属充裕。听民间贫寒子弟入学讲读。得旨嘉奖。

——《顺治—嘉庆朝清实录经济史资料·国家财政 1》第二章《财政收入》,北京大学出版社 2012 年版。

354.(清)乾隆十六年辛未夏，旱，商贩不通，米谷腾贵。前郡守济源何公既劝谕绅士出谷平粜，以纾一时之困，因又驰书淮扬各绅商谋所以为积储经久之计，由是绅士程宗扬等相率乐输银六万两上之于府。何公以三万两发典生息，以三万两买谷建仓贮之，视谷之贵贱而以时出入焉。详情前抚宪卫奏闻准行，所谓惠济仓也。历十余年仓储既裕，生息银两亦倍于前。前守诸城李公据商人方承绪等议，将余息银照江苏之例建男女普济二堂以收恤茕，禀督宪高、抚宪冯批饬查议。议未上而李公卸事，越峨徐公继之，仍条列章程具详兴建。抚宪富闻于朝，并请即名惠济堂，以无失各商原捐本意，蒙奖许焉。

——民国《歙县志》卷十五《艺文志·惠济堂记》,转引自张海鹏《明清徽商资料选编》第五章，黄山书社 1985 年版。

355.(清)两局……乾隆十六年，制府桐城公饬令各州县于所属地方多设养局以赈恤转徙饥民及老弱废疾鳏寡无依者。前令冷廷颐暨士商输银一百五十两，于乾隆十八年三月商领营运，月息二分，岁收息银三十六两。

——乾隆《隆平县志》卷二《建置志・留养局》，(台北) 成文出版社 1969 年版。

356.（清乾隆二十四年三月）辛巳据塔永宁奏，地方官有将公项银两详明交商生息，为书院、义学等项经费者，虽事属因公，易启官商结纳之渐，请嗣后凡有以息作本营运生息之案，非经奏明交商领运者，永远禁止等语。营运生息之名，本非政体所应有，是以直省营伍虽藉以赏恤兵丁，而终为权宜，徒以事属久行，欲罢不能，非朕本意。前已降旨将八旗生息银两即行停罢，以盐务余款充实。至绿营兵众用繁，倘一概议停生息，而不筹一经久充实之策，或致因噎废食。着传谕各该督抚等，各就本省情形悉心筹画，详议具奏，到日候朕再降谕旨，以防滥觞。折内所奏书院、义学诸费地方官交商生息，乃其节目之小者，然有司陋习相仍，其中不无借肥私橐情弊，即应一并定议饬禁。

——《清高宗实录》卷五百八十二。

357.（清乾隆三十二年，觉罗敦福撰）乾隆十七年，内各属捐置书院，余银置盛家店……十一月内，钟祥知县钱璋详称，绅士边士禄捐银一百六十两，并钱令捐廉四十两，共二百两，交典一分五厘生息，每年收息银三十六两，总若干数，以俟好义者，益有以广之焉。其经籍器具另存印册并附记。(旧志)。

——《钟祥金石考》卷六《兰台书院记》，民国二十六年刊本。

358.（清）育婴堂又发府各典生息银二千三百五十两，每月一分五厘起息。

——乾隆《温州府志》卷六《公署・恤政》，(台北) 成文出版社 1983 年版。

359.（清）乾隆三十一年，知府李嵩禀称，现管各董事已届满，间有家道消乏势难管理，久经饬令举报，并无愿管之人出为承认。窃查惠济仓存有原本三万两有余，详定发典生息，周年七厘起息，其利本轻，典商又系家道殷实之人。应请将仓谷三万担，即令领本典商各照银数多寡分管谷仓，以利息之轻余，补谷仓之折耗，自难推诿。奉督宪高、抚宪冯、藩宪富俱批准如议办理。自此以后仓谷三万石，俱系典商经理，较之绅士更加妥协矣。

——道光《徽州府志》卷三《营建志・仓局》，《中国地方志集成・安徽府县志辑 48》，江苏古籍出版社 1998 年版。

360.（清乾隆四十八年三月戊戌）又谕：据舒常奏：湖南平粜谷价赢余银两，经前抚臣颜希深奏请，拨借银四万两，交长沙府属典商生息。又经前抚臣刘墉奏，将此项银两仍应提回，为采买之用。另将社谷息银拨出四万两，交商取息。但前项银两，尚未提回，若又将社谷息银交商，各商均有不欲承领之意，而经手各员亦虞多发，以致日后亏折。请将现存司库社息银两，停发典商等语。各省存公款项，交典商生息，名色本不应有。但闻商人等，向俱乐于承借官项，以其轻于民间之三分利息也。今湖南省典商，何以有不欲承领之意？而经手各员，又虞多发以致亏折，是否实系商力疲乏，不愿领银？抑系经手之员，意存那（挪）借，是以详请停发耶？该督所奏尚未明晰……寻奏：查系商力单薄，不能两项并运，恐致停搁，是以请免给发。又查社谷息银，现存司库，无经手那（挪）移情弊。

——《清高宗实录》卷一一七六。

361.（清）为经理奋武厅资费，以收实效事……为此仰司官吏照牌事理，即于粮道库贮充公银内借动银二千两，分发各属当铺营运，按月二分起息。该管州县按季收取，解贮司库，听标营陆续支领，为武生饭食教师廪给之费。该司先将发银日期报查毋违等因，除行布政司动银二千两分发各属当商营运，按月二分起息，按季解司，听标营陆续支领外，合即饬遵。

——（清）《心政录》卷三《为经理奋武厅资费以收实效事》，《中国古代地方法律文献》乙编第十册，世界图书出版公司 2009 年版。

362.（清乾隆）十一月十三日长沙府呈

典商刘体仁等，为商力难支，恳缴公项事。切南省典铺云云同前，惟有先将各案生息本银呈缴，免贻后累。除将原奉盐宪及由两县发交银两径赴禀缴外，所有原奉宪辕，饬发玉皇阁、育婴、普济、义渡各案本银共四万六千六百二十七两三钱，商等现已措备，乞赐兑收，发还领状。至未解本年冬季息银，商等仍当照数完解。来年正月以后，息银请即停止解缴，实为恩便，理合开具各银清单，呈乞大老爷察核批示遵行，上呈。

奉批：查普济堂银两，系奉前抚宪奏明发典生息，其余义渡各案，本银亦均详明，各宪饬发，并非本府衙门。发领之项，据请兑收，殊属格碍难行，该商等亦所深知，毋庸为此无用之禀也。

十月呈长、善二县。

——刘建民先生藏《湖南典商减息案》。

363.（乾隆三十四年五月庚戌）是月，安徽巡抚富尼汉奏：有在扬徽商程宗扬等，乐输银六万两，以一半买谷存贮，名惠济仓，以备赈粜；以一半交典生息，迄今十有余年，余息日多。商人方承绪等请建男女普济二堂，以收穷民。其动支出纳听各商等自行经理，毋庸官吏过问，惟令徽州府委佐杂一员为监堂官，不时稽查弹压。得旨嘉奖。

——《顺治—嘉庆朝清实录经济史资料·国家财政编 1》第二章《财政收入》，北京大学出版社 2012 年版。

364.（清）余在大城设留养局共六处，自捐、劝捐中有四处，系大市镇，以衿监诚实者司其事。盐当铺收钱米，乡保于朔望具报而亲察核之。乾隆十六年二月，核共养二百余人，久暂不等，中分男女二局，每日人米一升，钱五文。虑乡无医，每局自捐寸金丹百十丸，医方集验一本，以备急需。除医药棺敛及去者给盘费外，计用钱五十千零，米四十石零，存床、椅、锅、甑之属留再用。尚存银一百六十余两，余再捐银四十两，共二百两，交当铺生息，每年计得息四十八两，可备下年之用。又大城陋例，每岁迎春旧有彩棚台阁，系盐典商承办。后商人折价，典商二十四两，盐商十六两，输公发办。余谓此无名之费，徒饱胥役之橐，拒之又不足以明惠，乃令盐商将每年十六两充入养局，合前共六十四两，不足再行量捐；典商即令折交旧棉被十件，棉衣一百件，养局备用。经通详立案，入于交代案内。

栗毓美

一筹备经费修盖房间，如置产、收租流弊尚少，惟交商生息一项，闻有地方官私自提用，日久渐致侵亏，应将生息银两晓谕各商，给以印照，不得任听官吏通挪私相授受，违者着赔。

陕西育婴堂条规崇纶

一是堂经费均属官捐，出入必须登记分明，除营建堂屋置办器具义地等项已经用出外（另有清账），其余发商生息之项立一总簿注明某年月日，发给某号典商银若干，每月应得利息若干，按季交给某号钱铺，凭折支取。

——（清）徐栋《牧令书》卷十五《留养局·普济堂并育婴堂条约》，《官箴书集成》第七册，黄山书社 1998 年版。

365.（清）一经费宜严禁侵蚀也。凡捐输银两，或交商生息，或置产纳租，俱责令公正绅士自为经理，一面造报立案以备查核，不得假手胥吏以杜侵吞挪移之弊。至于生息之项，该管州县发给银两取具，该商领结仍发给该商印照，并明白晓谕。如后任有提用挪借者，许该商持谕告阻。若该商私允挪借，即责令该商着赔。

——（清）徐栋《牧令书》卷十六《义学条规》，《官箴书集成》第七册，黄山书社 1998 年版。

366.（清）卑府伏查捐款计钱五万三千余串，连卑府等倡捐钱文共计五万四千串。现督同合浦县文令，酌量拨海门书院钱一万串，拨龙门书院钱六千串，拨乡会试川资钱一万串，拨义学钱一万六千串，拨养济院贫民钱八千串，拨育婴钱四千串。议定发商生息，按月七厘，责成绅士彭元辅等，遇有好田地，禀明县府，酌量提钱置买。凡支付本利钱，首事禀明府县，由府谕知该典商照发，首事及县不得擅自取付，府中亦不得借词谕支。如不遵章程支付，该典商毋庸发钱，违者着赔。所有各项用款，责成绅士彭元辅等随时请领支用，年终将收支数目汇册申缴存案，一切均不假书吏之手，以免滋弊。除饬该绅等赶紧收齐捐款，以凭发典生息外，所有议定章程理合列折禀请大人察核。

海门书院章程

海门书院拨捐款一万串发典生息，按月利七厘。并责成首事遇有好田地，禀明府县酌量提款置买。生息利银首事按季禀明府县，由府谕知该典商照发，首事及县不得擅自取付，府中亦不得借词谕支。如不照章支取，该典商即毋庸发钱，违者着赔。

——（清）戴肇辰《从公续录》卷一《禀分拨书院、宾兴、义学、孤儿院及育婴等事捐款由》，《官箴书集成》第八册，黄山书社 1998 年版。

367.（清）每年除支销外，盈余银钱俟有成数，公同存典生息。

吴复初捐助清节堂孤儿习业成家贴费条规：初夫妇每念及此，不禁代为酸鼻，故廿载来四方托钵，艰苦备尝，血汗针凿，共积有足钱一千千文，不敢私为己有，交存殷实店中，按月一分生息，每年可得一百二十千文，以供孤儿习业成家迎养之助。

——（清）余治《得一录》卷三《育婴堂章程》，《官箴书集成》第八册，黄山书社 1998 年版。

368.（清）故有力之家固当慷慨助捐，以为之倡，即中下之户亦当勉力协助。其种福田，或捐银钱，或捐田产，或捐房租，或出心力，互相劝捐，庶几集腋成裘，勤襄善举。其银钱存项，则或存当铺生息，或置产收租，均可以垂永久。

——（清）余治《得一录》卷十《粤东议设启蒙义学规则》，《官箴书集成》第八册，黄山书社 1998 年版。

369.（清）筹银五百五十两发典生息，作府义学经费。自七年正月初一日为始，息银尽归义学开支，嗣后无论何衙门一切公事，均不得借词动用。

——（清）戴肇辰《从公三录・琼州府义学章程》，《官箴书集成》第八册，黄山书社 1998 年版。

370.（清）州县绅商所存公项生息银两，无论多少不可轻易提用，缘此项公款，皆因有事公捐生息以作义举善事者也，一经提用，则将立法初意废弃，义举善事一朝断绝，岂非招怨之道？每见交卸时绅耆追偿、商民遮道揽舆绕呼，甚至截留行李不准行走，滋闹不休，不惟当时出丑，亦且落后人讥诮，不可不慎也。

——（清）褚英《州县初仕小补》卷下《公项生息》，《官箴书集成》第八册，黄山书社 1998 年版。

371.（清）助捐遂平县河工银一千两禀：……石洋河、连环湖工费较巨，上游民力恐有未逮，前蒙宪台恩允发款津贴，卑职亦愿捐廉助工，会经面禀宪鉴。现卑职交卸在即，谨措备银一千两，发交上蔡县仪泽泰当商收存，应俟宪台发款委员举办之时，即请饬知，由卑职就近提出解文以裨工需。是否有当，理合禀请大人查核。

借动谷价办理平粜事竣，仍发当生息按年提息买谷还仓以资储备禀：敬禀者，窃照卑县境内前因粮价日涨，民食维艰，拟就去年平粜谷价办运外境粮食设局平粜当经缕晰禀明在案，发禀后即将前项存当谷价钱三千五百三十六串七十三文，又自去年十月初一日起至本年二月十五日止按每月五厘息钱七十九串五百六十二文，本利共钱三千六百十五串六百三十五文全数提出……查所提本利共钱三千六百十五千六百三十五文，初次换银一千五十五两八分四厘，二次换银一千二百二十九两五钱八厘，均为采办粮食之用。后又悉数换银七百十三两六钱三分七厘，因值市价低落，停止未用。以上共原换银二千九百九十八两二钱二分九厘，现存银二千九百四十九两七钱二分九厘，合之原换银数共亏折银四十八两五钱。当查此项银两有关谷价，此次办理平粜虽属地方公事，然亦未便竟令亏短。现由卑职捐廉赔出银四十八两五钱，照数弥补以敷原换银二千九百九十八两二钱二分九厘之数。伏念此举在官，虽稍有赔累，然当春夏青黄不接之际，民心惶惶，自办平粜以后，粮价得以渐平，穷民藉以接济，实于地方不无裨益。目下二麦均已登场，收成尚称中稔，阎闾亦一律安谧，堪以告慰宪廑。惟前项银两原备买谷还仓之用，兹据平粜局绅董赵书堂等、王镕器等禀称，近来谷价虽渐低落，较去年出粜时仍属悬殊，此时买补，不敷甚巨。仍请发当生息，每年秋后即以息钱买谷还仓，恳请转禀立案等情。据此卑职俯查前项谷价，去年汪令因秋后市价昂贵，禀请发当生息，拟俟日后价平买补。现在谷价仍不大落，该绅等请仍发当生息，以每年息钱尽数买谷还仓，所禀不为无见。惟上次存当息银按月止五厘，似觉太薄，当与该当再三熟商，按月定以九厘。由卑职再行捐廉一两七钱七分一厘，合成库平银三千两，于五月初一日全数交给本城晋信义当铺存放，每年计可得利银三百四十两。并与言明，本年五月初一日起截至十一月底，先取半年利息买谷还仓，以后每年均定十月提息，一次作为秋后买谷还仓之用，约计不及十年，即可将粜出谷子全数补足。以后每年所得余利，仍源源采买新谷，将见仓储日富备荒有资而原银三千两仍复丝毫不动。设遇地方有紧急要需，亦可借资挹注。即如今年幸有此款以采办外境粮食，借以接济穷民，此尤近效之可证者。惟以后必遇地方需要，方准禀明动用，且仍须随时归款，否则不准擅自提用，以杜侵挪而免流弊。除饬取晋信义当铺领状附卷外，所有卑县借动谷价办理平粜，事竣并仍发当生息。各缘由是否有当，理合禀请大人鉴核赐批示祗遵，实为公便。

——（清）徐寿兹《学治识端》，《官箴书集成》第九册，黄山书社 1998 年版。

372.（清）即如惠民收漕一石，不待官赏，漕粮房、库房公然由正项内扣厘头银壹钱八分，不知有何例案，直以为必不可少之数？按岁收中稔，可得银一千三四百两，虽该房有应支差项，而为数亦未免过鉅。因思与其徒滋若辈中饱，何若量加裁减，以公济公？乃酌提银八分归节省项下，每年约得五六百金，分交十属当商以一分生息，禀明抚宪立案，有科场年用作宾兴，无科场年留为修城本金，无论地方何等举善，不得动用。每值任卸归，入交代案内核办以昭慎重而防挪移。由是三五年后，积累既多，即生息银两已足敷宾兴之用，则修城成本岁有所增，不二十年便成巨款，兼之护城柳株利亦无穷，何患城不能修哉？

以十年计之，每柳估值五七千，可得金钱数万缗。即以此款与漕项同交当商生息，再依次补栽新柳，由是生生不已，不惟城可谋修，即偶遭水患，亦可借资抵御矣。

——（清）柳堂《宰惠纪略》卷二，《官箴书集成》第九册，黄山书社 1998 年版。

373.（清）考志乘，惠民县向无书院，其有三台书院自咸丰二年始建之者，前知县事余芰芗先生也。先生既捐巨款，购地基、修堂舍，复定善后事宜，以本金若干发当商生息，以余利若干为山长束脩生童膏火，并捐廉一千一百千，一并发当，得利为科岁两试卷资，至今守其法不敝，享其利无穷。

——（清）柳堂《宰惠纪略》卷五，《官箴书集成》第九册，黄山书社 1998 年版。

374.（清）黟邑碧阳书院，嘉庆十六年（1811），前令吴君甸华谋于邑中人士，裒费建成，并以余银六万两发盐典商生息，计岁入金三千六百，以为延请山长脩金、生童住院膏火。而邑中之应乡、会试者于此中给以资斧，其他诸用亦各条分缕析，预防流弊。

——道光《黟县志》卷十五《艺文·碧阳书院复旧章记》，《中国地方志集成·安徽府县志辑56》，江苏古籍出版社 1998 年版。

375.（清）云间书院，在府治古亭桥西……嘉庆五年，前府赵饬县清厘，查出租钱一百千零六百二十文发典，每月生息钱一千零六文，议定书院董事带征田租，每岁科两试，县试卷仍听各童自备，其府试、院试正场试卷，每本定价八十文，由县经承先领典息，再向董事领取租息备给，倘有赢余，仍行发典生息。

义仓……先是二十二年九月，华、娄绅士朱书田、顾鸿声等呈称：伏读近奉上谕，令各州县添置义仓以备荒歉，请将二十年华、娄捐赈项下所剩余钱六千千文，再凑捐一千千文，共成七千千文，易归从前拨入苏州正谊书院之坐落华亭县倪案官田，以田作为义仓，可备偏灾抚恤之用，以钱发典生息，可抵苏城书院之需，转移之间有变通之宜，无改易之弊。下载义仓规条有曰：是仓既有田租，为数甚微，设遇偏灾……并例劝绅富乐输轸恤外，将所存租谷，碾动平粜。粜存谷价，发典以六厘生息。即候谷贱之时，买谷归仓。

——嘉庆《松江府志》卷十六《建署志·公建》，（台北）成文出版社 1970 年版。

376.（清）嘉庆十八年癸酉八月乙未朔，谕内阁，衡龄奏满营驻防兵丁公费，请筹款接济一折……着照所请，于此项银数内拨银二万两，发交典当生息。所收息银，按月支放满营应需公费，以资接济。其支剩息银，核计五年后可得银八千余两，仍着发商生息，所得息银支放公费。即将原拨本银二万两提还归款。

——《清仁宗实录》卷二百七十二。

377.（清）嘉庆十九年，江宁大旱，白文敏公募助振。公时方抱疴，力疾偕绅耆劝谕。凡五振，九阅月乃毕。大吏入奏，奉旨议叙主簿衔。公以余羡白大吏，发质库，权子母，作备歉用。迨道光三年，大水发，节相孙公复劝输，不给用。而公所请权子母已积镪二万余，取以益之，乃足。上元、江宁军船之制，有运籍，有快籍，快丁例助运丁费，苦累殆不支。快费不解，则官罣议，催比急则丁死，官与丁已交困。又快丁啖黠胥，口攀齐民，诬在快籍。比辨明，家已破，则困及齐民。先是漕督许公兆椿守江宁时，置官洲以剂快丁困，而每年运粮造舟之助尚不给。公请借库贮若干，劝快丁募捐若干，皆权子母，而运造一旦俱给，是举也，快丁有恒产，则丁便；民免诬攀则民便。

——（清）程恩泽《程侍郎遗集》卷八《赠长芦盐运使伍公神道碑铭》，《丛书集成新编》第69册，（台北）新文丰出版公司1985年版。

378.（清嘉庆元年成进士……十七年，授惠潮嘉道，）南海桑园围石堤，九千五百丈有奇，里民屡修屡决。公上言：民力已困，请以司库沙坦花息，及粮道库息银八万，发商取息，为岁修资。二十三年，擢广西巡抚，至则以农田水利为急，谕守令平畴修陂塘，设龙骨车以挽水……西抚岁支养廉银万两……仍创预备仓，捐银万二千，令桂林府买谷积贮，以千金发典肆生息，为岁修费。

——（清）赵慎畛《榆巢杂识·武陵赵文恪公事》，中华书局2001年版。

379.（清）《增修三泉书院禀》：……嘉庆五年，前令郭元兆因无生童膏火，将每年存县盐当规礼内捐银一百二十八两。道光二年，前令黄代元倡议劝捐银一千二百两，发商生息，岁得息银一百四十四两，二共银二百七十二两，为生童膏火奖赏之需。

《宾兴经费禀》：……兹卑职倡捐廉银一百两，邀集绅富捐银四百五十六两，按照市价兑换制钱九百七十八千四百文。再由卑职捐钱二十一千六百文，凑足制钱一千串，交当商一分行息。以光绪元年四月初一日为始，所生息钱为阖邑乡会试宾兴之费。

——（清）戴杰《敬简堂学治杂录》卷二，《官箴书集成》第九册，黄山书社1998年版。

380.（清）《书院章程》：书院内从前本无生童膏火，迨嘉庆五年郭前县详明由存县盐当规礼银内每年拨银一百二十八两。道光二年，黄前县倡议捐银一千二百两，发交当商，按月一分行息，每年应得息银一百四十四两，二共银二百七十二两，作为生童考课膏火奖赏之用，按月提取给发，官绅不得私相提用。

《劝办义学章程》：经费宜严查核也。凡劝捐银钱、施捐田地或交商生息，或置产纳租，均责令公正首事自为经理，一面报县立案，不准侵吞挪移。至于生息之项，不准该商私允挪借。倘经查出，即责令该商着赔，以垂永久。

《宾兴经费章程》：交当商生息制钱一千千文，以光绪元年四月为始，每月一分生息，三年共得息钱三百六十千文，有闰之年再得息钱十千文为阖邑乡会试士子卷费，无论正署一体经理，其本钱永不得支取。或当商年久歇业，准将本息缴县，另交妥商接手，不准官绅挪借。

每逢乡试年分，各当商尽六月内将三年应交息钱缴县，不必逐年交纳。历科提支息钱并开销用项，各立印簿一本存库，随时填注备查。

——（清）戴杰《敬简堂学治杂录》卷四，《官箴书集成》第九册，黄山书社1998年版。

381.（乾隆三十七年左右）八达土城各亭承修，开门四面，施木板，无铁叶。旧例各村承修，有张匠保修东南二门十年，议银百两，余呼匠，出其券毁之。匠已得银二十两，追出付铺户，起息一分五厘。每月得银三钱，仍以付匠，并修四门。又泥洞亭塘，期争讼十余年，土人愿捐银三十两，付铺生息，以为递送公文之费。自余始入交盘册，而各后任不从。连木匠一项俱欲攘去，灭案，书吏屡争之，获免。而城门依旧派修，折银入橐。余再任时，银以为钱，盖取其折串矣。其地纹银一两，易钱一千四百文，色钱一千二百文，通用则以九百文为一两。若纹银五十两，可得折串钱二十五千，可谓喻于利矣。

——（清）王庭筠《粤西从宦略·存公银两》，《虞阳说苑》乙编本。

382.（清）乾隆二十一年，经前抚臣明奏请，动司库闲款银一万四千二百四十五两零发当商一分生息，每年可得息银一千余两，为台山行宫庙宇岁修及省城工程之用。奉到朱批，照此办理可也，钦此。又乾隆二十六年，经前抚臣鄂奏请，将修理台山各庙宇余剩银四千一百二十六两零交商营运，一分生息，以为台山岁修工程及省会公用之需。奉到朱批览钦此。以上二项共本银一万八千余两，每年所得息银以备修理台山报部工程之用。

佛座臣与藩司蒋再四筹画，查司库存有无碍银二项，一系雍正十一年因应州等处民欠难征，奉旨于前任抚藩养廉内扣银一万两补项，嗣奉恩旨赦免所存之银，除拨修五台道路动用外，尚存银五千二百五十两；一系康熙、雍正年间，各官自顾考成代完民欠银一万五千七百余两，嗣经题请豁免所存之银，除采买社谷动用外，尚存银八千九百余两。以上二共银一万四千二百四十五两，均系历久无所需用之款，应请将前项银两发商一分生息，每年可得息银一千余两，以为五台各行宫庙宇岁修之用。

——（清）海宁《晋政辑要》卷五《台山经费》，《官箴书集成》第五册，黄山书社1998年版。

383.（清）雍正十一年，奉旨恩赏帑金一千两，于太原省城建立晋阳书院，当将恩赐帑金发汾阳、平遥、介休三县，以一分二厘交当商生息，每年得息银一百四十四两，以充膏火……又查乾隆二十二年，前院明将余剩膏火银五百两，发徐沟县当商，以一分二厘生息，每年得息银七十二两，连雍正十一年恩赏帑银二项生息每年共得息银二百一十六两。

普育二堂

所有存储经费本银一万四千七百五十两，发交太原等县当商，以一分及一分二厘行息，每年可得息银一千九百八十余两……阳曲县绅士原捐银二千六百两，发祁县、徐沟、孝义当商，以一分二厘生息，每年得利银三百七十四两四钱。又提汾阳县原捐素积市平银四千九百五十两，发太原、榆次、太谷、祁县、文水当商，以一分二厘生息，每年得利银七百一十二两八钱。又阳曲县绅士原捐买谷五千石，因不能收息，详允出粜银五千五百余两内，发太谷、祁县、文水、长治、介休、凤台、高平当商本银五千五百两，以一分生息，每年得利银六百六十两。又回赎地价银一千六百两，前藩司黄捐银一百两，共银一千七百两，发平遥、汾阳、长子、屯留、襄垣当商，以一分二厘生息，每年得利银二百四十四两八钱。

——（清）海宁《晋政辑要》卷六《书院经费·普育二堂》，《官箴书集成》第五册，黄山书社1998年版。

384.（清）查各商预凑帮费，除用去外尚存银二十万九千六百余两，内提出银二十万两发典承领营运，按月一分纳息，即以所得息银作为办铜帮费……各属典商承领铜本钱二十万两，按月一分营运，应交银两系按月计算，无闰之年应收银二万四千两，遇闰之年应收银二万六千两。

原奏章程定准铜本银二十万两，内发阳曲县典商六千两，太原县银四千两，榆次县银七千两，太谷县银五千两，祁县银二千两，徐沟县银五千两，文水县银四千两，临汾县银五千两，襄陵县银四千两，洪洞县银四千两，浮山县银二千两，太平县银六千两，曲沃县银五千两，翼城县银二千两，长治县银六千两，长子县银四千两，屯留县银二千两，襄垣县银银四千两，潞城县银四千两，黎城县银二千两，壶关县银二千两，汾阳县银五千两，平遥县银六千两，介休县银五千两，孝义县银三千两，临县银二千两，永宁州银二千两，凤台县银五千两，高平县银五千两，阳城县银三千两，永济县银四千两，临晋县银二千两，猗氏县银三千两，朔州银二千两，榆社县银二千两，沁州银三千两，平定州银三千两，寿阳县银五千两，盂县银四千两，忻州银五千两，代州银三千两，崞县银五千两，五台县银二千两，解州银三千两，安邑县银四千两，夏县银三千两，平陆县银二千两，芮城县银二千两，绛州银五千两，稷山县银二千两，河津县银二千两，闻喜县银四千两，绛县银四千两，霍州银二千两，灵石县银二千两，赵城县银二千两。

——（清）海宁《晋政辑要》卷八《办铜帮费》，《官箴书集成》第五册，黄山书社1998年版。

385.（清）前山饷银：一本省澳门地方添设前山等营控制外夷，所需兵粮自嘉庆十四年间奏明，由洋商捐银十万两以备生息支应。所捐银两分为初、二、三限解交藩库，以三分之二发交南海、番禺、东莞、顺德、香山、新会六县当押生息，以三分之一交肇庆府属典商匀摊生息，初限银两于嘉庆十七年十二月初四日起息（发南、番二县典商），二限银两于嘉庆十八年十月二十二日起息（发肇庆府所属典商），三限银两于嘉庆二十年六月十一日起息（发顺德、东莞、香山、新会典商），每月各输息一分（四季解缴）。定于每年正、四、七、十等月由州县催商按季汇缴，依期批解司库，造报支给。各商迟误、州县垫解、典业停歇，并由州县查明，本息缴清，归接项之商营运、转输。如无接项，即将本银匀发各商分领，连原本一并输息，不使停旷。此项经费每年约需银一万两以内，共计生息每岁可得一万二千两，足敷支应，按季造册咨销。

养赡闲散：一省城驻防汉军旗丁……所有应给口粮在藩库存贮八旗马价、谷价项内动拨，银四万六千二百八十七两零四分二厘，以一万两移解运司转发盐商生息，以三万六千二百八十七两零四分二厘交广州府，转发各典商分领生息（永远生息，无庸提本，遇闰加算），每月共得息银五百五十五两四钱四分五厘以应支发（以十五年三月初十日起息起支）。各商未缴以前，先在司库田房税羡项内借支，俟解还归款，仍按年造册咨报核销。一满汉八旗闲散人数日增，粮难遍给……将藩库扣存兵丁马价项内借银一万两，发交广州府转发典商，每两一分生息（永远生息、毋庸提本、遇闰加算），每月得息银一百两，按季提取贮库，随同月饷发给余兵养赡，仍造入兵马奏销册内报销。

南雄差兵口粮：南雄为粤省首站，护解饷鞘人犯不绝，各兵差使劳苦倍增……计周年约共需银四百余两，于嘉庆二十五年奏请动项一万两（在粮道库贮普济堂生息项内借动银一万两）发州，交盐、当二商，周年一分生息，专助该协兵差增给口粮之需，仍由协营核实支给造报（此项嘉庆二十五年至道光六年，共存本息银一万五千六百两，除将本银还款外，存银五千六百两，以六百两收贮司库，以五千两发州，照旧交商生息，按季由州移解南雄协等支用，余银解司贮备）。

省垣书院：本省建设粤秀、越华、羊城、学海、西湖、文澜（西湖、文澜二处系南海书院）、禺山、番山（此二处系番禺书院）等书院八处。内粤秀书院……雍正十一年，奉拨地丁银两并乾隆元、二等年民人互争垣亩等项租息，共银四千三百余两，作院内经费（遇闰多收银九十九两）；又道光八年详明在司库筹补银二千两（无着民欠等三款余银内拨出）；又九年院司道捐银五千两（递年收息银七百四十两，闰月多收银二十两），均为院内师生膏火等项之用，每年由广粮通判按月赴司请领，尽收尽支，分别内外销报部查核。所有本银系移送盐运司发商生息，或交南、番二县转给典商分领输息，以备支应。

——《粤东省例新纂》卷四，《中国古代地方法律文献》丙编第十册，社会科学文献出版社 2011 年版。

386.（清）儋崖二州黎人众多，性情凶悍，应专筹经费团练乡勇防犯……约共每年需经费银一千两，在于司库武职空缺养廉项下借银八千两，支存公费项下借银六千两，奏留充公项下借银六千两，共借拨银二万两，于道光十五年起发交南、番二县典商生息（按年一分），每年计得息银二千两。

——《粤东省例新纂》卷五，《中国古代地方法律文献》丙编第十册，社会科学文献出版社 2011 年版。

387.（清）邑人公议，（黟县书院）延请经费由典商领本生息，官吏俱不为经理……徽州六属，绩溪较瘠，读书寒士最多。是以每届乡试之期，赴试者廖廖。户部主事邑人胡培翚与合邑绅士劝捐，得银五千两，请于太守及邑宰立案。其银发典生息，每科以息银分给应试者旅费，一切规条刻于石，以垂久远。

——道光《徽州府志》卷三《营建志·学校》，（台北）成文出版社 1975 年版。

388.（清道光二年闰三月）乙酉，谕孙玉庭等奏核……着照所请，即于江苏藩库耗羡等项下拨银十万两，发典生息，每年共得息银一万二千两。

——《东华续录》道光五，《续修四库全书》0375 册，上海古籍出版社 2002 年版。

389.（清）道光三年夏，江南大水，松属被灾尤甚。余以七月下旬来权斯邑，淫潦方盛，亟请赈恤，仓粟库钱散无虚日，惟民艰较重。有力赈所未及者，用是续谋义赈。余首先捐廉为倡，而邑之士大夫皆笃于桑谊，效义恤灾，大小捐户共输钱三万一百余缗，爰仿图赈之法，捐项存于本图殷户……义赈共放钱二万六千余缗，不惟足给，且有余，于是邀绅士而谋之，兹项赈余，除郡城普济堂亦因水患租荒，从众所请，拨钱六百千接济外，尚余钱三千串。乃议以钱分存各典，月以六厘起息，责成董事设籍钩考。钱曰赈余，专为备荒之用。议既定，上其事于大吏，为立案。

案生息一项，至二十九年水灾，知府钟殿选提息钱五千七百余千，交邑绅买米平粜。粜竣缴存钱二千三百五十余千。其后司事者乃以存典，本息钱置田，今存华、娄两邑田共三百二十余亩有奇。

——（清）姚光发《松江府续志》卷十四《田赋志·赈恤·华亭县知县王青莲倡捐募捐助赈》，（台北）成文出版社 1974 年版。

390.（清）萃升书院……道光五年，奉前州宪张公讳杰复以武强旧帮深州书院原本京钱四百八十串归还，并前共计原本京钱七千六百余串，统交盐当，月利一分起息。每课生童膏火共二十四分，至山长修金，并肆业诸生应试路资及修理置备什物，一切出纳，俱由斋长经理。

——道光《武强新志》卷五《学校志》，（台北）成文出版社 1969 年版。

391.（清）道光六年，复总制畿辅，查明旧规，酌议兴复，并筹议倡捐以为通省表率，饬所属地方各就情形，善为劝办。嗣各属捐输谷石一律收齐，廒坐亦俱兴修完密，又恐莫为之后，难经久远，复饬通省于收成中稔之年，量为劝输，毋为抑勒，以期接续有济，其仓廒则令筹计岁修成本发商生息，以为修理之资……前后共倡捐谷二千二百零七石四斗二升，分贮四仓。捐岁收成本大钱三百千，发城乡五当，每月每两一分生息，以备修仓之用，俱勒石于四仓门首……

留养局，县境设立留养局三所……武强前署知县姚德文暨士商输银一百九十两，知县张述孔输银一百两，共银二百九十两，于乾隆十九年二月，商领营运，年息二分，岁收息银以备留养之需。（州总志载三处，今惟两处）

——道光《武强新志》卷二《营建志·义仓》，（台北）成文出版社 1969 年版。

392.（道光十二年正月辛未）又谕：奕纶等奏，请将历年用剩息银，援案发商生息等语。广恩库自道光七年起，所收易州解交树价息银，共积存二千三百四十两零。着照所请，准其将银三百四十两零存库，以备换补树株之用。其余银二千两，着交易州知州发商，按一分生息。自道光十三年起，每年于正月底如数解交该衙门知道。

——《清宣宗实录》卷二百零四。

393.（道光六年十二月）卑府踌躇再四，惟有仿照书院办理，庶可行之久远。因是倡率所属七县公捐廉银三千两，发交江陵各典商，每月以一分二厘起息，每年计得息银四百三十三两。积至三年，可得息银一千二百九十六两。每年以十个月息银存为正科会试举子盘费，三年核计三十个月，实积息银一千零八十两，其每年所余两个月息银七十二两及遇闰之年加增息银三十六两，俱另提出存贮，以备恭逢恩科会试举子盘费，庶几均有沾润，不致偏枯。所有捐项即于道光七年正月初一日起息，饬令各典商按季呈缴，积贮府库，每届正科会试年分，即于前一年八月内饬令各县，并移满营右司查明，会试举人实有若干名，于九月下旬开报到府，于府中查照七县满营统计共有若干名，即将所存三十个月息银一千零八十两，均摊发交各县，暨满营给领。如恭逢恩科会试年分，亦照前办理，即将逐年提存之项，按名均摊，发交给领，如此永远遵行，庶寒士既领长夫银两，复得额外资助，可期北上公车镳连辙接，无阻云程，以仰副宪台作育人材之至意。除饬江陵县即将捐项发交各典商具领外，所有捐廉生息助给会试举人盘费缘由，理合议定章程，详明宪台俯赐查核批示立案，毋庸报销，以省案牍，合并声明。

一府中捐银二千两，江陵、监利各捐银三百两，公安、石首、松滋各捐银一百两，枝江、宜都各捐银五十两，共捐银三千两，交江陵县发典，每月按一分二厘生息，每年共得息银四百三十二两，按季呈缴府库，积存备用。

一每年积存十个月息银三百六十两，以三年核计，三十个月共实存息银一千零八十两，作为正科会试举人盘费。其每年所余两个月息银七十二两，及遇闰之年增息三十六两，俱另为提存，以备恭逢恩科会试举人盘费，庶免偏枯。

——（清）裕谦《勉益斋偶存稿》卷一《捐助会试举人盘费》，清刊本。

394.（清道光九年十二月）是以访荆州原议章程，率同江夏县公捐廉银五千两，即发江夏各典商，每月以一分起息，每年计得息银六百两，积至三年可得息银一千八百两，每年以十个月息银存为正科会试举人盘费。其每年所余两个月息银及遇闰增息银两，另为提出存贮，以备恭逢恩科之用。

此项本银原由江夏县出具印领，责成典总传集殷实典商当堂发交，取具该商领状，呈府备案。或该商于数年、数十年后，生理不无赢亏，遇有歇贸者，该县随时查明报府更换。

——（清）裕谦《勉益斋偶存稿》卷四《捐助会试举人盘费详》，清刊本。

395.（清道光十年六月）现经卑府捐银三千两，盐道捐银三千两，凑成库纹六千两，交江夏县发典，每两按月一分行息，每年可获息银七百二十两。遇闰加增，综计添补十、冬、腊、正、二等五个月雇值等费，有盈无绌。此系额外加增之项，其息即以本年七月起，按季解缴府库。每年自十月起，至次年二月止，由管堂首事按月赴府具领。至二月以后，仍照常办理，其每月添给药饵银两，即在息银内按月支给。如此办理，于收哺遗婴既得早沾实惠，而劝捐之议亦可停止，免致纷扰。

——（清）裕谦《勉益斋偶存稿》卷四《筹增育婴堂经费》，清刊本。

396.（道光十四年）本城十三家当商刘广泰、张洪升等，今于大老爷台前，为领状事，实领得商等遵奉恩札承领宁远府发来重属生息银五千一百八十五两一钱八分，每两每年一分行息。其息银以夏秋二季完缴，批解重庆府银上纳，听候宁远府移取以作各铜厂耗折之费。商等奉札，于本年五初九日赴辕，实领得银五千一百八十五两一钱八分。遵照发来原封，协同工房当堂转准钱砝码二逼过砵钤印，一付存库，一付存典，每年以夏冬二季，按六个月一次，照算缴息。空间不虚，领状是实。

——《清代乾嘉道巴县档案选编》上册八《当铺、钱庄、高利贷·道光十四年五月十日刘广泰等领状》（一），四川大学出版社 1989 年版。

397.（海州名宦寺，入卫哲治、唐仲冕、翁咸封，陶澍初入祠，后为陶立专祠）专祠“每岁十一月三十日，为公生日，宾祭礼成，士民咸设私祭焉。其建祠公费余银四千余两，发交海属五典，每年八厘五毫行息。由董事经营，为岁修及祭祀之需……此项生息银两，分司及海州文武各衙门，无论何项紧急公需，均不得向典铺挪借，典铺亦不得瞻徇暂借，自甘认赔”。

——（清）许乔林《海州文献录》卷八《祀典》，道光刊本。

398.（清道光十七年，重庆）奉布政使司苏宪札，案据宁遂府知府王衡禀称，窃查卑府所属各归□□□久经硐老山空，数年以前，全赖乌坡一厂采供局铸……经费攸关，自应变通办理，卑府缪与铜政责无旁贷，力难贴补，再四筹划，拟于府库内酌拨闲款银一万两，发□□□即将每年所获息羡，作为弥补各厂耗折之费，庶补苴有资。从此设法调剂，或冀稍有起色，实于国计民生，两有稗益。第卑府地方僻在边隅，民贫地瘠，向未开设典铺，无从□□。惟有仰恳俯念铜政紧要，饬将卑府解缴银一万两，酌发成都、重庆两府，转发各该当商生息，按年由卑府移取济用。俟数年后，如果产铜丰旺，无需贴补，再禀请饬缴原本，领回归款。似一转移间，而挹彼注兹，沾感实无涯矣。除专差□□理合具禀，伏乞俯赐移示饬遵。等情到司。据此，查实川局鼓铸钱文所需铜斤，全赖该府采办供用，今因所属铜厂均形衰疲，必须多发工本，招商广为搜罗，而情形不一，每多虚糜工费。商力既已难腻器：祟二笔二器器忘娄需县器二二黜二票支，官本又难豁销，该府于库贮闲款□□，解银一万两，请饬发成都、重庆两府交商生意，随时由该府移取以为弥补各厂耗折之费。所禀系为调剂厂务，以裕鼓铸起见，应如所请办理。惟查成都系□□息银两为款已多，碍难再发。该府现有典当二十余家，原领生息之款数□□饥，除禀批示并委员管解外，合行札饬。为此札仰该府遵照，一俟委员解银到□□□，即查点清楚收贮府库，转发各当商，长年一分生息，其每年所获息银由□□□随时移取作为弥补各厂耗折之费。俟数年之后，如果产铜丰旺，无须□□□由宁延府禀明，饬缴原本，领回归款，并将收明银两及发商各日期，禀报查考毋违。计粘单一纸。（下略）

（粘单）计开：

藩宪发下宁远府属银一万两

江北该领银一千一百一十一两一钱一分

巴县该领银五千一百八十五两一钱八分

合州该领银七百四十两零七钱四分

涪州该领银七百四十两零七钱四分

江津该领银三百七十两零三钱七分

荣昌该领银三百七十两零三钱七分

永川该领银七百四十两零七钱四分

綦江该领银三百七十两零三钱七分

长寿该领银三百七十两零三钱七分

其有各属当商生息银两批解来府存贮听候宁远府移取支用。

——《清代乾嘉道巴县档案选编》上册八《当铺、钱庄、高利贷·道光十七年四月十四日重庆府札》（一），四川大学出版社 1989 年版。

399.（清道光十七年）为给票事。案据本城当商刘广泰、张宏升等呈缴宁远府解到银五千一百八十五两一钱八分生息钱，自道光十七年五月初九日具领生息起，十一月初九日止，共缴照原封砝码本利银二百五十九两二钱五分九厘到县。据此合行给票，存票为照。

——《清代乾嘉道巴县档案选编》上册八《当铺、钱庄、高利贷·道光十七年十二月十二日巴县存票》（一），四川大学出版社 1989 年版。

400.（清）凤鸣书院，在县治东……道光十七年，邑令文光督士民捐资壹万两，旋发当行，不计闰，按月八厘生息，以为膏火资。

——《榆次县志》卷三《学校》，同治二年刊本。

401.（清）当商原领铜本五千两，以一分行息，每年生息银六百两。

——《寿阳县志》卷三《食货》，清刊本。

402.（清）书院，创建于明万历二十五年……乾隆十八年，知县张淑渠捐银三百两。二十年，知县李伯龝捐银五百两。二十九年，知县梅廷猷捐银二百两。三项共银一千两存当商，每月一分五厘生息，为山长修膳之资，皆有碑记。

又道光十九年，重修文昌宫，拨入布施钱一千贯，存当商，按月五厘生息。同治十二年，重修文庙，拨入布施钱一千八百贯，存当商，期年六厘生息，为生童膏火及斋长茶资、院夫工食、礼房纸笔之费，各有碑记。

——《寿阳县志》卷五《学校》，清刊本。

403.（清）以其半出鬻（香火地），得值五百缗发商生息，仍以供城隍庙之香火。

续报详文：所有所捐之钱内，除详报后买地修房等项用去外，实存钱六千二百七十千八百文，若交绅士自为经理，恐日久弊生，难保无挪移情事。兹将所捐之钱谕令一体如数缴案，交典生息，据各首事全行缴到，经该商等具领在卷，并发给各学首事取利印折，注明止准收利不准提本字样。各首事领存，理合将发当生息钱文并新添改增义学分晰造册，详报宪台查核立案示遵。

报后义学增改册：里保下里捐钱叁百千文，发当生息。永保下里捐钱一百二十千文，卑职捐银一百两，作钱一百千，共钱二百二十千，发当生息。安保捐钱一百五十千文，发当生息。兴保共捐钱二百三十四千文，发当生息。仙保共捐钱二百千文，发当生息。新保下里共捐钱二百五十三千文，发当生息。留保上里共捐钱一百二十三千八百文，发当生息。大保共捐钱二百三十千，发当生息。云保上里共捐钱二百千文，发当生息。云保中下里共捐钱三百五千文，发当生息。常保上里共捐钱六百千文，发当生息。范保上里共捐钱二百一十千文，发当生息。范保下里共捐钱二百四十千文，发当生息。仪保共捐钱五百千文，发当生息。王保下里共捐钱二百千文，发当生息。师保上里共捐钱三百千文，发当生息。师保下里捐钱一百千文，发当生息。乐保共捐钱一百千文，职捐银一百两，作钱一百千，发当生息。崇保下里共捐钱二百千文，发当生息。常保下里共捐钱二百千文，发当生息。洪保下里原捐钱二百五十千文，发当生息。

以上初报义学未改二十九处，共钱五千二百九十千八百文，俱已交当生息。

报后请改义学二处，里保上里原捐钱二百五十千文，详报后立碑修房用钱二十千文，下存二百三十千文，发当生息。合并声明。留保下里原捐地四十亩零，丈明过割，招佃纳课。捐钱二十千，详报后立碑修房，业已用完，合并声明。

以上共钱二百三十千，发当生息。

新添改增义学八处：

重保原捐钱三百千，除陈务本捐地掣回原捐钱一百千，下余二百千，仍于清凉寺设一义学，交当生息，请更正。

洪保原捐钱三百千，除生员张良田捐地独设一学，将原捐之百千撤回，下余二百千业已发当生息取利，足敷一学之用。

崇保上里：请将原捐钱三百四十四千内提钱七十千赎出归入义学，招佃纳课，以期永久而免争端，每年纳课钱七千二百文，再除立碑修理学舍等项，需钱四十四千外，止缴钱三百三十千，恳发当典生息。再添本里赵荣春捐输地并回赎庙地，每年所得课租及发当生息两项，共得钱三十六千五百文，足敷原报东家庙一学之用。又请添设义学一处，现同众首事姜本立、赵荣春、宋金声、宋吉堂、李奇松等公议，捐地四十九亩零，每年所得息以为学师束脩之资。如不敷用，贡等情愿捐补以成义举。在李家堂另设义学一处，呈请更正原详前来除缴钱二百三十千文发当生息。地亩丈量清楚，粮银过割，令首事分学经理外，合并声明。

以上新添改增义学八处，共地三顷一十三亩零，丈明过割，招佃纳课，均发当生息。

以上通共初报捐钱六千七百九十六千八百文，内除呈报后买地修房等项用去钱五百二十六千文，净应存钱六千二百七十千零八百文，均发当生息。

以上二十一保实存钱六千二百七十千零八百文，实在发当生息钱六千二百四十零八百文，每年得息钱六百八十六千四百八十八文。又发留册镇发祥店二分生息三十千文，每年共得息钱七千二百文。

——（清）李德林《定颖记事》卷一《岱山寺新建义学记》，《明清法制史料辑刊》第14册，国家图书馆出版社2008年影印本。

404.（道光九年）统计捐银五千二百两零，已收银一千二百两零，分贮张长兴、袁履丰、张日隆三典，拟以周年一分生息。收齐五千之数，积至三年乡试之期，可得息银一千五百两。

——（清）顾廷纶《天台日记·通禀劝捐宾兴银数》，《明清法制史料辑刊》第14册，国家图书馆出版社2008年影印本。

405.（清）阳明书院经费银两，查有武缘县监生韦桂记捐膏火银一千两，先经刊刻入碑，并详明发商生息。已于道光八年七月内据武缘县当商黄继祖等五户赴府具领前项库平纹银一千两，取有领状存卷。每两按月一分五厘行息，岁计息银一百八十两，遇闰照加。即着各典商按季汇齐息银，于季底交书院董事，眼同注收印簿，方许支银。其银立由该董事转缴赴府，发印单转给为据。各典商按季只准交利，不准交本。另地方官挟势提取借用，亦不得交付干赔。将来如有新充典商，即将此项均匀生息，报府备查。若有停当之户，亦以缴帖之日为止，将原银分领各典户承领，以昭平允。仍于每年十二月，由各典将原银实贮在典，及全年息银缴清缘由，公具切结一纸，盖用各典图记，由董事绅士带回缴府，以备查考。所有各典缴纳息银之时，仍应永禁衙门丁书人等不得需索使费，俾免后患。

——（清）李彦卓《润经堂自治官书》卷二《思恩府通详创建郡城阳明书院章程册》，《明清法制史料辑刊》第一辑第17册，国家图书馆出版社2008年版。

406.（清）惠泉义学经费：前经卑府详定提动交代闲款银二百九十一两三钱三分，交由府凑银六十六两二钱，共计库平纹银三百五十七两五钱三分，一并发商生息。已于道光八年九月，据迁江县典商吴云昌等赴府具领前项银两，取有领状附卷。每两按月一分五厘行息，每月应缴息银五两三钱六分三厘，全年共得息银六十四两三钱五分六厘，遇闰照加。即自道光八年九月为始，每逢四季月之二十九日，各典汇齐息银，就近缴县。该县即于三日内转解赴府，均不得拖延迟误。将来如有停当之户，息银以缴帖之日为止，仍由各典公收。原发本银禀县，分交各典匀领。若有新开典铺，亦须禀明，均匀承领，毋许推诿偏枯。嗣后只准缴息，不准缴本，毋论府县各官，俱不得擅行提借本银，高搁空旷致成无着。该商按季缴息，该县随到随收，严禁丁书等需索留难刁剔等弊，毋使累商。

——（清）李彦卓《润经堂自治官书》卷二《思恩府造报新建郡城惠泉义学章程册》，《明清法制史料辑刊》第一辑第17册，国家图书馆出版社2008年版。

407.（清）讯太湖厅徐正芝控蔡远香等侵吞赈银一案，查捐册与报册相符，原告蒋日宣等同供账已算，实未侵蚀出结息销在案。典铺蔡蕴川等认银存典，六月续赈，是首事蔡远香等实无侵吞情弊，徐正芝何以控吞？据供先吞后吐，问尔如为公，控吞欲其吐耳。既经吐出，又将何求？缠控不休，显图索诈，况必开销入己，始谓之吞，余银存典，续赈贫民，六月青黄不接赈亦未迟，所云先吞毫无足据。断将该首事所呈捐册抄出，榜发在该处张帖，如有隐冒，捐户自然不依，如无弊端，首事不至受屈，庶几公道以彰，以后地方首事不至畏避，邪人不敢觊觎也。取人证遵结，释回徐正芝。事不干己，混控不具结，意欲拖累，拟照不应重律管押，候详发落。

——（清）桂超万《宦游纪略》卷一，《明清法制史料辑刊》第一辑第17册，国家图书馆出版社2008年版。

408.（清道光十八年闰四月十八日）查道光十年，襄阳地方因缉捕经费无出，经前督抚臣奏请动支宝武局存钱八万串，发典生息济用，业蒙允准。迨十六年宝武局暂停鼓铸案内，奏明将存钱七万六千余串发典，按年八厘生息，照市价易银解司，收入正铸款内。截至十七年底，已获息钱一万一千五百六十四串有奇。此项息钱，并未议定作何支用。目下襄河防汛，最为急切需要，合无仰恳天恩，俯准援照襄阳缉捕经费成案，移拨济用。惟查十六年发典局钱同所得息钱，共八万七千七百六十余串，为数尚觉畸零，臣等拟与司道再行设法筹措，量为捐补，凑足十万串之数。如仍发交各属典商，未免散无统纪，拟令盐道于克襄，发交汉岸盐商汇总生息，按月八厘，每年可获息钱九千六百串。

——（清）林则徐《林则徐全集》第三册《奏折·筹款生息防守襄堤折》，海峡文艺出版社2002年版。

409.（清）道光二十一年新正算二十年总账禧利开后

旧管

原本银壹万伍仟伍佰两。

借外人本银贰万陆仟叁佰伍拾两。

借普济堂生息银叁佰陆拾两。

借缉匪经费生息银叁佰两。

借苦缺差费生息银陆佰两。

借军费生息银壹佰陆拾两。

借盐店歇业普济堂生息钱肆佰千文。

借菊潭书院生息钱贰仟叁佰千文。

众东伙坐入银贰仟伍佰壹拾肆两。

——刘建民先生藏《宝盛义记四德堂禧算清册》。

410.（清）文昌阁建于前明万历三十年，至国朝嘉庆年间，遗址已荡然无存。道光二十三年，邑侯梁公即其地重新建立，规模宏壮，为一邑之巨观。时邑人杨永平、秦贞、胡廷龙、宋珠、辛一成、梁安、齐永安、赵太来、赵梦彬、刘凤鸣各捐银一百六十两，除经费外，尚余制钱六百串。邑尊详明上奏，发商生息，为正义书院膏火之资。

——光绪《容城县志》卷二《庙祠》，（台北）成文出版社1969年版。

411.（道光二十八年八月）壬子谕：……又奏前贾鲁河完工后，经该抚奏明，将捐输钱六十万串交典铺生息，作为岁修之用。今既责令各员赔修，此项钱文勿庸再作开销等语。着该抚即饬藩司查明贮库，咨报户工二部备核。

——（清）《东华续录》道光五八，《续修四库全书》第0375册，上海古籍出版社2002年版。

412.（清）筹办杭省各善举经费记：分筹合计，约需用钱二万数千串，乃为之请于马中丞，将公项代民间所建房屋钱万串归入各堂收租，按年可得租息钱千串；又请于杨方伯将善举经费项下存典生息钱四万串分拨各堂，按年可得利息钱四千串；复请于高都转将同治四年禀定在运库内每月提银千两，作为善举用项。至六年夏未付银款合计，以银易钱有三万串，再行提出分存各典生息，按年可得利息钱三千串。

——（清）戴盘《两浙宦游纪略》，《明清法制史料辑刊》第一辑第17册，国家图书馆出版社2008年版。

413.（清）增置义地并掩埋经费记：乾隆二十五年，李太守筹广经费，存典钱现止一千一百串，计得息钱一百数十千文，移作义学之用，所余无几。余乃另行筹款归入义学，再筹添存典生息钱六百千，并以前存款息钱，全作掩埋经费，计逐年可得息钱二百二十余千。

——（清）戴盘《东瓯纪略》，《明清法制史料辑刊》第一辑第29册，国家图书馆出版社2008年版。

414.（清）原资本银肆仟捌佰两。

借铜局本银壹佰贰拾玖两壹钱捌分。

借户部本银壹佰贰拾肆两捌钱伍分。

借晋阳书院本银贰拾贰两柒钱壹分。

借长捎本银肆仟叁佰伍拾两。

以上五宗通共银玖仟肆佰贰拾陆两柒钱肆分。

——刘建民先生藏《道光、咸丰永顺当清单》。

415.（咸丰元年）若生息项下，为款极繁。近如直隶之水利营田，远如浙江之海塘节省，以及各省之经费，非不年年具有收欠报销，然臣闻本多侵蚀，利更涉茫。其所报收皆由那转，甚至有并未发商，虚存领结，不入于官手，即入于吏手，相因成习，暗中已成巨亏，所得实不能偿所出。臣以为此后量度情形，全收本银，弱其利息，则上不与之争利，下亦无由侵公，较为有益而无损。其盐务中调剂帑利、设为加价等弊，皆可尽杜，此臣见闻所及，不敢不胪列以陈。

——（清）宗稷辰《躬耻斋诗文钞》卷四《奏议类上·崇实去伪疏》，元年九月九日奏，咸丰九年刻本。

416.（清咸丰七年）设立当商总局，原为协办公事。每年轮派四家办公，周而复始，历年久矣。且□年□头，理宜各秉公心，毋得含糊办事。倘有疏虞，悔之无及。即如起解铜息、谷息、商税、费资等项，业有成规。□□□□□头□□□□本年出入□□并杂记、账簿，并不交代清楚以□事体。今公议，将一应条规刻之于石，以贻永年，并将一年所注账簿留至总局，以便稽查。如城乡同商有疑惑不明白□节，亲到总局阅账，疑惑即解，不可隐匿账簿，巧取小利。或有因公科敛情弊，皆小人所为，君子不取。或被察出，禀究治，勿谓浮言，不加慎也。

计开□乾隆四十六年，奉□司原领铜本银五千两，按月一分。如遇闰月，即加息。即如今年起解之银，系解上年正月至年终，计十二个月息，五月间解省缴司正息银六百两，一应费银并火工银、投文银共二十七两，系每百两以四两五钱合算，补库平银七两六钱八分，系每五十两以六钱四分补平。省房规费银十二两，带库宝不折色火耗银。

道光元年，奉□司原领谷本银四千两，按月一分，如遇闫月亦加息。即如今年起解之银，系解本年正月至年终加闰月，计十三个月息。十月间解省缴司正息银五百二十两，如不闰月，即四百八十两，补库平银六两六钱六分。此二项，如不闰月即减，照前规办。省牧科规费银二十两。

□□通共数内有尾银，即加添平。银尾不拘多少，即坐底银二两一钱。又每十两□□钱，将通解总□以一分加之。如无尾银，即无此项添平。商税银起解以贴多寡为定，按轮税银五两，每百两费银补库平银，俱照前办理。省课承科规费四十两银。

请当帖者，分领铜本银两若干，将银五千两按家数分派。如起解铜息前领者，利费银亦领至上年正月，解息之钱亦起；如起解铜息之后领者，解息之钱不起，利费银即领到本年正月。分领谷本银两若干，将银四千两亦按家数分派，如起谷息之前领者，利费银亦领到本年正月，解息之钱亦起；如起解谷息之后领者，解息之钱不起，利费银亦不领。

缴当帖者，将所领铜本银两若干以月一分算，自上年正月至本年三月，共计十三个月，合利若干。至费银按月每两以二厘算，再将本银、利银、费银三项合总数，每两以七厘补库平银，如遇闰月，即加利费银。

将所领谷本银两若干以月一分算，自本年正月至本年三月，共计十三个月合利若干，至费银按月每两以二厘一毫五算，闰月即加利费银。

至当帖不出三月缴消者，本年即不起解商税之。如有逾限缴帖者，起解铜息、谷息、商税、利费俱照不缴帖者起办。

同川阎庄同益当樊沛宇、阳武村天福当辛正亮、白水村广裕当赵殿元、北桥村九升当石墉仝立。石匠郭大亮。

清咸丰七年岁次丁巳孟秋之月谷旦。

——张正明、科大卫《明清山西碑刻资料选》续2辑，020《崞邑会典所条规序碑文》，山西人民出版社2009年版。

417. 窃查院堂事宜，书院经费，全凭途租，一遇风潮，全无把握。婴堂则款项繁杂，散隶五邑，总理得人，岁丰顾此失彼，岁歉则左支右绌，不得其人，弊难究诘，故请厘撤局之后……

一总董、总理三年得遇屡丰米贱，提存余钱，积至五百千文，仿湖郡育婴事例，取具各典总收票，联名呈道府宪，听候查核。每典各立息折，注明每月八厘息，专为岁歉支取，补凑米价，不得挪移他用。各典亦不得徇情滥付，亲画花押并盖本典图章，交下届总董持为凭信。如典业有增减更替，则更存本，宜重行摊派。而先有总收票报明存本，不必更换，但更换各典息揩以归简便。其前有存典收字，缴还本典，换填息揩，并将息册注明，免致歧误。设米价异常昂贵，息钱不足补凑，仍不准动支原本。由总董筹捐抵款，于交代之际具列捐户钱数，凭下届总董藉以仰成。谅幽有息神，亦必俾尔昌炽。

——（清）张振夔《介轩文钞》卷二《院堂善后事宜状》，同治刊本，《清代诗文集汇编》第598册，上海古籍出版社2010年版。

418. 窃查吾郡育婴堂肇自乾隆十二年丁卯，金太尊实主持之。原设司事十六人，月各支银五钱。当时民物繁阜，治生甚易……故不越百日而堂成，捐田至千亩以上，筹补工本银得二千三百五十两（内盐商捐一千两，建堂余银一千三百五十两）。发典生息，以资支给。己丑，改董事一人，月支银二钱，司事一人一两五钱，每月各加给午餐钱三十二文……自丁卯至己丑凡二十三年，公产递增，各邑又互有报充。始设教育科，掌各县田地册书催解等事……每月散给钱米，由司事具领请支。是科书司纳，户曹总之，司事司出，监堂宰之。两相稽察，故侵蚀者难由。己丑至嘉庆辛未四十三年，年岁屡丰，吏皆奉法，人尽知耻。收养弃婴，月不过二三口……壬申，异常荒歉，弃婴倍多，支额顿巨。仍提用存典本银六百五十两……以济急，因借拨盐帮三千两……增生典息……逮道光己丑凡十八年，存银二千七百七十五两，积钱三千余贯，经费尽裕如也。庚寅以后，司事改设四人，按季轮值……甲寅，银价昂贵，拟提回存典原银，各典商乃捐钱一千二百贯……是岁堂收稚婴一千三百余口，岁终无一存者，甚可惨也。乙卯，升米折钱十八文，一妇兼乳二婴，或三婴。职员孟君璜，禀仿一文钱会，为保婴善□。丙辰，始以书院膏火钱给媪婴口食。筹款至此极矣……是冬，道宪俞兼摄篆，特开局清厘，并饬院堂收发流归局董执掌。

——（清）张振夔《介轩文钞》卷六《请议育婴堂善后事宜启》，同治刊本，《清代诗文集汇编》第598册，上海古籍出版社2010年版。

419.（清）同治二年五月，荆州知府张松坪太守丁忧，余奉檄署荆州府。七月二十日到任，荆州府库中有发典生息银八万两外，又存有按月所收关税堤费及各典所归息银。然此库非同藩粮两库，有库官经理，每一收放结总封闭。荆州则书院膏火、养济院、普济堂经费及各官庙庙祝工食等项，由库垫发，俟年终各典归清息银总结，均由库书经管。每新任接篆，传库书具结，称库中存银若干实存在库，并无亏短。如有差误，惟库书是问等语，新旧交代即凭此结，并不查库。余到任半月，思此事总须查实，即示期盘库，则外库只存银五百两，令开内库，亦只存五百两。当诘库书应存之银，何止此数？令将外库五百两并入内库，库书不肯，言外库五百两尚系借来，不过以大人查库聊以敷衍而已。跪递一禀，称前库书杨春生有亏短库款情弊。余当传库书至厅事，谕以杨春生现不管库，如若有弊，汝等不得诿之杨春生也。查库书新旧更替，所以互相容隐者，缘若等额缺四名，三年更换，出息甚丰，若有人致送本官银七百五十两，则不待期满即可充补张前任。内四名均未满期更换，共得银三千两，库书只贪出息，率尔具结承耽，不计后患。及余盘诘得实，悔之已迟。细究情形，库中本有应解藩库之款，前历三任均未报解，库书遂挪用库银放债囤货，以至库存无几，若一禀出则成大案矣。余因勒令库书将应解之款一律起解，限以半月该库书将银措齐，解送藩库。前三任之事始了，又查出一大难事，宜都旧有典当歇业，曾派存生息本银当即缴还，要取回领状。杨春生将此项干没，造假领状存案。换抽真领状退归该典，而又有他典缴来之款。前余三任某公时，杨春生另冒一典铺名目，具假领状来领，某公批准，盖用图章。两项共银三千余两，余均查出，杨春生系某公宠任之人，经前任撤出，仍思复充。余到任时，某公回藉，杨春生径造其家求荐书，来托余复用，尚不知前事发觉，扬扬来署投信。余坐堂皇示以所造假领状，杨春生胆大已极，直认不讳。余斥以知法犯法，应坐监守自盗之罪，发县收系，勒限严追。数日内缴到三百六十金，其先所干没之银挥霍已罄，家产止此。余限五日比追，刑工兵礼各房书同禀代求展限，余怒曰：“汝等亦有罪，尚为他人乞恩乎？汝刑房存有萧姓充公生息银领状，兵房存有营伍生息银领状，礼工二房亦各存有领状。杨春生概行抽出，以假换真，非商汝等为之，何能任意抽换？汝等再言，将并治以通同舞弊之罪矣。”众房始退，时张前任在省，催余出结，余思此事若造次通禀，必斩库书，杨春生正法不足惜，前三任均当去官，究于国帑无益，因以情禀知厉伯符方伯。方伯命余从缓设法，张前任羁候稍久，亦无不可。余因查荆州府有四关，关书、关差三十二名，署内库书四名，余令每名每月缴银十两，余于小税内亦捐银十两，合共每月得银三百七十两，不到十月摊派缴完，可以了事。众书遵从缴齐时，禀覆方伯出结，交张君归里，将杨春生严责开释，予以自新，前三任遂得无累焉。

——（清）周乐《宦游纪实》卷上《记荆州府库款仓谷两事始末》，《明清法制史料辑刊》第一辑第28册，国家图书馆出版社2008年版。

420.（清光绪）《普济堂口粮禀》：……兹据石城县绅士江国镛禀称，愿捐高文书院经费钱壹千五百贯，普济堂经费钱一千伍百贯，发交殷实当铺递年生息，以充生童膏火及孤贫口粮之费。并乞明定章程，以垂永久等情。据此卑府察看该绅输此巨款，尚属出于至诚，洵称乐善好施，应如所请办理。惟查高郡各当铺，无逾该绅家所开泉兴当殷实可靠，应将此两款仍发交该当铺存放，照章输息壹分，每年共收息钱叁百陆拾千……

（清）《惠州普济堂孤贫加额禀》：惟查该堂原储资本银钱，其有卷可稽。存放郡城及归善、博罗两县各当铺生息者，共计本银一千五百二十五两五钱，又本钱四百千文，按月输息一分及一分五厘不等，递年共收息银一百八十七两九钱三分六厘，遇闰加收息银十五两六钱六分七厘，又收息钱四十八千文，遇闰加收息钱四千文……

（清光绪）《修浚惠州合城沟渠并重修陈文惠公祠野吏亭工竣请立案禀》：……卑府另行筹款发当生息，递年子母滚存归入城工局，绅士经理议定十年一修，即在息银项下动支经费。

——（清）张联桂《问心斋学治续录》卷一，《明清法制史料辑刊》第一辑第30册，国家图书馆出版社2008年版。

421.（清光绪）《惠郡丰湖书院议加膏火禀》：卑府悉心计议，以该书院额设正附课生童。每月共应给发膏火银一百二十六两，拟于前项花红内提出银一千两拨归书院，连上年八月间奉前学宪、前宪批，准将归善县犯童罗钰煌罚缴银三百圆，计重二百一十两，一并发当生息。仍令照章每月输息银一分，计每年可收息银一百四十五两二钱。

（清光绪）《惠郡添建育婴堂禀》：……一年以来，陆续捐积洋银四千七百余两，又于各乡解缴缉匪花红内暂借银七百一十两，议俟日后缉获匪犯照数提还给赏。共得洋银五千四百余两，在府县两城及水东街各铺内选择老成殷实绅商黄英俊、潘聪龄等派充正副董事，令其租赁民房，暂作育婴公所，先行开办……计用去工料银一千二百余两，尚实存洋银四千二百余两，均经卑府先后发交该董事等存放当铺递年按季收息，以作育婴经费。惟是堂中费用浩繁，现捐银款为数有限，不敷其巨，恐难垂诸久远，复经卑府出示劝捐……所捐银两先令发当生息，拟俟积有巨款，再行置买产业，不准别项挪用。并令各行公举一人为执月司事，轮流稽查，不假胥吏之手。如值月司事有弊，许正副董事会同公议革除。正副董事有弊，许值月司事会同禀官更换。彼此一秉至公，互相钤管……

（清光绪）《潮州城北蔡家围河面添设义渡禀》：……卑府目睹情形，拟在该处添设义渡船只，俾令常川渡济，当于本年二月间捐廉，首创设簿劝捐，共计捐集洋银二千零零三两，并饬匠造就渡船四只，随将捐银发交保安局绅士举人杨淞等查收，发当生息。谕令妥议章程，禀缴核办。并札委经历陶澄会同商议。去后随据该经历及保安局绅士举人杨淞、林士骐、袁镇、职员陈广泽、戴清源、林国珍会议章程禀复，以此项捐银除零银三两留作镌刻捐户姓名及章程碑费外，实银二千两由该局绅等转发在城当商春丰、荣丰、天昌、宝发、长发、致和、永兴、仁成、和源、祥兴、正隆、再兴、新兴、义和、永源、泰和、源兴、怡和、祥丰、丰吉等二十家当店逐年轮流生放，按月八厘起息，每年以两当为一输，每年两当各出一人为值年司事，设立账簿一本，由本年承值司事缴府盖印，计每月可得息银一十六两，以银易钱，照时价伸算，共得钱二十四千文。议定渡船四只，每船额设渡夫各一名，每名每日给与工食钱二百文，月需钱二十四千文。周年统算，约得小建六日，应扣除渡夫工食钱四千八百文，以作各船常时油火竹篾麻皮杂费之用。所有每月应发渡夫工食即由各该当商值年司事另立一支钱清折，交付各渡夫收执，饬令按五日凭折，赴该当支取一次。该当值年司事二人，各将一切生意支发数目登记簿内，俟年终算清，即将存项及帐簿交与次年轮值两当司事接管，该接管司事即将帐簿缴府查核盖印，以杜弊端。核计岁入之息，尽数支用，毫无余剩。如遇大风大水，应添雇水手给发工食及该船岁修等费，尚无着落。拟由卑府蔡家围税厂小税项内提拨银三两，发交该处当店协昌号按月收存，不起利息，饬令设一印簿，专管此项支发。并由府谕派北关外职员颜存礼、许豪俊、蔡家围监生张绍德、武生余泼观充当义渡董事，令其按年轮管，认真经理。其协昌当收存银两，另发印簿一本，亦归该董事四人轮收管理，遇有需用，即由值年董事持簿向该当商支取，年终将簿送交保安局绅查核盖戳。如有盈余，由该局绅等酌送该董事舆金，俾免赔累。业经卑府批准照办，并粘抄章程。连设立印簿分别谕饬各当商及该两处董事暨蔡家围税书，一体遵照办理。一面出示晓谕，定于本年七月初一日起，将船开摆在案。至镌刻捐户姓名及章程碑费所存零银不敷支用，复由卑府捐廉募工，镌勒石碑二块，竖立该处雨亭，以资法守而垂久远。所有捐拨经费添设蔡家围义渡船只缘由，连议定章程开列清折，一并禀请宪台查核俯赐批示立案，实为公便。

（清光绪）《义渡章程》：一捐存银二千两，发给在城当商轮流生放，按月八厘起息，每月共得息银一十六两，以充渡夫工食，无论何项紧急公事，一概不准动用，以垂久远。一现查在城当商共有二十家，每年每两当轮出两人，为各该当值年司事。现将捐存银二千两并立帐簿一本，由府署盖印，先交本年承值司事两家收管，俟年终将一切生息支发数目清算讫，即将该存项及帐簿交与次年承值司事接管，该接管司事随将帐簿缴府查核，盖戳以杜弊窦。

——（清）张联桂《问心斋学治续录》卷二，《明清法制史料辑刊》第一辑第30册，国家图书馆出版社2008年版。

422.（清光绪）或于取供后未及禀办，以及带病进羁未及提讯即行病故，又或讯供游移尚未定案即瘐毙者。此类人犯指不胜屈，本府念其生前惨罹刑戮，死后暴露尸骸，于心实有不忍，曾经面商方前提宪捐廉，首倡设簿题捐……现经本府于捐备火板经费项下提出洋银一百四十两，交该董事等发商生息，以为递年清明、中元两节致祭……该董事等即便遵照，立将发来经费银一百四十两照数兑收，转发当铺生息，将每年应得息银于清明、中元两节饬人备办祭物，挑往该处致祭。

——（清）张联桂《问心斋学治续录》卷三《发故犯冢祭银两交董事裘志仁等发商生息谕》，《明清法制史料辑刊》第一辑第31册，国家图书馆出版社2008年版。

423.（清光绪）查城内丰备仓项下，本有存典生息修仓费钱五百串，又光绪四年奉前巡宪沈捐发漕平银四千两，分拨育婴经费及濂溪书院置产外，尚余银六百二十七两五钱，经卑前县禀奉前巡抚批，饬照市价折合钱一千串零四千文，发绅购买义谷。时因谷价昂贵，未经采买，均发交慎和质铺，按月八厘生息。该质歇业后，又经卑前县金令转发德茂钱庄。

——（清）钟体志《柴桑佣录》卷三《禀请提集官本发商办谷备荒》，《明清法制史料辑刊》第一辑第34册，国家图书馆出版社2008年版。

424.（清光绪）案奉藩司札奉前护理抚宪李批，卑前县令金禀请酌加当息减领官项出示招商开质便民缘由，奉批：查江省各属开设质当，均系二分取息，兹据禀取息二分五厘，违例增息，应不准行，布政司转饬遵照。至官项存本，以一万两为度，尚可照办，并饬知照出示招商承开，以便贫民，此致等因行县，奉此，即经卑职遵批出示招商在案。兹据商人监生沙云五禀称，系江南江宁府上元县人，见示谕招商开质，现在凑集资股，业有成议。惟浔城地方瘠苦，所质衣物粗笨，架屋质库均须宽大，其租金人工因之增多。而请领官本，向以领银之日起息，为数既巨，总须数月始能上架，致暗中赔利不少。今示谕以二分取息，自应遵照，惟商情困苦，所领官项应请照周年一分生息，官本以万两为度，并请分作两次具领，初次领五千两，半年后再领五千两。应在何衙门具领，亦请明示。此外，无论是何官款，均免发质，俾商情纾展，不至久搁赔利。禀请批示以便集股试办等情到县，据此，查此案先据卑县拔贡生李明堉等以前情禀请，详明立案。并据禀称，九江前开慎和质铺，领存浔郡公款，如育婴堂、兴贤庄、丰备仓等项则专存化邑质铺生息，如书院、炮台局等项则分存德化、湖口两邑生息。既已存放妥当钱庄者，请暂存彼处，不遽收回，并免再领省垣官项等情。当经卑职查明，浔郡从前开设慎和质铺，先后领存巡道札发育婴堂生息成本银七千两，又炮台局经费银五千三百余两。该质歇业后即缴回道库，现在曾否另发别邑质铺，卑县无案可稽。又濂溪书院膏火银二千两，系奉前巡道暨邑绅捐存，由本府衙门转发生息之款，缴还后已经由府转发湖口县质铺具领。以上各款原案，均系按月一分生息。此外尚有卑县丰备仓又兴贤庄即府学经费，约合银一千七百两。综计成本有一万六千余金，查金令原禀已将各款胪列请示，且前项婴育经费，即有省垣厘金项下拨发成本银五千两在内，该绅商等所请免领省垣官项，专就慎和质铺原领浔郡生息各款拨发，似应准其照办。惟据请将育婴堂、兴贤庄、丰备仓等款，专存卑县质铺，其炮台、书院等经费分存湖口，暨卑县两处质铺。以及分次承领周年一分生息各节，除卑县兴贤庄、丰备仓两款，现已分存钱庄，及交绅首领回，可以从缓归于两次发交生息外，其余均系巡道暨本府衙门息款，应否准其照办。即经卑职据情禀请，本府转禀核示在案，迄今未奉批示。兹据前情，复查卑县自慎和质铺歇业后，至今乏商承开。虽经各前县设法招徕，无如通盘计算，有租金、人工、赔息种种耗累，致皆观望不前。浔地出产甚稀，民情瘠苦，全赖质铺以通缓急，本年秋收歉薄，贫民称贷无所，往往甘受私押重息而不辞，是开质铺一层尤为浔地当务之急。惟利薄用昂，既不可增息病民，若不将官息酌量轻减，实不足以鼓舞商情。合无仰恳宪恩，批准照详办理，实于地方商务两有裨益。

——（清）钟体志《柴桑佣录》卷四《详请酌减官息招商开质以便贫民》，《明清法制史料辑刊》第一辑第34册，国家图书馆出版社2008年版。

425.（清）又现在以续捐大钱三千千文，发商生息，按月一分生息，岁得利息大钱叁百陆拾文，按季交董事支销……发商生息本银，不准官为提取，亦不准董事私取。今于发本时取该商切结，嗣后如有官及董事提取，即行缴发以致亏空无著者，着该商照数赔出，原本照常生息。此结除发房存案外，并抄二纸，一移学存案，一发存董事。其各商或遇止歇更换，即令顶代之商承领交息。倘有添设当典，准该商等均匀拨办，以照公允……道光十六年，发商成本制钱叁千叁百串，按月壹分行息，以备书院支发生童膏火。

——同治《栾城县志》卷六《学校志·书院·龙冈书院》，（台北）成文出版社1976年版。

426.（清）留养局三，北闸一房九间，治河铺一房九间。

以上知县顾之麟暨商输银贰百，商领营运，岁收息银肆拾捌两，又续输银两，除建局外，存银伍百两贰钱九分，置柳林囤园地伍拾亩贰厘零，除纳粮外，岁收租息制钱叁拾柒玖百肆拾文。

——同治《栾城县志》卷五《保息志·留养局》，（台北）成文出版社1976年版。

427.（清）查本城同善堂，坐落西门武庙东侧，建自道光元年，向办舍棺、掩埋、施衣、散药等举……捐款，同治七年知县陈其元捐钱五百千文，分存各典，常年一分五厘起息。

尸场公费，知县高长绅劝职员沈执慎、顾思恩等捐钱二千串存典生息，作为尸场经费……同治十三年五月，经董陶翼等将顾德沛缴出尸场公费本钱二千串存乡典同升起息，又将缴出尸场公费息款钱六百二十五千一百七十文存城典同和起息。嗣后两典本息银均缴还于光绪二年。

——光绪《南汇县志》卷三《建置志·义举·善款生息》，（台北）成文出版社1970年版。

428.（清）丰泰仓在攀桂铺……经费：存典谷本月息一分。岁征五百四十千。

育婴堂：经费：原存知县李震捐钱七千四百四十三千八百文，存典月息一分；知县金以诚捐钱三千千，存典月息九厘。岁征典息一千二百十七千二百五十六文，原存除坍实在田地一千一百九十三亩四分一厘。

保节局：经费：原存典钱八百千，存铺钱一百千。

恤嫠局：经费公捐钱二千五百千存典，岁息一分……岁收典息钱二百五十千。

养济院（略）

同仁堂：经费：原存公捐钱一千千，典息一分，地五十六亩四分……岁征典息一百千，房租十一千，租钱九十九千二百七十二文，各典岁捐二十千，光绪十二年朱春柳等续存钱五百千，典息一分，岁征息钱五十千。

救生局……救生经费：捐存典钱三千千，岁收息钱二百七十千，存铺钱二百千，岁收息钱二十千。江海关月捐钱十千，岁收钱一百二十千，遇闰照增。

义渡经费：捐存典钱一千八百千，岁收息钱一百四十四千。县署月捐钱十二千，营署月捐钱一千，各典月捐钱八十千，盐局月捐钱十五千，内河厘局月捐钱八千，港厘局月捐钱八千，界河厘局月捐钱四千，浙宁永庆公所月捐钱五千，岁共收钱一千五百九十六千，遇闰照增。

——光绪《泰兴县志》卷八《建置志三·义宇·仓法慈善款生息》，《中国地方志集成·江苏府县志辑 51》，江苏古籍出版社、上海书店、巴蜀书社 1991 年版。

429.（清）宾兴经费：道光十年，知县李震捐钱一千五百千，二十一年邑人于益勤等捐钱二百千。光绪六年知县张兴诗捐钱五百千，内丁韩氏四百千，张顺兴盐旗六十六千三百，书院工程余款三十三千七百，十年知县陈谟捐钱一千千，共三千二百千，存典，月息一分。

公车经费：光绪五年，丁韩氏捐黄桥镇市房三所，售价四百四十二千。十年，知县陈谟捐廉一百千，李春渠等经捐钱五百八十八千，朱春柳经捐钱六百千，和聚茂盐旗捐钱三百千，各典捐钱一千千。共三千千，存典月息一分。

学田：附岁修经费：乾隆四十年，知县胡宁置滩田三十八亩，光绪六年知县张兴诗捐钱五百千，内丁韩氏捐三百千，叶甘棠、薛天池等经捐八十二千，朱连城、朱春柳、蔡光煦等经捐一百一十八千，存典月息一分。

附洒扫经费：道光十年知县李震捐钱二百千，存典月息一分。岁收二十四千，以十六千备洒扫、夫工，以八千供文昌宫灯烛。

襟江书院……经费：今额存典纹银二千二百七十三两六钱八分九厘五毫，月息二分，八三折交，岁征息银四百五十二两九钱一分九厘。存典钱二千三百千，月息一分，岁征息钱二百七十六千。又钱四千千，月息九厘，岁征息钱四百三十二千。

——光绪《泰兴县志》卷十三《学校下》，《中国地方志集成·江苏府县志辑 51》，江苏古籍出版社 1991 年版。

430.（清）育婴堂，在子城厢一图府横街，康熙十五年建……（及其他一些田业）每岁额征租钱三千零二千五百六十五文，市房八所，房基八区，并历年积收田租钱二千千存典，岁收租息钱给用。

敬节堂：在武进子城厢二图十子街，嘉庆元年建，同治三年重建。旧有洲田市房并存典钱，岁收租息钱给养节妇。……今有市房六所，钱三千千存典，岁收租息钱给用（另存敬节外堂）。

集义会：有会钱一千四百千存典，岁收息钱给贫户生产、医药、殓葬及被火灾等用，又津贴寒素读书及因病失馆失业者。

保婴保节局：在武进子城厢一图城隍庙内，光绪元年新设。有常州知府每年捐钱六十千，武进、阳湖知县每年各捐钱一百二十千，又今任阳湖知县吴康寿捐钱三百千，县绅纠集会银一万八千两，以二成存典生息保婴，八成存典生息保节。

医局，在武进县西右厢寿安堂内，同治六年暂设育婴堂，有县绅纠集会钱五千八百千存典，岁收息钱并南货捐钱给城乡贫民夏间医药，六月朔日起，八月十日止。

——光绪《武进阳湖县志》卷三《善堂》，《中国地方志辑成·江苏府县志辑 37》，江苏古籍出版社 1991 年版。

431.（清）安西同仁堂，在武进县安西乡奔牛镇，乾隆间捐建，旧有田一百六十八亩，钱二百千存典，岁收租息钱并布捐钱给嫠妇贫民寒衣、棺殓、义塾等用……

通江同仁堂，在武进通江乡孟河城，乾隆间建，同治间重建。旧有众捐钱二千千存典，岁收租息钱给恤贫民，今有钱□千给用，未如旧。

太平济仁堂，在阳湖太平乡南宅，光绪二年知县吴康寿建，有县官及众户总捐钱五百余千存典，岁收息钱及典当月捐钱给养贫民。

——光绪《武进阳湖县志》卷三《营建·善堂》，《中国地方志辑成·江苏府县志辑 37》，江苏古籍出版社 1991 年版。

432.（清）寿安堂，在武进西右厢忠佑庙内，道光十五年建，同治十一年重建……今有市房四所，会钱一千千存典，岁收租息并众捐钱回赎田价钱如旧给用。

普济堂，在阳湖东直厢直街，乾隆三十九年建……旧有钱九千一百千存典，田六百十余亩，芦荡十余亩，岁收租息钱给养老废孤寡……

协济堂，在阳湖东二图社庙内，嘉庆十五年建，同治十年重建。旧有行捐、铺捐、船捐并存典息钱给养鳏寡孤独，今有会钱一千千，存典，岁收息钱如旧给用。

敦仁堂，在武进西直厢驿西，道光十五年建，同治四年重修。旧有粮捐钱一千二百千存典，市房十九所，岁收租息钱月给孤寡并寒衣、殓费、义塾，今有市房十二所，基址七块……

依西同仁堂，在武进依西乡魏村，嘉庆七年建，同治间重修。有众捐钱给贫民官殓。众捐钱二千千存典，岁收租息给恤贫民。

——光绪《武进阳湖县志》卷三《营建·善堂》，《中国地方志辑成·江苏府县志辑 37》，江苏古籍出版社 1991 年版。

433.（光绪宣统）登瀛小会：光绪十年，郁宗蕃募集洋银二百五十圆，存典生息，助里中善籍士子乡试之费。后复募积共洋四百九十五圆，科举停后，其洋改购沪杭铁路苏省股份一百十股。

——程兼善续修《枫泾小志》卷二《建置》，清宣统三年刊本。

434.（清）留养局，一在西关白衣庵，一在连窝镇玉皇阁，留养人数无定额。乾隆年间发当生息银二百两，岁收息银四十八两，遇闰加银四两。

——光绪《吴桥县志》卷四《建置志下・恤政》，（台北）成文出版社 1969 年版。

435.（清）旧县志：城内澜阳书院……又京钱三千七百文，发交在城恒顺当具领，每年按一分二厘生息，会议章程刊示遵守，俾垂永久。（章程有四）一当铺利息，写立支折，每月由经管书院之绅董往取，其各处地租亦由绅董派人往催，俱另立印簿二本，一存县署，一存书院。取回利租，登帐送县过目过朱，钱由绅董存储，其致送山长修膳及支发一切零用，由绅董核实经理。

——光绪《吴桥县志》卷二《建置志上・书院》，（台北）成文出版社 1969 年版。

436.（清）正义书院，旧志载地亩若干，以为延师之用。咸丰六年，邑侯张公捐俸钱五十吊，邑人陈开基捐钱一百吊，李云桂捐钱一百吊，发商生息，为书院敬惜字纸之费。

——光绪《容城县志》卷三《书院》，（台北）成文出版社 1969 年版。

437.（清）义学，旧志载向在州新城内，久废……光绪八年坐粮厅额，公勒粮额，设育仁义塾于新城法华庵，自行捐廉一千两，交通州发商一分二厘生息，作塾中经费……九年，通永道李公培祜建设义学四处，一在城内通州卫药王庙……自行捐廉两千两，发交滦州当商壹分贰厘生息，作各塾经费，通详立案。自是以后，凡无力供读之家，均保附学以图上进，公之力也。

——光绪《通州志》卷五《学校・义学》，清刻本。

438.（清）育英书院，在北长街育婴堂旧址也……旧存制钱四千二百缗，至是捐廉三百缗，劝募绅富，并提县存闲款，得制钱五千三百五十余缗，发商生息。每月官课二次，师课一次。今经费拨归小学堂，今改为高等小学堂。

惜字纸社，劝集制钱五百缗，存典生息，以为收拾捡洗字纸、散篓送灰工费，社中人于春秋仲朔醵祭一次。

先贤村仓……咸丰二年，知县毓山以仓谷霉烂，变价报解后，以余谷变价一千零五十一千一百五十二文，发当商，按一分行息，作为冬防经费……光绪二十七年教堂赔款动用余钱二千缗，仍存当商生息。历年修葺及公费在当年经费项下动支。十九年提生息制钱三千缗，发各行生息，作为义仓常年经费。二十六年改存当商，每年交息制钱二百八十八缗。

——光绪《邢台县志》卷二《建置·学堂》，(台北）成文出版社 1969 年版。

439.（清）书院生息款项：道光十五年，发商成本大钱柒千陆百千文，每年捌厘行息。嗣又发商成本大钱肆百千文，此项道光十七年徐麟趾亏挪有卷。同治七年，收屡年旧租大钱肆百千文，八年正月，发商，每年一分行息。现今成本共大钱捌千伍百吊，每年生息共大钱陆百捌拾捌文，以备支发里童膏火。

——光绪《唐县志》卷四《学校·书院》，(台北）成文出版社 1969 年版。

440.（清）留养局，在城北门内迤东，局房三间，邑令建，捐银叁百拾伍两。除局中支用外，存银叁百两，于乾隆十七年商领营运，年息二分，岁收银陆拾两。局房今圮。

——光绪《宁津县志》卷五《经政·恤政》，(台北）成文出版社 1969 年版。

441.（清）书院存款：协庆当铺存京钱伍千串，期年一分行息。又存银贰千肆百两，按月一分行息。钰昌茂盐店存银贰千两，按月壹分行息。

——光绪《宁津县志》卷四《学校志·书院》，(台北）成文出版社 1969 年版。

442.（清）预备仓，社仓，在治西北……光绪六年，新建义仓，在县治东偏，知县郑骧同绅士张宗翰等劝捐京钱一万八千五百二十八千，发商生息。每年秋后提息买谷存仓。又岁修成本京钱七百十五千五百五十文。如不遇修理年分，亦提息买谷入仓。

留养局二，一在城东关局旁，九间；一在固城店十方院。乾隆十八年，知县麻廷璥倡捐银二百五十两。于乾隆十九年商领营运，生息二分，岁收息银五十两。

——光绪《定兴县志》卷二《庶政·宾兴》，(台北）成文出版社 1969 年版。

443.（清）金洙《辅仁书院碑记》节录：……一拨借库款大制钱八千串，发质库生息。每岁息钱半归库本，半充课用。

青县会川书院，盐运使李邦桢拨公款银二千两发商生息，岁入租息，充书院经费。

静海县义塾，一在唐宫屯三官庙，知县史善诒批准名至善义塾，后自捐足钱一千串发商生息，每岁息钱一百二十千。

沧州渤海书院，在城内张家胡同……膏火由每年地租及生息收银七十三两三钱一厘三毫，地租京钱一千二百二十串零八百十八文，为院中经费；又有刘凤舞捐助京钱四千串发商生息。

沧州义学，一在城内文明街，道光八年，天津府粮捕同知孙豫元、知州潘国诏、设州人王珣捐京钱五百千，各绅共捐京钱二百五千，年收息一百五十千零，归儒学管理。

——光绪《天津府志》卷三十五《学校》，《续修四库全书》第 690 册，上海古籍出版社 2002

年版。

444.（清）青县留养局三所……知县冷廷颐倡同输银五百两，于乾隆二十年商领营运，月息一分五厘，岁收息银九十两，今废。

静海县留养局四所……知县王化南输银二百两，于乾隆十九年商领营运，月息二分，岁收息银四十八两。又知县潘仙机输银一百两，于十九年商领生息，共本银三百两，岁收息银七十二两。同上。

沧州留养局三所……署知州张彬倡同输银三百两，乾隆二十年二月，商领营运，月息二分。至六月收息银三十两。又绅士续输银二百七十两，合前本息共银六百两，于本年七月商领营运，岁收息银一百四十四两。州志。

南皮县留养局四所……知县程如震倡同输银三百二十两，除建泊镇局房外，存银二百七十七两。于乾隆二十年商领营运，年息二分，岁收息银十五两五钱。

盐山县留养局三所，知县梁兆榜倡同输银三百两，于乾隆十九年商领营运，年息二分。岁收息银六十两，今废。

庆云县留养局六所……知县甘怡倡同输银一百两，于乾隆十九年商领营运，年息二分，岁收息银二十两。又县胥孙三戒等家产变抵入官，余银二百三十两，商领营运，年息一分五厘。岁收息银三十四两五钱，共计息银五十四两五钱。

——光绪《天津府志》卷七《恤政·义举附》，《中国地方志集成·天津府县志辑 3》，上海书店 2004 年版。

445.（清）备济社……凡天津、宁河、山东、奉天、江浙海船，贩货来津者，无论所装何物，均按该船装粮数目合计，每清斛一石，捐银五厘，交备济社绅董司事经收，业已奏明立案……总局设于河东关上孙家胡同，为光绪二年二月李绅士建立，集船捐、绅捐，共成斯举。捐款发典生息，本银不动，所得息钱按以三成济贫，七成备装。地方纵有紧要公事，概不得动用。

——（清）张焘《津门杂记》卷中《各善举》，《笔记小说大观丛刊》第二编第四册，（台北）新兴书局 1978 年版。

446.（清）夫学校所植教，而祀典亦所以范民。元城县城隍庙，自嘉庆二十二年重修后，尚余京钱四百串，存当生息，作为岁修，可谓虑之周而处之善矣。乃咸丰十一年，东匪窜扰，典肆为空，遂丧资而失修至今。同治十一年，吴邑侯履任见庙貌摧残……并筹补岁修之款四百缗，一如其初。而又虑庙祝之无以为养，更捐钱百五十串，亦以息给其食。责庙中会首八人经理，立条约申告诫，事详碑记。

——同治《元城县志》卷二《学校》，（台北）成文出版社 1969 年版。

447.（清）备济社，光绪五年李世珍倡捐银五千两，严克宽、杨俊元、黄世熙、杨云章、李士铭等各捐银一千两……嗣以津郡若遇荒年，买粮较易，不如将银发商生息，以期岁岁增益。又经筹赈局筹议，将本省外省华商海船来津者，每清斛一石，捐银五厘。如装他货，亦照装粮数目抽取。在各船所捐无几，而公中积少成多，乃并归世珍等捐银生息，以备荒歉。遂设此社，即由李世珍、严克宽等董其事。其绅捐、船捐息款，每届冬令提出三成，以济贫穷无告之民。其余七成，留为荒年助赈之用。

——《天津政俗沿革记》卷十二《善养·备济社》，《中国地方志集成·天津府县志辑 3》，上海书店 2004 年版。

448.（清光绪五年十二月十八日）奏为核明息谷变价及减半余平生息银两完欠动存数目，恭折奏闻，仰祈圣鉴事。窃照晋省于道光元年筹议酌减州县摊捐款项案内，请在息谷变价及减半余平银内借动银二十万两，发交典商生息，每年可得息银二万四千两，有闰之年可得息银二万六千两。所得息银一半归还原本，一半抵给摊捐款项及留备地方不时之需。俟原借本银全数归还原款之后，存典生息之项永远留存地方公用。经前抚臣成格具奏。

道光元年五月十二日奉上谕：晋省州县摊捐款项繁多，每年计共银八万二千四百余两，开除银九千二百余两，请将藩库存储息谷变价及减半余平二款内借银二十万两，发商生息。将所得息银一半归还借本，其余一半息银内动拨银九千二百余两抵拨捐款，计连删除之项，州县每年可少捐银二万一千九百余两。着照所议办理。每届年终汇奏一次，藩司另册交代，毋庸报部核销等因，钦此。当经遵照在于社义、息谷变价并减半余平项内各借银一十万两，饬发阳曲等九十三厅州县具领转发。计自道光元年冬季起，所有此项息银均分别归还原本，拨抵摊捐。嗣因原借款银业已拨还清楚，每年所收息银仍照道光元年奏案。全数抵拨摊捐及留备地方动用，历经开单具奏在案。

兹据布政使葆亨将光绪四年十月初一日起至五年九月底止，动存拨抵各款，开单详请具奏前来。臣复查旧管银二万一千二百八两五钱零，新收银二万五千三百五十两四钱零，开除拨抵捐款及地方公用银二万二千一百七十四两七钱零，实存储银二万四千三百八十四两二钱零，各属欠解银五万七千一百廿二两六钱零。除将欠解银两饬司严行提解外，所有生息完欠动存数目，理合恭折具奏，并开缮清单，恭呈御览，伏乞皇太后、皇上圣鉴。谨奏。

军机大臣奉旨：户部知道，单并发，钦此。

——《曾国荃全集》第一册《奏疏·筹银生息抵款疏》，岳麓书社 2006 年版。

449.（清）敬禀者：窃卑县西海地方，外达重洋，内环村堡，距县近者百里，远且三百余里。地方官鞭长莫及，缉捕未免废弛，以致不逞之徒流而为匪……查从前办理安插客民案内，因县库无款可筹，曾经卑前县承令印禀，奉前宪台批准，于卑邑存当生息银两内，暂提支用，事竣由县筹还，并蒙给谕，当商遵照在案。兹卑职办公支绌，似属事同一律，可否仰恳宪恩，在于罗义兴江、三多江、福兴、温恒丰四典之典，各暂提银五百两，共二千两，挪作现在缉捕经费。一俟五月底，卑县早稻登场，即由卑职筹还归款，仍照按年一分起息之例，措缴息银，发当收回，以符原案……伏乞批示。

——（清）徐赓陛《不自慊斋漫存》卷二《动存当生息银两禀》，《笔记小说大观丛刊》第十六编，（台北）新兴书局 1977 年版。

450.（清）为禀恳转详事：缘求友斋义塾捐集膏火银二千两，蒙上宪委员分交三原、泾阳两县发典生息，嘉惠士林，曷胜铭感？现在泾阳典商如数领讫，三原自应一律照领，但有不得不禀恳者。查三原原典号二家，一系候铨道胡砺廉之铺，一系该绅堂侄郎中胡墉之铺。光绪十年九月，该绅捐银一千两，创立求友斋义塾，此银即暂寄存伊典铺，取息一分。至十一年四月，义塾办有规模，始行交出。由义塾转寄银铺，取息五厘，不敷支用。公议禀恳上宪批准：发典在案……今若仍将此银发予该绅典铺，在该绅必无异言。第恐乐善好施，皆闻风猜阻，而义塾书局本银甚微，正在劝办集股，合刻必多窒碍……只有恳禀代请上宪准将发交三原之项改发咸阳、醴泉二县，则义塾必能准行，尽利裨益甚巨，实为德便，查咸、醴二县典铺均属稳妥，且与义塾相近，而咸阳又有新开典铺，其生息公款必不多，当易饬领。

——（清）柏景伟《柏沣西先生遗集》（沣西草堂集）卷六《公请改发求友斋经费生息案》，思过斋民国十三年刻本。

451.（清）道光四年岁甲申秋，衡山垫江知县奉檄摄邑。篆邑富庶，为忠夔冠。其患不在贫，在不均，故其无告之民，视垫邑且倍蓰，而县旧孤贫，额才八名耳，为恻然伤之。其明年春，勉捐钱三百千，典史山阴宋君照捐钱五十千，益以库贮闲款，共得钱七百千文，交典商会其息，月取子钱八千四百文。

——（清）刘衡《庸吏庸言》卷下《梁山县新建养济院记》，《官箴书集成》第六册，黄山书社 1998 年版。

452.（清）书院分中、东、西三院，计房一百余间，论者以为屋舍过多，来学者颇形寥廓，且岁修艰于筹款，恐终倾废，殊非长久之策。乃集诸绅商之，以西院四十余舍为讲学之所，以中、东两院出售，廉其值，售钱千贯，发当商生息，计周一年得息百千，归儒学司其出入。

——（清）周石藩《共城从政录·百泉书院岁修纪略》，《官箴书集成》第六册，黄山书社 1998 年版。

453.（清）文庙书院各工，大半由本地绅人等捐资修建。大概工成告竣，总未暇预筹岁修之费。余以为各工既毕之后，此费必应筹备。余抵任时，工事方毕，即告董事等与曾君佩云、鬲云相商，拟仿照杭府、仁、钱三学之式，公举洒扫会，曾以会例规条专书转送曾君，曾君亦以为然，愿以一人独捐资，存典生息备用。

——《永嘉闻见录》卷上，转引自《温州古代经济史料汇编》第十六卷《金融与物价》，上海社会科学出版社 2005 年版。

454.（清）道光十九年，灵寿靳公廷钰署平遥，邀集绅士郭宪章、刘充实等劝修文庙，道倡捐银三百两，诸绅士随募随修，文庙工竣止用银七千两有奇，尚余银九千两有奇。诸绅佥议，以为平遥书院有其地而无其费，徒从虚名，今文庙所余之项为数不少，曷以此为书院费？于是诸董事各捐资凑成万金之数，呈请县尊发合县当商以六厘半生息，每岁得息银六百五十两。山长束脩火食银三百两，生童膏火杂费银三百两，余银五十两为历年修补房屋之用，仿照祁县、太谷、榆次章程。生息之项由董事二十四家轮流值年管理，官吏概不经手。

光绪八年五月，李五玉之母诰封夫人，李王氏捐银三千两，用助书院膏火之费，现已发商生息。

先是，光绪己卯科，楚籍杨公玉科捐三百金，为平邑士子乡试资。本届散给，伊时都人感慕兴起佥欲醵金，创宾兴社。因岁饥未转，议遂寝。庚辰冬，程君遵濂承父志，倡捐五千金为宾兴费。又捐童试卷价壹千缗，折银五百八十余两。历邑侯蒙古锡公良捐二百金，朝邑徐公炑捐百五十金，邓君元文捐千金，王君克谦捐三百金，踵之者踊跃争输，共捐壹万叁千三百八十余两，除提储给发本科文武乡会试川资、童试卷价、社中刊刻公费外，发典商本银壹万贰千两，六厘五毫生息，核定章程。

——《续修平遥县志·学校》第三册，光绪八年刊本，《中国地方志集成·山西府县志辑 17》上海书店 2005 年版。

455.（清）西河书院在府治东南，旧名棠阴书院，康熙二十四年知府张奇抱建。乾隆十二年知府魏元枢于汾阳县愿捐素积案内拨银三千两，岁收息银三百六十两。又自捐养廉银五十两，及八属各捐，多寡不一，岁成六百两，为延师置弟子之费。十八年，知府顾鸿重修，复拨银三千五百两，合前共六千五百两，每岁收息银七百八十两，以充束修膏火经费，免州县捐助。

西河书院，道光三年，知府余永龄拨当商旧存敬惜字纸款内每年息钱五十八千八百为奖赏资。十年，山长桂林于仁鉴增建房间，知府象曽捐廉缮修，事未竣，罢官归。十一年，知府史梦蛟继之，间岁而工成。十五年，劝捐银四百两，发当商生息，岁收息银四十八两，为膏火资。又劝捐钱三百千，发当商生息，岁收息钱三十六千，遇闰加增，为岁修资。

卜山书院，大相村先贤卜子祠，规模宏敞，局度修整，每岁春秋二仲月行戊祭礼，乡先辈募一百七十金，岁收利息以供祭费，行有年矣。嗣制府王庆云复捐三十金。两项共换钱三百六十缗，知府瑞斌着以三百缗归商生息，以作永远祭费，六十缗备修祠宇。光绪十年，知府朱采将汾邑当行岁交府署季规银四百八十两捐入西河书院，增置生童膏火及住院肄业者薪水之费。

——《汾阳县志》卷三《学校》，光绪十年刊本，《中国地方志集成·山西府县志辑 26》，上海书店 2005 年版。

456.（清，刘煜）时有平阳贡生杨德音闻风向义，大具恻隐之心，遵其父国学生名植遗命，愿以亲置平邑腴田四百亩输堂充用，当缴扎根钱四百八十千零二百文备案，发典生息，又定每年缴租谷钱四百八十千零二百文，并典息以助堂婴食用之需。

文成会：嘉庆九年邑人陈遇春创设，集捐钱二千八百千，存典生息，为文士乡、会试旅费，名曰文成会，刊有《文成纪事》，中丞阮文达公为之序。历道光、咸丰间，续捐钱三千一百余千。嗣因军需，提用钱四千一百千。至同治初年，郡守黄维诰以瑞安逆产田亩拨抵，无如田瘠地偏，至十二年始议变价弥补，仅得田价钱一千三百三十千，不敷甚巨，随谕各典凑捐钱三千八百三十五千有奇，从婴堂余款内提钱一千千，益以杂项罚锾，共发典钱七千四十五千。至光绪三年止，又得续捐钱四千余千，统计先后正续捐钱一万一千八十千文。

恤嫠局：嗣于五年间兴筑二十都之驿头埭总局，梁太守铭树奉文借支，恤嫠局存钱四千千动用后，因经费不敷，又先后借拨大钱八百五十千，今实存各典大钱三千五百千，年满一分起息。

——光绪《永嘉县志》卷三五《庶政·永嘉育婴堂碑记》，(台北) 成文出版社 1983 年版。

457.（清）斜丰港、三洋河：斜丰港……各款共足钱三千五百九十五千文余外，净存钱九千余千文，发典生息，作为善后及每年岁修经费……光绪六年，知州程遵道修理衙署，提典本六千千文。八年夏，嘉谷禀提二千千文，修理斜丰港，契买公田六亩。九年买公田四十六亩，将三洋河首段曲堤改为直堤。下附章程及收支总册，摘总册如下：

斜丰港堤工收支总册

光绪六年分

旧管：存典本足钱九千千文，光绪六年正月十九日存典生息，周年十个月，每月八厘，该息钱七十二千文，每年计七十二千文。又存足钱二百五十三千五百八十一文，此款捐余，存备岁修之用。新收：一收光绪六年正月十九日起至七月十九日止，六个月计典息足钱三百六十千文……（以下开除、实在）

光绪七年分

旧管：存典本足钱九千千文，存上年余存足钱二百二十六千八百五十二文。新收：一收光绪六年七月二十日起至七年正月十九日止，六个月计典息足钱三百六十千文。（以下开除，修斜丰港及衙署之数；实在之数）

光绪八年分

旧管：存典本足钱三千千文，存上年余存足钱一百十三千四百三文。新收：一收光绪七年正月二十日起至六月三十日止，十七个月零十天，照本三千千文，计典息足钱三百四十六千六百六十七文。一收本年六月三十日禀提典本足钱一千二百千文。

——宣统《续纂泰州志》卷二《河渠·水利附·水利生息款》，《中国地方志辑成·江苏府县志辑50》，江苏古籍出版社 1991 年版。

458.（清）斜丰港堤工收支总册

光绪九年

旧管：存典本足钱一千八百千文，存典本足钱六百千文，此款系本年三月初一日领运生息，八年分摊还修署典本。存上年余存足钱一百八十二千九百四十三文。新收：光绪八年七月初一日起至九年十二月三十日止，典本一千八百千文，十八个月计典息足钱二百十六千文。一收光绪九年三月初一日起至九年十二月三十日止，典本六百千文，十个月计典息足钱六十千文。一收光绪八年分借修衙署项下摊还利息二百六十四千文……（开除、实在）

光绪十年

旧管：存典本足钱二千四百千文，存典本足钱六百千文，此款本年二月起息，九年分摊还修署典本。上年挪垫足钱二百七十八千五百七十七文，代挪未还。新收：一收本年典本二千四百千文，子金足钱一百九十二千文。一收禀提典本六百千文。此款系本年二月起息，四月初五提用。一收本年二月初一日起至三月三十日止，典本六百千文，子金两个月足钱八千文。一收十年分摊还借修衙署利息二百六十四千文。（开除、实在）

光绪十一年

旧管：存典本足钱二千四百千文，存典本足钱六百千文，此款十年四月初一日起息，十年分摊还之款。存上年余存足钱七十六千八百三文。新收：一收本年照典本一千八百千文，子金计足钱一百四十四千文。一收本年四月初一日起至十一年六月三十日止，典本六百千文，子金十五个月计足钱六十千文，一收本年正月起至六月底止，典本六百千文，子金六个月计足钱二十四千文。一收禀提典本足钱六百千文，此款六月十六日提交二月工用，系八年摊还之款。一收禀提典本足钱六百千文，此款系十一年六月十六日提交公用，系十年摊还之款。以上共收一千五百四千八百三文。

——宣统《续纂泰州志》卷二《河渠·水利附·水利生息款》，《中国地方志辑成·江苏府县志辑50》，江苏古籍出版社 1991 年版。

459.（清）斜丰港堤工收支总册，光绪十二年分

旧管：存典本足钱一千八百千文，存上年余存足钱四十一千七百六十五文。新收：一收典本一千八百千文，本年子金足钱派一百四十四千文。

光绪十三年分

旧管：存典本足钱一千八百千文，上年挪垫足钱三百三十千三百四十七文。新收：一收典本一千八百八千文，本年子金足钱派一百四十四千文……（开除、实在）

光绪十四年分

旧管：存典本足钱一千八百千文，光绪十二、十三两年共挪垫足钱三百八十八千六百九文。新收：一收典本一千千文，子金本年正月足钱六千六百六十六文。一收典本八百千文，本年春季子金十六千文。一收禀提典本足钱一千八百千文。一收三洋河捐贴东堤钱一千二百千文。收十三年摊还修理衙署足钱四百三十三千八百二十一文。收十四年摊还修理衙署足钱七百一千五百五十文，以上共收足钱四千一百五十八千三

十七文。

光绪十五年分

旧管：上年挪垫足钱三百八十八千六百九文。新收：一收暂借育婴堂公款足钱九十七千六百文。一收暂借粥厂公款足钱一千千文，利息按月一分。一收暂借清节堂公款足钱七百九十千四百文，利息按月一分。一收摊还修理衙署足钱一百七十八千九百四十九文……（开除、实在）

光绪十五年八月起至十二月止，垫给周彬粥厂子金足钱五十千文。光绪十六年连闰二月，计十二三个月，垫给周彬粥厂子金足钱一百三十千文；光绪十七年计十二个月，垫给周彬粥厂子金足钱一百二十千文。以上共子金足钱三百千文，系由暂挪禀请筹捐归补。

——宣统《续纂泰州志》卷二《河渠·水利附·水利生息款》，《中国地方志辑成·江苏府县志辑50》，江苏古籍出版社1991年版。

460.（清）育婴堂在州治东南进德坊，创于康熙六十一年，

本堂典息，旧存回赎田亩银四百四十八两五钱，合成九五色九九五平银四百六十二两四钱九分九厘，存典生息，每月一分。

乾隆五十一年知州袁捐足钱一百千文。光绪三年知州桂捐九七六钱一百五十千文。光绪六年知州刘捐九七六钱一千千文。光绪二十四年董事王学渊、王贻牟余款九七六钱五百千文，共成足钱一千千零七十六千文，九七六钱六百五十千文，存典生息，每月一分。

——宣统《续纂泰州志》卷五《公署义局·善款生息》，《中国地方志辑成·江苏府县志辑50》，江苏古籍出版社1991年版。

461.（清）普济堂，在北门外西仓大街社稷坛东，创于雍正十年，详载前志……

本堂典息：张恒章存九九五杨平银一百六十九两六钱二分一厘，每月行息一分，每年息钱二十两三钱五分四厘……丰豫公存九五色九九五平本钱银七十五两二钱，每月行息一分，每年息银九两二分四厘；李德成（现改豫晋）存九五色九九五平本银七十五两二钱，每月行息一分，每年息银九两二分四厘；王积庆（现改勤业）存九五色九九五平本银一百五十两四钱，每月行息一分，每年息银十八两四分八厘。

通共额收典息银五十六两四钱五分。

本堂粥厂：

田租……典息：周丰豫存九七八串钱三百七十五千文，周年息钱三十七千五百文；载裕厚存九七八串钱九百二十八千一百二十五文，周年息钱九十三千零二文；刘元益存九七八串钱一百八十七千五百文，周年息钱十八千三百六十文。周丰豫存英洋一百八十圆（李毓彬捐送），周年息洋十八元，共收钱一百四十八千八百三十八文，洋十八元。

——宣统《续纂泰州志》卷五《公署·义局附》，《中国地方志辑成·江苏府县志辑50》，江苏古

籍出版社 1991 年版。

462.（清）清节堂在州治南进德坊，创于嘉庆二十三年，详载前志……本堂典息：城乡九典，计共领本折足钱八千四百二十二千六百九十一文，息折二十四扣。

樊汉恤恒泰领本足钱九百五十八千九百五十六文，按月一分行息，下同，计足钱一百十五千七十五文，闰月在外。据载分类制表如下（每笔本钱、利钱种类都相同）：

号	典名	本钱种类	数量	息钱	利率
1	邱恒泰	998 串钱	727 千 273 文	87 千 273 文	年息一分二
2	邱恒泰	976 串钱	90 千	9 千	年息一分
3	樊议王具庆	足钱	1173 千 243 文	147 千 789 文	年息一分二
4	王具庆	976 串钱	60 千	6 千	年息一分
5	小纪王积庆	足钱	300 千 865 文	36 千 104 文	年息一分二
6	王积庆	998 串钱	134 千 950 文	16 千 194 文	年息一分二
7	王积庆	998 串钱	182 千	21 千 840 文	年息一分二
8	王积庆	976 串钱	60 千	6 千	年息一分
9	姜堰刘元益	足钱	905 千 251 文	108 千 630 文	年息一分二
10	刘元益	976 串钱	60 千	6 千	年息一分
11	曲塘戴裕厚	998 串钱	920 千 454 文	110 千 454 千文	年息一分二
12	戴裕厚	976 串钱	105 千	10 千 500 文	年息一分
13	海安许源	998 串钱	375 千	45 千	年息一分二
14	海安许源	976 串钱	75 千	7 千 500 文	年息一分
15	塘湾李三和	976 串钱	30 千	3 千	年息一分
16	本城周丰豫	998 串钱	1090 千 909 文	130 千 900 文	年息一分二
17	本城周丰豫	976 串钱	60 千	6 千	年息一分
18	本城邱恒泰	976 串钱	60 千	6 千	年息一分

总共生息折足钱八百七十九千十一文。

——宣统《续纂泰州志》卷五《公署・义局附・慈善款生息》，《中国地方志辑成・江苏府县志辑50》，江苏古籍出版社 1991 年版。

463.（清光绪）由五年至十三年八月初三日，据黄前州详称，实存仓谷一万四千二三百二石二斗四升，此后带征之款存典生息，周年八厘，积有多数，将利转本，定章，非扬州府双街印谕，不得擅动。

十四年，存谷一万一千四百六十六石二斗四升，存钱一万一千八百千十八千三百七十二文，内存典三千千文。（十五年、十六年、十七年同前，十八、十九、二十、二

十一、二十二、二十三无存典钱）

二十四年存谷五千八百二十石，存典钱二万九百七十二千三百六十一文，存库钱四百七十三千七十七文。

二十五年，存谷同前，存典钱二万二百二十六千六百八十六文，存库钱一百六十二千六百五文。（二十六年同前，二十七年存典同前）

二十八年存谷八千八百六石六斗七升一合，存典钱二万七千……三十年存典钱二万九千三百四十九千二百九十六文……

三十一年，存谷同前，存典钱三万四千一百七十六千五百五十三文，存洋一千元。

三十二年同前，三十三年存谷二千三十二石三斗二升六合，又备耗谷一百六十九石六斗五升九合二勺，存典钱同前，又转本钱一万二千四百千文，又存洋一千元。

——（清）《续纂泰州志》卷七《赋役·仓储附》，《中国地方志辑成·江苏府县志辑50》，江苏古籍出版社1991年版。

464.（清光绪十一年八月）户部片：再西宁办事大臣李慎奏请，将马贡银两发商生息以资办公一片。光绪十一年七月初六日，军机大臣奉旨，该衙门议奏，钦此钦遵。于七月初七日抄出到部，据原奏内称：查咸丰十年，前任大臣福济曾于剿抚番族经费内，提银二千两发商生息，岁获息银二百两，作为调换镇标兵丁酌赏之资。迨至回乱，成本提用无存，因查有历年扣存青海王公预借俸饷等项，暨阿里克族自光绪元年起至八年止，马贡银四百八十三两五钱二分，共凑获库平银二千两，于光绪八年十一月间，由道库发交西宁府发商生息，每岁息银二百两。批解，奴才衙门每年派员前往各旗族办公津贴，暨通事勇丁等路费、犒费之需。惟进□公务较繁，息银无几，时有支绌之虞。所有本年征获玉树各番族马贡银一千二百九十五两零，将此项银一并由道库提交西宁府发商生息，统计每岁有三百余金。嗣后造入交代，无论何项紧要事件，不准提用本银。下届收有马贡银两，自应循□听候藩司拨用，以符旧制等语。臣部伏查马贡银两，向系藩库拨用之款，该大臣自应咨商陕甘总督会奏，以归画一。现既据该大臣奏明，钦奉谕旨，饬令议奏。臣等公同详酌，此项银两系以生息办公，并非按年开支正项，事尚可行，拟令于本年征获玉树各番族马贡银内，提银一千两，合之已交西宁府发商生息本银二千两，共三千两，应如该大臣所奏，发商生息，不准提用本银。并令将发交何商、如何生息先行报部备案，支用数目按年报部核销，以重款项。惟查近今通弊，往往从前应就息银动用之款，旋□无可开支，遂请将司库钱粮拨补，以至正供日绌。嗣后如无此项息银，不得请将一切正杂钱粮拨补，以杜流弊。此次收获马贡，除提用银一千两，尚余银二百九十五两，应令报司候拨下届马贡报司，不得再行截留，以符旧制。如蒙俞允，即由臣部行知陕甘总督、西宁办事大臣一体遵照。至前任大臣福济，于剿抚番族经费内提银二千两，系于何时何事提用，入于何案报销；所扣青海王公预借俸饷等项，历年应扣若干、已扣若干、未扣若干；光绪八年发商生息银二千两，究于何时报部、所收息银若干、已支若干、未支若干，应令该大臣逐一声覆臣部，以凭查核。所有遵旨议奏缘由，理合附片陈明，伏乞谨奏。

——《户部奏稿》第十册，全国图书馆文献缩微复制中心 2004 年制。

465.（清）积谷折色发商生息并添派仓正副禀：敬禀者，窃卑职于十一月二十八日，遵饬将卑县续捐积谷折色已交、未交、实存各数详细开折具报，原本年积谷系分四路劝办，议定本路所捐钱谷，即归本路绅董经理，而官总其成，节经卑职禀明在案。自停办后，已交折色银钱均浮存各路钱当行，该绅等闻卑职交卸在迩，以系经手之件纷纷赴县，请将折色银两统易钱文，发典生息，取具该商生息图记存条，俾事有归宿等语。而禀报以后……统计五路续捐已实存本色谷二千六百八十五石三斗一升二合外，将银统易钱文共实存生息成本东钱八万四千九百零一串一百五十文。其当行具领生息收条，均已帖附各路捐册存卷。惟本折色既分路存储，所有经理本色存放折色生息添购及看仓岁修等事，除中路原有仓正副外，自应分路派人经理。卑职已于四路遴选廉慎士人派充，每人议岁给车马费一百串，由生息项下开支，均给予谕帖钞发原存捐册一本，俾备稽核。并谕以生息钱文，每岁于开支外，仍行添购谷石，至年底分列四柱报县候查。其成本则永远不准他项动用，以期垂久而广储积。所有卑县未买谷价，遵饬暂行发商生息，并分给添派仓正副。缘由理合禀陈，查核批示饬遵。

——（清）罗正钧《劬盦官书拾存》卷二，《明清法制史料辑刊》第一辑第 37 册，国家图书馆出版社 2008 年影印本。

466.（清）据该商等所禀，息本过多、历叙苦累各节，虽系实情，惟此项谷价，系奉抚宪饬变发商生息，其势不敢不遵。泰安地近山陬，除盐当而外别无可靠之富商巨贾可以分任。盖公款之所以必存诸盐当两商者，无非取其殷实可靠，况此系积谷变价以备荒歉，更非寻常公款可比，势不能存诸泛泛之商铺，以致遇有荒歉提本不易。该商既在泰邑经营，即须担任此义务，倘本地商人不肯承领，又岂能发诸邻商？试问款将存于何处？此又时势使然而不可更移者也。懋迁一道全在人为，该商领本较多，即可扩充生意，官利有限，只要善权子母，竭意经营，决不致十分赔累，不过无大沾润，白替公家多操一分心耳。想该商等素来好义急公，必能勉力以维大局，仰俟谷价缴齐后，即行饬发具领。其各遵照。

——（清）庄纶裔《卢乡公牍》卷二《当商郝文晟等禀批》，《官箴书集成》第九册，黄山书社 1998 年版。

467.（清光绪九年十月初十日）一缴捐洋价俱照典当悬牌注明收簿，以便精核。

一城乡收捐缴至公所，由董分存各典，不起息金，以各典收折为凭。

——《申报》3790 号《劝捐挑浚城河告示》。

468.（清光绪十六年腊月初十日）胡璞安投案诉称，在杭省同吉典当为经事。我当本有杭藩司拨存海塘经费生息之款，旋有陈生甫到来，带有太平县申请台州府转详藩司请将此项银两提取八千两之文凭。当时信以为真，交付现洋一千零八元，并汇票十纸，计洋九千元。并有张子云书信担保。旋因陈逗遛杭省，知其诳骗，因此来申守获。现在汇票均已止付，惟陈身畔仅搜获现洋三十四元，金戒指二只，银表一只，求请讯究。陈生甫供称，台州府临海县人，此次至杭省同吉当汇取银洋，系台州府总书张保初所托，文凭亦是张交与找。所取现洋以五百元留在张处，余已购办金饰及一切费用，所剩无几。邑尊一再研诘，陈执定前词，遂判令钉镣收所，候备文连汇票银洋及金饰等一并移送台州府讯办，着胡自行投质。胡遵谕而退。

——《申报》6378号《诳银移解》。

469.（清光绪十六年）一发商帑本：

蔚泰厚本银一万五百两，按月五厘生息。

源丰润本银七千两，按月五厘生息。

当商何和兴本银一千五百两，按月八厘生息。

当商刘即成本银三千两，按月八厘生息。

当商林宜春本银二千两，按月八厘生息。

当商林通兴本银二千四百两，按月八厘生息。

当商陈厚森本银二千两，按月八厘生息。

倒商邬鼎裕本银一千二百两，按月八厘生息，现已倒闭歇业。

倒商阮恒源本银二千四百两，按月八厘生息，现已倒闭歇业。

倒商林宝丰本银二千两，按月八厘生息，现已倒闭歇业。

共发帑本银三万四千两。尚存善后局本银六千两，息银三百八十余两。

——《光绪十六年善后局报单》，《徽州千年契约文书·清民国编》第三册，花山文艺出版社1993年版。

470.（清）卷查各该当商领运各公款银两至十三万之巨，诚宜停止续发，以恤商困。经前藩宪陶批，准所有续发款项一律改发邻封，自应遵照办理。惟此次已故中衡常宅养赡银八百两，事属孤寡待哺之资，若发给邻县，未免取携不便，是以本两县从权劝导，名为领运，实则暗积阴功。其续发候审所之本银三百两，准即停发，候本县援据前案，禀请改发邻封。至前已领运候审所银两，着即照常生息，勿庸提出七百之数，转干驳饬。总之，该商只要停止发来，不必推辞前项。其领运常宅一款，只此一遭，后不为例。案经本县批定，该商等放心可也。

——（清）樊增祥《樊山批判》卷四《批当商刘德胜呈词》，《历代判例判牍》第十一册，中国社会科学出版社2005年版。

471.（清）《批盩厔县曾令禀》：当商领运官本届期纳息，官出印文，商家自行批解，此各属领运通例也。据禀盩厔当商简裕大等四家领运官钱局本银四千六百两，去年该令九月到任，户书王作桢因侵挪差徭公款二千余两，伪造该令谕帖，在官钱局本银内提用二千五百两，报解偿款讫。简裕太等交银之时并无交状，亦不到署查询，竟凭伪谕一纸与王作桢私相授受，实属情理所无。王作桢将偿款清解，并不将批回呈案备核，该令亦不查问，直至今日事发，查无此批回存卷。始据王作桢供称，批回被杨耀南带回富平。如果解银掣批是实，此批存房则为要据，在家则同废纸。该革书不呈案何居，杨耀南持回家何用？尤属情理所无。官钱局本银既已抽吞二千五百金，而偿款清解与否尚在疑似之际，如其未解，则所侵蚀者在五千上下，杀之有余。该令素负能名，而此一事如此颟顸，伪造印谕而不知，批回未缴而不问，事已败矣而简裕太等犹敢擅发狂言，令该令自行赔垫，此语尤不可解，该令岂有授人以柄者在耶？再查王革书抽提官本大半，事在十一月十四日，该当商于年底批解息银，仍照四千六百两起息，则赔垫当在二十两上下，商人锱铢必较，何肎出此？此案种种可疑，可讶可耻可恨。仰西安府即日委员守提一干人证卷宗来省，听候本司亲讯，以释疑窦而儆奸欺。一面移查善后局去年盩厔下忙偿款是否解清，经凭研究，此缴。

《批盩厔县当商裕太等呈词》：此案前日据盩厔曾令禀报到司，当以事涉离奇，批饬西安府委员守提人证卷宗到省，听候本司亲讯。兹据尔当商等禀控前来，查此项生息本银，由各属发商领运，领有领状，交有交状，何得因户书持一谕帖提取，即将二千五百两之巨款概交其手？况尔等既与衙门因公来往，近在同城，得谕以后亦应赴署查询明确，方可具状交纳，何得私授户房别无交状？况提银在冬月，解银在腊月，彼时大半本银提去一月之久，而息银仍照四千六百两计利解省，岂非怪事？况据革书王作桢供称，今年四月解银，期近央人与尔等下话，息银暂祈垫解，本银陆续措还。尔等此时已知此银系作桢谎骗提用，应即禀官究追，何竟隐忍不言？直待六月解息之期，始行具禀请领而仍不言与王书办授受之故，殊不可解。据曾令禀称，查卷并无交状，而此禀称系具状交银；曾令禀称，户书除王作桢外其余概不知情，此禀则云库平足银二千五百两商运，户房、阖房人众逐一过秤，清书手执谕帖遍谕当行，清书是谁，何无姓名？似此官商禀词互相矛盾，尤应澈底追究。案已亲提，抑即在省候审，勿得回县，仍照指驳各节，另具诉状呈案候夺。

——（清）樊增祥《樊山政书》卷九，《官箴书集成》第十册，黄山书社 1998 年版。

472.（清）该敬信当早经停门止当，早应令其缴帖交银，乃止当四年官本依然生息，则县署陋规依然按季交纳可知。今年措齐官本禀恳清交，而前任胡令并不批示，直至该令到任始行转禀请示前来。一当铺之开闭，其开也领帖，层层需索，其闭也有钱，无处呈交，如此作践商人，商务安有起色耶？仰即讯如所恳，将该当原日领运之议银一千六百八十余两、铜钱五千余串发交德元、贞寿两家分存生息，原帖缴销，勿许再索丝毫房费，违者重处。所有该当停门四载以来，并不转报缴帖之蓝田县令着查取职名一并记过示儆，以为不仁不信者戒。

——（清）樊增祥《樊山政书》卷十五《批蓝田县孙令培恩禀》，《官箴书集成》第十册，黄山书社 1998 年版。

473.（清）公款愿提与否，本司并不相强；润生隆当可靠与否，本司无从得知。生息各款由司发县，由县发商，润生隆开张以后，恳分生息之款，尔众商坚不肯分，皆在咸宁县说话。今忽请将应提之一万一千余金交与本司，殊属糊涂谬妄，试问本司曾对尔等说话乎？各记责一百板，提款之事本司不管。

——（清）樊增祥《樊山政书》卷十七《批咸宁县当商焦晋丰等呈词》，《官箴书集成》第十册，黄山书社 1998 年版。

474.（清光绪）具禀职商苏同兴为禀请领款事，缘治下城内同吉公典，今已禀请停歇，并将藩宪库孝廉堂、郡城保甲局发典生息公款银两，于十一月三十日将周年本息一并如数办足清缴。职商既已具禀接开同兴公典，自应仰体宪意，遵领生息，以重公款，为此特行禀请，恳将藩宪库孝廉堂成本库平银五千两、又寻郡保甲局成本库平银贰千五百两，自腊月初一日饬交商典，承放生息，按周年一分计算。惟该款银两，光绪二十七年，通年应缴之息，前由同吉公典，概行禀缴在案，职商已将本年腊月，一个月息银归完。同吉公典所有该款商典应自光绪二十八年正月初一日起息，理合现行申明，并具至领仰祈，

县大老爷鉴核赏准，批示转详立案，实为公便上禀，计呈墨领二纸。

光绪二十七年十一月日

具墨领职商苏同兴今于

与墨领事：今领得藩宪库孝廉堂，成本库平银五千两正，周年一分生息，遇闰不增，自光绪二十八年正月初一日起息，到期缴息，不得拖欠，所具墨领是实。

光绪二十七年十一月日

典商苏同兴

——安徽师范大学图书馆藏《典业杂志·请领公款禀》。

475.（清光绪三十一年六月十三日）查安徽各县属皆有各项公款，多寡不等，有数千金者，有万余金及数万金者，悉由民间陆续集成，存储典当生息，每年止用息而不用本，且计息亦甚微。职等公同商酌，分道函致本籍绅耆，将各县公款拨归本省铁路开办之经费，其款愿入股者入股，不愿入股作借，仍均按年给与利息。同一存储生息，于地方公款无所亏损，而铁路为合省人士愿办之举，即职等于本籍公款亦皆非局外之人，函商经管首士腾挪应用，自易为力。计全省五十八州县，每县可拨之公款酌中以四千计之，应共有二十余万金，以为铁路开办之费已有余裕，比筹现有之公款似有着落。

——《申报》11581 号《续安徽京官详议兴筑全皖铁路办法呈》。

476.（民国）盖典业领公款生息，济贫者居多。或有存项汇票银钱往来，由董事负责。

——余鲁卿《经历志略·交际四》，转引自王裕明《明清徽州典商研究》附录，人民出版社 2012 年版。

477.（民国）八年前苏州亦遇水灾，饿毙不少。其时绅商因乱避住地方，而各业停滞，机织琢玉等工均歇业，一时无人办赈，凄苦情形不堪目睹。焦耀山先生绅商，设法救济，并关照谓予通知，有前清南米余息，系省有公款存放上海各典生息，计库平银一万五千两，须具公呈拨允赈济。再加绅富量力捐输，即可着手放赈。

——余鲁卿《经历志略·慈善公益五》，转引自王裕明《明清徽州典商研究》附录，人民出版社2012年版。

478.（民国）上海城内晋泰典，即邀我游南北海，王良卿所设。良卿作古，后其子王范吾家道中落，以致倒账。范吾及晋泰典经理、内缺皆避匿，典中货物尚值数万元，内有公款，而债户数十人吵闹不堪。予为典董未可置之不问，费年余之心机，禀官出示招替，并为保险。九月二十三日邀集各债户在典业公所商议，因替款不敷，还债尚远，被各债户将我关闭在公所内。二十四日适我七秩寿辰，子孙辈隔晚在家设诞，为我上寿，竟不能回家。幸蒙姚涤源君赶到，将我救出，帮同由浙代为理楚，以息讼端。

——余鲁卿《经历志略·杂记三十九》，转引自王裕明《明清徽州典商研究》附录，人民出版社2012年版。

第四节　信用借贷与信当

479.（北宋）熙宁中，王和父尹开封，忽内降付下文字一纸云：武德卒获之于宫墙上，陈首有欲谋乱者姓名，凡数十人。和父令密究其徒，皆无踪迹，独有一薛六郎者居甜水巷，以典库为业。和父令以礼呼来，至廷下。问之云："汝平日与何人为冤?"薛云老矣，未尝妄出门，初无仇怨。再三询之，云："有族妹之子沦落在外，旬日前忽来见投，贷赍不从，怒骂而去，初亦无他。"和父云："即此是也。"令释薛而追其甥，方在瓦市观傀儡戏，才十八九矣。

——（宋）王明清《挥麈录·后录》卷六，上海书店2001年版。

480.（西夏）典当时，物属者及开当铺者二厢情愿，因物多钱甚少，说本利相等亦勿出卖。有知证，及因物少钱多，典当规定日期，说过日不来赎时汝卖之等，可据二者所议实行。此外典当各种物品，所议日限未令明者，本利头已相等，物属者不来赎时，开当铺者可随意卖。若属者违律诉讼时，有官罚马一匹，庶人十三杖。

——史金波等《天盛改旧新定律令》第三章《典当门》，法律出版社2000年版。

481.（叙陶侃家贫，受母严教业儒，后范逵代表朝廷下到府学招贤，他人皆请，侃无钱，曰：）……小生也无计所奈，写了个钱字、信字，有个韩夫人，他是个巨富的财主，开着座解典库。小生将着这两个字，直至韩夫人家，折当三五贯长钱来，请那范先生……”（韩夫人贤，抵一信字借与侃五贯钱，又见侃志大才富，很是钦佩，因钦之三。侃回家遭母亲责骂，并要求陶侃云：）“……与他一个月利息，与我赎将那一个信字来，我与你待客。

——《元曲选外编》第二册《晋陶母剪发待宾杂剧》，中华书局1959年版。

482.（明万历二十一年）一 存还钱典本银伍佰陆拾两。

该利贰拾柒两。

一 存还钱典本银伍佰两。

该利贰拾肆两。

一 存还千户郎典本银叁佰伍拾两。

该利拾贰两陆钱。

一 存还千户郎典本银叁佰陆拾两。

该利肆两贰钱。

——《徽州千年契约文书·宋元明编》第八册《万历程氏染店查算账簿》，花山文艺出版社1993年版。

483.（明天启五年三月）癸酉，大学士顾秉谦等题：适臣等讲筵回至阁中，有中书官郑崇光等陈说：前门绸缎、印当等铺一时俱关，且有逃去者，盖为陶朗先扳扯、借贷各铺银两以抵赃欠，问官不经奏请，擅拏商人勒写文契，诸商无奈……焉有扣落帑金，取偿商贾，不候明旨，公行强暴，如今日之刑官者哉？

——《明熹宗实录》卷五十七。

484.（清）乾隆十九年（1754）盛京将军衙门总理官买卖处根据官当铺的禀报，咨请盛京刑部对官员“扣俸”，以偿还信借官当铺的银两时记载：内务府厢黄旗佐领沙尔汉借原本银一百五两，应扣一分本银二十七两，十三个月利银二十两四钱七分五厘，共应扣银四十七两四钱七分五厘；骁骑校徐元英借原本银六十两，应扣一分本银十五两，十三个月利银十一两七钱，共应扣银二十六两七钱。正白旗佐领费扬武借原本银一百五两，应扣一分本银二十七两，十三个月利银二十两四钱七分五厘。共官五员，共借原本银四百三十五两，应扣一分本银一百一十一两，十三个月利银八十四两八钱二分五厘，共应扣银一百九十五两八钱二分五厘。

——《黑图档》乾隆十九年，见韦庆远《明清史辨析》第274页，中国社会科学出版社1989年版。

485.（清）宋玉兰，籍隶山西介休县，自乾隆四十三年间在该县旧店集表兄冀培瑛当铺生理。嗣因与店伙不睦，经冀培瑛弄出，宋玉兰即在该县城内自行开设放帐钱铺。后因浪费耗折资本，于嘉庆九年间，乘表兄冀培瑛来店算账，即向冀培瑛借银一百两。至十一年间，又向借京钱三百千，十三年又向借一百五十两，尽行花费。五十五年春间，又向借贷。冀培瑛因其屡年借贷未还，不允再为借给。

——（清）张五纬《讲求共济录》卷三《历任堂断》，《明清法制史料辑刊》第16册，国家图书馆出版社2008年影印本。

486.（清）缘身于四十九年揭到肖皮口恒和典京钱七十千，至五十年还过本钱七十千，下欠利钱二十二千，扶起出息。身原许将祀银办完之后，即再凑钱还伊账目，身于五十二年又揭到伊钱十五千，八分行息。身实情急，曾已将官地一亩五分折兑本利清还，只撇五十利钱。今身不论利上加利，情愿归结，并非抗债不还。不意恒和典，暗呈右堂，票出锁拿。

——《曲阜孔府档案史料选编》第三编第15册《征追孔庙郓城屯祀田佃户抗欠田租（二）4113之13，郓城屯庄头禀控典当放高利贷及呈请锁拿事》，齐鲁书社1981年版。

487.（清嘉庆五年十月十六日）准提督衙门咨送，据直隶总督咨称……嗣准正蓝旗满州都统咨称，据睿亲王门上文称，据郭友德呈称：窃身前在和（珅）府服役时，乾隆五十六年，经主人发出京钱十八万千文，折大制钱九万串，令身同王平承领滋生。身等禀明主人，在涿州、容城、新城开设恒太、恒兴、恒庆当三座。因系乡间，所当不过铜铁器皿、布褂棉裤等类，当本钱文积滞甚多。主人吩咐，既然当铺所用钱文无多，余剩之钱，尔等只管典押房地，收买粮食办理可也。身等遵依主命，因与雇工取租伙计姚秉仁商酌，令其遇便典押房地，滋生利息。经姚秉仁在河间县四公村，典押地亩收租。

——《内务府来文·和珅当铺典押房地》，转引自《北京师范大学学报》1978年第6期《红楼梦背景资料之三——清代前期的高利贷和典当业》。

488.（清）据娄育初供……小的自嘉庆五年给孙琦典铺帮伙，每年工钱十八千文，彼此平等称呼，并无主仆名分。嘉庆十年三月里小的柜上收下一票当货，原是用情多当钱文，被孙琦看破，村斥争论。闰六月初二日小的又收一票情货，又被孙琦查出，把小的辞复。小的透支他工钱四千文，没有算还。因发卖当满货物有应分规礼钱十千文，要找他给。孙琦不允，小的生气回家。后来想到别典帮伙，都被孙琦逢人说短，没有成就。八月十四日小的往乡觅荐生理，又被孙琦绝了生路。小的从此挟嫌怀恨，起意杀害。

——《清嘉庆朝刑科题本社会史料辑刊·浙江山阴县民娄育初因被辞砍伤雇主致死案》，天津古籍出版社2008年版。

489.（清）田（当为山）西当商，多在江南、金陵大城放官赈（账），结党为之。有一放赈客，系姓关者，亦山西人……因平日结交衙门，差役系伊心腹，故能以声势吓人。人皆畏惧，众加其号曰闪山风，言无情之暴气也。有一人姓朱，名大宽，家贫，以卖菜为生，而又好赌，问闪山风生揭钱壹千文，计及二年，共计利银三两，不但指大于臂，而且发重于身矣。闪山风之放债于人也，必待其利有一倍，然后往问取之。

——（清）邵彬儒《俗话倾谈》卷三《闪山风》，《中国古代珍稀本小说续》第2辑，春风文艺出版社1997年版。

490.（清道光十六年十二月）甲戌，又谕，钟祥等奏，请将被控勒诈当商之知县典史革职审问一折。典铺所以便民，该地方官理宜禁绝棍徒索诈滋扰。乃朱维翰等身为县令，辄敢遣丁强当勒借，以致典史效尤，不可不严行究办。现署福建永定县事试用通判熊道钤、永定县典史沈成，着一并先行革职，交该督等提同参革。知县朱维翰并案内应讯人证，彻底质究，从严惩办。寻奏，讯明朱维翰及熊道钤，各因批解钱粮紧急，无银垫解，先后用印封书箱，向部民谢元泰当铺押借银两。朱维翰兼受程仪番银六十圆，已革典史沈成因购线拏犯，亦向谢元泰强索番银四十圆，均请按律问拟杖流。下部议，从之。

——《清宣宗实录》卷二百九十二。

491.（清末）△△△台视，套不伸叙。启者，所有兄台当物一票，已经三年，将临年下号之期。原初兄台信当定赎，不过暂缓一时。至今未见原票，亦无拨来利息。想兄台仁德君子，必不失信。前言诚恐耽至明年利息三分，亦得兄台本利清完，以复原初之信。至日祈兄来亦赶紧办理是幸。余不及渎。特此事。

——刘建民先生藏《为商十要》。

492. 实在

一宗在架本钱三万六千四百四十四串，五一合银壹万捌仟伍佰捌拾陆两柒钱。

一宗恒丰贞借本银壹仟玖佰柒拾陆两正。

一宗义发祥借本银壹千叁佰捌拾叁两贰钱。

一宗源顺号借本银壹仟玖佰柒拾陆两正。

一宗全福泰借本银玖佰捌拾捌两正。

一宗蔚兴祥借本银玖佰捌拾捌两正。

一宗同心镒借本银玖佰捌拾捌两正。

一宗祥丰亨借本银玖佰捌拾捌两正。

一宗新顺镒借本银玖佰捌拾捌两正。

一宗源一号借本银玖佰捌拾捌两正。

一宗泰丰德借本银壹千玖佰柒拾陆两正。

一宗恒普发该银柒拾叁两贰钱玖分。

一宗复亨谦该承认还祥发长该本银贰佰柒拾陆两柒钱肆分。

一宗复亨履该银壹佰贰拾捌两肆钱叁分。

——刘建民先生藏《恒生大记光绪四年清单》。

493.（清）先于同治十三年正月十三日，据该县职妇陈董氏遣抱赴府，呈称氏夫陈昌东在城内开设怡来、怡成找换染坊油榨等项生理，共计货本银捌千余两。铺中向无接捐，通街共知其生意一切交孙文祥管理。腊初向新丰当谭恩祥揭钱柒百陆拾千文，另凭单五纸，该银系柒拾柒两，钱伍佰余千。

——（清）张联桂《问心斋学治续录》卷一《讯结茂名县职妇陈董氏控职员谭恩祥诬指捐项移县封产案禀》，《明清法制史料辑刊》第一辑第30册，国家图书馆出版社2008年版。

494.（清光绪二十二年正月初五日）石门县长生库掌柜某甲，素与杭垣联桥直街某衣庄伙某乙相友善。去岁杪乙生意清淡，将皮、棉、夹三种绸衣运至石门，向甲典当约一千五百余金。说者谓乙所典之衣已获一分利息，较出卖尚得便宜也。

——《申报》7471号《段桥残雪》。

495.（清光绪二十二年七月十五日）谢连中被李某在县控欠，前晚由蒋刺史集讯。李因事未到，先据李伙周双林供称，小的东家向为典当，今年某月有谢连中来商借银一千三百两，东家付祥记五月十六日期票一纸，计银如数。后向谢索此借款，谢还裕顺庄七月初五日期票一纸，计一千五百七十四两。至期东家持票向裕顺收银，据云此票早日由谢连中岳父挂过失票，已作废纸。东家以谢连中情同诳骗投案控告，今蒙提讯，因有急事未及到堂，小的代为申诉质之。谢连中供，本邑人向李借银是实，惟裕顺期票实系该庄自已挂失，小的向李所借之银实与李之胞兄在外花费，曾经友人劝令还李银五百两了事，李不肯允，求明察讯。将毕，李投案申诉，与周双林同蒋刺史得供，着将谢连中交差看管，限以二日赶紧理处，否则再行核夺。

——《申报》8387号《县案三则》。

496.（清）屠士元，吴江八坼人，多技巧，工雕镂人物。织造海望荐入内府，于罘罳锲五百罗汉，精细绝伦。后放酒自废，还里，尝以桃核刻一舟，入质库得十金。及赎归，蹴碎之。乾隆中卒。

——光绪《苏州府志》卷一百一十《人物·艺术》下，（台北）成文出版社1970年版。

497.（清）伏查臣衙门各项滋生银两开设当铺，内除吉庆、永庆二当……内有官员借支银三万七千余两……承恩当等六座内亦有官员借支银七万九千余两。

——《内务府奏销档》，转引自韦庆远《明清史辨析》第250页，中国社会科学出版社1989年版。

498.质业中有所谓信当者，所质金额，不必果得原物之半值也。但有人为之保证，即可取信于长生库，如愿以得之。有金子森者，一日以银二十圆购一质券，金时计也，券面金额为二百四十圆。二十圆之代价犹未付，以券质之于长生库而信，乃付之。越半月，备价往购，视时计，则仅值八十金而已，盖质时已预为之地矣。又有设摊于地以售质券者，则皆日用之物，泰半为贼赃，然亦有膺本，私造者也。

——（清）徐珂《清稗类钞》第十一册《棍骗类·假质券》，中华书局 1984 年版。

499. 柜友不得徇情信当，若经估不值，应削本多寡无辞。

——杨联陞《典业须知》抄本，转引自《食货月刊》一卷四期。

500.（明南京秦淮湖口有秀才陈珩，风流倜傥，终日青楼柳巷。家财将尽，无银使用）众人撺掇他写了一纸文契，往那三山街开解铺的徽州卫朝奉处，借银三百两。那朝奉又是一个不爱财的魔君，终是陈秀才的名头还大，卫朝奉不怕他还不起，遂将三百银子借与，三分起息。陈秀才自将银子依旧去花费不题。

——（明）凌濛初《初刻拍案惊奇》卷十五《卫朝奉狠心盘贵产，陈秀才巧计赚原房》，人民文学出版社 1991 年版。

第五节　钱票发行

501. 我邑常昭城市中钱铺用票乾隆、嘉庆间，此风大行，十千、百千，只以片纸书数，即可通用。辗转相授，穷年不向本铺点取，日积而多，存贮盈万。该铺以此钱营谋生息，蜃楼海市，计亦良得……若乡镇店口，多小本钱营。福命甚薄，艳钱铺之射利，竟出百文钱小票通用。嘉庆十五六年此风最盛，颇为乡里害，而其败立见。

——（清）郑光祖《醒世一斑录》卷二《人事·福命有一定之限量》，《续修四库全书》第 1139 册，上海古籍出版社 2002 年版。

502. 清乾嘉年间，晋商在长江各埠开设的四五百家典当，皆自出纸票，作现生息，因而有效地扩大了资本。每当资本只有四五万，而上架却多达二十余万。流通资金绰有余裕，无须向人借贷。

——《晋商盛衰记》，山西商业学校版，转引自陆国香《中国典当业资本之分析》，《银行月报》1936 年三卷 5 期。

503.（清嘉庆十四年秋七月）丁卯，谕内阁，前日给事中花杰参奏戴衢亨各款，业经逐一详查，毫无影响，该给事中亦自认冒昧……又查明兴源等五处当铺，查对帐簿，各铺皆系查有圻所开。查有圻用银之时，均由当铺送与查有圻家使用，该当铺从无出过银票之事，是戴衢亨家自与钱铺易钱，与查有圻何涉？查有圻自向伊家当铺取银，又与戴衢亨何涉？

——《清仁宗实录》卷二百十五。

504.（道光十八年六月十五日，山西巡抚申启贤奏）晋省行用钱票，有凭帖、兑帖、上帖名目。凭帖系本铺所出之票，兑帖系此铺兑与彼铺，上帖有当铺上给钱铺者，有钱铺上给钱铺者。此三项均系票到付钱，与现钱无异，无庸禁止。此外有别项铺户并非钱店所出之帖，亦曰上帖。又有年节被债逼索，自行开给钱票，盖用图章，以为搪帐地步，俗名谓之壶瓶帖，言其装入壶瓶，并无实用，民间亦不甚流通。又期帖系易银时希图多得钱文，开写迟日之票，期到始能领钱。以上三项均非现钱交易，应请禁止。

——中国人民银行总行参事室金融史料组《中国近代货币史资料》第一辑上册第一章《胪陈钱票不能禁止及山西钱票流通情况折》，中华书局 1964 年版。

505.（清）溯查钱票自乾隆年间畅行以来，流通京外，实为裕国便民之良法也。且诸物由各省贩运至京，京师各物转贩他省，此来彼往，关税由此收纳。

——《祥泰奏请借库帑开设银钱号折》，咸丰三年四月初三日，第一历史档案馆编《清代档案史料丛编》第十一辑，中华书局 1984 年版。

506.（清）禁用飞票示：为禁用飞票以杜讼源事。照得民间行使钱票，犹古交会钞法遗意，其便取携，兼资流转，此不当禁者也。惟出票之家，必属殷实铺户，方能行之无弊。乃郡属地方有行使飞票名目，亦曰手票、腰票，以素无执业不商不贾之人，随意裁片楮，书写钱数，盖用不知谁何之印章，文字模糊，辗转行用，视同左券。其实出票之人，多系信手书成，并无抵项，或被人逼迫，暂应亟需，及至十索九空，遂至酿成控案。本府莅任以来，见积牍中粘连废票，不一而足，而博徒之赌债，蠹役之赃钱，十居七八，相沿恶习，实肇讼端，不可不严行禁绝。既有自念，积重难回，转移有术，操之过蹙，往往利未见而害先形。此事不禁不可，骤禁不能，再四思维，不敢轻于一发，计惟绝其行使之源，则飞票不禁而自断。合行示仰合郡商民人等知悉，自示文到县之日起，所有以前用出飞票，速即自行清理，或尽数归偿，或改立借券，或兑换真正钱票，限至咸丰元年开印之日止，一概撤销，以杜胶葛。嗣后商民交易，永不准再用飞票，倘敢故违，事发到官，立将原票当堂涂销，票开钱数，不拘多寡，概免追缴。并讯明有无诈伪别情，从重究办。各县城关集镇以及穷乡僻壤，均当晓然，于飞票、手票、腰票种种名目，自今伊始，永远禁革。间有存者，亦只与废纸一般，不得执以为据。乃仰该县妥善办理，不准差查，不准旁人首告，但使见票即销，定当不禁自绝，或亦杜讼源之一道也。其银号钱店及别项殷实铺家，向来行使刻板钱票，照旧行用以从民便。本府熟思审处，令出惟行，各宜凛遵，毋贻后悔。特示。

——（清）贾臻《退崖公牍文字》卷二《河南府任》，《明清法制史料辑刊》第一辑第 24 册，国家图书馆 2008 年影印本。

507.（清光绪三十年十一月廿三日）十八各埠市钱店不准私出钱票，免致以倒闭，为鱼猎地步，贻害商民。各典当亦不准私出钱票，以无税之纸币规取重息。

——《申报》11389 号《再续湖南邓元专造国家纸蔽以扩充银行之事宜条陈》。

508.（清宣统元年五月廿三日）江督批桃源县禀云：查银钱纸票关系币政，前准度支部咨，奏定银行通行则例，须有银行性质之行号，报部核准注册，始能在纸币法律未经颁布以前，暂时发行市面通用银钱票。是无银行性质之店铺及未经报明注册者，自不得发行纸币。今众典商会拟请，该镇同裕典内附设之锦兴隆衣庄，即用其牌号代出一千文足铜元票两万张，核与部章不符。且典铺出立钱票尤易滋生弊端，招取物议，所请断难准行。如虑市面瘠苦，必须银钱票往来周转，尽可知照商会，酌令殷实商号筹备现欵，赴清江裕宁分局照购银钱票行用，藉以维持市面。裕宁系属官票，凡在宁省辖境均能通用，兼可完纳一切官项，自较商票为优，仰淮扬道转饬遵照办理。至宿票即系宿迁典当所出，亦系违例，并由该道移曾徐州道饬县查明，责令出票各典当赶紧全数收回，嗣后不准再由典当出票，以符定章。倘宿邑亦无合例钱庄可以出票者，应亦设法购备裕宁官钱票，俾便行用。

——《申报》13085号《淮北滥出纸币之限制南京》。

509.（民国初年，沙市）惟小票一节，上峰正在严禁，似乎又难从权。嗣后陈星翁与本市绅首冯姓者，相率与伊等开会复议，若不竭力维持，各质万难再贸。刻值农界正在春耕之际，乡下买牛买种，向以典质为主，如该质等收歇，与市面大有妨碍。加息一节，各县均无章程。小票尚可勉行，然而该典等自出，恐其兑换复有争论，不若仍立商会名目，将数目议定，每典不过壹万五仟串之数，令该典等自出票费，商会另立兑换处照兑，每年出点薪水而已。始为定局，即催我号开门复贸，所以公同择定，于十七日开张应当。扯拉每天出钱三百串之数，至念五日净存架本四万一千八百余串，得票利六百串有奇。所有铺中一切，出月初遇有便船，即可赴沙再为面商。

兹叙托同心福在汉所做小票，至今还未带回，屡次谘问，准云尚得几天，铺存渐渐无几，令人甚为焦灼。至于官票亦其紧要，是日下地净存官票二千二百之数，前该同心福六百。伊云一二日内亦要紧用，难以迟缓。若除此项，只存一千六百耳。见信速即带现官票三贰仟为要。现在堤工委员来临，上峰发下工款八千，还欠万串。潜监两属分任，不日择吉开工。据冯契翁所云，铺借土局之款二千串，准定陆续使用，祈为预早按置为妙。

再及，所印小票于廿三日又印来三百、一万五四贰张，笔下铺存现台票四千串。两次所来一二三百①，小票共存有九千串之谱。再及，共来一二三百小票，四千九百余串。今又托星翁再印二百、一百、一万、二万张，贰共计数五千串，大约可以够用。

——刘建民先生藏《当商信稿》。

510.（清）伴婆说："小姐，不必哭了，这里不是你安身之处，哭也无益。不如跟我上俺家去罢，住上三五天，我叫家人打上轿车，我送你回家。"小姐一听止住泪流，

---

① 这些数字是苏州码，录入时改成了通用的数字。

睁眼一看，说："你是什么人?"伴婆说："我是马小的干娘，姓柳名庭春，当铺也有几座，小铺也有几个。"小姐说："你老人家既有这番好意，坐上受孩儿一拜。"伴婆说："我怎当得起?"小姐说罢，双膝跪下，与伴婆叩头。伴婆伸手拉住小姐说：起来罢。

小姐与伴婆正然施礼，马小把手翻了两番，明公，马小将手翻了两番，是要价哩，要了八百两银子。伴婆暗想：有这等人才，八百银子也不多。取出银票暗暗递与马小，马小得了票子上街去了。伴婆说："小姐，跟我走罢。"他二人说罢，出了门，急急忙忙往前行。

——（清）佚名《红风传》第三回《卖秀英马小暗算》，远方出版社 2001 年版。

第六节　货币买卖

511.（北宋元祐四年）两浙中自来号称钱荒，今者尤甚，百姓持银绢丝绵入市，莫有顾者，质库人户往往昼闭。若得官钱三二十万，散在民间，如水救火。欲乞指挥提转令将合发上供钱，散在诸州税户，令买金银绸绢充年额起发。

——《苏轼文集》卷三十《乞赈济浙西七州状》，中华书局 1986 年版。

512.（明）户部尚书侯恂条陈鼓铸事宜……奸商当铺因而为奸，每于通衢关隘，倡言某钱盛行，某钱不行，转相煽弄。既贵卖其所积以图目前之利，又贱收其所弃以图他日之利。时而私钱得与官钱并价，此其所积者多而欲出也；时而私钱二三文折官钱一文，此其所收者少而欲入也。若辈操其利权，钱法受其壅滞。

——（清）孙承泽《春明梦余录》卷三十八《户部四宝泉局》，北京古籍出版社 1992 年版。

513.（清乾隆二年，田懋）臣窃见京城钱价腾贵，上廑天怀。臣日夜思维，计惟有将户、工二部所余之钱文发出变卖，则钱之来源既广，其价必平……今见户部会同提督衙门奏称：工部现有余钱八万串，请于京师内外，当铺赎当钱文，令各官局将兑收银两酌量给各当铺存贮，钱文之多寡，照依市价，公平易出，以为官局轮换之资。将来交春之际，各当铺须钱，仍许向各官局兑换以作资本等因，独是臣见其所议，甚为未协，是以不得不急为奏闻也。夫既主官局，则必定以官价，而官价必较贱于市价，官价既贱而不平其市价，则趋之者必众……其中奸商借此囤积，或于官局贱买，私局贵卖，一举步之劳，而数倍其利。是小民之受福有限，而奸商之抬价勒索且日甚一日。臣恐八万串之官钱，不十日将尽也……至所称官局与当铺交易，尤为未妥。彼诚以当铺为奸商囤积□，则当查其囤积，绳之以法；若以为非奸商囤积，则既能酌量当铺存钱之多寡，令官局以银公平易出……且照市价向当铺买出，而于官局贱卖之，是靡费者国帑，而获利者当商也……以臣愚见，不必设立官局，竟将工部余钱若干，俱发与顺天府五城衙门，议定官价，每银一两若干文。仍令经纪铺户易买，按京城钱铺之多寡，每日约许买钱若干，因照官价□平其市价，为之酌留余利，则商民两便，钱自流通矣。

——（清）贺长龄《皇朝经世文编》卷五十三《钱币下》田懋《平钱价疏》，光绪乙未石印本。

514.（清乾隆三年三月初六日，内大臣户部尚书兼管三库事务内府总管海望等奏）据御史明德奏称，京城大小当铺不下二百余座，每当积钱约三五百串，若统计之，不无十万余串。况当铺中人上市买钱，动以五六百两，一遇当铺人多，则钱市惟见银多钱少，故致长价。请嗣后当铺除银六钱以下，仍准当钱，六钱以上惟许当银，如有违者，将管当人责治，如此则各当既无多积之钱，而钱市可免昂贵之因矣，等语。查当铺存贮钱文，先经总理事务王大臣定议，大当只许存钱七八百串，小当只许存钱一二百串，其余概令拨出市卖，违者照例治罪等因在案。至民间使用钱文，从前御史肖炘奏请五百文以上俱令使银，曾经廷臣议驳在案。今该御史明德以近日钱价昂贵，皆因当铺积聚钱文所致，请嗣后当铺除银六钱以下，仍准当钱，六钱以上，止准当银。臣等伏查，冬季民间取赎绵衣，当铺存钱固多，及至春暖绵衣渐次典当，当铺钱文渐至缺乏，势必予为买贮。京城当铺甚多，需钱不少，一时争买，市价自然增长，御史明德请将民间当用钱文限以数目，令当铺不致多为积聚，亦属因时制宜之一法。但当铺有大小之各别，存钱亦有多寡之不同，若概令六钱以下准其当钱，则大当存钱过多，不足以济民间流转之资，亦属未便。应请小当照依该御史所奏，六钱以下仍准当钱，六钱以上只许当银。其架本充裕之大当，一两以下准其当钱，一两以上只许当银。在各铺当钱当银均可获利，并不致有亏商本。但当钱既减，则各当所存钱文亦可不必照依前议多为积贮，应令大当只许存钱三四百串，小当只许存钱一百串，其余概令发出市卖，俟将来钱价平减，奏闻停止，仍听银钱兼当。

——《朱批奏折》，转引自《北京师范大学学报》1978 年第 6 期，《红楼梦的历史背景资料之三——清代前期的高利贷和典当业》。

515.（清乾隆八年八月己卯，刑部左侍郎署福建巡抚周学健奏）又奏，酌定银钱兼用。查闽省近年，民间专用钱，价日昂贵。臣酌定章程，凡买卖交易，一两以下者，准银钱兼用；一两以上，止许用银。典当出入银钱，亦照此例。又大小当铺所存钱，及出口船只携带钱，亦分别定制。又州县收纳钱粮，及盐馆、税馆、所收零星钱，亦定限陆续发铺易换。庶流通既广，民用充裕。得旨：好。知道了。

——《清高宗实录》卷一百九十九。

516.（清乾隆九年冬十月）壬子，大学士鄂尔泰等奏：京师近年以来，钱价昂贵，实由耗散多端。若不官为查禁，设法疏通，则弊端难杜，钱亦无由充裕。谨据现在情形，公同酌议八条。……一、京城各当铺，宜酌量借给赀本银，收钱发市流转。查京城内外官民大小当铺，共六七百座，钱文出入最多。现在平减钱价，各当铺如得官借赀本，收钱上市发卖，在当铺既多添赀本，而在市逐日又多添钱文发卖，两有裨益。应将京城各当铺，无论官民，每大当赀本丰厚，应派给银三千两，听其营运。将所领银两，存留作本，每一日交制钱二十四串，运送官局，上市发卖。每制钱一串，加钱十文为局费。其卖出银，仍交各当铺收回作本。至于小当赀本，原有多寡不等，有情愿借银者，准赴局具呈。查明现有架本，酌量借给。所缴钱文并卖钱易回银两，俱照大当一例办理。再借给大小当铺赀本约银五六十万两，核算每日可收钱数千串，须设公局收贮，派员经理。查有正阳门外布巷官房一所、地安门外鼓楼东官房一所，应作为钱局。至收钱、发银、造册、文票，俱用顺天府治中印信为凭。其局内书算人等，令管局官挑补。所有市上原卖钱文，每制钱一串内，少腰串钱二文，以为局内官役饭食纸张等项之用。俟一年后，如果钱价平减，将该管钱局官交部议叙。倘有侵克亏那，据实查参。……一、京城各当铺现在积钱，宜酌钱数送局，一并发市。查京城当铺六七百座，每于秋冬之际，存贮钱最多。此项虽系各当铺营运之赀本，以济小民一时之缓急，但堆积过多，未能流通，转于民用不便。现在钱价昂贵，议开官钱局平价。而开设之始，钱尚不能充裕。在各当铺时当冬令，正值闲贮之际。应将京城内外大小当铺，无论官民，每大当一，彻出制钱三百串；小当一，彻出制钱一百串，俱自行运送官局，交局员发卖，陆续易银给还。如运局钱卖将及半，各当铺陆续运送补足。倘小当一时不能如数，令将一百串之数，陆续送足交局。如已经领借官局赀本，前项钱免交。

——《清高宗实录》卷二百二十六。

517.（清乾隆十年春正月）辛巳，命直省筹鼓铸。谕军机大臣等，近年以来，京师钱价增长，民用不便。朕深为廑念，多方筹画，谕廷臣悉心计议，务得善策以平价值……福建巡抚周学健奏……一、市镇米麦成石、布帛成疋以上，及民间田房交易、客账收放、典当出入成两以上者，概不准用钱。一、闽省环出阻海，挑运维艰。有无兴贩，应咨管关将军、水师提督，严饬员弁，实力稽查。一、囤积钱多，价即踊贵。应照部议，富户毋得贮至五十串以上，典铺亦不得过三百串，取具甘结备查。得旨。惟在因时制宜行之而已，法制禁令，岂能尽天下之情哉？

——《清高宗实录》卷二百三十二。

518.（清乾隆十年二月）癸丑，大学士等议覆、湖北巡抚晏斯盛奏称：钱法关系民用，谨就本省情形，酌陈事宜。……一、民间质当，多系零星，不能禁其使钱。惟价在三五两以上者，当给本色。取赎在二三两以上者，亦照本色交还……至称各当积钱至十串以上者，随令兑给钱铺，诚恐小民待质者多，存不敷出，尚非尽善之策。应令该抚会同湖广总督鄂弥达，将该省大小当铺，按照每日所出钱文多寡，遵照京师之例，酌定数目，妥协办理。得旨，奏内事情，着鄂弥达、晏斯盛妥协实力为之，余依议。

——《清高宗实录》卷二百三十四。

519.（清乾隆十四年十一月庚戌）两江总督黄廷桂奏：江右省城典铺质物，皆用银，不用钱。缘用银则平色出入，易于巧取。应令一两以外者仍用银，一两以内者均用钱。再典铺多用两戥，应行禁止。得旨：不如听民便之为妥耳。且各省因用钱不用银而钱贵矣，今江西又勒令用钱不用银，则钱不愈贵乎？但禁其两戥剥利者可也。

——《清高宗实录》卷三百五十二。

520.（清乾隆二十九年三月）是月，江西巡抚辅德奏：江省行使，多有翦边砂板及私铸小钱。每银一两，可多换数十文，作奸者众。必须钱行、当铺并米粮盐布等铺户，绝不交易私钱，势乃自止。当立限一月，令各铺户自行交官，买归省局配铸。限外查出治罪。

——《清高宗实录》卷七百七。

521.（清）至于当铺多则屯钱多，其情势有可明推者。查康熙五十年前一州一邑当铺止一所，或数所或并无一所；五十年后，以迄于今，旧无当铺之州邑，今皆有数所矣或十数所矣；其旧有一所者，今或至二三十所矣；其旧有数所者，今或至五六十所七八十所矣。每开一铺，其大者必屯钱数千缗，然后开张，次或五六百缗，又次或二三百缗，极少亦百缗而止。开张之后，又必陆续收钱，必不肯以铺中之钱出卖殆尽，若钱剩十分之二三则止当矣。往者商钱惟盐店为盛，积之既多则载于省会发卖，今则诸家当铺争易之矣；往者集会既毕，客商将返，钱必稍贱。今皆为贩客所易，钱反贵矣；往者试棚既毕，文宗起马，钱必稍贱，今皆为贩客所易，钱反贵矣；至问其贩于何处，则系整收当铺之银，陆续交钱也，钱之贵一由于此，而议者不察，犹以为奸民销钱为器所致。

——（清）《官箴指要·论今剩语·钱贵之由》，河北大学图书馆藏清抄本。

522.一件再申积钱病民之禁、以平市价、以利民用事。布政使司德牌：乾隆二十四年四月十七日，奉巡抚院部吴批两本司道会详：窃照钱法贵在流通，囤积即干功令……并示谕富户，不许积钱五十千以上，典铺不许藏积三百千以上。其富户粜谷钱文以及盐店卖存盐钱，随时运省易银。钱文充裕，日用可舒等情详覆到司。本司道查闽省钱文，从前时价，每银一两换钱八百文至八百一二十文不等，价值昂贵，民用艰难。经前宪奏明定例，凡富户不得积钱五十千，典铺不许存钱三百千，饬令随时劝导，以杜多藏之弊……兹该县酌议劝谕富户不许积钱五十千，典当不许积钱三百千以上，与原奏相符。应如该县所请，即行示谕富户及典当各商，除照例准留外，余钱即行发卖，以济民用。其富户现在粜卖谷石所收钱文，盐店卖存钱文，俱令一体易银，毋许藏积。并移盐道饬令各府盐馆，将卖存钱文，俱随时解省易银，以平钱价。

——《福建省例》二十二《钱法例·严禁富户典铺盐商囤积钱文，稽察奸商私收贩运出境》，《台湾文献丛刊》第199种，台湾银行经济研究室印行。

523.（清乾隆五十五年七月）山东巡抚觉罗长麟奏报：收买小钱，令民间各赴钱店、当铺售卖。该商店以大钱五文，易民间小钱十文，汇总交官。小钱十文，官给大钱六文。在小民得以无用之钱，易为有用之资；在商店亦得以五文收买之本，即获一文之利，无不踊跃交纳。得旨、久而无懈可也。

——《清高宗实录》卷一千三百五十九。

524.（光绪初，大名府）去腊廿五六日大名街面钱缺，滞塞不通，挤关钱铺四家，南关雍和号关门，南关绅士保出，应承今年发钱，咱典收存钱帖京钱四十七吊。龙王庙重德号关门，龙王庙绅士保出，应承今年发钱，咱典收存钱帖京钱十五吊。南街元兴公关门，元兴公系重德值月字号，大名堂公不准伊歇业，今年许开，素与咱典往来，帐净欠京钱三百六十余吊，倘若开门，还可成钱。此三家俱未定妥，三项未撤。南街裕兴和关门，当时被抢，一无所有，咱典收存钱帖京钱五十八吊，难望发钱，年终撤出。此是世时所赶，人力无可如何……咱典修筑围墙，二月十三日动工，大约一月可以告竣，其花费一切，俟完工后再报……估衣客至今未到，各处估衣迟滞，只得等候。大名钱行只剩一家，银钱两缺，不能周转。

——刘建民先生藏《恒裕典信稿》。

525.（光绪初年，四川射洪县）敝邑大镇质铺，系陕邦开设，每月以三分行息，已与定例不符，然四川通省如此，姑勿具论。惟该质铺取息既多，且复以低银行使，所质之银，持向钱店易钱，必须补色。而质铺门首，则有摆设钱摊者，即质铺中人也，专换此项质银。虽不必再行补色，而每两较市价约低数十文。迨取赎时，又须持钱向该摊易银以进，质铺方无挑剔，每两又较市价加增数十文。质铺原为便民而设，如此垄断独登，使小民重受剥削，其何以堪？

——（清）钟体志《澡雪堂文钞》卷八《致谢品峰父台》，转自李文治《中国近代农业史资料》第573页，生活·读书·新知三联书店1957年版。

第五章　中国历代典当营业制度的发展与完善

第一节　当与赎

一、当物的种类及辨别

526.（北宋）王齐翰，建康人，事江南李后主，为翰林待诏，工画佛道人物。开宝末，金陵城陷，有步卒李贵入佛寺中，得齐翰所画罗汉十六轴。寻为商贾刘元嗣以白金二百星购得之，赍入京师，复于一僧处质钱。后元嗣诣僧请赎，其僧以过期拒之，因成争讼。时太宗尹京，督出其画，览之，嘉叹，遂留画，厚赐而释之。经十六日，太宗登极，后名应运罗汉。

——（宋）郭若虚《图画见闻志》卷三，丛书集成第119函，1648册，上海商务印书馆1935年版。

527.（北宋大中祥符六年三月丁未）诏京城徼巡宜参用马步军士。时巡卒三人，因寒食假质军装赌博，既不胜，遂谋以五鼓未尽，伺击陌上行人。弃尸河流，取衣物贸易，以赎所质。上曰："太宗朝巡警兼马步卒，盖营校不同，可以互相觉举。"遂复其制焉。

——（宋）李焘《续资治通鉴长编》卷八十，中华书局1992年版。

528.（北宋）代州大石寨城外水中，常有光澈明，人颇异之。后有以网筌取鱼者，得一剑焉，未之奇也，质钱于邢氏释。

代州大石寨卒杜庆，缘应报入州，道中见山之巅，有二红物相搏击……有顷，一物如势不胜，坠于野中，光采两腾贯……遂取之，系于衣裾间而回。至寨中，乃金一块耳。庆素好博易，遍往酢价。市人秤之，或重或轻，多少不能一辨，遂质钱于僧邢氏者。

——（宋）章炳文《搜神秘览》卷中《原分·叙剑》，《续修四库全书》第1264册，上海古籍出版社2002年版。

529.（北宋）黄银出蜀中，南人罕识。朝散郎颜经监在京抵当库，有以十钗质钱者，其色重与上金无异，上石则正白。

——（宋）方勺《泊宅编》卷六，中华书局1983年版。

530.（南宋）淳熙间，木工周宝以小商贩易安丰场……（来杭）又骤贫，郁郁绕西湖而行。过赤山，见军人取质衣于肆，为缗钱十余，所欠者六钱。而肆主必欲得之，相诟骂。宝为之解纷，视篋中才余五钱，为代偿。而主者又必欲得一钱，宝亦大恨怒。

——（宋）佚名《鬼董》卷五，《丛书集成新编》第八三册，（台北）新文丰出版公司 1985 年版。

531.（南宋）近侥幸受县，一出师门玉成之造，后生从政，未知向风，惟先生终教之耳。金盌在质库某处约之，甚恨未能自取之，乃劳先生厚费如此。

——（宋）文天祥《文山集》卷五《回秘书巽斋欧阳先生》，文渊阁《四库全书》第 1184 册，（台北）商务印书馆 1983 年版。

532.（元至顺元年二月）庚戌，茶陵州民饥，同知万家奴、江存礼以所受敕质粮三千石赈之。

——（明）宋濂《元史》卷三四《文宗纪》，中华书局 1976 年版。

533.（元）诸管军官，辄以所佩金银符充典质者，笞五十七，降散官一等，受质者减二等。

——（明）宋濂《元史》一〇三《刑法二·职制下》，中华书局 1976 年版。

534.（元）大德八年七月，江浙行省准中书省咨：备江西省咨：龙兴路备录事司申，熊瑞状告：大德六年八月初三日，将珍珠一千二百颗有零及玳瑁统子六个，于诚德库内解讫中统钞一百二十五两。

——《元典章》卷二十七《户部十三·钱债·解典·解典金银并二周年下架》，中国广播电视出版社 1998 年版。

535.（元）后至元间，伯颜太师擅权，谄佞者填门，略举其尤者三事，漫识于此……辑闻一解库中，有典下白玉朝带，取而磨之。

——（元）杨瑞《山居新语》，中华书局 2006 年版。

536.（明）程邦政，字师文，歙县人，以赀为郡掾……尝质肆金陵，而有误偿金二百者，已复有以珍玉留质金百，未及授而其人夜暴死，皆追还之。

——（明）张萱《西园闻见录》卷十五《厚德·住行》，《续修四库全书》第 1168 册，上海古籍出版社 2002 年版。

537.（明）先生名士政，字齐之，邑人，年十三游胶庠，才华煜煜……齐之任侠结客，尊酒论文，坐中常满。然力不能给，先世所蓄古器彝鼎、名贤书画，时入质库以佐酒资，居恒有郊岛之叹，然不游大人以自润。

……一旧家子寒夜携一炉，质布数匹而去。及且涤视之，乃赤金也。淳庵公大骇，踪迹其人归之。汪注：姚让字淳庵，以子舜牧赠文林郎广昌知县。姚舜牧字虞佐，号承庵，万历癸酉举人，知新兴县，调广昌县。

——《前徽录》（不分卷），《笔记小说大观丛刊》第16编第5册，（台北）新兴书局1978年版。

538.（清）蒋非磷，名坚，先世浙江长兴人。父荣，遭明季之乱，避居江西之铅山，为铅山人。生三子，非磷其季子也。七岁出为叔父后，年十三，父兄皆远游，而家贫甚。非磷念母□然无依，会其叔父已有子，乃涕泣请归养，许之。遂质衣冠，得钱八百，贩米于市，以其赢具甘旨养母。

——（清）吴德旋《初月楼续闻见录》卷八，（台北）明文书局1985年版。

539.（清）又题准：凡旗下民人，不许质当兵器及貂鼠猞猁狲等衣服，皮瑞罩、朝衣、金银器皿等物，违者治罪。其收当之人，计赃坐以窃盗罪，免刺至死者减一等。十二年题准：除兵器不准典当外，其貂鼠猞猁狲等物，对明各主，方许典当，违者俱照例治罪。

——光绪《大清会典事例》卷七六四《刑部·户律·钱债》，《续修四库全书》第0809册，上海古籍出版社2002年版。

540.（清）当铺，在小什字，一名利用，一名泰昌，皆秦人于康熙三十六年开设。初只当农器家具，嗣后兼当衣物，部章利不过三之语，两当亦只取三分。

——民国《三台县志》卷十二，《中国地方志辑成·四川府县志辑17》，巴蜀书社1992年版。

541.（清）国初，湖州南浔有一小儿摸蚌于溪，忽得一瓦，色黝黑，叩之有声，意为铜也，携之归。阅数日，以布拭之，微觉黄色，异而告其父。其父携至质库，求人识别之。质库中人见之，惊曰："此金瓦也。昔富人以之盖屋者，何为乎来哉?"乡人告以故，乃欣然怀之去，权之得八十两有奇。盖南浔与七里毗连，明末若温、若金皆巨族，瓦或为此两姓物，鼎革时遗失于此也。

——（清）徐珂《清稗类钞》第七册《豪侈类·金瓦盖屋》，中华书局1984年版。

542.（清）某岁，有人于亢氏所居左右设典肆，一日，有以金罗汉典银一千两者，翌日又如之。约三月，资本将完，大惧，叩其故，则答曰："吾家有金罗汉五百尊，此三月间方典至九十尊，尚有四百十尊未携至也。"主人侦访之，知为亢氏，与之商，取赎后忽忽收肆去。

——（清）徐珂《清稗类钞》第七册《豪侈类·清初亢氏典肆之盛》，中华书局1984年版。

543.（康熙三十一年十月）（被告宫梦仁，祖居泰州）总辖山东学政，贿卖童，婪赃四十万两，于泰州坡子坊自开天成典铺一座。当身杪板一付，杪栅四块，价值五百七十两，止当本银十六两，票写四分利息。及完本利取赎，又不发原物交代，违禁取利。此婪赃之八也。

——中国第一历史档案馆编《清代档案史料丛编》第五辑《刘虞吉禀控宫梦仁占产勒粮状》，中华书局 1980 年版。

544.（清乾隆九年四月丁丑）安徽巡抚范璨奏：今岁二麦丰收，无籍平粜，惟查囤户，例有严禁，民因米价易昂，不敢粜尽，而又待用银钱甚迫，暂行典质，此亦人情之常。遂有一种射利之徒，避囤户之名，为典质之举。先与富户、当户讲定微息，当出之银，复行买当，赀本无多，营运甚巨。坐视市米缺乏，价值大长，始行赎卖取利，不顾民食维艰，视囤户尤酷。臣现饬行除农民籴米无多，质押者听，如数至百十石，概不得质当。

——《清高宗实录》卷二百一十五。

545.（乾隆十年正月初十日，湖北巡抚臣晏斯盛奏）为奏明禁用剪边钱文以清钱弊并疏通积滞囤贩再申铜禁事……乾隆九年十月，大学士等议，京城各当铺聚积钱文，宜酌量发市，及各粮店收买杂粮宜行禁止行使钱文二条，可推广行之外省，以疏积滞，以杜囤贩。楚北汉口一镇，共当铺三十九座，此外仙桃、镇坪、武穴、沙市及各州县市镇，共当铺三百八十五座，至于买卖粮食之店尤不可以数计，一切当赎粜籴俱使用钱文，易致囤积。但外省情形与京师微有不同，如民间持物质当，多系些小衣饰器皿，需钱数十百文，急应使用，不能全禁。惟所当之物，或价在三五两以上至十余两、二三十两者，俱应当给本色银两，取赎在二三两以上者，亦照本色交还。其有零星收赎聚积已多至十千以上者，即应兑给钱铺公卖，不许多积，违者查究。

——《朱批奏折》，转引自《北京师范大学学报》1978 年第 6 期《红楼梦背景资料之三——清代前期的高利贷和典当业》。

546.（清）乾隆十三年三月壬寅，甘肃提督永常奏……虽得免冬寒，而春暖又将皮衣典换春衣，随为赎贮，至冬发给，免其出息。

——《清高宗实录》卷三百十一。

547.（清乾隆十三年三月）是月，两广总督策楞核奏，各省经办常平，未免心怀欲速，不计年岁价值，严限催督。而不肖有司，甚或扣价勒派……一在禁止质当。贫农耕作之际，家中所有，靡不在质库之中。待至秋成，逐件清理，御冬之具，更所必需。每以食米转换寒衣，交春又以寒衣易谷。

——《清高宗实录》卷三百十一。

548.（清）嘉庆八年七月二十九日暂署邢部隶书觉罗长麟等题

嘉庆七年一月二十五日江苏镇江府丹徒县

案件：唐和尚等行窃王秉政家一案

摘要：红细棉被一条，当钱一千六百文；元青缎羊皮女套二件，天青缎灰鼠女皮套一件，藕合花绫皮裙一条，共当得园银十两。天青线绉女夹套一件，大红羊绉夹袄一件，元绫女马褂一件，京酱色线绉夹裙一条，银红绫单裙一条，天青纱女套二件，库灰纱女褂一件，玉色纱女褂一件，大红纱裙一条，银红纱单裙一条，共典园银十八两。元色湖绉羔皮男套一件，当得园银八两，白夏布……（卖一条略）

——中国社会科学院经济研究所藏《刑部抄档》。

549.（清）嘉庆二年二月二十五日管理刑部阿桂等题

嘉庆元年二月十五日广西南宁府？化县

案件：苏大幼图财致死苏莫氏一案

摘要：拿银镯一只，青布女衫一件，给韦胜挺，抵还乾隆六十年十二月初间所借六七斗谷；又拿走布女衫两件，给鸡元仓，抵还乾隆六十年十月内所借之四斗谷。又拿银手镯一个，银抓庠一枝，龙头簪一枝，扁簪一对，秤重二两一钱，向陈子刚押钱一千七百文，子刚扣了苏欠猪肉钱三百文，给他钱一千四百文。

——中国社会科学院经济研究所藏《刑部抄档》。

550.（清）嘉庆直隶员督管巡抚事梁肯堂题

嘉庆元年三月二十八日直隶遵化州丰润县

案件：谢洪召行窃王纶孺等家车固衣饰一案

摘要：一件青布棉外套，一件蓝布女大褂，一件青布女裕袄，一件紫布女裕袄，一件红布女棉袄，一件青布棉袍，一件青布裕外套，一件蓝细女棉袄，一条桃红细裙，一件夏布大褂，一条蓝细裤子，一件红布棉袄，一件蓝布女裕袄，一条蓝缎子，一条绿细裤子，一件？细小棉袄，在韩城镇当铺里分作七票，当了五千九百大钱。

——中国社会科学院经济研究所藏《刑部抄档》。

551.（清）嘉庆管理刑部事务和珅等题

嘉庆二年闰六月三日山东诸城县

案件：谷刀成行窃拘捕刀伤陈象明平复一案

摘要：青布马褂一件，男山细大褂一件，女青细大袄一件，女紫细小袄一件，女白布褂一件，蓝布女褂一件，夏布女衫一件，红细裤一条，桃红布裤一条，白绫裙一条，蓝布裙一条，桃红布棉被一床，蓝布袄片一件，红布包袱一个，共分作八票，当得大钱二千文。

——中国社会科学院经济研究所藏《刑部抄档》。

552.（清）嘉庆五年五月九日刑部尚书成德等题

嘉庆二年十一月四日山西介休县

案件：刘三子等行窃王兆龙家一案

摘要：一件红青宫细灰鼠皮套，一件白细衫，一件红青宫细夹套，一件山细夹袍，一件青缎棉袍，一件青缎棉套，一件宝兰细棉袄，一件蓝缎袍，一件蓝细小棉袄，一件青缎小棉套，用花布包袱包住，共当得银十五两。

——中国社会科学院经济研究所藏《刑部抄档》。

553.（清）嘉庆五年五月九日刑尚成德等题

嘉庆三年二月九日山西文水县

案件：刘三子等行窃王兆龙家一案

摘要：珍珠串两对，月白细衫两件，葛布袍一件，夏布大衫一件，月白绫衫一件，宝兰细衫一件，宝兰纱衫一件，永春布大衫一件，白布大衫一件，共当银四两二钱。（按：3月9日，4月28日再次行窃，所窃赃见以）

——中国社会科学院经济研究所藏《刑部抄档》。

554.（清）嘉庆四年三月十日经筵讲官总理刑部事务庆桂等题

嘉庆三年三月桐乡县

案件：张二等行窃事主朱升高家计赃逾贯一案

摘要：棉纱九把言明卖价二千七百文，棉纱二十把言明卖价五千六百文。锡烛扦一扎，香炉一个典当钱一千二百文。

——中国社会科学院经济研究所藏《刑部抄档》。

555.（清）嘉庆四年八月六日邢部尚书成德等题

嘉庆三年六月五日浙江省归善县

案件：钟大等行窃孙倪氏家计赃逾贯一案

摘要：拿了月白绉纱单衫一件，绿绫女秋袄一件，佛青洋细女秋袄一件，大红绫裙一条，共当银三两五钱。又在箱内拿了月白西绫单衫一件，元绫绣花裙一条当钱八百文……（下叙赃物之类略）

——中国社会科学院经济研究所藏《刑部抄档》。

556.（清）嘉庆四年七月十二日兼管奉天府府尹事务铁保题

嘉庆四年五月十九日盛京奉天府承德县

案件：刘祥行窃沈王氏等家一案

摘要：蓝布棉袍一件，蓝布棉袄二件，青布棉马褂一件，青布女大衫二件，白布大衫一件，白夏布大衫一件，白夏布小衫一件，蓝布单裤二条，白布单裤二条，月白布袍一件，青布一块，白布一块，银簪一枝，共当得市钱十一千文。

——中国社会科学院经济研究所藏《刑部抄档》。

557.（清）嘉庆五年七月二十六日管理刑部事务董诰等题

嘉庆四年五月二十五日浙温州府永嘉县

案件：王全源等行窃余国祥计赃逾贯

摘要：黑色织绒袍一件，青布织绒袄一件，细小衫一件，豹皮马褂一件，青布马褂一件，青布外套一件，青布领褂一件，红布裙一条，红标布半尺，红扣布一尺，小夹花袄三件，蓝夏布裙一条，分当履泰、永隆、咸豫三典，共当得钱二千六百二十文。

——中国社会科学院经济研究所藏《刑部抄档》。

558.（清）嘉庆五年七月二十六日管理刑部事务董诰等题

嘉庆四年五月二十五日浙温州府永嘉县

又衣裙八十三件，银器四件，锡器十件卖与贩衣人，记定价钱十四千文。又青布棉褂一件，青布皮袍一件，棉胎一条，卖得钱六百文。又镀金扁才一枝，银寿字耳挖一枝，花耳空两支，龙头乞一对，银手钏一双，银八宝并花三副，银丁香三双，银铃十四个，缎包头一条，珠花三朵，共有小珠三四百粒，卖与收货担上得钱七千文。（……未卖赃物加上已卖者，共值库平纹银一百二十二两）

——中国社会科学院经济研究所藏《刑部抄档》。

559.（清）嘉庆巡抚江宁等处地方岳起题

嘉庆四年十一月江苏苏州府吴县

案件：谢关亲行窃柳万兴家财物一案

摘要：把白细衫一件，红细女夹袄一件，细孩棉袄一件，月白绢单裙一条，宝兰纱披风一件，青布单袍一件，典当钱六百四十文。把青绉纱羊皮披风一件，佛青羽绉披风一件，大红绉纱大棉袄一件，大红绣夹裙一条，宝兰细棉袍一件，棕色茧细袍一件，典当钱三千二百文。把金戒指一个，米色绣夹被一条，羊皮细袍一件，细夹裙一条，细马甲一件，大红绣夹裙一条，典当钱三千二百文。又把宝兰细皮袍一件，青羽毛马褂二件，棕色羽毛爽裙一条，青细棉褂一件，兰线绉棉袍一件，鱼白绉纱夹袄一件，典当钱三千二百文。把大红绫女袄一件，红细棉裙一条，宝兰细棉袍一件，红细女夹袄一件，红绸单裙一条，典当钱八百文。还把鱼白细夹袄一件，青细长衫一件，大红绉纱棉裙一条，鱼白绫单衫一件，罗接衫一件，佛青羽绉披风一件，细短衫一件，青呢褂一件，典当钱二千四百文。陆续把金圈两对，珠阕刀一只，珠裕头一条，银珠花签四对（……等首饰、用具、衣物卖与过路船上，得钱四十七千五百文）又把白布女衫一件，布单裤一条，兰布衫一件，布包袱一个，典当钱一百六十文。又把天青绣披风一件，茧细夹袍一件，大红单纱裙一条，大红绫夹袄一件，绿绫夹袄一件，典当钱一千四百四十文。

——中国社会科学院经济研究所藏《刑部抄档》。

560.（清）嘉庆六年三月九日管理刑部事务董诰等题

嘉庆五年四月二十二日江苏苏州府

案件：潘阿五等行窃陈斯荣等计赃逾贯一案

摘要：珠子三百三十九粒，分作六票，共当得钱四十二千文。细褂布袄布衫领褂共四件，分作两票，共当得钱一千四百文。豹皮䌷马褂一件，当钱四百五十文（另卡，同一案同一时间证：）口分得粗细珠子一百六十九粒，分作二票，共当得钱二十九千文。又濮䌷五尺，当得钱八千文。又细珠三十一粒、濮䌷七尺、花布袄一条，卖得钱十六千文。又珠子二百六十五粒，去乌镇分作七票，共当钱二十八千文。

——中国社会科学院经济研究所藏《刑部抄档》。

561.（清嘉庆十九年四月）“据革生吴毓华供：革生是嘉庆六年在广东省藩库捐纳监生。十七年七月间，革生因家中乏用，把祖遗公共锡器当钱使用。”

——《清嘉庆朝刑科题本社会史料辑刊·福建连城县吴毓华因当公共锡器殴伤胞叔致死案》，天津古籍出版社 2008 年版。

562.（清嘉庆十年）“据高清明供：小的村里有公置社庙彩衣十件，每年灯节扮演社戏穿用。嘉庆十年灯节后，轮该小的经管。二月初十日，王世喜要出门看亲，因衣服质当没钱取赎，要借小的经管的彩衣取顶，说明回家赎还，小的应允借给。后来王世喜回家没有取赎，小的节次讨要，王世喜总说灯节前一准赎还。”

——《清嘉庆朝刑科题本社会史料辑刊·山西阳曲县民高清明因讨要社庙彩衣事致死邻人王世喜案》，天津古籍出版社 2008 年版。

563.（清）嘉庆七年十一月二十一日管理刑部事务董诰等题

嘉庆六年八月四日浙江嘉庆府平湖县

案件：陈大等行窃程仁受典铺计赃途贯一案

摘要：分得宝蓝哔叽夹氅衣一件，元色宫䌷棉袍一件，驼绒纱夹袍一件，棉䌷被一条，当在益裕和典内，当九折钱五两五钱。又天青麻地纱单套一件，宝兰素绉棉袍一件，元色绫单裙一条，天青宫䌷棉套一件，在仁茂典分作两票，当九折钱八钱。

——中国社会科学院经济研究所藏《刑部抄档》。

564.（清）嘉庆八年二月十六日管理刑部事务董诰等题

嘉庆六年十二月十六日广西雒容县

案件：何炳华等纠抢李盛元家银物一案

摘要：分得银手镯一对，约重六两多些，毛蓝布一尺约有三丈几尺，蓝布女夹衫一件蓝布女单衫一件，共当得三两五钱。又元青哔叽三丈，潮蓝布三尺，洋蓝步一尺，白布二尺，卖得钱七千二百文。

——中国社会科学院经济研究所藏《刑部抄档》。

565.（清）嘉庆十年二月三十日管理刑部事务董诰等题

嘉庆八年十一月一日盛京锦州府广宁县

案件：赵帼亮戳伤王汶惠身死一案

摘要：赵帼亮向王汶借锄四张，质钱四吊五百文

——中国社会科学院经济研究所藏《刑部抄档》。

566.（清）嘉庆十年四月七日巡抚江宁等处地方事务汪志伊题

嘉庆九年四月一日苏州吴县

案件：沈条等行窃周恒和当包计赃逾贯一案

摘要：将脏羊皮细马一件，细马套二件，细棉披袄套三件，细袄马套三件，细夹披袄二件，细袄一件，细套一件，细披二件，细单披裙二件，细小女袄夹裙三件，细夹裙一条，布夹马一件，布披一件，布女套一件，讬濮大代当七四串钱二十五两，分给濮大钱九百文，当票两张卖与收旧摊上，得钱一千五百文；又把羊皮布短套一件……（等衣服）卖得钱十二千二百文。（还有两条卖事，略）

——中国社会科学院经济研究所藏《刑部抄档》。

567.（清）嘉庆十三年三月二十六日管理刑部事务董诰等题

嘉庆十年十一月二十六日湖南长沙湘潭县

案件：刘三等伙窃齐楚一钱内银物一案

摘要：分得锦地细五尺，府绫白茧细各三尺，蓝绫红绫各一尺，蓝哔叽一丈三尺，蓝宝布四尺，毛蓝布六尺，毛光布苏扪布各三尺，毛青布江月布绿布各一尺，昶宝布八尺，花毡一条，当得银十二两；又苏宝布二尺，局缎一丈七尺，永日宝布两尺，卖得钱四千文；又素缎二丈一尺五寸，红哔叽一丈二尺，苏宝布四尺，洋青布六尺，毛蓝布三尺，玉色绫二段，青细一段，当得银四两。

——中国社会科学院经济研究所藏《刑部抄档》。

568.（清）嘉庆十二年一月二十二日巡抚山东等处地方长龄

嘉庆十一年二月十二日山东青州府临朐县

案件：于智殴伤于志身死一案

摘要：铁镢头一把，当京钱二百文。

——中国社会科学院经济研究所藏《刑部抄档》。

569.（清）嘉庆十二年七月十九日刑部尚书觉罗长麟等题

嘉庆十一年五月二十四日广东南海县

案件：梁亚松等伙窃颜斯缃家，赃逾满贯一案

摘要：梁亚松等用布袋两个，装载金银珠花首饰并玉器衣物共一百四十三件，拿到苏亚辅家，告是赃物，叫其买□。亚辅以卖价银三百二十八两六钱□贱，即行价买。

亚辅陆续将衣服二十九件，在集成当铺分票为，得番银五十六两二钱四分；又衣服裙裤共六件，在联昌当铺当得番银二十二两二钱……（余卖于墟）共约值纹银三百四十八两。

——中国社会科学院经济研究所藏《刑部抄档》。

570.（清）嘉庆十三年七月一日巡抚陕西等处地方方维甸题

嘉庆十三年一月二十七日陕西安府蓝田县

案件：宋金扎伤焦正身死一案

摘要：宋金等因修理村内庙宇乏费，将公众锣鼓一付，当钱二千三百文。

——中国社会科学院经济研究所藏《刑部抄档》。

571.（清）嘉庆十五年二月二十七日管理刑部事务董诰等题

嘉庆十三年十二月山西汾州平遥

案件：田玉光殴伤田守信身死一案

摘要：借了四件梭布衣服，一个银项圈，一个银手镯，当钱三千九百文使用，约定过年赎还。

——中国社会科学院经济研究所藏《刑部抄档》。

572.（清）嘉庆十五年九月十三日东阁大学士宗室禄康等

嘉庆十三年十二月九日广东恩平县

案件：冯亚安等行窃黄湖绸家银衣一案

摘要：锄耙七张，当得铜钱九百文。

——中国社会科学院经济研究所藏《刑部抄档》。

573.（清）嘉庆七年九月二十五日暂行代办安徽巡抚事务李奕畴题

嘉庆十四年二月二十四日河南固始县

案件：王秀诬报王勉买赃一案

摘要：分得白布袍二件，白布女褂二件，青布女褂一件，锡灯台一盏，锡烛台一盏，拿往药集得当了两千八百钱。

——中国社会科学院经济研究所藏《刑部抄档》。

574.（清）嘉庆十五年四月一日巡抚浙江等处地方蒋攸铦题

嘉庆十四年九月二日浙江湖州府乌程县

案件：缪有才等行窃宋景蔺家临时行强一案

摘要：分得紫绫夹袄一件，大红花纱小棉袄一件，蓝绢衫一件，在波斯劳典内当钱一两二钱；又大红花纱棉被一条，蓝纱衫一件，蒲青哔叽套袍一件，洋蓝布女衫一件，葛布男长衫一件，白夏布女衫一件，夏布裙一条，在王元泰典内当银一两八钱。

——中国社会科学院经济研究所藏《刑部抄档》。

575.（清）嘉庆巡抚广东地方韩崶题

嘉庆十六年三月七日广东东莞县

案件：陈筒氏致伤弓役何旺身死一案

摘要：银首饰十件、布衫袴十九件、棉布二条、棉胎二床、纬帽一顶、大小女鞋四对、铜铁锡器共八件，当得番银十八元，以上各赃估值银十二两零六分二零。

——中国社会科学院经济研究所藏《刑部抄档》。

576.（清）嘉庆十七年十月十九日管理刑部事务董诰等题

嘉庆十六年九月二十七日浙江省宁波府慈溪县

案件：王允文等纠窃王严治家一案

摘要：印花布被褥各一条，锡酒壶一把，当钱七百文；皮衣六件，当得钱四十千文，皮衣两件卖得钱十千文。

——中国社会科学院经济研究所藏《刑部抄档》。

577.（清）嘉庆十八年七月八日湖南巡抚广厚谨题

嘉庆十六年十一月湖南黔阳县

案件：梁允忠戳伤梁好伢身死一案

摘要：初三日行窃绫女衫二件，绫夹袄二件，绫裙一条，云肩一个，银花二对，银簪一枝，当钱二千三百文。

——中国社会科学院经济研究所藏《刑部抄档》。

578.（清）嘉庆巡抚湖北武昌等处地方张映汉题

嘉庆十六年十二月二十二日湖北潜江县

案件：孟继贤纵子为盗畏罪自缢身死一案

摘要：偷得青宫绸单套一件，青布套一件，蓝哔叽夹袍一件，蓝布夹袍一件，白纺绸衫一件，白纺绸两节衫一件，青宫绸女单套一件，白布女短衫一件，红缎女棉袄一件，红缎夹裙一条，随分两票共当得钱十四千五百文。

——中国社会科学院经济研究所藏《刑部抄档》。

579.（清）嘉庆十八年七月十八日巡抚广东地方韩崶题

嘉庆十八年二月广东番禺县

案件；李亚就等临时行强陈敬源家财物一案

摘要：十二日夜，行强随把皮细布衣服十八件，在均元源茂穗和各当铺，当得番银十元；又银首饰八件，皮细哔叽羽纱罗布衣服被帐共十二件，纱一丈三尺，棉布五尺，锡器九件，铜盒洋灯瓷盒各一个，玻璃镜一面，红线铬铜纽扣五粒，共卖得番银七元。

——中国社会科学院经济研究所藏《刑部抄档》。

580.（清）嘉庆二十三年六月十日巡抚江宁等处地方事务

嘉庆二十一年五月二十七日苏吴县陈桂生题

案件：俞翔等行窃吴无鉴家逾贯，衣裙十六件当在宝源典，当得九折串钱二十二两五钱。又衣服被褥并细布共四十三件……又拜匣一只内金银首饰记不清名员……又茧绸三丈五尺，在泳茂典里当得七折串钱一两。

——中国社会科学院经济研究所藏《刑部抄档》。

581.（清）嘉庆二十三年十月十四日管理刑部事务章煦等题

嘉庆二十二年九月八日浙江杭州余杭县

案件：王阿三等行窃翁麟书家计赃逾贯一案

摘要：有珠子金银首饰二十多件，记不清各样名色，拿到塘楼镇，分作六票当得洋钱一百三十二元；棉被一条卖得钱一千四百文，又锡盘烛台各物，当得钱三千六百文，又首饰被褥衣裙记不清各色件数，共卖得钱十五千六百文，以上当卖名赃并赃银四锭，估值共值库平纹银一百五十七两重。

——中国社会科学院经济研究所藏《刑部抄档》。

582.（清）嘉庆二十四年闰四月十五日巡抚浙江等处陈若霖

嘉庆二十三年十一月十八日处州龙泉县

案件：徐金复杀死徐法受一案

摘要：布棉被一条，布夹袄布马褂各一件，铜堂一把，锡酒壶二担，当钱二千一百四十文；布长衫一件，布袴一条当钱六百文。

——中国社会科学院经济研究所藏《刑部抄档》。

583.（清）嘉庆管理刑部事务戴均元等题

嘉庆二十四年三月二十五日江苏苏州长洲县

案件：吴阿汉等伙窃雇主陶长龄财物一案

摘要：偷出木沙枋板一副，在元和县地方宁泰典，当钱二十五千。

——中国社会科学院经济研究所藏《刑部抄档》。

584.（清道光二十四年十月）具状文生赵连奎，年三十五岁，住尚节里赵家排，抱呈族兄赵翼庭，距城五十里。为情急喊事：切生以……生对门卢康太于道光二十年向生借去首饰四件，当钱使用，当票系卢康安收存。去岁秋间，经卢康安胞侄卢有义之手，又借去生家衣服，当钱十五吊，俱未赎出。去年十一月，卢有义之父卢康太复向生求借，生已助给白亮粮二斗，至十二月，伊仍要借钱，因未遂意，竟嗔忿怀嫌。生家存乐器家伙，卢康安于本年正月十五日，找生讨要。生恐折变无存，未经允给……（触怒，率家辱骂……道光二十一年正月，为此卢亦上呈）

具呈民人卢康安，年五十六岁，住尚节里赵家排，为遵批诉明事。切据赵连魁控……缘道光十七年正月间，身与赵连魁、董福全、赵翼庭、董自兴、张可宽伙出东钱三十八吊，置买乐器家伙大小九件，以备正月十五日祭五道庙应用，公议将家伙存放在赵连魁家。孰意赵连魁于去岁正月十六日，私将家伙当钱二十吊，自己使用。至今岁正月十四日，身同董福全、张可宽找向赵连魁要家伙祭庙，讵伊故意不赎……去岁十二月间，赊买伊白高粱二斗，每斗价钱一吊二百五十文，应许均于是月如数交还，除此与伊并无牵连……（当钱之事，均系妄捏，后经亲戚调处销案）

——《顺天府档案》46，28全宗4，目录189卷，096、098号，中国历史第一历史档案馆藏。

585.（清）具呈民人李文才，年五十一岁，住嘉善里东辛庄，城东南十里。

为喊禀事：切今春二月二十三日，有胡各庄杨得玉，烦伊庄唐景兴向身借钱。身手内无钱，身借给伊蓝布大袄一件，毛蓝布夹袄一件，铜锣一面，伊共质当东钱二十一吊。至三月十五日，杨得玉又向身恳求借钱，身由李茂贵家转借东钱三十吊，交杨得玉使去，言明三分行息。因六月二十三日，系火神善会，用锣使用，着伊措钱赎锣……（伊仅措钱六吊，身代措七吊多，将锣赎出。又问所借衣钱，触怒，遭伊凶殴）

——《顺天府档案》54，28全宗4，目录190卷，180号，中国历史第一历史档案馆藏。

586.（清嘉庆十八年十月）壬子，谕内阁，御史李恩绎奏请，禁止典当军器一折。各营官兵军器，不特平时操演，在所必需，且豫备不虞，尤须取携便捷。着管理旗营大臣，严饬所辖兵丁，勿许将军器私行典当。仍不时查察，违者重惩。着顺天府、五城出示，严切晓谕铺户。如有违例收当者，事发一并治罪。

——《清仁宗实录》卷二百七十七。

587.（清）金陵风俗，嫁女之家，必索开门钱，争多较少，最为陋习。稍不遂意，则闭门不纳，彩舆致误时刻，作伐者每因此事大费斡旋。有一家届吉期，固索开门银十两，否则不嫁。而男宅分厘不出，否则不娶。冰人无如何，乃入新房，向伴娘索匙开箧，取衣饰数事，质银如数付女家，方成婚。三朝请新亲，延冰人作赔。俟两亲家见，而后取质券出曰："当时两处争执，不得已取奁中物，质银调停。今已两好无猜，我不能代垫，谨将原券交出，听尔二人面议孰赎，酒不敢饮。"长揖拂衣而出，两亲家大惭。

——（清）采蘅子《虫鸣漫录》卷二，《笔记小说大观丛刊》第一编第七册，（台北）新兴书局1978年版。

588.（清）四川典肆常质古董。一日有客，短衣虬髯，持匣，缄封甚固，索二百金。主者请开箧，观其称否。客曰："此吾至宝，因有急需，三日来赎。箧不可开，开不利主者。”主者曰：“不见物，何以质钱?”客曰：“必欲观之，即亦无难。”因启篋，竹剑一，横八分许，长尺有奇……持剑一晃，化为龙，乘之夭矫凌空而去。篋至今尚留。

——（清）《蜨阶外史》卷二《剑术二则》，《笔记小说大观丛刊》第二编第二册，（台北）新兴书局 1978 年版。

589.（清道光十六年十二月）甲戌，又谕、钟祥等奏，请将被控勒诈当商之知县、典史革职审问一折。典铺所以便民，该地方官理宜禁绝棍徒索诈滋扰。乃朱维翰等身为县令……先后用印封书箱，向部民谢元泰当铺押借银两。朱维翰兼受程仪番银六十圆，已革典史沈成因购线拏犯，亦向谢元泰强索番银四十圆，均请按律问拟杖流。下部议。从之。

——《清宣宗实录》卷二百九十二。

590.（清）董蠡舟：贷钱。（农民养蚕乏资，贷于富家，蚕毕贸丝以偿，而息其什一。富家实渔利，而农民亦赖以济蚕事，故以为便焉）盎中余粟食已罄，笥里寒衣典无剩。买叶无钱糊口难，何人肯乞监河润?

——（清）汪曰桢《咸丰南浔镇志》卷二十一，《续修四库全书》第 717 册，上海古籍出版社 2002 年版。

591.（清咸丰）向年困苦，犹可典衣裳、质农器，今则典质而已空矣。向年饥寒，犹可卖田宅，鬻儿女，今则鬻卖而莫售矣，惟是称贷豪家。

——（清）何国佑等《霍山县志》卷十三《艺文》黄云锦《上当路言事书》，（台北）成文出版社 1974 年版。

592.（清）（旗人将腰刀、头盔、弓箭，也拿到典铺抵押渡日。北京一些当铺甚至专营，或兼营这类业务。旗营附近，还设有一些临时租赁军器的铺子，以供兵丁大阅之日租用出操。雍正大怒，严谕）官兵将军器质当者，官革职，兵鞭一百，革除，军器追缴入官，失察之该营官，罚俸一年。

——光绪《大清会典事例》卷七七一《兵部·军器》，《续修四库全书》0809 册，上海古籍出版社 2002 年版。

593.（清）屠士元，吴江八坼人，多技巧，工雕镂人物。织造海望荐入内府，于罘罳锲五百罗汉，精细绝伦。后放酒自废，还里，尝以桃核刻一舟，入质库得十金。及赎归，蹴碎之。乾隆中卒。

——光绪《苏州府志》卷一百零六《人物·艺术》下，（台北）成文出版社 1970 年版。

594.（光绪十九年四月初九日）京师宣武门内帘子胡同陈善典开设多年，生涯顺遂。迩来柜上典入首饰、银物，辄有外饰白银内蕴红铜者，柜伙等深以为怪，逐日留心细为察验。暮春初，有二女似乡人模样，携银镯付质。柜伙盘诘再三，疑有伪物，反复阅视，知非真银，乃用铁剪当场戳开，果系铜质。伙怒甚，拘二女，卸其耳环，留以为证，纵之去。二女狂喊冤苦，奔归家内，率其兄及同党三人汹汹到典，势不干休，且百般詈骂，敢行啰嘈。典伙理直气壮，喝役将三人捆之，拥至后院，细为拷掠。曰："骗人财物，绝不知耻，又复兴波作浪，敢与为难。"三人知难支吾，自供制造假饰、借以唐突各等情，哀求释放，始纵之去。

——《益闻录》1270号《女骗》。

595.（清光绪二十一年十一月二十日）姑苏访事友人函称，本月十五日有一妪，老态龙钟行至城隍庙桥西首可大典当，在身畔摸出银练一条，向柜上质钱。柜伙秤得一两余重，正欲写票付钱，旋将此练再三审视，滴以药水辨别真伪，知是铜质而喷银者。遂将此练扣住，细加诘问。老妪答以受人之托，即系铜质，还伊原物可也。该伙定欲扣留，嘱妪同本人来取，以伪物于市面攸关，不得不认真查究，以警将来云云。老妪无可如何，悵悵而去，以后不知所终。

——《申报》8159号《伪物被扣》。

596.（清光绪二十二年二月初八日）胥门内三多桥裕源典当，于去冬某日被匪人蒙混，当入铜练一根，计本钱一千四百文。嗣因随处留心，防其再混。本月初三日下午，来一十七八龄之女奴，手持衣包一个，内计破衣六件；又银练一根，粗而且长，秤之约重二两许。典伙查姓详加阅看，以银色较滞，不无可疑，当将外国药水试验，立现铜质。当将衣包等一并扣住，查问该女奴来历。讵该女奴非但不肯认过，反出恶言。查曰：姑念汝年稚女流，仅扣质物，不然，立唤地甲送汝到官，则鞭责之下，不怕汝不吐真情也。旋经旁人向该女奴开导，令其回告主人，嘱主人亲来领取可也。该女奴始唯唯而去。

——《申报》8232号《虎阜春云》。

597.（清光绪二十八年二月十三日）前者汇通洋行出店，王阿荣将行内台毯私自取出，至宏济、恒济等各质铺质钱花用。嗣经包探李星福将王拘获，吊出原赃解案，请谳员张柄枢司马讯明，判王责五百板，押捕房一年。旋因捕房以各质铺不应收当外国物件禀请司马，饬传讯夺。昨经司马饬传恒济、宏济、晋元、允昶、仁昌等五家到案讯判，当经各质铺延请担文律师到堂声辩。各质典遣伙供称，此项台毯沪上各广东人家以及各大菜间均有，不仅洋人所用，典伙作为洋布单被收下，其所印洋字以为洋布牌号，并不知其字义。担文之帮办律师声称，此案系各质铺邀敝律师代办，查得本月初六日，有包探至仁昌询问有无此等台毯，当时寻出三条，余者因无票子不能记忆。至次日该探又带贼前往，并有票八张，亦一并检出交去，各典亦均如此。照此情形，该当等并无不合。且近来风气渐开，外来之货华人亦一律行用，此项台毯沪上各绅商以及大餐间不下数百家均有此物，虽上印洋文记号，该典伙不识西文，不得谓之收赃。至于王阿荣当质物时身穿绸衣裤，并非形迹可疑之人，更不能辩其是否窃来，亦更难谓其违章。向章各典当有领回当本之例，本应循例照给，惟该典等不无稍有疏忽，所有当本洋银五十七元情愿不领以示区别，请为公断。司马核供与翻译互商，以律师所称各节，该典等本无不合，似难断罚。惟现在各善堂经费支绌，劝令五家捐助洋银一百二十五元以为善举。各质伙遵谕而退。

——《申报》10387 号《英美租界公堂琐案》。

598.（清光绪三十四年六月初六日）甬郡各典当典质货物，向章不论多寡，给付质票一纸以凭取赎。现鄞县洪云荪大令新定章程，谕令各典商嗣后典质货物，其洋数逾五十元以上，均须注明来历并姓氏住址。若烟赌各具，无论金银铜锡一概不准收当。各典商以此项章程颇碍营业，特邀请董事在商务局会议拟向县主要请改章。

——《申报》12725 号《鄞令新定典当质物章程宁波》。

599.（清末）十思举目观颜色，摇声似响钟，伪处无磨路，手扳硬似弓，至巧为青盖，最软是红铜，尾轻头更重，腰细脚丝松，委屈成观勉，湾湾总不同。

九疑皮浮防夹弊，骨实断非低，类旧多烧叶，图新不是师，似老痕无老，今时比昔时，声升轻且跳，钻处起砂飞，灰蓝是铜底。

三番一任留心便是佳，何论白叟与童孩，虽云二十年来业，三读知珍妙理开。

四复眼见色符，必须举手。既折看脚，切勿斜视。正者一两，伪者九钱。金不怕火，银不怕煎。

——黄守五《典业博谈》，转引自王裕明《明清徽州典商研究》第一章《典业类书》，人民出版社 2012 年版。

600.（清末）看之，先看其大小宽窄，颜色鲜亮、时古。且夫衣之全美者，要身长而袖大，腰宽而下炸大，领圈合其中。做的时样，上下里表俱各要相配鲜嫩颜色，人皆爱之，乃为全美也。有衣之劣者，或身长而袖短，或下炸窄小，或领口过大，或花样不对，或老年不时，或底巾拼着，［或］新衣大面而全点渍腌，或整衣而补块，或面重而里消薄，或做手不时，或油渍出豆，或回染颜色不时，此皆衣之病也……凡纱衣，先看其新旧，次看汗渍，再看其地道、高矮、颜色鲜死，又皆［看］时古（估）。凡羽毛看其粗细、地道及虫伤否。及至皮货，更难变（辨）矣，有喜其毛大，有爱其毛小，有喜其轻重不一，所贵在新而绒足，毛子清楚而灵，又要润泽，论价之高低，全在做手，无拘毛粗细，要平整齐集。风毛、领袖、面子、花样、色道俱各相配，乃为全美也。价钱多贪亦不过……丝之生熟，切宜察之，若论价以斤两，为君但要辨清地道，庶少错矣。凡有过于要大价者，必交同事过目，不可自主而去，以免他人谤谑。

——《当行杂记》，转引自《近代史资料》第 71 期，中国社会科学出版社 1988 年版。

601.（清末）珠以圆白为主，先看颜色，次看生相，再估重轻。有广珠、湖珠之不同，所产之地有别。或青而带黑，名曰含泥。此因结胎之时，蚌内受泥水也。又有湖珠带红者。名曰血，即圆如精子，所值无多，嫌其不白也。又有漏胎、壳性、腰箍、鬼脸、饭块、紧皮、糙、松皮等，皆下品之名，因一面有病，故穿象鼻眼，钉于饰上，扒挑不便，以之欺人。又或曾经剥挫，此皆珠中之病处也……珠之等第有五：头等为对牌精子，乃圆白兼美，光彩夺目，极上品也；二等为拣光，四面收身，与对牌串珠仿佛；三等为光珠，三面光洁，一面稍差；四等为平头，其状如馒首；五等为镶嵌，系鬼脸、松皮，可做镶嵌者。又一种名壳珠，外光白，内空虚，银饰甚是好看。底托坚密，颇能哄人。若受其欺，则差远矣。大概珠色，有提以成群为贵，单颗价要少些，或成对成把，可增价值矣。

——《典务必要·珠论》，转引自《近代史资料》第71期，中国社会科学出版社1988年版。

602.（清末）论广珠规则 广珠出于广东廉州府洽浦县，有三池，玉池出者上红，因池出者中青，因？池出者下等。此珠褒贬甚大，亦有外国者。盖珠子有几等字号，其名新、洋、高、中、玉五个字号，新字为上等，洋字为中等，高字为下等，中字次之，玉字又次之。

看珠子要论颜色高低，有圆有长有楞的，有论百头的，皆要皮紧光亮，此为上等也。有七楞八瓣不成形不透光颜色发黄暗，此是下等品。珠子一名药珠，配药使用。

取珠子叫作蜒人下海取。此珠出在五龙，广珠洁白紧圆，上对牌个头，每颗其价有等，数有三等数目。

……（重量及价钱略）

广珠上对牌紧圆，数目有随圆，好歹不同。

各自细看每颗。

……（重量及价钱略）

看个头珠子，亦有次第，上等俱以上等，不可一概而论，但要留身（神）细看，且（切）莫忽略每颗每个头珠子价目，以上紧圆随圆颜色高的价同，此宗颜色个头又次一等。

……

广珠如馒头，顶象鼻眼，有五分重者，值银二拾两。洁白紧圆，一分重，成对坠子，十二个值一百三十两。

湖珠名：龙精湖、美人湖、白湖佃湖、倭刀湖、品宋湖、腰绿湖、厚皮秋顶光湖、米汤湖。

论湖珠规则

但看湖珠，白而带青者为龙精湖，白而带红者为美人湖。白光如蒸饼之样，二分五厘值银拾五六两。倭刀珠子其色如百合，珠子类无宝光。一分重圆，值银一二两，无宝光。白湖珠有一分重，银一两。东珠有腰线，其色青黑，有一宗腰线湖、顶光湖、白湖、粉皮老米湖，俱不值钱。如饭块镶嵌羽毛鳞虫等物，随人智慧评论作价，难以定数。即估重，珠子、珠母子亦难定价。见物须要看真假，且莫忽略。有一宗河珠，出米兴县，其色雪白，系是发的。一宗梅花槽、高南槽二宗，皆是珠泡也。

龙精湖。紧圆上对牌者，照数目亦有次第，切莫一概而论，须要留神细看每颗数目。

……

南湖珠。出在南方大河内，其白色莹白微光，有三分重，值银五佰两。有其形如同高馒首一样，周身有光亮，宣罗底，象鼻眼，重一钱，银八十两。

黍扣珠。要圆光亮，如穿二珠坠一对，用珠六分重，值银五两。

竹珠。出在云南大溪竹林内，其形发白有光，不甚值钱。

珊瑚。看珊瑚、素珠并佛头，看无砂眼、圆者好，有砂眼俱腊捕色，亦同须要留神。看其颜色，亦有次第，鲜红、樱桃红、淡红者为第一，杏红者为中，血红紫色者为下，俱要留神细看。凡珊瑚出于安南国、西番国、女贞国、西洋，俱出于大江岛内，就是水之牙也。生的三等颜色，黑色者老，黄色者中，白色者嫩，去其皮方是珊瑚。如珊瑚帽顶重一两者，值五六佰换，整者少。

……

论宝石

看宝石要变（辨）其真假、颜色、水头，如真，其光在外。再者要有提色、坐色者为贵。再有水头者，此为全美，价值二三佰两。若有提色而无坐色者为贵，再为水头，此为上全，价值二三百换。若有提色而无座色，有瓤者为闷红，值一二百换。有坐色而无提色者，此是不全石也。

祖母绿。此石有雌雄，时人叫子母绿。其石青者有碧色，上有蝇翅、蛇蚤班粉皮、蜘蛛网，按金木水火土五行之色，有铁线纹、金星，向太阳，其色润光。雌雄成对，大者雄，小者雌。惟有一钱重，值五六百换，再大者难定数目。有假的，如西洋碧玉菉水晶之假，留神变（辨）之。

映红映青石。其石放在水碗内，通红透白光，虽红上有一道白光，照上价值千换，此映青，如同映红一论而已。

碧牙玺。其色如鲜水红颜色，每两银八十两。分其五色，红、黄、青、白、绿，顶高鲜水红色者。若论时价，上管顶高二两重，佛头值二三佰换。此石出在南海大海岛内近水之处，即山之津也。上往下长，如同冷玲一样，分其五色也。

……（价钱略）

西山虏子不值钱，羊睛虏子些须之数。新西山闪光石与虏子。

水晶石。水者，水也；晶者，精也。此石出于海岛背阴之地，冬季冻冰，多年得天地之灵气，受日月之精华而成水晶。其色莹白，体轻；其质透明而且玲珑瑕点。其石有数样，曰银晶、墨晶、茶晶、发晶、鬃晶、中晶，有棉者佳，又有一宗绿晶石。

玫瑰红石。小者不足分数，值三四拾换。有三钱重，银三佰换，俱要厚实的佳。又要有相生的好，有鬼脸薄者不值钱。

细腻红石。此石比映红石次等也，须要变（辨）真，不可一概而论，值二三佰换。

鲜水红石。要有宝色，有棉又要有水头，二三分重一块，值银二三佰换。

印色红石。此石放在纸上即有润色。一分重值三佰换，有一宗印色红石，银值二十换。

石榴子石。要有水色高，做走透上分心石用。三四分重者，值银五六两之数。

淡水红石。其形仿鲜水红石，只是淡色红石。此要是顶高的，值千换。

蜡花红石。要有宝色、有提色、有棉水头，高者价值二三十换。

天青石。其石颜色雨过天青之色，水头高者值三四十换之数。

高花鲜水红石。要有宝色、有提色、有棉水头，高者值二三十换之数。

空清石。此石如鸡卵形，受天地之灵气，得日月之精华而成。石胆名为空清石，其内空而有水，能治瞖。其水放在磁器内能渗透。

清金石。其石无道，多金星，有菉苗、有青根，好的与珊瑚价同。此石出于外国，生的如同硬媒（煤）块一样，黄膘性发青，每斤银四拾两，此时不值。

催生石。其色发青绿代（带）白，就有金星亦是假做，其价钱能与青金比也。分其软硬，催生软，青金硬，磨去无白道，催生磨去而有白，每斤银五六两之数。

松儿石。其色绿，无黑纹，有金星、铁线纹，此石出陕西西宁近水处山沟内，近水者硬，离水者软，每斤银四十两。

孔雀石。出于回子地方，相仿松儿，其石色发绿，上有黑花纹。

玳瑁石。出于安南国，系大龟盖如牛背，比牛角透玲，上有黑斑点，体轻。

琥珀。此物出于大山内，有老松树上的松脂油流入地，多年受天地之灵气而成。珀生于西域者佳，其色淡而明。生在南方者，其色深而重浊。将手磨热，能拾草介者是真的。琥珀多年脱尽斑点而成金色珀，其色金黄透体轻。

牛皮石。其色如牛肉之样，无生色，有提色者十换。如颜色死，四五换之数。

金刚钻。有五色，分真假，出西番国昆仑山，西洋亦出。其体轻，火烧不坏，锤打不破，能钻磁器。有一宗金刚石，其色与玻璃相似，磁器上亦能划道子。其性软，不能划道子，钻眼似银钻，龟背纹。假金刚钻须变（辨）之，磁器上试，如真的划三道，逢假的划一道。有黄色的为金刚钻，白的为银钻，黑色为煤渣，绿色名茨菇，有紫色的是西番国来的，价值千换。

皮石。其石有水头者值二三十换，无水头者值十换，三四钱重值四五十换。如石中发白，不是皮石是宝烧，

蜜腊。其彻有多花纹者佳，相雀脑之类。此物出于大山内有孔之处，蜂能采百花之精，多年而成腊。其体轻，有黄色、有杏黄色，有花纹者为贵，色如秋葵者为上等。

玻璃片。有洋货，无泡子而且厚。广货有泡子薄，其色发绿。

金星玻璃。出于大洋，其光有宝色。真金星有一宗，广货金星，此系假也。真者时人起名温嘟哪。

金刚石。此石形不大，色如水晶，磁器上能划下道子。

新坑石。系宝石也。若有雄黄地者，乃是老坑石也。

酒黄石。相仿金刚钻，淡黄色，值四五十换，接手断纹。

鱼儿石。出山东莱阳县，有成各色鱼形，拿滚水洗腥味。
闪光石。其形相仿虏子石，不值钱，须要留神，不可忽略。
紫红石。假石也，带紫色者，些须之数不为假也。
宝烧石。其色如死马肉，值十换，如黑者值三四换。
龙泉石。出于龙泉县，此石与缠丝玛瑙相仿。
鸽子蛋石。系鸽子灌成之石，有五色，粉红者多。
芙蓉石。粉红色，发死，无水头，假冲（充）碧玺，留神。
紫映石。此石如同茄子色，水头高，五钱值五换。
大刀石。出云南，其形是扁的，玲珑透上有生成的山水花样。
避风石。黑地石，黄楞子，系媒（煤）根石，做素珠用。
旱海石。出于口外地方，其色相似寿山石之样。
水晶炸石。亦假冲（充）碧牙玺，留神。
桃花石。此石与芙蓉石相仿。
砗磲石。即是蛤蚌，有光纹而白。
秋角。鱼之牙也，内有多花纹。
皮雅西石。淡黄色，顶高值五换。
雄青石。是多年雄黄而成石，不值钱。
定风石。有金星，土黄色也。
落霞石。值重对重。
杏眼石。值二三换。
桃花片石。不甚值钱。
红云南石。与宝烧石一样。
牛油石。此石其形淡黄色润，与玛瑙相仿。
嘎吧石。与玉相仿，其色呆白，刀能削之。
青天石。出浙江青天县，红色，做图书用。
硝子石。其石白如玉，向太阳照内有火光，此物冲（充）玉。
蓝田石。与玉相仿，看皮内有白云点，其性软。
寿山石。做图书用，又名画石也。
硫磺石。如同硫黄，根子有假的。
莱石。出山东莾州府，其色形如碧玉，性软，刀能削。
水石。色白，亦有微代（带）淡红色者，水性上有碎惊纹。
脓袋清石。其形青中代（带）白。
猪干（肝）石。此石不值钱。
端砚。出于南方，地名端溪，大河内分其眼，年深者值钱。
云青石。此石真者少。
天生子石。此石不甚值钱。
紫霞匆石。不值钱。

烧红石。不值钱。

松绿石。不值钱。

论玉规则

凡玉出于昆仑山，此山最高，人不能上，有石猴抱砖引之。亦有西洋出的，有云南出的，玉有百种，不能载，俱光润白净者此为上等。

羊脂玉。其色如羊油白光，镶项圈六块，有三两重，值银一两五钱。

西洋白玉。其色如香脂，油光亮，色润白净者为上等。

西洋碧玉。其色绿，有蛇蚤斑，无瑕者为贵，别名翡翠。

云南玉。其色白绿，上有萝卜，性光亮，亦叫翡翠也。

汉玉。其色有红、黄、黑、白如此之等。按此玉汉室倍藏，所以有血斑。

菜玉。其色青绿，而且有宝色，又名碧玉。

新山玉。分其新坑旧坑，新坑不值钱，旧坑货值钱，

墨玉。其色黑而明亮，甩墨玉有黑墨点。

葱白玉、高千玉、朱玉、青玉、干黄玉、玉皮。

论玛瑙规则

凡玛瑙出于宁夏南青西番国，山东、浙州亦出，景州亦出。按其出处颇多，其名千种不能全载。

正红玛瑙。出于宁夏，受天地之灵气，内有花纹、人物、飞离、走兽、龙蛇之形者佳。

缠丝玛瑙。出南西番国，形如蜘蛛网。

酱班玛瑙。粉红色，上有斑点。

玳瑁玛瑙。上有黑黄斑点，相（像）玳瑁。

锦红玛瑙。出锦州，上有锦纹花样。

竹叶玛瑙。上有竹叶云头花。

山水玛瑙。上有山水花纹。

闸草玛瑙。内有闸草形。

芙蓉玛瑙。其色正视如血。

蜡黄玛瑙。其形黄蜡色发亮。

土玛瑙。出山东浙州，有核桃纹。

玛瑙全论

上品玛瑙、下品玛瑙、水石玛瑙

白玛瑙、西洋玛瑙、紫玛瑙

血玛瑙、景州玛瑙、玉玛瑙

黄玛瑙、荆州玛瑙、蓝玛瑙。

论素珠规则

出于外国，分其真假，真的其纹有曲弯，假的是直纹，系袍素香的。真的一挂银一千两，单个值银一两，假的不值也。

茄蓝香、菩提子，出于南海落茄山，有树上结菩提一包，一佰单八个，不能多亦不能少。有几种，有凤眼、有星、有月、有金星、有鬃眼、有马蹄样也。

……

论朝珠规则

凡朝珠一盘，其身子一佰单八个，上有四佛头，有小三串为记念，有挂大牌扁为背云，有大小三个坠角，身子一百单八个，名为一百单八将。四佛头为四众，三记念为一佛、二菩萨，背云为子护韦。

——刘建民先生藏《当谱全集》。

603.（明永乐时）且说崇文门城墙下，玄宁观前有一个董秃子，名叫董文，是个户部长班……不知京里风俗：只爱新，不惜钱。比如冬天做就一身崭新绸缎衣服，到夏天典了，又去做纱罗的。到冬天不去取赎，又做新的，故此常是一身新。

——（明）陆人龙《型世言》第五回《淫妇背夫遭诛，侠士蒙恩和宥》，春风文艺出版社 1998 年版。

604.（明）两个正打双陆，忽见玳安儿走来说道："贲四拿了一座大螺钿大理石屏风，两架铜锣铜鼓连铛儿，说是白皇亲家的，要当三十两银子，爹，当与他不当他……"（应伯爵劝撺说：）"哥，该当下他的。休说两架铜鼓，只一架屏风，五十两银子还没处寻去。"西门庆道："不知他明日赎不赎。"伯爵说："没的说，赎甚么？下坡车儿营生，及到三年过来，七八本利相等。"（于是当了下来）

——（明）兰陵笑笑生《金瓶梅词话》第四十五回《桂姐央留夏花儿，月娘含怒骂玳安》，人民文学出版社 2000 年版。

605.（清）那老伙计已预先托人把铺面房屋、招牌、架子、家伙什物俱已停当，拣了黄道吉日开张，挂得一面招牌……兴哥拜完客，回到铺中坐着。忽见一人牵着匹马，进门道："在下是个马贩子，贩了二十匹马来，马价都是百金一匹的。遇着利情迟钝，众马嗷嗷，只得将一匹来宝铺，当五十两买料，卖出依旧加利奉赎。"兴哥心中爱着骏马，一眼看了就笑起来。那伙计道："开口货从来不当，出去，出去？"（兴哥却奉百金而去）……又见一个穷人手拿铁锅一只，伙计上账，当去三钱。（兴哥却反将锅还了本人）

——（清）《豆棚闲话》第三则《朝奉郎挥金倡霸》，人民文学出版社 1984 年版。

606. 话说楚云娘辞了岑尼回城，只说与楚大舅送殡去了，且按下不题。却说这家人全福……寻思着："这些个皮箱，封锁的是云娘自己的首饰衣服、金簪钗环，珠冠也有三四顶，连银纽丝、红绣鞋撇下的物件，俱在箱子里，少说也值五七百银子。那包袱里南宫吉的官衣、杯盘、尺头和那貂鼠披风两三件。好少东西！慢慢的一件件取出，向当铺里典些银子，和李小溪合伙，却不是一个现成的财主！"

——（清）《隔帘花影》第四回《祸机深财未用时先丧命，天报速人才杀处早伤身》，远方出版社2001年版。

607.（清）“定保本是奴夫主，虽是结发婚未成。只因他，偷耍钱，借当去到张家湾。奴的大娘是他姑母，赴席不曾在家园。他表妹，对奴言，背着父母借衣衫。”老爷闻听又来问，“几件绵来几件单?”伦姐说，“记的全，青缎夹袄锦镶边。红身主腰绿挽袖，还有一件蓝绸衫。绿罗裙，枚花边，贡缎合厰色新鲜。印花包袱蛇皮代，上拴一个古铜钱。也是奴，不小心，绣鞋一只里边存。”太爷回言说的对，鞋上故事云一云。小伦姐，把言开，“听奴说说红绣鞋。不大不小刚三寸，半新不旧底儿白。绿绸子，把口挻，底下又用办子磻。一层锦金掐万字，一层纲子狗牙边。园圈砌，撰子莲，两边俱是佛手干。蜜蜂落在花心内，拱着腰儿两翅搧。鞋尖上，两办花，绿叶相称黄疙疸。木头底内装土粉，走一步漏出一朵枚花鲜。”

——日本早稻田大学藏《王定保借当》。

二、关于“值十当五”之制

608.（北宋天圣二年三月）己卯，知成德军永州团练使钱惟济加吉州防御使，留再任。有伪为白金以质取缗钱者，其家来告。惟济密谓曰：“第声言被盗，而示以重购，质者当来责余直，即得之。”已而果然。

——（宋）李焘《续资治通鉴长编》卷一百零二，中华书局1985年版。

609.（清）一凡典商收当货物，自行失火烧毁者，以值十当五，照原典价值计算，作为准数。

——光绪《大清会典事例》卷七六四《刑部·户律·钱债》，《续修四库全书》0809册，上海古籍出版社2002年版。

610.（清）质业中有所谓信当者，所质金额，不必果得原物之半值也。但有人为之保证，即可取信于长生库，如愿以得之。有金子森者，一日以银二十圆购一质券，金时计也，券面金额为二百四十圆。二十圆之代价犹未付，以券质之于长生库而信，乃付之。越半月，备价往购，视时计，则仅值八十金而已，盖质时已预为之地矣。又有设摊于地以售质券者，则皆日用之物，泰半为贼赃，然亦有膺本，私造者也。

——（清）徐珂《清稗类钞》十一册《棍骗类·假质券·清末质券买卖》，中华书局1984年版。

611.（清，朱国桢）一开银之源，人各自私，何以开之？悉招质库，不分主客，告以……但米到即质，质值以十之八九为率。如米价百两，质八十五金，复籴，渐质渐减，减不废籴，大约百金可得三百金之米。在质者本利递增，风闻竞起；在籴者质之利寡，籴之利多，计期取息，百不失一。

——《南浔镇志》卷十九《江南水患异常，旧守荒政可纪疏》，《续修四库全书》第717册，上海古籍出版社 2002 年版。

612.（清末）（1）绸皮男装估值七折洋码，一两当洋四角五分。
（2）绸皮女装估值七折洋码，一两当洋四角正。
（3）外国输入之件，年年更新，照上当价，应再作九折看估。
（4）土布乡装估值七折洋码，一两当洋五角正。
（5）足色纹银首饰，每重一两当洋九角正，成色递减。
（6）赤金首饰照进价每一换（即每时值价银一两）当洋一元。
（7）钟表照时下估值，卖出价洋十元当洋四元（此条后奉东示，一概不当）。
（8）铜锡器皿估值时价，按照新旧酌当。
（9）古玩玉器、军装号衣一概不当。
（10）机器风琴一切玩戏之物，一概不当。

——安徽师范大学图书馆藏《典业杂志·芜湖同福典当价细则》。

613.（清末）且从前估值当本，于布帛普通之物，每值千文，可当六百文，绸缎杂物，可当购价之半。今则估价愈贱，每值千文之衣饰器物，仅当三百文，至多不过四百文。在民间以其日用必需之物，付诸质库，暂济眉急，原属万不得已之举。

——安徽师范大学图书馆藏《典业杂志·江宁绅士为典商改章病民上》。

614.（明）（先生就手捏荆篮拿出一张没一尺宽，五尺长的画，主管见后问）稽回身问道："这画非同小可，要解伍拾两银子。"主管道："告我师，只怕当不得这许多。若论这一幅小画儿，值也不过值三五十贯钱，要当五拾两银子，如何解得?"这先生定要当，主管再三不肯，两个正争论之间……（员外出来，道士向员外说明此画神妙之处，乃当五十两而去：此画画的乃是绝色美女，晚上焚香，于无人处弹三弹，即有美女下来）

——（明）罗贯中《三遂平妖传》第一回《胡员外典当得仙画，张院君焚画产永儿》，北京大学出版社 1983 年版。

615.（明）两个正打双陆，忽见玳安儿走来说道：贲四拿了一座大螺钿大理石屏风，两架铜锣铜鼓连铛儿，说是白皇亲家的，要当三十两银子，爹当与他不当他……（伯爵劝撺说：）"哥，该当下他的。体说两架铜鼓，只一架屏风，五十两银子还没处寻去。"西门庆道："不知他明日赎与不赎。"伯爵说："没的说，赎甚么？下坡车儿营生，及到三年过来，七八本利相等。"（于是当了下来）

——（明）兰陵笑笑生《金瓶梅词话》第四十五回《桂姐央留夏花儿，月娘含怒骂玳安》，人民文学出版社 2000 年版。

三、当赎过程中的通货运用及制度

616.（北宋仁宗宝元、康定之后）（知并洲）河东用钱，铜铁二品均等，铁钱轻又盗铸者多，诏变其法，以铁钱三当铜钱一。百姓夺货失业，市井讙噪。经略使郑公集众官谋之，君曰："小民失职无聊，宜使人往慰之耳。"郑公使兵马都监谢云行出谕之，民因求见太尉。既入，郑公捕其唱率者，将刑戮之。百姓皆哭，君曰："民以无聊故愿见公，公重困苦之，众怨且怒，将不可解。"郑公乃止，君又曰："兼并之家典质钱旧出十，乃今偿三十，何厚幸也？而贫民失业，又两倍输，此其所以患新法之变耳。今使以旧数偿，虽不利兼并之家，可以悦众。"从之。而军中犹疑县官出钱刀犹用旧法，相与窃议谋变，郑公忧之。君曰："兵今当给料钱，比文书具更历勾院，犹二三日久。可不俟文书，具给之后，徐入勾，无害也。"于是人情始安。

——（宋）刘攽《彭城集》卷三十八《故朝散大夫尚书虞部郎中致仕上骑都尉皇甫君墓志铭》，文渊阁《四库全书》第1096册，（台北）商务印书馆1983年版。

617.（北宋）崇宁初，行当十大钱，秤重三小钱。后以币轻物重，今令东南改为当五钱，轻于东北。私铸盗贩不可禁，乃一切改为当三，轻重适平，然后定。是时内帑藏钱无算，折阅万亿计。京师一旦自凌晨，数骑走出东华门，传呼里巷，当十改为当三，顷刻遍知。故凡富人无所措手，开封府得旨：民间质库，限五日作当十赎质。细民奔走趋利，质者不堪命。稍或拥遏，有司即以重刑加之。有巨豪善计者，至官限满，自展五日，依旧作当十赎质，大榜其门，朝廷闻而录赏之。

——（宋）朱彧《萍州可谈》卷二（与后山谈丛合刊），中华书局2007年版。

618.（南宋）独有民户典买田宅，解库收执物色，所在官司则与之参酌人情，使其初交易：元是见钱者，以见钱赎；元是官会者，以官会赎；元是钱、会中半者，以中半赎。自畿甸以至于远方，莫不守之以为成说。

——《名公书判清明集》卷九《户婚·取赎》《典买田业合照当来交易或见钱、或钱会中半收赎》，中华书局1987年版。

619.（南宋）衢州江山县峡口市山下祝大郎，富而不仁，其用斛斗权衡，巨细不一。乾道八年七月，有道人过其门而戒之曰："汝宜用心平等，不可如是。或梦人来取，家必有灾。"是夕，梦二青衣来言："汝家所用斗秤安在？"梦中与之，二人各执其一。既觉，急寻之，已失矣！因忆正昼道人之语，谓灾者火也，即尽徙室中之藏于山上质库。方稍定，库地忽迸裂，洪水涌出如奔，屋宇钱帛，随流而下……家人尽死，仅一小儿与一婢在山巅仅免。土人今呼为祝家谭。

——（宋）洪迈《夷坚志·补》卷七《祝家谭》，中华书局1981年版。

620.（明）昔年典铺中当物者，分文皆纹银，今亦有不足色者，且用层色搭头矣；细丝之外，巧立名色，有吹敲、青丝、水丝、水工、茶花、橘汁、披白、飞白、紫盖、火盖、半盖、紫搭三焊、钓铜、钓铁，糁沙、糁铜、竹叶煎饼、吹灰煎饼，虽不足色，勉强可用。近日有以药煮铜，名曰兑头，俨然细丝，而下炉即化为乌有。每见乡人卖货物，妇女卖绵纱者，往得赝物，惟有痛哭而已。

——（明）李绍文《云间杂识》卷六，上海县修志书局民国二十五年版。

621.（清）迨康熙初，始令京省各开局铸钱……但铜之精美远不及前，而价定每千值银一两，令民间完纳钱粮，大约十分之中，银居其七；以解边，钱居其三，以备支放。编诸会计由单，当官收纳。于是银价顿长，价至每千兑银九钱有奇……至十二年，甲寅四月，闻八闽之变，三吴钱价顿减，初犹五六钱一千，后直递减至三钱。积钱之家，坐而日困，典铺尤甚。有司虽严禁曲喻之而不可挽。十五年以后，封疆渐宁，钱价以次渐长。十七八年之间，每千价银又兑至八钱七八分及九钱二三分。

——（清）叶梦珠《阅世编》卷七《钱法》，中华书局 2007 年版。

622.（清乾隆十年二月）癸丑，大学士等议覆、湖北巡抚晏斯盛奏称：钱法关系民用，谨就本省情形，酌陈事宜。一、奸民私剪钱边，案破累累，亟宜及时严禁行使。此外砂板锤扁古钱及铅铁钱，俟相机查禁。一、民间质当，多系零星，不能禁其使钱。惟价在三五两以上者，当给本色。取赎在二三两以上者，亦照本色交还……至称各当积钱至十串以上者，随令兑给钱铺，诚恐小民待质者多，存不敷出，尚非尽善之策。应令该抚会同湖广总督鄂弥达，将该省大小当铺，按照每日所出钱文多寡，遵照京师之例，酌定数目，妥协办理。得旨，奏内事情，着鄂弥达、晏斯盛妥协实力为之，余依议。

——《清高宗实录》卷二百三十四。

623.（清乾隆十四年十一月庚戌）两江总督黄廷桂奏：江右省城典铺质物，皆用银，不用钱，缘用银则平色出入，易于巧取。应令一两以外者仍用银，一两以内者均用钱。再典铺多用两戥，应行禁止。得旨：不如听民便之为妥耳。且各省因用钱不用银而钱贵矣，今江西又勒令用钱不用银，则钱不愈贵乎？但禁其两戥剥利者可也。

——《清高宗实录》卷三百五十二。

624.（清乾隆十六年九月癸巳）云南开化镇总兵张凌霞奏：……再，开化设有生息当铺二处，因原定以钱一千一百文，作银一两，出入之数与市价高低不一，恐有亏折，概不当钱。兵民不乐赴当，遂至生息不敷。现搭换制钱二千余串，银出银入，钱当钱赎，原本无碍矣，赏赉亦敷。

——《清高宗实录》卷三百九十九。

625.（清）典当出入一两以下，概用满串钱文，不许扣抵；一两以上听用库平纹银，其银色戥头，毋许高下轻重。责令各州县较准制戥二把，发给称用。

——《湖南省例成案》卷三十三《户律·钱债·违例取利·典当每年十二月初十日起至正月初十日止一月以二分息向赎》，《中国古代地方法律文献》丙编第3册，社会科学文献出版社2012年版。

626.（清，总督喻成龙）当铺之肥进瘦出，按日加三，宜禁也。当铺之设，原为穷民之家通融缓急，每月加三起息，限满变价作本，此定例也。近查各属当铺，名曰加三，除本月之外，有一日二日零期者，亦算一月扣利。且出银不过九四、九五，每两必轻三分、二分；进银则要十分足色，每两必重秤三分、二分。是名虽加三，实则加四、加五，牟利剥民，甚属违例。该府宜出示严加禁饬，嗣后须银色戥头，出进如一。其扣算月日，有过十日之外者方许索利，不及十日者不许节算，庶使无计穷民，得免一分克扣，即省一分物力也。

——乾隆《长沙府志》卷二十二《政绩·檄谕知府条规》，（台北）成文出版社1976年版。

627.（清）为出示严禁事。照得城乡开设典当，原以便民间之缓急，近日雨水过多，钱米奸牙预张声势，米价腾贵，银价顿贱，大属病民，业经本署司密拿究办，一面出示谕禁在案。兹又访闻，城乡各典当，凡遇民间典当衣饰、什物，值此钱贵银贱之时，只肯当银，不肯当钱，以图将来回赎之日银贵钱贱，一出一入，暗中渔利，贫民饮恨吞声。在各典商家道殷实，资本较丰，礼义生于富足，谅不肯作此刻薄害民之事。定系奸伙诡谋谲计，非献巧于主人，即分肥于私橐，实堪痛恨。除饬府县严禁查办外，合亟出示严禁，为此示仰阖属军民暨城乡典当知悉，嗣后民间典当衣饰什物，无论当本多寡，或银或钱，均听其便，不得于银贱钱贵之时当银而不当钱，抑勒居奇。如敢故违，一经访实，或被告发，本署司定将该典当商人及雇伙一并提案究办，分别治罪，决不姑容，其各凛遵毋违，特示。

——（清）李璋煜《视已成事斋官书》卷五《禁抑勒典当示》，《古代榜文告示汇存》第九册，社会科学文献出版社2006年版。

628.（清）照得本府到任以来，访闻奸商猾贩每每将净银串通银匠，倾成挖合边针钻鎌及各项名目假银行使，业经出示禁革在案。兹复访闻各当铺等仍用成色低银，尤属不合。缘民间缓急相通，以物抵当，按月生息，自应以足色纹银，取时亦照原色银两，俾得两便，且与前禁相符，合再行出示严禁。为此示仰该当商等知悉，自示之后，该铺所当各物，务须遵用足九八银色，出进一律，毋得再以低潮银色行用。其有日前当出低潮之银，取当时准以每两折净九八银扣算取赎，毋得刁难措勒。如有阳奉阴违，一经查出，定行按律提究不贷。各宜凛遵，毋违。

——（清）常恩《安顺黎平府公牍·道光二十七八年安顺黎平府告示稿·为严禁行使低潮银两事》，《明清法制史料辑刊》第一辑第21册，国家图书馆出版社2008年影印本。

629.（清）咸丰初，粤逆鸱张，命将征剿，饷需匮乏。廷议铸大钱，以裕日用，有当千、当五百、当百、当五十、当十、当五共六等。当千以红铜为之，其大小、轻重仿佛如南宋“嘉定元宝”折十钱，其余皆青铜，分两以次递减……京城通用当十钱，外省仅能搭用，即如吾苏民间卖买，二成当十，八成制钱。譬如一物本值八十，则非百钱不售，其二成大钱，直同赘瘤耳……惟质库向以制钱典者，今以搭成取赎，大为亏折。后私铸者众，分量转重于官铸。

——《借巢笔记·大钱》，上海书店1994年版。

630.（清末）典铺出进繁多，自有一定钱价，其资本充足者，更有坐钱价以留后日地步。然不明升垫之法，则于何处措手？今开列于左：

凡作钱价，或原以六合钱，今要下为五钱几分；或原以五合钱，今要下为四钱几分，总要明递坐之法。如系银本，将旧管所列借外钱，先以原钱价合银，再以今钱价合银，从原钱价所合之项下，除讫今钱价所合之项，名为应升。将新收所列各钱款，亦照前算，下余之项名为应升。将开除所列各钱款，亦照前算，下余之项名为应垫。将实存所列各钱款，亦照前算，下余之项亦为应垫。打上应垫若干，除讫应升若干，净应垫钱价银若干。若是钱本，则将旧管所列借外银若干，即以今坐钱价若干合钱，再以原钱价合钱，从今坐钱价所合之项，除讫原钱价所合之项，名为应垫。将新收所列各银款，亦照前算，下余之项亦为应垫。将开除所列各银款，亦照前算，下余之项名为应升。将实存所列各银款，亦照前算，下余之项亦为应升。打上应垫若干，除讫应升若干，净应垫钱价若干。其项或从所得钱价利内暗扣，或从开除末撇除，均是通法。至出入银钱换账，要算钱价盈亏，其法将共入钱若干，共出银若干，共入银若干，共出钱若干，除出净入银若干，除入净出钱若干，一一算清。如系银本，将此净出之钱，照本铺钱价合银，将净入银对除。若是钱本，将此净入之银，照本铺钱价合钱，以净出钱对除，入多出少为盈，出多入少为亏。

——刘建民先生藏《精选杂信录·立账簿头绪》。

631.（清光绪元年十月初六日）宁之芳嘉桥有王姓者，一贫澈骨，四壁萧条，逋贫之多几如山积。祈（近）以天气渐寒夜殊瑟缩，特多方借得洋银一元，向典铺赎取棉被。典伙以来洋成色稍次令之掉换，王谓此洋亦系友人从某典而来，何得挑剔？因是彼此争闹，而路过者亦闻声入视。内有张姓者，王本欠伊一元，屡索无归，今见王与典伙争执，便上前问曰：“银色究竟如何，且拿来我看。乃甫及上手，便谓赎当虽不可，而还账却可，我收去矣。”言毕往外飞跑，王追之，已去远不及，惟浩叹而已。自思既无以御冬，而又被人嘲笑，悲惭交集，遂购生洋烟，拟回家自尽。幸为其妻所觉，慰劝再三而罢，否则又增一件命案矣。

——《申报》1081号《赎被》。

632.（清光绪九年十月初十日）练军亲兵四棚分扎镇宪署旁。上月初九日，有线兵某甲以衣服数件，在大南门内某当铺质洋三元，又钱数百。厥后该兵将洋蚨托人看视，始知其中有一铜洋。该兵遂往调换，而柜伙答以经手之人他出，明日方能返典，汝欲换洋，须明日再来。及至次日，该兵复往换洋，而经手之伙初犹抵赖不认，继因言语矛盾，方以好洋对换。该兵不胜忿忿，谓人："有万不可缓之需，始将衣服质当，如以铜洋朦混，则当下之洋仍不能用。今我幸住城内，倘是乡人，一日来当、一日不遇、一日调洋，辗转三日而盘费工夫已耽误不少矣。况典当原为济贫而设，今尔等柜伙克剥穷民，挖算洋水，当钱则搀白板私铸，兼有短数；当洋则以轻抵重，进贱出昂，似此作为，将来子孙必不昌盛"等语。而柜伙以其当面詈骂，竟诬以白日抢劫，遂即纠同伙友并出栈等数十人将该兵围住乱殴，遍体皆伤。该兵回署禀明镇宪，恳请验伤。张军门见此情形，饬弁往查。其时该典主已悉伙友理亏，遂邀某钱庄出为理处，先将该兵挂红用舆送回驻所，一面延请医生医治，一面许以酒筵服礼。某事遂寝。

——《申报》3790号《东殴琐志》。

633.（清光绪二十二年八月廿八日）当商通民缓急，遇有以票赎当者，均须一律收用。其典当衣物有愿用票者，亦即量给。

——《申报》8429号《行钞告示》。

634.（清光绪二十三年六月初六日）苏州访事友人来函云，苏垣制钱短绌，小民受苦不堪。藩宪饵方伯目击时艰，设法补救，虽经开炉鼓铸，而所出无几，仍不能周转充盈。爰于上月某日，与典业董事潘君济之商令，各典当通用钱筹，似于市面不无小补。潘君唯唯而退，即将宪谕遍传各当铺，概于六月初一日起间用钱筹。现在省城内外大小当铺皆已遵谕通行矣。

——《申报》8698号《行用钱筹》。

635.（清光绪二十三年八月初一日）典当出入市廛贸易，亦各一体遵用，以广运销。

——《申报》8752号《示用龙圆》。

636.（清光绪二十八年十月卅日）为此示仰通省商民诸色人等一体知悉，尔等须知官号钱票系为利国便民起见，嗣后凡有街市交易买卖货物取赎典当，务须一律行用，不准刁难阻挠。各该当铺亦不准巧立名色，另补贴水。如愿支取现钱，任听持赴官钱号凭票兑发，决无留滞。如赴各厅州县关卡完纳一切税厘官项，亦无须分文贴费。倘有不肖官吏司巡借端需索，准由本人来司具控，定即分别撤参惩办，决不轻贷。其各凛遵毋违，特示。

——《申报》10639号《维持国法》。

637.（清光绪三十年三月廿九日）绍兴访事人云，各典当赎物件进出洋银不一，以洋银赎取质物者，价值必较当时略短数文，俗名之曰洋水，是亦病民之一也。上年经上宪谕饬进出一律同价，而绍郡各典有遵行者，有尚未遵行者。近日经同善局集议，衍庆典遂于本月十二日标贴进出洋银，照市同价加惠贫民，咸称颂不置。

——《申报》11160号《革除银帖》。

638.（清光绪三十一年三月十一日）清江浦典商公济艺、永履祥、暨钱庄盈盛等，联名至总立江北商务淮扬海通海道署中具禀，大旨谓商等在浦开设典当钱庄有年，出入均以制钱为主。近年制钱短绌，苏宁铸造当十铜元以救钱荒，法良意美。惟袁浦市上铜元或有或无或多或少，致钱价长落无定，且与制钱不同，非惟商等典中不用，即各钱庄亦不克通行。现闻江淮巡抚恩宪已奏准在浦设局鼓铸，一俟机器运到即行开炉。此后日出铜元，无虞缺乏，自应与制钱一律通用，相应禀乞，详请通饬所属一律通行。自此铜元与制钱无异，制钱票可取铜元，铜元票可取制钱，一切典当钱庄及钱粮公款皆准用等语。道宪据情转详，后刻已奉恩艺帅通饬所属各州县一体遵照矣。

——《申报》11490号《典商禀请制钱、铜角一律通行清江》。

639.（清光绪三十一年三月十三日）宁郡典当向章，质典货物进出一律均用制钱，票上填写钱数，洋价长短随时随市而定。现有巨商王月亭开设同大典当，邀集同业拟将进出钱数改作洋数，质物亦以洋数而计。各贫民闻之，现已遍贴谤词，并闻有多人联名禀控当道，谓此事若果议定，必致激成众怨云。

——《申报》11492号《宁波》。

640.（清光绪三十一年四月初四日）官钱局发行钞票以来，省城各大埠已一律使用，惟内地尚未通销。大宪特命各属出示晓谕，先饬典当行用，俾可流通。

——《申报》11512号《广东》。

641.（清光绪三十一年十月十五日）日前苏州府属福泰、同昌等，松江府属鸿裕、恒大等，常州府属济丰、济恒等各典当公禀抚、藩、臬三宪，略云典铺质物，从前类以银数估价，故质票书几两几钱字样。迨洋元流行，民间往往不用银而用洋，估计当本遂专以制钱为衡。其当本较多之户，率以银洋合钱，而零星质户则仍复用钱。自光绪甲午以来，制钱日缺钱价渐涨，每洋一元仅止易钱八百数十文，各省鼓铸银角以辅制钱之不足。乃银角日多，制钱仍见其少，由是当赎货物悉以洋元银角使用，折合时价出入已多参差。近来铜元充斥，洋价骤涨，从前当货之时每洋一元合时价八百数十文或九百文者，今取赎时每元作钱一千文矣，作钱一千数十文矣。贵当贱赎亏折匪细，将来铜元日广一日，则洋价又将日涨一日，故论者谓于洋价甚贱之时，质物于甚贵之时，取赎除偿息外可获赢利。夫集资应当便民缓急，乃转令点者得以操其奇赢，则病商莫甚。现经商等公同集议，除已经当存之价不计外，嗣后当铺质物概以银洋估价，其质票内书一两者作洋一元，书一钱者作洋一角，其分厘数目仍照铜元时价核算，进出一律，庶于典商不致有亏，于质戸亦并无所损云云（业）。

——《申报》11700号《典商禀请以洋银估价苏州》。

642.（清光绪三十一年腊月廿一日）苏属民间应完本年折色漕粮，柜收洋价早经苏抚通饬，照各地典当洋价一律。乃近来华娄两县典当洋价已涨至一千零三十文，而柜价只一千零二十文；青浦当价则于十一月二十六日起已涨至一千零三十文，而柜价只一千零二十文。直至十二月初五日，柜价始作三十文。初八日当价涨至一千零四十文，柜价仍三十文。延至十五日柜价始作四十文，十六日当价涨至一千零五十文，柜价仍四十文。虽所差只十文之微，然现届冬底，正民间踊跃纳粮之时，地方官所得此种浮收之款，综计之当亦甚巨也（容）。

——《申报》11766号《华娄青三县洋价漕柜抑勒洋价松江》。

643.（清光绪三十四年六月十二日）苏城典商福泰等十二家，拟嗣后各典当一律改用洋码，免致受亏公禀，苏抚已蒙批准。乃其余各典商等借口并未公议，咸不遵从，仍用钱码。闻各该典商之所以不欲改用洋码者，因目下市面每洋兑价钱一千二百二十文，而典当洋价一千一百六十文，每洋可沾钱六十文，尚有每洋三文扣头，若洋价缩短，仍可照此类推。一经改用洋码，进出一律，分文无可沾染，是以咸不遵从。

——《申报》12730号《各典商不欲改用洋码苏州》。

644.（清宣统元年正月初十日）宝应绅商以典肆改钱为洋，并以二十七个月改为十八个月，不便于民等情禀奉苏抚。批云查典当赎期以十八个月为满，本已早有定案，惟扬属迄未实行，仍以二十七个月为满。今始援案减期，贫民遂有所借口。至改用洋码，苏省典商亦经禀奉本部院批准，出入一律，似较从前之名为钱码，实则仍按市价用洋，出入兑价难免高下者转觉公平。第据称外州县与省垣情形不同，贫民质当每不登银元之数，间有几及银元，兑换必经剥削，似亦实在情形。本部院风闻省城各当典虽已禀准改用洋码，然亦有至今未改依旧以钱码出入者，或不难曲顺舆情。兹据前情批饬扬州府，将所称改洋短期窒碍不便之处，再行体察情形，妥筹议复。

——《申报》12926号《典当更章之窒碍》。

645.（清宣统元年腊月廿三日）苏藩司札嘉定县文云，奉督宪札准商部咨，据嘉定县商务分会总理徐文谷禀控，嘉定县典商抑小洋价，贫民受困，饬司调查，议详咨复等因，到司奉此。查此案前据该县典业甡泰等，禀控商会挟嫌妄讦等情，当经前司照会苏沪商会调查妥议核复饬遵。旋经嘉定商务分会呈奉宪批，分移两商会持平妥议，复司察核，饬遵具报，又经照会各在案。兹准沪商会复以敝会调查该典洋价，当进如是、赎出亦如是，持理甚长，应请详院免予更张。并准苏商会复以调查，苏城各典当牌进出均归一律。该典即称当进如是、赎出亦如是，与敝处情形相同，尚与当户无碍。是苏属各典当牌不能援宁属各典以为例，应请详院免予更张，各等情先后移覆前来。本署司伏查此案，现在苏、沪两商会即以嘉定典商坐定洋价进出一律，尚无病民，应准作为现行办法暂免更张，庶于商艰民困统筹兼顾。除详明两院宪鉴核外，合就札饬。

札到该县，立即分别照会，谕饬一律遵办。

——《申报》13290 号《嘉定典商洋价暂免更张苏州》。

646.（清宣统三年二月初九日）一为划一典价。查柜价按照典价，原以典商殷富，其价最为准确，今则不然。同一典牌，此县与彼县不同；同一县境，城典与乡典不同。若能由商会会同典当公所酌定全省准价，虽欲抑勒，势必不能。由后之说，是谓急则治标，由前之说是谓缓则治本。除通饬各属遵照现在未议定之先，仍应照典征收以免纷扰外，相应拟议详复，仰祈鉴核示遵，并请发交会议厅审查公决等情，到本抚院。据此现将来详发交会议厅公同议抉，应照司详第二说办理。每年开征之先，上忙以二月初一日为准，下忙以八月初一日为准，先由各属商会会同典当公所，将是日典牌所定洋价平均折中汇报，该管厅县由各该厅县呈报该管府州，由各府州就各该厅县呈报之价再为折中，均计汇报藩司，由司就各该府州呈报之价，再为折中均计为通省法定柜价，由藩司通饬各属遵照一忙一价，不得任意出入，无论完纳本忙或续完上届忙银，均按照本忙颁价，征收冬漕折色柜价，一律照办，庶于参差不一之中，借求整一简易，为目前暂行办法。

——《申报》13677 号《各州县尚能抑低洋价乎苏州》。

647.（民国初）国家自铸铜元之后，其成本每枚四文几毫。其时洋价每元八百数十文，预料典业之亏耗，恐有歇业之忧。公泰典业，各处之典架本二百万串，后竟亏耗六十万串，以致公泰收歇。当邀同业会议，改为洋码。当时典质七十家，签允者只有九家，愿改洋码。余向众人言：“议事规则以多数为议决，然此事有存亡关系，唯有各逃性命，我定要改洋码。”即函达居停，函中不敢言七十家中只有九家签允，盖恐居停疑惑，复函从缓。而洋价日涨，则亏耗之巨，转瞬即至。余经理四典，架本七十万串，改洋码后，核计约余十余万串。而同业不改洋码者，阖邑亏约七八十万串。当时改洋码后，即邀姚涤源君面禀上海县汪瑶庭私改洋码之缘由，盖恐亏闭，累及公款也。知县云：“渠收下漕粮是铜元，解藩库是银，亦是不了之局。次年即交卸，他县亏耗破家者甚多。”

——余鲁卿《经历志略·杂记四十三》，转引自王裕明《明清徽州典商研究》附录，人民出版社 2012 年版。

648.（明，苏州矫大户积年开典获利，谢天地，欲建一坛斋醮酬者，请名道张皮雀，对矫大户说：）“没用！没用！你表文上差落字面还是小事，上帝因你有这道奏章，在天曹日记簿上查你的善恶。你自开解库，为富不仁，轻兑出重兑入，水丝出，足纹入。兼将解下的珠宝，但拣好的都换了自用，又凡质物值钱者才足了年数，就假托变卖过了，不准取赎。如此刻剥贫户，以致肥饶。你奏章中全无悔罪之言，多是自夸之语。已命雷部于即日焚烧汝屋，荡毁你的家私……到第五日解库里火起，前堂后厅，烧做白地。第二日，这些质当的人家都来讨当，又不肯赔偿。结起讼来，连田地都卖了，矫大户一贫如洗。”

——（明）冯梦龙《警世通言》第十五卷《金令史美婢酬秀童》，人民文学出版社 1956 年版。

649.（明）却说那卫朝奉平素是个极刻剥之人。初到南京时，只是一个小小解铺，他却有百般的昧心取利之法。假如别人将东西去解时，他却把那九六七银子，充作纹银子；又小小的戥子称出，还要欠几分兑头。后来赎时，却把大大的天平，兑将进去，又要你找足兑头，又要你补够成色。少一丝时，他则不发货。又或有将金银珠宝首饰来解的，他看得金子有十分成数，便一模二样，暗地里打造来换了。粗珠换了细珠，好宝换了低石。

——（明）凌濛初《初刻拍案惊奇》卷十五《卫朝奉狠心盘贵产，陈秀才巧计赚原房》，人民文学出版社 1991 年版。

650.（明）绣江县明水镇财主员外狄宾梁要替儿子狄希陈纳贡，纳银四百两，即可成岁贡生，以支持门户。上省布政使纳银，因朝廷要收回折十钱，允许以之援例纳贡，故有了银子，还要换折十钱，一两银子换九十二三个。狄希陈想起相好孙兰姬在东门里边的秦敬宇当铺，便瞒了父，冒他人名，以换银为名，来到秦当，知折十钱，收上已不少，朝廷却不变法，使钱价上升，七十七八个一两银。讲价到八十个，先换了五十两，后又到西门外汪家当铺去问，足色纹银，每一两七八十文。次日，狄希陈拿了二百两银子，到秦家当中。后又取两三头骡子，几条布袋，前来驼钱。①

——（清）西周生《醒世姻缘传》第五十回《狄贡士换钱遇旧，臧主簿瞎话欺人》，齐鲁书社 1980 年版。

第二节　会计制度

一、当票

651.（南齐永元元年闰八月）帝仍遣收之（坦之兄翼宗）。检其家，至贫，唯有质钱帖数百，还以启帝，原其死，系尚方。（胡注）质钱帖者，以物质钱，钱主给帖与之，以为照验，他日出子本钱收赎。

——（宋）司马光《资治通鉴》卷一百四十二《齐纪八·东昏侯上》，中华书局 1956 年版。

652.（南宋）曾氏兄弟，先正之孙，名宦之子也，（为争田产，恩泽经常吵闹，无有天伦）……在法：典田宅者，皆为合同契，钱业主各取其一，此天下所通行，常人所共晓。胡应卯父子生居县市，岂不晓此？自称典萧屯园屋与曾知府，而乃无一字干照。今人持衣物就质库，解百十钱，犹凭帖子收赎，设若失去，衣物尚无可赎之理，

① 此段原文字数极多，这里是对原文的概述。

岂有田宅交易，而可以无据收赎也哉！

——（宋）《名公书判清明集》卷五《户婚争业下·典卖园屋既无契据难以取赎》，中华书局1987年版。

653.（元）诸典质，不设正库，不立信帖，违例取息者，禁之。

——《元史》卷一〇五《刑法四·禁令》，中华书局1976年版。

654.（清）国朝吴翌凤《逊志堂杂钞》云：明末南海鄺露湛若蓄二琴，一曰南风，宋理宗宫中物也；一曰绿绮台，唐武德年制，明康陵御前所弹也。出入必与二琴俱。其余古器物甚多，贫则质子钱家，俗谓质曰当。当主例给票以为验，故湛若有《前当票序》《后当票序》，其目皆奇器也。

——（清）俞樾《茶香室丛钞》卷二十七《当票》，中华书局1995年版。

655.（清）某人供山西汾阳县年几岁，向在某县开设当铺生理，本年〇月有某县工房书办某人到生员店里，硬借酒壶使用，没有借给他，就走了。后来拿了一张酒壶当票，到生员店里罢（把）汗褂脱下，抵当酒壶。生员伙计因他脱了汗褂，光赤身子，没有要他的汗褂，就借给他一把酒壶使用。及到午后，某人抗（扛）了几张锄去典当，那时某人向他告说，到〇月才当锄的话，并向劝说不要闹事，他就辱骂，要叫某人出来。那时某人出来，他向某人被此揪扭，经人劝散。

——刘建民先生藏《乾隆词录》。

656.（清乾隆三十一年分）江省城乡市镇开张典铺，原为民间缓急相通，定限二十六个月取赎，穷民之家宽限二月，让息二月；又典当一月至次月十日以外，方照两个月取息，不得苛刻巧取。又查乾隆十四年间，经前藩司彭颁示：票内字迹数目务须楷写。又苏省议详：典铺当物有愿留三十个月并四十个月取赎之例，无非欲恤穷黎，货物不致满典。今本司访闻：各属典铺凡民间典质物件，如价值一两，仅可当银三钱；其票内字迹，并非楷书，另作一种格式，牵连一串，令人莫识，以致取赎之时，愚民任其欺蔽；更有所典货物，甫至二十八个月取赎者，不惟不照例让息二月，如当本一两辄行勒取息银七八钱方准取赎，苟不如数则亦当限已满。又如典当一月，至次月三五日取赎者，则扣两个月利息，稍不遂欲，亦措不给赎；如此违例勒措，巧取重利，剥削穷民，甚属不法，合行示禁……嗣后典当各须遵循定例，加二取息，票内所写货物及银钱数月，一切字迹俱遵条议，概行楷书……如当物有甫至二十个月以外取赎，即照苏者之例，听典质之人愿留，按月二分算息。

——（清）《西江政要》卷九《严禁典铺票内楷书字迹，毋许违例巧取重利并愿留取赎定例》，江西按察司衙门刊本。

657.（清）嘉庆十一年七月十七日管理刑部事务董诰等题

嘉庆十一年一月二十六日盛京奉天府宁海县

案件：金文发砍伤苏元并苏王氏身死一案

摘要：他说在永源当当了一件皮袄，当本市钱六千有，没钱赎，要卖当票。李皮匠给了他一千六百钱，把当票买了。

——中国社会科学院经济研究所藏《刑部抄档》。

658.（清）嘉庆十五年四月二十三日文渊阁大学士庆桂等题

嘉庆十三年二月五日

案件：李二等行劫董尚书家银衣一案

摘要：分得一件儿青布套一件，蓝布夹袄，当了一千五百大钱，当票又卖了二百京钱。

——中国社会科学院经济研究所藏《刑部抄档》。

659.（清）嘉庆十六年九月十三日刑部尚书瑚啚礼等题

嘉庆十三年二月二十二日湖北枣阳县

案件：赵名多等叠次窃劫王合兴等家一案

摘要：蓝毕叽马褂一件，月蓝布里，在元成典当钱四百文，当票卖得钱二百文。

——中国社会科学院经济研究所藏《刑部抄档》。

660.（清）嘉庆十九年九月八日管理刑部事务董诰等题

嘉庆十八年十二月二十八日山西平阳府洪洞县

案件：孔狗子听从母命活埋胞兄孔素子身死一案

摘要：孔素子窃取棉袍一件、线带一条，典钱一千文，当票卖得钱二百文。

——中国社会科学院经济研究所藏《刑部抄档》。

661.（清）嘉庆二十年五月十二日，据徐罗氏供称：氏夫徐占三与胞弟徐享三向徐半三借汗褂小衣，当钱分用，当票系徐享三收存。十一日，氏夫向索当票，徐享三检查遗失，氏夫不依，向斥争殴。

——《清嘉庆朝刑科题本社会史料辑刊·湖南华容县民徐享三因索欠殴伤胞兄徐占三身死案》，天津古籍出版社2008年版。

662.（清）嘉庆二十一年三月二十四日刑部尚书崇禄等题

嘉庆十九年十月二十一日浙江宣平县

案件：刘淋受误伤何金才身死一案

摘要：在路上拾得当票一纸，查是铜锣一面，当本一千四百文，二十年正月初间，将当票卖得钱五百文。

——中国社会科学院经济研究所藏《刑部抄档》。

663.（清）嘉庆二十年十一月十七日直隶总督管巡抚事那彦成题

嘉庆二十年一月二十六日直隶正定府无极县

案件：魏二小殴伤魏乐照身死一案

摘要：一张织绒袄当票，当本大钱五百文，要卖二百大钱。

——中国社会科学院经济研究所藏《刑部抄档》。

664.（清）嘉庆二十四年十二月十日管理刑部事务章煦等题

嘉庆二十四年闰四月二十二日吉林

案件：刑万仁在途抢夺维伤田文生身死一案

摘要：一条破单裤当了一千小数钱，当票卖得了二百小数钱。

——中国社会科学院经济研究所藏《刑部抄档》。

665.（清道光）蚁父遗留麻花藤一对，重三两四钱，于去年六月将金藤一对在城当与永兴当，获银三十两。今闰五月二十三，蚁将票在王长盛钱铺押钱八千。殊长盛将当票出卖与傅正兴金铺，于本月初九正兴将票在永兴当得金藤烤验，至十五日正兴始将金藤收回。目今正兴云称金藤是假，寄信蚁来渝，往铺内叫正兴拿出金藤查看，并不拿出，总云是假，勒蚁办银取还，不然将蚁送官恶语。蚁迫无奈，只得抬银四十两三钱八分交与正兴始将金藤交蚁，果然是假，且系圈口不对，蚁始知正兴将金藤掉左。蚁迫投陈和盛、罗福元、周荣文等，邀集当铺王永兴等理论，讵正兴反敢横暴逞凶，肆恶扬去，众莫可何。如此掉左金藤，情同劫掠，法所不容，为此将假金藤呈缴，叩拘法追。

——《清代乾嘉道巴县档案选编》上册八《当铺、钱庄、高利贷》（一）《道光七年六月二十日陈善继告状》，四川大学出版社 1989 年版。

666.（清）镇海乡稻树地方某姓老妪，以事进城，邻右以衣嘱便典质，得青蚨千余枚。偶失检，质票与钱被窃去，哀号乞典中，乃得重写失票，半给钱文。

——（清）淮阴百一居士《壶天录》上，《笔记小说大观丛刊》第二十一编第八册，第 4829 页，（台北）新兴书局 1978 年版。

667.（清）京师布肆，大业也。有亲人来，阅布数十匹，约值京钱五十余贯。拣既，谓肆主曰："我初学肩贩，须同伙来定，姑待之，可乎？"……坐半日，见买卖渐稀，谓肆主曰："我尚未饭，伙又不来，身无余钱。所存资本银两，系合伙者，又未便换钱，腹中馁甚，奈何？"肆主曰："既有银两，无患无钱，若未便换，典之可也。"乡人欣然出银，灿然一提，揖肆主曰："我不知质库在何处，此银二十两，请烦贵伙代为入典，但我不过饭食所需，质钱一缗足矣……"肆主令其伙典钱一串付乡人。饭毕复来，坐至晚，乡人伙不至。乡人乃对店主说："天将暮，难出城，我伙或以要事，不得来。盍以我二十金之券抵运布去，尚有余钱，明日偕伙来算，可乎？”应曰：“可。”乡人乃郑重出券，交之曰：“此即贵伙代当者，请留三日，我自赎取归帐。”肆主验之无误，遂收执。乡人以余钱雇驴车载布去。候之三日，竟不来。乃赴质库取银，仅有二两。肆主曰：“我所质者，二十两大锭也，何以仅此？”典主查簿示之曰：“是日贵伙以二十金质钱一串，我疑其所需过少。问之，曰‘是客物也，只需此为饭食耳。’我予券去，随即有乡人持券加利取去。又有二人，以此小锭，亦质京钱一串，汝所取之券是也。”肆主始悟为骗子掉换去矣。

——（清）吴芗斤《客窗闲话续集》卷二《补骗子五则》，《笔记小说大观丛刊》第一编第二册，（台北）新兴书局1978年版。

668.（清）维扬王氏妇，孕六月矣。适有邻猫来，攫其笼中之鸟。妇起逐之，仆于地，震动胎气，势甚危殆。一邻媪曰：“可速觅一二纸过期不赎之当票，烧灰和开水服之，则胎即安矣。”如其言，果无恙。夫过期当票，已成废纸，乃有安胎之妙用。

——（清）俞樾《耳邮》卷四，《笔记小说大观丛刊》第一编第十册，（台北）新兴书局1978年版。

669.（清）廖仪卿又言：其家旧在城北之夹道坊，对门江西人开茶食店。一日，有人装束类衙署长随者入食，食毕匆匆出店。主人敛食器，则案上遗一小布包。解视之，当票二纸，钱票五百余千，密怀入内。少顷，其人踉跄至，遍觅上下，颜色沮败，谓主人曰：“我本某公馆家人，今晨本官付我皮箱二只，命我质钱。我在长生当店中质得钱五百四十千，并当票包在白布手巾中。忙遽遗此，求主人赐还，没齿不敢忘德。”（主人不还）

——（清）梁恭辰《北东园笔录》初编卷五，《笔记小说大观丛刊》第一编第八册，（台北）新兴书局1978年版。

670.（清）一贫民有缺少棉衣入典者，即取其典票赎回，给发本人。有实在寒冷无衣者，则买旧棉衣一件与之，其价约三四百文为率，新者恐其当去。

——（清）钱泳《履园丛话》卷四《附救荒・公督私藏之法》，中华书局1979年版。

671.（清光绪四年腊月初三日）某甲者，金陵人，年已五十外，性本忠厚而吸烟。迩年因赋闲无业，家更贫甚，日在典当门口专于收买当票，盖藉此为糊口计也。日前买得当票一纸，登时取赎，乃棉被一条并衣服数件。正在典铺门口与同伙逐件估值，忽有一人问甲索价几何，甲以数对。其人略与较量，登即允买，且言身边并未带钱，令甲同去。甲携衣随往，比至其处，其人忽谓：此皆昨夜被窃之物，今即人赃现获，谅亦无可抵赖。遂唤地甲将某甲带去，候禀官追究。某甲始犹以此票货物即有利获，且更爽快，深以生意顺遂，私相庆幸。比至说出赃物，不啻目高山而堕诸深渊，登时魂飞魄散，俨与木偶人无异。故虽辨白系买自他人者，而情景已令人不得不疑。及经地保带去锁置下处，不无又有一审私刑拷问，究其行窃几案。某甲情急，遂于身边将所带烟膏暗地吞服自尽，而地甲不知也。及至夜间毒发，地甲又误认发痧，赴紧唤剃头匠来。正挑刺间，而甲已绝气矣。赶即报官请验，旋经上元县带同仵作前往相验，的系吞烟自尽，遂传某甲之子并侄当场讯问，其侄以诬良为窃威逼自尽为词，求官伸冤，不肯具结。而其子则遵即具结，且自备棺木，不愿他人收殓，惟令事主延僧追荐，逢七作昼夜功德而已。

——《申报》2049号《买赃自尽》。

672.（清光绪十四年腊月初三日）本城彩衣街公益典当票一纸，计洋念五元；又广大典当票一纸，计洋念五元。本月朔日均以被窃，今向前途说明，以作废纸，特此申明。程鉴明具。

——《申报》5299号《当票被窃》。

673.（清光绪二十一年五月十九日）苏城院桥巷祥利典当，为本城某绅所开，经之营之，生涯颇盛。端午日年例只开半日，凡午后之来交易者，悉以闭门羹相待。是日午餐即罢，各伙友皆出外游玩。或至茶肆品茗，或往酒家沽饮，或入芙蓉洞领略烟霞滋味，或入诸名园赏鉴山水风光。至日落虞渊，始各兴尽而返。司帐某甲检收票簿，不知于何时失去空票一纸，遍处搜寻，毫无踪影，遂据情告知。居停立出赏格，谓如将原票送还，酬洋若干元。一面禀请元和县立案，并请告示一道，悬挂门前，略谓如将原票送还，当照赏格酬谢。如有奸徒填写货价等情，许即扭案惩办。想窃票者见此煌煌告示，亦不敢施其伎两矣。

——《申报》7952号《吴门零拾》。

674.（清光绪二十三年二月十九日）长茂酒店学徒在途拾得公泰典当珠票一纸，为邻居胡正泰纸扎店伙某甲攫去，向公泰转票，售与某洋行中人，得洋二十元。不肯分肥，互相争论，为包探查知，带回捕房。饬传某洋行中买主到案，询问买票属实，惟不知何人所失。捕头命将当票存留捕房，待失主认领。

——《申报》8592号《当票存留》。

675.（清末）一此物蛀坏、虫蛀、鼠咬，物主造化，不干质屋之事。

二初五内，减收一个月利；贰拾起，由后月算利。

三取赎，认票不认人，届期不取赎，听质屋发卖。

四大札，每圆每月利子贰钱五厘。

五物主如有当票遗失，必告知年、月、日，由保认人证明，方准为据。

——《台湾私法债权编》第一章《债权总论·质札规则》，《台湾文献丛刊》第79种，台湾银行经济研究室印行。

676.（清末）典当书法另成一体，考其字之形态，似脱胎于草书之《十七帖》，而以白字土语掺杂其间，以求便捷，其作用殆与速记之符号相仿耳。凡学生入典习业，必先从习字入手，既无法帖可临，惟赖旧日当帐为唯一范本，借资模仿……兹为各生学业速成起见，爰汇集典当应用各字，分门别类，由曾楫舟、汪明远、胡寿湄、（胡）次斋、（胡）均石、朱锡麟诸君，共同缮就范本，多份汇订成册，并经曾君楫舟题为《当字初阶》，俾学者有所适从，易于进步焉。然此册固非集当字之大成，而切合实用可作初学宝筏，略抒付印，微意以弁其端。

——《当字初阶·序》，转引自王裕明《明清徽州典商研究》第一章第一节，人民出版社 2012 年版。

677.（元代刘弘祖宗以来所积家财万贯，家开解典库，由弘之妻侄王秀才掌管，大改原来章程，导致诸多弊病，表现在：）第一，典时将烂钞强揣与人家，赎时却强要“料钞”；第二，将赤焦金化作“淡金”；第三，把“好珍珠”写作“他蚌珠”；第四，一领“簇新”的衣服，昧着黑心，在“解贴”上写成是“原展污了的旧衣服”；第五，解典库规矩是五日一过，便须一个月利钱。王秀才便以各种借口拖延至第五日，以取一月利钱。

——《元曲选外编》第三册《施仁义刘弘嫁婢杂剧》，中华书局 1959 年版。

678.（清）掌柜的说：“是了，你是好人。这件衣裳当多少银子?”马小说：“要三百银罢。”掌柜的分付：“小郎，给他罢。”写上当票，给他三百银子。

小郎连银带票递与马小，马小接过银子揣到怀里，票子掖在腰里。掌柜的说：“小郎们，开门放他出去。”小郎们忙把大门开放，马小出了当铺，这且不表。再说当铺掌柜的说：“把衣裳放在成字号里，用红绒线吊在梁上，上不连天，下不沾地，用火熏之，恐怕虫咬了扣珠。咬了扣珠，连当铺还赔不起了。”

——（清）佚名《红风传》第三回《卖秀英马小暗算》，远方出版社 2001 年版。

二、计账制度

679.（唐）质库账 第六段：

（1）绿线四两破黄绳裹

刘娘正月十九日取壹佰文

二月七日赎付了

延兴门外住年卌二

（2）故缦紫红小缬夹裙一

王玄敬正月十九日取壹佰伍拾文

二月廿二日赎付了

王祁村住年十五

（3）故白布衫一

故□□衫一
何山刚正月十九日取壹佰文
其月廿五日赎付了
□头人年廿
第七段：
(1) 张元英正月十九日取叁拾□
同日更取拾文
八月十六日赎了物付仓桃仁去
南坊钗
(2) 故白布裙一将白毡一替裙[去]
曹阿金正月十九日取壹佰□
二月九日更取壹佰伍拾文付母
二月十日赎付了，北曲住年十□
(3) 故檀碧小绫帕复一故蓝小绫夹[裙]□
故绯小绫夹裙一故缦青袙□
宋守慎正月十九日取壹仟捌□
文慎
二月四日赎付□
南坊西场年十九
第九段：
(1) 极碎白布衫一
刘元感正月十九日取叁拾文
其月廿日赎付弟元英去
南坊住年廿三
(2) 故绯罗领巾一故白练二尺
崔基正月十九日取壹佰[文]
六月七日入本册文，利九文付帛去
七月十八日赎付了
东头住年廿
(3) 细细末珠四条约有四百颗
李元礼正月十九日取壹佰伍拾文无
三月十二日入本一百廿匚。

——《唐代质库帐历》第六段，帐历录文见国家文物局、新疆博物馆、武汉大学历史系编《吐鲁番出土文书》第五册阿斯塔那二〇六号墓文书，文物出版社 1983 年版。

680.（南宋，公宰钱塘所谓赤县也）僧有诉百姓负长生库息者，公谕：明日偕头首僧以库簿来。来则阅其簿，示之曰："然则取息已多，汝僧自号脱离生死，视世上为昨梦空华，何必乃尔……今为汝焚此簿，汝幸行道诵经，赞献之，助汝成一善因缘。"僧不知所对，即下阶行诵如公戒。

——（宋）黄震《黄氏日抄》卷九十六《知兴化军宫讲宗博汪公行状》，文渊阁《四库全书》影印本，第708册，（台北）商务印书馆1983年版。

681.（明）王元美（世贞）祖曰质阉公，官至侍郎。父曰思质公，官至都察院右都御史，兼兵部右侍郎。元美席（袭）有先业，其家亦巨万。新蔡张助甫者，元美友也。一日客元美家，时岁将终矣，诸质舍算子钱者类造账目呈览。主子钱者舁簿白元美曰："已算明。"元美问曰："几何?"曰："今岁不往年若也，三十万耳。"元美颔而收之。助甫归以语方允治，允治大骇。

——（明）范守己《御龙子集·曲洧新闻》卷二，《四库全书存目丛书》集部第162册，齐鲁书社1997年版。

682.（清末）出入流水帐：上下分作两行，每日将入某若干写于上行，出某若干写于下行，不可遗误。俟五合日，照此另登各帐。

各号往来帐：每页右首大字写某字号，以后分则上下两行，五合日从流水登来。如收若干写于上行，付若干写于下行。或欠或存，上边画一小码，以便改牌。此不过大帐，如与往来多之家帐本总宜多空几页，方接别家，以免用完又要重立。

借外帐：五合日从流水登来。如借某号，则于前一行低二格，先写某年某月某日借字，空二格写月息若干，可画□，不可大写；再空二格写某月期，或有约无约，随下注明。然后另行顶格写大字，某字号、某平银（钱）若干，旁边写小字长短平若干。如□归还，则于挨身后二行低二格，分中写某月某日，一行还本银若干，一行写付利银若干。前行有约，下批抽约二字。凡此总要空二行，方接别家，以为批还本付利之地。此要过大帐，借来列于进字之下，还出列于出字之下，所付月息列于用字之下，一定之法。

外借帐：五合日从流水登来。如某号借银或借钱，亦照借外之式写，惟借字写在某号之下，不在年月日之下，此亦过大帐。借去列出字下，还来列进字下，得利列利字之下。

出入换银钱帐：五合日从流水登来，分则上下两行。入换写于上行，出换写于下行。此要过大帐，入换列进字，出换列出字。

暂记帐：众伙零用□人名来往，暂记于此。每页右首大字写某人，以后分则上下行，五合日从流水登来。收若干写于上行，付若干写于下行，或欠或存，上边画小码，以便登牌，此不过大帐。帐要多空几页，再接别□□银钱列于上行，付某伙银钱列于下行，照钱帐注帐。用银或钱，□帐牌。如若存银，照用若干付过。此帐不过大帐。以后出辛金，一齐再过大帐。

家倨（具）帐：如系陆续添置已出用帐者，不在此例。若另行出帐，五合日从流水登来。买某物用钱若干，列于大帐出字之下。如要撇除，列于用字之下。前已走过出字，又要从进字提来，方能从用字撇除。

众伙辛金帐：此帐各家规矩不同，或年终，或分四、两季，亦有陆续出者，法无一定。均列用字，则不能改易。凡列此帐，于每页右首大字写某人，下空数格写某号某人荐来，某年月日进铺后，另行写吉定满年辛金若干，以后挨次写历年所定辛金。

东伙支使帐：此亦年终出帐，每页右首大字写某人，下小字写股俸若干，挨次另行写某年支使若干。此项列于大帐出字之下，算帐开俸之时，仍从进字提来，方从用字开俸。

官费帐：从正印以及佐二各衙门，每季规礼若干，随封若干，每节节礼若干，随封若干，每生日寿礼若干，并一切杂费若干，均注明晰。如伊等支用，已出大帐，即要登抄此帐，以备日后查考。

房租帐：开首将租房约据抄存，以后每年□过房租，已出大帐，即注此帐。如有长用等项，均要记清。

架本帐：每月当取除取净实本钱，挨次登此，以对大帐实存之架本之钱。

十合帐：逢十将内帐出进算清，再加外帐五日流水存项，核对相符方登于此，名为大帐。

月总帐：每月将六次五合总共登此。

积总帐：每月挨次相加，积至年终，以为开算单之底稿。

万年总帐：每年将算单照式抄此，以备后来起算积利查此。

万倍财源帐：开首将本铺合同照式抄存，以后每页右首大字写某人，下小字写股俸若干，先东后伙。如历年开俸，则于后写某年开俸若干，大帐列于用字下。如有出铺之人，即将起去积利若干，批注明白。

——刘建民先生藏《精选杂信录·立帐簿头绪》。

683.（清中后期）（一）典簿："凡写帐缺，极重之任，非儿戏也。宜于早起，端整当簿，随将付出当票过数明白，并要留心票上年月字号无错，随手添好日子。每逢初一最宜留心，尤恐误用上月之票。"（《扼要》）

（二）草销簿："再柜上收下银洋、抹净盖印、必先学看，辨其色面花纹之正否，听其声音之好否，真假之分别认真习学，自然看出而益精矣。晚上学掏取票，结取总，覆当出。但算盘书字银洋，件件要精，五者缺一，吃亏不小。"（《炼技》）

（三）挂号簿："少年初出习业，凡事宜勤，心要细……凡遇寻包，柜内接进取票，必先登挂号，然后上楼寻包，务先将取票记明字号。万千百号头，某姓当本若干，件数多少，细心对准，方可抽出，切莫粗心大意。"（《防误》）

（四）开支簿："典中学生补用之后，就有出息，年幼无知，见来路之易、出路转多，须合人人立簿，登记出入，月终查察。"（《节用》）

——杨联陞辑《典业须知》，《食货月刊》一卷四期。

684.（清宣统）由旧帐移来实存架本：银贰千零玖拾七两五钱，钱贰万零玖佰贰拾八千七佰八拾文。

由旧帐移来现存：银七佰壹拾五两壹钱八分，钱叁佰四拾壹千壹佰陆拾玖文。

新正初一日至三十日总合

原：银七佰壹拾五两壹钱八分，钱叁佰四拾壹千壹佰陆拾玖文。

进：银柒佰零玖两，钱壹千零壹拾五千六佰文。

回：钱壹千四佰玖拾八千七佰五拾文。

利：钱壹佰五拾五千六佰贰拾文。

当：钱壹千贰佰玖拾五千六佰五拾文。

出：银壹千贰佰壹拾五两叁钱叁分，钱壹千叁佰四拾捌千八佰六拾六文。

用：钱壹拾四千五佰壹拾六文。

存：银贰佰零捌两八钱五分，钱叁佰五拾贰千壹佰零七文。

实存架本：银贰千零玖拾七两五钱，钱贰万零柒佰贰拾五千六佰八拾文。

——刘建民先生藏《三和当月总帐》。

685.（清）咸丰九年（1859）成章当计算单

旧在架本：银一千八百九十四两八钱。

旧在架本：钱一万四千五百六十四千六百七十文。

新当出本：银七百九十一两六钱。

新当出本：钱一万二千五百四十二千八百八十文。

回过本：银一千二百一十八两三钱。

回过本：钱一万零七百一十九千一百二十文。

变过本：银六十六两六钱。

变过本：钱二千零三十五千零三十文。

除回变净存架本：银一千四百零一两五钱。

除回变净存架本：钱一万四千三百五十三千四百文。

得利于后

票利银：一百一十九两九钱，（以）一千四百六十（文合之），合钱一百七十五千零五十四文。

票利钱：一千四百五十五千九百二十文。

贯利银：二百五十四两零六分，（以）一千四百六十（文合之），合钱三百七十千零九百二十七文。

贯利钱：一百七十四千七百文。

借贷利银：二百七十两零八钱，（以）一千四百六十（文合之），合钱三百九十五千三百六十九文。

借贷利钱：一百一十七千五百七十文。

变银足数钱：五十千零二百五十文。
共得利钱：二千七百三十九千七百九十文。

开除于后
当税行用银：一百四十两零五钱二分，（以）一千四百六十（文合之），合钱二百零五千一百六十文。
辛礼钱：一百零八千文。
付利宝银：二百一十三两一钱八分，（以）一千四百八十（文合之），合钱三百一十五千五百零六文。
日用银：五两五钱，（以）一千四百六十（文合之），合钱八千零三十文。
日用钱：三百六十四千二百五十文。
耗色银：三十二两四钱三分，（以）一千四百六十（文合之），合钱四十七千三百四十八文。
耗钱价钱：六十三千一百一十七文。
厨工钱：四十二千文。
打更工钱：一十八千文。
共开除钱：一千一百七十一千四百一十一文。

实存于后
在架本：银，一千四百零一两五钱，（以）一千四百六十（文合之），合钱二千零四十六千一百九十文。
在架本：钱，一万四千三百五十三千四百文。
借出宝银：四千六百三十六两六钱八分，（以）一千四百八十文合之，合钱六千八百六十二千二百八十六文。
借出纹银：八百五十两，（以）一千四百六十（文合之），合钱一千二百四十一千文。
借出钱：二千零六十千文。
现存宝银：一千两，（以）一千四百八十（文合之），合钱一千四百八十千文。
现存纹银：五百五十两，（以）一千四百六十（文合之），合钱八百零三千文。
现存钱：二千八百一十二千文。
遴己支钱：三百九十千文。
守元堂支钱：三百九十千文。
在廷已支钱：一百一十二千文。
乐山已支钱：一百一十二千文。
集鸾已支钱：一百一十二千文。
集祥已支钱：五十二千文。
桐已支钱：一百三十千文。

贤忆已支钱：一百三十千文。

仪已支钱：九十一千文。

七年东伙旧长支钱：一千一百三十千零九百五十文。

共实存钱：三万四千三百零七千八百二十六文。

提

原本钱：一万八千九百千文。

生息本宝银：三百七十九两八钱一分，（以）一千四百八十（文合之），合钱五百六十二千一百一十九文。

借入宝银：七千八百两零八两四钱六分，（以）一千四百六十（文合之），合钱一万一千五百五十六千五百二十文。

借入纹银：四百两零四分，（以）一千四百六十（文合之），合钱五百八十四千零五十八文。

借入钱：六百千文。

八年东伙共缺支钱：五百三十六千七百五十文。

共提钱：三万二千七百三十九千四百四十七文。

净得

天赐利钱，一千五百六十八千三百七十九文。

——史若民《平、祁、太经济社会史料与研究》，第569页，山西古籍出版社2002年版。

686.（清末）某年新正吉日开算上年（刻本、字号、图章）清单大吉

旧管

一宗原资本或银（钱）若干，此照万倍财源账所注资本登来。有写原本银若干。

一宗某年至某年积利若干，此照万年总账每年天赐获利总共登此。

一宗借外银若干，此照借外账所借共总登来，银钱各列一行，银本将钱按本铺钱价合银，钱本将银按本铺钱价合钱。

以上几宗共银钱若干。

新收

一宗票利钱若干（画横码）本年钱价（画码）合银若干，正写。

一宗估衣利钱（画横码）若干，本年钱价（画码）合银若干，写真字。

一宗得外利银若干，写真字。

一宗得外利钱若干（画横码），本年钱价（画码）合银若干，写真字。

一宗未得利银若干，或得短利银照此式写。至此以上数宗，均照接总账利字登来。

一宗日足钱若干（画横码），本年钱价（画码）合银若干，写真字。

一宗得钱价利银若干（此照钱换账净赚利登来），写真字。

以上数宗，共得银若干。

开除（此内均照接总账上用字登来）

一宗付外利银若干，写真字。

……（原文可能缺页）

一宗厨役工钱若干（画横码），本年钱价（画码）合银若干。

一宗上年（五二）钱，今照五钱坐亏钱价银若干，写真字。

以上十九宗共除银若干。

一应除讫蒙

天赐获利银若干。此系新收内除讫开除净余之项，写真字。

实存（又实在也）

一宗架本钱若干（画横码）本年钱价（画码）合银若干。此照架本账总共登来，写真字。

一宗家倨（具）钱若干（画横码）本年钱价（画码）合银若干，此照家倨（具）账总共登来。

一宗开张请示钱若干（画横码）本年钱价（画码）合银，写真字。

一宗买某号家倨（具）银若干，写真字。

一宗众伙应支银若干，此照支使帐登来，写真字。

一宗外借银若干，此照外借账总共登来，银钱各列一行，写真字。

一宗现存银若干，写真字。

一宗现存钱若干，本年本铺钱价合银，写真字。

以上数宗共存银若干，写真字。

附报满年流水

原存架本钱若干，此照上年年总净存架本登来。

共当本钱若干，此照接总帐当字登来。

共回本钱若干，此照接总回字登来。

共回估衣钱若干，此照接总回字登来。

除回实存架本钱若干，此即年终所存架本登来。

右为开写算单之式。凡银本均以银算帐，所有钱之数目，上画横码，下以本铺钱价归银。如系钱本，均钱算账，所有银之数目，上画横码，下以本铺钱价归钱，此一定不易之理。其总算之法，打上新收，除讫开除，即是天赐获利。再加实存，共合若干，除讫旧管，再除天赐获利若干，无有一毫盈亏，即为无错。

——刘建民先生藏《精选杂信录·立账簿头绪》。

687.（光绪）计开

以原清单价，未以时价。

刘敬勖，原存货物叁佰吊文，以原清单数，有帐未点。

原存家俱钱壹佰伍拾吊文。

当物五件二票，收钱贰拾叁仟文。

此钱廿一年四月底收，三宗收钱壹佰陆拾仟零捌佰陆拾捌文。

下四宗共收钱陆佰叁拾叁吊捌佰陆拾捌文。

廿年十一月廿九日定亲所用。

廿一宗使钱玖拾伍吊玖佰叁拾壹文。

一百三十六宗使钱壹佰吊零零玖佰零玖文。

□□宗共使钱壹百玖拾陆吊捌佰肆拾文。

除使净存钱肆佰叁拾柒仟零贰拾捌文。

房钱并外号存钱九宗存钱陆拾吊零陆佰伍拾文。

刘锜当日言明每月辛金钱伍吊文。

廿年二月十五日至廿一年九月十五日（共二十个月）应该辛金钱壹佰吊文，共支使钱叁拾柒吊陆佰贰拾捌文。

除支使净存辛金钱陆拾贰吊三佰七拾贰文。

上三宗现在共存钱伍佰陆拾吊零零五十文。

家俱原账钱壹佰伍拾吊文，货物原价钱壹佰捌拾叁吊文。

外账共欠钱贰拾吊文。

以上三宗共钱叁佰伍拾叁吊文。

除现在净赔钱贰佰零柒吊零伍拾文。

计开

李天成存钱四佰文。

大蓉合存钱三仟四佰文。

万源和存钱一仟一佰陆拾文。

万盛兴存钱一仟一佰文。

董桂林存钱拾伍仟文。

梁晋基存钱贰千文。

东垣永存钱四仟八佰文。

永顺合存钱五仟八佰九十文。

房东存钱三十吊零五佰文。

九宗共存钱六拾吊零六佰五拾文。

计开

共买货钱一百八十一吊一百四十六文。

火食钱一百一十八吊四百四十一文。

辛金钱一百四十八吊二百四十五文。

积项行税钱三十三吊二百三十三文。

房钱三十九吊五文。

上宗共使钱三百三十九吊四百一十九文。

光绪贰拾壹年玖月贰拾叁日。

——《晋商史料全览·临汾卷》，《刘家当铺遗存结账清单》，山西人民出版社 2006 年版。

688.（明）且说这相国夫人，平时极是好善，尊重的是佛家弟子，敬奉的是佛家经卷。那年冬底，都管当中送进一年簿籍，到夫人处查算。一向因过岁新正，忙忙未及简勘。此时已值二月中旬，偶然闲手揭开一叶看去，内一行写着："姜字五十九号，当洞庭山某寺《金刚经》一卷，本米五十石。"

——（明）凌濛初《二刻拍案惊奇》第一卷《进香客莽看金刚经，出狱僧巧完法会分》，人民文学出版社1996年版。

第三节　满当期限及满货处理

689.（北宋崇宁元年）八月二十七日，太府少卿郑仅言：窃见朝廷岁用金不少，每下诸路和买，不免搔扰，欲乞应内外抵当库出限不赎金，更不估卖，并赴元丰库送纳，以备朝廷支用。所有抵当本钱如有缺少，却于内外户部右曹所隶封桩钱内应副。俟金稍有余，即依旧估卖，从之。

——（清）徐松《宋会要辑稿》职官二七之十七，中华书局1957年版。

690.（北宋）四年六月三十日，江南东路提举常平司奏：抵当库出限不赎银等，承朝旨依抵当金法更不估卖，赴大观库送纳。

（政和元年）三月一日，诏：诸路抵当出限不赎金银珠子并有匹绫罗绸绢，令起发赴大观西库送纳，其元当本钱却于本路诸司封桩钱内拨还。

——（清）徐松《宋会要辑稿》职官二七之二〇，中华书局1957年版。

691.（北宋宣和）七年四月十日，中书省、尚书省言：京畿诸路抵当出限银，自来逐处一面钲销净银起发上京，后色钲销只令未纳库务鉟销净银桩管。如此，则抵当人户不许计嘱人将有铜锡银尽赴官中抵当，却致亏损官，并未有约束关防。诏令，京畿并诸路常平司遇所部州军有抵当库官吏，将限银对元抵当钱本看验，钲销铤银，依条起发，如有亏损官中本息，将元受抵当合干人除依条均陪外，并断杖八十，今后人户□到抵当银，并仰仔细辨认色额高下定价取，敢非理阻节不令典当者，杖一百。

——（清）徐松《宋会要辑稿》职官二七之二三，中华书局1957年版。

692.（南宋）诸负债违契不偿，官为理索……其收质者，过限不赎，听从私约。

——（宋）《庆元条法事类》卷八十《赏令》，黑龙江人民出版社2003年版。

693.（南宋绍兴五年闰二月壬申）户部尚书章谊请诸州县抵当物货，并限一年不赎，检估，从之。去岁以调兵，始令诸路依旧质当金银匹帛等，每贯月收息钱三分，满十月不赎者并没官。已而，两浙西路提点刑狱兼提举常平朱缔乞依绍圣旧法，以二年为准，许之。谊谓即今州县与昔日事体不同，恐难以积压本钱，守待二年，故有是命。（州县复置抵当库，日历不载。今因谊申请，遂书之。谊所奏在今年二月己亥，然史亦不书，今附此求去年降旨月日，别书之。）

——（宋）李心传《建炎以来系年要录》卷八十六，（台北）文海出版社 1980 年版。

694.（元）大德八年（1304）七月，江浙行省准中书省咨，备江西省咨，龙兴路备录事司申，熊端状告：大德六年八月初三日，将珍珠一千二百颗有零及玳瑁统子六个，于诚德库内解讫中统钞一百二十五两。至大德七年八月十六日、九月二十七日，两次将本息钞两前去。本库不肯放赎，勾问得诚德库子张义供指：已过周年下架了，当得此。照得元贞二年二月内，准中书省咨，该议得，今后诸人解典，二周年不赎，许令下架。今问得在城丰义库子张贵状供：本库除金银珍珠二周岁下架，其余匹帛衣服诸物一十八个月下架取讫。如此结罪交文状，缘珍珠与金银均是宝贝，难与匹帛衣物相比，合无照依丰义库金银珍珠二周岁下架之例，令熊瑞叩算本息钞两取赎，实为民便。本省看详：若准本路所拟放赎相应咨请定夺问示，准此送礼部照拟回呈。本部议得：解典诸物望图利息，因为定例不一，以致争讼繁多。照得即日在京典库有每两二分者，五十个月方本息相对。今应典诸物，周年下架，而系一十二个月日便有过倍之利，如此取息，委是亏民。据应典诸物拟合照依金银一体二年下架，实为民便。蒙准拟遍行各处遵依，永为定例。

——《元典章》卷二十七《户部十三·钱债·解典·解典金银诸物并二周年下架》，中国广播电视出版社 1998 年版。

695.（元）正末唱："随煞别人家便当的一周年下架容赎解，带云：这员外呵。唱：他巴到那五个月还钱，本利该纳了利从头儿再取索，还了钱文书上厮混赖，似这等无仁义愚浊的却有财，偏着俺有德行聪明的嚼韭菜。"

——《元曲选》第四十四册《看钱奴买冤家债主》，中华书局 1958 年版。

696.（明成化十年八月初八日，礼部等衙门题，为建言民情事）臣见在京近年以来，米价高贵，营运无活，度日艰窘，不能趁食，只得将衣服、物件，当借铜钱，籴米度命。又被奸顽之徒，倚财为势，互相设计齐行。凡遇当物，估值银一两，止借银三银；值银一钱，止当银三分。每银一钱，自起利息二三（文）【分】者有之。备还不敷，未及二三月，被算本利对合。日逐取当原卖，物件好者致被百般刁蹬捎匿；物件低者，被其公然变卖。当物之人，又被势豪凌辱，欲行告理，缘因贫窘无力，只得含忍，有屈无伸。以此，当放之徒，愈加得计，恣（伊）【意】利中生利，贫者转加贫苦。

——《皇明条法事类纂》卷二十《违禁取利·债主关俸问不应》，（台北）文海出版社 1985 年版。

697.（明）质库无土著人。土著人为之，即十年不赎，不许易质物。乃令新安诸贾擅其利，坐得子钱，诚不可解。

——《扬州府志》卷二十《风物志·俗习》，北图珍本丛刊第25册，书目文献出版社1988年版。

698.（清）至奉议期限，商等虽历以二十四个月为满，届期逾限，仍有情留、押留，约计出贸，亦既两载有余。在商等资本久搁，固不能转运滋生，在民间年月久远，亦不能少利赎取，更增限迟期，不惟商等资本作死，揭借认利空赔，恐年月久远，货物难免霉朽之虞。商等出货减价，固难敷本，兼之民间取赎，利息日深而货物益朽，是不独有损于商，而并有损于民也。

——刘建民先生藏《乾隆嘉庆湖南典商减息案》。

699.（清）歙邑西村名莘墟，有某之先世，微时来扬，投其戚属，途拾一铜印，文为“白水”。至扬州，戚属各助以资，置质库中。故（估）衣戏以铜印钤之，获息殊厚。未钤印者初无人问也，亦以印钤之则售。经年贸易，赀且数倍于所助。

——（清）褚人获《坚瓠秘集》卷五《白水铜印》，《续修四库全书》第1262册，上海古籍出版社2002年版。

700.（清）据厢黄旗骁骑校徐元荣等呈称，据本旗生员陈来选呈称，生在［奉天城］鼓楼南路两义顺估衣生理，赊得郭瑾宝济堂估衣银七百一十七两五钱八分、郭廷秀源通当估衣银四百八十一两四钱七分、源祥当估衣银三百六十五两五钱七分。身于十月二十四日呈明在案，今将银两凑齐；身于十一月二十四日，在同仁号，有将军衙门委官佐领阿眼同照数收完，并不缺欠。

——《黑图档》部来档，乾隆十四年十二月，转引自韦庆远《明清史辨析》，中国社会科学出版社1989年版。

701.（清）乾隆二十七年三月八日刑部尚书舒赫德等题

乾隆二十六年一月二十六日江西省崇义县

案件：潘伯盛殴推赖癸□受伤身死一案

摘要：赖癸□将衫裤二件，向潘伯盛押钱四百三十文，议定加二起息，三月为满，过期不准取赎。

——中国社会科学院经济研究所藏《刑部抄档》。

702.（清嘉庆六年冬十月）甲寅，又谕，明安等覆奏商民所办棉衣、酌量给发价值一折。前因近京一带被水灾黎，御冬无具，曾谕令明安等置购棉衣，以备赏给。经各当商等呈交棉衣六万二千件，并恳请不敢领价。当即谕明安等，仍应量给价值。复据该商等称，系当满旧衣，所值无几等语。此项棉衣，既经该商等呈交，即系当满之物，亦不可令其少亏资本。着加恩赏给银一万二千四百两，按各商交出棉衣多寡，均匀给发，即在提督衙门闲款项内动支。至宛平县民人蔡永清，凑办棉衣二万件，甚属急公。

闻蔡永清向在京城居住，每岁经理收养老病贫民及婴孩等事。今年夏秋，曾捐资散给被水灾民。兹又凑办棉衣，种种义举，殊堪嘉尚，着顺天府堂官备办扁额花红，传旨赏给蔡永清，以示奖励。

——《清仁宗实录》卷八十八。

703.（清）嘉庆十五年秋审四川总督题

嘉庆十二年四月二十一日成都府温州县

案件：黄秀贵戳伤戴谢氏身死一案

摘要：黄秀贵将蓝布小衫一件，押与戴谢氏，得钱一百二十文，约定十日赎取，议给利钱十二文。

——中国社会科学院经济研究所藏《刑部抄档》。

704.（清）嘉庆十五年二月二十五日署四川总督特清额题

嘉庆十四年六月十六日成都崇宁县

案件：李乃原戳毙李世林等二命

摘要：李世林将布衫二件，讬中转向杨皆喜押钱五百文，说定不论久暂，任听回赎。

——中国社会科学院经济研究所藏《刑部抄档》。

705.（清）今之钱店则曰兑换银两，货店招牌则曰发兑某项货物。且俗言买卖人要有七分纳气，三分和气，皆与商兑之意相合……若衣服饮食，不鬻于市，指已做成者而言也。即以林亭论，昔年无卖估衣者，今则不但外来之商贩，即质库之不能出脱者，亦零星卖之矣。

——（清）李光庭《乡言解颐》卷三《人部·商贾》，《续修四库全书》第1272册，第181页，上海古籍出版社2002年版。

706.（清）一凡典商收当货物，自行失火烧毁者，以值十当五，照原典价值计算，作为准数。邻火延烧者，酌减十分之二，按月扣除利息，照数赔偿。其米麦、豆石、棉花等粗重之物，典当一年为满者，统以贯三计算，照原典价值给还十分之三。邻火延烧者，减去原典价值二分，以减剩八分之数，给还十分之三，均不扣除利息……如典商、染铺及店伙人等，图盗货物，或先有亏短，因而放火故烧者，即照放火故烧自已房屋盗取财物，及凶徒图财放火，故烧人房屋，各本律例，从重问拟。（谨案：此条原载失火门内，道光二十三年增入染店一项，二十四年修并移入此门。）

——光绪《大清会典事例》卷七六四《刑部·户律·钱债》，《续修四库全书》第0809册，上海古籍出版社2002年版。

707.（清）一典铺之利与徒手告贷者不同，盖既挟物为质，则永无失脱之虞。而又没入有期，则预估贸易之价，不得仍执律令不过三分为辞也。查前院已经颁示，计两计钱酌定低昂，允为至当。各属典铺俱当一体遵奉，不许浮溢。违者，提管典人重究不贷。

——（清）赵士麟《抚吴条约》上《正风俗》，《中国古代地方法律文献》乙编第三册，世界图书出版公司 2009 年版。

708.（光绪初，大名）所有典中去年应出三盘估衣，系卖一年通贯，不料南乐廉兴号衣客不顾脸面，出了两盘，将秋盘剩下。及至腊月廿三日，伊又来典商量下年估衣。照此衣客实为可笑，答伊明年估衣不必再提，即出倍利亦不共事。衣客无须说也，实在理亏，恳情了结秋盘，不要事已如此，只得互换定约了结两清。俟今春别处衣客来，一仝售卖，至开市日期，还未商定。

大郡今春虽然雨水不缺，而当衣涌跃，与往年相符，每天七八百号，除回净出大钱四百余吊，照此两典皆开，可以支持得来。至三月十五日，架本上至八万三千有零，估衣今年迟滞，济宁衣客未来，万不得已只得因时估值售卖。

至于估衣，四月初七日定售于磁州豫成衣店，言明一年通贯，按四分加利，头盘出过货本大钱一千五百余吊。所有两典当期甚为涌跃，每日千数余号，恐其支持不来，是以商酌，诚格于四月廿一日去其皮棉，咱典于廿贰日去其皮棉，只当袷单。柜上均为平妥，至于期盘估衣，五月初一日卖与汤阴县福盛衣店，言定每本大钱一千文，作钱平干银六钱贰分，按刻下时价合钱不过九厘多钱。衣客只买一盘，二、三盘随后再讲。今年估衣实在迟滞，察听衣店生意，去年家家存货赔折，所以今年客少。福盛客来如要不卖，恐其再无别客。现已五月，概无透雨，只得因时出售，期盘货本大钱一千六百余吊，所剩二、三盘随后再定。咱典二、三盘估衣，八月廿六日仍售与汤阴福盛衣店，照前六钱贰分。银庄彼时钱盘一千八百二三，合贯利一分贰厘有余。

——刘建民先生藏《大名府恒裕典信稿》。

709.（清光绪三年腊月初九日）兵燹之后，巨富殷户除置买田房产业外，大率开设当铺以权子母。遵照新章，概以十八个月为满。查兵燹以前典当章程，三年为满，今则促其满期，贫民质物则易于当绝，在当商盘利则易于周转。然此犹浅近之说也，不知绝期短则资本可窄，绝期长则资本须宽，譬如一年为满，每典需本三万两，今改为十八个月为满，则资本须六万两矣。若再遵照向章三年为满，则每典需本十万两矣。现查苏、松、常、镇、太五属之内共计当铺约有二百余座，如蒙各大宪通饬各属谕商遵照旧章概以三年为满，则不但穷民质当可免易绝之虞，而每典加添本银四万两，统计五属二百余典共应添本八百万两之多。在当商加本多利不为吃亏，而苏、松、常、镇、太五属市廛之中忽有此八百万两之流通挹注，岂不大有益于市面情形哉？夫岂徒有益于贫民缓急而已哉？若令江北地方一律照办，不更大有可观也哉？此开其钱之源广其钱之流之一法也。否则巨富殷户以银钱为奇货可居，徒使财源日滞贫民日窘，于国计民生大有关系。聊抒鄙见，请质诸当代之操利权者。

——《申报》1756 号《质库宜宽期以广财源》。

710.（清光绪五年三月十八日）宁城各当铺向以十二个月为限，限满后又可展期六个月，如先上利更可情留两月，故通共有二十个月也。兹闻城中各当铺，公禀府宪，请自本年三月朔日起，改以十四个月为满。宗太守以为较向例计多两月，与质户似有小益，故准其所请。不意各当铺一俟出示，即帖知单，谓现奉宪谕，自三月初一日起改以十四个月为满，如过期不留不赎云云。是质户非但不能沾惠，反较前规少六个月限期，是以贫民颇有怨言也。

——《申报》2133 号《典当改章》。

711.（清光绪八年八月初三日）当铺之设，所以利民而非所以病民，在农商即可权其子母，而贫民亦可通其有无，是以两江督宪左侯相曾谕各典铺展宽限期，而浙省大宪亦有十八个月为满之谕，仰见体恤民艰无微不至。兹将鄞县朱明府示照录于左：鄞县正堂朱示，现奉宪饬，宁属各典当概以十八个月为满，免其隆冬让利等因，除谕知各典当外，合行出示晓谕，为此示仰阖邑军民人等及各典当知悉，当赎限期从光绪八年七月分起，概以十八个月为满，免其隆冬让利，各宜凛遵毋违，特示。

——《申报》3366 号《当铺加期示》。

712.（清光绪九年正月二十日）当铺之设，自来皆云便民……而定期则以二年为期，取利则自一分至分几厘，当户即免盘剥之苦，而时阅三年依然还我旧物，便民之政莫大于是。咸丰以来，赭寇肆扰，江浙间之富商或丧其资，或流亡未归，以是同治初年各城收复，而旧日当商不能复业，多方招集，然后渐有开设者，而资本已大不如前。宪定之章略为变通，改为一年期满，收利自二分至二分四厘。后经各宪斟酌通行，渐自放期至十六个月、十八个月者，而利则统以二分收取。大宪体恤贫民，犹以为未足也，于是申减利放赎之令，凡布棉衣裤棉被农具之类，每年腊底放赎，概以一分算息，各当有遵行者。左侯相莅任以后，复位满期以二十七个月为限，于是向之十六十八个月者又得宽期。假如当户钱不凑手，屈计其时犹可姑待，以视同治年间，其便不便盖大相悬殊矣。

虽然宽期，不如减利之尤便也。盖以物质钱，其始不过借救然眉之急，以为逾数月而可赎也。迨积日既久，比之他债之登门催索似觉安静，于是幸其时之未至一再迁延，以至于满。机警之人箧有典票，或时取展阅数期，将至而无款取赎，则纳利换票者有之，其竟至于满者大抵遗忘耳。又其甚者，当本既大，加以二分之利，合算已可另制，因而亦有故意不赎者矣。三分之利，三年倍本；二分之利，五年倍本，此种算计，人人知之。典物之满，即不尽由于期促，则今放期愈远积利愈重，取赎之时不更难乎？其难者即如易放期而为减利，则当户自揣置物之价当不及六七，加利甚微，赎之殊为合算。虽限以十六个月或并减为十二个月，吾知期内自皆争相取赎矣。与其缓期而重利，不若轻利而促期，此人情也。且放期不特无益于当户，而且有损于当商，近来各当收物估价不轻，值十千者必当六七千甚至八千。因各典铺估值不能齐一，当户携物遍问，不得于此必得于彼，以故柜伙不敢轻估，其意亦为招徕也。不知加以二十七月之利，将来出货已逾置价，且并不得照置价售出，其暗中亏耗为数亦不小矣。上海洋场之质押小铺，架本亦有至八万十万者，其期不过十余月，不能守官当之通规，资本较易转运。其估货往往有浮于官当。当户待钱应用，只图多当不顾期促，岂有不趋质押者耶？故官当之估价亦不能苛刻也。窃意放期以便民，获益有限，不若减利以便民受惠无穷。

然又不知何故，自同治初年至今，承平已二十年，而各项放债取息不能骤轻。假如实有可减之势，则侯相苦心孤诣断无不计出此者。乃只能申放期之令，而难立让利之章，可知近来材用空虚，虽富户亦艰于转运，以致贫民不能实受其惠也。顾亦有不解者，各省府大城通商大市，无论当本多少，皆以二分纳息；而小县僻镇之典铺，反有分几厘者。质钱愈多取利愈轻，如前日所登典铺新章，以嘉善区区之地而当商乃能体恤贫户，分货之等次以定息之重轻。而既以□期之远近，而如上海市面之大转不能仿而行之，何也？尝与当中伙友论之，皆借口于官项之存息。然官项之息至多不过分二厘，而且一铺领存官项多者亦止万金，似此区区恐尚不足以为病，而必欲取盈于当户也。

——《申报》3545号《论典当放期不如减利》。

713.（清光绪十一年十月十四日）特用府在任候补直隶州江苏松江府上海县正堂莫，为出示晓谕事……今本府酌定于十月十一日为始，改为十八个月，以昭划一。札县遵办并出示晓谕，取具各典遵限切结，交委近切切等因，并奉宪委下县奉此，除谕知各典商外，合行出示晓谕。为此示仰合邑军民人等一体知悉，尔等如质当货物，自十月十一日起，概照现奉饬改十八个月为满。其十月十一日以前所质货物，仍以廿七个月为满。其各凛遵毋违，特示。光绪十一年十月初八日。

——《申报》4528号《上海县示》。

714.（清）一新开税当，无论何项货物，应以三十六个月为期满。今格外体贴商情，拟定以三十个月为限满。当本银不及一两，钱不及十吊者，三分取利；一两以上至十两，取息二分五厘；十两至百两，取息二分；百两以上，取息一分五厘。大个钱十吊至百吊，取息二分五厘；百吊至千吊，取息二分；千吊以上，取息一分五厘，不得任意增减。唯现当兵燹后，商力或有未逮，准其于十个月内暂用三分行息，二十个月为限满，以资周转。扣至明年十月底止，一律遵照前开章程办理。

——刘建民先生藏《步军统领衙门、顺天府、五城御史会奏折》。

715.（清光绪三十四年九月初三日）宝应县廪生成寿彤、周钊、江鸿逵等三十二人公禀各大宪，以典肆向例钱当钱赎，期以二十七个月为满。近忽禀请改章易钱为洋，短为十八个月取赎，定九月初一日实行。在各该商只知利己，而与便利贫民之宗旨大相背谬，求请撤除仍照旧章办理，则各该商所损有限，各贫民受惠实多。苏臬左廉访阅禀，以钱当钱赎并赎期以二十七个月为满既该邑习惯通行，尚无损于商有益于民，应准照办，特飞札扬州府速饬宝应县，传谕各典商暂照旧章办理，勿任轻议更张，致生事端。

——《申报》12807号《典当赎息仍照旧章苏州》。

716.（清宣统二年腊月十二日）剪发之风日甚一日，势难中止。与其剪后而不免有易服之举，何如使人人剪发而服饰照旧，则于各贵行血本所关甚大。望贵东伙一律剪发而不易服，风气自开，渐成习俗，可永无易服之事，是各贵行之善自为谋莫要于此，幸弗迟误为盼。

——《申报》13627号《典当衣庄小押各行同鉴》。

717.（清末）昨日弊伙某相公因事赴地，多蒙厚扰，返铺询及宝号生意兴盛，诸位翁台起居多佳，良可欣羡。言兄台所云不日移驾来地，点八月应出之货。急与伙等相商，皆云刻下新花发动，每日纷纷取转甚多。况柜上伙等已经许过节之前后皆可取转，诚恐出早必生事端，只得回信迟缓数日，到几日后再为奉请。不遵之愆，谅。

——刘建民先生藏《商人尺牍》。

718.（清末）应出已满之货，不得照贯消提，听衣客凭价估值，不得嫌多还少，与衣客口角相争，殊非正人之道也。

——杨联陞辑《典业须知》，《食货月刊》一卷四期。

719.（清末）估衣铺：以出售寿衣、寿帽、寿靴为主，兼营估衣行销。其货源大部分来于当铺“死号”。每逢二、八月，从当铺买回死号，便按衣服质量分别整理。丝绸、绫缎之类行销于西路、南路，皮毛及盘金绣花之类行销于京津。

——《汾阳县志资料》第4期，转自史若民等《平祁太经济社会史料与研究》二《平遥当商留存文稿》，山西古籍出版社2002年版。

720.（民国初年）衣庄日售五七串之数。是日周先生至府场看货，但恐该典贯利难以望小，皆因客岁有五百文之底耳。蔚生元转盘，若再加一百文，更属鸡筋（肋）矣。据周先生云，如黄元顺之一股，我号能可到手，元记之转手亦可携带回铺，俟伊赴沙，再与从君定盘，焉有不可？只看大盘定局是何情形，再信详报。便中察问，沔属估衣其盘若干行市，来信题明是荷。传闻峰口所出，系贯三百五，果如是否？

兼出宝典秋季估衣，望祈先照印回，是荷。惟小记所购蔚生元之转盘，春季周伙因碍大众情面，不得已分与罗兴发一半。但小记在沙多费唇舌，统为购成，实不容易。而渠不费吹灰之力，与人平分，似乎情理不合。此次倘再若如斯，祈阁下代为道及。如其要买，可到该号去购可也，在此万难应允矣。

附启，出回同兴典之估衣，按一千六五四仝盘转售与峰口刘义太矣。该典与蔚生元之清单，已着明垚伙代沙亲送元记矣。勿念。此及。

——刘建民先生藏《沙市当商信稿》。

721.（民国初年）原禀又谓服式日新，日久售价，不敷当本。此则指豪华之家，眷属裙袄而言。若布帛绸缎之衣，金银铜锡之物，大致从同，又何得援以口？

——安徽师范大学图书馆藏《典业杂志·江宁绅士为典商改章病民上》。

722.（贾似道因贵妃，得宠于理宗，一朝富贵）将百金赏了陈二郎，谢了报信之故。又将百金赏赐典铺中，偿其赁衣，典铺中哪里敢受？反备盛礼来贺喜，自此贾贵妃不时宣召似道入宫相会，圣驾游湖，也时常幸其私第。

——（明）冯梦龙《喻世明言》第二十二卷《木绵庵郑虎臣报冤》，人民文学出版社1958年版。

723.（明，秦重）且歇三日生理，不去卖油，到典铺里买了一件见成半新半旧的细衣，穿在身上，到街坊闲走，演习斯文模样。

——（明）冯梦龙《醒世恒言》第三卷《卖油郎独占花魁》，人民文学出版社1956年版。

724.（明，翰林权学士，冒认白孺人为姑，娶其女儿。娶之前日）权翰林喜之如狂，一夜不睡。绝早起来，叫权忠到当铺里去赁了一顶儒巾，一套儒衣，整备拜堂。

——（明）凌蒙初《二刻拍案惊奇》卷三《权学士权认远乡亲，白孺人白嫁亲生女》，人民文学出版社1996年版。

725.（明苏州阊门外开酒店的周于伦，父周楫）与人商量，道买了当中衣服，在各村镇货卖，只要眼力，买得着，卖时也有加五钱……便将银子去当中斛了几注，收拾起身。

——（明）陆人龙《型世言》第三回《悍妇计去孀姑孝子生还老母》，春风文艺出版社1998年版。

726.（清）戴氏到了家，把银子交与韩芦，走到故衣铺内，用四钱五分银买了一件明青布夹袄，三钱二分银买了一条绰蓝布夹裤，四钱八分银称了三斤棉花，四钱五分银买了一匹油绿梭布，四钱八分银买了一匹平机白布，做了一件主腰，一件背搭，夹袄、夹裤从新拆洗，絮了棉套，制做停当，使包袱包着，戴氏自己挟了，来到狄希陈下处，叫小珍珠从头穿着。

——（清）西周生《醒世姻缘传》第七十九回《希陈误认武陵源，寄姐大闹葡萄架》，齐鲁书社1980年版。

727.（清）至于平日所着之裘袍弊衣、内人之锦袄绣裙，不过在义昌典内、通兴当中占了日、月、盈、昃四个号，估衣铺里，卖与赵、钱、孙、李之几家。

——（清）李绿园《歧路灯》第八十一回《夏鼎画策鬻坟树，王氏抱悔哭墓碑》，中州书画社1980年版。

第六章　中国历代典当业所遇灾难及其赔偿制度

第一节　典当业所遇灾难

728.（唐）太尉朱崖出镇浙右，有甘露知主事者诉，交代得常住什物，被前主事隐用却常住金若干两。引证前数辈，皆有递相交割文字分明，众词皆指以新得替者隐用之。且初上之时，交领既分明，乃交割之日，不见其金。

——（唐）冯翊子《桂苑丛谈》不分卷《太尉朱崖辨狱》，文渊阁《四库全书》第 1042 册，（台北）商务印书馆 1983 年版。

729.（五代天成二年十月辛丑，诏曰）应汴州城内百姓，既经惊劫，须议优饶，宜放二年屋税，兼公私债负。如是在城回图钱物及公私质库，除点简见在外，实经兵士散计者，不计年月远近，并宜蠲放。应有年八十已上，及家长有废疾者，宜免一丁差役。

——（宋）王钦若《册府元龟》卷四九二《邦计部十》，中华书局 1960 年版。

730.（五代）初，彦超尝令人开质库，有以铁胎银质钱者。经年后，库吏始觉，遂言之于彦超。初甚怒，顷之，谓吏曰：“此易致耳。汝宜伪□库墙，凡金银器用暨缣等，速皆藏匿，仍乱撤其余以为贼踪，然后申明。吾为擒此辈矣。”库吏如其教。于是彦超下令曰：“吾为使长典百姓，而又不谨，遭贼□去，其过深矣。今恐百姓疑彦超隐其物，宜令三日内各投状，明言物色，自当倍偿之，不尔者有过。”百姓以为然，于是投状相继。翌日，铁胎银主果出。于是擒之，置之深屋中，使教部曲辈昼夜造，用广府库，此银是也。

——（宋）陶岳《五代史补》（慕容彦超）卷五《慕容彦超铁胎银》，《五代史书汇编》第五册，杭州出版社 2004 年版。

731.（北宋天圣二年三月）已卯，知成德军永州团练使钱惟济加吉州防御使，留再任。有伪为白金以质取缗钱者，其家来告。惟济密谓曰：“第声言被盗，而示以重购，质者当来责余直，即得之。”已而果然。

——（宋）李焘《续资治通鉴长编》卷一百零二，中华书局 1985 年版。

732.（宋）张氏，罗江士人女。其母杨氏寡居。一日，亲党有婚会，母女偕往，其典库雍乙者从行。既就坐，乙先归。会罢，杨氏归，则乙死于库，莫知杀者主名。提点成都府路刑狱张文饶疑杨有私，惧为人知……（于是张死于狱中。后知乃名袁大者为犯人）问之，云："适盗库金，会雍归，遂杀之。"杨乃得免。

——（元）脱脱《宋史》卷四百六十《列女·张氏》，中华书局1977年版。

733.（南宋）臣伏见诸路常平抵当，毋虑百万贯，始欲轻息利民，而出纳者邀留需觅，得之不时，故民间不复与官为市。率皆官吏作弊，以粗恶之物抵质高强，久而不取，遂成失陷所存见缗，又掌之者那兑侵借。今江东一路共有本钱十五万贯，而所名息钱才二千余贯。臣愚欲乞睿慈将诸路抵当库并行减罢，所有见在钱物限日下尽数起发，如有侵兑，并勒填补，庶几少赡军旅之费，取进止。

——（宋）洪适《盘洲文集》卷四十一《乞罢诸路抵当库札子》，文渊阁《四库全书》第1158册，（台北）商务印书馆1983年版。

734.（南宋）衢州江山县峡口市山下祝大郎，富而不仁，其用斛斗权衡，巨细不一。乾道八年七月，有道人过其门而戒之曰："汝宜用心平等，不可如是。或梦人来取，家必有灾。"是夕，梦二青衣来言："汝家所用斗秤安在?"梦中与之，二人各执其一。既觉，急寻之，已失矣！因忆正昼道人之语，谓灾者火也，即尽徙室中之藏于山上质库。方稍定，库地忽迸裂，洪水涌出如奔，屋宇钱帛，随流而下。……家人尽死，仅一小儿与一婢在山巅仅免。土人今呼为祝家潭。

——（宋）洪迈《夷坚志·补》卷七《祝家潭》，中华书局1981年版。

735.（元）至元十六年（1279）六月，中书省钦奉圣旨：石招讨奏，亡宋时民户人家有钱，官司听从开解。自归附之后，有势之家方敢开解库，无势之家不敢开库。盖因怕惧官司科扰，致阻民家生理。乞行下诸路省会，居民从便生理。仍禁戢录事司不得妄行生事，敷敛民户。纵有误典贼赃，只宜取索，却不可以此为由，收拾致罪。

——（元）《大元通制条格》卷二十七《杂令·解典》，法律出版社2000年版。

736.明朝永乐年间，出了个神奇不测的拐子……这个拐子是广东肇庆府高安县人，姓贝，名喜，并无表字，有一个别号，叫做贝去戎……有个徽州当铺开在府前，那管当的人是个积年的老手，再不曾被人骗过……偶然一日，那个管当的人立在柜台之内，有人拿一锭金子，重十余两，要当五换。管当的仔细一看，知有十成，就兑银五十两，连当票交付与他，此人竟自去了……（有人提醒）那店内之人接了进去，磨的磨，看的看，果然试出破绽来。原来外面是真，里面是假，只有一膜金皮，约有八钱多重，里面的骨子都是精铜……管当的听了，连忙许他谢仪，就带了原金同去追赶。赶到一处，恰好那当金之人同着几个朋友在茶馆内吃茶……乃将金子递与此人，叫他立在门外……管当的直闯进去，一把扭住当金之人……管当的说出情由，众人就讨赃物来看。

管当的连声呼唤，叫取赃物进来，并不见有人答应。及至出去抓寻，那典守赃物之人又不知走到何方去了。当金的道：……如今没的说，当票现存，原银也未动，速速还我原物，省得经官动府……管当的听了……只得认了赔还。同到店中，兑了一百两真纹，方才打发得去。这个拐法，又是什么情由？只因他要显手段，一模一样做成两锭赤金，一真一假。起先所当原是真的。预先叫个徒弟带着那一锭立在旁边，等他去后，故意说些巧话，好动他的疑心。及至取出原金，徒弟接上了手，就将假的换去，仍递与他。众人试验出来，自然央他追赶，后来那些关窍，一发是容易做的。

——（清）李渔《归正楼》第一回，《十二楼》，人民文学出版社 1986 年版。

737.（明）长兴臧尧山先生之父开典于城门内，偶至典中，值一乡人赎典物者与家人小忿争。臧翁不直其人，其人逞忿，以手扑翁面者再。家人欲痛辱之，翁不许，反送其人至门，安慰而别。其人到家，甫三日即死。

——（明）李乐《续见闻杂记》卷十，《续修四库全书》第 1171 册，上海古籍出版社 2002 年版。

738.（明）王封君梦祥，王文肃公有数质库，取其息至久而中耗。文肃公以闻，府君急收之，尚有什一二存。府君曰："收之其耗露矣；不责偿且益玩我。责之急，彼不死水火，则桎梏耳，姑示不测，以空名縻之。"及府君卒，而诸库橐皆如洗也。

——（明）张萱《西园闻见录》卷十四《宽洪·往利》，《续修四库全书》第 1168 册，上海古籍出版社 2002 年版。

739.（明崇祯五年壬申八月）丙子，陕西总兵官王承恩自绥德提兵回镇，各兵见父母妻子受饿垂毙，势已汹汹……众相勾煽，遂乘势劫当铺一十三家、京铺七家，打毁抚院门栅，进至穿堂击碎窗格，抢出案衣坐褥。

——《明实录·附录崇祯长编》卷六十二，台湾"中央"研究院历史语言研究所 1962 年影印本。

740.（明）汪箕，徽州人也，居京师，家赀数十万。自成入城，箕自分家室不保，即奏一疏乃下江南策，愿为先锋，率兵前进，以效犬马之劳。自成喜，问宋献策云："汪箕可遣否？"宋曰："此人家赀数百万，典铺数十处，婢妾颇多，今托言领兵前导，是金蝉脱壳之计也。"自成悟，发伪刑官追赃十万，三夹一脑箍。箕不胜刑，命家人取水，饮三碗而死。

——（明）计六奇《明季北略》卷二三《富户汪箕》，《笔记小说大观丛刊》第十二编第六册，（台北）新兴书局 1978 年版。

741.（明）君讳祯，字宁侯……质库所入，不责倍称之息于人，人争归人。所赢辄过当，繇此其业数蹶又数起云。临清之破也，悉亡其赀，君恐以累故人之寄橐者，将倒庋还之，绝去什一弗复事。闻者感其意，固请乃止。未几，尽复其所失，且倍焉。

——吴伟业《梅村集》卷三三《太仆寺少卿席宁侯墓志铭》，文渊阁《四库全书》第 1312 册，

（台北）商务印书馆 1983 年版。

742.（顺治十七年四月十七日）禁城之内琉璃厂东门有打劫当铺一事，于三更时分，跃马纵横，打刀杀人，饱飏而去，如入无人之境，迄今月余未见缉获。

——《顺治档案》，监察御史傅世舟题，转引自宋秀元《从档案史料看清代典当业》，《故宫博物院院刊》1985 年第 2 期。

743.（清康熙四十六年十一月初五）江苏太仓州刘河汛所豁地方，有强贼多人行劫开典铺生员陆三就家，放炮进门，金珠细软，尽被劫去。

——《康熙档案》，李煦折，转引自宋秀元《从档案史料看清代典当业》，《故宫博物院院刊》1985 年第 2 期。

744.（清乾隆十三年七月二十六日）“在通州地方，有本地监生吴伟度，以粮食昂贵，不许贩卖出境，率领吴佩元、李皮猴儿、胡连等，将船踏住拦阻。”“吴伟度复对众扬言，各典铺素常重利刻剥……不如大家抢当分用。随有附合相从者十余人，先至刘姓典铺抢取物品、掷出街上、一时从外观看之众人，亦即随手拾去。”“复至孙姓当铺，声言抢当”，于是各当铺皆闭户不出，形成了罢市局面。

——《两江河道总督周学伟折》，转引自宋秀元《从档案史料看清代典当业》，《故宫博物院院刊》1985 年第 2 期。

745.（清乾隆五十八年六月丙子）谕书麟等奏审：溧水县知县陈潢，于县民陶仁广在无服叔祖陶宇春典铺内为伙，窃物潜逃……今陶仁广系陶宇春无服族侄孙，支属甚远，陶宇春令其在典管理首饰，并非素无照应者可比。乃陶仁广辄窃取金珠银两潜逃楚省，以致同典商伙周记爽及伊胞兄陶仁庆均被严刑。况村镇典铺，赀本不过千余金，而陶仁广所窃，估赃竟多至三百余两，致累陶宇春照数赔补，又遭讼累，中人之产不因此而荡尽耶？

——（清）《东华续录》乾隆一一七，《续修四库全书》第 0374 册，第 295 页，上海古籍出版社 2002 年版。

746.（清嘉庆）缘关能举、麦庯帼均籍隶三水县，向在英德县属吴嘉珍、杨坤戴等天成当铺帮工，并无主仆名分。该当铺帐目尚系吴嘉珍一人经理，其余伙商杨坤戴等均未在当居住。嘉庆二十三年六月，吴嘉珍因家事带同工人黄亚德回家，即将当务交托关能举、麦庯帼代为经管。嗣关能举陆续收得赎当银一百二十二两，关能举因贫难度，并因当银出入账目繁多，一时难以盘查，起意窃银花用。当与麦庯帼商允，随将前项番银一并窃取，两股均分。九月二十九日，吴嘉珍与黄亚德转回当，经吴嘉珍查明，关能举等共收获赎当番银一百二十二两，因未存贮在柜，向其查问，关能举等即以陆续当出及别项交用之语抵饰。吴嘉珍心怀疑惑，称俟次日须将收支各簿取出，彻底查算，如有短少，定将关能举等送官究追。关能举恐被查出，心怀畏惧，忆及后进楼下，向作账房，各簿俱存在内，无人住宿，起意商同麦庸帼于夜间将其账房放火烧毁，使其无簿稽查，藉图掩饰，麦庸帼应允。是夜三更时，候吴嘉珍等均已熟睡，关能举能即携带火煤与麦庸帼潜至楼下账房……时值风大火猛，延烧楼房，扑救不及，致将楼房、当货烧毁。

——《粤东成案初编二》卷二十一《扰害作骗·当铺工人窃获银两事后放火烧簿掩饰以致延烧房屋照谋财放火尚未抢掠例拟斩监候》，道光八年刊本。

747.（清嘉庆）广东司案呈：据广东巡抚成咨称，准刑部咨，嗣后外省徒犯案件云云等因，兹道光六年秋季分，有始兴县客民赵德馨受雇管理赖家桂当铺银货，设计诈取该当银钱计赃逾贯，该犯赵德馨于解审后在监病故一案。缘赵德馨藉隶番禺县，寄居始兴县地方，与该县属职员赖家桂素相交好。嘉庆二十三年内，赖家桂开张万升号当铺，雇赵德馨在当管理银钱出入，并雇朱锡仓、张胜圆、胡得宣分管货物，均与该当商赖家桂平等相称，并无主仆名分。赖家桂并未住宿当铺，每年亲往盘查银钱数目，历无短亏。道光五年正月内，赵德馨与朱锡仓、张胜园、胡得宣说及家道艰难，现在各有欠项无从设措，赵德馨因当内银钱既系交伊经管，赖家桂每年仅盘查出入数目，并未点验当存货物，起意将以后收获赎当银钱陆续私行扣出，当票抽毁，典簿原号匿不注销，诈为未赎，各将银钱分用，俟后随时措还，再行登簿销号。朱锡仓等应允，赵德馨即于正月起至八月止，共扣存赎当本利番银一千一百一十九两，铜钱四百一十三千文。赵德馨共分用银六百七十二两，钱三百五十六千文。朱锡仓分用银二百三十四两，钱三十六千文。胡德宣分用银二百零三两，钱五千文。原欲俟次年设措弥补，十一月初二日，赖家桂赴当盘查，因见典出银钱甚多，当货不敷，料被侵蚀，随经按照典簿将当货澈底盘查，致被查出已赎作当情弊，并查明亏短银钱数目，当向盘问。赵德馨等不能抵赖，自认私取分用。

——《粤东成案初编二》卷二十二《扰害诈骗·当铺伙伴侵用银钱以赎作典照诈欺财物计赃科罪》，道光八年刊本。

748.（清嘉庆）据冯宰平供：职员是本县人，向开万聚号当铺生理。嘉庆十三年十一月二十日夜三更时候，被贼多人持械打开大门、中门，走入货房行劫。职员害怕，合伙伴梁汝漳们躲避。贼人搜劫银钱、衣饰各物跑走，职员喊同邻人梁复追捕不及，就查开失单投保禀勘，以求缉究。据梁汝漳、冯元恺、甘品翘同供：是冯宰平当铺伙计，余供与冯宰平供同。据梁复供，是冯宰平左邻。嘉庆十三年十一月二十日夜三更时分，小的听得冯宰平喊叫当铺被劫，随即赶去帮捕，贼已挟赃跑远，追捕不及，是实，等供。据此，传唤铺户眼同事主按照失单逐一确估，共值纹银一千一百二十两零三分，列册同勘图附卷。

据罗秉尊供：是本县人，年三十四岁。父母俱故，并无兄弟，娶妻李氏，没生子女。嘉庆十三年十一月十九日，小的往趁（赶）洞口墟，路遇素识的罗亚宽、罗彦斌，共谈穷苦。罗亚宽起意，商同纠伙行劫县属冯宰平当铺得赃分用，大家应允。小的随纠得黄敬夫、温石三、叶奉集、彭彻波、刘瑞如、叶其清、伍亚有、欧涟八人。罗亚宽纠得罗万俊、罗昭、罗义兼、罗鸿飞、欧南岳、欧昌倧、欧怀厚七人；罗世俊又转纠得罗公养、欧和、张亚木三人；罗彦斌纠得罗复红、陈修业、欧献瑞、梁睦四人，并不识姓名六人。约定二十日夜在冯宰平村外会齐。到期，小的合罗亚宽、罗复红各携木棍，罗彦斌携铁斧，温石三携铁锤，罗世俊携竹棍，罗昭、陈修业、欧献瑞、梁睦、叶奉集、张亚木各带麻绳、布袋，黄敬夫们空手，共伙三十一人，三更时候齐到冯宰平当铺门前……共劫得番银六百一十两零、铜钱六十五千四百文、金首饰七件、银首饰三千余件、绸衣布裤共五百零两件、棉夹布被褥二十八张、蚊帐二顶、毛毯二张、铜器八件、虎皮二张、绵绸十七丈零、棉布三十二段、水鞋一对。

——《清嘉庆朝刑科题本社会史料辑刊·广东新兴县罗亚宽等抢劫冯宰平当铺案》，天津古籍出版社 2008 年版。

749.（清）淮扬典铺数十所，年来劫掠殆尽，然皆斗力，非斗智也。惟兴化一典，被劫最奇。先有营弁四人至典中，告以途次遇贼，窃去十数箱，箱何状、衣何物、今舟泊何所。倘来典，幸相关白，与汝无干。若隐讳受赃，必不汝贳。店主许诺。越三日，果有十余健儿，舁数箱至。典中窃窃疑之，及启一箱，衣物大半符合，遂以婉言羁绊，而遣人密白营弁。营弁即率勇持械而至，遽令闭门，大呼捉贼。突有人从箱中出，涂面帕头，各手兵器，与营勇及前舁箱者，各擒典众而缚之，席卷所有，由后门负之而去。先是，市人闻典中捉贼，各探消息，久而寂然。及暮而前门不启，保正试从后门探之，则典中人群系于柱，辫发缠口，瞠目相视，不能发一言。各解其缚，各吐胡桃一枚，述其所遇如此。

——（清）《金壶七墨·遯墨》卷四《劫典》，《续修四库全书》第 1183 册，上海古籍出版社 2002 年版。

750.（清）姚芳者，幼孤贫，惟一渡船耳，日泊西水关内外以渡行人。冬夜泊船浒溪口，卧已熟，有人扶其首再呼曰："负债人到。"芳念未尝逋人钱，因披衣起。寒月皎洁，睹五六男子在古墓中逸出。芳素有胆力，入墓视之，新棺置地上，黄石压其盖。遽启之，巨豕半体，去豕而白金灿然。尽力取，藏舫中，以泥块覆之。明旦，共传西门外邹典被劫，心知为邹典物。夜半埋之三塔庵荒圃，往来渡人如故。越一年，盗悉死，乃以十金娶小贾女，从妇翁贾于两浙，渐出所瘗，遂成大贾。

——（清）黄印《锡金识小录》卷七《姚芳》，（台北）成文出版社 1983 年版。

751.（清）苏州阊门外下津桥，有汪氏典。每夜轮二人支更，夜长苦寂，以象棋消遣。一夕，偷儿入室，见二人对局，恰投所好，从后谛观。见黑棋将败，技痒不可忍，突出指示，遂被执。

——（清）汤用中《翼駉稗编》卷二《棋癖二则》，《笔记小说大观丛刊》第 32 编第 9 册，（台北）新兴书局1981年版。

752.（清）武进所辖东安镇，有某绅设一典铺。一夜，群盗数十人，持械至，劫掠一空，并伤二伙。

——《妙香室丛话》卷十三《翼驷稗编》，《笔记小说大观丛刊》第27编第6册，（台北）新兴书局1978年版。

753.（清）太平天国奖掖和保护商业的政策并不是漫无边际的，它只以有利于民生者为限。对于那些长久以来残酷地剥削人民的商业高利贷资本，如典当商、盐商等，则予以打击……因此，在革命政权之下，对于这些于国计民生有害无益的商业高利贷资本，就不仅不列于奖掖保护之列，而且予以打击。太平天国军队所至，几乎毫不例外地都要封闭典铺，设收赃物浮财，具体事例举不胜举，结果“大江南北，自军兴以来，典当之存者百无一二”。

——赵瀛《纫佩仙馆文钞》，转见王天奖《太平天国的商业》，《文史哲》1962年第2期。

754.（清）原先城乡共典当十三座，经咸丰三年兵燹，一律歇闭。现新开泊镇德隆当一座，岁纳课银五两。

——苗毓芳《交河县志》卷二《杂税》，（台北）成文出版社1968年版。

755.（清）山东文登县，有典肆。夜半贼穴壁，先伸两足入探。肆伙故未寝，遽持之，不得出。令人执炬绕出墙外观之，则贼头已割去，鸣官。官利其富，谓为擅杀，乃尽拘肆中人监禁，而饬役十余人代为守肆。三日后，贼大至，尽杀役，不取一物而去，盖贼来报复，不知所杀之非肆中人也。其穴墙之贼，乃同伙自割其头，恐人识面而物色之耳。初，肆人被拘，颇怨令；役奉命守肆，颇德令；及被杀，而肆人又甚感令。

——（清）采蘅子《虫鸣漫录》卷一，《笔记小说大观丛刊》第1编第7册，第4344页，（台北）新兴书局1978年版。

756.（清）嘉兴某典肆中，一日，有青衣辈数人，袍服整洁，侍从皆小艾，入肆，问有朱提几何。答曰：“若有物质，不拘多寡，具质之，奚必问资数也?”其人去，移时，舁一筐至，延入之，启视，皆黄金所制金器，灿烂耀目，约值不啻万金。对肆人而言曰：“此乃某府之物。缘主人有要需，欲质银三千。”肆人知某府之有是物也，允其质而如数书券，平金交讫。既去，细视之，乃银胎而金衣也，然已无及矣。肆中定议，凡质伪物而亏其本，摊偿于肆中执事人……肆主亦以赔金数多，不能令其枵腹从事，因念彼以伪物诳金，必不来赎，乃生一计，令各执事不许声张，命另书伪券，密弃诸途，俾行路者拾之，必将利其中之所赢，而具资以赎焉，则嫁祸于人矣。早起，有某生赴市拾焉……欣欣然谋诸亲友，咸皆念某生平日之清正、谦和，乐于凑银以赎，使之得利……归即凑三千金与生，生加子金，依券赎回，载而鬻诸五都之市，历视数家，俱曰伪金，竟无售主……某生计鬻以肥家，今倾家不足以偿贷，号哭而回……因从其言，回家携其伪金，听其所为。携生同登小舟，行一昼夜，其人先登岸入门……盖即向当质金之家也。舁进质物，验视无讹，谓生曰："子之累不少矣。"设筵款待留数日，计偿质及子金外，又赠资斧遣之归，生于是得无苦。不数日，前青衣者忽携资持券，至某肆中取所质物。肆中大惊，肆主无策可解，愿受罚赔，丧资数万乃完其事，肆中资本一空。

——（清）慵讷居士《咫闻录》卷九《嫁祸自害》，《笔记小说大观丛刊》第二编六册，（台北）新兴书局 1978 年版。

757.（清）长洲尤翁，开质库。岁暮闻外阒声，出视则邻人也。司事者前诉曰："某将衣质钱，今空手来取，反出詈语，有是理乎？"其人不逊。翁命检原质，得衣帷四五事。翁指絮衣曰："此御寒不可少。"又指道袍曰："与汝为拜年用，他物非所急，留可也。"其人得二物，默然而去。是夜竟死于他家，涉讼经年。盖此人负债多，已服毒，见尤富可诈，既不获则移于他家耳。或问尤翁何以预知而忍之，翁曰："凡非理相加，其中必有所恃，小不忍则祸立至矣！"

——（清）严有禧《漱华随笔》卷四《尤翁》，《笔记小说大观丛刊》第 18 编第 7 册，（台北）新兴书局 1978 年版。

758.（清）常州西门内原太典，徽州洪君建斋质库也。戊戌四月间，一乡人提一囊掷其庭中，而以首饰数百，欲质钱数千文，曰："少则不敷吾用。"典中人曰："欲敷尔用，须添尔物。是区区者，值不能半，顾乃操约望奢乎？"乡人曰："欲添乎？有，有。"即取其庭中之囊置柜上，解之则人头二，一男一女，血莫糊犹未干也。合典大骇，急召地保至，予以所索之半而遣之去。后知女头乃其妻，男头乃其妻之奸夫。乡人侦知已稳，是日掩而杀之，而将其首之于官，故质钱为衙门用耳。然质钱而至胁人头，则乡人亦可谓狡极矣。

——（清）俞鸿渐《印雪轩随笔》卷三《人首质钱》，扫叶山房 1929 年民国元年石印本。

759.（清）长山袁翁，少极贫……先作些小生意，逐渐张大，一年之后遂为巨贾，问舍求田，买僮蓄婢，遂于室旁开一典肆……（原典主）乃觅二死孩，裸以褓褓，挟至其肆，求质银十两。主柜者大怒，势将用武。翁适在侧，急止之，而拱手向肆主曰："老兄欲证成我为信人耶？此孩子之死，正值小肆开市之日，不为无缘，请如数质之。"因使人贾一小棺，殓孩于内。此孩子不必远送，即我所立地砖下瘗之可也。亟乎僮仆执锸，就脚下掘一穴，才尺余，忽得一石板。发之，板下列巨瓮十数，瓮中白镪皆满，一肆大惊。

——（清）和邦额《夜谭随录》卷四《袁翁》，《笔记小说大观丛刊》第 2 编第 10 册，（台北）新兴书局 1978 年版。

760.（清凤阳定远县乞丐皮奉山因掘藏发财，购买下两座当铺，开张日）于是五爷打轿到当铺，众伙计恭喜，放了旺鞭，吃了面，奔里盘货。谁知外面一众匪友，将马盖一个拿到五爷当典内，要当纹银二两。众朝奉说："押这臭哄哄的，要当银子？"回了五爷，五爷说："每人当二两与他吧。"朝奉答应，出来照数当银，不提。

——《清风闸全传》第二十五回《皮凤山开当铺，潘彩臣拔劣迹》，《中国古代珍稀本小说续》第壹辑，春风文艺出版社1997年版。

761.（清）上洋乡村有典肆，忽来客三人。被服甚都，若豪门纪纲者。到肆坐，出一单，值数千金，问有人来典此物否？典伙辞以无有，则谆嘱曰："家主处盗去各物，以此数种尤珍惜，故令四访。顷到几处，所到无踪，特令人留缉。我辈近寓某处，倘有人来典，必盗也，乞密报。"……数月后，果有虬髯肥髡及精悍少年数人来典物，悉与单符。典伙款留茶坐，急告客。客喜曰："此皆剧盗，未易就缚。"复邀数人往。众争观之，复谢曰："吾辈力与俱敌，恐误伤旁人，闭门戒弗入。"逾时，始开门出，大呼曰："盗悉擒矣。"急进城送官，果见以门扇扛一和尚及二少年，皆反接。蜂拥至河干，已有一船待，上船急开去。众始返，讶肆中何以独无人出观？入肆探问，寂然无人。遍觅之，见众伙俱捆锁一室。释而问之，始知其劫缚载宝而去，盖以伪盗为真盗云。

——（清）张培仁《妙香语丛话》卷十四，《笔记小说大观丛刊》第27编第9册，（台北）新兴书局1978年版。

762.（清）徽州有质库，地棍欲诈其赀，乃习其缪草，仿其戳记，依其款式，自造伪票。作珠一颗，曲（典）五百金，计值十当五，须偿千金。典主亦键者，取此月号簿呈送。棍乃转讼其伙，谓主人艳（赝）珠，令伙没入也。吴取票视之，笑而慰伙曰：无恐，易剖耳。具言：各典店规，例以年长一小郎写票。大典柜伙四，次三，又次二，各授票百，以木扦贯而授之；否则落纸如飞，散同秋叶矣。请明府吊各典票验之，可见此票无孔，非典中物也。棍语塞，乃遁。

——（清）徐珂《清稗类钞》第三册《狱讼类·吴墨谦为人释讼》，中华书局1984年版。

763.（清）京畿一带，此风尤盛，一日，有壮男至通州某典肆持敝衣求质，典伙却之，男子呶呶争。久之，诘伙曰："贵肆果质何类物？"伙答曰："凡物皆受，第必须完好者始合格。"壮男匆匆去，俄复至，出小刀，割一耳掷柜上曰："此亦物之完好者，若速为估值。"伙大惧，立邀之入，予以重金始出。

——《清稗类钞》第五册《风俗类·北人毁身求财》，中华书局1984年版。

764.北京城外某街有张姓者，土豪也……复以小嫌怒一徽人，其人开质库者。张遣人伪以龙袍数事质银，意似匆遽，嘱云："有急用，故且不索票，为我姑留外架，晚即来取也。”别使人首之法司，指为违禁。袍尚存架，而簿无质银者姓名，遂不能直，立枷而死。逾年，张坐他事系狱，徽人子讼父冤，尽发其奸状。张亦问立枷，而所取枷即上年所用以杀徽人者，封识、姓名尚存。人咸异之，张竟死。

——（明）冯梦龙辑《增广智囊补》卷二七《杂智部·狡黠土豪张》，《笔记小说大观丛刊》第21编第6册，（台北）新文丰出版公司1979年版。

765.（清）泗泾马氏昆弟有典二，东为义和，西为仁安，屋宇连接而义和较富。十一年五月，义和火起，房屋烧尽，唯仁安无损。义和尚有余资，即为营造，悉如旧式。十一月，西邻又火起，焚煌四布……两典均为煨烬。同时莘庄许典亦被烧。前后左右皆安堵。

——（清）诸晦香《明斋小识》卷八《解典被火》，《笔记小说大观丛刊》第21编，新兴书局1978年版。

766.（清）凡置产业，自当以田地为上，市廛次之，典与铺又次之。然田地有水旱之患，市廛、典铺有风火之虞，俱要看主人家运，家运好则隆隆日起，家运坏则渐渐消磨。

——（清）钱泳《履园丛话》卷七，中华书局1979年版。

767.（清）咸丰十一年，东匪窜扰，典肆为空。

——同治《元城县志》卷二《学校》，（台北）成文出版社1969年版。

768.（清）《记岳州府办团事实》：徐登办团甚力，能毁家纾难者，练勇三百名。平江乡间永太典，去月田不远闻贼匪将来，请徐登保护，当即带勇三百名前去。是日大雨泥泞，到永太典已晚，永太典主谓：“今夜大雨，贼未必来，可在典内暂居一夜，不扎营亦可。”是时勇亦不免懈弛，不料夜深贼蜂拥而来，将永太典围住。各勇哨商议，恐其放火，与其拘守，不如开门冲出，犹可逃生。当即开门冲出，徐登落后，有余姓土匪从贼者云，此是团总。徐登当被贼匪杀死。

——（清）周乐《宦游纪实》卷上，《明清法制史料辑刊》第一辑第28册，国家图书馆出版社2008年版。

769.（清同治十二年腊月廿五日）嘉定之南翔镇市，向为一邑著名繁富之所。兵燹以后，镇有同泰典当，闻系浙之嘉郡富绅段姓所开，月之望日于深夜时，厨房失慎。人皆入睡乡，及至惊觉，不及扑灭，已成燎原。惟能各自逃身，幸无烧毙人口，典中所有莫可携带，尽遭一炬。核计各姓典存衣饰等物，共约当本三万六千之数。此次系典家自行失火焚烧，与近邻延及者有别，例得照数赔偿，同前者宝邑江湾镇被烧之典同事一律，想须援照值十当九之例赔偿耳。噫！遭此祝融肆虐，亦典商之苦衷也。

——《申报》第552号《典当失慎》。

770.（清光绪元年十一月十二日）余闻前月江浙交界之地某镇市有强劫典当一事，贼匪聚众至千余人之多，皆有枪械等器，亦不知其果从何来。道路传言，皆谓平日多聚于太湖舟中，与平民无异，出没无常，故无从查其踪迹云。当日黄昏时，盗舟抵镇，均持枪械，登岸宣言于众曰：我等向系某营之勇，曾立大功，遣散时其能仍为农者均已归耕。如我等向未务农者，蒙统领谕曰：尔等充勇均曾立功，现奉裁撤，尔等无所事事，断不可以为盗。今给尔等银两，或肩挑盐斤以为养赡，亦不可聚众为枭。兹因各处禁止贩私，某等所得之银贩卖私盐尽为搜去。因念统领当日之嘱不敢拒捕，不得已舍其盐物逃往太湖。现在无可为生，故众人同至贵镇，欲向典当借银以救性命。望诸君各自闭门勿管闲事，及进当后所述又复如此，并云但求诸君暂以银物相借，某等不敢动手，致诸君各遭死伤等语。因此当内虽遭抢劫，并未伤人，传述之言盖如此云。

——《申报》第1112号《论宜设法弥盗以安闾阎事》。

771.（清光绪二年正月十七日）昨有小东门外同茂押店主朱兰安控陈子云于法，公廨称前年陈有胞侄名大成荐来学业，迄今三年，不谓大成于去岁逐渐在包房偷窃衣物变卖。去岁底有人赎押，遍查不着，故于新正初三日起盘。至初七日照簿细查，有缺货计洋五百余元。大成自觉不能藏匿，随即□去。即信致子云，于十三日来沪，放请追究陶公，讯得陈子云任南汇典当为业，所有大成偷窃衣物，必须宽限寻觅，方可料理，如寻觅不到，即问我理值。又据朱兰安供，大成于今早被店中人在途遇见捉住等语。

——《申报》1162号《荐侄受累》。

772.（清光绪三年腊月十三日）惟看货之眼力实有不同，闻津郡东门内某当铺开已有年，其当家曰辛三，向在京师，固当行中之矫矫者。咸同间，京师易用大钱，典当十关八九，辛三遂来津重理旧业。近忽有朱轮绿□辚辚而来，车箱中端坐一人，蓝顶花翎，气豪特异。仆则旁跨车沿，形容磊落。到当下车，随换小帽仆擎衣包帽盒尾随于后。当伙睹显者之来，忙向外迎入柜房让坐，叩以来意，知有缓急，欲以貂褂两件暂质银者。仆人即将衣包内之貂褂两件递阅，只见皮毛深厚，颜色滑泽，里用大红缎子灿烂如火。店伙啧啧称羡。辛三斜睨久之曰："皮片固佳，色亦匀称，此皮肆不可多得之件，想系颁自天家，仰蒙恩赏者也。惜小当本钱亏短，不当大票，有方台命耳。"显者扫兴，仆人即叠衣上车而去。辛饬伴步随其车，侦探下落来报。嗣见驱车出城到东门外某当，见其人复见其出包，里已虚，电掣风驰而去矣。该伴进典忙叩柜上曰："适间来人系当貂褂者，究竟质钱若干，明以告我。"柜上惊愕，遂叩何意。伴告以故，柜伙愈惊，急取两褂端详，则固毛板整齐，毫无破绽。割板审视，亦复完幅，非拼砌而成者。然终不释狐疑，往叩前典。辛三曰："君误矣，皮系细碎拼袭，板用胶纸粘成。谓子不信，请以皮板割开，当见庐山真面。"柜伙疑信参半，谓适已奏刀，毫无所见，君得无有误乎？坚挽辛三至典，重割验视，则四围寸许系属整皮，余俱细碎不堪，外附皮纸，内涂以胶，与辛言若合符节。柜伙由疑而惧，亟叩方略，并问何以前知。

辛曰：“同是目力，予岂有真知灼见哉？不过前在京师略识其人，渠系尚衣处裁缝。现下冬至，当有恩赏貂褂，所有零皮石田无用，因用纸胶粘成，以愚典当。京师中恐为人识破，因来析津耳。”

——《申报》1759号《胶版貂褂》。

773.（清光绪九年六月廿七日）本埠宝善街前日火灾，滋大典当三面受火，独未被灾，殆有天意焉。先是二十二日典主人接严君佑之议帐，山东书商告同人，拟集十万金存于汇丰银行，遇各省灾况已见奏报者，即延善士前往助帐，随后收捐募补，永为备荒助帐之用，如可集事，愿助万金为之倡。谈及一下钟始睡，未及三下钟，而宝善街火起矣。风猛火烈，倏忽间已自锦闰堂扇店复新员酒馆烧过滋大典，而至丽华堂扇铺矣。远望滋大三面皆火，墙坍□倒之声甚为震烈。人皆云，滋大当围墙烧坍矣。又未几而黑烟冒起者三，途人皆云，滋大包房烧去矣。又未几，而滋大伙友焦头烂额者数人，从丽华堂间壁烟火中抱头而出，佥云，火已入室矣。主人曰：嘻，此天数也！点数伙友尚少其一，火势稍杀，躬自往招，则见滋大典当巍然独存，穴壁而进，其人方固守包房，未尝刻离也。主人曰：嘻，天数也！十万金备赈，务在必成，山东赈捐，我其先垫五千乎？说者以为免灾之由，不在赈山东而在议备荒。

——《申报》3698号《助赈免灾》。

774.（清光绪九年七月廿八日）太子少保署理直隶总督、两广总督臣张树声跪奏：为营兵屡赴当铺滋闹，审明分别惩办，恭折仰祈圣鉴事……臣查王长海即王九，贾成详、罗广愿即罗群、金国安，海成惠、马得亮即马得洪、田万仓，胡满城即胡十□连□□□□□□孙永贵、白□，并在逃之吴丑儿、虎连科等均籍隶昌平州，在昌平营当兵。白永盛□昌平州民人，□州人□旭□，向在州城东街开设公镒号当铺，陈玉山、牛三、徐五、金□凤、朱文贵、彭大均在该铺作伙。光绪八年九月初二日，昌平营守备穆鸿亮因天气渐寒，营兵须置备棉衣，向雷旭斋商借银一百五十两，许俟领到饷银归还，雷旭斋未允借给。是月十九、二十等日，王长海、贾成详、罗广愿各自起意，执持阅操赏给银牌前往当钱，声言五钱重者须当制钱一千五百，三钱重者须当制钱五百。陈玉山因当价过大，不肯收当，王长海等不依滋闹，雷旭斋恐惧，令陈玉山照数收当。随后马得亮、田万仓、胡满城亦各听从，持银牌前往，照数当得钱文。十二月十九日，金国安在途抢获州民杜宝贵遗失当票一纸，起意赴当强赎。寻□陈玉山以此票业经原主挂明失号，将原物赎去，同金国安理论。金国安隔柜将陈玉山发辫揪住，陈玉山情急用钱板殴伤金国安左手背……经街邻刘中权等趋至，再三劝歇，始行走散。

——《益闻录》第287号《京报照录》。

775.（清光绪十年四月初七日）京师左安门外关厢有长泰典当，于上月二十六夜被盗。逾垣入院，直开大门，盗众一拥入内，明火持械。入室后首将司帐者以洋枪击毙，其药弹穿脑而出，余人即不寒而栗，任其抄抢。其外边把风者知该处守备衙门内设有捕兵，恐闻声出救，预派多人各持洋枪阻堵署门，并分把巷口，不令人出。一时枪轰若雷，屋瓦飞击，呼哨之声不绝于耳，是以无敢出为援救者。约两时许始逸去，闻将该铺金银首饰及细软衣服等件抢掠殆尽，所剩者粗重之物而已。闻众盗约有百数十名，备有大车四辆，公然饱载以归。并闻当夜盗持洋枪，击伤香烛店一人，以其开门出视，受伤不重或不至死。现经官宪勘验，勒限缉捕，然其案能否破获则不可知。

——《申报》3967 号《京都盗案》。

776.（清光绪十一年二月初三日）上月廿二日三点钟，广东西关十二铺蓬莱东约升昌典忽来剧盗四人，衣服丽都，初不知为绿林中魁首。及闯入门内，即出刀枪恐吓，将柜中洋银数百元立即攫去。适有更夫亚开来收团练费，将近门外，被把风者呵止。又一典伙自外归，亦被阻不得进。因登屋鸣锣，四邻咸出，盗始挟洋而逸。更练与营勇等四出截拿，随于恩宁里节孝祠捉获两名，又在蓬莱里新豆栏各获一名，得以全数弋获解官审办，惟洋银已被沿途掷散矣。

——《申报》4282 号《盗劫典当》。

777.（清）光绪十一年奏准，湖北自军兴以后，各当铺荡然无存。

——光绪《大清会典事例》卷二百四十五《户部·牙帖商行当铺税》，《续修四库全书》第 0801 册，上海古籍出版社 2002 年版。

778.（清光绪十二年七月廿一日）皖垣某甲，年三十余，其父由行伍得保武职，补授某缺，甲则习成纨裤。游手好闲，非惟不能弯两石弓，且亦不识一丁字，渐至田园衣服典质一空，不得已效梁上君子之所为……初九日下午，混入二郎巷某典铺窃取衣物。铺伙惊觉，甲即奔逃，铺伙二人追之急，甲将锡壶面盆抛弃道旁。铺伙仍狂追不舍，至小南门正街始得擒住。甲知不免，逞强奋殴，幸有数伙齐至拿获，送县熊大令。讯供之下，饬笞一千四百板，锁以铁枪，押令游街示众，枪上朱标“强入典当恶窃拒捕锁颈掮枪犯人一名”，见者快之。

——《申报》4794 号《皖垣二事》。

779.（清光绪十六年九月十二日）包探秦少卿称，吴金桂行窃浦东典当银洋金银首饰，业已缉获，起到银洋二十九元九角，及零碎金饰。尚有银饰兑与杨佩春处，前去吊赃，已被镕化，为此一并送案。吴阿三称，浦东人，为典当伙，被贼窃去银洋四十余元，及当下之金银饰物开列失单呈阅，请追余赃。杨佩春供，收兑银饰业已镕化。吴金桂供认，行窃银洋除用去外，已经起案，尚有银饰卖与杨佩春。朱明府判吴金桂笞责一百板，枷号一个月；罚杨佩春洋十元，赔偿缺赃起案之银洋金饰交吴阿三先行领去。

——《申报》6292 号《英界公堂琐案》。

780.（清光绪二十年十一月初五日）杭州府属之富阳县，地本瘠小，城内烟灶不过二千有余，大小店铺仅二百余家，而以西门为最热闹。十月十六夜四更时忽然火发，延烧店铺七十余间，住屋百三四十间。内有典当一所，价本七万有奇，为绍兴骆姓所开。典中四面俱有墙垣，而包楼之外为某南货栈房堆积柴薪之所。火势既猛，墙亦不甚坚固，遂被压塌一角，祝融氏乃得乘间而入。典伙手忙脚乱，急将首饰房各货赶紧抢出，而衣物一切不暇兼顾，霎时尽成灰烬。其起火之家系西城内某豆腐干作，是日因城外演戏，店主及主母观剧回家，命学徒煮夜膳，遗火于橱下。迨人已熟睡，死灰复燃，店主从睡梦中惊醒，见火已上屋，不能施救，急率家人逃避。顷刻之间蔓延邻屋，因天旱已久，着火便燃，遂致四面延烧。该处虽有水龙数起，无如火大龙少，兼之河道干枯，真有杯水车薪之势。直至清晨八点钟时始息，而城中最大之市面已尽成瓦砾场矣，岂不大可叹哉？

——《申报》7765号《富阳大火》。

781.（清光绪二十年十一月十六日）本埠小南门外德大典当，某晚被窃首饰，计银五十余两，均系各户所当之物。经典主开单禀请，上海县饬捕查缉，并将更夫六关华、俞桂咸、副灶春华三人送县请讯。黄大令升坐花厅，先提春华到案，供为副灶替工，前日晨起赴厕，行至夹弄，见前面一人行走不的，毫不介意，未经盘问。回顾见地上有手巾包一个，拾视皆是号内首饰，比及追问，其人已杳。当即向更夫俞、六两人言明，告知典主查点首饰房，并未撬坏，想用原配锁匙所开。小的来做替工，为日无多，实不知何人所窃。俞、六同供在德大典为更夫，夜间击柝巡更，并未知觉。行窃前日黎明后，小的等早已睡卧，以据春华言，拾得号内首饰。报知典主，不知贼由何来。惟首饰房门壁并无损坏，小的等难辞疏忽之咎，叩求恩典。大令问首饰房是否有人看守，答有。大令以春华即见有人前面逃走，何不拿住，供词似有遮饰。俞、六两人当更，竟若不知不觉，实属怠忽，喝令各责二百板，交捕役带往典铺，传谕讯明。各供门锁并未损坏，似系典内之人所窃，饬典主自行查询送案。三人业已讯责，再将守看首饰房之人送案，一并察讯。

——《申报》7776号《续讯典铺窃案》。

782.（清光绪二十一年九月十五日）绍兴上虞县生员谷肇成在百官镇开怀德典当，雇用陈霞轩为执事。上月某日，陈将首饰房中□有金银珠□□□二万余两并将帐簿一并挟之而遁来沪，寓小东门泰和客栈。前日为失主寻至，陈已闻风避匿，铺陈行李均在栈内。失主着栈主交出，栈主转□□生以陈由绍兴人蒋柳亭荐来，遂将蒋送入捕房。昨礼拜四堂期解，请郑大令、祁翻译会判。生员谷肇成投案递禀，伸诉前情，包探将陈之箱□□李一并解案。质之蒋柳亭，供与陈霞轩同乡，来时共有行李五件，小的在咸瓜街某参行为伙，荐至泰和客栈。栈主王阿生供，八月初十蒋同□□栈住宿，蒋亦时常来往，并在栈中宿过二夜。本月初一日，蒋、陈二人同至麦家圈德昌典当碰和，并同该典执事冯姓时往公阳里某妓院宿娼。肇成又禀陈将帐薄挟出，以致赎者无从查核。大令着将皮箱考篮等物当场开锁，令谷检视有无原赃。大令谓栈主曰：可有银洋存储？王阿生□并无存洋。八月初十有王姓来栈，向陈索洋一千二百元，由蒋经劝还洋六百元。质之蒋柳亭，供小的不知细底，有德昌当内冯姓经劝。大令再三研诘，谓挟此巨资而遁，岂无存储？显有不合。蒋供当在公阳里拼和共有四人，冯姓亦在，其余二人均不认识。大令谓蒋曰：尔在沪日久，何得诿为不知着押候拘拿陈霞轩到案再核。栈主斥退。

——《申报》8095号《法界公堂琐案》。

783.（清光绪庚子）二十四日，大街小巷各按洋人分界插满白旗。莠民土棍，皆倡言无处换钱，籴粜粮米，纠约匪徒肆行抢掠，钱铺、烟铺、粮店、米铺、当铺、布铺、绸铺、估衣等铺，城内城外均被抢夺一空。

二十七日，合京城当铺二百余家，钱铺三百余家，俱被匪徒勾结洋人，抢劫无遗。紫禁城内各宫殿，尽是洋兵分国占据。

——（清）仲芳氏《庚子纪事·洋兵进京逐日见闻记略》，国家图书馆藏本，中华书局1978年版。

784.（清）庚子之乱，完县商业损失颇巨，自是元气大亏，迄未恢复。加以十数年来物价之腾贵，银洋之暴涨，金融之窘急，与夫兵匪之扰乱，捐税之苛细，遂使完县商业无复振兴之一日。资本稍厚者，率皆因亏累，前后歇业，当商钱商竟无一家存在。所存者不过小本经营，以为糊口计而已。且多息借款项以为活动资本，年终即小有赢余，而息金实相去大半。合全县商户之资本，远不如巨埠之一中商，其凋落衰微亦甚矣。欲恢复乾嘉时代之繁盛，非短期内所敢望也。

——民国《完县新志》卷七《食货·商业》，民国二十三年铅印本。

785.（清光绪卅一年二月初六日）高东山……近年聚众贩私，并迭次持械伙劫川沙厅同豫典、太湖厅源源典、元和县善昌典、娄县仁泰典、新阳县公和典、宜兴县复济典、丹阳县闰源典、南汇县同源典，先后得赃并有拒捕杀人之案。此外抢劫次数、伙犯名姓记忆不清等语，并据汪闰卿、赵荣芝供认，随同高东山贩私行劫不讳。检查各属详报案卷相符，遂饬将高东山、汪闰卿、赵荣芝照章就地正法，传首犯事地方悬杆示众。万先芝一犯系高东山妻弟，本非善类，惟相从日浅，尚无同劫情事，从宽贷其一死，拟以永远监禁。先后起获各赃，分别给领充赏枪枝，存库配用。奴才等伏查该匪高东山本系富有票会头目，捕诛多年，近复聚众贩私并抢劫典当居民之至三四十起，其徒党之众，积恶之多，与本年春间拿获正法之曾帼漳正复相埒。吴海凤、刘阿荣等贩私行劫，恣行不法，俱系著名匪目，亦属罪不容诛。去年苏省抢劫典当之案，据各州县报案者不下三十余起，匪盗之盛为从来所无，若不亟加搜捕，势且日以蔓延酿为巨患。兹经将该匪等拿获惩办，本年盗风渐息，商民赖以粗安。

——《申报》11355号《调署湖南巡抚端等为拿获著名枭匪首伙各犯审明惩办并将出力文武员弁

择优保奖折》。

786.（清光绪三十一年五月初四日）上海县役拘获纠众抢劫嘉定县典当之巨盗张大虫等解归该县，讯供牵涉上海南市公义码头抱艇舵工黄明奎，嘉定县李明府移请提右营周参戎查覆。旋据复称，查无其事。明府复提诸盗严讯，均供于正月二十六日，在沪与羽党商量至再，苦无军火难以往劫。嗣有提右营后哨四队抱□武弁曹如芳命舵工黄明奎给予小的等军装、火药，始于二十八夜约众前往该典，劫掠得赃均分。明府得供，昨又备文来沪，禀请参戎查复。（金）

——《申报》11540 号《移查营弁以军装给盗》。

787（清光绪三十一年五月廿五日）周春山供前年秋间，由高东山纠同小的及叶子红、叶子青等至昆山抢一典当，分得洋数十元。去春三月又纠抢宝山某姓店铺，后到洞庭东山，共有四五十人，亦高东山为首，抢得当铺银洋首饰约计七八千金。不料兵差追捕，将赃洋抛弃登岸分逃。大令判钉镣收禁，候再研讯。

——《申报》11563 号《上海县案》。

788.（清光绪三十二年六月十七日）叶榭镇于初三晚，忽来巢湖口音盗匪五六十名。先至巡防局抢劫军装，并刀伤局勇三名，打伤两名。继至大德典当，将钱房所有钱洋及首饰房所有金银器劫去，失赃约值万五千金。时典肆经理凌姓偕同管钱房典伙游沪未返，茫无所主。直至初五日，华亭程令来镇勘验后，悬赏缉拿，并将流落本镇之巢湖人王德明、周老三及修鞋匠江北人鲍宝、司务夫妇等带案研讯。先是初一晚有孔老蜗子之妻偕回巢湖，帮孔森林等二十余人到镇，以搬场为名，分居周、鲍等家内。直至初三夜始去，当晚即出此巨案，不无可疑。惟为首系一长须老者（或云系所装假须）以白毛巾裹首，群盗均呼为老标。是夜盗船三艘，停泊得胜卡对河。事毕下船，并抢一西瓜船然后乘潮西去。最可异者，巡捕营之守港枪船亦同泊该处，而竟不闻不见，殊属不可解耳（助）。

——《申报》11962 号《盗劫典铺松江》。

789.（清光绪三十三年三月初二日）石牌楼元钰典当有学徒六人，伙窃满期不赎之衣饰，价值七八千金，拟于夜深时由更楼用帛系出。恐有败露，将火油二桶洒遍衣楼，正欲纵火，为经理人所悉，逸去二人，将四人拘送甘泉县署。一讯而服，收押典史衙，闻已追出三千余矣（立）。

——《申报》12204 号《学徒意图焚典扬州》。

790.（清宣统二年七月初三日）台属太平县劣生张菊庭，恃衿不法形同痞匪，去冬屡向该处泰济典当借钱不遂，致成积嫌。某日持蓝衫小珠等件硬质洋二十元，柜伙估计仅值钱三五贯，畏其凶焰，勉强允当十四元，冀得安静。讵该生怒其违命，立刻纠同营兵张阿寿等六人闯进典房，将柜伙林光照殴伤垂毙，控办提办。该生愈愤，突于除夕三更时，纠集地痞张思四等三十余人，硬当破衣为由口角起衅，用石击碎当柜，并各持粪秽泼洒。典伙王鹤池等被被辱不甘，迭次来省上控，讵居停金某畏累求县免究，致该劣生恶势愈张，近日故态复作，屡与该典为难。日前全体伙友续又控奉臬宪，批案此谓前据陈潘藩等控，经本司饬县查办，迄未复到，仰台州府速饬太平县先行录案详夺，一面勒提张菊庭及营兵张阿寿等到案，按照控情严究详办。

——《申报》13469 号《生员形同土匪》。

791.（宋临安，许宣到承天寺看佛会，听人议论）临夜周将士典当库内，不见了四五千贯金珠细软物件，见今开单告官，挨查没捉人处。

——（明）冯梦龙《警世通言》第二十八卷《白娘子永镇雪峰塔》，人民文学出版社 1956 年版。

第二节　灾害赔偿制度

792.（西夏）典当物时，任意将衣物变破旧者，当取本钱，利当罚，现物归还属者……官私所属畜物、房舍等到他处典当，失语而着火、被盗诈时，所无数依现卖法次等估卖。当以物色相同所计钱还给，本利钱依法算取。若物现有□殊益，现有中已得益而说无有，所隐价量偿还者，已寻何殊益，当比偷盗减二等。及若物属者说我物好□时，当比偷盗罪减三等。

——史金波等译《改旧新定律令》第三卷《当铺门》，法律出版社 2000 年版。

793.（清）一凡典商收当货物，自行失火烧毁者，以值十当五，照原典价值计算，作为准数。邻火延烧者，酌减十分之二，按月扣除利息，照数赔偿。其米麦、豆石、棉花等粗重之物，典当一年为满者，统以贯三计算，照原典价值给还十分之三。邻火延烧者，减去原典价值二分，以减剩八分之数，给还十分之三，均不扣除利息……如典商、染铺及店伙人等，图盗货物，或先有亏短，因而放火故烧者，即照放火故烧自己房屋盗取财物，及凶徒图财放火，故烧人房屋，各本律例，从重问拟。（谨案：此条原载失火门内，道光二十三年增入染店一项，二十四年修并移入此门。）

——（清）光绪《大清会典事例》卷七六四《刑部・户律・钱债》，《续修四库全书》第 0809 册，上海古籍出版社 2002 年版。

794.（清）一典铺被窃，无论衣服、米豆、丝绵、木器、书画，以及金银珠玉铜铁铅锡各货，概照当本银一两再赔一两；如系被劫，照当本银一两再赔五钱，均扣除失事日以前应得利息。如赔还之后，起获原赃，即给予典主领回变卖，不准原主再行取赎。

——（清）光绪《大清会典事例》卷七六四《刑部・户律・钱债》，《续修四库全书》第 0809 册，上海古籍出版社 2002 年版。

795.（清）东臬台为报明事。查得乐陵县高仁义当店被窃，窃贼鲁三甫一案。缘鲁三甫与直隶沧州民素相熟识，乾隆十八年十月三十日，刘五与丁三、丁四携带钱文，赴乐陵县买枣，至鲁三甫家等候集期。丁四至东店闲行，探知高仁义当店可偷，回告刘五、丁三，纠约同行，各犯允从。至晚，刘五等辞别三甫出门，丁四顺取柴房杉槁，用绳绑成顺梯。二更时分，由当铺南邻土房之旁，端梯入院。丁四身带小刀，挖孔入室。窃得衣物递与刘五、丁三，仍由南路而逸回。至鲁三甫家扣门，三甫询知前情，丁四等当给三甫绸衣七件，属勿声张，解余赃各犯携回，俵分而散……再据该府详称：当铺失火，省例：本银一两，在十月以内者，赔银三钱；十月以上者，赔银二钱。已过二十月当绝者，概免赔偿。至该拟罪，应将所失当衣，传经计逐件约估确数定拟，不得照当本，亦未便照月分赔偿，并加赔偿还之数问拟。详请通饬遵照等语。查东省当店失窃案件，向系赔偿之数，均不画一，且有未经议赔者。但质当各户多属贫难，自应酌量赔偿。查乾隆二十年十一月初二日，金乡县秦紫阳当店被窃一案，奉前督抚白批：饬各照当本多寡，减半赔偿，以慰贫民等因，遵照在案，似属简便易行，应请通饬各属遵照办理，以昭画一。至贼犯拟罪之处，应如该府所请，按照失赃逐件估计拟合，并请详明伏乞本部院鉴核批示遵行。乾隆二十三年五月二十三日，蒙抚院阿批：鲁三甫如详，杖责援免解，余照议行。仍将当店被窃应议赔偿之处，查照前署院批定，各照当本多寡减半赔偿成例，通饬遵照缴。

凡遇灾年正二月取赎农器，概以二分取息，其余别物仍照三分取赎。

乾隆十一年十月内议准昌邑条陈，请以被灾州县，正、二、三月，凡有取赎农器者，概以二分起息。其余别物照旧三分起息。十三年兖州府董禀复，奉司议详通饬遵行。

——《乾隆朝山东宪规》第一册《当铺被窃照当本多寡减半赔偿通饬》，《中国古代地方法律文献》乙编第 15 册，世界图书出版公司 2009 年版。

796.（清）某栈伙，包房无恙也。某与邑之某某等所谓六贼者，谋以包物潜运于郡典，城门为之夜开，遂诳报包火。时某尹新莅昆，同新邑赵侯往勘。包与栈相距甚远，而尹不察也。赵侯以典既隶昆，不欲显斥……竟准其报，且议所以偿之者甚微。月朔行香，士民哗于学宫者，不下数千人。尹惭甚，即揭倍偿，朱示于典门，众乃散。尹反，即改其前令。其有理论于典者，辄以严法绳之。无何，有房主以包房赁券呈上官，请按验其处。上官始悉其诈，委员覆勘。又有从中力庇者，奸不得发。昆故贫邑，民间衣饰，半在质库。一没入则冬无绵、夏无帐者比比。更有借人质物，索偿不得，致无计自裁者，嗟乎！

——（清）龚炜《巢林笔谈》卷二《官、商、贼串合诈坑贫民》，中华书局 1981 年版。

797.（清）并所属州县内，实有大村巨富及盐商当店，防犯宜严，听其自置望楼器械，转筑墙垣，雇用出力贫民，住楼支更击柝，不必官为限制。

——（清）李彦卓《润经堂自治官书》卷三《禀行保甲十家牌简易法》，明清法制史料辑刊第一辑第17册，国家图书馆出版社1998年版。

798.（清）浙江按察使司台，呈请为黑夜被窃等事。查得秀水县典商卜义兴，于乾隆二十一年三月二十九日夜失窃当货一案，前据该县估赃，价银一百零一两三钱一分，请照典当失火之例着令贯五赔偿，造册通报。奉宪批饬，勒缉赃贼务获究报……今卜义兴被窃当货，应请照例当本一两，再找给银一两，扣利赔偿，其利扣至失事之日为止。若年月已满者，概不准找。如有不法棍徒不应找而勒找，及典户应找而不找或短少找给者，许即呈县究处。至已经赔偿之后，起获原赃，亦照通行之例，即令典主自行认领，听其变卖，毋庸再令原主取赎，以免纷扰等情，具详前来。本司复核无异，除严饬勒缉赃贼务获究报外，相应详候批示饬遵等情，于乾隆二十一年闰九月二十五日，详奉宫保督部堂喀批，仰候抚部院批示缴，又奉巡抚部院杨批，如详饬遵，仍候督部堂批示缴。

附旧详案

浙江按察使司叶，呈请为积贼肆窃等事。查得萧山县通详事主单家治被窃当货一案，奉署宪以所失赃物，系当本五十两核算价值，实系若干，并应作何议赔之处，批饬查明具报等因，转行绍府县查议具详前来……应如该府所议，嗣后如有典铺失事，无论强劫鼠窃，难辞典守之责。一经报官，该地方官立委典史亲诣查勘被失情形，照单开所失字号逐一查对明确，造册报县。无论衣服、米豆、丝绵、木器、书画以及金银、珠玉、铜铁铅锡各项货物，照当本银一两，许再找银一两扣利找赔，应扣利银以失事之日为止。如年月已满，概不准找。应找银两，统限两月内找清。如有不法棍徒，不应找而勒找，及典户应找而不找，或短少找给者，许呈明地方官究处……于乾隆十五年三月初八日，奉宫保督部堂喀批，查典铺失窃，原属疏于防范所致，据议加倍照赔，已为妥协。至伙众强劫，似与鼠窃不同，今一律责赔，是否允洽，仰再分晰妥议另详。再，窃物已赔之后，或缉获原赃，应作何令原主取赎之处，未据议及，应一并定议详夺，仍候署抚都院批示缴。又奉署抚都院永批如详，通饬遵照，仍将单家治失窃当物饬速估价，造册详送；一面勒缉赃贼务获究报，并候督部堂批示缴。

浙江按察使司叶呈请前事，查得萧山县通详事主单家治被失当货一案，经议详无论窃劫，将各项货物照当本一两扣利找赔等情具详，奉宪台以伙众强劫与鼠窃不同，一律责赔是否允洽？再，窃物已赔之后，缉获原赃应作何令原主取赎之处，应一并定议详夺等因……于乾隆十五年五月初九日，详奉宫保督部堂喀批，典铺被劫，照援失火之例，概以贯五扣利找赔，事属妥协。至强窃赃物，已经赔偿之后起获原赃，应即令典主自行认领，听其变卖，毋庸再令原主取赎，以免纷扰。仰即一并通饬遵照，仍候署抚部院批示缴。又奉署巡抚部院永批，仰候督部堂批示缴。

浙江布政使潘、按察使万会查得典铺一项……奉此本司等复查得典铺当物被焚，原应议令赔偿，但质典之人虽系穷民，而典户出资输税便民，亦宜矜恤。况烧毁物件，在典质之人所失无多，而典户亏本盈千累万，似应按其情形量加区别。本司等原议，典铺被焚，当物无论延烧及本家失火，但免赔偿者系指住房当屋尽成灰烬未经搬移而言，如有抽运侵隐及放火故烧等弊，议令察出治罪，赔还当物。若仅烧当房而住屋未焚，均议赔偿。夫邻火延烧因人连累，情固可悯，而本典失火虽不小心谨慎所致，然事出不测，沿烧自己住当房屋尽焚，概议赔偿恐力不能赔，徒启地棍勒诈之端而究无赔偿之实，典铺视为畏途，民用不能缓急，殊多未便，唯是乘机抽运侵隐难保无弊。第当失火之际，官民会集搬运什物，断难掩瞒，事发又定有治罪之条，唯责成地方官随时查勘情形，不能为之掩饰。前议分别赔免，情理似属得平，不致偏累。缘奉宪批，前因理合会同详覆，伏乞宪台察照前详批示饬遵等情，于本年六月十五日奉巡抚部院常批，查前详典铺失火，仅烧当房而住屋未焚，分别议赔；其住屋被焚而当房尚存，仍听取赎，遗失照议赔偿，已属允协。唯当房住屋俱已被焚而不分延烧与自己失火，概免赔偿，岂无乘机抽运侵隐情弊？是以批饬再以妥议。今既据覆称，住当房屋尽焚，概议赔偿，力有不能，恐启地棍讹诈之端，而抽运侵隐定有治罪之条，前议分别赔免，情理得平不致偏累。即照前详分晰通饬遵照缴。

——《治浙成规》卷五《典铺被失分晰议赔》，《官箴书集成》第六册，黄山书社 1998 年版。

799.（清）雍正八年二月内，刑部议覆直督刘等题天津县参革知县宋晶与天津总兵赵国英互揭一案，内有侯璋当铺失火，议令查明。原当数日偿还一倍，所有刨剜之金银铜锡等物，饬令地方官镕化出示晓谕，取具众民当票，照数追赔完结等因，覆准行咨在案。江苏定例典铺失火，照值十当五之数计本利扣算赔偿。如三十个月者，原当一两扣利六钱，计赔银四钱。十一个月者，原当一两扣利二钱二分，计赔银七钱八分。一个月者，原当银一两扣利二分，赔银九钱八分，其余总照此计算赔偿。江省质当棉花，半年为满；米豆粮食等项，扣至接新一年为期，与衣饰不同，俱以贯一赔偿。租住房屋被焚，例不赔偿。凡典产延烧，其年限未满者，业主、典主各出一半。合起房屋加典三年限满年限满足，业主仍将原价取赎。如年限未满，业主无力合起者，典主自为起造。加典三年年限满足，业主照依原价加四取赎。如年限未满而典主无力合起者，业主照依原价减四取赎。如年限已满者，听业主照依原价减半取赎。如年限已满而业主不能取赎，典主自为起造，加典三年年限满足，业主仍依原价加四取赎。

——《失火规条·失火成规》，《中国古代地方法律文献》乙编第 13 册，世界图书出版公司 2009 年版。

800.（清）东藩崔详沾化县协顺当店被邻火延烧衣物一案。内开：查东省从前当店失火，被烧衣物，有按照当本，分别十月内外，每两赔银三四钱不等，系就失火情形，商人力量，酌引成案办理，未有一定章程。且当店自行失火，与被邻火延烧，情节迥不相同，赔偿若无区别，亦属未协……至于当店被邻火延烧，未有议定之案，本司详加斟酌，应即照前例，以十分减四议赔。（如前赔银三本，每本减去四分，盖三六一钱八分也。）如当本一两，在十月以内，赔银一钱八分；十月以上，赔银一钱二分；已过二十个月者，概免赔偿。仍于失火之时，令该管官详查当号，分别实在被烧确数，取具该商及地邻人等并无乘机隐匿甘结，该县加具印结附详察夺。倘有隐瞒情弊究实，将该商照费用受寄财物律治罪，所瞒物照追给主，不给当本。通饬各属一体遵照办理，庶援引有所依据定例，不致参差等情。蒙批如详饬遵缴。乾隆二十五年正月十五日。

乾隆三十七年十一月，藩司详院通饬：当铺失火，分别赔偿之□应照二十五年议定章程办理。其三十四年署臬司议详当铺被窃酌赔，其当铺失火，亦照失窃之例，照本加利赔偿之处停止。（有府文存）

——《乾隆朝山东宪规》第四册《当店失火分别赔偿》，《中国古代地方法律文献》乙编第15册，世界图书出版公司2009年版。

801.（清）为檄饬查议事。案蒙巡抚部院富牌开，据该司钞送，前司详：当铺失窃，照当本多寡，减半赔偿省例，到本部院。拟（据）此，查失窃议赔，自应执中定断，庶商民两无偏枯……应请嗣后如遇当铺失窃，除当绝之户勿庸议赔外，其余总照当本加倍赔偿。如原当本银一两，即照数加倍，仍于所赔银内，扣除该商应得月利，俾商民两无偏枯，庶为平允。至原议获犯拟罪，将所失当物逐件估计，不得照当本之处，诚以当物值十典五，罪浮于法，故将所失当物逐件估计，不得照当本定拟。当物虽属各户，而被窃则系该铺一家，且既责成该商一人照数赔偿，拿获贼犯，自应照所失物件科罪，似与窃盗一主为重之律义相符，应请仍照原议遵行。再，当铺被窃失物，既经定例，饬令按照当本加倍扣利赔偿。遇有当铺失火等事，其赔偿之例，亦应遵照一律办理。所有从前省例，按当本酌赔十分二三之处应请停止，以昭画一。缘奉饬议事理，是否有当，拟合详请本院鉴核批示，以便通饬遵行。乾隆三十四年四月一十二日，蒙巡抚部院富批，据议当铺被窃酌赔，并获贼□赃定拟，均属允当。惟当货被烧，该店商并未借烧隐匿，并无抢出物件，资本已罄，实在无力者，应令地方官出示晓谕典质贫民，各安义命，免其着赔。其虽系邻家失火延烧，该典商家资殷实，力能赔偿，或自不小心，失火烧毁当货者，即查明被烧当号，按依被窃之例，照本加倍扣利赔偿。倘有乘机隐匿并故烧情弊，仍照原议，将该典商按律治罪，所瞒货物并追给主不给当本。仰即一并通饬遵行，并移藩司知照缴等因批司行府。蒙批，拟合就行，为此仰州官吏，文到即便通饬遵行。

——《乾隆朝山东宪规》第六册，《中国古代地方法律文献》乙编第15册，世界图书出版公司2009年版。

802.（清）当铺染店被盗抢劫，或纠众持械抢夺，实非人力所能抵御者，所失各主赃物应免其赔偿。若系寻常抢窃，不得纷纷援引。至被抢被劫衣物，必须起有单记簿据，查明确凿数目，方准免赔。如有未经被失衣物，应归各主，不得借口侵吞。倘有以窃报强、以少报多、装点图侵情弊查出，将该奸商从重究治。一面仍由地方官勘讯，分别着落赔补还主。（道光二十二年通行。查典铺、染店被盗窃劫，道光二十四年已奉有新例，按本分别着赔。此系本省旧办章程，兹仍纂录以备查考。）

——《粤东省例新纂》卷七《当铺染店抢劫分别应否赔偿》，《中国古代地方法律文献》丙编第10册，社会科学文献出版社2012年版。

803.（清）嗣后如遇当铺失窃，除当绝之户毋庸议赔外，其余应照当本加倍赔偿。如原当本一两，即照数加赔，仍于所赔银内扣除该商应得利息，俾商民两无偏枯，庶为平允。至原议获犯拟罪，将所失当物逐件估计，不得照当本之处，诚以当本值十当五，罪浮于法，故将所失当物逐件估计，不得照当本定拟。当物虽系各户，而被窃该铺一家，且既责成该商一人照数赔偿，拿获贼犯照所失物件科罪，似与窃盗赃一主为重之律相符，请仍照原议遵行。乾隆三十四年抚部院富批允。

当店失火议赔

嗣后当店自行失火，被烧衣物当本银一两，在十月以内者，赔银三钱；十月以上者，赔银二钱。其已过二十个月者，概免赔偿。应请以此案为定。

乾隆二十五年抚部院何通饬

当铺失火

嗣后当铺被火烧毁当货，如查系邻家失火，该典商并未藉烧隐匿，亦无抢出物件，资本已察实在无力者，应令地方官出示晓谕，典质贫民各安义命，免其着赔。其虽系邻家失火延烧，该典商家资实力能赔偿，或自不小心失火烧毁当物者，即着查明被烧当号，按依被窃之例，照本加倍扣利赔偿。倘有寻机隐匿并故烧情弊，仍照原议将该典商按律治罪，所瞒货物照返给主，不给当本。

——《东省通饬·当铺被窃》，《中国古代地方法律文献》丙编第13册，社会科学文献出版社2012年版。

804.（清）乾隆四十一年六月内，大学士仍管两江总督高晋条奏：江苏、安徽、江西三省，典铺失火延烧着赔案，照所当货物，分别减数赔偿。经户覆议，通行各省。查典商收当货物，按本计利，扣限取赎，原物各归其主，故商民两无所争。至典物被火焚失，事属偶然，是以分别赔偿，多就各该处情形，相沿办理，未经明定章程……查典内自行失火与邻火延烧，事情原有不同，自当略为区分，以昭平允。嗣后当铺失火，其未焚及抢出各物，仍听当主照号取赎外，其被火烧毁货物，应如该督所奏，自行失火者，以值十当五计算，照原典价值作为准数。邻火延烧者，减二，均按月扣除利息，照数赔偿。至米麦、豆石、棉花各物，该督折内声明，均以逢新为满，是过一年者已不赎，而追减日期，又须在半年以外。该（核）计其中月日，相去无多，似每（无）庸多列科条，致援引纷纭，互相抵赖。应请将贯二名色删除，统以贯三计算，照原典价值给还十分之三，均不扣除利息，按数着赔。倘奸商因有此例，于失火时，将不及五贯重器，贪利隐匿，照隐没之物，按所值银数计赃，准盗窃论例治罪。仍将原物给还本主。再查各省典铺，虽一处有一处情形，向来俱未能画一。但穷民质物被焚，其可闵之情，本无二致，似均应量与着赔以允。当相应行文各直省，斟酌各该地情形，一体遵照。其或亦有一年为满，当价较重者，即照此案“米豆棉花等物赔偿之例”办理。较之原例，统以七成赔还者，似属周详。因将此例照户部原议。

——《唐明清三律汇编·户律》，《中国珍稀法律典籍汇编》甲编第8册，黑龙江人民出版社2002年版。

805.（清）一件失窃求勘等事。乾隆四十六年七月初七日，奉巡抚部院富批噶署司会详：查得浦城县生员祝蒂封典铺被窃一案……定例典商收当货物，自行失火烧毁者，以值十当五计，至被窃之日为止，扣除月利赔偿，以归画一。该府议将银器一项，另照分两计算，恐当票内所载分两，皆系典伙随意混书，不足为准。且既欲计算原当分两，则必又论银色之高低，转滋争执。而一事两例，亦不足以昭公允。应将该府所请首饰银器，另照原当分两计算之处，毋庸议。至祝蒂封典内所失珠花，既经该生呈明，已经赔还，亦可毋庸再行饬县查明分别办理，徒滋纷扰。是否允协，理合会议具详，伏候宪台鉴核，批示饬遵等情。

奉批：如详饬遵。并饬出示晓谕，毋许花户争执。余已悉，仍饬勒缉赃贼，务获究追，按拟详报。并将司议刊入省例，移行各属一体遵照。缴。奉此，经即移行遵照在案。

——《福建省例·刑政例》（下）《典商收当货物被窃，照例赔偿》，《台湾文献丛刊》第199种，台湾银行经济研究室印行。

806.（清）一件典物惨遭偷窃等事。乾隆四十七年六月十八日，奉巡抚部院雅批署臬司详：据莆田县通详，生员李琰典铺当物被窃一案，卑职查生员李琰被窃典物一百二十七号，计当本银四十三两二钱五分属实，除照例出示晓谕，并饬差严缉赃贼，务获究报外，合将被窃情由，绘图造册通报等由。

奉批：仰按察司速饬会营选拨兵役，勒限严缉赃贼，务获究报。至所失当赃，未据声明赔偿，并饬该县将作何着赔之处，照例妥议，详核察夺，毋得朦混。仍候督部堂批示。缴。图册存。

……应请将李琰典内所失当物，照依前署司议定章程，概以值十当五着赔。如原当银一两者，即令赔银二两，计至被窃之日为止，扣除月利赔偿，所有被窃以后之月利不准扣算。仍令该府县出示晓谕，如该典商李琰敢于抗违不遵，即详革治罪。于所失当物，该县并不估价，仅于册内开造一百二十七号，计当本银四十二两一钱五分，亦属牵混……应请通饬各属，嗣后一切失赃，均须据实确估，造册通详，不许再行短估。其典内货物被失，既照值十当五着赔，则估赃亦应以值十当五计算。如原当银五钱，或钱五百文者，即估值银一两，造册详报。倘再有任意短估，及典当失物止照原当银钱号数朦混造报者，即提拿藐玩经承，到司枷责革役，以示惩儆。是否有当，合并具文详请宪台核示饬遵等缘由。

奉批：如详饬照议定章程出示赔偿，另造清册详送，并通饬各属一体遵照。仍饬该府将此案胆玩经承责革具报。并候督部堂批示。缴。奉此，经即通行遵照在案。

——《福建省例·刑政例》（下）《嗣后一切失赃，均须据实确估造册通详》，《台湾文献丛刊》第

199 种，台湾银行经济研究室印行。

807.（清）谕书麟等奏审：溧水县知县陈潢，于县民陶仁广在无服叔祖陶宇春典铺内为伙，窃物潜逃……今陶仁广系陶宇春无服族侄孙，支属甚远，陶宇春令其在典管理首饰，并非素无照应者可比。乃陶仁广辄窃取金珠银两潜逃楚省，以致同典商伙周记爽及伊胞兄陶仁庆均被严刑。况村镇典铺，赀本不过千余金，而陶仁广所窃，估赃竟多至三百余两，致累陶宇春照数赔补，又遭讼累，中人之产不因此而荡尽耶。

——（清）《东华续录》乾隆一一七，乾隆五十八年六月丙子谕，《续修四库全书》第 0374 册，上海古籍出版社 2002 年版。

808.（清）附律条例○一、凡京城当行失火，除所当货物未被焚烧者，仍按律准其取赎外，其已被烧毁者，俱按票价量减，以七成赔还。倘奸商店伙人等，有乘机偷盗情弊，审实，照窃盗律治罪。谨案此条乾隆三十四年定。一、凡典商收当货物，自行失火烧毁者，以值十当五，照原典价值计算，作为准数。邻火延烧者，酌减十分之二，按月扣除利息，照数赔偿。其米麦豆石棉花等粗重之物，典当一年为满者，统以贯三计算，照原典价值，给还十分之三。邻火延烧者，减去原典价值二分，以减剩八分之数，给还十分之三，均不扣除利息。倘奸商店伙人等，于失火时，将当不及五贵重器物贪利隐匿，及乘机盗卖情弊，照所隐之物，按所值银数，计赃准窃盗论治罪，追出原物给主。其未被焚烧及搬出各物，仍听当主照号取赎。谨案此条乾隆四十二年增修，道光二十四年，移附费用受寄财产门内修并。

——光绪《大清会典事例》卷八百二十九《刑部·刑律杂犯》，《续修四库全书》第 0810 册，上海古籍出版社 2002 年版。

809.（清）而在广东，咸丰八年（1858），广东军需大押行（典当业行会组织）成立，其后颁布的典当行规中有关赔偿各条，均与清律抵牾，一味袒护押店，而置顾客的损失于不顾。该行规共十六条，其中第八条规定：“被火焚毁货物，若自行失慎，确由该典自已起火，应照向章秉公办理，无得异言；如被人连累，系出意外，各安天命，一概免赔。”第九条规定：“本行生意，承饷开设，或官兵保卫不及，或被盗强劫，或偶遇兵燹、风水等灾，事出非常，并各安天命，一概免赔。”第十二条又说：“破损毁烂货物，当分自然毁烂及不细毁烂两端，如胶口者松胶，漆口者松漆，有笋者脱笋等类，及原来已有裂烂，并虫伤鼠咬、竹木爆裂，各安天命，概不赔偿。至于不细毁烂，如玉器、磁器等类，原无裂烂者……原当本一两，赔银一两，免扣利息。”

——区季鸾《广东典当业》第七章，（台北）文海出版社 1972 年版。

810.（清道光三十年庚戌二月）惟大街深巷，绝少有井之区，非铺户门前自备太平缸桶，不足以资汲济。除札府县督办外，合亟晓谕，为此仰各隅厢军民人等知悉，尔等或三家或五家，公备大缸大桶，安置门前。其盐典及大牙行、大店铺，每家各置缸桶或三或五，平时盛水充满，少便加增，遇急挑去，立即添足，务十日内办齐，以备不虞。

——（清）桂超万《宦游纪略》卷六《示为捐备防火缸桶事》，《明清法制史料辑刊》第一辑第18册，国家图书馆出版社2008年版。

811.（清）相思山……山腰中许姓名钦桐，系鸿博许伯政家后裔，家颇饶，开设质当，居民便之。贼至搜山，以典当之名抢掠极苦。小港周倬臣亦开设质当，亦被贼抢掠。两处百姓控府，饬两典将所典衣物概令赔还。魁太守委余往，勘查质审。随因巡团先到许家，勘得屋多拆毁，门窗尽坏，室中掘地深二三尺许，什物器皿无一存者。许姓家属流离自顾不暇，实无可赔之资……不如大家只算被贼抢去，不上府告状，倒省得盘费。信我之言，各安天命，何如？百姓亦皆缄服，遂了此案。后至小港周倬臣家，适周子完娶，灯彩辉煌，屋亦整齐完好。询以贼匪抢掠情形，供云先是闻贼匪将来，恐抢去所当之物，随将各物移藏邻近小庄屋内。不料贼知其处，亦已抢劫一空，请余往勘。余当申斥周倬臣：“……我已照水火赔半之例断案，汝等但不必急追，俟周倬臣办有银钱，汝等即来领取。不准闹事，如敢闹事，则汝等仍是犯法，其各遵依毋违。”均缄服而散。此两事同罪而异罚，亦各得其情理之平耳。

——（清）周乐《宦游纪实》卷上《记岳州府办团事实》，《明清法制史料辑刊》第一辑第28册，国家图书馆出版社2008年版。

812.（清同治十二年二月十五日）前月江湾镇当铺失慎，乡人闹勘已刻过矣。今又闻诸道路，闹事彼此俱有错误。邻甲报案之后，县署理应先发弹压告示，自行失火听候勘明着赔等情，可封者暂封。然后不时履勘，此乃署中幕友不周之处。近邑风土每事看客甚多，尔日两点钟乃乡人上市之候。邑尊到时，先落公馆，与当铺出官周姓见面，乡人疑有私情。勘后应回公馆，提当铺人讯供，更夫责枷，方为正办。邑侯见人多，不回公馆，意欲走脱，一无安慰，故此乡人争闹，拦回逼勒出示，要照成例赔偿。此非乡民真知律例，闻有镇上流氓搧惑故也。今闻宝邑尊张公禀请上宪，一定遵照成例赔偿……照此赔足，闻非万金不可，恐上海此等殷户亦少，遇此亦难收功，况乡间乎？且前此三年为满，故值十当五，虽言赔足，除去利息二三十日，实赔亦不过三四成。今也如上海，金子一两过二十元，衣服八折交价亦当。如赔十成，金子变为每两价四十元，衣服照本浮六成矣。新例一年为满，扣利无几，此乃证据，共见共闻。火盗通例，上海同昌当赔过，今独将此当开场严办，作为定例，不知是何居心？想松、太二属当铺同业中亦所不甘，此不测之祸，何人可保？即各县宪以后俱要照此办理，亦属棘手。现在当铺资本拼凑不足，吃庄银者多，股分内本钱烧去，再要挪出一二倍，所谓财命相连逼紧，必有人命在内也。且今乱后衙门诸案俱参新例，当业本开新章，何以赔项之事必要照旧例？实所不能。

——《申报》第266号《续告江湾典当被灾事》。

813.（清光绪三年八月廿七日）典当规例，凡由自家失火成灾者，所有当进各物照当价全赔；若由别家延烧，或五折六折照赔不等。前报本月十日，汉口谈家巷口宏泰典失火，延烧左右街邻不下七十余家。兹又闻当火发时，典主知势不可为，急饬将金银饰物藏之地窖，与伙友开后门逃生，所有包架上各衣服尽付一炬。次日贫民闻之，止手持质钱空帖对之长叹。盖御寒无具，宜其忧心如焚也。不意典主转欲从中取巧，于次夜谋之某弁，请率兵三十余人在火场驻守，名曰弹压，实则暗自括取窖日藏物，以冀侵匿。被质物者悉其诡谋，上前拦阻，由是彼此口角几至用武。街邻共抱不平，群起交谪。正喧嚷时，适蔡邑尊因公渡江到镇，道经双街，民遂遮道而呼泣，称宏泰典自焚，又私挖窖藏，难免其中无别项情弊，乞谕照票赔还，以纾穷困云云。邑尊谕以各自安业，毋得滋事，三日后再行晓示。遂乘舆而去，其示维何，俟查明照录。

——《申报》1670 号《失火余闻》。

814.（清光绪七年三月初九日）扬城同益典失慎后，一切情形迭登前报。近闻甘泉县桂明府又出示晓谕该典，于三月十六日起照赔各户，其数遵奉制宪示谕，照票全赔，概不扣利。酌定章程，在二十个月零五天之内者，照票赔偿，此外虽过一天概不赔还。该典向系一月一字号，今自三月十六日起一日赔一个字号，分日赔偿以免拥挤滋事，以二十日为止结清全数，此乃何太守体恤贫民之良法也。该典初被焚时，人情胸胸几致激成大案，盖以贫者之敝衣尽绝，富者之存款皆虚，众口一声祇图拼命，合城文武靡所适从。惟何太守从容静镇，先则禀商洪都，转而谕江甘两令，向民间婉言慰劝以安众心。在后详据情形禀闻制宪，故得制宪恩准，消患无形，此真曲突徙薪人所不觉也。现在都人士无不感激涕零，各颂太守之德。有某绅见民之感戴，述其事于公者，公笑曰：此守土者之责也，何德焉？其雅量又复如此。兹闻大宪已据情入奏咨部，成为定例，以后各地方典当如再有此事皆照此办理。又闻定以典东赔一半，大小上下各伙摊派一半，盖以杜弊也。此案一定，想日后各典除天火外，必不致再蹈覆辙矣。

——《申报》2847 号《照号赔银》。

815.（清光绪二十年十月廿三日）金陵沙湾地方，同源典当系傅翁二姓合开，迄今将近二十年，获利甚厚，宵小之徒不免垂涎。十月初间，闻该典包房失窃一案，当即询明贼在间壁布庄。后屋橱房挖墙而进，又挖穿包墙，至夹弄，由夹弄挖穿该典包墙，遂入包房之内。此房向无人住宿，任其搬运。次日查点，失去当本四百余千。典东即请出官，绅士禀诉县尊，赵小帆明府前任勘验，将坊快地甲带回比缉。惟各当户持票取赎，原物已归无何有之乡，不免大费唇舌。经赵明府详请上宪核办，闻已核定照例当本千文照赔千文，不日晓谕各当户持票取资。然该典一失一赔，竟折耗一竿之数，亦可谓无妄之灾矣。

——《申报》7754 号《典铺赔款》。

816.（清光绪二十二年九月十八日）营口设有两典当铺，当日兵占据之际，先被铭军抢掠，继遭日人蹂躏，巨万赀本几致荡然无存。至本年七月初，海城县出示，令典商将所失货物照三成折价赔偿，虽质期已远者亦只准除去一年二分利息。至新质下者，则照月数扣除。远近乡民立时聚至数万人，纷纷持票来取。典商无从措手，致被拥至旗署。旗员向乡民婉言开导，无如众口哓哓，几致酿事故，不得已拘为首之数人送县核办。乡人未受丝毫实惠，反致废时失业，匍匐公庭殊不值得也。

——《申报》8449 号《辽东秋梦》。

817.（清光绪二十二年腊月十六日）沙市访事人函云，沙镇纷线街有长生库，牌号“立生”，历有年所……冬月廿一日天明未几，忽火焚……张云生邑尊诣勘属实，又禀请停典十日，俟查明被焚号件，再请示期择地照数赔偿。邑尊乃大张告示，悬挂该典门前，饬差保日为巡查保护。无论已焚未焚之票，概令不准于停歇期内向典索取，如敢不遵，定即扭惩不贷。自示之后，典门寂闭悄静无哗矣。

本月初一日限期已满，乃将廿一年、廿二年被焚号次详细开列，令持票者以便查对。另有赔偿告示一通，照录于后……缘小典于本月廿一日五鼓失慎，焚毁号架十股之三，蒙驾颁勘在案。遵谕查明号架实毁去衣饰当本一万数百串零，详载另册粘电。小典应遵定例，按原当架本扣利赔偿……伏乞明谕，限期在沙城隍庙认票照赔，俾偿原本。但恐贤愚不等，有已经过期满当之票仍强令赔偿者，不得不豫先禀明，即乞剀切示谕，所有小典当收衣饰照例以二十四个月为满。如满期未取者，货即变卖作本，票即作为废纸，凡示内未列之号不得认赔。其存留货架一面仍在典中照常取赎，即以认赔之日为始。惟是小典甫经失慎，房屋未修，安架无所，只得暂停取赎。所有被焚号件据实造册粘呈，叩恳赏准给示限期赔偿了事，则感恩无既矣。上呈等情。

查该监生王化信前经报明，该典被焚号次已经诣勘，并出示晓谕示期分别赔偿赎取在案。兹据前情，查例载凡典质当收货物自行失火烧毁者，以值十当五照原当票本计算作为准数，按月扣出利息如数赔偿……兹定于本月初六七八三日在沙市城隍庙，查照被焚号次，照原当票本如数赔偿。除将该典开呈被焚号次用印贴示外，合行出示晓谕。为此示仰该处居民人等知悉，尔等即行查照开列被焚号次，务于期内持票赴沙市城隍庙，令该典照原当票本赔偿钱文。如已逾二十四个月之票，不得借此勒索。其有被焚号内未载者衣物尚存，亦即于认赔之日起，仍在该典照常取赎。如有过期不取者，听该典变卖作本……与号次由牌贴出，一时持票来查者肩摩毂击，又所编之号字密小撩乱眼花，几于尽日不得近身一阅。更有目不识丁男妇在人丛中呼请代查，喧嚷之声哄成一市，行路为之不通。该典见事不了，乃将号牌分悬四处，一文昌宫、一文庙卷、一帝主宫、一泾太会馆。又总悬一牌，注明某年某月某字号悬挂某处，于是人始分头四散，非若前次之拥挤不堪云。

——《申报》8535 号《遵示照赔》。

818.（清光绪二十四年六月初二日）四月二十七日晚，丝线街立生典失慎，焚去中间楼房二进，前报已略纪之矣。至起火之由，系遗灰烬于所质衣物中，遂致一发而不可制。事后典董王化信禀请府县勘验无讹，随出示晓谕质衣人等，静候查账毕照例赔偿。此次实毁号架当本钱三万五千贯，自五月二十一日至二十三日令物主持票赴城隍庙悉照票数给钱，或有道远未知者，宽限八日至六月初一日为止。例应照当本扣利，因丙申岁十一月此典曾遭回□□□值大水为灾，典主人邓绅遂格外从厚，未扣其利，经前县主张邑尊批准，并云下不为例。今届邓绅以若不仍旧赔给恐滋口实，而又虑此举贻□他人，爰禀请刘邑尊出示云。查典当失火，例准扣利赔偿，今该典商既愿不扣利钱照当价赔偿，此系格外体恤贫民，自不能援为案。据准□出示晓谕并饬差弹压可也。其未毁之号架亦逐一开列，俾众周知。共计钱六千数百串，俟所赔毁清后，择日候赎，仍遵旧例行息。

——《申报》9074号《石栈云痕》。

819.（清庆王等）计开：一京城内外及大宛地面，原请由单之税当二百零二座，上年未被抢夺及被抢未尽者，只有十座，此外全被抢空，估值不下数百万金。若责令该商赔偿，力有未逮，且系兵燹之变，其不能保全之处，情有可原。所有被抢架赃，自应拟请免赔，以杜纷扰而示体恤。一从前当商缴各衙间官□滟欠数十万两，并四恒转借当商官帑亦数十万两，为数过巨。今旧商既经被抢，各衙门专指此项生息银两，作为逐年办公之用，未便虚悬无着。至四恒欠官帑一百万两中，已认缴五十万两，其余五十万两，既有当商票据抵押，自难再令四恒缴还。现据责成接开之新当官铺，每年报交滟欠银一百六十两，按四季呈缴，遇闰免加。现因商情困苦，格外体恤，所有光绪二十八年春季分，暂行免缴。自二十八年夏季起，照数呈缴。此项报交滟欠银两，以一半作为各衙门息银，以资办公；一半作为归还内库五十万两之□滟欠，俟还官帑□滟欠后，并入息银内，由各衙门收回，按照生息原银准数，按成均匀平分，以昭公允……一旧当票除架赃拟请免赔外，所有欠人、人欠各□滟欠，由该管事东家自行妥为完结，亦须平允。

——（清）甘韩《皇朝经世文新编续集》卷十《商政·拟奏整顿当商章程》，光绪乙未石印本。

820.（清）至旧当架赃被抢，实因上年变出非常，非往时被火被窃被劫，例应赔偿者比自应请免认赔，未经被抢及被抢未尽各家不在此例。其限满年月取息分数，则当明定限制，不准仍前苛刻。

——刘建民先生藏《步军统领衙门、顺天府、五城御史会奏折》。

821.（清末）在台湾，同、光之际的“当店组合规约”说：“罹天灾盗贼，致使当物失去无踪者，当主不得向营业者强讨原物；而营业者亦不得向当主求取原银。”“倘遇腐朽、虫咬、鼠咬等，其任不干营业者事，但营业者不着意，致使当物损坏，其时营业者须早通知当主，当面相谈，照价赔偿，不得强压。”

——《台湾私法债权编》第二十三《当店组合规约》，《台湾文献丛刊》第79种，台湾银行经济研究室印行。

822.（清光绪三十一年五月廿六日）南浔镇之新和典当，于前月某晚忽然失慎，焚去大号首饰房一间、近号包房数间，即由该典主刘张二绅投县，报称雷火延烧所失甚巨。日来民间纷纷持票往赎，责令赔偿，喧扰不已。现经典业绅董出为理处，拟照原典价计成折赔，然所耗已觉不资矣（复）。

——《申报》11564 号《雷火焚典纠葛，湖州》。

823.（清光绪三十二年九月初一日）法租界各押店所当之窃赃，一经捕房吊取，多由公堂判令充公，惟典当不在此例。兹公堂新定章程，嗣后各当铺所有贼赃一经吊案，着照押肆例一并充公（深）。

——《申报》12033 号《新定窃赃充公章程》。

824.（清光绪三十三年四月廿日）元和县窦大令详，职商庞元澄报，在阊门外山塘开设福源当，被学徒施其发将首饰房锁扭断，偷窃金饰二百十八号，计重六十九两四钱三分，勘明通报等情。奉署苏臬朱廉访批示云，查赤金估赃，较市价相去悬殊，业经前升司饬府议复酌定。制钱、银元、赤金估值数目，详请咨部核示，尚未奉复。此案该典学徒窃去金饰至二百十八号之多，计重六十九两零，以该典所失当本及应赔各数并计约须银二千余两，估赃仅止六百余两，殊非情理之平。至典当失事前，于该县善昌分典被劫案内，由司详定章程，所有金银首饰当至七成以上者，一律酌赔三成，仍扣除失事以前利息，失事后由县先吊该典簿，据核明所载分两及所当数目另造一册，随详呈送，俟奉批示再行示期开赔等因，通饬遵照在案。该典簿据即经该县核明相符，自应照章将应赔成数详细核定，随册声明，一面先行给示晓谕，俾免争论来详，笼统一语殊欠明晰，仰苏州府即饬查，照定章核明成数，明白晓谕示期开赔，另行通报查考（欲）。

——《申报》12251 号《批饬被窃金饰减成赔偿，苏州》。

825.（清光绪三十三年四月廿八日）鄞邑徐东埭寿长典当前被盗匪抢劫，失赃颇巨，昨由典主禀请，鄞县高子勋大令至该典弹压，赔发赎赃。照议定章程，每质本一千照赔五百文，闻被劫之数共四百十余字号，赃价约值一千数百元（求）。

——《申报》12259 号《典铺被劫减赔质本》。

826.（清光绪三十四年八月廿九日）鄂省观业道刘观察，因省城典当各商自行互相保险颇具成效，各商帮亦应仿照办理，方免利权外溢。昨特照请汉口商会，总理卢君洪昶、武昌商会总理吕君逵先邀集各商广为劝导设法推广，以维公益而塞漏卮。

——《申报》12804 号《劝导各邦自行保险，武昌》。

827.（清宣统元年二月初七日）镇洋县以鹤王镇元成典当，失慎焚毁货物一案，勘明情形禀请各宪核示。兹经苏臬左廉访批云，查例载凡典商收当货物，自行失火烧毁者，以值十当五照原典价值计算作为准数，按月扣除利息，照数赔偿。其米麦豆石棉花等粗重之物，典当一年为满者，统以贯三计算，照原典价值给还十分之三，均不除利息等语，并无他人遗火在典，致火焚如作何赔偿之例。盖他人遗火，典伙失于检点以致烧毁货物，自应即以失火论，与邻火延烧者不同。此案既在典中起火，被烧栈房所储收当棉花并延烧其余包楼当货，自应查照定例分别赔偿。批饬该县传谕该典司账等，迅即查明被毁各货物，造具清册呈检；一面先行出示晓谕，听候议赔，分别定期核偿具报。

——《申报》12952 号《典当烧毁货物之赔偿苏州》。

828.（清宣统三年十一月廿九日）前晚三句半钟，公共租界泥城外马霍路，第五十八九号门牌，仁源典铺失火。当经救火会西人赶往灌息，只焚该当一家，共毁房屋五间，左右邻居幸未殃及。又闻该典保有火险银六万五千两，是晚系从包楼上起，火至五句钟始熄。

——《申报》13981 号《仁源典失慎》。

829.（民国元年正月十四日）公共租界泥城外大沽路仁源典当，于旧历去冬失慎后，即经公共公廨王襄谳会同西官前往勘明，当奉谕饬该典主会商。典业董事赶速料理，并由该典主条告各质户，候造清册分别禀明民政署及英法公廨，援照典业定例赔偿在案。兹悉该典主除禀呈民政署外，昨又派遣代表徐耀廷投廨禀称，该典自遭回禄后，已将被毁衣饰当本造具清册禀呈各署，的有未毁衣饰，仍当定期放赎；已毁者即遵典业定例，照二成赔偿。深恐临时或有滋扰等事，请为给示晓谕，俾众周知等语。王襄谳察核所呈禀内，该典保险银可得六万两，而被毁衣饰则约值十万两，照二成赔偿只须二万两之谱，各质户未免受亏，遂商之英副领事翰君，谕徐另将被毁衣饰当本数目缮具清单，并将典业公所定章限三天内呈案，听候核夺。

——《申报》14017 号《仁源典失慎之周折》。

830.（民国元年正月十九日）公共租界泥城外大沽路仁源典当去年失慎后，即具禀各公署请给示谕。援照典业定例赔偿二成，业经公共公廨谕限三天，造具清册呈候核夺在案。昨晨该典仍遣代表徐耀庭将被焚衣饰清册并典业规则呈案请示，王襄谳察核清单，以该典应赔钱十一万余串，除将焚剩衣饰作抵，并将所得保险费银合钱八万八百余千尽数赔偿外，约须亏本钱二万五千余串。即已折本，应予体谅，遂准照典业定例赔偿，听候给示遵行。

——《申报》14022 号《仁源典幸蒙体谅》。

第三节　典当业与盗赃及其处理

831.（北宋，刘贡父）又尝坐，和苏子瞻诗，罚金。元祐中，同为从官。贡父曰：前于曹州，有盗夜入人家，室无物，但有书数卷尔。盗忌空还，取一卷而去，乃举子所著五七言也。就库家质之，主人喜事，好其诗不舍手。明日，盗败，吏取其书，主人赂吏而私录之。

——（宋）陈师道《后山谈丛》卷五，中华书局2007年版。

832.（北宋）刘贡父舍人，滑稽辨挞，为世之冠。晚年虽得大风恶疾，而乘机决发，亦不能忍也。一日与先生拥炉于慧林僧寮，谓坡曰："吾之邻人有一子稍长，因使之代掌小解。不逾岁，偶误质盗物，资本耗折殆尽。其子愧之，乃引罪而请其父曰：某拙于运财，以败成业，今请从师读书，勉赴科举，庶几可成，以雪前耻。"

——（宋）何薳《春渚纪闻》卷六《东坡事实·苏刘互谑》，中华书局1983年版。

833.（西夏）诸当铺诸人放物典当取钱时，十缗以下，识未识一律当典给，是盗物亦不予治罪，物应还回，钱当取。送十缗以上物者，识则令典给，未识则当另寻识人，令其典当。假若无识信人而令典当，是盗物时，限三个月期限当还，当寻盗者。若得盗者，未知则不治罪。若超期限仍未得盗者，则物当归现属者，所典钱当全罚。其后盗人出，典钱能出，则因先未使寻识信只关者，有官罚马一，庶人十三杖。

——史金波等译《天盛年改旧定新律令》第三章《当铺门》，法律出版社2000年版。

834.（元）至治元年四月日，福建宣慰司奉江浙行省札付，准中书省咨：来咨延祐七年三月十一日革后合禀通例……贼人偷盗赃物典卖诸人，典质之家元不知情，在后事发，将元典正赃追纳到官。其贼人元得典质钱物并已招、破用未追，及供指受寄诸人赃物革前已有承伏未纳之数，合无追征。或犯在革前不曾招承，革后问得承伏，合无钦依革拨。若有到官正赃，依例给主。前件照得延祐四年十月十九日，承准中书省札付本部呈：议得贼人偷盗赃物于诸人处典质钱数，典主既不知情，在后事发：将元典正赃留纳到官，贼人元得钱钞并已纳未追。及诸人受寄赃物，革前已招明白，罪经原免，拟合追给。其犯在革前，发在革后，虽有招伏，钦依革拨。若有到官正赃，依例给主，相应都省准拟。

——《元典章新集·刑部·诸盗·征赃·盗贼遇革赃给主禀例》，中国广播电视出版社1998年版。

835.（元）至元十六年（1279）六月，中书省钦奉圣旨：石招讨奏，亡宋时民户人家有钱，官司听从开解。自归附之后，有势之家方敢开解库，无势之家不敢开库。盖因怕惧官司科扰，致阻民家生理。乞行下诸路省会，居民从便生理。仍禁戢录事司不得妄行生事，敷敛民户。纵有误典贼赃，只宜取索，却不可以此为由，收拾致罪。

——（元）《大元通制条格》卷二十七《杂令·解典》，法律出版社 2000 年版。

836.（明成化十六年十一月壬辰）兵部尚书余子俊等言：近者京城内外强盗滋多，盖因闾巷恶少与各处逋逃罪囚结聚党类，号为剌虎，横行市肆，强取货物，莫敢谁何。往往聚徒开场赌博，博穷为盗，乃以所获衣物质于印子铺，低取钱镪，苟图自给。

——《明宪宗实录》卷二百零九。

837.（明）嘉靖间，吾郡诸生顾姓者被劫，合门夫妻子女僮仆为盗所杀者，十有三人。有司遣捕，捕之不得。顾无近属，惟一远族侄某出为申告。凡见上司，悲诉冤痛，为之涕泗交流，人已疑其非情。捕者微察，某故棉花市肆中脚夫，乃有新好罗绮衣裳质之商典。因密往查其典簿，以子母钱赎得，潜告有司，佯呼侄某认之：是汝叔家衣物否？某故黠，答言：“我能识吾叔寻常衣着，此皆新衣，不知是否？”捕者从下言：“既非汝当，包裹结束以听。”某遂应声包束，捕者曰：“得之矣，杀人者，即此人也。”有司曰：“何以知之？”曰：“前从典肆赎衣时，见其衣包束缚是棉花包结，已窃疑之。今其包束绳结，亦复如前，此结惟棉花脚夫能之，非某谁也？”某因失色身颤，一考伏法。

——（明）姚士麟《见只编》卷下，《丛书集成初编》第 256 函，第 3964 册，中华书局 2010 年版。

838.（明）丁丑，编修刘正宗失去银带衣物，久之乃得于一典铺。捕役侦其所自，乃中书吴某（忘其名）所当，及于武英访之，又无姓名。踪迹且久，则积年大盗也。有妻妾数人，乃延西席教子，每日扇马道士拜客。夜即为盗，有绳作软梯，无夜不入人家。

——（清）杨士聪《玉堂荟记》卷二，《续修四库全书》第 1175 册，上海古籍出版社 2002 年版。

839.（清）一禁指扳盗赃。凡盗贼赃物，窝家知情寄顿，自应依律究拟，毋容少贷。惟有等原不知情，如典铺当银、居民误买之类，当以理恕。乃有等玩法捕役，乐于生事，动以起赃为由，率领虎役多人咆哮入室，名虽搜查，实同抢掠，稍拂其意即唆令盗口咬扳，更有仇隙诬陷者，糊涂有司听其拨调拘解，迨经司府审明超豁，而无辜受累家资业已荡然，言之深可痛恨。嗣后各属捕盗厅印等官，拿获盗贼时，止究现在之赃，立案定罪。其已经典卖者，如果经失主认明，应照贼犯原典原卖之数，该地方官捐资取赎以警疏防之愆。俟臬司审结日，径将赃物给付失主收领，至盗犯供扳指寄之赃，非有确实证据者，不许诛求。倘恶捕仍敢违禁，唆扳勒索及典卖之赃，地方官不与失主取赎，或白向铺户强取者，许被害人等奔控，各该上司转详本部院官，则飞章题参役拿，立时杖毙，决不姑贷。

——（清）于成龙《于清端政书》卷七《弭盗安民条约》，《中国古代地方法律文献》乙编第 1

册，世界图书出版公司 2009 年版。

840.（清雍正三年正月）照得开张典当，原以接济贫民缓急之需，止许从公取息。若贪图贱当，滥收贼赃，固在禁例。近访得豫属各当铺见物即当，并不查问来历，凡有劫窃衣赃，尽归当店，以致盗贼充塞……嗣后凡押当物件，除平日熟识之人即于号簿内注明姓名外，倘面生可疑形踪诡秘，即当严加盘诘根由，必得熟识保人方许收当。若无的保，不得贪图微利滥行接受。大凡盗贼入店最易鉴别，为盗之人面带凶形，一也。举止慌张恐人察觉，二也。物多价贱即便肯当，三也。当货零乱，并不整齐包裹，四也。自言自语，满口支吾，五也。掌柜之人一见便知，但明知故犯者因有利无害也。嗣后各州县拿获盗贼招出当赃，不论有票无票，讯明颜色、件数、银钱、月日，即刻备关饬委捕员星飞查起，倘邻邑袒护当商措赃不发，立行详报本都院，以凭批行该管上司查起，官则飞参，当商随招解究，决不宽贷。本都院为杜绝盗源起见，法在必行，均勿违忽。文到先取遵依并当商结状，具报查考，慎速慎速。

——（清）田文镜《抚豫宣化录》卷三上《严禁当铺滥收贼赃以杜盗源事》，《四库全书存目丛书》史部第 069 册，齐鲁书社 1996 年版。

841.（清雍正三年二月）照得本都院前禁各当铺不许滥收贼赃一檄，原为杜绝盗源起见，檄内开载甚明，必面生可疑行踪诡秘之人，即当严加盘诘根由，须有熟识保人方许收当，并非令其一概取保也……嗣后本地之人即非平日熟识，其面貌并非可疑，行踪并无诡秘，言语并不支吾，衣物整齐较争价值者，俱系实在贫民，不必令其寻保，即将本人姓氏住址问明，登入号簿，照价当给……并非本地之人语音各别，行止慌张，囊括多衣零星倒乱，物多价贱，即便肯当者，如无保人，仍不许当。倘不细加盘诘，滥收入当，一经别州县获贼供招，即差捕员飞星查起，令事主当官（堂）认领，即将当商以违禁滥收治罪，后悔无及，各宜凛遵毋再违错，须至告示者。

——（清）田文镜《抚豫宣化录》卷四《再行明白晓谕事》，《四库全书存目丛书》史部第 069 册，齐鲁书社 1996 年版。

842.（清）为分别当赃酌定取赎章程以免扰累，致启畏难事。窃照乡间食力贫民，每遇青黄不接，或年岁歉收，以及婚嫁急不可缓之事，离典铺辽远，艰于典当，并有向无典铺之县镇，均不能不仰赖都图、里甲之富户质押钱谷，以济眉急而救饥馑……为此示仰阖属出当钱谷之善士、良户人等知悉，嗣后凡有以物质押者，止须论其物之所值，其人若非素有丑声、近有贼名、闻见真切者，概不必畏难措当。其先年不端，若共知其革面洗心者，更不必追其既往，冷人愧悔之心。如有无力回赎愈（逾）期者，仍照准乡例办理。本府计当户谷本，计生民日食，为富户除害，为贫人兴利，不惮劳烦，筹画备至，实于贫富两有裨益。而良善富户人等，切勿仍前推诿畏难，借以刁难。倘有昧良之徒，乘有此示，任意以不值之物强押勒典，以及借端讹诈扰害者，一经访闻或被告发，定即严拿重办。本府权衡庶政，先教后惩，言出法随，不作空文、不务虚名之处，谅尔等亦知之切矣。各宜凛遵，慎勿轻尝，特示。

——（清）张五纬《风行录》卷二《分别当赃酌定取赎章程》，《历代判例判牍》第八册，第249页，中国社会科学出版社2005年版。

843.（清）浙江布政使司田、按察使司谢，为遵批议详事。案据钱塘县典商陈生生以商本无着，具呈前升抚宪，觉罗长批，司会同妥议，通详察夺。嗣该商又呈巡抚部院，觉罗吉批，准事主备半当本取赎，仰司会同妥议……窃贼典当，时所常有，诚恐日久懈弛，不肖经捕串同地匪，借词纷扰，事难保其必无，应请将议定章程给发榜示，用昭法守，以垂永久。缘奉饬议，拟合会议具详，是否有当，伏候宪台察核批示祗遵。除呈督抚宪外，为此备由，呈乞照详施行。

计开核议规条：

一凡遇当赃，失主措备一半当本，免息取赎，在失主不必守候领赃，兼免房差需索。而典铺误当贼赃，令赔一半当本，洵属商民两平。

一窃案获贼供认赃物，当于某典缴出当票，即时盖印，该县饬捕役协同事主赴典认明，实系原赃，该典另包存储，听事主随时备一半当本免息取赎。如限满不赎，准该典变卖。其无事主到典认货，概不准半本取赎，以杜冒混。

一贼属名下追出当本，先尽失主，后归典商，分别给领，以昭平允。

一窃贼当赃半本取赎，系奉大宪札饬，准情酌理议详定案，以便商民。倘有经捕串同地匪借词纷扰，即行拿究以戢刁风。

乾隆六十年四月十五日，奉总督部堂觉罗伍批如详，饬照核议规条遵行，仍候抚部院批示缴，又先于三月十二日奉巡抚部院觉罗吉批如详，转饬遵照，仍将给发榜示各典，造册送查，并候督部堂批示缴。

——《治浙成规》卷二《贼犯当赃犯事到官，令事主措备一半本银赴典认明回赎》，《官箴书集成》第六册，黄山书社1998年版。

844.（清）浙江等处承宣布政使司、提刑按察使司为援例陈情等事，准江苏臬司咨称，案于嘉庆六年九月十三日，据长、元、吴三县典商黄润泰等赴司具呈，以窃盗当赃浙省颁发成规，均令事主备半本免息取赎，现各遵行。两省近在咫尺，浙则事主备半本取赎，苏则全行吊起，苦乐既属不均，恐贼人将一案之赃，分当两省典铺，事主认领，或赎或吊，亦不画一钞粘榜案，请照浙省一体半本免息取赎，刊榜永遵等情词投司，据经前升司批饬，苏州府查议详夺去后，兹据该府详称，遵即关准浙江杭州府钞移原案榜示，通饬各属妥议详转……是浙省旧议外结之赃，令事主措备半价回赎一案，应请删除，嗣后当赃仍遵定例，画一办理，并通饬各属一体遵照，相应会核，详请宪台察核批示祗遵。除呈抚宪、督宪外，为此备由呈乞照详施行。嘉庆九年五月二十九日，奉总督部堂玉批，据议甚属平允，自应将旧议删除，仍遵定例，画一办理。但浙省报窃之案几同山积，在失窃者往往徒有起赃给主之名，而实则尽饱经胥之橐，更须严饬地方官实心查察，该管上司不时查访，庶民免苦累，赃归实领。仰即通饬各属一体遵照，并出示晓谕闾阎，尽令知悉，仍候抚部院批示缴。又于五月初八日奉巡抚部院阮批如详，通饬遵照，饬令各属出示晓谕，毋令少有抗违。仍刊载《治浙成规》备考，并候督部堂批示缴。

——《治浙成规》卷三《浙省外结之赃，令事主备半价回赎之旧制删除，仍遵定例画一办理》，《官箴书集成》第六册，黄山书社 1998 年版。

845.（清）浙江按察使司台呈请，为电批勒禁事。查得仁钱二县典商李嘉会等，请将窃贼当赃照江省碑摹认明，储典候本取赎等情具呈宪辕。蒙批：窃贼当赃多在黎明之候，且当本轻贱，形迹可疑，本易察觉。若贫民被窃，复令措本先赎，更为苦累。惟捕役借起赃为名，扰害典商，确应查究，批司妥议详夺等因。本司遵查盗贼当赃，无分强窃，例应随时查起给主，于犯属名下追还当本，定例昭然，遵行已久……是该典起赃，既以官票为凭，而呈验又经典伙之手，该捕似难借端滋扰。又上年十月内，经富升司详明通饬，凡起赃追本，该州县等务须认真办理，不得假手经捕。倘敢阳奉阴违，任听经捕串捏起赃，虚悬商本，一经查出，官则严揭详参，该经捕等立提重处在案。是立法已极周详，现又通饬遵行，似亦可无庸再议。缘奉批饬前因，理合查案详覆，伏候察核等情，于乾隆二十一年六月十六日，详奉巡抚部院杨批，屡经详定之案，李嘉会等何得违例混渎。如详通饬遵行可也。此缴。附旧详案。

浙江按察使司同呈详为勒禁安商事。查得仁、钱二县典商茅大来等，请将窃贼当赃照江省碑记认明储典候本取赎，勒石永遵等情，具呈宪辕，奉批核明详覆等因。本司遵查盗贼当赃无分强窃，例应随时查起给主认领，于犯属名下追还当本。此系通行定例，遵行已久……经前司历次议详，先起贼资以抵当本，查给储库以给不足，调剂之方已极周详，更未便以江省暂为变通之议，违例仿行。应请仍照浙省原议，饬令各属起取当赃之后，即查贼犯家产抵给，如有不足，查明无主赃物补给。务须认真办理，不得假手经捕，膜（漠）视典商致有苦累。倘敢阳奉阴违，任听经捕串捏起赃，捎匿贼资虚悬商本者，一经查出，官则严揭请参，该经捕等立提重处，庶官役知儆，商本有着矣。其该商等所请，仿照江省碑记窃赃认明储典候本取赎之处毋庸议。缘奉批饬前因，理合查案会同详覆，伏候察核批示，以便通饬遵照等情具详，于乾隆二十年十二月初四日，奉前任巡抚部院周批，仰候督部堂批示缴。本月初七日又奉宫保督部堂喀批，如详通饬遵照，仍候抚部院批示缴。

——《治浙成规》卷五《典铺窃赃先行查起给主，于犯属名下追还当本》，《官箴书集成》第六册，黄山书社 1998 年版。

846.（清）浙江按察使司李，详据典商赵太生等为失窃获利无辜赔本等事早词，行据杭州府详开。查民间失事，盗贼当赃例应先起给主，仍于贼犯名下追本给还。至于典铺被窃，系有典守之责，例应先行赔偿，再于贼犯名下追还该典，二者本有区别。今绍郡山邑许梁典铺被窃，其所失典货系应先行赔偿。兹据该贼供出，窃赃当在省城太生等典，自应许铺赍本同往取赎，该典赎回仍转向人上收取原当本利，并于贼犯名下追还赎本，庶为公平。乃许典不以典守难辞，遽欲援照民间失事之例，呈请起赃，竟置赎本于不问，无怪赵太生等有失窃获利无辜赔本之控也。惟是此案获贼已经日久，现在专俟认赃，定断难任辗转耽延，除饬仁钱二邑遵照宪批，着令赵太生等先将关取各赃即日按票呈缴移送外，仍请檄饬山邑先于许梁名下照数追缴赎本即日移送给还，并请通饬嗣后典中失事，获贼供出当赃，先令该典赍本认赎，再于贼犯名下追本给领，俾误当贼赃之典铺不致有亏成本，则情理两得其平矣等情。乾隆二十三年十一月初四日，奉巡抚部院杨批，仰布政司如详通饬遵照，仍候督部堂批示缴。

——《治浙成规》卷六《典中失赃查出现当别典者，着原典主备价取赎》，《官箴书集成》第六册，黄山书社1998年版。

847.（清）浙江巡抚部院庄为特檄通饬事。缘仁、钱二县典商徐大成等呈称，误当贼赃例应提取，但必贼确而后赃真，若贼未破案则失赃真假失单虚实，此物果否贼偷贼当毫无证据，仅凭报窃一词即可指为贼赃提取，例既未符弊将百出。本年关景原典当衣一宗，是否贼当仅据汪姓指系失物，奉钱邑断令无本取回，此端一开，必滋捏窃吞货之弊，公叩批饬等情到本部院。据此查吊起贼赃，自应获贼讯确，方始提储。即未经获贼之先，事主赴典查出，亦须当面书押封固在典，俟获贼后再行起给，未有贼犯未获而先起赃之例。除呈批示外，合饬遵照，仰司即便通饬各属遵照，嗣后典当贼赃，务须获贼讯确方许起给。若报缉尚未获贼，止许书押封固在典，不得任听事主混行吊取，致刁棍妄捏滋弊，毋违。

乾隆二十四年十一月初四日行司。

——《治浙成规》卷六《未获贼案内当赃不准先行起给》，《官箴书集成》第六册，黄山书社1998年版。

848.（清）巡抚部院杨宪札内开照得，盗贼当赃无分强窃，例应随时查起给主认领，不得稍有措留扰累。失事之家盖闾阎从容力足者少，艰难贫窭者多，一旦为窃盗所害，数口即遭冻馁，是以定例，典当收买盗贼赃物，不知情者勿论，止追原赃，其价于犯人名下追征给主等语。嗣于乾隆六十年间，经前司会议，外结当赃经事主赴典认明，令其措备半本交典回赎。后于嘉庆九年，复经前司具详，以内结当赃仍照定例办理，一事两行有违定例，请将外结之赃令事主措备半价回赎之案删除，遵例画一办理等情，详请阮前任批准通饬遵照，刊入《治浙成规》备考在案。现查各属报窃之案甚多，追起当赃必须迅速，方可认赃究办。乃访得典铺人等，仍有狃于积习，故违定例措留待赎，以致赃沉贼纵要案久悬，殊非缉捕宁民之道。合行札司立即申明定例，通饬各属出示晓谕各典铺，凡遇当赃一经地方官印票饬吊，即行付给以便事主随时认赃，地方官按例究办。至于当本，候照例于犯人名下追给，不许典铺措留当赃故违定例，擅向事主索价，亦不得私换赃物致难辨认。如敢图利违玩，定行查究。第典当提赃后，地方官应即实力追缴商本，毋任经差侵扣稍有偏枯。仍饬各属将遵办缘由速行禀覆，查核毋迟，切切等因，于嘉庆二十二年六月十九日奉行遵照在案。

——《治浙成规》卷八《盗贼当赃不许典铺措留拖累事主》，《官箴书集成》第六册，黄山书社1998年版。

849.（清）署按察使司勒为声明旧章详请示遵事。据苏州府知府李铭皖详据职员祝寿眉、陆耀彩等赴府禀称，窃商等奉谕试开公典便民，间有误当赃物，历奉县谕吊取，经商等禀复在案。伏查当铺起赎赃物，向有成规，曾于乾隆九年蒙前臬司李议定，如强盗及始窃终强拒捕，满贯抢夺等项，供出当赃，即时起取给主，于犯属名下追本还典。其余一切外结窃案当赃，着捕传同事主赴典，认明画押，待于犯属名下追本，免利取赎给主。如贼属无力，听事主备本赴典免利取赎。如期不赎，听典变卖作本，详奉批允通行。又于乾隆四十九年，蒙前臬司琅议，以近来积匪量减，及初犯、再犯计赃罪应议徒等件，于批结后应行咨部，似与外结稍有区别，但尚非专咨之案，究与内结不同。若将此等拟徒之案概照内结之例起取，于该典商徒有外结备本取赎之名，反滋经捕起取混淆之弊，亦请将积匪量减及初犯再犯计赃拟徒贼案，均照一切外结窃案办理。详奉前督宪隆萨批准，如详通饬遵照勒石刊榜，永远遵守毋许纷更。各在案……本司采访舆情，参其管见，窃为既蒙饬禁传主补报，嗣后凡有贼身搜出当票，查无事主报案者，概免提起，则经捕无可栽害，而当商之累已除。其报案在先提验相符者，只得照例办理等语。又是年林前司详准通饬，嗣后典铺误当贼赃，无分内外结，照例查起给主认领，当本于犯属名下追还。获贼搜出当票，承审官即确查有无事主报案，与失单花名、件色果否相符，如无事主呈报在先，实系事主被窃之物，应于当票上批明窃赃字样，盖用印信。除隔属仍用移关提外，其当本在本处者，当堂给主，令其自行赴典提起，勿许该商仰（抑）勒支吾等语。又道光五年，庆前司详准通饬，嗣后获贼供出当赃，票已无存，如事主报案在先，核与失单名色相符，而典号、月日可凭者，如票系转卖，即向买票之人分别查起；如票已毁弃，即由承审官照供开填印单给主，赴典查对号簿是否果有此物，始准查起；所有给主印票之上，亦须标明，以免弊混。仍于贼犯名下追还当本，倘当商措留不发或仰（抑）勒当本，许事主禀官提究。其或票已遗失被人拾获，已将赃物赎出者，即令事主向当伙将号数、月日底簿检交事主，呈官核明。如果属实，免其查起，仍于贼犯名下照数追赔；倘拾票人于起赃后，持票赴典请赎，该典即将起赃号簿给与查看，将票收回涂销；如持票人勒赎滋扰，许该典禀官究处。其当在隔属程途较远者，事主不能往起，即由承审官开单盖印，速移该管官选派家丁赴当查起，移回给领，总不得经捕役之手，致滋扰累。倘贼供当赃，事主往起并无此赃者，即令事主面同当伙，将贼当赃日期于当簿内查明。如果实无此号赃物，若非贼犯妄供，即系原捕教唆诬赖，借图索扰，即提贼犯捕役隔别研究。如系捏供，从重责处。其所供当赃既无票据，又无报案可稽者，一概不准查起。各等因，历经遵照在案。

是查吊当赃成例省例，已极周备，固无庸别议纷更。惟自兵燹后，各处案卷均已陷失，以致办理参差……查苏省迭次改章，唯道光年间林前司、庆前司所拟详者平恕赅通，于定理不相阂。今典商固执乾隆年间之远案，又欲援引江宁暂酌之新章，而于道光四五两年章程则恶其害己，而以废置旧章为说，试诘以絜矩之理，该商当复何辞？况遵例与遵章，自有重轻区别，使典商凭旧章以请，而事主据成例以争，地方有司能是典商而非事主乎？此又准于法而直不敢以为可者也。夫商民举宜矜恤，而彼此要有权衡，试查一县一岁之中，窃案虽多起赃甚少，推求其故，盖贼匪时虞败露，必不肯以多赃质于一票，致动人疑。逮被获后，又恐赃重罪增，必不肯以零当各赃尽行供出，是典铺固不至有难堪之累也。拟请嗣后江苏全省，吊起贼赃悉遵定例，并查照林、庆两前司详定章程办理。相应抄录以前各案，开折具文，详请仰祈宪台核示饬遵。除详抚、督宪外，为此备由另册，呈乞照详施行。

同治八年五月初六日，奉总督部堂马批，所议甚属允协，仰即通饬各州县一体出示遵办，仍候护抚院批示缴折存。又于同治八年五月初十日，奉护理巡抚部院张批，如详通饬遵照，仍候督部堂批示，此复折存。

此详批系光绪二年三月札发，故次于此。

——《江苏省例三编》，《中国古代地方法律文献》丙编第 12 册，社会科学文献出版社 2012 年版。

850.（清）为严禁起赃诈害之弊以安良民事……嗣后凡有地方拿获真正强盗窃贼，除随身起获赃物外，如有供出寄赃人家，必须研讯是否知情，窝主或系无知误收；又如供出转卖赃物与人，亦须讯明是否知情，或系误买，明立文案。然后押同盗贼失主前去起出，若果系窝主知情人犯，方许执拿到官覆审定案。如系原不知情则误收误买之人，一概不许妄拿株害。至于开张典当商人，必系原有身家，断无窝囤贼赃之理。以后如有盗贼供出赃物质当某典铺者，问官追取原执当票，明写事由牌面，止差一役前赴该典起取原物，当堂辨验。其典商不许拘拿到官，致启诈索之弊。俟失主认明之后，或贮库或给领，若系轻微之物应免追偿。其有价值贵重当本多至三五十两以上者，仍将盗贼家产于照例变赔失主之时，一例偿还，当铺不许扣克隐匿。若使家仆盗逃及指称官机窃取缎匹质当者，此系自失觉察，更与盗赃不同。务须执票将银取赎，一概不许絷诈白取。以上禁约条例，各当该官役遵照奉行。

——（清）刘兆麟《总制浙闽文檄》卷四《禁获盗起赃诈害积弊》，《官箴书集成》第二册，黄山书社 1998 年版。

851.（清）故问官既审出真盗，供有真赃，为失主报单所有之物，便宜即时起获其赃，须讯明本盗在于何处……若夫官私典库，谅必无此，惟需索吓诈自不能免，亦宜严禁。仍取本典主并无需索吓诈等弊甘结，并该捕役甘结存案。

若夫贸易多在市集典铺，指货当银，彼宁计其物所从来哉？故律有典买不知情者，本赃追取，仍于本犯名下追偿给主。况价犹断给，而岂又问其擅当擅买之罪乎？问官只以获真赃为要，其当与买不必更为追求，致滋嫌议。即受寄知情亦宜宽置，免重案又多一番波累也。

——（清）黄六鸿《福惠全书》卷十八《起赃》，《官箴书集成》第三册，黄山书社 1998 年版。

852.（清）如前所言，何参猷被盗一案，起有蓝布旧袍一件，赃物当在典铺。经捕役在刘亚康家起出当票，赃经何参猷亲认，幕友等俱谓可信为真盗矣。予独疑当票一薄纸耳，捕役围拿刘亚康事在黑夜，其时当票放在何处，捕等何以知其为赃物而起之？乃于小押铺借蓝布旧棉袍四五件，将差所获刘亚康之赃袍作一密记，参入其中，再令何参猷认之。何参猷指认屡误，予乃提差隔别熬讯，诘以当票在何处起获。则捕等所言人人殊。予复讯之，始究出当票并非在刘亚康家起出，乃土棍王亚厚交与捕役者，即刘亚康亦王亚厚引差指拿者，旋勒捕等缉获王亚厚严讯。则王亚厚乃三合会匪之魁，曩曾邀约刘亚康入会，亚康不允。亚厚挟嫌，故栽赃诬之。蓝布旧袍，系王亚厚己物，亚厚盖本案真盗也。令王亚厚交出真赃，王亚厚又交出当票一纸，系白布大衫。予仍向小押铺借白布大衫数件，令何参猷辨认，何参猷一认即得，乃知王亚厚之为本案真盗无疑义。予复诘何参猷，前此何以误认蓝布袍，则捕役李标嘱为妄认者。李标身充捕役，承票行缉，乃敢听受匪嘱，诬谄良善，几至失入，法难宽贷，乃提案用重枷枷示。满日杖责发落时，传集各班差役，令其环跪堂下看视行刑，乃宣示李标之罪，毙之杖下。何参猷听嘱妄认赃物，几入人罪，本应律拟，念系失主，且到案即据实供明，情同自首。而刘亚康亦尚未被累，情尚可宽，免其查议，仅令在上谕亭阶下跪香三炷，仍带案与刘亚康陪礼服罪。

——（清）刘衡《蜀僚问答》，《官箴书集成》第六册，黄山书社1998年版。

853.（清）乾隆三十六年三月初二日，布政使吴虎炳、按察使王太岳详为恳恩恤商事。乾隆三十六年二月十一日，奉宪台批，据澧州典商叶仁和、黄震新等词称，商籍江南，在澧州开典，屡奉差票提起贼赃，未蒙追给当本。况有奸胥每乘窃贼犯案，潜持自己当票，嘱盗冒供，混行起赃，希吞当本……奉此该本司等遵查，获贼务先起赃，获赃必经主认，赃贼既确即将原赃给主宁家，此历来办理之章程也。律载知强窃盗赃而故买者，论所买物坐赃论。又例载诸色人典当、收买盗贼赃物，不知情者勿论，止追原赃，其价于犯人名下追缴给主各等语。是典当物止有知情不知情之分，并无给主不给主之别。定例之初，非不知窃盗名下当本难追，竟将典商亏累置而不议。惟因盗贼所至地方，人人得相觉察，而追赃理须给主，别无可以变通……试思典商终岁获利，而起赃事属偶然，□□□虑，何至遽亏商本？至于事主，则除追给赃物之外，无可取偿，若既被窃，又令赎赃，徒多奔走传唤之劳，终受重出物价之累，揆之政体人情，均未允协。况窃案外结者尤多，若如该商等所请，将来各典铺恃有原本可归，遇有减价求当之物，更复何所顾虑？势必使典铺为售赃之渊薮，流弊更复无穷。至向来各属获贼起赃，皆由研讯明确，事主各有报案，官司给有信牌，其赃数较多者，更有委员限同查起，岂能从中影射？据称嘱盗冒供等语，更属捏词耸听，应将该典商所禀窃盗案件起赃，照依江南省分内结、外结之处，无庸议。俟奉批允之日，即通饬澧州暨各州县，仍遵旧行定例，画一办理，毋庸轻议纷更，转致滋弊。缘奉批议是否有当，理合会详呈请本部堂查核批示遵行等因。乾隆三十六年三月初五日，奉督部堂吴批：地方官遇盗窃案内，查提典赃过后，不实力查追当本给领，事亦有之。至胥役等每乘窃贼犯案，潜持自己当票，嘱盗冒供，混行起赃，图吞当本，亦难保其必无。仰即通饬各州县，嗣后盗窃案内，应提典赃务用印票查提，毋任吏役舞弊影射，并即于该犯名下严行着追当本给领，余如议行，仍候督部堂批示缴。

——《湖南省例成案》卷三十三《户律钱债·典商当贼盗赃物差票提起贼赃追还当本》，《中国古代地方法律文献》丙编第3册，社会科学文献出版社2012年版。

854.（清）嘉庆八年，又谕：巡城御史和静等奏：现在街市有买卖零星之小押铺，牟取重利，凡偷窃物件，俱赴典质，请旨饬禁等语，所奏尚是。此等小押铺，不过希图谋利，而鼠窃匪徒，往往借以销赃。并闻各街市于天尚未明，即摆摊售卖，最易藏奸。而售主亦贪图便宜，即明知实是贼赃，亦不查询来历，殊非日中为市之义。此时若将小铺概行查禁，在生理微薄者，或不免生业无依。然不示以例禁，则奸宄公然售卖赃物，尚复何所顾忌？嗣后着步军统领衙门及五城出示晓谕，不得仍前开设小押，其在街市摆摊者，总于日出后方准售卖。倘其中有来历不明之物，于犯案后查出，即将知情买卖之人，按律治罪，以清市肆而靖闾阎。

——光绪《大清会典事例》卷一千一百六十一《步军统领·职制禁令二》，《续修四库全书》第0814册，上海古籍出版社2002年版。

855.（清）再查闽省更有一种名曰“私当”，三月为限，加一起息，闾阎受其剥削。兼收当贼赃，深为民害，并请饬令该地方官实力稽查，严加访拿详究，毋任胥役包揽徇庇。俾当户无影射小典之弊，贫民受利济缓急之便矣。是否理合核议详覆，伏候宪台察夺批示，以便通饬遵照等由。

奉批：如详通饬遵照。至既称另有一种私当，三月为限，加一起利，闾阎受其剥削，兼收贼赃，殊干功令，仰饬各该县实力访查，严行示禁革除。倘有胥役包揽徇庇，阳奉阴违，立即严拿详究，毋得玩纵，致干未便。缴。奉此。

——《福建省例·当税例·当铺大小行息限期》，《台湾文献丛刊》第199种，台湾银行经济研究室印行。

856.（清）奉批：如详通饬遵照。至闽省向有一种私当，三月限满，加一起利，闾阎受其剥削，兼之窝当贼赃，殊干功令，业经前院饬禁。恐有阳奉阴违，该司应即饬令各该府县实力访查，严行示禁革除。倘有胥役包揽徇庇，立即严拿详究，毋任玩纵。仍候署督部院批示。缴。又奉署总督部堂三批：如详通饬遵照，仍候抚部院批示，缴，奉此。

——《福建省例·当税例·开张典当分别本银行息限期》，《台湾文献丛刊》第199种，台湾银行经济研究室印行。

857.（清）若诸色人典当、收买盗贼赃物，不知情者勿论，止追原赃，其价于犯人名下追征给主。谨案此条系原例。

——光绪《大清会典事例》卷七百八十三《刑部，刑律贼盗强盗一》，《续修四库全书》第0809册，第589页，上海古籍出版社2002年版。

858.（清）提讯沈可后：沈可后屡次行窃，殊属不法，着笞责管押。所供赃物或变卖或质押，着坊捕吕先等分别起赃，交还原主具领毋误。至买表之董架子，立饬签追，毋使原赃或失，是为至要。陈公锡曾代沈可后质押衣服，虽未伙同行窃，亦属不合，并着笞责示儆。

——（清）钟体志《柴桑佣录》卷一，《明清法制史料辑刊》第一辑第34册，国家图书馆出版社2008年版。

859.（清光绪三年九月十八日）厦门来信云，美领事与道宪日来小有不合，因美国某甲失物，在后查知被贼当在典铺内，告发请追。美领事请道宪饬差吊赃，交还失主，道宪谓照中国律例，苟当家不知其为贼赃而收货，须仍照当本赎还，未可任意追提。美领事遂以为不合条约，且恐日后愈长偷风，因又请道宪先将贼赃吊交失主，俟禀明北京官员应否给还当本再行定夺，而道宪仍未之允也。本馆以为道宪之言颇合理，盖按照和约，中国人案件照中例办，外国人案件照外例办。典当为中人所开，自应照中例也，况即照外国例，当家收贼赃而苟出于无心，亦不能空手提物也。

——《申报》1688号《闽省消息》。

860.（清光绪八年二月廿二日）宁波城西卖面桥一带窃匪充斥，前月丰惠庙神袍等件被贼窃去，旋经里绅徐志芬等着人访查，查得赃物皆在鄞江桥裕庆当。因念此起赃物不应受当，明系通贼销赃，赴府告发。兹将宗太守指示照录如下：批云据禀卖面桥一带窃匪充斥，丰惠庙神袍等件并庙祝衣物被窃等情……该典既已受过贼赃多起，理应将来当人留住，唤到地保，交与盘问送官。乃竟庞然不问，坦然受当，无怪该绅等啧有烦言。鄞江桥路通里山，为匪徒出没之地，凡有窃盗赃物皆在该典典当……仰鄞县一面严比捕役，缉拿赃匪务获；一面差传裕庆典管事人及经手受当人到案，示以已起有字神袍各物，是否应当有无知情？此外该绅等原单所开锡五事等件，是否受当问明察办，并传同郑三伙证明衣物等件，并饬典缴案给领。即使不知窃情而此起赃物，当本亦只能照例，俟获到犯人再行追给。所有该县与郑三伙已给之洋一并追回，并饬具保：此后凡寻常衣物之外，如有显然不应典当之物，责成该典将来当之人与原物暗为诓留，立时唤到地保，交给盘问送官。果如人赃同获，将该典经手人酌量给赏，并由官给发花红。其未经留心受当之赃，无论是否寻常衣物，但系报官有案确为盗贼赃者，皆照定例追赃给主，俟获到犯人再追原价给还，于结内明晰声叙。此结着在保一同划押，照样两分，一分存县，一分送府，庶于持平之中寓杜匪之意，切切。至该绅等因村中窃案较多，或设立栅门，或添雇更夫，或择要隘各家轮派巡丁，有事鸣锣齐出追捕，此皆守望相助应办之事。若曰团练，则名过其实矣，此二字未可轻用也。

——《申报》3208号《起获贼物》。

861.（清光绪十四年十月廿五日）前纪厦门有难民滋扰一节，当时即疑该难民等必非善类，虽经地方文武各官立即签派兵役驱逐出境，而难民中之为首者仍住厦门客栈中。月前草仔按，某当铺忽有人以元宝四只向质洋十元，另附绸缎衣服十数件。当伙询其既有现银，何必典押？其人云系过路之客，住在栈房，不便安放重物，不如寄存典当为妥也。卖圭巷某典铺亦有人以洋九十五元，向质洋两元。崎头宫某当铺亦有人以金银首饰值银数百两者，当洋数元而去。在各当伙皆以为以重当轻，并不介意。未经半月，即有寓卅六崎某客栈之似官非官似幕非幕之刘姓者，偕该栈伙向各典铺挂失票。各典以为有栈伙地保作保，任其挂失取赎而去。去后不数日，即有过水乡间之人执票，向三处取赎物件。当伙询以所典何物，并告以此票已有人挂失取去。该乡人即云，日前有逃难之人男妇数十名，先向社内有钱之家告借盘费。迨后乡社每多盗贼，此票乃夜间在某乡拾得者。因该乡某姓被盗抢劫，四邻闻声出拿，盗党逃逸。匆忙时将票遗失。当伙告以票系某栈房担保挂失，可向该栈根问挂失之人。乡人即至该栈询问，而其人早已不知何往矣。

——《申报》5609号《假充难民》。

862.（清光绪十六年九月十二日）包探陈阿九称，据零剪店伙朱公祥报，被王定生同梁文英买新衣，计价洋十余元，嘱送到聚丰员付价，中路脱逃等因，当获梁文英及王定生之兄王阿宝，今特送案。新衣被当已经吊到，朱公祥申诉前情，并称此系被骗，务求究追。梁文英供，路遇王定生，邀我同去看伊买衣，不知其有狂骗情事。王阿宝供，如何骗衣我不知情，惟知我弟同梁文英到朱公祥处买衣后典质洋八元，如今容代弟备本归还当铺。当铺伙请追当本，朱明府饬王阿宝交当本洋八元开释，衣交朱公祥领去。梁文英交保。

——《申报》6292号《英界公堂琐案》。

863.（清光绪十九年腊月十五日）王供称十一月初九日晚间，向永新窃得棕色棉绸一匹、府绸一匹、白绉纱半匹、白绫绸二匹，十九日向日升染坊窃得大钱三千三百文。所窃之绸均押于恒德典当中，计洋一元四角。二尹得供，判笞三百五十板，驱逐出境。一面照会法公堂吊赃，给还失主，并偿该典当本。至该犯窃得之钱，业已用罄，无从追究矣。

——《申报》7456号《沪南巷语》。

864.（清光绪二十三年十一月廿七日）本埠城厢内外以及英法美各租界等处，拐骗之事常有所闻，而拐骗之巧愈出愈奇，几令人防不胜防。且在衙署重地，胆敢串骗，更属骇人听闻。前日午后，有一年约三四十岁左右向为成衣之浦东人金裕堂者，突至小东门内仁泰衣庄，口称姓王，现在上海县黄大老爷处充当长随。今日内署命购细毛皮衣。店伙信以为真，将衣取出，听其拣选择定。狐皮绸缎衣服共六件，计洋一百八十元，嘱令持衣同往取洋。店中允之，当派店伙学徒二人负货同去，直入县署到三堂相近。忽有一人责其往购衣服，因何如许之久？内署等候已久，速将衣服取来，待挑选后给洋。言毕将衣取去，金复令伙等候在此。不料伙徒二人守候多时未见动静，逢人询问始知受骗，不禁放声痛哭。事为县主黄大令得悉，以衙署重地胆敢骗物，此风断不可长，立命值差捕役协同该伙出外踩缉务获究办。不知金早与同党某甲串通，得赃后从横弄逃逸，将原赃如数当在西门外新开之德生典当。次日黎明时仁泰尚未开门，金遣人将当票附入信壳塞于门隙之中，店伙启门将票拾起阅看，不觉大骇，急赴德生查看，果系原物。询问当衣者如何形状，当中详细述明，昨日午后店伙在邑庙大街与金相遇，立即扭入巡防东局。局员陈二尹命送归县署讯办，到县后奉黄大令谕饬小心收管候讯。

——《申报》8866号《拿获骗子》。

865.（清）光绪丙申，张文襄公之洞督鄂。某日，汉口石码头之泰兴典忽报仁义司巡检来访。坐既定，遽曰："贵典质有貂褂否?"伙曰："未也。""然则巨珠五颗，必有人来质之。"曰："亦未也。"曰："果乎?"曰："斯炯炯者，容能不系于心，而作泛常小件视之乎？典业约法，物质百千以上者，必集同仁约之。斯二者，皆非质百千物，安得不知?"巡检曰："予不能信。以贵典近十月质簿假予一阅。"簿至，倩其随来者阅之，曰："无也……"（原来乃张之洞九姨太卧室籍被盗，醇亲王所赠之貂裘被偷。不久，文襄约一柬，道貂裘由醇得之山东。公以之赈山东饥，旁置匕首。文襄惧，寝其事。）

——徐珂《清稗类钞》第六册《义侠类·侠盗取貂褂赈饥》，中华书局1984年版。

866.（清，山东）兹嘱向宝和当探询贼当，原有当票七张，是月初八日本县验团经平，差地保执票起赃。伊典视当票官未朱标，诚恐难倚。且旧章经典中亲解送堂资本付清，克巧官未回城，现无办竣。

所叙误当赃衣一节，由费县关文起赃，赐示关照，方见同乡之谊，感情铭感五中矣。近来东省此等案件甚多，敝典亦摊有七号。费县堂公命差役执谕单来典起赃，敝典着典役押送。候至年终，虽经讯数堂，尚未结案，号亦不得而归。堂公初莅，本属良心，易受差役之朦蔽，至今本属尚无定准一案。再加之临封，更为束手，愈扳愈扯，愈扯愈紊，刻今亦不知其所为。然现今承应敝典，血本不能少之，其亦不能确使何人给主，将来就不知作何结局耳。宝典之件，与敝典事同情异，阁下才德兼备，必有高见酌夺之处。所云贵处县尊堂谕，将赃物必得解上司处结案等语，如斯者岂不更费一层周折矣？弟樗栎之才，虽在东省有年，照此邻封起赃之件，似觉少见，揆之于情，当地官长但得庇护一二，亦必不至于掣肘难行。尚得阁下再复禀请，婉转求之，或可如式办结。蒙阁下情关桑梓照拂，故敢直陈。

至贼赃一节，彼时敝典之件，亦未见局。惟是宝典与敝典之件，情同俱受挂诬，但当铺一业，误当赃衣乃为常事，总赖本属县尊保护，则我商即可万安。果系真赃，为失主认清，亦有一定断结。惟今之官，受差役朦蔽，以一面之词，指票起赃，使商家诬受其累。敝典七号于月之初，原物领回归号，幸未短少。彼时小价询问衙内，得悉宝典之件，未解上宪，原物仍存费县库上。想是物案不符，预报台知，至时酌夺，应如何办理之处，预为得计。但隔县又得多费一层周折，专此布达，

兹着小价自带文书并持原当票六张，赴贵县请领。但小价到彼生疏，尚冀指示一切，尤深佩戴。忆维贵县堂公，具一视同仁之怀，无分畛域，固应一例发还，不致使敝典向隅也。

奉委之余，廿五日尊纪持文进城投递，命以小价与之偕往。敝典每事有杂科之经承王姓者，其可人也，为是蒙其进言，始得如式办出。门□以及里面师爷等全赖其力，于今之初二日照数领回。

——刘建民先生藏《光绪山东商人信》。

867.（清）登州府宁海州文登县为恩准立碑剔弊苏商万年流布事。康熙三十年九月，蒙本府正堂方信牌，本年九月初五日，蒙按察使司宪牌，据当商杨明辉等呈称：当铺之设，上输国税，下便民生，遵例三分，毫不妄为。弊累贼赃贻害，因当赎人多，莫辨贤愚，误当贼赃，亦非故意。及至贼盗被获，起取赃物，失主当堂验明确实，仍将赃物付本商领回，以俟失主持本取赎，并不取利……蒙此合行通饬严禁，仰该县官吏照牌事理，即便遵照勒石严禁。嗣后起取盗赃，许失主验明确实，仍将原赃付还当商，失主持本取赎。捕役人等不得借赃为名不给还原本，当商亦不得借端勒索利息。敢有仍前起取赃物，不令失主当堂验明，不与原本；及当过己物起取，借名入库，以图抵换；假冒失主指赃起取，或为己用，或为分肥者，许本商指名呈告，以凭拿究，仍具遵依。一一本送府辄报勿违等因牌行到县，蒙此拟合勒碑严禁，嗣后起取赃物，遵照宪牌事理，永远遵行，至碑者。

——《文登县志》卷三下《知县徐方来康熙三十年碑文》，《中国地方志集成·山东府县志辑54》，凤凰出版社2004年版。

868.（清末）具禀裕生当铺管事人△△抱告△△为开当应当，据理直陈，恳恩鉴原，以杜牵害事。窃职铺东于光绪六年，遵奉大宪招商便民，投县请示，在龙坪镇开设裕生当铺，安分营生，历今十有余年，凡属公家要务，地方善举，靡不轻财重义，踊跃输将。去年十二月三十日，有布客运布过境，来铺当钱，铺伙闻称有布一百七十余捆，即问其何姓，曰姓叶，问布从何来，曰从上路而路来，身系布行股东，布系自办自运，遂允其借筹计数，自行雇十人挑布前来，照货估值，典当钱一千三百余串。

今年正月，经舒姓来铺查询，铺伙告明前情，即引入架房看货，据云身系行主，叶系行伙，布系客货，并嘱切勿放赎，职铺至此日，始知该货缘由。迨二月十二日，复经舒姓持原当票，备当本利，收布赎回，曾奉巡司查询一次，职以各情据实声发。兹于五月初八日，忽奉朱系勒传，内有该当并不查明来历，实属包揽贼藏，当钱一千

三百余串之多，更为不合等语。且读且抄，殊深诧异，伏思开设当铺者，当则认货不认人，取则认票不认人，不拘货数多寡，皆要估货当钱，只有应当便民之本分，并无遇货查贼之经承。诚以持当之人，品类不齐，良莠难别，或土著或客民，百户千家，纷来踏至，非但访不及访，查不胜查，即或查着真贼，岂肯吐露真情？抑或查着良民，必以诬良为贼，酿成祸端。

所以当票内载有来历不明，与本当铺无涉字样，此古今不易之至理，亦典业通行之定章。况该行开在彭泽县，距龙坪数百里之遥，该叶、舒两人，与职铺无一面之交，舒姓亦未将此宗布事，预先关知。去年腊月，铺伙原非神仙，何能有前知远见之明。且失窃物件，当入典铺，虽衙门公馆，亦常有其事，皆由失主备本利取赎，绝不与典家争执。本年春间，有现任大员，署内被窃，其贼赃当在沿江各典，拿获后，亦遣人持票备本，向各典取赎，并不责其不查明来历，该叶犯乃敢恳祈，勒传典商质讯，希图牵害无辜，为渔利张本，实属胆大妄为，情、理、法三字，一齐扫地，不独职铺枉受包揽贼赃污名，誓不甘休，诚恐裕税便民之典当，皆无人敢开，于地方实有关碍，迫不得已，伏叩。

宪老父台，详察典业定章，府赐鉴原，贫民幸甚，地方幸甚，戴德上禀。

——安徽师范大学图书馆藏《典业杂志》。

869.（清光绪十四年十月廿一日）妓女王珊林在桃源趣书场失去银水烟袋、银荳蔻匣，佣妇王阿宝指被周红玉之大姐华阿大行窃。及拘华带至城内旧教场晋泰典当对质，典当伙言非华来质，各情已列前报。昨由包探顾阿六缉获浦鑫和，搜出银水烟袋当票，计当钱十一千三百五十文，解送到案。包探陈阿九申诉前情，并称浦鑫和前曾为妓院工人，现无生意，赃在城内，请为备文吊赃。王阿宝亦到案请为吊赃，书场伙刘阿泉投案候示，浦鑫和认窃求恩。太守谓王阿宝：前经指定华阿大行窃，今已获到真贼真赃，则王阿宝诬良为窃之咎有所难辞。刘阿泉附和，指华行窃亦属不合，姑从宽不予深究。浦鑫和发捕房管押二月，当票存候备文至上海县，请为吊赃核断。

——《申报》5605 号《真赃已获》。

870.（清光绪十六年三月廿二日）积窃杨和尚即金生，因窃沪南朱周氏之皮衣七件，被包探在三茅阁桥遇见拘押，葛同转着将皮衣七件交朱周氏领去，将杨身畔搜出之押票数纸，饬捕吊赃再核，已列前报。昨据包探王荣培等禀，今将杨和尚之押票吊齐，内有小呢马褂、布夹袄、细束腰带、皮马褂、水烟袋、破衣等物。失主火腿店主晏福太等，现已来案具领赃物。同转命将杨和尚逮案，诘曰：尔质衣之钱何在？杨供均被人拆梢取去。恒泰、源泰两押店伙投案，请追押本洋二元、钱二千三百六十文。同转谓晏曰：衣物今已查到，须偿押本，以四折核算，给还钱一千七百二十文，方可领衣。晏即去，少顷将钱交案，将失物具领而去。复据银匠店伙沈瑞茂投案，禀追被杨抢去银镯三副。同转问杨曰：尔所抢之镯藏在何处？杨供银镯三副押在毛家弄之典当内，计洋十五元，当票在王家码头茶馆内卖与乡人，计票价洋一元。其镯谅被乡人取赎。同转问沉瑞茂曰：杨何日至尔处抢物？答闰二月初三日来买镯，给看被抢，务请追究。同转曰：毛家弄离尔处不远，尔自行向该当查明实情，禀覆再核。沉唯唯而去。复问杨曰：尔共偷过物件几次？答称共有三次。嗣后不敢再犯。同转复问曰：尔家住何处，家内有人否？答称小的世居浦东洋泾镇，家中尚有老母。同转着将杨押，候明日解至公堂，再行核判。

——《申报》6124 号《法捕房琐事》。

871.（清光绪十七年七月廿八日）前报登杨子洪一案共获十二人，由南营西珠市讯解，交提者审讯。兹悉十二人中有一邢姓，系宣武门大街富丰当铺掌柜。初杨子洪假冒武职，骗赊大栅栏聚古、积古两铺玉器玩物，携往琉璃厂宝珍文玩铺内，押银百余两，与保安寺和尚分用。旋由曾都戎拨派弁兵，带领杨子洪前往，将玉器玩物悉数起出。至所骗西河沿天成皮货店内皮货，由杨携往富丰当铺当银百余两独自花用，亦经曾都戎派弁□往起赃。掌柜邢某答以骗赊货物非贼赃可比，理宜将本利银两付足，然后赎取，且典当时亦有铺家担保云云。弁等归禀曾都戎，持禀大金吾三堂宪谕饬，将邢某带案，与杨子洪等一并解交，提署审讯。现闻邢某已得交保出外，所当皮货业已如数交出矣。

——《申报》6596 号《螭坳珥笔》。

872.（清光绪十八年八月廿九日）积窃刘玉山经法包探拘获吊赃，昨又转解公堂。□有当质铺并小押店二十五家投案，请追押本。旋有华锦记林裕隆等家到案请领赃物，并称有钞票洋六十元务求追究。同转谓：现由某花烟馆缴该窃存洋三十元，并吊到衣服数十件，一并给领。所有在窃贼身畔搜出之现洋七元，当给各押当照数分派。旋据恒德典当伙禀称，典当非质押可比，当本须请追还。同转谓租界中押当大小一律，不必多渎。又谓林裕隆伙罗研卿曰：尔诬控陈大生洋货店行窃物件，并拖累木匠诸多轇轕，本应究问，姑念失窃情真，着领物退去。该木匠与陈大生此后如有口角，仍惟尔是问。罗唯唯而退。

——《申报》7003 号《法界公堂琐案》。

873.（清光绪二十五年腊月十七日）南市新马路工程局五号巡捕李炳文，偕法界德春栈主李观观，向殷全林藉端讹诈骗取衣箱二口，至公泰典当质钱分用。报捕后吊到原赃，解经谳员朱森庭明府讯供，谕令押候补提人证再核。昨日当期明府会同何翻译升座，包探将李观观并在押之李炳文解案请讯。殷投案申诉前情，李观观供衣箱二口，由殷寄存小的栈内。明府谓前堂已讯明，何再狡辩？着押候枷号十日游街示众，期满各责五百板，衣箱二口给失主，领回当本洋银十三元二角。将李炳文身畔搜出之对时表及洋银备抵。

——《申报》9614 号《法租界公堂琐案》。

874.（民国初年）上海典业凡有盗窃之赃，被巡捕房吊去解至公堂，当业给半本，质押无当本领回。有包探伙自当之衣物，与窃贼串通，承认是赃，先至捕房报告，登于门簿，然后来吊，亦无当本。

——余鲁卿《经历志略·交际三》，转引自王裕明《明清徽州典商研究》附录，人民出版社 2012 年版。

875.（清光绪二十三年二月廿一日）典当之设所以便民也，然非殷实富户不能开设，资本之大有数万以至十余万者……近来各处当中往往当有窃盗之物，至破案吊赃，物归失主，当本无着。说者谓窃贼无窝顿之处，断不能为窃，所以办贼必连办窝家。当中漫无觉察，当下贼赃致贼有销赃之处，以致无赃之可查，遂致无贼之可缉。幸而破案□赃可吊，不罚亦云幸矣，又何当本之可还耶？为是言者未免远于事情，而不通世故矣。当铺原为便民起见，但能估量物之真伪，岂能辨白人之正邪？如谓连城之璧非匹夫所当怀，假使窃贼衣履楚楚，遂可深信不疑乎？若蓝缕之人手持金饰即疑为窃，讵知为仆隶之辈主人所使，如必待辨明而后当下，但往返曲折，典中人亦无此闲暇，而当物者亦岂受窃贼之名？必至口角争论，从此多事，欲便民而反大不便于民，窃见其有不可也。

本报于十六日纪体恤当商一则，可见大宪俯顺商情无微不至。据云各当商禀请南洋大臣、两江督宪刘岘帅，大略谓上海为通商繁市，窃案甚多，破获之后，动辄吊赃，以致当本无着，未免向隅。蒙岘帅札饬租界委员，嗣后遇有吊赃，除质押铺外，例应给还当本，着即一体遵照云云。说者谓质押与当同为便民之事，何以显为区别？吊赃在当归还当本，吊赃在质押即不归还原本，岂当中之资本不能吃亏，而质押之资本不妨吃亏乎？未免不无偏倚欤？曰是不然。上之视当与质押不能一例者，以当之捐有部帖也，向来本无所谓质，别处亦无所谓质，惟上海质与当几参半，且资本与当相埒，所差者未捐部帖、不存公款、开销较当为稍省耳。即未捐帖、不存公欵，在上者即欲一例视之，亦势有所不能也。凡事有利必有弊，同此资本同此排场，而开销较省，质自比当为便宜，而提赃之事则较为吃亏。然提赃非常有之事，即有所提款未必巨，故人宁为质之吃亏，而不欲得当之便宜也。至于押则取利较重，赎期较近，更不能与质当同年而语，宜乎不能一例视之也。然虽不能一例视之，而质与押不无向隅，究之当多于质押，岘帅此札不可不谓之俯顺商情矣。至于弭盗，则究不在此。使无当与质押，而谓盗贼竟无销赃之处，而天下遂无盗贼乎？是又不能执而论之也。

——《申报》8594 号《论本报纪体恤当商事》。

876.（清光绪三十一年十一月廿二日）鄞西集士港裕升典当，某日有窃贼窃得该处新庙内搁几什物多件，质押该典。庙下乡民往该典询查，典伙初则答以此物并无来当者。乡民遂派人在典屋前后守看一日夜之久，未见来质。至次日再向该典询查，始答以此物业已质当若干洋。乡人乃大愤，聚集十庙千余人，将新庙神像舁至该典，群相哗噪，纷扰异常。该典恐酿巨祸，急赴县署禀报，当由高大令带领兵差前往弹压。甫至半途，该典已着人前来禀称，已调停寝事矣。大令遂折回衙署（恭）。

——《申报》11737号《乡民与典当滋事宁波》。

877.（清光绪三十三年五月初二日）泳康烟纸店盗劫破案后，由探在新闸爱文义路同德典当内，吊出赃衣洋灰鼠皮褂一件，捕房以同德收质盗赃，并不报明捕房，故传典主邵念祖至廨讯判，罚洋三百元。嗣经典当同业以捕房定章，发给失单并未注明特别记识，不能承认。且洋鼠皮褂系普通之衣，泳康失单尚有金钏一双，兹所当者系包金银镯，亦自不符，爰议仍延担文律师函致工部局，请饬知捕房，以后赃单须详载明白，方可令典伙留意。昨日已投廨，请关太守照会领事，俾得遵守而维商业。

——《申报》12263号《当商筹议对付吊赃办法》。

878.（清光绪三十三年五月初二日）禀为吊赃□累，环恳维持事。窃自上年冬间起，由捕房逐日将窃盗赃单分发各典质，单中所开尽系浑赃，如首饰并不开明牌号花式分两，衣服不开明尺寸及绸缎花纹襟袖镶条之类，商等以无可辨认，曾托担文律师函致捕房，声明不能承认代查等情。乃捕房直至于今，仍逐日将赃单发下，统计发下赃单，每家已积有一百六七十张，每张约有赃百余件数十件不等。无论其尽系浑赃无可辨认，即使将花式注明，而赃物积至万余件之多，历时又至数月之久，典质柜伙断不能逐件记忆，实有慎不胜慎之苦。

乃于本月十四日公堂案内，因同德典误当盗赃，竟致罚洋三百元之巨……再日报载同德因不服包探查赃以致被罚……今泳康一案即以为案情最重，其所失衣饰未经查出者尚多，花式均未载明，难保各家无误行收当者，应请传知泳康，将首饰之花样、牌号、分两衣服之尺寸、花纹、镶法详细再开一单，发给各典质。商等当将二三月间收当各物，与单上详细核适，如有适相符合者尽行提出，求派包探同泳康事主至各家一认，以免日后吊出赃物再行受累。商等因吊赃扰累不安生业，万不得已始为此请，除托担文律师函致捕房外，理合公同叩求公祖大人俯赐恩准，立即照会领事饬知捕房遵照，以后寻常案件不必再发赃单，若遇重大案件必令事主将赃物详细开明花式，俾可留意以免后累而安商业，不胜迫切待命之至（南）。

——《申报》12263号《租界典质众商禀公廨文》。

879.（清光绪三十三年六月廿六日）鄞县莫枝堰镇恒泰典当，前被盗匪抢劫后，即由典主禀准该县，以对折赔偿质物在案。兹悉该典于日昨开赔质物，由高子勋大令带领差勇亲往弹压，讵各乡民咸不允从，向该典纷纷滋闹。大令饬差开导，乡民即与大令为难，一时人众势凶，几酿巨祸，幸经该处各宗长阻止，众始解散。昨大令已将为首闹事数人严枷笞责，一面谕令该典速将各货赔偿免滋后患（第）。

——《申报》12317号《乡民不愿半偿质物》。

880.（清宣统三年二月廿八日）英界张某家日前失窃古花瓶及白玉挂屏等件，曾报捕房，将失单发给各典当，随时留意在案。讵恒德当及乾丰押店两家，竟将该赃贱价押下，事为英捕房查知，将窃贼张东三带往，协同法探至该两店吊出原赃，传同典伙韩伯言、吴仲侯二人一并解至法廨讯办。饵司马讯得该赃抵押一元，实属有意违章，未便姑容，判各罚洋十元以儆，当本充公。张东三仍由英探带回讯办。

——《申报》13695号《法租界·有心收赃》。

881.（民国初年）捕房有盗窃之吊赃，三十年前，珠宝店受掮客之亏累，运动捕房吊赃。仁大典有三百余元之当本珠子，而他典有当本珠子一万余元。中外包探来吊赃，我向彼等云：此非盗窃，乃生意往来，不能作赃，不许吊去，并通知源来等典，亦不许吊，以此挟恨于我。后捕房来商，唯须各典将掮客所当之珠子带至捕房查对，一看即行带回，我即允之。次日邀同典业受当者，并请道署翻译曹润夫君同往，看后携回。唯当时交代，如有人来赎，须留住通知捕房。而仁大珠子有数票，不料柜友及饰房不慎，被赎去两票。捕房以仁大违不通知，请公堂议罚。一面带同包探巡捕，到仁大吊销执照，勒令闭门派巡捕看守……质问之下，以捕头无擅自关商店之门之权，当时认错。

——余鲁卿《经历志略·交际七》，转引自王裕明《明清徽州典商研究》附录，人民出版社2012年版。

882.（明）这富家姓张名富，家住东京开封府，积祖开质库，有名唤作张员外。这员外有件毛病，要去那虱子背上抽筋，鹭鸶腿上割股，古佛脸上剥金，黑豆皮上刮漆，痰唾留着点灯，捋松将来炒菜……（后来宋四公为栽赃陷害张员外，乃偷了钱大王玉带，却叫一个同伙侯兴去当与张员外的质库，扮作内官模样，并对同伙说：）把这条带去禁魂张员外解库里去解钱。这带是无价之宝，只要解他三百贯，却对他说：三日便来取赎，若不赎时，再加绝二百贯。你且放在铺内，慢些子藏则个。候兴依计去了。张员外是个贪财之人，见了这带，有些利息，不问来由，当去三百贯足钱。（宋后来又令人在钱大王处出首，害得张富陪财丧命）。

——（明）冯梦龙《喻世明言》第三十六卷《宋四公大闹禁魂张》，人民文学出版社1958年版。

883.（明嘉靖年间，神偷懒龙）又一日，与二三少年同立在（苏州）北潼子门酒家。河下船中有个福建公子，令从人将衣被在船头晒曝……内中有一条被乃西洋异锦，更为奇特……懒龙说罢，先到混堂把身子洗得洁净，再来到船边看相动静。守到更点二声，公子与众客尽带酣意，潦倒模糊……懒龙也作闽音说睡话，趁着挨挤杂闹中，扯了那条异锦被，卷作一束，就作睡起要泻溺的声音，公然拽开舱门，走出泻溺，径跳上岸去了，船中诸人一些不觉……（公子）只得许下赏钱一千，招人追寻踪迹……（懒龙乃带其管家直往当里取之）到徽州当内，认着锦被，正是原物。亲随便问道："这是我船上东西，为何在此?"当内道："早间一人，拿此被来当，我们看见此锦不是这里出的，有些疑心，不肯当钱与他。那个人道：你每若放不下时，我去寻个熟人来保着，秤银子去就是。我们说：这个使得。那人一去，竟不来了。我元道必是来历不明的，既是尊舟之物，拿去便了。等那个来取时，小当还要捉住了他，送到船上来。”众人将了锦被，去还了公子……（公子）就将出千钱送与懒龙等一伙报事的人。众人收受，俱到酒店里破除了。元来当里去的人，也是懒龙央出来，把锦被卸脱在那里，好来请赏的。

——（明）凌濛初《二刻拍案惊奇》卷三十九《神偷寄兴一枝梅，侠盗惯行三昧戏》，人民文学出版社 1996 年版。

第七章　中国历代典当业的利率及利息制度

884.（唐）凡质举之利，收子不得逾五分。出息债过其倍，若回利克本，官不理。

——（唐）李林甫《唐六典》卷六《比部郎中》，《四库全书》第595册，（台北）商务印书馆1983年版。

885.（唐）崔基正月十九日借钱一百文，六月七日入本四十文，利九文；王爽正月廿八日借钱四十文，四月十日入本十五文，利二文。

——《唐代质库帐历》第六段，帐历录文见《吐鲁番出土文书》第五册阿斯塔那二〇六号墓文书。

886.（北宋元丰五年十一月壬辰）新知湖州闾邱孝直言：伏见在京置四抵当所，许以金帛质当见钱，月息一分，欲望推行于诸路州县。其无市易官处，就委场务官兼监，以岁终得息多寡为赏格。

——（宋）李焘《续资治通鉴长编》卷三三一，中华书局1992年版。

887.（北宋）元丰二年二月十九日，诏应置市易务处赊请钱，并依在京市易法，听以金银物帛质当，收息勿过一分二厘。

——（清）徐松《宋会要辑稿·食货》三七之二七，中华书局1957年版。

888.（北宋绍圣三年）二月十日，提举梓州路常平等事王雍言：元丰令，孤幼财产官为检校，使亲戚抚养之，季给所需。赀蓄不满五百万者，召人户供质当举钱，岁取息二分为抚养费。

——（清）徐松《宋会要辑稿》食货六一之六二，中华书局1957年版。

889.（南宋）自庚子年三月为始，节次共领过本钱一千一百贯，每岁收息一分柒厘半。湖湘乡例，成贯三分，成百四分，极少亦不下二分。今所收仅一分七厘半，则饶润亦不为不多，又不可谓之为富不仁矣。今罗居汰既以仆而背主，其情实不可容。且以时暑，从轻勘杖一百，限半月将典本还主家。未尽息，免监，出外居住。

——（宋）《名公书判清明集》第九卷《户婚门·库本·背主赖库本钱》，中华书局1987年版。

890.（南宋）越月，起为江东转运判官。岁大饥，人相食，留守别之杰讳不诘，鹿卿命掩捕食人者，尸诸市。又奏援真德秀为漕时拨钱以助振给，不报。遂出本司积米三千余石减半贾以粜，及减抵当库息，出缗钱万有七千以予贫民，劝居民收字遗孩，日给钱米，所活数百人。宴集不用乐。

——（元）脱脱《宋史》四百二十四《徐鹿卿传》，中华书局 1977 年版。

891.（南宋）黄公才初以百千与李四二作解……约每岁纳息二分，以十四年计之，该息二百八十贯。

——（宋）《名公书判清明集》卷九《户婚门·库本·质库利息与私债不同》，中华书局 1987 年版。

892.（南宋）诸以孤遗宗室钱米历质当，或因举债预借买所请钱米，而每月取利过四厘者，赏钱以钱主家财充。

——（宋）《庆元条法事类》卷八十《出举债务·令·赏令》，黑龙江人民出版社 2003 年版。

893.（南宋）（钱财）用以典质营运，三年而其息一倍。

——（宋）袁采《袁氏世范》卷一《睦亲·同居不必私藏金宝》，天津古籍出版社 1995 年版。

894.（南宋）今若以中制论之，质库月息自二分至四分，贷钱月息自三分至五分；贷谷以一熟论，自三分至五分，取之亦不为虐，还者亦可无词。而典质之家至有月息什而取一者，江西有借钱约一年偿还，而作合子立约者，谓借一贯文约还两贯文；衢之开化，借一秤禾而取两秤。浙西上户，借一石米而收一石八斗，皆不仁之甚。然父祖以是而取于人，子孙亦复以是而偿于人，所谓天道好还，于此可见。

——（宋）袁采《袁氏世范》卷三《治家·假贷取息贵得中》，天津古籍出版社 1995 年版。

895.（南宋）问：三库息例，万贯以上一厘；千贯以上二厘五毫，百贯以上三厘；甲库本四十九万三千八百贯，乙库本三十七万三百贯，丙库本二十四万六千八百贯。今三库共约到息线二万五千六百四十四贯二百文，其典率：甲反锥差，乙方锥差，丙蒺蔡差，欲知元典三例本息各几何？

答曰：甲库共纳息九千五十三贯文：一厘息二千四百六十九贯文；二厘半息四千一百一十五贯文；三厘息二千四百六十九贯文。

乙库共纳息一万五十一贯文：一厘息二百六十四贯五百文；二厘半息二千六百四十五贯文；三厘息七千一百四十一贯五百文。

丙库共纳息六千五百四十贯二百文：一厘息二百四十六贯八百文；二厘半息一千八百五十一贯文；三厘息四千四百四十二贯四百文。

——（宋）秦九韶《数书九章》卷六下《推求本息》，《四库全书》第 797 册，（台北）商务印书馆 1983 年版。

896.（南宋）问：典库今年二月二十九日，有人取解一号，主家听得当事共算本息一百六十贯八百三十二文，称系前岁头腊月半解去，月息利二分二厘，欲知元本几何？答曰：本一百二十贯文。

——（宋）秦九韶《数书九章》卷九下《推求典本》，《四库全书》第797册，（台北）商务印书馆1983年版。

897.（南宋末）本州有万缗解库，岁有出息约二千缗。

——（宋）陈栎《定宇集》卷九《通守陈公传》，《四库全书》第1205册。

898.（元大德六年）孔胜不系出名解典正库，系违例加一取息，暗解诸人衣服。

——（元）《通制条格》卷二十七《解典》，法律出版社2000年版。

899.（元）照得即日在京典库，有每两二分者，五十个月方才本息相对。今应典诸物，周年下架，即系一十二个月日便有过倍之利，如此取息，委是亏民。据应典诸物拟合照依金银一体二年下架，实为民便……遍行各处遵依，永为定例。

——《元典章》卷二十七《户部十三·钱债·解典·解典金银并二周年下架》，中国广播电视出版社1998年版。

900.（元）或问：今有人来赎解，本多利少难评，共收四贯别无零，说破源流即省。本利各开方毕，并与之日相停。若还相减甚分明。四十文差余剩。

答曰：本钱三贯六百文，月利四十一文三分之文二；两个月二十日利钱四百文。

——（元）朱世杰《四元玉鉴细草》卷中之六《或问歌象，一十二问》，《续修四库全书》第1042册，上海古籍出版社2002年版。

901.（元）今有人赎解，本利共收九贯八百五十文，只云利钱平方开之，加入本钱，共得五贯六百九十文。又开方数如日一百二十五分日之一十三（月率三十文与日同），问本利及日数、每贯月利几何？

答曰：本五贯六百二十五文

每贯月利三十六文七十五分文之四

二十个月零二十五日

利四贯二百二十五文。

——（元）朱世杰《四元玉鉴细草》卷下之四《杂范类今》，《续修四库全书》第1042册，上海古籍出版社2002年版。

902.（明）弘治间，江阴汤沐知石门时，徽人至邑货殖，倍取民息，捕之皆散去，阖境称快……徽人所为货殖者，典铺也。土著之人既贫甚矣，无典铺则称贷之路穷，而沟壑之患，不在异日而在目前，孰与彼之取什一二之息者，犹有所济，而不至大困乎？故曰：通其便使民不倦，是所望于上之大有权执者。

——（明）焦袁熹《此木轩杂著》卷八《货殖》，《续修四库全书》第1136册，上海古籍出版社2002年版。

903.（明）凡私放钱债及典当财物，每月取利并不得过三分，年月虽多，不过一本一利。违者笞四十，以余利计赃，重者坐赃论，罪止杖一百。

——《大明律释义》卷九《户律·钱债·违禁取利》，《续修四库全书》第1136册，上海古籍出版社2002年版。

904.（明）凡私放钱债及典当财物，每月取利并不得过三分，年月虽多，不过一本一利，违者笞四十，以余利计赃，重者坐赃论，罪止杖一百。

——（明）《大明会典》卷一百六十四《刑部六律例五·户律二·钱债》，《续修四库全书》第792册，上海古籍出版社2002年版。

905.（明成化十八年）计开：万全都司永平卫守备隆州后千户所老幼军晏言……臣见在京近年以来，米价高贵，营运无活，度日艰窘，不能趁食，只得将衣服、物件当借铜钱，籴米度命。又被奸顽之徒，倚财为势，互相设计欺行。凡遇当物，估值银一两，止借银三钱；值银一钱，止当银三分。每银一钱，自起利息二三（文）［分］者有之。备还不敷，未及二、三月，被算本利，对合日逐取。当原卖物件好者，致被百般刁蹬措匿；物件低者，被其公然变卖。当物之人，又被势豪凌辱，欲行告理，缘因贫窘无力，只得含忍，有屈无伸。以此，当放之徒，愈加得计，恣（伊）［意］利中生利，贫者转加贫苦。如蒙乞勅廷臣，从长计议，合无遵依大明律内事例，通行在京、在外军卫有司，严加禁革。私债及当放对象，每月取利不得过三分，遵为定例。今后敢有仍前故违禁例取利，在外许被害之人赴合干上司告理；在京赴锦衣卫、巡捕官处，并五城兵马司具告，提拿究问禁革。就将所当物件，官估价值，除每月起利三分外，馀物给主。将所犯之人，参送法司，治以重罪。如此，则法度昭彰，贫无受害，实为便益。前件通行禁约。

——《皇明条法事类纂》卷二十《违禁取利·债主关俸问不应》，《中国珍稀法律典籍集成》乙编第4册，科学出版社1994年版。

906.（明金陵）当铺总有五百家，福建铺本少，取利三分四分。徽州铺本大，取利仅一分二分三分，均之有益于贫民。人情最不喜福建，亦无可奈何也。

——（明）周晖《金陵琐事剩录》卷三，转引自张海鹏《明清徽商资料选编》第三章，黄山书社1985年版。

907.（明）世俊公字智千，天性谨厚。承父资生殖，因人器使，以里役征收听之伯兄仪，以家人食指任之叔弟传，以力学显扬期之季弟伯，而已则壹意服贾，拮据不怠，少恢先业。初于北关溪上列廛，旋治典于家。万历戊子，岁荒让息不取，饥民赖以存活者甚众。

——《歙县济阳江氏族谱》卷九《明处士俊公传》，转引自张海鹏《明清徽商资料选编》第三章，黄山书社 1985 年版。

908.（明末）至于当铺事例，自南北两直隶至十三省，凡开当铺，例从抚按告给牒文，自认周年取息二分，以二十四月为期，不赎则毁卖原所当物。遇近例各县有当铺辽饷，则依法输纳，此天下通例也。独抚州当铺不然，其害民甚于流贼。抚州当铺其受当也，首饰衣物值一金者止当五钱，满十月不赎，则扣取当物毁卖。是以十月而收合倍之息矣！其依期取息者，按月三分入息。其放也，每一金轻三四分；其收也，每一金昂三四分。其放以晦日，即以晦日为一月；其收以朔日，即以朔日为一月。其书质券也，虽重锦例书破旧，虽赤金例书低淡，即于书券之时，豫伏将来毁灭以杜其人告官之端。计一岁中，当铺四、五家巧取城中民财不下三四千金，所以民间物力愈损。此风起于近五六年。

——（明）艾南英《天佣子集》卷六《三上蔡太尊论战守事宜疏，天下通例与抚州之特例》，康熙刻本。

909.（高拱乾）照得缓急通融，天下通义，但放债有一定之利息，开张有不易之限期，台郡地系新辟，人非久着，不惟入藉之编户、向化之土蕃，教养方施，俱非家给户足。其荷戈远戍之士卒，虽有粮饷，亦多贫乏，借贷抵押，平日皆所不免。今闻放债之家不遵律例，每两每月加利至五六分不等，又有影藉各衙门名色，散放银钱，按日盘算，及放与各社土蕃，欺其蠢懦，准折其人口、捆载其牛蓄等项。其开张当铺者，理应报纳当税。有司因其资本无多，未便即令请帖，亦竟违例取利五六分不等，且速其取赎之限，不及一年，已为己物。先则乘其急用，贵物轻当，继则勒勒诛求，轻出重入。嗟此穷檐，吞声忍气，逼于难已之势，各抱无数之恨。在放债开当者，心横意满，计固得矣。日剥日穷，其如我民何哉？此风俗不古、元气所以难复也。为此示仰所属典铺、债家、军民人等知悉：嗣后一遵律例，取利毋过三分。如有倚势横取、不遵示禁者，三尺具在；本道不徇情面，断行按律究治，庶民生日有起色，豪强知所畏儆。特示。

——《重修台湾府志》卷十《艺文志·为严禁重利盘剥，以培海疆元气事》，《台湾文献丛刊》第 066 种，台湾银行经济研究室印行。

910.（清代，青州巡宪周檪园）照得典铺之设，原即有无相通、缓急相济之遗意，为法甚善。本道宦辙所至，阅历颇多，大约大典取利不过分半及二分而止，即小当亦利不过三分。赎必按月满月之后，再逾五日方作两月算，即逾月四日仍算一月，此天下之通例也。独尔青州不然，利则四分，以至六七分，甚至八分者。更于票上不写月息若干，以便恣意横索……自出示之后，止许三分起息，不得加增毫厘，按日计月，不得任意那□。本道不时采访，如有不遵立拿重究，决不姑贷。其有见示之后，收铺不开，或虚开铺面，以无银可当为辞者，此等皆系奸徒，本道不时访出，一体惩究。其已前当过之物，自今日以后来赎者，亦只许索三分之利，不许多索分文。总之，本道身在地方，富民贫民皆吾赤子，岂忍偏枯？兴利除害出自本心，岂容姑息？尔等若欲享利，先须避害，急急警醒，勿贻后悔。

——（清）李渔《禁令百则·严禁违旨背律等事》，《中国古代地方法律文献》乙编第1册，世界图书出版公司2009年版。

911.（清顺治十三年）呈称：涕奉宪招徕开典，输税便民。当银一钱，取利三厘。岂市蠹借端衅扰。今奉三月具控宪天大老爷，饬县勒石永禁。近七月，乘海寇猖獗，希图劫虏，将低贱小钱一文，只还一文，倚强索取。切计原钱一千，□本五钱，今钱一千，时价三钱十文，已亏本四分……案照（中缺）典铺本资，出纳有定，何物愚民，乃以贱价之钱，坚执如前之数？则典商不惟无利，而批亏本矣。衔情控宪，岂得已哉？今本县上遵宪□，下体商民之便。自后当钱出入，各于出票时照依时值，议定银数，填明当票。日后取赎，不论或银或钱，悉照票上银数，照例算还，自然出入两平。屡奉宪批，合行给帖勒石，以垂永禁。

——《明清苏州工商业碑刻集》第九目《金融典当·帖勒石永禁借端衅扰典铺碑》，江苏人民出版社1981年版。

912.（清）又，金坛当质铺俱系徽商，典利三分，银水戥头，几及五分。诸生则控之县，求减恤民。诸商敛银八百庀允，浼王、冯二绅。王则为酌之曰：两外二分五厘，两内则仍三分。诸生复叫号于通衢曰：求减典利为贫民也，贫民有两外之典乎？王、冯等又深恶之矣。诸生之出言竖议，大约多在乡绅意，复不肯扬善隐恶，事盖非一端也，元黄而水火矣。乡绅通吏胥，每思觅一事以难之。会海寇退，两丹绅衿多罹于法。因念若以此网罗之，不但可以钳其口，而且可以绝其影矣。先发于新海防，指其名者，蒋、蔡、于、周等十生。……斩四十八人、绞一人、流徙十四人，共六十三人。此顺治十八年辛丑七月十三事。

——（清）计六奇《金坛狱案》，《中国野史集成续编》第27册，巴蜀书社2000年版。

913.（清）顺治五年定。凡放债之人，每银一两，止加息三分，不许多索，及息上增息。并不许放债与赴任之官及外官放债与民，如违，放者、借者俱治重罪……〇又议准。买卖人所放银两，有年远利浮于本者，照律追取一本一利交完。

——光绪《大清会典历年事例》，《续修四库全书》第809册，上海古籍出版社2002年版。

914.（清康熙）童国泰，字仲甫，读书不得志，以民生利弊为己任。湖郡典商、质库息钱旧分三等：十两以上者每月一分五厘，一两以上者每月二分，一两以下者每月三分。贫民衣饰有限，每票不及一两者多；隔一二年，本利科算，不能取赎，每多没入。国泰控之当道，与典商结讼十三年，莫能胜，身陷缧绁；有啖之以利者，志不少变。后巡抚金公轸恤民瘼，准行审勘断定，概以一分五厘起息，自是贫民阴受其福。

——周学浚《乌程县志》卷十七《人物六》，清光绪刻本。

915.（清康熙）我湖典铺，自徽商黄成山控县令景贞运后，息增至三分，贫民嗟怨。后赵恭毅公申乔抚浙，题请分半起息，立石永为定例。公去任，众商贿嘱宪司，经承具呈府县，将谋翻案。绅士无一起而挠之者，独山阴赵瞻侯，侨居我湖，不惮劳怨，遍控各宪，始得仍遵赵例，瞻侯一人之力也。

——光绪《平湖县志》卷二十五《丛记》，成文出版社 1975 年版。

916.（清）为严禁违例取息事。照得典当之设，原以便民，第查湖南地方当银则戥有出入轻重之分、成色高低之别，当钱则不论时价之贵贱。且逾月五日即扣一月之利，名曰加三，实倍加四，甚至年满愆期不允取赎，竟行发卖。本部院莅任以来，深知此情，业经通饬在案。近访闻各属当铺竟不遵依，仍然如故，地方官亦漫不稽查，殊属疏忽，合行示谕。嗣后开典当铺，务须公平交易，不得轻出重入，措勒小民。其票内须填明日期，按日照数加算，不许执月不过五之说，多勒利钱，亦不许借让利五日之名，反多取二十五日之利。如年满愆期，亦宜按月照数扣算，毋得轻行发卖。其当钱必扣明时值价，作银填票，总不许违例取息于三分之外。如有不遵，仍前多勒重利，克剥穷民者，许受害人等执票扭禀地方官查明重处。倘该地方官瞻徇不究，或经访闻，或被告发，定以旷职指参。各宜凛遵，毋贻后悔，慎之思之。

——（清）赵申乔《自治官书》第九卷《禁当铺违例取息示》，《古代榜文告示汇存》第五册，社会科学文献出版社 2006 年版。

917.（清康熙四十二年）遵奉宪令，每两及钱数，概行二分取息。数多□□，商民悦服。如所有平戥，必叩请颁即烙，官法庶无轻重不均。如银色纹出纹归，固属尽善。但富商倾熔易便，惟恐穷黎所当，或一、二钱不等，或零星变易花布米麦之类，则为数少。而行色通行市价，必用足纹，艰难取赎。敢叩宪仁，饬行出入九八，庶使民便而商无亏损。如穷人替换衣服米麦转票之期，向例于月终二十八、九日至月初之初十日□□□□□。今叩宪檄，宽于月终□□□五日起，□又于次月初十日止，□□□□□日算利一月，□民沾惠……随该本县看得典铺一业，虽商人（中缺），则缓急通融，诚为民便也。卑职承乏兹土，深悉民艰，更体各上宪托绥至意，屡次严行申饬。着令各典务遵督部院宪行，概以二分起息，多者递减，久经递行在案……今据里耆李日辉等连名具复前来，切查起息一节，恪遵宪行。每两及钱数，概行二分，设多递减，诚为两平。而如质当六、七分不等者，尤属至苦贫民，再以少让，量以一厘计算，亦属至当。其当赎银色，若纹出纹归，在典商倾熔固易，而小民零星取赎，□□不便。今等量以九八颁给，较准官法，出入一体，则轻出重入，银色混淆之弊，似可永绝矣。至若抽拨衣物米麦，若无定准，恐多纷扰。今据议以月之二十五日起，直至又次月初十日上，统计四十五日，止取一月之利。卑职平情计两□□，于月之二十五日起，至又次日计四十日，取一月月不过五之旧例，商言可免重叠苛刻也，民亦无亏，甚属妥便。批饬勒石永遵。则日惟商民无所遵守，穷徒每多借端生衅，令明仰祈宪台定夺，批示施行。

——《明清苏州工商业碑刻集》第九目《金融典当业·常熟县议定典铺取息等事理碑》，江苏人民出版社1981年版。

918.（清雍正八年）富户借贷银米毋取重息谕：民间借贷一事，所以通彼此之有无，济一时之缓急，意本善也。乃有贪利营私之徒，往往乘人匮乏，勒索重利，如借贷米谷，则不但加三起息，竟有加五或多至加倍者……着地方有司，将天理人心时时训谕所属之人，以化其残忍刻薄之习，可以转移贪风，可以止息也。如有无藉棍徒，因朕此劝导之训谕，或借端图赖，或生事强借，以扰害良善温饱之家者，尤当加以重惩，不可宽贷。但全赖地方有司奉行劝导之公当勤诚也。

——《同治平江县志·诏谕·富户借贷银米毋取重息谕》，《中国地方志辑成·湖南府县志辑8》，江苏古籍出版社、上海书店、巴蜀书社2002年版。

919.（清）今海宁相君陈公干斋元龙，其封翁某，性孝□仁惠人也。有传其炎夜挞婢驱蚊之事。太夫人晨兴，询故，翁对曰："幛漏一蚊，卧不获安耳。"太夫人怒曰："汝纱帱湘簟，足度炎宵，区区一蚊，辄能为苦，于婢奚尤？敲扑之声忽触吾梦。吾海宁城乡蔀屋，此时乏帐者伙矣，万蚊□肤，彻晓张睫，不知其家有婢可挞耶，无婢可挞耶？"翁惶谢"唯唯"，即命典司质库者榜于其门曰："凡有以幛为质，自半铢至三铢者，悉免子本钱，还其幛。"翁复命于太夫人，太夫人大喜。迨雪天寒冽，翁并命出絮布衾袄之类，若还幛之法还之。又复命于太夫人，太夫人亦大喜，曰："汝能若是，则党里亦濡小惠，足销挞婢一过矣。"

——（清）金埴《不下带编》卷一，中华书局1982年版。

920.（乾隆七年三月）为严禁重利盘炙以纾民困事。照得有无相通，固为民情所时有；而刻剥放利，亦属王法所难容。乃澄邑有等嗜利之徒，往往乘人之急，或将八九折之数而勒写实银，或索五六分之息，而每月结算，瞬息之间已子过其母。倘至期末楚及还不足数，又将所欠利银积算作本，遂至利上盘利，久之计所还之数已数倍于本而本银仍在。迨至精疲力竭无可措偿，田房子女听其准折，本图救目前之急，反致罹后日之殃。兴言及此，殊堪痛恨。夫人事不齐，贫富各别，缓急通融，势所不免。然定例开载，私放钱债，每月取利不得过三分，年月虽多不过一本一利，岂得恣意盘算，朘削穷民？合亟出示严禁。为此示仰合邑军民人等知悉，嗣后一切钱债，务遵定例三分起息，不得将虚银写作实数，亦不得重利逐月盘结。其远年债负，还过一本一利者，即检还债券，不得再行勒索。如敢故违，许被害之人据实禀首，以凭严究。

——（清）蔡澍《澄江治绩续编》卷二《严禁重利告示》，《明清法制史料辑刊》第一辑第13册，国家图书馆出版社2008年影印本。

921.（乾隆二十年六月）特调江苏常州府金匮县正堂加三级、纪录三次程，为访查弊政，详定典铺条规，亟请更正以利贫民事……仰合邑典商当赎人等知悉，嗣后当赎，务必恪遵详定规条，总以三十日为一月，扣算扣足一月之外，所余零日，五日以内，不许加利；十日以内，许收半月之利；十日以外，方许收一月之利；旋当旋赎者，亦许收半月之利。毋许额外苛索，如敢阳奉阴违，一经访实，或被告发，定行严拿。□□□当赎人等亦不得故意短少，并干咎戾，各宜凛遵，慎勿违忽，须至碑者。

——《江苏省明清以来碑刻资料选集》十二《金融类·金匮县规定当赎时期及利息碑》，生活·读书·新知三联书店1959年版。

922.（乾隆二十四年八月丁未）广西巡抚鄂宝奏：广西赏恤兵丁，营运银四万一千两。缘边地无可营运，是以分派各营，专委弁目，开张典当，定以二分取息。均匀拨给，行之三十余载，兵民均沾实惠者。一旦议停，实无余款可以抵补，应请仍循旧制。得旨：如所议行。

——《清高宗实录》卷五百九十五。

923.（清）乾隆十六年九月初二日，布政使周人骥详为饬议查禁以苏民累事。乾隆十六年六月初三日，奉本部院批，本司呈详，查得典商出入固应禁其剥削，而穷民质当仍应筹其利便，始于商民两为有益……本司覆加酌议，应请俯如长沙府所议，凡一两至十两者，照旧三分行息；其自十两至百两以上，均照二分行息。皮褐易于损伤，仍照三分行息。俱以二十四个月为满，质当之家恐其限满发卖，许再留六个月，于票内注明过期方准变卖，违者计赃照例治罪。查穷民质当之物，大半所值无几，若一概用银，则呈色、戥头暗中层层剥削，大为民累。嗣后一两以下出入概以钱文，俱用满串，以杜争竞。至一两以上，用钱用银各随其便，但银用库平足纹，毋许轻重高下。仍令各该州县较准制戥二把，发给称用……奉批查穷民衣物赴当，多在一两内外，今议十两以下三分行息，十两以上减为二分，是与贫民无与也。仰催各属覆齐，再行妥议，务于商民两便之中不失裒益平施之道。另详核夺缴奉此。随经叠次檄催查覆……据此该本司覆查，湖南典铺取利过重，奉宪台体恤穷黎，檄议减息增限，随经本司请照长沙府所议，凡一两至十两，照旧三分行息；其自十两至百两以上二分行息，皮褐易于损伤，仍照三分。俱以二十四个月为满，外加六个月留限，过期方准变卖。详奉宪批，贫民赴当，多在一两内外，今议十两以行（下）三分行息，是与贫民无与，仰催各属覆齐，再行妥议，务于商民两便之中，不失裒益平施之道等因，仰见宪台惠爱贫民至意，当经檄催有当之衡、常、辰、澧、桂五府州议覆。去后兹据各府州查覆前来。本司查典铺之数，小民藉以通有无，商人因之赢利息，息过重固虑剥民，息过轻又虞商乏，惟商民两便始能经久。查湖南典商向来以三分行息，今若照江浙等省一例轻减，原不过得利少轻，仍可营运。即现在典商停歇，民情趋利若鹜，自必仍有商人来楚开设，原可无虑其要挟。第三分之息相沿已久，今骤然减至二分，恐奸商刁难，反与小民致有不便。本司查各府州所议，或请仍以三分，或请减为二分，或一分五厘，轻重不一。惟常德、澧州所议二分五厘之处，似属裒益平施两民两便。本司酌议，除辰州府之生息银两原非商本，既向系一分五厘行息，应仍照旧外，其长、衡、常、澧各府州县属典铺，应请以奉文之日为始，凡一两以下至十两，以二分五厘行息；其自十两至百两以上，均以二分行息；惟皮褐衣服仍以三分行息。至取赎之限，应请仍照前详，俱以二十四个月为满。质当之家恐其限满发卖，再留六个月。于票内注明，过期方准变卖。其从前质当未赎之票行息期限，亦照此例一律交易，以免参差争执。至典当出入，一两以下概用满串钱文，不许扣抵；一两以上听用库平纹银，其银色戥头毋许高下轻重。责令各州县较准制戥二把，发给称用。如有轻重出入致累小民，地方官即查拿详究。缘奉批议，事理是否妥协，相应具文详覆。伏候本部院察阅批示等因，乾隆十六年九月初六日奉抚部院杨批，如详饬遵。其每年十二月初十日至正月初十日，一月之内毋论数之多寡，各照历年成例，以二分取息向赎。仍由司刊示，饬发各属，实帖当铺门首晓谕，毋许藏匿，取具遵依查缴。

——《湖南省例成案》卷三十三《户律钱债·典当每年十月初十日起至正月初十日止，一月以二分息向赎》，《中国古代地方法律文献》丙编第 3 册，社会科学文献出版社 2002 年版。

924.（清）查直隶、山东、河南等处典铺，俱系三分行息。其平邑出入，各有因循土俗，以应民便，难以强同民间。交易相安，何必官为立法等因，据禀通饬在案。是三分取息，亦不独湖南为然耳。

楚省开典，非比浙江巨典大商，俱系领本借贷合伙开张，每岁所当不过数千余两，所获之利无几，名为三分，除还过银利、房租、人工、食用诸费之外，所余实在只有数厘之利，养家糊口，赖此锱铢。

商等携揭资本，别井离乡，远涉长江洞庭，备尝风波艰苦，抛妻弃子，冀获蝇头。年节除房租、工食等用，通盘彻算，虽有三分之名，而并无二分之实。况系认领本钱，年底结算归还，所余不上分许微息而已……

闰六月二十八日抚宪行辕呈具禀典商武陵王林发、桃源罗永春、龙阳温长远、沅江蔡同声等，为吁慈体恤俯赐调济事。商等携资逐末，悦愿藏市，遵例取息三分，月不过五，历百十余年，商安民便。去冬奉改旧章，商等遵办以来，业将困累难支苦情据实屡陈宪鉴，未蒙恩恤。湖南典息章程，叠奉更改，历邀怜察仍循旧例……今息奉递减，本银多者三分改作二分，二分改作一分六厘至一分二厘，隆冬多增减一月，兼以限内限外常月回赎，仍照限内议减，多增两月，实则四月，再加四十五日作一月，岁抵取息八月，并减息之期合计，取息半年，取赎听民自便。每届四十五日，纷纷换票勒制，利既减损，复滋事端。已减过半之息，又祇取半年之息，获利安在？难逃镜察，商等图利谋生，又致亏本受累，倘逢歉年当多赎少，尚须借贷作本，商力本微，奚能安业？商髓既枯，懋迁不便，民瘼亦困，缓急莫通，开设必剥本亏赔，欲歇恐滋事获戾，万不得已，再叩大人恩察绥柔，俯循向例，以三十五日为一月，赏示晓谕，俾惠恤商，同沾济利，衔结上禀。

批：现据长、善二县典商具禀，业经批饬查议，据禀前情，仰布政司一并饬府议详察夺。

嘉庆二十一年正月二十八日抚宪呈

长、善典商张有孚等，为商民一体吁恩循旧事。南省招商自雍正年间照例三分取赎，月不过五，腊始减息，各守旧规，相安日久。后屡议更改，蒙各宪俯念南省情形，详定照旧，乾隆十六年、四十八年、嘉庆十七年成案可查。去冬奉藩宪出示减息，旋以逾期十五天作一月，此念切穷黎，商等曷敢稍挠……十六七年奉饬按日行利，四十五天算两月，均奉各府恩议详，月不过五仍照旧章，至今无异。前署藩宪未查前案，出示减息，□□逾期十五天方算一月，禀府禀藩号辕未怜，但南北情形不同，叠案饬遵久定，凡属大利权宜原分彼此，今者忽欲小典强同巨典，日见贴本亏折。去冬勉强至今，实在力疲拮据，商分血本剥蚀，不过赤身归家。再四思维奏明公项侵亏，必罹干咎，商等只有歇业，缴公归里。大人福星镇临，赏怜批饬弹收，另筹全公，衔结上禀。抚宪巴批：前据署藩司详议，隆冬减息两月，业经批饬遵行在案，似应循照办理。兹据呈请歇业缴公，是否意图饰卸？仰布政司查明核议详夺粘件。并发长沙府批：已据具呈抚宪听候批示夺。

七月十八日藩宪呈

长、善典商潘有恒等，为沥陈苦情，仰恳鉴察事。窃商等昨蒙宪恩传见，垂谕谆谆，仰见大人清心亮节，恤商爱民，敬聆之余，不胜感戴。商等俱有天良，若但计及锱铢，不体大人惠鲜怀保之诚，实非义所敢出，亦岂情所能安？惟是商等力难支持之苦情，即老于经纪者未能周知，何则？因有三分取息之名，咸谓获利甚巨而未计其耗费也，是以不避罪戾缕恳渎陈。南省典铺交易最多者不过三万有奇，然典质万金必有二千金当满不赎者，须俟至二十四个月为满，又系春秋两季卖于衣店，每千金本银仅加实利七八十金。衣店又无现银，必期至两三月后方能清偿。是已满之货，须待至三年之久。以所得实利作三年分派，每年仅得利银二三厘矣。其所取八千金之货，如二三四五个月赎者，虽取息三分，所加之利即属无多。若迟至六七八个月之久，取当之人必俟至隆冬减息之时方肯取赎，而典中又须长存银钱二千金以备随时应付，此二千金即无丝毫之利。加以房租大者五六百金，小者三四百两，店伙二十余人，辛资食用及牌索纸张办公一切杂费，需银二千内外。以此层叠开消，实只获利分许。至于春当秋取，一年只有半年之利，此中原委尤非笔墨所能缕陈，惟求抽提各典五年内总清簿查验，则虚实立明。伏思南省田业，每百之产可得租谷十石，其次亦得谷八九石，迩年以来每十金买谷六七石之间，是置田尚有分许之息……上呈奉批：典铺取息章程，现经本司酌改具详，候院批示，至日另行饬遵可也。

办理减息案呈词，后附典帖不准查验呈词。

道光二十一年三月源远典……

至月不过五，系定取赎限制，其实质当之人，至一月零五日必即取赎，断不肯逾认两月之利。过五日取赎者，百仅一二。今改四十五日只取一月之利，人情取巧，必届期取转票，一年只得八个月之利，是奉明减之外，又复暗减……

历来取息，凡一月零五日赎者，只取一月之息。一月零六日赎者，照两月取息。若初次质当，五日内取赎者，取一月之息。相安日久，各省皆然。兹据湘阴职员毛之矩建议，五日内按日照算。伊讵知一月零五日赎者，已让息五日。且当百文者，月只取利三文，若按日算利，不惟当数十文者不能算利，即当百文，五日只有利五毫，五日不能算一文；当二百文者，四日只有八毫，四日不能算一文；当三百文者，三日只有九毫，三日不能算一文；当四百文者，两日只有八毫，两日不能算一文。由五日至九日者，一日只得五毫至九毫，一日不能算一文。若值年终减息一分之时，不惟一百至数百者五日内又难算利，即当一千文者，日反得利六毫六丝，毫不成文。则五日以内取赎者，自数十文至数百文及以一千文者，多少更难核算。倘新例一开，城中狡狯之徒从中取巧，势必将数件一票可当者，勒分写数票。游手樗蒲之辈，旋当旋取，旋抵旋转，人俱效尤，商等无利可取，狡徒有利可营。

——刘建民先生藏《乾隆嘉庆湖南典商减息案》。

925.（乾隆）二十年灾，祝忻奉父景南命赴县署，会议振济。时缙绅满座，议久不决，忻才十余岁……（却决议任一最大粥厂，众服乃成）忻后由部郎出守庐州。庐属质库，向取二分息，忻命减如江苏质库例。诸商不从，曰：如必减息，愿上计簿归官办。盖将以罢市挟持也。忻即扬言：遣人分往直隶、江苏各银号支借数百万为赀本。忻固巨富，诸商知不能相难，遂各听从，庐民德之。

——光绪《崇明县志》卷十七《杂志》，清光绪七年刊本。

926.（清）山东布政司为当铺减利便民事。蒙抚院阿批，本司呈请济南府，详请长山县通济当典常年二分起息，冬月免其让利，并请通行各属一体办理。蒙批，当铺冬月减利一分，原加惠穷黎，长山县南北通济二当，向系通年加二起息，因有冬月减利之举，遂改为三分起息，是穷民未得冬月减息之惠，而反受通年加利之累，殊非历年晓示饬遵之意。今据详，如有二分起息之当铺，冬月免其减利，事属可行，仰即通饬二属，出示晓谕，画一办理。遵照纳等因，云云。即便通行所属，出示晓谕，如有二分行利之当铺，俱照旧通年二分起息，冬月免其减利。如有情殷桑梓，自愿冬月一体让息者，听从其便。并不得借冬月减利改为三分起息，使穷民阴受加利之累。其借端短利强赎等事，并即一体严禁毋违。

——《乾隆朝山东宪规》第一册《当铺常年二分起息，冬月免其让利通饬》，乾隆二十三年三月东抚阿批司详，《中国古代地方法律文献》乙编第 15 册，世界图书出版公司 2009 年版。

927.（清）东藩徐为当铺减利便民等事。乾隆二十三年五月廿一日司批，据阳信县呈详，当铺毕万盛、万聚二商，自愿通年二分起息，永不改为三分，切殷桑梓，殊可嘉尚。仰武定府转饬奖予，并令冬月免其减息。各属有似此者，均饬一体详明立案。其照旧三分行息者，不必强令通年让利。

——《乾隆朝山东宪规》第三册《当铺通年二分行息应详立案》，《中国古代地方法律文献》乙编第15册，世界图书出版公司2009年版。

928. 富商之放债盘估，宜明示禁止；当铺之长年重利，宜略裁抑，以苏民困也。直属州县，多系山西富户挟赀而来，囤积米石，放债盘利。每月行息，少者四五分，多者六七分，是以奸民日富，贫民日瘁。职于满城、无极任内，见以此告讦者甚多，竟有借七斗麦五年而折二十金之产者……此辈盘踞村庄、市集，势难骤返，仰恳宪威明示严禁……至于各州设立典铺，原以便民，定例：每两每月准其三分起利。然以通年计算，则每两全年得利三钱六分，似当稍为裁抑。如一年之中腊月一月，为穷民赎取冬衣、御寒度岁之期，措费艰难，省一分即蒙一分之惠。直隶岁底减一分之息，听民赎当，然各处不同，有行者，有不行者，请于十二月、一月，凡民间赎取衣物，减利一分，则穷民欲图省便，必先期蓄积，至期赎取，以为急需，而不至花费，所济甚众。而典商总以赎出为利……职于署满城时，腊月初间。（实力行减利之举，赎当极多）

——乾隆《无极县志》卷末附录，清刊本。

929.（清）当铺之肥进瘦出，按日加三，宜禁也。当铺之设，原为穷民之家通融缓急，每月加三起息，期满变价作本，此定例也。近查各属当铺，名曰加三，除本月之外，有一日二日零期者，亦算一月扣利。且出银不过九四、九五，每两必轻三分、二分；进银则要十分足色，每两必重秤得三分、二分，是名虽加三，实则加四、加五，牟利剥民，甚属违例。该府宜出示严加禁饬，嗣后须银色戥头，出进如一。其扣算月日，有过十日之外者方许索利，不及十日者不许节算。

——乾隆《长沙府志》卷二十二《政绩·总督喻成龙檄谕知府条规》，（台北）成文出版社1976年版。

930.（清）浙藩富为遵批核议事。案照该县典铺取息让利月日，前于通查案内声明，按季取结，通送查核在案。但省会每十个月让利一个月，其起息总以扣定三十五日方准取利一月，如系上月二十五六日质当，至下月初七八日取赎，为期不过数日，不得滥取两月之利。至当本一两以内二分起息，一两以外分半起息，十两以上一分起息，五十两八厘起息。当货以三十六个月为满，听民留赎。该县各当典是否照此递相减让，前经节次饬查，迄今多月总不查覆。本即差提，姑再严催。为此仰县官吏，文到立即遵照指饬，确查各典取息让利事宜是否照省会成例递相减让，即行据实详覆出示晓谕。并令各典胪列规条，刊刻木榜，竖立各典门首，以便商民遵守，毋许暗中多索重利剥民。务于票内注明，当银填银，当钱填钱，饬取遵依甘结，按季通送院司各衙门察核，并将竖立榜式送候查核，此饬。乾隆三十五年二月廿九日行。

——（清）万维翰《成规拾遗》下《典当取息》，《中国古代地方法律文献》乙编第13册，世界图书出版公司2009年版。

931.（清）一件报开典当等事……嗣后如有新开典当，依照各该县地宜，于详报日令其声叙本银多寡切实情形，取具地保、族邻并无扶同捏报，以大作小，藉称每两每钱零日算月等弊甘结，送府确查给转。倘详报给帖之后，查有捏报盘剥情事，或被告发，即照违制律治罪等由详覆前来。本署司覆查，开张典当各铺，情形原不一致。从前报开有行息二分、三分及二分四厘不等，而限期有三十六、二十六、二十四等个月之别，乃系酌量地宜，准其开张。第现在开设既多，大、中、小不一，行息轻重悬殊，难免以大作小、捏报剥民情事，自应遵照宪批，确查区别，庶免本裕之商捏称小典，重利剥民。今若概以大当画一行息二分，诚恐本少当户，觅利无多，势必裹足，别为生计，于民间有妨济急。若照该府所议，仍照详准原案办理，未经立有章程，难免捏大报小，滋生弊端，应请量为区别。如当大仍应以行息二分、限期三十六个月为满，小典行息二分四厘、限期二十四个月为满，通饬各属画一，遍行晓谕，遵照奉行。务期严密查访，毋任阳奉阴违。仍令于详报开典详内，查明本银多寡，切实声明，分别大小行息限期，取具族邻地保并无扶同捏报，以大作小，藉称每两每钱、零日算月等弊甘结，详送察核请开。倘详报给帖之后，查有捏报盘剥情事，即以违制律治罪。所有从前已经开张各当铺，应准照旧办理，毋庸即为纷更。

——《福建省例·当税例·当铺大小行息限期》，《台湾文献丛刊》第199种，台湾银行经济研究室印行。

932.（清）一件详明饬遵事。乾隆三十九年三月初七日，奉巡抚部院余批，藩司详：窃照民间开张典当，原以济贫民之缓急。从前向按各县情形，行息有二分、三分及二分四厘不等，限期有三十六、二十六、二十四个等月不同。酌量地宜，均准开张。惟因日久弊生，先于乾隆二十九年间经朱署司议请，嗣后大当行息二分，限期三十六个月为满，小典行息二分四厘，限期二十四个月为满。并于详内声明本银多寡，分别大小行息限期，具结报升等情，详奉前宪批允通饬遵照在案。缘未议定本银以若干者为小典，至若干者为大当，各属奉行，殊无定则……应请嗣后凡有开张典当，如本银在五百两以上者，概照大当行息二分，限期三十六个月为满；如在五百两以下者，悉照小典行息二分四厘，限期二十四个月为满。通饬各属，通行晓谕。仍于详报开典文内，声明本银多寡确切数目，分别办理。并取具该当户族邻地保，并无扶同以大捏小甘结，加粘印结，详送请开，以昭画一。是否有当，理合具文详候宪台察夺批示，以便通饬遵照等由。

——《福建省例·当税例·开张典当分别本银行息限期》，《台湾文献丛刊》第199种，台湾银行经济研究室印行。

933.（清）一件吁请宪示事。乾隆四十八年四月初五日，奉总督部堂富批本司呈详：奉总督部堂富批谭署司呈详：查得民间开张典当，案于乾隆二十九年间，经朱署司议定章程。嗣后报开小典，每两每月行息二分四厘，限期二十四个月为满。大当每两每月行息二分，限期三十六个月为满。详奉前宪批允通饬遵照。又于乾隆三十九年间，经钱前司以前议本银，未定若干者为小典、若干者为大当，各属奉行殊无定则，议请嗣后凡有开张典当，如本银在五百两以上者，概照大当行息二分，限期三十六个月为满；如在五百两以下者，悉照小典行息二分四厘，限期二十四个月为满……本司以限期行息，既有区分，多典增资，并无查察，不如另定章程，无分大小，概以当本多寡，酌定利息重轻。银三两、钱三千以下，二分四厘行息、二十四个月为满。银三两、钱三千以上，二分行息、二十六个月为满。虽于以大报小之弊可以革除，而于勒当压估之情，实所不免。详奉大人批示，利重限速，有伤贫民，折中核定，统以二分起息，三十个月为满。此诚画一良法，爱民之美意。本司遵即转行在案。前日面奉钧谕，询及是否称便，并令再行察议，仰见大人爱民必先便民，本司敢不祗遵，悉心筹酌？伏思闽省地瘠民贫，多无恒产……奉批：查开设典铺，原期裕商便民，两无窒碍。前以息分多寡，月有久暂，恐纷纷争执，滋生事端，是以本部院酌中定议，以归画一，原无成见。今据请行息仍照前详，分别银三两、钱三千上下，以二分及二分四厘起利，限期遵照批示，统以三十个月为满。私典无从渔利，地棍无可呈奸，于商民两有裨益。仰即如禀，通饬遵照可也。此缴。奉此，随即报明督宪，并通饬遵照在案。

——《福建省例·当税例·民间开张大小典当，分别行息章程》，《台湾文献丛刊》第199种，台湾银行经济研究室印行。

934.（清）乾隆二十七年三月八日刑部尚书舒赫德等题

乾隆二十六年一月二十六日江西省崇义县

案件：潘伯盛殴推赖癸□受伤身死一案

摘要：赖癸□将衫裤二件，向潘伯盛押钱四百三十文，议定加二起息，三月为满，过期不准取赎。

——中国社会科学院经济研究所藏《刑部抄档》。

935.（清）乾隆二十七年二月十四日广东省高州府电白县

案件：杨亚留殴伤杨亚发身死一案

摘要：杨亚留将蓝布衫一件，向杨亚发押钱二百文，言定每月利钱六文。

——中国社会科学院经济研究所藏《刑部抄档》。

936.（清）嘉庆十五年秋审四川总督题

嘉庆十二年四月二十一日成都府温州县

案件：黄秀贵戳伤戴谢氏身死一案

摘要：黄秀贵将蓝布小衫一件，押与戴谢氏，得钱一百二十文，约定十日赎取，议给利钱十二文。

——中国社会科学院经济研究所藏《刑部抄档》。

937.（清）嘉庆十八年三月十一日管理刑部事务董诰等题

嘉庆十四年六月贵州青奚谷县

案件：黄杉谋毒刘红宽身死一案

摘要：黄杉需银将住屋分关一纸，向刘红宽押借银十两，言定三分起息，立有字据。

——中国社会科学院经济研究所藏《刑部抄档》。

938.（清嘉庆）百鞠溪先生总制两广时，为质库立约法。岁自十月朔始，至除夕止，凡质者皆减息赎。息三分则减一分，二分息者减五厘，以一分五厘行息者减其三，于是赎者多迟至十月，谓其息之减也。如是者已有年，嘉庆二十一年九月晦，某方伯忽揭示改，令毋许减息，悉复如旧。守令未之知也。十月朔日，余方从祭文庙，忽家人有云，民间聚无赖，将尽劫质库。事且急，余趋出，则已填塞里闬，声鼎沸矣。讯之，知以新禁减息之故。余立趣两县，遣人分诣各质库，令仍减息。即回署饬吏揭示，援向议减赎。遍示街巷，俾咸识。复飞骑分驰各路，命遵前约。时人情汹汹，自辰至午而后定。省城内外共质库一百八十余所，半日中已毁其四矣。使非便宜制事，必等请命上官，势将处处折毁，其能无激成祸阶耶？次日，传诸质库司事，谓曰：方伯之示，为恤商起见，然民情不安，商于何有尔？可具一呈，言岁比不登，今南乡大有围被水，北又甚旱，民方苦艰食，愿请减息。俟明岁丰收，再复加息纳赎。余为转请，将方伯新示撤回，众始安堵。

——（清）王廷瑶《宦游纪略》卷下，《官箴书集成》第 6 册，黄山书社 1998 年版。

939.（清嘉庆）牛马羊豕外，诸货皆无税。惟城中典铺，每铺岁征银二两余，号曰赃银。而典物限二年内取赎，过限为死，听其变价，且无问典钱如干，概三分息，此与京师不同。

——（清）西清《黑龙江外记》卷五，《续修四库全书》第 731 册，上海古籍出版社 2002 年版。

940.（清）为循例劝谕典商酌减利息以广任恤事。案奉护抚部院通牌开，照得典商质物便民缓急，计本行息，原有常经。而酌盈剂虚，尤当义让。瞬届岁暮年寒之候，贫民取赎衣物，自较平时为多，或因些微之利息不足，则紧要之衣物难归，怜悯贫穷之念，自有同情。卷查前部院均于岁暮劝谕典商减让息银，以敦任恤，屡经示谕在案。现已仲冬，转瞬年终，自应循照向定章程酌减，在富商所损有限，而贫民受益无穷，想各该商周济贫乏，自必乐从。合行查案饬遵等因到府，奉此除饬县遵照外，合行出示晓谕，为此仰府属典商及军民人等知悉，自本年十二月初十日起，至次年正月初十日止，凡有赎当者，均于定例取息之内让减一分，正月初十以后，仍照利行息。小民自应知其情让，不得视为常例。该典商切勿阳奉阴违，有名无实，亦不得因取赎固多，藉以查检不暇，措勒贫民。如有无赖棍徒藉此强行取赎，及胥役人等藉端需索滋扰情事，许该典商立即扭禀，地方官严究，各宜凛遵毋违，特示。

——《告示集·劝谕典商酌减利息》,《中国古代地方法律文献》丙编第15册，社会科学文献出版社2012年版。

941.（清）违禁取利：凡私放钱债及典当财物，每月取利并不得过三分。年月虽多，不过一本一利。违者笞四十，以余利计赃，重（于笞四十）者坐赃论，罪止杖一百。

辑注：年月虽多，不过一本一利，谓本利皆未还而积至年月久远者也。若年年纳利，本钱未还，不得统计已还之利而算一本一利也。

——光绪《大清会典事例》卷七六四,《续修四库全书》第809册，上海古籍出版社2002年版。

942.（清）顺治五年定。凡放债之人，每银一两，止加息三分，不许多索，及息上增息。并不许放债与赴任之官及外官放债与民，如违，放者、借者俱治重罪。

——光绪《大清会典事例》卷七六四,《续修四库全书》第809册，上海古籍出版社2002年版。

943.（清）放债典当，以通缓急之用；取利之中，有相济之义，然必有乘人之急而罔利无度者；亦必有迟欠违约负赖不还者，故立此禁限也。凡民间私放钱债及典当财物者，每月取利并不得过三分。如借、当银一两，每月止许加利银三分，年月虽多，不过一本一利。如借银一两按每月三分取利，积至三十三个月以外则利钱已满一两，与本相等，是谓一本一利。虽年月之多不得复照三分算利，即五年十年亦止还一本一利，此债当取利之禁限也。如违此禁限而取利三分以上及积算利钱过于其本者，笞四十。仍计三分之利外及过于本钱之余利，坐赃论罪。三十两，笞五十，则赃罪重于笞四十，应从赃论。至八十两以上，罪止杖一百。

——《清律例会通新纂》第四册卷十三《户部·钱债》,（台北）文海出版社1987年版。

944.（清）为晓谕事。照得典铺酌让利息，原经本司会议，除行息仍照旧二分外，如有当物期满一年取赎者，让利一月；二年取赎者，让利二月，久经通行并颁示饬遵在案。兹届岁暮，民间典取倍于平时，诚恐法久禁弛，全再通示晓谕，仰典商人等知悉，务遵详定成规，期满一年，让利一月，二年让利二月。戥头银水务要出入一例，毋得恣意苛剥。至于乡民远来取赎，尤宜随时给发，不得任意刁措，致累守候。倘或视为故套，不遵劝谕，一经访出，法在必惩。慎之毋忽！

——（清）凌火寿《西江视臬纪事》卷四《示当铺》,《续修四库全书》第882册，上海古籍出版社2002年版。

945.（清）瓯俗典铺起息，比省会重三倍有余。如当钱三十五千，一月该利八百七十五文，省会五十两，八厘起息，一月只合二百八十文（二月三十日记）。

——俞光《温州古代经济史料汇编》第十六卷《金融与物价》，上海社会科学院出版社2005年版。

946.（清道光元年十月）乙巳，河南道御史牟惇儒奏请定当铺行息限制，以便贫民。得旨，此事在地方有司随时调剂，出示晓谕，原属应为之事。若朝廷之上通行饬谕，屑屑以典当利息锱铢必较，成何政体？所奏毋庸议。

——《清宣宗实录》卷二十五。

947.（清道光）劝典商减利听赎农具，以资耕作也。查上年水灾为害，凡失业贫民，辄将农具半价典质。兹值春耕届候，无以应用，自须设法取赎，以便耕凿。虽农具质钱有限，本利谅亦无多，但念此等饥馑余生，多费一钱即增一钱之累。在典商将本求利，原难责令减少，然犁锄不比衣饰，所质不过百钱上下，即让利取本，亦属惠而不费。而各人赎一二件以去，数盈万千，人无遗力，异日有收于陇亩，与取盈于区肆者，其益正尔相资。况目击贫农待用孔亟，而犹锱铢与较，揆情亦所难安。尔典商人应自二月初一日起，至四月三十日止，凡贫民所质锄犁及一切农用器具，宜各按每月三分之利，让减一半听其取赎。有能止取当本不取利息者，地方官立加优奖。夫不病农即以惠商，本府非有所偏也。倘农民有过短钱文强赎生事者，地方官亦即提案惩处。

——（清）裕谦《勉益斋偶存稿》卷八《救灾有福说》，清刊本。

948.（道光）廖鸿文，字斐斋，资州监生，来居城东……是质库旧取息三分，文减一，贫人便焉，道光二十三年，改造奎文阁。

——咸丰《资阳县志》卷三《人物列传・行谊》，清刊本《中国地方志集成・四川府县志辑 26》，巴蜀书社 1992 年版。

949.（清咸丰庚申六月署江西藩司任内）计开

一开设质铺，系照谷当成式变通办理，与开设典当者不同，只须报官给示，不必请领典帖，亦不完纳当税。

一典铺当物，限二十六个月为满，谷当春借秋还，为期数月即满。质铺成本较薄，若照典铺立限，未免过宽，如照谷当定限，又觉过促，应酌中定为一十二个月满当，过期不取，听从变卖，以昭平允。

一谷当按月取利三分，系出入皆谷，贵当贱赎，是以取利稍重，俾资津贴。质铺出入本息，均属制钱，只准照依典铺，每月取利二分，不得援照谷当多取。

一典铺向系值十当五，质铺未便比引此式，应照省城官典成规，只按货物贵贱，酌给质价，每号以制钱一千文为率，当物之人不得争竞。如该质铺力量渐裕，愿多给者听。

一典铺当物期满，力难取赎，准其纳息转票，质铺亦应照办。

一典铺当物，立票刊明当本钱数、行息分数、满当限期，并将当物霉烂鼠咬虫伤来历不明，与典无涉，及认票不认人各情，于票内逐一刊载，质铺均准照办。

一典铺当物，一年期满，让利一月，二年者让利二月。今质铺既定一十二个月为满，如届十一个月以外取赎者，亦应让利一月。

一典铺成规，向由富户备本报官领帖开张。今开质铺，既不领帖，如该民人独立难支，准邀戚友凑集资本伙开，或数股或十数股，俱所不禁。

——（清）李桓《宝韦斋类稿》第六卷《劝开质铺示》，国家图书馆出版社 2008 年影印本。

950.（清）胡守哲，字明之，一字静庵，密岭人。家积陈红，取便邻里，岁以为常。咸丰癸丑，岁大歉，贫户质衣襦，力难取赎。守哲以本年应纳之息概弗取收，悉还所质。

——同治《丰城县志》卷十九《善士》，清同治十二年刻本，《中国地方志集成·江西府县志辑 44》，江苏古籍出版社 1996 年版。

951.（清）苏省典铺，从前取利以二分为率，当期以三年为满。自匪扰克复后，先经变通章程，招开公典，取利三分，一年为满。续经饬据前署司议定，自［同治］八年份起，当本三十两以上者减为二分四厘，十两以上者减为二分六厘，十两以内者减为二分八厘，仍以十二个月为满，详经批准饬遵。

——（清）丁日昌《抚吴公牍》卷四七《饬司核减苏省各典当利息议复》，转引自李文治《中国近代农业史资料》第一辑第 571 页，生活·读书·新知三联书店 1957 年版。

952.（同治）一、现遵新章，照当本按月三分起息，连闰扣足十二个月为满月外，让利五天。如在三十五天之内取赎，只照一月算利，以昭公允。期满不赎，应听变卖，庶资本虽少可得辘轳转运。

——《吴煦档案选编》第六辑《吴煦代王子鉴拟遵札试开公典禀》（1866 年 2 月），江苏人民出版社 1983 年版。

953.（清）兹无意中在兆昌廷遇得咱乡洪善村罗启元兄闲谈，据伊云常德所属沅江县邹家窖，旧系介邑罗景春典房屋。去冬奉抚院札饬，照商开质，月息六分，八月当满。候有充开大典，即行封闭。现在益阳人开设，每月五分，十月为满。

——刘建民先生藏《同治票号通信》。

954.（清）李履清，字金波，邑诸生，居临泽镇……同治时，兵燹之后，典商长利为三分。履清与同人控诸大吏，因得减为二分，贫民便之。

——《三续高邮州志》卷四《笃行》，《中国地方志集成·江苏府县志辑 47》，江苏古籍出版社 1991 年版。

955.（清，大名）接阅典函，内云咱铺于十月减息，及大郡钱价等情，均已备悉。今年典中减息，十月十贰日蒙县接札传谕，自札到之日起，至年底止，原利三分减去一分，以贰分取赎。按藩台告示，是十月初一日起，三个月减息。遵县传谕，自十月十三日减息矣。兹报咱典于十月十四日减息二分，至年终。

——刘建民先生藏《恒裕典信稿》。

956.（清光绪二年正月廿五日）城乡之有典当，所以便益穷民，非所以盘剥穷民也。杭垣恢复之后，有以开当之便民陈说于蒋方伯者。方伯问其利若何，复陈言如有押钱一千文者，满月取赎收息钱三十文，以权子母之利云云。方伯意谓一千文而仅取息三十文，并不见重且可便民，遂颔之。岂知其利已有三分，为从来兴当所无者，故行不数年，即减为按月二分四厘矣。上年以当皆亏本，又公议改为按月二分起息，期以十四个月为满。原谓息既减轻，出货可以较快，然贫民以期限太促无力取偿，仍有任其满没，□可如何者。故杭之绅商如裕通典，现已减至按月一分六厘起息，成大典现已减至按月一分四厘起息，皆自本年元旦为始，期限仍十四个月，抚恤贫民不可谓为不至也。

——《申报》1169号《杭典减息》。

957.（清光绪四年正月初六日）鄂省所属各典当，往年冬季俱行减利，但此时并无大当，惟有质押取利五分也。近因各商加本，革去质字改为典当，□亦减至三分，所以近年冬季同业公议具禀藩宪，以生意艰难，恳请冬不减利等情，业经在案。去岁黄孝一带亦遭旱灾，目击灾黎苦况，深为可悯，是以潘方伯念及民生，谕各典当所有腊月内凡遇一切棉袄絮被棉裤等物，当本在贰串左右，不拘先后时日，以二分行息。如非御寒之物，仍照平时三分取息。倘有殷富之典当冬季业已自先减取二分及二分半者，不在此腊月议减之例云云。且严禁痞匪，倘有在典恃强挜当破烂及硬欲让利等情，准该当扭送来辕以凭究办，是以民之沾惠非浅鲜也。

——《申报》1773号《典当减利》。

958.（光绪四年，宁津县）又广劝设义当，息准三分，期限一年，本尽即止当候赎。免杂税，民皆称便。上官即取其法，饬通省行焉。

——（清）李秉衡《李忠节公奏议》序，（台北）文海出版社1930年版。

959.（清光绪四年六月廿日）前报苏郡各典当会议章程，自初一至初三日，所当进之物无论极其珍贵，总以八百文为限。兹闻各典铺业已议定，期以两年为满，利自二分至一分六厘，盖视当本之多少而别轻重也。洋钱则出入一例。此议闻已禀呈抚院，第尚未批覆，故自本月十一日起，则概以五两为额云。

——《申报》1912号《典铺新章》。

960.（清光绪五年腊月初三日）当铺于入冬让利，一以便贫民，一以收当本，原是两得之举。天津城厢内外典当共有四十余家，向系仲冬望日起，三分者减作二分，二分者减作一分五厘。今年缘被水灾，穷民更难卒岁，是以直藩任方伯详奉督宪批准，直属各当今年预期让利，自十月初一日起，三分者让作一分八厘，二分者让作一分四厘。至腊月初一日起年终止，一分八厘者复让作一分四厘，一分四厘者让作一分二厘，故凡属贫民同声感泣。但天津府县甫于十月晦出示晓众，计此一月之中照常取赎，已不知若干，是则预期减利一举仍徒托空言，未蒙实惠。且贫家棉衣大都于十月间赎取，一出十月稍有力者业经尽赎，实无力者终难再赎，故惟此一月最为紧要关头。乃地方府县必迟至月晦始行示谕，为典商计则得矣，其如辜负宪恩玩视民瘼何？然示内又声明，于十月廿六日始奉道宪、奉藩宪札饬云云，噫！是何公事，乃儒滞如斯耶？殆其中自有斡旋者在耶？

——《申报》2411 号《辜负宪恩》。

961.（清光绪六年八月初一日）前报录宝山令示谕一纸，详言该处典铺恪守旧章，深体宪意，酌量让利。其在荒年则以十一月初一起，歉岁则以十二月初一起，不荒不歉之年则以十二月十五起，均让至年终而止，所以加惠穷民者可谓至矣。又恐常年受质饰物让利，并灾歉年分分别布棉袄裤絮被饰物等减放赎两条，未经详列。又复由督宪批明，由藩司札饬晓谕，而该令又推及农器一项让利两月，均饬于票旁添注，此真悉心搜剔算无或遗，阖境穷黎所当同声感戴者也。虽然，窃以为犹有进焉。典铺之质物以图利也，而其利息有多寡之不同，限期更有迟速之不一，有以十二月为满者，有以十六月为满者，有以二十四月为满者。苏省所属各典以二十四月为限者绝少，而利则二分为最少，等而上之有二分四厘者，有二分八厘者，有三分者。再加以限期太促，洋钱出入又有申缩之处，为典伙之出息，一洋进出须折耗钱十余文，由此核算，利且不止三分，而贫人因之益苦。夫开典铺者，所以便民也，第虽欲便民，究不能从井以救人，故稍收息钱以为伙友之辛赀，限满发卖以归存架之资本，原非以此为利薮。开典之利不过数厘，谓之当者取其稳当而已，自兵燹之后，各处皆遭蹂躏，地方不能复原，民力愈形拮据，于是劝令富商开设典铺以资周转，而商人遂因之为利，流至今日。

——《申报》2640 号《读宝山令晓谕典铺示书后》。

962.（清光绪六年八月十三日）前日报登宝山县典铺让利一示，并经本馆论及。兹接慕善居士函称，此示于谭漕督在藩司任时，早经通饬各州县遵行，只以各典商于就地当经承处贿嘱从缓送稿，是以悬贴迟迟。嗣因州县官查问，并有经承索贿而未遂意者，始叙稿画行发贴。现在苏垣诸典商谓隆冬之月，分别常岁、歉岁、荒岁让利，尚属式微，独汇源典所定十两以下二两以上满十个月者让利二月，二两以下满五个月者让利一月，此两项以通年计之实成巨款，故各典会商于典当公所，将会同六属各典铺，通禀藩宪恳饬查，汇源典究竟援何成例等语。伏思汇源典所禀之章程，无非为体恤贫民起见，诸典商亦何必力梗其议也？

——《申报》2652 号《典当让利续闻》。

963.（清光绪六年十月十八日）前读八月初一日贵报载，宝山令晓谕典铺年终让利一节，分别年岁之荒歉，以为让利之多寡，具见贤父母之用心保赤加惠穷黎无微不至。虽所让者寡，而小民之阴受其德者已莫不同声感戴，此与去年湖郡邹太守之事正同。盖邹守甫署郡篆，即为民兴利除害，不辞劳瘁，微服周行谘访民情，知典当利重，大为民害，即谕令各典当让利。后以典商等阴有所谋，卒不果行，人皆惜之。何宝山之典商能遵循旧章，深体官意，而湖郡独不能然也？忆湖郡兵变以前，典铺起息概以一分五厘，七千以上一分三厘，尚有三年之限、六月之留，迨至卖包结算，通□不过几圆钱而已，开当者无非图其稳当且亦所以便民也。乃今之开当者，则不以便民而以害民。近年以来丝价益贱，多以典质为谋生之计，故每开一典铺资本非二三十万金不可，贫民之多于此可见。现在湖属典当以长年二分四厘起息，各当之赚钱除开销、日用、辛俸及官利之外，其赢余有每年二三万不等者，十年之后其赢余又可开一当铺。以是富者益富贫者益贫，非但典商日新月盛，即典伙亦且乘坚策肥锦衣玉食，此何自来哉？皆贫民之脂膏所剥而得者也。湖属各典不论绸布新旧衣服，均照当本每千抽钱七文，名曰存箱。每届月杪照辛俸大小分派，每月计存箱钱约有三四百千，故各典当司事之友不必更加辛俸，即以存箱钱为正项工钱，而已大可观矣。夫从前之存箱，原因衣服华美，持衣来典者情愿出数文存箱之钱，使安放妥善之地，不致有折皱以及霉蒸之患，非尽有存箱也。今则无论粗衣布服统皆扣存，此事尤为可恶……总之，目下时势觅利甚难，行商坐贾皆不如开典铺之稳当。然苟过于刻剥，亦足以撄人怒而干天谴，则今日之开典当者，曷不共遵宝山令之所谕，分以荒歉变通让利，则不以害民实以便民，而众怒可销天谴可挽矣。抑更有说于此，际此直赈万分竭蹶之时，各省大宪出示晓谕，所有江浙未经让利之典当，令于全年利息内抽提二厘檄解直赈，其已让利者免为，则直省既可稍集赈款而各典有所警戒，以后必将一概让利。从此数年未能轻减之重利，一旦避重就轻减，赈得其资，穷民受其惠，典商薄其谴，一举而三善皆备，夫岂仅曰小铺之哉？天下有关心民瘼之良有司如宝山令乎？吾愿以此言作刍荛之献也夫。

——《申报》2715 号《劝典当让利说》。

964.（清光绪七年正月初十日）天津典当每年冬有减利之例，前年减之至再，而贫民大为方便。成是举者，直隶藩司任筱元方伯也。平时利息，绸布衣服金银首饰每两二分，哔叽羽纱绒呢皮货每两三分，十两以上则仍二分，若铜锡器皿无论十两内外概系三分。年例于仲冬十六日起让利，三分者让作二分，二分让作一分五厘。前年减而复减，至腊月朔日，二分者复让作一分五厘，一分五厘者让作一分二厘。在典商所捐无多，而贫民受惠实大。去年津郡水灾未已，上宪念切痌瘝，原议饬各属典商遵照去岁章程一再让利，继有人为之关说而事遂中止，闻关说者亦宦途中人也。

——《申报》2789 号《善政被阻》。

965.（清光绪七年正月廿一日）前年天津典当让利两次，去年本有是举，以有夫已氏为之斡旋而事遂中止，此曾列入前报。闻去岁故衣估价极高，而让利一举只照向例举行，并不重减，当商获盖（益）颇厚。年终或当或赎，烂其盈门，不似三两年前有当无赎，难资周转。岁除前五日柜上典伙已有应接不暇之势，柜外人声鼎沸乱如纷丝，从日出起直至日昃，迄无宁晷，当门已关闭矣。至岁底数日人数尤多，事情尤琐，典伙实万难支架。大除夕城乡当铺一律向不闭关，然城中纷纭一夜，至元旦日出即人数渐稀。惟今年乡间，直至元旦日中犹难闭门，其中大都系转利者。盖彼从除夕前来，夜以继日，典伙竟未暇及，而一逾此日利息如故，锥刀末减，宁守候终宵，继之半日而不肯去。查竟有重门下锁而内尚留数十人者，忍饥两日，待至初二拔关始转票而出，其实止为让利耳。贫民之苦若此，而出冬夫已氏乃犹为之斡旋，独何心哉？

——《申报》2800号《贫民苦况》。

966.（清光绪七年四月十九日）大富贵而得以久享厚福者，必屡世存心行善始有以致之也。窃尝观夫卿大夫拥厚资设典当以便贫民，权有无通缓急让利减息，其所有急公好义乐善好施，盖已寓在其中矣。顾自兵燹后，经各省贤有司劝设典当质押以济炎黎，不得已变通旧章，倍利加息以广招徕。当是时，利息虽增，固不知其为重轻也。今者承升平日久，到处争开典当，原其利息已属减轻，而视夫嘉道年间若相倍蓰。近闻大市银利不过六七厘起息，而今典当仍以二分，按月计算年半为期，较之昔时以三年半为满一分三五厘起息，何其相去若是之远耶？在当商本无贪得之心，不过相习成风，自不觉其今昔之悬殊也。独可怜者有等小民贫而无告，以典质为日用事畜之常，由是日积月深愈困愈苦，然犹不自知其为重累也。使仁人设身处地能不恻然于中，必有所不忍耶？伏求为民上者胞与为怀，普劝富商广为减利宽期，俾贫苦小民均沾覆露之恩，以积厚德以福子孙，其在斯乎，其在斯乎？无名氏来稿。

——《申报》2816号《代贫民交邀求典当减利书》。

967.（清光绪七年十月廿二日）宁波府正堂宗为棉衣让利事，业奉藩宪札奉抚宪谭批，本司详复核议。浙省各属典当去冬让利放赎，仿照苏省章程办理，请示遵由奉批如详办理，仰即通行各属遵办并颁示晓谕周知。缴等因并奉抄详，内开凡棉绸棉布木棉丝棉袄裤被与衫裤被之棉胎四项，当本在二千文以内者，在十一月十六日起至十二月十五日止，让利放赎，行县出示晓谕在案，未遽将示稿录送。兹又奉藩宪札开，本司续详杭嘉湖宁绍五府属典当隆冬让利，请将前详棉绸丝棉剔除，其布棉袄裤被及棉絮四项，凡在本年以内质，典本在二千文以内者，不论年岁丰歉，自十一月十六日起至十二月十五日止，在此一月限内取赎者，概行将利全让。如系上年质当，于次年十一月十六日至十二月十五一个月限内未满来取赎者，将去年之利照付，次年之利一律让免，由奉批如详饬遵等因，札府通饬遵办，合亟颁示晓谕。为此示仰各质户各典当遵照，凡布棉袄布棉裤布棉被及絮胎四项，在本年以内质当当本在二千文以内者，自十一月十六日起至十二月十五日止，在此一月限内取赎，祇行将利全让。上年质当者，将上年之利照付，次年之利一律让免。其丝棉棉绸及别项衣物等一概不让利。此系大宪体恤贫民德意，此后自十一月十六日起至十二月十五日止，照此遵行。过此一月限期及未到十一月半取赎，着均不准让。各典当不得违宪取巧，各质户亦不得于定章定限之外争论滋扰，倘敢故违定行提案究办，凛遵特示。

——《申报》3097 号《当铺让利》。

968.（清光绪七年十月廿四日）典当之设，所以便民，故为商人牟利之常……各省自兵燹以后，流离甫集，元气凋残，富商远徙未归，贫民无所通融，官乃亟亟焉以开当为善后要务，招集商人，民咸称便。始则省会郡城，推而至于各县乡镇渐次开张，几复承平旧例。惟贫民以为便者有之，以为苦者亦有之，盖从前典铺以三年为限期，每月起利小者不过一分二厘，十千以上者仅八厘与一分不等。而同治初间，当虽规复，各当商以资本不如前，若以三年为满则不能转运，故仅至十二个月或十四、十六、十八个月而止，利则自二分四厘至二分。自同治三四年至今，亦越十七八年，地方之元气虽未尽复，而富商之营运日见兴隆，顾限满不能及三年，减利不能至一分，徒借口于不敷营运，而相沿以为成例莫可更张。贫民之苦于利重而限促者，实暗受其累矣。夫金珠贵重之物，当本或不至相悬，若衣服则不过十当四五，展转出入而又加以三年之利，苟终不赎，则将来批卖必至折阅，故各商不肯放限。至于利息，则现在各项生意须通融于汇划者，皆一分而外。而又本利滚算，一千之金若终年常欠，则一年之利实有不止二分者。以生意艰难亏逃接踵，各庄号鉴于此中利弊紧而不放，是以拆息如此其昂，当商知之，乃借为口实而不肯减让宜也。

然而有贵重之物者，虽多出利息而其物必来取赎，且当钱之时，或因急需抵用，其后款可挹注，亦不惜此区区之利。惟极贫之民，数百文千文之物，锱铢计算省得一钱不为无补者，则或因二分之息加于本钱者已二三成，一时无措致于不得取赎，譬如棉衣裤，既已不堪过冬，即终至于赎，而为日太迟，受冻已不胜其苦，此则限期之促犹为小焉者也。浙省大宪知贫民之苦，特仿邻省章程通饬各属谕知，典商自十一月半至十二月半，凡棉衣裤被絮胎四项，于此一月期内，概令让利。本年当者全让，上年当者完上年而免今年，虽以当本二千文为率，一年之利不过四百馀文，况有不及一年、不及二千者？然在贫民，得此区区，受益诚非浅鲜。昨见宁守宗湘文观察告示，转奉藩抚札开等因，可见民间困苦情形，大吏未尝不知而一为筹及也。

——《申报》3099 号《论典当让利便民》。

969.（清光绪七年腊月十三日）尽先补用道署理温州府正堂加六级纪录十二次陈为出示晓谕事。本年闰七月十九日，奉藩宪德札开，本司核议，浙省典当仿照苏省隆冬让利放赎章程，凡属罗绸棉布木棉丝棉之棉袄裤被与袄裤被之棉胎四项，当本在二千文以内者，无论年岁丰歉当期久暂，在十一月十六日起至十二月十五日止取赎者，概行让利放赎。此四项中有夹当他物，即不得图让抽赎。为时仅此一月，为物仅此四项，又以当本在二千以内为限，似于利济贫民之中，仍寓体恤典商之意，其有自愿提前减让，或实在瘠苦之乡自愿加展让免者，均听其便。详奉抚宪谭批示，如详办理，通饬各属遵办，并颁示晓谕俾得周知等因，抄详转行到府。奉经张前府饬县出示晓谕，仍于每年冬间发示一次，使小民得沾利益在案。兹属隆冬，正小民赎取寒衣之际，合行出示晓谕，为此仰阖属典当暨军民人等一体遵照毋违，特示。光绪七年十一月二十九日，给查此案前府宪张太尊于闰七月二十六日通饬各县，而阖属均未出示，上宪一片婆心，下民未沾实惠，若无陈太尊皇皇晓示，则穷户尚在懵懵，悬揣其故，实属令人难解。再温郡与苏省气候大异，即如浙江嘉湖等处，无论大家小户莫不养蚕抽丝，棉绸丝棉均系家常便物，故农夫村妇每至冬间咸穿丝棉袄裤。若温郡地气和暖，穷民率衣单夹，木棉亦属稀少，丝棉本难被服。情形既不相同，体恤似应权变，若改令将夹衣让利，惠泽更觉无限矣。今各典当纷纷递呈求从常例，谓温郡向无此举，经张明府痛加批斥，改自十二月初一日起至三十日止，所开四项衣物遵照新章让利放赎云。

——《申报》3147 号《谕当商让利示》。

970.（清光绪七年腊月廿七日）典当隆冬让利，其大概已列前报，□闻温郡各典商联名具呈，称温州向无减让之例，实难仿照苏省章程。况城内五当均有公项存放生息，如四项质物可以让利放赎，则存当公项亦须免利。此端一开，郡城各衣庄俟至来春和暖，定将棉袄裤被倾存质库，其中弊窦滋生，实与典当大有关碍等情。旋经陈太尊批示，所呈各情似与典商有所窒碍，姑俟详请藩宪酌核定章再行遵照。而各典深恐穷民滋闹，呈求饬差弹压，旋又自立章程，仅肯让利一月，若袄裤同当，亦须照旧取赎。幸穷民尚属畏法，不敢稍有闲言，所可惜者德方伯一片仁心，贫民仍未沾利益耳。

——《申报》3161 号《让利续闻》。

971.（清光绪八年二月初七日）皖垣典当向来按月取息二分五厘，以十八个月为满。前月杪，大宪准奉左侯相文札，即行出示，按月只准二分起息，以二十八个月为满。闻各典于二月初一日遵行新章，以前所质之物则仍照旧例取赎。民间见示莫不颂仁政之大也。

——《申报》3193 号《当铺减息》。

972.（清光绪八年五月初七日）典当之设，虽曰谋利，实是便民，故利止二分，期则三载，俾贫者将物易钱，可以周转谋生。扬州自发贼乱后，山西、徽州两省之殷商皆遭颠沛，开设典铺者惟有湘广各票贩，一味图利，显背典章，利则三分，期则二十个月。嗣经绅士迭禀大宪，始改以二分四厘起息，期则仍是二十个月。如再有具文禀者，有司反以为借端措诈，故无告之民忍痛而受其盘剥。今两江督宪左侯相洞悉民艰，仁恩广沛，特出示兼派干员协同各属地方官挨查诸典，取具利止二分、期则二十七个月为满遵依切结，如有不遵，即勒令收歇。据闻已归奏案，故委员至扬州。贫民感戴之诚涕泪俱下，颂声遍野，想彼为富不仁者亦不敢不遵奉也。

——《申报》3282 号《减利便民》。

973.（清光绪八年十月初一日）特用府补用同知调补江苏太仓直隶州宝山县正堂

王，抄奉钦命江南苏州等处承宣布政使司布政使□为出示晓谕事：照得各典隆冬让利一案，系光绪六年间由司详奉院宪批准照章放赎，即经饬属遵办在案。嗣奉督宪饬改酌宽当期，案照札饬，隆冬灾年毋庸再议减息等因，又经转行遵办。旋据该县禀以该境向来隆冬让利，仅有布棉袄裤被絮四项，皆系贫民御寒要具，受惠实多，请仍照旧让利放赎。即奉督宪批司核明给示晓谕等因，除转饬外合行颁示晓谕，为此示仰该邑典铺军民人等一体知悉：自示之后，每年隆冬让利仍遵前定章程，凡遇质当布棉袄、布棉裤、棉被、棉絮四项，当本在二两以内者，灾荒之年以十一月初一日起，歉薄之年以十二月初一日起，常年即成熟之年以十二月十五日起，均至年底止，概行让利放赎。其当本在二两以外及以他物来当者，均毋庸饶让。如实在瘠苦之乡，于定章外再行让利一个月，以示格外体恤。各宜永远遵守，不得阳奉阴违。倘隶役人等有以让利示谕向典需索者，一经访闻或被告发，定即照例严办，决不宽贷。其各遵照毋违，切切，特示。

——《申报》3424 号《遵饬当铺让利示》。

974.（清）光绪八年十月十四“……臣因酌中定议：江宁、江苏、安徽所属各典，无论抵当衣饰器具，凡资本一两，一律每月取息二分，连闰二十四个月，仍留余限三个月，凡二十七个月为满。凡遇隆冬及灾歉年分，毋庸再议减息。每年除典税照章完纳外，城垣每月只准捐钱二十千文，乡典每月只准捐钱十千文，此外公事一概免捐。以有由地方官发此生息公款，无论何项，放息无过一分，一切陋规概行裁革……”

——《左宗棠全集·奏稿》卷五十九《奏为核减典商利息酌定赎限拟发官本折》，上海书店 1986 年版。

975.（清光绪八年腊月初二日）德晓峰方伯曾仿照苏省章程，令各典当隆冬让利，通饬各属出示晓谕，并于每年冬间给发告示，俾穷民得沾利益。故陈寿山太尊自去秋接奉明文后，即于十一月底颁发告示。此时各典当纷纷具呈，谓温郡向无此章，呶呶置辨，是以去冬各典当日有滋闹之事。今岁入冬以来，不特各典当不肯减让厘毫，并进出洋水必须吃亏至四五十文之多，当伙之刻剥穷民，其心更有甚于狼虎矣。

——《申报》3484 号《温郡琐闻》。

976.（清光绪九年正月十四日）窃维典铺之设，本通贫民缓急。松境典息久经一律二分，且有好义之典体念小民困苦，于二分之内酌量减让，自一分八厘减至一分四厘，均于票上加有红戳。川南各典凿凿可指。此外尚多照减之处，因无确据未敢妄列。至于棉袄、棉裤、棉被、棉絮四项，当本在二两以内者，隆冬之际分别让利放赎，通省莫不皆然，穷民沾惠甚溥……惟恐现在宪行无由知悉，敢求贵馆登诸申报，并乞鸿才善为婉劝，得能仍复旧章分别减让，则亿万穷黎咸沾大德矣。兹将宪札附录左方：

布政司谭为转饬事，奉爵阁督部堂左批，太、镇二州县许各典隆冬仍照勒碑章程让利缘由，奉批□详办理。仰苏州布政司转饬遵照，仍候抚部院批□缴……案奉宪台札奉爵阁督宪左札开，民间典当原为便民而设，江南所属克复虽阅有年，民间元气尚未复常，尤宜加意抚绥，俾苏民困。各属典商章程应定为一律，无论典当衣饰农具，凡本资一两，每月二分取息，连闰以二十七个月为满。凡遇隆冬及灾歉年分，毋庸再议减息。其应体恤典商者，除典税照章完纳外，城典每月只准捐钱二十千，乡典只准捐钱十千，此外公事一概免捐。凡由官发商生息公欵，无论何项放息无过一分，地方衙门一切陋规概行裁革……按光绪七年以前，川沙厅同泰、义成、同和、同豫四典，当本三十千以内一分八厘，三十千以外一分六厘。南汇县公益、元源两典，当本五千起一分八厘，二十千起一分六厘，四十千起一分五厘。信昌、鼎生、均和、仁发、仁和、德和六典均六千起一分八厘，二十千起一分六厘，四十千起一分五厘。同昌典五千起一分八厘，十五千起一分六厘，五十千起一分五厘，一百千起一分四厘。公生典五千起一分八厘，十五千起一分六厘，二十千起一分四厘，同升典八千起一分八厘，三十千起一分六厘，五十千起一分五厘。信泰典十千起一分八厘，二十千起一分六厘，四十千起一分五厘。永裕典十千起一分八厘，二十千起一分六厘，五十千起一分四厘。公安典六千起一分八厘，二十千起一分六厘，四十千起一分五厘，一百千起一分四厘。会隆、恒隆、元昌、泰顺四典均二十千起一分八厘，五十千起一分六厘，一百千起一分五厘。同兴、同源、洽和、仁裕均五千起一分八厘，二十千起一分六厘，四十千起一分五厘。此外各县典铺莫不好义减让，第无确据可指，恐有错误，未敢妄列，并非遗漏，还乞谅之。嘉善乡农录寄。

——《申报》3519 号《典铺定章》。

977.（清光绪十六年六月初一日）楚北虽曰繁盛之区，但地处低洼，易遭水患，兵燹以后，元气即伤，加以迩年灾害频仍，百姓惟恃长生库通缓急。顾省垣和昌、仁昌等十二典，汉阳、汉口乐福等二十三典，多取息三分，惟公典二三家以二分五厘取利。小民遭此盘剥，几同剜肉医疮，张香帅思损上益下之谋，为恤商惠民之举，会同谭中丞集商劝谕办理，俾得民困渐苏。旋据武汉两府江汉两县禀覆，各商业经遵谕，无论公典当铺一律减为二分取息。凡在五月三十日以前所当者，仍照旧式计息取赎，自六月初一日为始，一律改为二分收息。所有存典生息地方公款，原备善后各项经费，前本九厘或一分生息，兹亦体恤商情，减取五厘。但此项原系地方要款，所短之数甚巨，惟有将现办土捐善后经费一项，作为弥补。各典既经减利，嗣后各项捐输亦宽免十年，以示体恤，现已出示晓谕，永远奉行矣。

——《申报》6192 号《减利惠民》。

978.（清光绪十七年腊月廿七日）时届四九，贫民无衣无褐，情景可怜。大宪俯念民艰，札饬所属州县，传谕各典当自腊月初一日起至三十日止，原当三分利者减去一分，二分利者减去五厘，俾贫民易于取赎。

——《申报》6743 号《北通近闻》。

979.（清光绪十八年十一月廿二日）金陵典当自左文襄更章后，统归二分起息，以廿七个月为满，出入足钱，奉行有日。惟钟表玉器与定章稍异，写票一千仅付出青蚨九百五十文，每竿扣钱五十文给柜伙瓜分。虽未奉有明文，而相习成风，质物者已置诸不问。近有白门听鼓诸君具禀督辕，大略谓钟表玉器即有月息二分，自应与衣服首饰一律办理，何得另扣九五钱而使贫民受累，非所以便闾阎也，请永远禁止等语。督宪阅禀后，立即批府转饬省垣各典明白禀覆。现闻各典公同议定，嗣后钟表等件一概不质，以免饶舌。果尔则不便于民，较前更甚，必有接踵而起者与之聚讼，安得筹两全之法，俾商民皆有裨益哉?

——《申报》7086号《公议典规》。

980.（清光绪十九年二月廿四日）典当减利乃是义举，何意上海城内之厚生当减取一分四厘，他当不允，将其当主扭控县署，竟以违章发押。所谓违章者，乃违同治十三年前藩宪所定二分之章也。当时各当取利过重，前藩宪恶其盘剥，因有二分之谕以示限制，从此不准加，非从此不准减。嗣后蒙左文襄公、邓方伯均有减利之谕，刘制军亦有让利之示，今厚生之减利盖亦仰体宪意，不肯剥削穷民。他当即不仿行，转出梗阻，殊失便民之意。而上海善堂林立，此外绅士亦多急公好义之人，何竟缄默不言，不为民请命耶?岂因各当人众势大，而不敢结怨耶?我等或为寒士，或为贫民，即无清议之权，又乏进言之分，因见他处皆得轻利，惟我上海城厢之人独觉向隅，故特登报。倘蒙邑尊俯念民艰，与董婉劝当主，得能城厢内外一律一分四厘，固□义举。否则，各当仍取二分，厚生听其减取一分四厘，亦不失各行其是之意，寒士幸甚，穷民幸甚。王敬洲施蓉村朱兰圃顾淦成等同具。

——《申报》7171号《求减典息》。

981.（清光绪十九年二月廿八日）子兴氏之言曰……乃今有厚生典商自愿减利，月取一分四厘，亦可谓难能而可贵者矣。官宪闻之，应加奖励之不暇，或详请建坊，或自行给匾，俾其同业闻之互相观感，依样仿行，此是何等善事，实亦当官者所宜。然以坊间而论，较之助赈顺直、助赈山东当亦不让，而何以竟有该业之董事大不谓然，耸恿众典十五家扭该典商投控县衙，请官查案，申禁不准减利以恤穷民饬令，出具遵依切结，不遵则押候办理。夫所谓查案者乃某年藩宪批词，有只准二分取利之语也，该商当辩称□批之限令二分取利以为限制者，乃防奸商之加重二分以外，非防改至二分以内也。反复陈词，寡不敌众，故此案至今未了……昔年嘉定各当，按月取利一分几厘，秦氏另开便民一当独取一分，民间称为义当。咸丰三年红巾陷嘉定时，此当居然保全，可见便民义举虽在会匪尚且敬重。秦氏至今科第不绝，未始非此当之阴功也。今南寻邢氏所开厚生当，每月减取一分四厘，体恤穷民，存心独厚，足与秦氏后先媲美，将来获报自无限量。惟因他当不愿，群起阻挠，恐难持久，深愿刑氏勿为众惑，坚持此□庶免为善不终，贻人口舌。务使上海城厢穷民咸沾乐利，昌胜幸甚。为民请命人稿。

——《申报》7175 号《典当减利论》。

982.（清光绪，山东）敬启者，为贵典隆冬减息一节，只因抚台大人札饬藩司，本年减息无论三分二分，均照历城四个月减息一分五厘办理，不顾商力之厚薄，地方之丰歉，通省一律刊刷告示，永为定例，不准各州县率请更张。此案始终情形，谅已早入洞鉴。敝房伙友俱为束手，随即竭尽心力，婉托各处主政，许以重资，始克延前半月，截后半月，仍归三个月，至正月十五日为止。此种办法，非顾当前，只图后步易办，所得利息不无少有参差，而所许各处费项，较前更重。

敬覆者，减息一节，先年敝典出费，每年不过卅余金，彼此稍为两益。嗣后屡有增加，兼之近年生意萧条，敝典实属无益。敝东早致责言，令裁此费。弟念与吾兄多年交谊，虽觉此费无益，而率由旧章，未便一旦矫情。是以数年来弟甘受其责，而尚未肯裁革也。不料今年五月间，县署接藩宪转蒙抚宪札谕，通饬各州县更定新章，敝处定为提前半月。弟恭阅之下，不禁骇叹，减息虽仍归三个月，而提前半月，则病于商者多矣。但更定章程，系出抚宪之意，人则无能为力。况敝东久有裁汰此费之言，已蒙藩宪刊刷告示，只可遵示而行。函称提前半月，系吾兄调剂之力。大凡调剂情事，愿否自应函商，前者未蒙寄函商酌，殊不知提前半月，非徒无益而又害之。弟再四思维，此费实难向敝东报销，违命之愆，伏祈原谅。

至所称何以他处皆系四个月一律办理，弟窃闻上年蒙藩宪奏准，抚宪通饬札内有云减息一案，旧系四个月者，仍归四个月；旧系三个月者，仍归三个月，且有永为定例，不准率议更张之语。敝典多年旧例，减息系属三个月，是以知与敝典一律办理，同列者共有三十五处。

——刘建民先生藏《光绪当商信稿》。

983.（清光绪廿六年四月初六日）松江访事友人云，国家定例开设当铺，准按月取息二分。松郡各当铺前曾分别酌减，以广招徕。至近年物力艰难，势难支拄，以致全丰等铺相继闭门。今春各当铺执事人会议酌加，冀免折阅，然仍不敢过二分，且将当本较多者略为减让。世职徐安邦等恶之，历禀华、娄两县署，请饬仍照前章。两县主尚未核示，而张子虞太守已奉檄下车，徐等遂又联名禀诉。太守批示曰：卷查各典当质衣饰等物，每月取息二分，以二十七个月为满，系于光绪八年奉前督宪左定章通饬遵照。嗣于十一年间，经前藩宪李核减各属典铺质当赎期，详奉督抚宪批准，仍以十八个月为满。其二分之息并未议减来禀，所称历来按照当本多寡分别取息，乃该典商等自愿减让以广招徕，并非由官所定。今典票加盖红戳，当本五千以内仍照例取息二分，不得谓之盘剥。该职等率请示禁，似未明悉例章。惟现在民情困苦，自应体恤。该典商等能否照旧核减，即经华、娄两县饬委典史分往劝谕，候即行县查明为妥办理，具覆察核粘批。附典票两纸揭还。

——《申报》9714 号《洞悉民情》。

984.（清光绪二十七年，庆王等）新开税当，无论何项货物，应以三十六个月为期满。今格外体贴商情，拟定以三十六个月为限满，当本银不及一两钱不及一吊者，三分取利；一两以上至十两，取息二分息五厘；十两至百两，取息二分；百两以上，取息一分五厘。大个钱十千至百千，取息二分五厘；百千至千千，取息二分；千千以上，取息一分五厘，不得任意增减。唯现当兵燹后，商力或有未逮，准其于十个月内暂用三分行息，二十四个月为限满，以资周转。扣至明年十月底止，一律遵照前开章程办理；报开税当，已领由单。其出入银圆，遵旨每元作为库平足钱七钱二分出入。一律无论用银、用钱、用大小银元，均以满足数目计算，不得有九八扣名目。当银以银赎，当钱以钱赎，当银元以银元赎，毋得折抵，两有吃亏；上年秋后私开当局，满期利息杂乱无章，大为民害。第愿改为税当，仍拟准其报官请单。有十二月为始，所有满期利息，均照新开税当章程一律办理，不准歧异……光绪二十七年十二月二十三日具折稿另录。

——（清）甘韩辑《皇朝经世文新编续集》卷十《商政》，《庆王等拟奏整顿当商章程》，光绪乙未石印本。

985.（清末）五虎长牙舞爪来，秋风避债竟无台；惊心昨夜西邻哭，掌上明珠去不回。

每百钱，按日缴息五文；停缴一日，即前缴抹销，谓之五虎利，亦营卒所为。穷民不得已贷之，无力偿者，或掳其妻女而去。

九抽敢把禁条违，飞去青蚨忽自归；寄语杜陵头白叟，何堪日日典春衣？

私典有曰小押者，皆兵卒为之。每质物一百文，只给九十一，谓之九抽；赎时仍满其数，每十日，一百文计息六文。其期限之缓急，以物之高下为差；然无过一岁者。

——（清）刘家谋《台湾杂咏合刻·海音诗》，《台湾文献丛刊》第28种，台湾银行经济研究室编。

986.（清末）第十二条　其利息定额，或高或超，不由组合员自裁。

一贷金十钱以上，壹圆未满，月八分以下。

二贷金壹圆以上，五圆未满，月六分以下。

三贷金五圆以下（上），十五圆未满，月五分以下。

四贷金十五圆以上，三十圆未满，月四分以下。

五贷金三十圆以上，月二分以下。

但利息一日，即可算作一月，而过月即可算作两个月也。

第十三条　当物期限，即限以二十四个月满。

第十四条　罹天灾盗贼，致使当物失去无踪者，当主不得向营业者强讨原物，而营业者亦不得向当主求取原银。

第十五条　倘遇腐朽、虫咬、鼠咬等，其任不干营业者事；但营业者不着意，致使当物损坏，其时营业者须早通知当主，当面相谈，照价赔偿，不得强压。

第十六条　总理接官命，要查贼赃时，总理即将副本付送组合处，使组合员对照细查其有无。倘查有是物，事不容缓，务宜速报警官，以免后累。

——《台湾私法债权编》第一章《债权总论·当店组合规约》，《台湾文献丛刊》第79种，台湾银行经济研究室印行。

987.（清光绪三十年，天津）兹准咨复，饬据布政司杨士骧详称，查直隶天津当铺向章，当本在津钱一千文以上，按二分取息，一千文以下按三分取息。其余各属或当本十千以下按三分取息，十千以上按二分取息。或不分当本多寡，有按常年二分取息者，有按常年三分取息者，虽办理未能划一，总不得逾定例三分之息、三年之限。迨遭庚子之变，有兵灾州县原业当商，无力再开，贫民生计维艰，难资周转，当经周前升司议请，将曾遭灾地面无力复开当铺，准其另行试开质铺，按照光绪初年办法，以三分取息，二年为满，应交税课，暂行宽免。仍俟试办三年，限满改为当铺，领帖输税，详经批饬遵照。嗣经天津县详称，庚子前津郡当铺多至四十四家，商民称便。自兵燹后，各当多被抢掠，复开者仅十七家，且系凑集资本勉强开张。现在街市银根奇绌，现钱短缺，若不添设质铺，实不足以维市面而济市民。饬据通聚号等五家开设质铺，以十八个月为满，试办二年，限满规复旧章，他处不得援以为例。

又据详称，当商董事李安邦等禀称，津邑当铺章程，凡当本津钱在一千文以内者，遵例三分取息，在一千文以上者按二分取息。各典因兵燹之余，元气未复，请一律改归三分等情，先后详请饬令，自光绪三十年为始，改为三分取息各在案，此直隶近年办理质铺之变通情形也。此外并无奏定新章，无凭录送。

——《天津商会档案汇编·典当业·商民陈秉璋、王芝山集资八万元筹设义济典当有限公司文及商部准予立案札》，天津人民出版社1989年版。

988.（清光绪三十二年四月十五日）为重困穷黎，为民请命，叩求示谕典商仍前收利以维大局而恤民困事。窃州境典当向章按月分六厘起息，典商于多中取利，贫民以周转为生，相安至今，尚称两益。自去年铜元拥挤洋价遂长，典商借口亏耗擅议加息，以按月二分取利。长安有庆、鼎裕两典首先作俑，乡民持钱赎当，照旧偿息，不允取赎。绅等伏念际此民穷财尽万不获已，忍寒典衣忍饥典米言之已属可怜，富商巨贾应如何让利乐行其德。乃不惟不让，反为不仁，于去年十一月起加息四厘，致饥寒之民勉筹本利持赎，仍复空手而回，寒不得衣饥不得食，强者忿争弱者饮泣……再长安与硖石城镇各典均加息至二分收算，而袁花闰生典仍取分六，斜桥厚成典则分八，同是一州之典取息不符。兼之洋价今已平定，非若去年逐长可比，典商似应仍前收利，方洽舆情。现在民间赴州禀控者已不下七八十起，倘不从速持平办理，深恐滋生事端。合并声明藩宪，宝方伯批示云，查典商原为便民开设者，都是富商，理应体恤贫民，从轻取息。该州有庆、鼎裕等典从前均禀明一分六厘取息，现在未便加息二分，况袁花、闰生仍取分六，同在一州自宜一律。仰海宁州即速谆切劝谕各典商，照禀定成案办理，不得加取，以恤贫民为要。仍候抚宪批示词钞发（焉）。

——《申报》11872号《海宁绅士上浙抚禀并批》。

989.（清光绪卅三年正月廿四日）甬郡各典当向章按月二分起息，现有同大当东王月亭发起拟再加收，鄞县高大令以典当加利有累贫民，因即向之驳阻（日）。

——《申报》12167号《不准典当加利·宁波》。

990.（清光绪卅三年二月初八日）常德府典当一业，向系援质当成例，每月以三分加息取赎。旋经前府尊某太守示定减为二分五，商民莫不称便。现在张琛午太守为体恤贫民起见，议令再为酌减，定为每月二分。而各当商则以近来百物昂贵，日用加繁，尚欲禀请规复三分，故日前已约齐同业一律暂为停闭，且俟议定月息再行照常开市。说者谓常郡商务繁盛，人烟稠密，小民贫苦者多，典当安可一日停歇？当商此举盖欲藉以挟制也（木）。

——《申报》12180号《当商闭门要求加息》。

991.（清光绪卅三年十一月初六日）近给事中徐士佳片奏云，自庚子之变，典铺被劫无存。次年经留京王大臣会同步军统领、顺天府五城集议，招商设典便民，暂准月息三分，并声明俟市面大定即规复二分之旧，奏明在案，迄今六年矣。商等仍取每月三分，在典商诚得计矣，然贫民何以堪此？相应请旨饬下步军统领衙门、民政部、顺天府查明原案，谕令各典商将月息三分之案于奉文之日即行截止，一律规复每月二分，以利贫民而昭大信。谨附片具陈伏乞施行，谨奏。奉旨，着该衙门议奏。钦此（黄）。

——《申报》12526号《请减典当利息·北京》。

992.（清光绪卅四年五月初九日）苏省典业董事潘济之禀请督抚两宪，拟将钱码改作洋码，已纪前报。现奉督宪端午帅批示，钱码改为洋码，碍难照准。惟向例民间质物在五千以上一分八厘起息，十千以上一分六厘起息，现准不论多少，自五月十六日起，一律改为二分起息，以恤商艰。

——《申报》12698号《典当一律二分起息·苏州》。

993.（清末）天津县属城乡典当，凡四十余家。每年冬有减利之则，由藩司出示，惠及贫民。平时利息，绸布、衣服、金银首饰，每两二分；羽纱绒呢皮货，每两三分，十两以上则仍二分。铜锡器皿，无论十两内外，概系三分。年例于仲冬十六日起，至年底为止。原利三分者，让作二分。原利二分者，让作一分五厘。在典商所损无多，而贫民大为方便……因一逾此日，利息如故矣。

——（清）张焘《津门杂记》下《减当利》，《笔记小说大观丛刊》第2编第4册，（台北）新兴书局1978年版。

994.（清末）境内典铺，乾隆时凡六家。厥后增减不常，同治中增至十一家。后又减少。光绪初本城一家，界首一家，临泽二家，三垛一家。后临泽歇一家，本城增一家。共计五典，利俱二分，期二十七个月为满。宣统初，典商因衣式屡变，过期不赎，难于销售，乃禀请缩短期限，十八个月为满。

——《三续高邮州志》卷一《实业》，《中国地方志集成·江苏府县志辑 47》，江苏古籍出版社 1991 年版。

995.（民国初年）邢某者，资本家也，其父在上海城内开设一典，减利为一分四厘。然典业部章按月二分起息，若任该典如此减利，他典不能支持。当邀同业在公所会议，同往邢处相商请求，仍改为二分，至再至三不允……邢果上控府藩，控予在所难免。邢禀未批之先，适邓潘宪由沪赴吴淞查看炮台，奉抚台委上海各官去接在船舱内。交上海县官公文札饬内开，邢某减利便民，实属可嘉。着上海县饬该典，仍遵部章，按月二分起息，其余六厘，饬上海县核算，按月向该典收取，以济无物可当之贫民。其他典商有所观感，惠及贫民，更无涯涘矣。后邢某进退两难，只得捐赈济一万两了案。

——余鲁卿《经历志略·交际六》，转引自王裕明《明清徽州典商研究》附录，人民出版社 2012 年版。

996.（民国初年，沙市）附启，荆沙所办涨息之事，忽焉中变，正函不敢道其实情者，诚恐他人阅悉，效生别议。月初常子养兄来站得意游言，曾将自治总长接到全义，先打麻雀，后吃酒席，业已运动响应说妥，贰次所具之禀，不须批示，请该长通详知事、商会、旅长后是何定体。定于十二日开会，宣布为是。不意是日开会，众议员演说，议决第一事，即将总会长推倒，随即散会，说定且待一连开会十日，举定会长后再理琐事。各典会议恐其日久生变，暗中又将副会长竭力吹嘘，求伊急速议决，宣布为妥。该等于十六日一仝进城，面见自治、知事、旅长，穷迫速布，不然定于一体止当。自治等应允，会议后覆信各典，昨日又在传行，今早进城，仍然一伴赴，及自治讨信。正在谈话之际，忽焉接到沙市自治公事，陈与大众一看，联名数十位，满腔与上级自治及典商反对之词。内中所云，典质生意三分取息，朦胧穷民数百余年，幸有前清张督、赵督深明大义，体恤穷民，先减二分半，然后一体减为长年二分。而今生意典商为聚，并且裁去各项陋规，所省不在微数，此乃不免听其沙市滥员滥绅，希图饱食数百金，煽惑此事。典质人心不足信，然鼓吹而欲再想朦害穷民，复涨三分取息，断难任（认）可。前辞一概取消云云，看其言词，甚为决裂。嗣后上级自治副长云及大众，暂为息候数日，待我等另为开会演议。如其沙市自治仍是决裂反对，不能和平解决，我等另为设法调处。话说至此，大众散场，仍是茫然无绪。待过数日，是何下文，再信再详为是。但此中变，恐怕更为棘手耳。六月十九续笔。

——刘建民先生收藏《民国沙市商人信》。

997.（民国）商大者曰盐曰典，皆山西人挟赀为之。当铺皆三分，每腊月上宪多行文，以隆冬度岁，此一月内赎者酌减一分，赎者如鹜。减利为民之利，多赎为商之利，彼此交益。至于富商放利车估银粟，皆有四五分之息，不能偿则以子为母，盘估而上，民困日甚。《黄志》：当铺三分利，而每冬有减利之条，于民甚便。放债者取息，以一二分为率，无过三分者。前志所云盘剥害民，则绝迹无有矣。

——民国《无极县志》卷四《风俗志·礼俗》，民国二十五年刊本。

998.（民国）当铺有三种，当最大，须禀请地方以达巡按使为最重要。质次于当，但须同业承认，即可开张，不必领帖；押最小，皆私设，为官吏所禁，而利息过重，限期过短，不认为上等之营业也。然当质利息，虽较押为逊，而每年盈余，约为一分左右，或一分四五厘。至取赎之利息，按月或一分半或二分或二分半利息之法，均以月算。逾月未过五日者，仍以一月计算，至六日则必取两月之息，俗称月不过五。亦有月不过十者。其取赎期限，或十八月或二十四月。当然期满而不能赎，可以商请宽限，有宽之一二月者，亦有宽限三四月者，大略如此。

——《商业尺牍全编·与友人言开设当铺》，《平祁太经济社会史料与研究》，山西古籍出版社2002年版。

999.（元）[倘秀才]“如今这有钱的度量呵，做不的三江也那四海。便受用呵，多不到十年五载。我骂你个勒掯穷民狠员外，或是有人家典缎匹，或是有人家当镮钗，你则待加一倍放解。”

正末唱：“随煞别人家便当的一周年下架容赎解，带云：这员外呵。唱：他巴到那五个月还钱，本利该纳了利从头儿再取索，还了钱文书上厮混赖，似这等无仁义愚浊的却有财，偏着俺有德行聪明的嚼虀菜。”

——《元曲选》四册《看钱奴买冤家债主》，中华书局1958年版。

1000.（明）吴公佐白手得钱，积累巨万，从此开起典库，那典库生理，取息二分，还且有限，惟称贷军装，买放月粮，利上加利，取赀无算。不五年间，遂成盐城大户，声达广济故乡。

——（明）《石点头》第六卷《乞丐妇重配鸾俦》，远方出版社2001年版。

1001.（明）原来应伯爵自从与西门庆作别，赶到黄四家，黄四又早伙中封下十两银子谢他……黄四道：“李三哥他不知道，只要靠着问那内臣借，一般也是五分行利。不如这里借着衙门中势力儿，就是上、下使用也省些……”两个正打双陆，忽见玳安儿走来说道：“贲四拿了一座大螺钿大理石屏风、两架铜锣铜鼓连铛儿，说是白皇亲家的，要当三十两银子，爹当与他不当他？”（伯力）在一旁撺掇：“哥，该当下他的。休说两架铜鼓，只一架屏风，五十两银子还没处寻去。”西门庆道：“不知他明日赎不赎。”伯爵说：“没的说，赎甚么？下坡车儿营生，及到三年过来，七八本利相等。”（于是当了下来）

——（明）兰陵笑笑生《金瓶梅》第四十五回《桂姐央留夏花儿，月娘含怒骂玳安》，人民文学出版社 2000 年版。

1002.（明）弘治年间，广东广州府南海县，有个财主姓杨……只是他放债的规矩，有三桩异样：第一桩，利钱与开当铺的不同。当铺里面，当一两二两，是三分起息；若当到十两二十两，就是二分多些起息了。他翻一个案道：借得少的，毕竟是个穷人，那里纳得重利钱起？借得多的，定是有家事的人，况且本大利亦大，拿我的本去趁出利来，便多取他些也不为虐。所以他的利钱，论十的是一分，论百的是二分，论千的是三分。人都说他不是生财，分明是行仁政，所以再没有一个赖他的。

——（清）李渔《无声戏》第四回《失千金福因祸至》，远方出版社 2001 年版。

1003.（清）老伙计道："小主人，你从幼未经出门，你的身命干系都在我们身上。就是一万两本钱，也是在老朝奉面前，包定加三利息而来的。才得一二日，如此颠颠倒倒，本钱倒失去了一大块，将来怎么算账?"兴哥道："不难不难，若说加三利息，你们众人就提了三千两去，余下本钱，听我发挥罢了。你们众伙计旧规俱已晓得，不过以旧抵新，移远作近；在日用使费上扣刻些；当官帮贴中开些虚账；出入等头银水外过克一分；挂失票、留月分、出当包，讨些酒钱，就是你们的伎俩。"

——（清）《豆棚闲话》第三则《朝奉郎挥金倡霸》，人民文学出版社 1984 年版。

1004.（清代，孙小继在烟花）一住约有十余多日，未觉手内空空。又同外人借贷银两。先前是九五扣，三分起利，借过了银子，他又到院中来……况借人之银，容易用去，又在烟花中费用……又借，起利不止三分，处处是重利。后来又无处腾挪，连六折加十的利钱都借高了，到院中来用。

——（清）绣像《清风闸全传》第四回《小继落院施钱，大理因嫖训子》，《中国古代珍稀本小说续》第壹辑，春风文艺出版社 1997 年版。

第八章　中国历代典当业的税捐及其在国家财政上的意义

第一节　典当业税捐的起源、种类和发展

一、当税

1005.（南宋）庆元六年六月二十四日，臣僚言：国家立法，三岁一推排，盖欲均贫富也……至于浮财营运，尤为民蠹，如店库、生放，营运之大也。有店库则合排以店库营运钱，有生放则合排以生放营运钱。倘或店库停闭，生放折阅，则所排之钱自合随之销落。

——（清）徐松《宋会要辑搞·食货》七〇之一〇〇，中华书局1957年版。

1006.（南宋）然役起于物力，物力升降不殽，则役法公。是以绍兴以来，讲究推割、推排之制：凡百姓典卖产业，税赋与物力一并推割。至于推排，则因其资产之进退为之升降，三岁而一行之。当时之弊……（大小皆籍之；吏因贿而定高低），上之人忧之，于是又为之限制，除质库房廊、停塌店铺、租牛赁船等外，不得以猪羊杂色估计，其后并耕牛租牛以免之。若江之东西，以亩头计税，亦有不待推排者。

——（元）脱脱《宋史》卷一七八《食货志上六·役法》，中华书局1977年版。

1007.（南宋嘉泰元年十二月六日）臣僚言：臣闻有丁则有役，有田则有赋，有物力则有和买。今有物力虽高而和买不及者，寺观之长生库是矣。臣询其故，始因缁流创为度增（僧）之名，立库规利，相继进纳固亦不同。今则不然，鸠集富豪合力同则，名曰斗纽者，在在皆是。尝以其则例言之：结十人以为局，高下资本自五十万以至十万，大约以十年为期，每岁之穷轮流出局，所得之利，不啻倍徙，而本则仍在。初进纳度牒之实，徒遂因缘射利之谋耳。乞行下诸州县，应寺观长生库并令与人户一例推排，均敷和买，则讬名僧局，门（斗）纽财本以罔市利者，亦将无所逃矣，从之。

——（清）徐松《宋会要辑稿》食货七十之一百零二，中华书局1957年版。

1008.（明）猾者开张当铺，违禁取利，不下数千百家，县差绝不相及。一经告发，百计夤缘求脱。（司马号西虹，南京人）

——（明）《金陵琐事》卷三《御史奏查流移》，（台北）成文出版社1983年版。

1009.（明）迩来有司不原祖制，凡遇佥役，专视田之多寡以为差，殊不知田不足凭者有六……商贾逐末，不占丘亩，终身无役，五也；典质规息，役之无由，六也。

——（明）黄宗羲《明文海》卷95徐师曾《论·均役论》，中华书局1987年版。

1010.（明万历二十八年四月）壬辰，户科都给事中李应策题，少监张烨请催取宛大二县所属及户部等衙门珍宝睛绿金玉等项。牙商与京城内外当铺卯历逐查姓名，照原题每两三分，则例坐派银一万五千两，委官轮管征收。

——《明神宗实录》卷三百四十六，台湾“中央”研究院历史语言研究所1962年版。

1011.（明万历三十五年六月丁酉）河南巡抚沈季文言：征税之法当税富民，不当税贫民；当有官税，不当有私税；当征有税之税，不当征无税之税。商贾之中有开设典当者，但取子母，无赋役之烦、舟车之榷、江湖之险，此宜重税，反以厚赂而得轻。至于小民担负之微，市饼卖浆豨毛牛骨，终日经营不过铢两，反以输纳而得重，此甚非平也。今徽商开当，遍于江北，赀数千金，课无十两。见在河南者，计汪充等二百十三家，量派银二千六百余两，抵其全数，足免贫民。盖取之富商者，不过割其羡余；征之微末者，则如朘其膏脂。臣所谓可税富，不可税贫者此也。

——《明神宗实录》卷四百三十四，台湾“中央”研究院历史语言研究所1962年版。

1012.（明万历三十九年八月甲申）甲申，河南巡按曾用升奏……向来地方各官苦于无处凑办，不得已派之当铺、派之各行，一蔬果，一鸡豚之微，无不计物而榷之。甚有比征不全，因监税催督紧急，而那借正项钱粮以解者。

——《明神宗实录》卷四百八十六，台湾“中央”研究院历史语言研究所1962年版。

1013.（明天启元年九月）丁卯，署户部事左侍郎臧尔劝题辽左用兵，算至三十万，计岁用新饷，非一千数百万不可。除钱盐事例专疏外，谨辑廷议十款……一京省旧税，俟各抚按查解外，典铺酌分三等：上三十金，中二十金，下十金解部，辽平日止。

——《明熹宗实录》卷十四，台湾“中央”研究院历史语言研究所1962年版。

1014.（明天启五年三月壬申）户科给事中周汝谟疏言：东西缺饷，不得已于杂项中稍可取赢者有八：曰鼓铸，曰盐政，曰屯种，曰税契，曰典铺，曰散官，曰冗役，曰邮传……典铺之分征有难易，盖冲（都）大邑铺多而本饶，即百千亦不为厉；僻壤下县，徽商裹足，数金犹难取盈，故不独酌其轻重，而且定其有无，庶输者无难而征者自易。此不平而平之法也。

——《明熹宗实录》卷五十七，台湾“中央”研究院历史语言研究所1962年版。

1015.（清顺治九年夏四月丁未）丁未，户部以钱粮不敷、遵旨会议：……一、在外当铺，每年定税银五两。其在京当铺并各铺，宜仍令顺天府查照铺面，酌量征收。

——《清世祖实录》卷六十四。

1016.（顺治）九年，定直省典铺税例，在外当铺每年定税银五两，其在京当铺并各铺，仍令顺天府查照铺面，酌量征收。

——《皇朝文献通考》卷二十六《征榷考》，文渊阁《四库全书》第632册，（台北）商务印书馆1983年版。

1017.（清初）一北直地丁银二百四十四万五千一十两七钱，当杂税银三万二千二百三十八两一钱，共二百四十七万七千二百四十八两八钱。一山东地丁银三百二十九万六千九百六两，当杂税银五万八百八十七两八钱，共三百三十四万七千七百九十三两八钱。一河南地丁银二百七十二万三千八百九十五两一钱，遇闰加三万四千三百四十五两三钱零，当杂税银一万二千四百六十七两二分，共二百七十三万六千三百六十二两一钱二分。一山西地丁银三百一万八千九百四十六两八钱三分，遇闰加二千三百六十三两六钱，当杂税银二万八千九百七十八两八钱六分，共三百四万七千九百二十五两六钱九分。一陕西地丁银一百五十八万九千五百九十四两三钱，遇闰加二万三千五百二十七两六钱零，当杂税银四万三千九百六十五两三钱九分，共一百六十三万三千五百五十三两九钱。一甘肃地丁银二十八万三千七十两七钱九分，当杂税银一万八千二百五十六两七钱，共三十万一千三百二十七两四钱九分。一安徽地丁银一百六十九万八千九百六十两四钱，遇闰加四百一十八两三钱，当杂税银五万九十九两七钱，芦课银四万一千八百九两八钱一分，共一百七十九万八百六十九两九钱。一江苏地丁银三百九十九万六千一百七十六两三钱六分，遇闰加二万六千五百九十三两四分，当杂税银一十二万九千三百八十两八钱，又钱二万一千六百文，芦课银一十一万七百五十四两九钱，共四百二十三万六千三百三十三两。一江西地丁银二百二万八千二百八十九两七钱三分，遇闰加一万九千八百六十六两四钱七分，当杂税银四千三百二十六两八钱一分，芦课银五千四百一十七两三分，共二百三万八千三十三两五钱七分。一浙江地丁银二百九十三万九千八百八十二两九钱七分，遇闰加二万二千五百九十六两七钱，当杂税银一万一千六十一两九钱，共二百九十五万九百四十四两八钱。一湖北地丁银一百一十二万七千九百六十六两六钱，当杂税银二万一千五百八十四两八钱，芦课银五千一百一十六两六钱六分，共一百一十五万四千六百六十八两一钱。一湖南地丁银七十九万三千四百二十九两七钱五分，当杂税银一千六百九十二两五钱一分，芦课银六百八十七两五钱九分，共七十九万五千八百九两八钱五分。一福建地丁银一百二十四万八千三百四十四两三钱，关税银一万四千五百六十六两六钱六分，当杂税银一万二百一十八两九钱，共一百二十七万三千一百二十九两九钱。一广东地丁银一百二十七万二千五百一十九两一钱，遇闰加一万六千六百三十一两一钱，当杂税银三千四百八十两，共一百二十七万五千九百九十九两二钱。一广西地丁银三十三万八千六百七两一钱五分，遇闰加一万一千四百二两五钱一分，当杂税银二万五千八百六十八两七钱二分，遇闰加一千五百七十一两二钱七分，共三十六万四千四百七十五两八钱七分。一四川地丁银六万三千三百三十七两六钱九分，遇闰加一千八百三十四两九钱，当杂税银一万七千七百七十一两一钱六分，遇闰加七百五十七两一钱五分，共八万一千一百八两八钱五分。一云南地丁银八万四千八百三十五两八钱八分，杂税银三万一千一百三十六两四钱八分，共一十一万五千九百七十二两三钱六分。一贵州地丁银六万三千五百三十三两一钱，遇闰加四百八十六两四钱，杂税银一万二千七百八十五两四钱，遇闰加八百五十两六钱，共七万六千三百一十八两五钱。一关税银一百三十七万九千七百八十八两三钱。一盐课银三百六十三万八千八百九十四两八钱，遇闰加四万一千九百四十两九钱。

——（清）刘献廷《广阳杂记》卷二，中华书局 2007 年版。

1018.（清康熙二十年）据附居徽籍商民毕义和、曹恒达、叶咸贞、巴恒盛、汪谦吉、孙浩源、罗仁兴、汪宗、吴奇、程隆等呈词前事。内称……和等典铺一业，向蒙宪恩，加意抚恤，严禁借端生扰。煌煌□示，炳若星日。而和等沐恩顶戴，于兹有年矣。只因典户近于殷实名色，是以吏胥视为可扰可渔，殊不知各铺或有揭债营运之苦，或有转托贸易之难，尽系抛家离井，按本求利，以资生计，不意连年水荒频仍，当多赎少，转运维艰，以致亏本者甚多，闭歇者不少。近又奉部文，无论铺之大小，本之多寡，典税一例加增。和等敢不奉公，依限输纳？□常熟海隅，□邑城乡典户，不下数十余家，俱系小本经营。□□贤良守令，□民一体周恤，无奈奸胥蠹役，饕餮□□，邈违宪禁，怀藏官府……为照典商输税开抵，实为税课便民。近年兵饷□亟，奉加增典税，较倍于昔。税课在乎安商，值此岁歉民贫，藉以公平质当，稍济时艰。□恤商原属卫民，岂容借题滋扰？本县新莅兹土，访闻此弊，正欲力除，随接奉宪批，合行勒石永禁，为此示谕通县军民人等知悉，嗣后如有指官撮借，假公勒私及着备铺设供应，采买各色货物，修筑城垣，飞派炭□工价，点充保里，并将小窃白撞细事，驾（假）题失盗，朦混差役行查等项者，许商人典头立即指名报县，以凭提究，解县重惩，决不姑宽。尔各典商务须依限输税，公平开张，毋负上台及本县剔弊安商至意。须至勒石者。

——《明清苏州工商业碑刻集》第九目《金融典当业·常熟县永禁扰累典铺碑》，江苏人民出版社 1981 年版。

1019.（清）康熙三年题准，当铺每年纳银五两，大，宛二县上等行店铺，照当税例，每年征银五两。

十五年覆准，京城上等行铺，每年征税银五两，中等行铺，每年征税银二两五钱。

雍正六年题准，直省各属典当，均令布政使司钤印颁帖，交各州县转给输税。如有新开典当，报司给帖，于开设时增税。无力停开者，即交帖免输。

十一年核覆准，闽省领帖五谷牙行，仍照定例按帖输税。

乾隆二十二年议准，热河厅征收五行税银，每年以五千六百九十八两五钱有奇，作为定额，如有赢余，尽收尽解，按年造报。

四十一年议准，各省民间开设典当，呈明地方官，转详布政司请帖，按年纳税报部。其有无力停止者，缴帖免税。直隶、江苏、安徽、江西、浙江、福建、湖北、湖南、河南、山东、山西、陕西、甘肃、四川、广东、广西等省，每年每座税银五两。云南每年每座税银四两，贵州每年每座税银三两，奉天每年每座税银二两五钱……

光绪十一年奏准，湖北自军兴以后，各当铺荡然无存。嗣经绅富凑集资本，开设质当，均未照章领帖纳税。应令各州县查明境内质当若干座，无论城乡市镇、资本大小，一律捐银一百两，遇闰加增银八两。从本年春季起，按季呈缴，报解藩库，另储充饷。倘有情愿领帖纳税者，即予免捐，以示区别。

——光绪《大清会典事例》卷二百四十五《户部・牙帖商行当铺税》，《续修四库全书》第801册，上海古籍出版社2002年版。

1020.（乾隆十三年秋七月）丁亥，户部等部议覆陕西巡抚陈宏谋疏称、裁汰潼关县一案。准部覆、各项另议具题……一潼关县额销盐引，照例办理，应解当税银二十两。内坐落大荔县当铺，隶大荔县征解。关城当铺牙税，归该厅征解。田房税银，潼、华、阌俱归该厅征解。灵宝等各屯地，归各州县征解。

——《清高宗实录》卷三百十八。

1021.（清乾隆）具缴状当商某人，今于与缴状事，依奉缴到某年当税银五两，当规礼银十六两，不敢冒缴，所缴是实。

批：准缴存库，候随同地丁银解司。

——刘建民先生藏《乾隆词录》。

1022.（清嘉庆）城乡当铺十名，计征税银五十两，解交司库。

——嘉庆《庐江县志》卷七，清刊本。

1023.（清道光）宜山县，乾隆间典当十间，税银五十两。现报泰隆、庆和、恒兴、正裕、广隆、广合等典当共六间，税银三十两。

——道光《庆远府志》卷十，清刊本，广西人民出版社2009年版。

1024.（道光）忻城土县，现报万源、裕生、五美典当三间，税银一十五两。

——道光《庆远府志》卷十，清刊本，广西人民出版社2009年版。

1025.（清道光）当税，每座岁输税银五两，照座征收，例无定数。

——道光《武强县新志》卷三《赋役制・杂税》，（台北）成文出版社1969年版。

1026.（清，佟寿民）为劝输典税以裕国课以杜需累事。照得典税一项，案奉部文题奉谕旨，每户每年输税银五两。凡有新增，俱令按年逐名造册报部，如有地方官纵容隐匿遗漏，即行题参议处。煌煌功令，何等森严……为此示仰省城内外各典户人等知悉，凡有原经领帖输税者，各安生业，不得误听奸胥眩惑，致被侵诈。其有未经报名领帖者，即赴该府据实呈明，以凭汇报查夺。本司与民更始，将从前隐匿等情姑准免究，言出如山，各无畏顾。但示后若有隐漏如前者，本司查出，按法重处，决不稍贷。其衙役人等，如有仍前借端索诈等情，许该典赴司首告，以凭立拿处死。本司为尔各典户保惜身家，故不惜谆谆诫谕，如再故违，后悔莫及，慎之慎之。

——（清）李渔《资治新书》二集卷十一《禁漏典税》，《古代榜文告示汇存》第三册，浙江古籍出版社1991年版。

1027.（清道光）一件遵例升税事。道光三年四月二十二日，奉兼署巡抚部院赵批本司呈详：查民间开典铺，自应于开张之年，令其输税，未便于未经开张之岁，预令升科。今福清县当户施大岳、同安县当户金庆兴，虽系上年十一月内赴县呈报，而文内均有声明，于道光三年正月初一及正月间开张字样，是以王署司转详，请自道光三年起入额输税。今奉宪台以前于沙县当户罗吉祥请免嘉庆二十四年分税银案内，据前升司呈覆，各属报开典铺，应于赴县呈报之年升科。现据另详晋江县当户许成美，于道光二年十一月二十三日赴县报开典铺，呈请自二年为始，入额输税。此案福清县当户施大岳，亦系上年十一月二十三日赴县呈报，又请自三年起开张输税，殊属两歧。究竟是否呈报之年即当输税，抑于给帖后征输，仰即画一核议章程详夺等因……应请嗣后凡有商民于上年十一、十二月赴县呈报开典，均须切实声明。如系岁底开张，即于呈报之年入额输税。如于次年正月内开张，即准其于次年入额起科。如此画一办理，庶于国课民生，两无窒碍。所有福清县当户施大岳、同安县当户金庆兴即照新定章程办理。合就查明核议，详覆察核，批示饬遵，并刊入省例通颁等由。

奉批：如详饬遵，仍刊入省例颁遵。缴。册结存。奉此，除通饬外，遵刊入省例通颁遵照。

——《福建省例》十七《当税例·典铺应于开张之年起税》，《台湾文献丛刊》第199种，台湾银行经济研究室印行。

1028.（清）太原府属：阳曲县当税银六百八十两……太原县当税银五百一十两……榆次县当税银八百九十两……太谷县当税银三百六十两……祁县当税银四百六十两……徐沟县当税银五百九十五两……交城县当税银三百三十五两……文水县当税银四百三十五两……岢岚州当税银六十五两……岚县当税银一百七十两……兴县当税银一百二十两……

平阳府属：临汾县当税银二百五十两……襄陵县当税银二百二十五两……洪洞县当税银二百九十两……浮山县当税银三十五两……太平县当税银五百三十五两……岳阳县当税银七十五两……曲沃县当税银一百六十两……翼城县当税银六十两……吉州当税银一十五两……乡宁县当税银二十五两……汾西县当税银一百八十两……

潞安府属：长治县当税银四百八十五两……长子县当税银二百三十五两……屯留

县当税银二百五两……襄垣县当税银三百五十两……潞城县当税银四百九十五两……黎城县当税银一百六十两……壶关县当税银三百八十两……

汾州府属：汾阳县税银三百三十两……平遥县当税银七百三十两……介休县当税银四百两，孝义县当税银二百九十两……临县当税银一百一十两……石楼县当税银一十两……永宁州当税银二百一十五两……宁乡县当税银一百一十两……

大同府属：当税银二千四百一十两……

宁武府属：宁武县当税银三百七十两……神池县当税银一百四十五两……偏关县当税银一百二十两……五寨县当税银七十五两……

朔平府属：本府当税银七百九十两……

泽州府属：凤台县当税银二百七十两……高平县当税银二百一十两……阳城县当税银二十五两……陵川县当税银九十两……沁水县当税银五十五两……

蒲州府属：永济县当税银二百四十两……临晋县当税银五十两……虞乡县当税银八十两……荣河县当税银九十两……猗氏县当税银二十五两……万泉县当税银一十五两……

辽州属：本州当税银一百三十五两……榆社县当税银一百两……和顺县当税银一百九十五两……

沁州属：本州当税银一百八十两……沁源县当税银三百七十五两……武乡县当税银二百二十五两……

平定州属：本州当税银三百五两……乐平县当税银一百四十五两……盂县当税银五百二十两……寿阳县当税银七百三十五两……

忻州属：本州当税银六百八十五两……定襄县当税银二百二十五两……静乐县当税银一百七十两……

代州属：本州当税银一百九十五两……五台县当税银三百七十五两……繁峙县当税银一百一十两……崞县当税银六百五十五两……

保德州属：本州当税银六十两……河曲县当税银一百七十两……

解州属：本州当税银五两……安邑当税银四十五两……夏县当税银一百五两……平陆当税银五十五两……芮城县当税银六十五两……

绛州属：本州当税银二百九十五两……闻喜县当税银一百两……绛县当税银八十两……稷山县当税银一百五两……河津县当税银一百五两……垣曲县当税银二十五两……

霍州属：本州当税银一百四十两……赵城县当税银一百七十两……灵石县当税银一百七十五两……

隰州属：本州当税银二百四十两……大宁县当税银三十两……永和县当税银三十两……蒲县当税银五十五两。

——海宁《晋政辑要》卷五《经征税课》，《官箴书集成》第五册，黄山书社 1998 年版。

1029.（清光绪，山东）七月下旬，敝县接奉大宪通饬，奉准户部咨，具奏当商额税太轻，饬令各省一律加收，并严汰陋规，以重饷款，每座按年纳税银五十两。惟既加税额，自应概裁陋规等因，奉旨依议，钦此钦遵在案。窃思当此上下交困之际，户部此奏，诚为善举。弟愚昧之见，加纳税银，只有钦遵办理，惟陋规一节，当商仰赖地方官荫庇，亦未便概行裁革。但平昔规礼过重者，乘此机会，或不免有请减之处。忝在爱末，敢烦劳费清神，向当商切近之家，代为察询。

——刘建民先生藏《光绪山东商人信》。

1030.（清）典当二座，旧制，每座每年征税银五两。光绪二十三年新章，每座加征四十五两，共一百两。

——光绪《邢台县志》卷三《经政·榷税》，（台北）成文出版社 1969 年版。

1031.（清末）当税，每座税银五两。《户部则例》《乾隆志》，当铺一名，征银五两，月款解司充饷。仍于每年春季查明增除，造册报部输税。光绪二十三年奉文，当税自本年起，每座按年纳税银五十两。除旧则五两外，加税四十五两。其一切陋规概行裁汰。今当铺三座，征银一百五十两。

——光绪《奉化县志》卷七《户赋》，《中国地方志集成·浙江府县志辑 31》，上海书店 2000 年版。

1032.（清）当铺税银一百八十两，系活税。当商税银四十两，每当铺税银五两，按年当铺增减，税多寡不一。

——《续修平遥县志·食货》第二册，光绪八年刊本，《中国地方志集成·山西府县志辑 17》，凤凰书店 2005 年版。

1033.（清同治十三年十一月初九日）上海工部局定例，典当质押各店按其每月生意之大小加抽季费。盖先查其此一季内所支放银两若干，每千两则科收二两至七两半不等。兹工部局将自去年十月初至本年九月底止一年各典押店之生意刊列章内，其各店不书字号而仅写号头，兹照章将去年十、十一、十二三阅月合算而分计，每月之生意，与今年七、八、九三月合而分计之，每月之生意互相比较，明列于后：二百十三号店去年一千零八十九元，今年六百四十八元。二百十六号店去年七千八百六十元，今年七千零四十元。二百三十七号店去年五千七百九十七元，今年三千七百八十四元。二十五号店去年一百七十七元，今年一百五十三元。三百九十号店去年七十四元，今年七十七元。四百零六号店去年一百十九元，今年一百二十五元。四百十三号店去年一百四十六元，今年一百二十元。四百十五号店去年一百四十七元，今年一百四十二元。八百九十五号店去年三千八百五十八元，今年三千二百九十三元。十七百七十五号店去年四千二百八十八元，今年二千零七十元。八百九十六号店去年五日十六元，今年四百二十九元。十一号店去年二百二十四元，今年二百十三员。二百十六号店去年二百八十二员，今年六十九员。一百八十三号店去年一千七百八十九员，今年二千零八十三员。二十八号店去年八千零九十八员，今年六千四百零七员。一百四十五号店去年一千零六十三员，今年二百十员。二百八十七号店去年二百七十三员，今年一百九十三员。二百九十九号店去年六千九百四十三员，今年六千六百四十八员。六十八号店去年八千五百七十五员，今年六千三百零四员。五百八十三号店去年六千八百三十八员，今年五千四百三十五员。六百五十二号店去年八千二百十一员，今年六千零四十三员。查得去年尚有典押九家，内五家大铺、四家小铺，共计每月生意则有八千九百九十三元。此九家于去年度岁后业已停歇，今年新开者仅止二家小铺耳。此二家中每月合算不过有三百八十二元之生意，且以现在各典当之生意较之去年计，共少至三万二千四百七十二元。比而算之，则较去年当少至三分八厘矣。工部局推原其故，盖因出卖满货价值太贱，所以多有折阅者。凡物之值百元者，在去年则可当至六七十元，至今年则不过当得二十五至三十元而已，一则名路生意尽皆减色，一则因当出本银大为缩小，所以合计总数竟相去远甚云。

——《申报》第 811 号《工部局征收各典押季费清单》。

1034.（清）光绪三十年，始试行典当税，三十三年始奏收典当税。一曰当铺税，当商领贴纳税，每铺五两。三十三年奏准，每铺加银四十五两，共银五十两。

——（清）王守恂《天津政俗沿革记》卷六《田赋·杂税》，《中国地方志·天津府县志辑 4》集成，上海书店 2014 年版。

1035.（清）典税，每典征银五两，加耗二钱五分，小字：胡志云，康熙十六年议增五两，再于第一急务事案内又增五两，二十二年免五两，二十六年又免五两，仍照旧每户征银五两。乾隆间四十典，共征银二百两，加耗银十两。嘉庆间三十典，共征银一百五十两，加耗银七两五钱。现在二十典，共征银一百两，加耗银五两，如有新开闭歇，随时增除。

——光绪《南汇县志》卷五《田赋志·典税》，（台北）成文出版社 1970 年版。

1036.（清，江苏昭文县）典当税，每户岁输银五两，增歇不一，尽收尽解。

乾隆年，常熟县三十五户，税银一百七十五两。昭文县四十四户，税银二百二十两。

道光年，常熟县十九户，税银九十五两，随正五分，耗羡银两七钱五分。昭文县十九户，税银九十五两，随正五分，耗羡银四两七钱五分。

同治十二、十三年，常熟县六户，税银三十两，随正五分，耗羡银一两五钱。昭文县七户，税银三十五两，随正五分，耗羡银一两七钱五分。

光绪二十九年，常熟县十户，昭文十一户，自二十三年起，每典改为正税五十两，随正五分，耗羡银二两五钱。其有光绪十四年分在郑工案内，预完二十年税课者，准其扣除留抵。

——光绪《常昭合志稿》卷十二《钱粮·典当税》，《中国地方志集成·江苏府县志辑 22》，江苏古籍出版社1991年版。

1037.(清末）牙帖商行当铺税

○京城牙税银千五百三十一两。直隶税银二万七千八百八十一两五钱有奇，内当税银九千八百三十五两。承德府五行税银五千六百九十八两五钱有奇，各行牙帖银万二千三百四十八两。奉天牙税银千九百二十八两。盛京二千五百八十九两五钱二分，内当税银二千一百九十七两五钱，斗秤帖张税银三百九十二两二分。旧征铺户、行户、经纪等税，今裁，汇入杂税项下。吉林牙当税银四百五十六两五钱。山东二万二千七百九十二两一钱五分有奇，内当税银四千三百七十两，牙帖银万八千四百二十二两一钱五分有奇。山西三万二千六百二十五两五钱八分有奇，内当税银二万三千四百七十五两，牙帖银九千一百十两五钱八分有奇。河南六万三千一百八十八两一钱一分有奇，内当税银二千七百七十五两，牙帖银六万四百十有三两一钱一分有奇。江苏万八千二百二十三两六钱三分有奇，内当税银六千六百六十五两，牙帖银万一千五百五十八两六钱三分有奇。安徽万二千八百七十九两一钱，内当税银四千四百三十五两，牙帖银八千四百四十四两一钱。江西六千八百八十一两，内当税银千六百七十五两，牙帖银五千二百六两。福建万一千三百五十两五钱五分有奇，内当税银七千八百九十五两。台湾当税银七百三十五两，牙帖银二千七百二十两五钱五分有奇。浙江九千八百七十七两九钱，内当税银五千三百六十两，牙帖银四千五百十有七两九钱。湖北八千六百六十六两八钱，内当税银二千七百三十两，牙帖银五千九百三十六两八钱。湖南千七百三十四两八钱九分有奇，内当税银六百九十两，牙帖银千四十四两八钱九分有奇。陕西九千一百七十四两七钱九分有奇，内当税银七千四百十两，牙帖银千七百六十四两七钱九分有奇。甘肃八千八百七十七两六分有奇，内当税银八千一百二十五两，牙帖银七百五十二两六分有奇。四川各行牙帖当税，共银千四百八十五两八钱。广东当税银万三千四百四十两，旧征牙帖银万七千八百四十六两七钱七分有奇，今裁，汇入杂税项下。广西千三十五两，内当税银九百八十五两，牙帖银五十两。云南二千三百九十七两五钱，内当税银二千十有二两，牙帖银三百八十五两五钱。贵州八千五百七十二两五分有奇，内当税银八千一两，牙帖银五百七十一两五分有奇。○康熙三年题准，当铺每年纳银五两。大宛二县上等行店铺，照当税例每年征银五两。○十五年覆准，京城上等行铺每年征税银五两，中等行铺每年征税银二两五钱。○雍正六年题准。直省各属典当。均令布政使司钤印颁帖。交各州县转给输税。如有新开典当。报司给帖。于开设时增税。无力停开者。即交帖免输。○十一年覆准。闽省领帖五谷牙行。仍照定例按帖输税。○乾隆二十二年议准，热河厅征收五行税银，每年以五千六百九十八两五钱有奇作为定额，如有赢余，尽收尽解，按年造报。○四十一年议准，各省民间开设典当，呈明地方官，转详布政司请帖，按年纳税报部。其有无力停止者，缴帖免税。直隶、江苏、安徽、江西、浙江、福建、湖北、湖南、河南、山东、山西、陕西、甘肃、四川、广东、广西等省，每年每座税银五两，云南每年每座税银四两，贵州每年每座税银三两，奉天每年每座税银二两五钱。○又议准。河南省各属额征老税牙帖税银，其有行户歇业者。即行开除。〇五十七年覆准，安南开关通市，远近商民，踊跃趋赴。广西南宁府客商，系两广、浙江、两湖、江西、山西等省为多，自应设立牙行，为贸易者平其市值。于宣化县设立牙行十家，足资经理，名为安南通市牙行，由藩司给帖承充，应纳牙税，照当税之例，每年每行征银五两，解司报拨。〇光绪十一年奏准，湖北自军兴以后，各当铺荡然无存。嗣经绅富凑集资本，开设质当，均未照章领帖纳税，应令各州县查明境内质当若干座，无论城乡市镇，资本大小，一律捐银一百两，遇闰加增银八两。从本年春季起，按季呈缴，报解藩库，另储充饷。倘有情愿领帖纳税者，即予免捐，以示区别。

——光绪《大清会典事例》卷二百四十五《杂赋》，《续修四库全书》第801册，上海古籍出版社2002年版。

1038.（清末）当税每铺原例五两，甲寅军兴增倍，每铺十两，另批起解。若本商自解佥名领批，按银掣缴。又有私押暗当，未经纳税，经承阴受其赂瞒官不报，宜出示晓谕，现在纳税者即为官当，许铺门悬牌，将典名并商人姓名造册送查存案。如不纳税即为私当，许诸色人等首告，究实仍照漏税律治罪。如乡曲贫民，以农具器用押贷米谷粮食者不在此例。

——（清）黄六鸿《福惠全书》卷八《当税》，《官箴书集成》第三册，黄山书社1998年版。

1039.（光绪）至该御史所请，当商帖税亦轻，不妨与牙行一律征课一节。查牙帖办捐，系咸丰年间，经各省因地制宜，办理无碍，至今照章奉行。臣部于上年筹饷，奏请认真查办。当税自顺治九年始定，直省典铺额课，每年税银五两、四两、三两、二两、五钱不等。今值海防略定之时，臣部实未便无故议令一律增税，以致迹近剥民。所有臣等遵旨议奏缘由，理合恭折具陈，伏乞皇太后、皇上圣鉴，谨奏。

再，御史汪鉴奏请照牙行将当商帖税一律征课等因，已由臣部将未便无故增添□议覆，该御史条陈妥议牙帖折内奏覆。因思及现在增课当商，固不必行，而核实当税，即今亦正应奏办也。通查各省报部旧案，各省典当共应有一万九千余座，年例共应征税银十万余两。自军兴以后，各省虽旧有典当不无歇业，而承平已久，亦应各有新开。近年来除湖北一省于光绪十一年三月甫经奏办，将其阖省质当定章收捐，四川一省按年征收当税，尚将当座税数造册开报，且年年全完，并无拖欠银两。浙江一省亦造册开送当座税数，按年全完，惟年年皆声称有节催未据查覆之属县。此外如江宁、江苏、湖南、山东、山西、直隶、热河、河南、江西、广西等省，虽亦按年册造当座税数，而征收皆有欠完。陕西、福建二省，仅报当税银数，不报典当座数，亦年有欠完银两。至云南、贵州二省，则现在典座税银有无均欠不报部。安徽省则历年均称典铺被扰无存，无从启征。甘肃省当税，则随同杂税报部，并不分晰典座银数。东三省则有按年将各典座税银数开报者，又不详列是否已完、未完。案册既不整齐，考查殊难清楚，在国家收取此项当税，事虽轻微，然实阙例征赋入，似未便漫无整顿。况各省典当，每年每座不过各应出税银数两，必无拖欠之理。乃徒令州县官厅侵蚀婪索，季规月费十倍于应征数。而详司报部历有欠完，甚至如广东一省，积欠节年当税竟至有三四万两之多，现更有于办理豁免。光绪五年以前，民欠钱粮案内，将欠完当税，无论是否已入奏销，概行请豁，殊多弊混，相应请通饬各省将军督抚，一体转饬所属州县等官，各查明城镇市集当铺，各实有若干座、某某字号、每年按现章各实应完税银若干两、通省共实有当铺若干座、一年共实应收税银若干两。自光绪十二年起，按年于办理奏销时，随同地丁清册另造当税一册报部，即声明税银全数于奏销册前。征解清完，仍照章报拨动用，不得任令属库存留，亦不得于奏销时仍令各州县等有欠完银款。如各州县等于奏销时未将当税银两全数征完清解，即将欠完之数责令该州县等照数赔补，并照不作分数杂税欠解例，分别开参；一面该将军、督抚于每年各州县等报完当税后，按其所报当座银数，通饬各该管道府上司，将当座税银数目分别出示张帖各市镇，俾共闻共见，以免地方官吏加征暗取。其光绪十一年以前，各省历年如实有未完当税银两，经此次查明，应如何妥议筹办，即由各该省将军、督抚迅速详细定议报部核定，请旨遵行。

——《户部奏稿》第十册，光绪十一年八月，全国图书馆文献缩微复制中心2004年制。

1040.（清）光绪十一年，又奏准湖北自军兴以后，各当铺荡然无存。嗣经绅富凑集资本，开设质当，均未照章领帖纳税。应令各州县查明境内质当若干座，无论城乡市镇、资本大小，一律捐银一百两，遇闰加增银八两。从本年春季起，按季呈缴报解藩库，另储充饷。倘有情愿领帖纳税者，即予免捐以示区别。十四年，直隶总督李鸿章奏略称，准户部咨议奏，筹备河工赈需，当商预行交课一条，遵饬司道督同府厅州县查明，每州县当铺若干座，每年例交税银若干，劝令遵照部议预交二十年课银，不准吏役借端需索。旋据各地方官禀报，直省当铺本小利微，又值频年灾歉，迭次减息，商力拮据，且有将次歇业之商，预交不易。臣复批饬认真谕劝，一律交足。其有二十年内歇业者，准将接开之新商应交课银，抵还旧商预交之项。俟扣足二十年后，再由新商交官，以资平允。兹据藩司松椿详称，各属均已遵办，饬各州县给予收照，注明所交银数及准抵年分。内大兴、宛平两县预完课银，由该两县径解部库兑收，毋庸由司收解。又良乡、房山、涿州三州县尚未详覆，见照司案。光绪十二年，当税奏销座数先行开报，仍饬迅速查明详覆，如有参差，再请咨部更正。兹查明：顺天、永平、保定、河间、天津、正定、顺德、广平、大名、宣化十府属，遵化、易州、冀州、赵州、深州、定州六州属，实征开设当铺五百三十座，每年每座例定课银五两，均合预完二十年。自光绪十四年起至三十三年止，每座应预交银一百两，共应交银五万三千两。见计已解司库银三万三千八百五十余两，尚未解银一万九千一百四十余两，业经分饬赶紧解清，应造清册详请覆奏。

光绪二十三年户部奏略称，"据先后报部，共预交银七十余万两。光绪二十年复因海防筹饷，由臣部奏令中外典当，各商于税额外，每座捐银二百两报部候拨。计各省已报部者，共捐缴银三十余万两。该商典等两次报缴巨款，当此时事维艰……拟自本年起，无论何省，每座按年纳税银五十两，岁可共征银三十余万两……其有光绪十四年已预缴二十年税银者，除已歇业不计外，凡现经开设者，均自本年起，准其案照预缴之数分年扣除”。

——刘锦藻《皇朝续文献通考》卷四十七《征榷考十九·杂征》，《续修四库全书》第816册，上海古籍出版社2002年版。

1041.（清光绪十三年正月十二日）军兴以后，江西各属开设质铺，并未遵照例章领帖纳税，原属一时权宜之计。李显之方伯特仿湖北质当收捐章程，通饬各属遵办，剀切晓谕，事在必行，诚理财之一端也。所有宪札照登于左：布政使司李为札饬事，照得鄂省质当，按年收捐银两，奏奉谕旨，经户部咨覆捐办，着有成效，江省各属质当自应分别仿办。除详覆抚宪查核外，合行札饬。札到该县，立即赶紧出示晓谕，并传现开质铺绅商遵办。如系仍开质铺者，即照鄂省章程，每座按年捐纳库平银一百两，遇闰加增银八两。自光绪十二年冬季起，按季分缴，由各县汇解司库存，备地方缓急之需。一面先将牌名座数及开设地名逐一开折报司，以凭汇造清册，详请奏咨立案。倘有情愿开设典当者，当取造册结备文，饬令赴司领帖，照例每年完纳银五两，免予按年收捐，以示区别。仍由司汇案造册详咨，统自光绪十三年为始，入额起征，并勒限各厅州县于奏销以前一律催缴解司，俾济饷需而便造报。如有延欠，着落赔补。仍将遵办情形及出过示稿抄录通禀查考，毋任违延，切切，此札。

——《申报》4955号《札办当捐》。

1042.（清光绪十四年七月十八）鄂省并无盐商，其盐商捐输一条应由两江、四川督臣核办。惟查通省现开典当共计五十九家，每年每家例完税银五两，遵照部章预完二十年当税银一百两，共应交银五千九百两，已据解到司库。银三千两给予收照，准抵光绪十四年起至三十三年止应完二十年税银，其余未完银两仍饬严催速缴，不准有逾部定本年年底扫解之限。

此外尚有质当二百三十余家，以资本不充骤难请帖开典，曾于光绪十一年，经前督抚臣奏明，每家每年捐银一百两，以备地方缓急之用。今既河工需款甚巨，拟将该质当本年所捐之银尽数提存，留备河工之需，亦与当豫完税银无异。惟该质当时有增减，捐数不能预定，仍随时查明，专案咨部以备稽考……奉朱批户部知道，钦此。

——《申报》5514号《光绪十四年七月十一日京报全录》。

1043.（光绪十四年）山西省大同府合属应征光绪拾肆年典当铺税分属开列征信册

应州光绪拾叁年旧有当铺拾柒家，除关闭缴还司帖叁家，毋庸开列住址字号外，实存拾肆家，合新开设贰家，计光绪拾肆年分应征当铺共拾陆家，今将各铺住址、字号及应征银两数目开列于后。

计开：

本城聚盛恒当、部万顺当、刘敬盛当、张万盛当、聚成永当、王德顺当、曹晋泰当、下马峪村曹全盛当、南泉村张文亮当、门家寨郑义兴久当、大营村万德玉当、南泉村张镜美当、南河种村鲍永源生当、上甘港村蔡义和当、下社李家堡曹和盛当、北小寨村郭图合当。

以上当铺每家税银五两，总共拾陆家共应征银捌拾两，遵照部章，饬商预交贰拾年税银壹千陆百两，均于光绪拾肆年柒月初玖日解司讫。

浑源州光绪拾叁年旧有当铺拾柒家，除关闭缴还司帖肆家，毋庸开列住址字号外，实存拾叁家，并无新设。计光绪拾肆年分应征当税共拾叁家，今将各铺住址、字号及应征银两数目开列于后。

计开：

本城李永世当、钱永和公当、王蔚庆当、白毓泰兴当、西关白毓泰当、张德生当、蔚长涌当、崔广复当、李西永当、王庄堡李广盛当、下韩村赵义泰当、凌云口村李德庆当、杨家庄陈恒茂当。

以上当铺每家税银伍两，总共拾叁家，共应征税银陆拾伍两。遵照部章饬商预交贰拾年税银壹千叁百两，均于光绪拾肆年肆月（缺页）。

（怀仁县）计开：

本城万聚成当、张万德当、鹅毛口张舜德当、盐丰营元万兴当、东关瑞生祥当。

以上当铺每家税银伍两，总共伍家，共应征银贰拾伍两。遵照部章饬商预交贰拾年税银伍百两，均于光绪拾肆年柒月初陆日解司讫。

山阴县光绪拾叁年旧有当铺伍家，并无增减，计光绪拾肆年分应征当税共伍家，今将各铺住址、字号及应征银两数目开列于后。

计开：

本城和广元当、丰永恒当、岱岳镇阎义盛当、王恒懋当、赵永兴当。

以上当铺每家税银伍两，总共伍家，共应征税银贰拾伍两，遵照部章饬商预交贰拾年税银伍百两，均于光绪拾肆年肆月拾叁日解司讫。

霍邱县光绪拾叁年旧有当铺玖家，除关闭缴还司帖壹家毋庸开列住址、字号外，实存捌家，并无新设。计光绪拾肆年分应征当税共捌家，今将各铺住址、字号及应征银两数目开列于后。

计开：

西关王永信当、下关村李永义当、李永亨当、李双庆当、李永贞当、上寨村李双盛当、魁见村李永顺当、东海南邓洪福当。

以上当铺每家税银伍两，总共捌家共应征税银肆拾两，遵照部章饬商预交贰拾年税银捌百两，均于光绪拾肆年肆月拾叁日解司讫。

广灵县光绪拾叁年旧有当铺叁家，并无增减，计光绪拾肆年分应征当税共叁家，今将各铺住址、字号及应征银两数目开列于后。

南关王永和当、王永丰当、杨眷村王永全当。

以上当铺每家税银伍两，总共叁家，共应征银壹拾伍两。遵照部章，饬商预交贰拾年税银叁百两，均于光绪拾肆年肆月拾叁日解司讫。

阳高县光绪拾叁年旧有当铺叁家，除关闭缴还司帖贰家毋庸开列住址、字号外，实存壹家，并无新设。计光绪拾肆年分应征当税壹家，今将该铺住址、字号及应征银两数目开列于后。

计开：

本城武万隆当。

以上当铺税银伍两，遵照部章，饬商预交贰拾年税银壹百两，已于光绪拾肆年肆月拾叁日解司讫。

天镇县光绪拾叁年旧有当铺贰家，并无增减，计光绪拾肆年分应征当税银共贰家，今将各铺住址、字号及应征银两数目开列于后。

本城任恒升当、温泰积当。

以上当铺每家税银伍两，总共贰家，共应征税银壹拾两。遵照部章，饬商预交贰拾年税银贰百两，均于光绪拾肆年肆月贰拾玖日解司讫。

大同府通判：光绪拾叁年旧有当铺叁拾玖家，除关闭缴还司帖壹家，毋庸开列住址字号外，实存叁拾捌家，并无新设。计光绪拾肆年分应征当税共叁拾捌家，今将各铺住址、字号及应征银两数目开列于后。

计开：

龙保村恒升当、窑子头广盛全、赵石场义生当、南米庄义隆宽、官堡村三明泉、下高庄德富当、三十里铺四义魁、驾过造福盛洪、箭插村广泰丰、镇边堡万发成、东井集景升号、大白登万隆昌、本城德隆源、镇门堡德成永、小石庄复成永、义成美、义成富、大白登万和当、本城聚锦恒、聚锦成、大屯堡庆通当、枳儿岭聚德当、新平堡兴隆当、南河堡和盛昌、新平堡丰恒源、马连庄权胜当、曈堡义盛泉、徐堡义生德、曈堡村广育当、水磨上村德成兴、浅井村凤鸣当、贾峰村泰和当、安家皂聚和当、义兴号、永嘉堡广隆当、天镇城广恒永、小盐场泉承钰、二十里铺世德当。

以上当铺每家税银伍两，总共叁拾捌家，共应征银壹百玖拾两。内除权胜当以下拾叁家，现已呈明闭歇止当，照常征税外，其余丰恒源以上实在贰拾伍家，遵照部章，饬商预交贰拾年税银贰千伍百两，均于光绪拾肆年拾贰月贰拾捌日解司讫。

光绪拾伍年月日，布政司经历符继勋、代理布政司照磨金宝璟摆印，候补巡抚范一清、候补从九品武不勋校对，正任宁远厅通判张喜田总校。

山西省大同府光绪拾伍年各属征收当税征信册。

（以下略）

——刘建民先生藏《大同当税征信册》光绪十四年。

1044.（清）（光绪二十三年的十一月廿七日，陕甘总督陶模上奏说：）兹据甘肃布政使曾铄详据各道府厅州县转据各当商禀称：甘肃各当商，资本少者仅二三千串，多亦止五六千金，从未有及万两者。每年获利细微，与繁富省份实有天壤之别……若将税银增为五十两，输将不及，实有闭歇之虞，恳请核减等情。该司查明甘肃地瘠民贫，前此每当商奉饬捐银二百两，请核减收一半，已甚竭厥；兹再以五十两税额，按年勒征，则闭歇之虞，信非虚语。一再筹酌，拟将每年每当五十两，减为二十五两，仍遵部议查明，预交旧税数目，于新税内分年扣除。

——“台北故宫博物院”编《宫中档光绪朝奏折》第11册陶模《又请核减甘省当商额税片》，第412页，1974年。

1045.（清）光绪三十二年（1906）五月，署山西布政使吴匡上奏折：光绪二十三年五月二十七日，蒙巡抚院胡（聘之）札开：“本年五月二十四日，准兵部火票递到户部咨，内云：当商额税太轻，请旨饬令各省一律加收，每铺每岁按五十两征输报解。其预交二十年税银者，仍准扣抵等因。于光绪二十三年五月十二日具奏，奉旨：‘依议。’钦此，钦遵。”“又经通饬遵办去后，旋据各属，多以商力不逮，纷纷禀请减免，并据各商等自行呈诉，情词恳切，虽经叠次批驳，仍难征解。当经详察，蒙院奏请，此项当税，拟自光绪二十三年为始，每岁每铺以减半二十五两征解。至于预交过五两税银者，并准扣除，以恤商艰等因。于光绪二十四年七月二十六日具奏，又于十月初八日，蒙巡抚部院胡札开：本年十月初二日准兵部火票递到户部咨，本年八月初八日奉到朱批：‘着照所请，户部知道。’钦此，钦遵。”

——宋秀元《从档案史料看清代典当业》，《故宫博物院院刊》1985年2期。

1046.（清末）据详不无可悯，该典商捉生替死、输产充公，金楚卿、宋静先一死一逃，转令无辜受累，此所谓猪婆龙为殃，癞头鼋顶缸也。典业闭歇已久，姑准免税以示体恤。惟宋静先明亏暗蚀，挟资潜遁，情殊可恶。仰该县严拿务获，将鲸吞之款悉数追出充公，以抵二十七个月之当税，金忠清准其销帖可也。

——樊增祥《樊山政书》卷二十《批赣榆县详》，《官箴书集成》第十册，黄山书社1998年版。

1047.（清光绪廿三年五月廿五日）户部谨奏，为当商额税太轻，请旨饬令各省一体加收，并严汰陋规以重饷款，恭折仰祈圣鉴事。窃查臣部则例，内载各省民间开设典当呈明地方官转详布政使请帖按年纳税，于奏销时汇案报部，其有无力停止者缴帖免税。直隶、江苏、安徽、江西、浙江、福建、湖北、湖南、河南、山东、山西、陕西、甘肃、四川、广东、广西等省每年每座税银五两，云南省每年每座税银四两，贵州省每年每座税银三两，奉天省每年每座税银二两五钱各等语，历经各省照例征收，于奏销册内报部在案。光绪十四年因河工需款，臣部奏令各省每当商一座缴银一百两，作为豫完二十年当税，奉准行知各省。旋据先后报部，共豫缴税银七十余万两。光绪二十年复因海防筹饷，由臣部奏令中外典当各商，于额税外每座捐银二百两报部候拨，计各省已报部者共捐缴银三十余万两。

该当商等两次报缴巨款，已足见急公好义之忱。当此时事艰难，臣部亦知体恤商情，未便强令再伸报効。无如度支万分奇绌，银行、铁路在在均须部筹，即归还洋债要需，实已挪无可挪，借难再借。虽核扣中外俸廉、裁汰各营兵勇、加抽土药厘税、提扣放款减平，究竟每年腾出的款若干尚难预料。惟查京外典当以光绪十四年座数计之，约共七千数百余座，开设即多，赀本亦巨，获利较厚，税额独轻。臣等公同商酌，拟自本年起，无论何省，每座按年纳税银五十两，岁可共征银三十余万两。应由各省州县查明现在座数，分别造册详司报部，税银照征足额，缴解藩司汇总专案随册奏咨听候拨用，不许外省截留。其有光绪十四年已豫缴二十年税银者，除已经歇业不计外，凡现经开设者，均自本年起，准其按照豫缴之数分年扣除。已缴五两者，补缴四十五两；已缴四两者，补缴四十六两；已缴三两及二两五钱者，准此类推，均俟豫缴年限届满，仍照五十两之数征收。光绪十四年以后，新开各当拟自本年起，每座征税银五十两，不得延欠。此外，则例未报各省如吉林、黑龙江、新疆等处，无论新旧当商，均自本年起一律征银五十两，以昭平允……一俟命下，即由臣部行知顺天府府尹暨各该省将军督抚，转饬所属州县等官，剀切晓谕各商，一体钦遵办理。所有臣议加当税并严汰陋规各缘由，理合恭折具陈，伏乞皇上圣鉴，谨奏请旨。奉旨依议，钦此。闻此折于五月十二日具奏，本日即奉旨，想日内当即行知各省一体遵行矣。

——《申报》8687号《司农奏牍》。

1048.（清光绪廿四年二月初八日）查中外典当获利较厚，税额独轻，拟自光绪二十三年起，无论何省，每座按年纳税银五十两。查明座数，分晰造册报部等因，当经转行遵办去后。兹据甘肃布政使曾鉌详据各道府厅州县转据各该当商禀称，甘肃各当商资本少者仅二三千串，多亦止六千金，从未有及万两者，每年获利细微，与繁富省分实有天壤之别。在商等食毛践土，亦愿勉助时艰，无如本小利薄，若将每年当税概增加五十两，输将不及，实有闭歇之虞，恳请核减等情。该司查甘肃地瘠民穷，前此每当商奉饬捐银二百两，请准减收一半，已甚竭蹶。兹再以五十两税额按年勒征，则闭歇之虞信非虚语。一再筹酌，拟将每年每当五十两当税减为二十两，仍遵部议查明，预交旧税数目于新税内分年扣除，如此酌量减纳，商力或可勉支，课税亦稍有增益，详具奏前来。臣惟甘肃地方瘠苦，本与他省迥殊，旧年当商额税五两，今骤增十倍之多，该各商力难照纳，系属实在情形，合无仰恳天恩，俯准敕部查照核减，以恤商艰而重课税。除俟奉准饬司查明典当座数分晰造册报部立案外，谨附片具陈，伏乞圣鉴训示，谨奏。奉朱批户部知道，钦此。

——《申报》8932号《光绪二十四年正月二十日京报全录》。

1049.（清光绪廿四年八月初二日）月前户部咨覆闽浙总督边制军奏，闽省当铺成本较轻，请援照甘省成案酌减当税一折。光绪二十四年六月初二日，奉朱批户部知道，钦此钦遵。由内阁抄出到部。查原奏内称闽省边海瘠区，与甘肃省不相上下，可否将此次加完当税照部定量减，照甘省酌加每年每座以三十两责令完纳。其有旧商已豫缴二十年者，每年准加五两。间有已照新章完纳多完银两，准抵次年税银等因。查甘省当税每年增税五十两，酌拟减为二十五两，当经本部核与奏案不符，驳令照数完纳在案。今查闽督所奏与甘省事同一律，势难核准，应令该督遵照奏□，仍饬各商照五十两银数纳税，饬属查明典当座数，造册报部立案，以符奏章而重饷需。

——《申报》9133 号《玉京间》。

二、捐输

1050.（明万历三十九年八月）甲申，河南巡按曾用升奏……向来地方各官苦于无处凑办，不得已派之当铺、派之各行，一蔬果、一鸡豚之微，无不计物而榷之。甚有比征不全，因监税催督紧急，而那借正项钱粮以解者。

——《明神宗实录》卷四百八十六。

1051.（明万历四十六年）直隶苏州府常熟县为吁□□禁□民水火事。抄蒙钦差巡抚御史徐，据本县典户周京、朱科、平峰、萧敬、张萱、祝溪、周楼等连名呈词前事。呈称：……止因二十九年按院徐爷将莅此，工吏高永年领各铺陈物件，收贮公廨，不意除夕被火，诸物尽成煨烬，殆后□大院故临，无从措置。该吏安廪兴□□各典暂备铺发，（缺六字）时之计。岂后来各吏书引此为例，每一上司将至，差人执票登门，星夜另买段匹剪裁。至上司过后，发领之时，苟馈不敷，则见在者变为乌有，细软者易为粗恶，十□偿□。至于门□□□答虑上司，是其本等，岂身穿里外绸绢之衣，鞋袜裙裤之类，悉取足于京等？及至上司事毕，并不付还，甚迩等来扶轿红衣听事吏后圆领，皆以为然。则于法外苛求，京等莫甘。若不口鸣，口恐此景□□，无由仰豁。

——《明清苏州工商业碑刻集》第九目《金融典当业·常熟县裁革典铺代备衙门铺陈碑》，江苏人民出版社 1981 年版。

1052.（明）荒镇建馆之地，一河相距。其东曰青镇，隶桐乡；西曰乌镇，隶乌程。不佞目击万历十六年，斗米卖银一钱六分，饥莩塞路。正怀所以豫后之计，而何公祖下车，亦蒙轸念商及。故不佞浼医士方时吉，对渠同乡典铺商人劝谕。幸商人凡九典仗义乐施，各捐中白米二十石，共得一百八十石：青镇八典，计一百六十石；乌镇一典，止二十石尔。

——（明）李乐《见闻杂纪》卷三《义米本末启夏少府》，《续修四库全书》第 1171 册，上海古籍出版社 2002 年版。

1053.（清顺治二年闰六月初四日）发林令所藏封库藏赡军，不足，徽商程璧捐饷三万五千两，陈典史拜而纳之。

程璧亦开典靖江，沙兵（高杰旧部）败归，恨之，起掠一空。

——（清）韩菼《江阴城守记》卷上，《笔记小说大观丛刊》第 4 编第 8 册，（台北）新兴书局 1978 年版。

1054.（清）公督私藏之法，可以行之一里一乡一镇，无不称善者。然必以丰年为始，思患豫初。其法：公举里中长者一人，遍告有田之家，凡有粮田若干，捐米若干，铺户典押则捐钱文……

一铺户典当本钱多少不一，约铺户有本一百两以上者，捐钱五百文；典当小押，有本一千两以上者，捐钱五千文。以此类推，如能多捐，听其自便。

——（清）钱泳《履园丛话》卷四《附救荒·公督私藏之法》，中华书局1979年版。

1055.（清）留养院，一在南关药王庙，一在娄家营，一在中羊村。乾隆十七年署知州罗以桂奉制宪方置署州，倡捐五十金，盐、当商人共捐一百五十金。

——乾隆《祁州志》卷二《建置》，（台北）成文出版社1976年版。

1056.（清乾隆五年三月，河南巡抚雅尔图）又奏：府厅州县衙门有盐当商规礼一项，各属多寡不均，有地僻事简，而多至一千五六百金者，养廉又不因此减少，竟为额外多得之项。臣思豫省盗案甚多，臣到任后，悬赏缉捕两月有余，拏获积盗逸匪老瓜卦子等贼，计一百余名。此项给赏，不便动支公项，请即以前项盐当商规礼，酌量拨充，除府州县原数在四百两以下，厅员在三百两以下者，仍留给本官办公外，其余俱提解司库，每年约计银五千余两，尽堪充赏捕盗兵役之用。又祥符县之朱仙镇，凡行户顶换牙帖，先赴县纳银呈认，以杜争端，名曰定帖银两。每年几及五千金，抚臣衙门修理衙署执事，约用千金。臣心实有不安，应以此项拨给本衙门书吏，为添补饭食之费。此外四千金，一半仍留为该县公用，一半于每岁冬间，设厂煮粥济贫。得旨、如此办理，亦不为过刻也。

——《清高宗皇帝实录》卷一百十三。

1057.（清）乾隆六年三月甲午，山东巡抚朱定元奏：地方陋规，自应尽革。中有盐当商规礼，系各商愿送，相沿日久。请将此项存半，为各属添补公用，余解司充公，为赏捕缉盗之需。得旨：此等事亦在汝等酌剂而行之耳。

——《顺治—嘉庆朝清实录经济史资料》国家财政编1，北京大学出版社2012年版。

1058.（清乾隆四年一月乙亥）谕：据钦差侍郎班第、大学士查朗阿等奏称，原任提督俞益谟之子中卫县武生俞汝亮，因见宁夏地动，民人困苦，情愿捐出制钱二千串、银一千两、羊一百五十只，当铺内所存皮、棉、夹单二千九百八件，以为灾黎疗饥御寒之用。臣等已将银钱、衣服等件，择民人之极贫者按名散给，理合奏闻等语。俞汝亮谊敦桑梓，念切灾伤，好善好施，急行拯济，俾贫民免于冻馁，甚属可嘉，着从优授为守备，交与大学士查朗阿，以相当之缺即行题补。

——《顺治—嘉庆朝清实录经济史资料》国家财政编1，北京大学出版社2012年版。

1059.（清乾隆三十六年九月戊戌朔）谕，据永德奏，通省典商情愿公捐银两，恭祝万寿，拟即将此项重建铁佛寺，并请敕赐嘉名等语，殊属非是，已于折内批饬矣。本年恭遇圣母八旬万寿，朕躬率寰宇臣民，胪欢掖辇，于京城敬陈庆典……若典商不过里巷逐利细民，并非淮浙盐商各有职衔、世受国恩者可比，盐商等向有公捐之请，朕尚不允行，至此等微末经商，即其姓名亦不宜轻达，今忽公请捐资，从来无此情理。永德若稍知事体，当伊等具呈时，即应详晰晓谕，不准所请。乃竟轻为允纳，且为筹建寺宇，并令官为佽助竣工，以此等断不可行之事，转若视为朝廷盛举，沾沾入告，岂伊身任巡抚，竟以典商醵金建寺为得意，全不顾朝廷大体乎？所有伊等已缴之银，俱着即行发还，永德识见卑鄙，着交部严加议处。

——《顺治—嘉庆朝清实录经济史资料》国家财政编1，北京大学出版社2012年版。

1060.（清嘉庆十九年二月）戊午，谕内阁大学士会同户部议驳百龄、朱理奏请江苏及各省当铺，按照成本多寡，将息银输纳二成，分作五年给还一折。国家理财制用，政有常经，即权宜取济，亦当准事理之平。若商民权子母、逐锥刀，其事至为纤细，岂应官为核计？今该督等欲按当商成本，责以输纳，又恐取民非制，请分作五年如数给还。无论一出一入，甚滋繁扰。试思地方官勒借所部财物，尚干功令，况以经国之需，而谋及庶人，不已亵乎？至原折内称，当商等多系仕宦旧族，各有报效之心，此语尤属虚诞。仕宦家固亦有治生营运者，然此辈大抵市侩居多，强其所不欲而滥及名器，亦太不计利敝重轻矣。现在帑项虽未饶裕，然综檄出入，尚不至即形支绌，何遽谋及下策若此？实属鄙陋。日前阿克当阿曾有此奏，朕以伊系内务府人，平日历任不过盐榷诸务，未谙政治，无足深责，当衹降旨申饬。百龄虽亦系内务府人，伊由翰林出身，历任封疆，擢至协办大学士。朱理亦由翰林洊升侍郎、巡抚，不应识见庸陋，同为此不学无术之言。

——《清仁宗实录》卷二百八十五。

1061.（清嘉庆十八年十二月辛酉）谕军机大臣阿克当阿奏请令各省当商捐输银两，赏给职衔议叙一折，所见鄙陋已极，不知大体。现在豫东等省，善后抚恤各事宜，及堵筑要工需费未免支绌，然国家筹款之道，自有正办，何至谋及商贾？此等市侩之徒，唯利是视，一闻捐输之说，必先藉此增息，朘削贫民。而伊等转可坐等议叙，将来一登仕途，其牟利之心必不能改，非攫取官帑，即苛敛百姓，成何政体？况地方官经理此等事件，何能不假手胥吏？种种弊窦，尤不可胜言，所奏断不可行。

——《顺治—嘉庆朝清实录经济史资料》国家财政编1，北京大学出版社2012年版。

1062.（清）若典当、烧锅与行户验帖旧有之规钱，既不出于民，而于讼事全不干涉，似乎无碍，受之可以津贴公用。然巴县向有行户验帖之旧例，每次可得三四千金，恐行户为累，竟毅然革之。

——刘衡《蜀僚问答》，《官箴书集成》第六册，黄山书社1998年版。

1063.（清）于是筹及西关无可告助，而此处又不止无楼也，城阐石圮，过往皆危，于是命彼工人磨砖采石，购料兴工，而不图乐善者之惠然偕来也。同时鹾商暨典商、面局皆虑予为公事累，共捐银三百五十两，以佐西门楼之费……所难得者，鹾商则出自津门，典商、面局皆家于山右，乃同声乐赴，众志成城，其好善之雅，不更足多乎哉？

——（清）周石藩《共城从政录·修三城楼记》，《官箴书集成》第六册，黄山书社1998年版。

1064.（清）夫商民挟资开典取生息之利，每年止纳官税五两，并无多求，彼何惜此些须而甘蹈隐漏之罪？大都俱由衙门奸蠹计图私收侵蚀，遇有开张即构同典头小甲，容隐饱橐，究竟在官有未报之典户，而在衙门蠹胥则无不知之典户也。若经查出，止应严究蠹胥追侵补报。至于本典止以从前听蠹容隐，拟以不应之罪亦在历经恩赦以前，如此乃见地方官清课裕国惩奸保民之意。乃今无论先报未报，是典非典，概事混查，甚至米粮油盐铺户，向以斗米斤油与穷民偶通缓急，乃被地豪土棍以平素赊取不遂，或一时索帐过严，偶撄其怒，动捏私典名色具首，地方官不加详察，随即混行拘扰，二三十两之资本倾于一旦，似此生事扰害，犹云遵法奉公乎？

——（清）胡衍虞《居官寡过录》卷三《严饬假公扰民》，《官箴书集成》第五册，黄山书社1998年版。

1065.（清）计粘各行分晰各条：一当铺等各店户酌写门面钱，按数收缴局中。每月册报一千六百串零，此定数也。但其中生理微末，有少至三四百文者，当册报之时，其钱尚未缴清，有迟至二三月总缴者。照票填写，以前后论之，势必有盈有绌，票根数目必至参差不齐。

催缴各典商门面厘金应归画一禀：敬禀者，窃卑职于去岁十二月十一日，以各典商遵上宪示，恳请停厘是否应停，请示遵行具禀，奉批查变通章程，系为武汉招商而言。若现开各典，历年仅收门面厘金，自应照旧抽取。至牙帖一层，亦为武汉招商言之，其原请有帖开设者，不必牵连转滋轇轕，仰即移荆州府转饬遵照，此缴等因，奉此遵即移行荆州府，当据荆州府给发各典告示，晓谕在案。惟卑职委办沙市厘金，查沙市只立生典一家，奉批暨移荆州府示谕之后，即饬催缴。该典终以停厘为念，催之过急，则谓前次荆州府奉各上宪出示煌煌张帖，岂不足凭？并谓荆门州典铺曾有荆门州所发奉上宪停厘朱谕，相处隔属，无从质证。后经卑职再四严催，则又谓荆郡十九典一律抽缴，自不敢违。似此展缓何时定局？且立生典每月门面厘二十五串，自去岁冬月未缴，至今四月已积成百串，往后愈积愈多何能了结？此卑职前禀谓既经各典援详具禀荆州府在案，卑职已呼应不灵，如须再抽，非宪台大张严切告示晓谕势不能行者此也……是以卑职现催立生典缴厘，又未敢十分严切，窃恐荆州府示以续奉抚宪之札，则不独各典不信，卑职并不信有省城总局，其何以对斯民也？所有典铺应否催缴门面及一切滞碍情形，理合缕悉禀明。

——（清）周乐《宦游纪实》卷下，《明清法制史料辑刊》第一辑第28册，国家图书馆出版社2008年版。

1066.（清）同治十三年甲戌夏五月，江、震两邑新建学宫成……其捐典章程云：

照省章，每日城典捐钱三十千文，乡典二十千文，代步十千文，闰月同。捐钱存典一分二厘起息，同治九年四月初六日，详准尽数拨充庙工。是年续建，时以数之不足，借拨库款四千串云。

——光绪《吴江县续志》卷三《营建二·学校·费延厘重建江、震学宫记》，江苏古籍出版社、巴蜀书社、上海书店 1991 年版。

1067.（清）……窃惟典铺之设，原为取便穷民，江南所属克复，虽阅十有九年，而元气尚未复常……臣莅任后，查得江宁、江苏、安徽各典取息既轻重攸殊，期限亦参差不一。虽因地方情形不同，各经禀定有案，而章程未能划一，贫民无所适从……臣因酌中议定……每年除典税照章完纳外，城垣每月只准捐钱二十千文，该典每月只捐钱十二千文；乡典每月只准捐钱十千文，此外公事一概免捐。

——《左宗棠全集·奏稿》卷五十九《奏为核减典商利息酌定赎限拟发官本折》，上海书店 1986 年版。

1068.（清）同仁堂：经费：原存公捐钱一千千，典息一分，地五十六亩四分……岁征典息一百千，房租十一千，租钱九十九千二百七十二文，各典岁捐二十千，光绪十二年朱春柳等续存钱五百千，典息一分，岁征息钱五十千……义渡经费：捐存典钱一千八百千，岁收息钱一百四十四千。县署月捐钱十二千，营署月捐钱一千，各典月捐钱八十千，盐局月捐钱十五千，内河厘局月捐钱八千，港厘局月捐钱八千，界河厘局月捐钱四千，浙宁永庆公所月捐钱五千，岁共收钱一千五百九十六千，遇闰照增。

——光绪《泰兴县志》卷八《建置志三·义宇·仓法慈善款生息》，《中国地方志集成·江苏府县志辑 51》，江苏古籍出版社 1991 年版。

1069.（清）公车经费：光绪五年，丁韩氏捐黄桥镇市房三所，售价四百四十二千。十年，知县陈谟捐廉一百千，李春渠等经捐钱五百五十八千，朱春柳经捐钱六百千，和聚茂盐旗捐钱三百千，各典捐钱一千千，共三千千存典。月息一分，每届会试取息兑银寄京分致，以百千为限，优拨试费，人致三十千。

——光绪《泰兴县志》卷十三《学校下》，《中国地方志集成·江苏府县志辑 51》，江苏古籍出版社 1991 年版。

1070.（清）太平济仁堂，在阳湖太平乡南宅，光绪二年知县吴康寿建，有县官及众户总捐钱五百余千存典，岁收息钱及典当月捐钱给养贫民。

——光绪《武进阳湖县志》卷三《营建·善堂》，《中国地方志集成·江苏府县志辑 37》，江苏古籍出版社 1991 年版。

1071.（清）留养局……牟家庵入官地六十亩三分三毫，岁租银九两三钱五分。同治三年，知县陶治安捐置地十三亩七分二厘二毫一丝六忽六微，岁收京钱三十三千，盐店捐钱十二千，当铺捐钱二千四百文。

——光绪《吴桥县志》卷四《建置志下·恤政》，(台北) 成文出版社 1969 年版。

1072.(清) 爰谋之于绅士，在圣庙工程款内提京钱一百五十千，又盐典商捐京钱一百二十千。

——(清) 戴杰《敬简堂学治杂录》卷一《重修火神庙记》，《官箴书集成》第九册，黄山书社 1998 年版。

1073.(清光绪五年六月初二日) 记得粤匪初平时，各省各府州县应办善后者居多，其时宪定章程，以善后为地方公事。若非仍出之于地方，则断无此空闲之巨款次第施行，于是仿照坐贾局之式，派捐城乡镇市之各当铺月捐若干，以何县界中之捐作何县善后之用。其法则分大中小三等，如本钱充实生意广远排场阔绰者，是为最大，月轮钱三十千；其乡镇小铺则为中小两等，月捐二十千、十千不等。若上海一县城中，洋场计之已有十余家，合之乡镇当不下五十家。当时各铺遵缴用以办善后诸事，有盈无绌……鄙意拟将各城乡当铺捐款每月缴纳者，先行提前六个月汇总一解。夫当铺定利二分，通计耗去不过利钱四五千而已。当绅富乐输之时，典当之东理应慨捐千金百金。今乃提其应捐之钱于六个月之先，不外加派而仅捐其息，吾知该铺亦不敢有怨言也。就上海而论，合有五十铺，每铺均以至下之则计之，一月各捐十千则月得五百千，而六个月有三千千矣。由上海推之松属七县皆如上海，则二万一千千；再如同省苏常镇太各属从前办理善后情形相同而相似者，亦以此法行之，或各处均设善堂，并无捐之典铺之款，系地方公项经绅富存放生息，抑官款发商岁收其息，及各户捐助田地、山荡、房屋产业充善堂每年之用，而有盈余者亦可权其缓急，提拨若干以济晋饥。苟能推广举行，则十万千可以坐致，岂非筹赈之一大款哉?

——《申报》2233 号《善堂经费酌拨晋赈说》。

1074.(清光绪十二年九月初七日) 鄙意以为欲苏典商之困，莫如先减公项之息，闻浙省公项存款中，竟有以周年一分四厘四，令典商出具领纸，按季输息者。试思以招商集股之典，谁不□将本求利? 而必欲令公项存款中，赔累输息如此之巨? 无怪前年胡绅雪岩欲抵各处公款之典招商顶替，人皆裹足不前也。今虽胡绅之典俱有人顶矣，然而生计日绌，不为之曲体下情，典商之困恐未有艾。典商一困，实民生之利弊攸关。最可厌者是文武衙门之陋规，自宪署以至佐杂，各典公送正项三千余金之外，有所谓加一随封者，有所谓经承年规、经承解费者，此等弊窦，实罄竹难书……是各公项存款生息固宜核减，而各文武衙门陋规尤宜先行革除。此等陋规以浙省而论，到处皆有，更有一切细情，尤典业之暗中折耗而无从□说者。如例载典当材物，每月取息不得过三分，年月虽多，止准一本一利等语。是以须按值十当五计算，扣留货物之半价以作取时利息。近年各典每月取息大概以二分，不但未能按照值十当五之旧例计算，往往有值十当七当八，而金银细软竟有值十当九者。或限以十八个月，再加展限两月，质户限内取赎，交利不过加本钱十分之三四。若十千文之大号，仅一分六厘取息，是限内取赎更不过加本钱十分之二三，与定例对本对利取赎轻重悬殊。盖出本重而取利轻，乡人固所乐从，典商亦相沿成习，是以近年满货出售有不计利而照本八折者。即今岁衣业市面稍有起色，而典中满货亦不过照本出售及加一二贯而止。此种情形，典商固无由上达官长，而为官长者自当默察舆情曲为体恤者也。

虽近来藩宪刊刷严禁索扰典业章程，颁发通省有典之各府州县，在上宪体恤下情，亦可谓无微不至。然而有典之各府州县其陋规等情，仍属丝毫不减，其故何也？良由各典商多年习惯，而经承等又专司各衙门陋规，代为收解。诚以衙门陋规一减，而经承之年规解费亦随之而减也。安得良有司俯念典商近年疲困情形，于陋规送进时屏却不受，斯经承等亦不得藉此名目苛派典商，召父杜母之风庶几再见于今日乎？更如典中生意，昔年廿余万串存架之典，今则止存十万串；昔年十余万串存架之典，今则仅存五六万串；其生意最清之典，甚至有存架三万串者，较之盛之时，不过三四折光景，岂乡人之皆富耶？实因典质已空，并可典之物而亦□乌有，此典业之疲亦半由于农夫之困苦也。盖乡人藉典质以周转，典商亦因乡人以获利，两相济亦两相需。今典业生意之疲，实乡人艰苦民生凋敝之一大关键，当道者应何法以筹之？

——《申报》4839号《论典业利弊情形》。

1075.（清光绪廿年腊月初一日）一令典当各商捐输。查中外开设典当，各商资本甚多，获利较厚，税额较轻。光绪十四年因河工需款，令各省当商缴银一百两，作为预完二十年当税。惟旧开各商并无应完当税五两，是新旧典当所得利息尚可略出盈余，以佐公家之急。拟通行中外，令各该地方官劝谕所属典当各商，于额税以外无论新开旧开，每座均捐银二百两。限于年内交清，饬属汇交藩库，报部候拨等因到司。奉此查现在惩剿倭奴军务吃紧，大军云集，需饷浩繁。当此库藏支绌，筹饷为难之际，各典当生意较大，利有赢余，理宜踊跃输将以图报称。除转行各属一体钦遵办理外，合行出示晓谕，为此示仰苏省各属典商人等遵照：尔等务宜查照部行，于额税之外无论新开旧开，每典捐缴库平银二百两，于十一月内一律呈缴。各该地方官转解司库，立等汇齐解部充饷。该典商等食毛践土供赋，深仇急公，素怀慕义。况所定捐数尚属无多，自应赶紧缴完，以济国用。幸勿观望迟延，是所厚望。切切，特示。

——《申报》7791号《宪示照登》。

1076.（清光绪，山东）捐输之费，每典应摊四十文，他处均系五六十金，较之四数大相悬殊……批据呈，尚系实在情形，既令捐输助饷，若再令捐棉衣，未免力有未逮。应如的请，将历来棉衣免捐，以示体恤。除分饬各该州县遵照外，着将应捐前项助饷银两，赶紧呈缴该州县库解司候拨，毋再迟延。粘单附……

启者，昨蒙寄去一函，商办免捐棉衣及历年捐输一节，弟初念将此两案，历年免捐始如其愿。无奈此处花费太巨，竭驽马之愚力，托贵典之鸿福，各处串托，始将棉衣历年免捐、捐输暂免一年。虽未能一举两得，而较之去年捐项，不啻有天渊之别……又委代问贵行捐助军饷一条，接信后当在同乡各典细为察问，据云山东通省只有新泰县当典一家捐过银叁百两，其余再无捐者。后蒙抚宪批准，各属当商愿否捐输，听其自便……

七月下旬，敝县接奉大宪通饬，奉准户部咨，具奏当商额税太轻，饬令各省一律加收，并严汰陋规，以重饷款，每座按年纳税银五十两。惟既加税额，自应概裁陋规等因，奉旨依议，钦此钦遵在案。窃思当此上下交困之际，户部此奏，诚为善举。弟愚昧之见，加纳税银，只有钦遵办理。惟陋规一节，当商仰赖地方官荫庇，亦未便概行裁革。但平昔规礼过重者，乘此机会，或不免有请减之处。忝在爱末，敢烦劳费清神，向当商切近之家，代为察询……

内云密情一事，昨到敝处典内询问此事，伊言有此通饬，上令加捐五拾数，刻下未有定论，具他言大约遵饬如数办理。此事不甚紧要，迟误数日亦可。刻下他典内外执事回州，察问州中如何办理，亦可关照。所言裁减规礼一节，晚与典友谈论，据他伙言，内外事亦未有高才见解，素日规礼四季交，每季交壹佰七拾余两，一切杂费共千金之数。有旧年支款，亦言扣除，缴四十五数。晚密托知己友人，随后如何办理，并他典花费款数问明，再为覆音……

敬启者，兹因历年典当捐输一款，相沿已久，势难停止，今又奉到部文，每典加增当税银五十两，此案谅已早入洞鉴。昨据东阿县李令禀请通饬，不准借增当税以免当捐等情，各州县类此禀请在甚多，敝房伙友见者无不骇然，是以历邑当典主政闻信之后，屡至敝房商办共议，趁此加增当税藉以永免当捐，未始非挹彼注兹之一道。弟想此事，诚为善举，第以案关通省，非众无异词，何敢孟浪举行？现在历邑当铺已会通济属各当典，商议明白，皆愿作一首领，由院署投递公禀，但各处当路者非许以润资不能玉成其事，若不赶紧办理，恐过此一往，机会难再，故预为专函商酌，若有相契同事之处，并祈函致。至所需花费，仍俟妥日另为均匀分摊，不以所言为谬，希即赶紧来省面为酌议，如公冗羁身，不暇来省，弟实不敢擅办。祈即商酌确实，于回音注明，从则即为定妥，花费公摊；否则以作罢论，万勿含糊是覆，以致后有垫费之虞……

窃思免捐一事，光绪廿年冬月，蒙令侄竹贤兄来信，据云当商有在省办理免捐者，商以相从，当经前执事命敝伙△△△赴省商酌办妥，摊费六千六百文。敝伙回典面叙，武定府捐款办为永远免捐，是以近年并未捐输者，未始非前曾办理之力也。今蒙阁下函商，特以未知前情耳。弟等若以此时再允摊费，诚恐前执事到铺，难免责言，且遗敝伙办理不善之咎。方命之愆，望祈原谅。

九月廿日接到札文

钦命山东承宣布政使司布政使总理全省营务处世袭子爵张，批曲阜县知悉：案查各处当典捐输壹款，自光绪十壹年起，详明每当每年捐银五拾两，通饬遵办在案。查各州县均已按年催齐解司，惟该县应缴廿二三年捐输银两，迄今未据解到，殊属违延。现在需用孔殷，断不能任其延欠，合行札催札到，该县立即遵照，将单开欠解廿二三年当捐银两，无论官欠商欠，刻日解司以凭支发。倘再仍前抗违，定即委提，速速，此札。

光绪廿三年九月十四日朱笔。札面朱笔，寓目速办，迟到委提。

接到此信九月廿七日到。

尊函言及免捐一事，于廿年冬月已经办妥，摊费云云，捧读之下，不胜悚惶。抑或前所办者，直隶赈银廿之数，今之商办者，自十一年为始，每当岁捐银五拾之数。至云数年并未捐输，不知廿年捐输，因捐饷银，有经敝房办理，暂停一年之说。宝当廿一年捐输，已由朱令交案拨解，弟非未知前情，只以回音于去函两歧耳。

据镇台言，十三季裁减七季，似觉太多，不如改为裁减五季，即属平允。我即日达信本府，嘱以批示可也。相将禀改写敬送八季，未刻复递。至二更时候，镇台将本府覆伊原信送到义庆德程宜亭铺内，与相阅看。兹将本府与镇台覆信，抄录于后：

鼐翁军门仁老棣台大人惠鉴：奉到手示，聆悉明日之局，已蒙费神准备，感荷之至，敬谢在固，不独孙一人已也（镇台次日请客，所称不独孙一人，在指滋阳县孙大老爷）。典商一事，据伊所禀情形，本属出格。即生意倍极顺手，亦难堪此累，理应严加申饬。惟此事本系陋规，未便形诸笔墨，非特不可以批八季，即一季亦非例所应得。现拟赶□派妥人代为了事，务乞转告该商，日内惟有支吾其词，二三内自当有分晓也。手此先复，余容晤罄，敬请台安。悉如小兄名心叩。此系廿一日晚刻信。

即刻上，再明日定当早到也。

晚庸碌依人，幸逢知己，将典中被勒情事，缕陈颠末，原不敢妄冀非分，乃昨日新县尊门政传云，将蒙府尊面谕委员，将前任门丁勒索之项，即行追缴。经新令门政调停其间，退还百金，余作赙仪致送，当即了结。

乡愚弟田恩来书，二月。

股票一事，县尊孙辅翁开办伊始，本不欲多办，拟共措贰千之数。嗣于三月中旬，接到前署宁阳县劝办股票委员曹来信，嘱以多多益善。据云省城当铺，每家一千两，宁邑当铺现办八百，贵县当铺务须亦办此数。此言系本典请客，钱谷吴师爷闲谈之话。至廿七日早晨，有宁邑文昶当周先生来典。名铨字香溪，聊城县人，前署泗水训导，与徐友翁相识，现就馆东平州文升当，兼办文昶当事务。因此事缠手，专行请来办理。据称曹委员在宁邑，言曲阜、滋阳当铺皆办八百之数，不让伊号少减，是以来此探询。刻下委员在滕，遂就本典写信。伊号前已应承五百，尚未允准，仍恳以五百金办理。

房立翁大令将探明友人，云各处尚未办有成效，各当亦未有派八百之说，皆以宁邑作榜样。据立翁云，可以少减一百，亦未应承。即以候滕邑信再议，伊亦云云。

——刘建民先生藏《光绪山东当商信稿》。

1077.（清光绪十一年二月十二日）一议提典当捐。向例每月城典捐钱三十千文，乡典二十千文。自光绪八年奉两江总督左爵帅通饬，典捐各减其半，系为惜商起见。三年以来，已省各典捐钱四十余万。今议改照向例起捐，全数充饷，统计合省每月可得饷银一万余。俟各口撤防后，仍从减半，归于地方支用。

——《申报》4291号《草莽私议》。

1078.（清光绪十一年四月初二日）下宝第等片，再据湖北布政使蒯德标，会同通省牙厘局司道详称：各府厅州县典当，例由地方官取具家道殷实连环保结，请颁发部帖，方准开设。鄂省自军兴以后，各典荡然无存，绅富凑集资本权宜开设质当，以便贫民，并未照章领帖纳税。迄今垂二十年，凡开质当者莫不坐拥厚资，称素封焉。夫农民力田，尚征赋税；商贾贩运，亦抽厘金，惟该质当一无输纳，而蕴利独厚，似不足以昭平允。拟请通饬各州县，查明境内质当若干座，无论城乡集镇资本大小，一律饬令每座质当按年捐长沙平银一百两，遇闰加增银八两。从本年春季起，按季呈缴，由该州县收解藩库，一面造具清册，申赍倍查。此项捐数无多，在商民出之无难，在饷项不无少裨。倘该质当等情愿领帖纳税，即予免捐以示区别。此款拟请另储司库，邀免提拨以倍缓急等情前来。臣等查司道所议系为筹饷起见，除饬令通行各属查明办理外，谨合词附片具奏，伏乞圣鉴，谨奏。军机大臣奉旨，着照所请户部知道，钦此。

——《申报》4339号《光绪十一年三月二十三日京报全录》。

1079.（清光绪十七年腊月廿五日）工部局收租洋人簿建赴法公廨声称，本界老北门外之恒德典当素有名声，工部局拟定每季计收捐银五十两。自因生意减色，曾至工部局禀请减收捐款，当经公董会议已经减去银十两，后又减去五两，每季祗收银三十五两。现因届期持票向收，该当中人又欲相商减价，故将捐银措阻不给，是以将当中之戴干富、李宝仁两人交捕送案请追。明府随讯究，戴李曰：法租界中共有几家典当，他们捐款是否问尔家？一式生意可有大小否？尔当中前本捐银五十两，以后如何折减？两人供称，法界中典当只有三家，惟捐数各有不同，目下恒丰当捐银二十五两，公泰当捐银二十两，独有恒德捐银三十五两，吃亏太多。所有生意目下三家相去不远，一年内每家约上架银十万左右。问以前捐银五十两时，有若干银上架？答称十余年前，每年生意可上架银三十余万两，其时捐银五十两。八年前上架约二十万之谱，捐银减至四十两。今年生意更觉清淡，又减至三十五两，其数较他家仍大，须请再行减价。明府随商诸祁翻译官，谓今据恒德当伙所称为生意寥寂来案，请减捐银惟系一面之词，断难允准须待本委亲自前往查察，当再核夺。祁君曰：他家典当之住屋较恒德为小，是以捐银须照大概增加，并非为生意之好歹。若不付捐银，工部局即要钉门矣。明府随着恒德当伙戴李两人退去，候下礼拜仁到堂再核。

——《申报》6741号《法界公报琐案》。

1080.（清光绪廿年十月廿七日）芜湖访事人云，息借商款一事，已奉上游行文来芜，由县宰王明府大张告示粘贴通衢。另有户部续议筹饷数条奏准，将典当土商及茶糖各号通行加捐牙费，典当每座加捐二百两，土店每家加捐三百两。除典当由该商克日呈缴，茶糖两商归牙厘局道办理外，土店即就运货抵关时陆续加征，统归年内缴清。现亦出示晓谕，阛阓中人咸能仰体朝廷不得已之苦衷。第论者谓芜地土商资本殷实者十中不得一二，而典当统皖南北各处考之，无一非达官坐拥厚资者所设，区区帖费在若辈诚不啻九牛之一毛、沧海之一粟。该典主苟能饮水思源，虽每典捐三五万亦不为过，急公好义将于该典主是期矣。

——《申报》7758号《借款述闻》。

1081.（清光绪年间）据称，新到流民无本生理，拟今向来流之民设小押当者日捐钱五文，城关各铺户日捐钱二文，积少成多，俾作资本等语。此意甚美，而未详其法。

——樊增祥《樊山批判》卷九《批流民邵景华呈词》，《历代判例判牍》第十一册，中国社会科学出版社2005年版。

1082.（清光绪二十三年户部奏）据先后报部，共预交银七十余万两。光绪二十年复因海防筹饷，由臣部奏令中外典当，各商于税额外，每座捐银二百两报部候拨。计各省已报部者，共捐缴银三十余万两。该商典等两次报缴巨款，当此时事维艰……拟自本年起，无论何省，每座按年纳税银五十两，岁可共征银三十余万两……其有光绪十四年已预缴二十年税银者，除已歇业不计外，凡现经开设者，均自本年起，准其案照预缴之数分年扣除。

——刘锦藻《皇朝续文献通考》卷四十七《征榷考十九・杂征》，《续修四库全书》第816册，上海古籍出版社2002年版。

1083.（清光绪二十年十二月十三日，吉林将军恩泽言：因吉林盗匪蜂起，兵单难以应付，因此）思维再四，焦灼殊深，因详查吉省借铺商钱三十万千，业经长顺奏奉谕旨饬部覆准，留于吉省，归入新军饷内造报……饬下户部筹银十万两，并将当商捐输一并留吉，充作续募新兵饷糈。

——“台北故宫博物院”编《宫中档光绪朝奏折》第8册，吉林将军恩泽《恳当商捐输留吉募兵折》，1974年版。

1084.（清末）查天津典当自光绪二十六年兵燹后，复业开设者仅有十八家。卑职自奉委接办收捐以来，按月经收典当铺捐计十一家，其余七家因分隶杨青镇及葛沽、咸水沽等处，尚未纳捐。而现在之十一家，每月各纳捐输二十两，系照原定章程办理。

——光绪二十九年三月二十七日，直隶总督袁世凯札文，转引自宋秀元《从档案史料看清代的典当业》，《故宫博物院院刊》1985年第2期。

1085.（清末）一从前当商欠缴各衙门官款数十万两，并四恒转借当商官帑亦数十万两，为数过巨。今旧商既经被抢，各衙门专指此项生息银两作为逐年办公之用，未便虚悬无着。至四恒欠官帑一百万两中，已认缴五十万两，其余五十万两既有当商票据抵押，自难再令四恒缴还。现拟责成接开之新当，每铺每年报效银一百六十两，按四季呈缴，遇闰免加。现因商情困苦，格外体恤，所有光绪二十八年春季分暂行免缴，自二十八年夏季起，照数呈缴。此项报效银两，以一半作为各衙门息银以资办公，一半作为归还内库五十万两之款。俟还清帑款后并入息银内，由各衙门收回，即照生息银准数，按成均匀平分，以昭公允。

——刘建民先生藏《步军统领衙门、顺天府、五城御史会奏折》。

1086.

表一　清代典当铺户数、典税收入统计表

年代／项目／地区	康熙二十四年①		雍正二年②		乾隆十八年③		嘉庆十七年以前④		资料出处
	典铺户数	典税数	典铺户数	典税数	典铺户数	典税数	典铺户数	典税数	
直隶	2266	11330	2060	10300	2922	14610	1967	9835	所引依次见：①《康熙会典·奏销册》；②《雍正会典·奏销册》；③《会典则例·奏销册》；④《会典事例》。按：凡有＊者，表示它是牙、当税之和。另外，本表典税数系笔者根据原表典当铺户数推算而来
江苏	1507	7535	1470	7350	1935	9675	1333	6665	
安徽	304	1520	421	2105	约743	3715	887	4435	
浙江	559	2795	598	2990	1006	5030	1072	5360	
江西	38	190	46	230	133	665	335	1675	
湖北	111	555	145	725	517	2585	546	2730	
湖南	42	210	15	75	50	250	138	690	
福建	95	475	115	575	880	4400	1575	7875	
山东	516	2580	585	2925	1351	6755	874	4370	
山西	1281	6405	2602	13010	5175	25875	4695	23475	
河南	237	1185	369	1845	1035	5175	555	2775	
陕西	200	1000	533	2665	1372	6860	1482	7410	
巩昌（甘肃）	406	2030	695	3475	约543	2715	1625	8125	
四川	0		0			＊1170		＊1486	
广东	130	650	247	1235	115	575	2688	13440	
广西	3	15	3	15	33	165	197	985	
云南	0		0		265	1060	503	2012	
贵州	0		0				2667	8201	
合计	7695	38475	9904	49520	18075	90110	23139	110058	

——（日）安部健夫《清代典当业的发展趋势》，见《清代史研究》1971年，日本创文社刊行。

1087.（清光绪三十一年，北京当铺）以上共六十六家，每家缴银四十两，共缴银贰千六百四十两，关厢城外统列外城。内除天德当上年冬季已交之银，暂存缓分，并由本年春季起，缓传呈缴外，下余六十五家共缴银贰千六百两。内外城统计一百六十二家，共缴银六千四百八十两。又各当商补交本年春夏两季分银六分，计银二百四十两，统共库平足银六千七百二十两。每百两比京平大六两。

——刘建民先生藏《步军统领衙门、顺天府、五城御史会奏折》。

1088.（清末，江西）恳免加抽二厘当息禀

四月十三日呈递派办处

具禀：

德化县同泰	德化县恒裕	乐平县元和	浮梁县泰和
义宁州成和	△益庆	鄱阳县怡和	高安县福成祥
△公和	万年县信和	武宁县协成	南丰县嘉丰
△同和	铅山县恒和	高安县谦裕	

等为请殊力困，碍难抽息，公恳加恩邀免，以恤商艰事。窃商等分隶各县，开设典铺，日前接奉本县主会同查办赋税委员谕开，案奉派办政事处宪札，奉获抚宪柯批，派办处详复核议抽收当息，扎饬查办赋税委员，会县查明，妥议抽收章程，禀复核办，计粘抄擢内开，查此项当铺息捐。

安徽省首经举办，在各典本饶利厚，虽照例完有当税，数甚细微。兹据于各典二分行息内，酌抽二厘，作为报效，以济公需。该典所收利息，不得于定章二分外，私将利息加重，致累贫穷，即照办禀覆等情，因奉此，伏思商等食毛践土，具有天良，值此公私交困之秋，如果力所能及，理应竭诚报效，何敢稍涉异词？

无如近年来，典当生意淡落，商情困弊，迥异从前，典中质押衣物，首在及时取赎，借以周转利息。乃贫民力有不及，多有听其满当者，而满当之物，月息已无，即减价出售，又复稍行迟滞，以致暗中受亏，实有难言之隐。加以时事多故，随时所派各捐，又以典商为先例，因而苦中加苦，更觉难支，故近来典业中，多有呈报歇业者。

至江西与皖省情形，尤不能相提并论，查皖典以十七个月为期，江西则以二十六个月为满，是皖省比江西，已先收九个月利息，而得利中之利。江西不特质期过久，且有让利章程，凡期满十二个月者，应让利一月，期满二十四各月者，让利两月，即此一层，是江典远逊皖典。若月息虽名为照月二分，其实非四十日不能得一月之息，合计每月只得毛息一分数厘，而此中公款月息，以及房租门差辛工较用，通共核计共净存，只有数厘之息。

今若再议加抽二厘当息，又不能取偿于当户，则商力实难为继。况现奉上谕，严禁一切杂捐，足见民困商艰，以邀圣兹垂鉴。我宪台痌瘝在抱，必能上体皇恩，下恤隐困，为此不揣冒昧，合同公叩崇偕，伏乞，大人加恩作主，俯念商情艰窘，通饬各属，并赋税委员，一律免议加抽二厘当息，俾苏隐困，感若鸿施，实同鳌戴矣！上禀。

——安徽师范大学图书馆藏《典业杂志·恳免加抽二厘当息禀》。

1089.（清末）某仁兄大人阁下惠览：启者别无△于某日登舟，开行几里舟次某处，次日午后平顺泊处。当日钱价若干，一刻难以望小，即晚六七六。包力买钱若干，不日分数舟运上，计某人舟装钱若干，至日查收是妥。所有本月息尚未定规，又探听善

后局之事，某处所属去岁已有成规，典当家出过银若干，质铺出过银若干，并无别费，至今亦未曾有加曾（增）之说。专此匆匆，即询日安，不一。弟△△△。

宝典青览：顷接翰示，备悉其详。缘因捐款一事，每质若干之数，解费若干之语，江陵已竟开例，又有通省一体之说，实属再难推脱，止有遵办而已。祈各照其数送县交接，求安奂事为善。即此顺候财安，并请列位伙台均此叶吉。

△△△、△△△仝具。

——刘建民先生藏《商人尺牍》。

1090.（清乾隆十一年）裕盛当五钱、公盛当五钱、公庆当高才远银二两、广泰当郭祥银一两。

——《明清山西碑刻资料选》续辑一，015《本村重修二郎庙碑记》，山西人民出版社 2007 年版。

1091.（清乾隆十一年）裕兴号、魁增号、吉盛典，以上各二两五钱。

——《明清山西碑刻资料选》续辑二，233《山陕会馆碑记》，山西人民出版社 2009 年版。

1092.（清乾隆二十三年）阖当行施银一十二两。

——《明清山西碑刻资料选》续辑一，019《题名碑》，山西人民出版社 2007 年版。

1093.（清乾隆三十八年）……仁和当、义盛当、玉成当、复兴当、天成当、重兴当、大兴当、牛英、尹海云、郝之义、牛存英、贾进福、温兴来、李兴正、严文明、□海明、温仁昌、牛相壮、和顺号、马元贞，各施银二两。

——《段纯镇温家庄村重修广胜寺碑记》，《灵石碑刻全集》，河北大学出版社 2014 年版。

1094.（清乾隆三十九年）当行施银十两。

——《明清山西碑刻资料选》续辑二，147《重修大佛殿观音殿碑记》，山西人民出版社 2009 年版。

1095.（清乾隆四十二年）恩裕当施银二两四钱。

——《明清山西碑刻资料选》续辑一，022《乾隆四十二年施财功德碑》，山西人民出版社 2007 年版。

1096.（清乾隆四十八年）……兆龙当、隆盛当、永大当、隆茂当、房轿、赵伟烈、三合铺、李尔荣、郭朝栋、王子魁、杜芳、曹荣先、梁春喜、茹头、郭灵石、张永年，以上各施银五两。

——《灵石重修石膏山碑记》，《灵石碑刻全集》，河北大学出版社 2014 年版。

1097.（清乾隆四十八年）广运当、亨通当……源深当、元亨当……丰恒当……大和当……生生当。

——《明清山西碑刻资料选》续辑一，023《重修关帝庙施财士庶人等开列于左》，山西人民出版社2007年版。

1098.（清乾隆五十六年）厦典当公捐银贰百大元。

——《厦门碑志汇编》第216页《重修南普陀寺捐资芳名碑记》，中国广播电视出版社2004年版。

1099.（清乾隆五十六年）四泰典募化银二百四十两。

——《明清山西碑刻资料选》续辑一，025《新建献殿碑记》，山西人民出版社2007年版。

1100.（清嘉庆十四年）正昌典捐钱十八两一钱一分，协裕典捐银十一两三钱八分。

——《明清山西碑刻资料选》续辑二，244《山陕会馆众商重修关圣帝君大殿、财神大王北殿、文昌火神南殿暨戏台看楼并新建飨亭、钟鼓楼序》，山西人民出版社2009年版。

1101.（清嘉庆十四年）……亨正典、义顺典、隆盛典……以上俱纹银九两三钱。

——《明清山西碑刻资料选》续辑二，245《春秋阁碑记》，山西人民出版社2009年版。

1102.（清嘉庆十六年）大典当铺共捐银七大元。

——《南靖石刻集·山城石刻》，《山城汛兵防寨记》，海潮摄影艺术出版社2007年版。

1103.（清嘉庆二十一年）郝英募化：恒裕义、元兴当、义长兴、太原号、裕源当、亨裕当、源长号、丰美当、恒泰当、庆长号，以上各助银四两。

田增意募化：永宁当助银五两。

杨天培募化：全盛号、恒裕当，以上各助银一两二钱。同庆当、恒泰当、天元当、双泰当、义成当、万兴当、永合当、协泰德、天德义、合盛当、天顺德、庆成兴、同益当、和顺当、涌泉当、天德恒、和盛号……协和当……义丰当，以上各助银一两。

吴文盛募化：太昌当、太和当，以上各助银五两。庆和堂、太原候、太裕当，以上各助银三两。

百光华募化：宁夏当、宁夏商、宁塑当、宁塑商，以上各捐三两六钱。

原美玉、双盛玉、恒盛当、隆盛当、兴盛当，以上各捐一两二钱。

吴柱清募化：永顺当、天和当、万顺当、太长侯、宁昌店、宁泰店、泰兴店、德元当、泰生当、兴隆号、广聚永，以上各捐银二两。

郝清廉募化：益元当、景隆当、福生号、景云当、丰裕当，以上各捐银二两。

——《明清山西碑刻资料选》续辑一，029《重修镇国寺第二碑》，山西人民出版社2007年版。

1104.（清嘉庆二十一年）……积盛当，以上各捐银一两五钱。

……永宁县合盛当……永宁县宏顺当，以上各捐八钱。

永宁县天泰当、韩生财，捐银五钱三分。

宁永县忠诚当……永宁县晋德当……天成当……人和当……以上各捐钱四钱……三草当、永聚当……以上各捐银三钱。

——《明清山西碑刻资料选》续辑二，015《创建三灵财神庙碑记》，山西人民出版社 2009 年版。

1105.（清嘉庆二十一年）正昌典捐银八两三钱，协裕典捐银一两零一分。

——《明清山西碑刻资料选》续辑二，252《山陕会馆接拨厘头碑记》，山西人民出版社 2009 年版。

1106.（清嘉庆二十四年）当店余宝山、陈茂祥各捐银六元。

——《厦门碑志汇编》第 236 页《普光寺碑记》，中国广播电视出版社 2004 年版。

1107.（清嘉庆二十五年）万源当、金仁当、三盛当、天泰当、恒盛当、隆泰当、同和当……各施银一两。……四乡当行，以上共二十三名，共施银二十八两七钱。

——《明清山西碑刻资料选》续辑一，030《重修三官庙告竣碑记》，山西人民出版社 2007 年版。

1108.（清道光三年）义和典记捐银十一两零七分，正昌典捐银八两五钱二分，庆裕典捐银一钱七分。

——《明清山西碑刻资料选》续辑二，255《今将二十一年至二十五年众号厘金开列碑》，山西人民出版社 2009 年版。

1109.（清道光五年）景昌当捐银三两，义生当捐银二两，隆茂当、宏泰号、六昌号、三益当、元通当、兆龙当、协成号、裕成号、车店、曹庆元、茶府曹德钰、裕庆当、李耀山、张如鸿、程世全、牛国林、武生王树兰、张仁光，以上各施一千文；隆泰当、永隆当、广洤、福生号、化主附贡张耀廷、王殿耀、义顺号、悦来店、张全文、武生李殿魁、义聚号、万顺号、德顺号、裕生号、复茂号、隆泰号、庆泰号、义合号、九房科、瑞石厂、瑞石号、二快班、头快班、头皂班、善友杜成泉、尤满福、刘金福、王存富、郭天御、赵忠、岁贡黄眷中、监生郝元魁、杨大庆、张受圯、程景伯、师兴茂、胡望海、牛天福、李定唐、王福、李林、田均、永庆号，以上各施钱五百文。

——《灵石石膏山重修碑记》道光五年桂月吉旦，《灵石碑刻全集》，河北大学出版社 2014 年版。

1110.（道光七年）和成当店捐银四元，盈丰当店捐银四元，长盛当店捐银四元。

——《南靖石刻集·奎洋石刻》，《龟山龙圣宫重修庙宇碑记》，海潮摄影艺术出版社 2007 年版。

1111.（清道光戊子）复兴当、德泉当、义生当、永丰当、义隆当、恒裕当、天锦号、东盛店、广生当、永丰当、齐怀玉、任成一、永兴当、义兴当、白宾、王致中、永隆当、永济当、义生当、致祥号、四达号、永安仁，上各一两。

——《明清山西碑刻资料选》续辑一，032《□□□山神祠碑记》，山西人民出版社 2007 年版。

1112.（清道光十二年）万廷杰、王守中、兴盛当，各施钱四百文。万合当、公合当……各施钱二千三百文。……恒顺当、兴泰当……大成当……恒美当、恒远当、赵光荣，各施钱二千文。

——《明清山西碑刻资料选》续辑二，164《重修白衣殿碑记》，山西人民出版社 2009 年版。

1113.（道光十五年）碑阴维扬捐银人名：……二两七钱：从得典、隆裕典、允源典、发兴典、公和典、西成典、源昌典、德裕典、裕盛典、丰盛典、义盛典、大兴典、恒升典。

——《明清山西碑刻资料选》续辑一，034《重修仪伏补葺彩绘碑记》，山西人民出版社 2007 年版。

1114.（道光十八年）富礼典银八两七钱九分，环盛典银四两七钱三分，恒发典银三两五钱三分，广泰典银三两五钱。

——《明清山西碑刻资料选》续辑二，263《重修关帝庙岁积厘金记》，山西人民出版社 2009 年版。

1115.（道光十八年）永泰当、恒茂永、复兴成、荣源魁、万合成共助钱十一千零五百……广深永募化（安仁）同兴店、（禹门）左世荣、聚顺典共助钱六千。

——《晋商史料全览·忻州卷》第 537 页《道光十八年保德县无名碑文》，山西人民出版社 2006 年版。

1116.（道光二十五年）隆昌当捐银三十两零三分。牛久迪（监生）延庆当、协和当、星聚兴、恩久当、源顺当，以上每家捐银三十两。

——《明清山西碑刻资料选》续辑二，266《重修山陕会馆戏台山门钟鼓亭记》，山西人民出版社 2009 年版。

1117.（道光二十六年）……乡当行，上各五十两。公盛当……双合当……天裕当、天恒当、恒美当……恒昌当……阜本当……上各一两。

——《明清山西碑刻资料选》续辑一，037《重修大观楼记》，山西人民出版社 2007 年版。

1118.（道光二十七年）典□□远、□丰、悦来、□美、协和、□兴、茂源、同发、大川，以上各捐银贰元。

——《厦门碑志汇编》第 255 页《重修万石寺宇题缘碑》，中国广播电视出版社 2004 年版。

1119.（道光二十八年）碑阴当行：□盛当、晋源当、万源当、□丰当、兴隆当、晋丰当、广顺当、广恒当、广成当，以上各捐钱四十千五百文。

——《明清山西碑刻资料选》续辑一，038《重修崇福寺弥陀殿碑记》，山西人民出版社 2007 年版。

1120.（道光三十年）和顺当、大义生各捐钱一千文。平邑义成当捐银一两二钱。孝邑元和当捐钱二千文。

——《明清山西碑刻资料选》续辑一，039《黑龙庙重修碑记》，山西人民出版社 2007 年版。

1121.（道光三十年）碑阴今将施财姓名次其远近而开列之：鹿邑当行、柘城当行、商邱柳启泰典、虞城元吉典……赵居忍义成典、丰裕典、奎聚典……义和典、恒昌典、统盛典、广泰典、恒源典……阳城万丰典、瑞隆典、融泰典、公慎典……阜丰典……通顺典、源泰典、丰异典、丰升典、敬茂典、泰昌典、永兴典、泰兴典……沁邑当行。

——《明清山西碑刻资料选》续辑二，217《重修关王庙宇募缘碑叙》，山西人民出版社 2009 年版。

1122.（道光三十年）庆余盐店、沣泰典、永泰典、协兴典，以上各施银二千文。

——《明清山西碑刻资料选》续辑二，218《高平寺庄关帝庙创修碑记》，山西人民出版社 2009 年版。

1123.（咸丰二年）裕祥典捐钱三千文。……□□协盛典、□□永泰典……以上各捐钱三千文。

——《明清山西碑刻资料选》续辑二，169《重修成汤庙舞楼碑记》，山西人民出版社 2009 年版。

1124.（咸丰十一年）大同当行，施钱十千文。

碑阴：太和当、万源当……永诚当、永德当。

——《明清山西碑刻资料选》续辑二，173《重修大佛寺碑记》，山西人民出版社 2009 年版。

1125.（同治四年）文星当捐银四两八钱一分，协和当捐银三两三钱七分，兴聚当捐银三两三钱四分。

——《明清山西碑刻资料选》续辑二，272《山陕会馆续拨厘金碑记序》，山西人民出版社 2009 年版。

1126. （同治五年）捐资者：……永成当、合成当、万成当、广成当……天成当……恒泰当、恒兴当……长顺当。

——《晋商史料全览·吕梁卷》第 67 页《同治五年重修天官庙碑文》，山西人民出版社 2006 年版。

1127.（同治六年）泰吉典捐钱六十五千文，元美典捐钱二千文，元除典捐钱二千文。

——《明清山西碑刻资料选》续辑二，274《重修关帝庙正殿并补修各殿碑记》，山西人民出版社 2009 年版。

1128.（同治十三年）当行士家阖捐资三万零八百文。

重修乐楼二次捐资，光绪八年

万源当、万德当、万□当、水（永）合当。

——《明清山西碑刻资料选》续辑一，045《关帝庙重修碑记》，山西人民出版社 2007 年版。

1129.（同治十三年）广合典、广成典、元茂典、元兴典。

——《明清山西碑刻资料选》续辑二，227《关帝阁并观音堂补修碑记》，山西人民出版社 2009 年版。

1130.（清）（为修地方志捐款）城乡当行捐银四百两。

——《续修平遥县志·捐资姓氏》第一册，光绪八年刊本。

1131.（清）赈抚：城乡当商，捐银六千五百两，又捐钱五千千文。

——《续修平遥县志·典礼》第三册，光绪八年刊本，《中国地方志集成·山西府县志辑 17》，上海书店 2005 年版。

1132.（清光绪）添福永施钱四千文；添成当、天盛当、源远长、聚义成、永聚成、谦德恒各施钱二千文。

——《晋商史料全览·忻州卷》第 547 页《光绪八年偏关县重修白龙洞佛殿、罗汉殿碑记》，山西人民出版社 2006 年版。

1133.（清光绪九年）双池洪兴吴、洪兴公、洪发祥、洪茂当、永泰和、永兴长、复兴隆、永顺当、田永源、万和亨、复生魁、育安堂、广庆荣、万盛源、复兴永、永泰昌、永盛长、协盛恒，严温氏、洪发长，各捐钱一千文。

本邑王宗权化银五两，天津中立当、双源号、四合园、元成厚、西万胜、万德厚、谦恒丰、四合顺、日升当，各捐银伍钱。介邑聚成当、天兴当、万同当，霍郡九成公、福顺长、永裕恒、东生长、源丰裕、福生长、和顺昌、义生和、同协和、德善元、长发祥、豫丰和、洪茂源、潘文治，洪邑复元当、永益正、三兴永，简邑抱香成、裕和兴、宝丰亨、日升逢、祥发恒、祥发协、聚祥当、吉慧智、福兴永、福泰永，以上各捐银一两。

灵石城内五福当、元通当、公义盐店，各捐钱三千文。

仁义镇德顺当、增益当，广裕盐店，各捐钱一千五百文，德义成、恒裕厚、庆泰昌、隆和兴、益升泰、瑞和成、永兴号、东锦当、协和裕、德成号、万和成、锦昌隆，各捐钱一千文，万裕当、万亨当、万成当、万庆当、万泉成、万庆成、新城中立号、天元贞、德庆成、丰盛德、公益当、协通干、万隆昌、义盛号、高泰兴，各捐钱一千文。德生当、恒泰当、德顺当、德成当各捐钱一千文，从九陈德康化钱一千文，天津广成当、德茂当、星盛当、万合当、顺兴号、永丰号、永源居、星盛聚、恩隆号、永成号，各捐银一两。本邑监生陈镛化银二十两，天津忠孚当、万兴当、鸿德当、义成当、永庆当、涌庆当、义合当、万合当、加成当、恩隆当……

德兴当、德盛当、日升当、万通当、广成当、协成当、德兴当、瑞德隆、永盛号、义兴永、庆丰店、聚和店，各捐银一两。本邑监生任□□捐银伍两，□吉当、德隆的、保和当、丰泰当、庆元当、同泰的、瑞兴当……

三义公、聚和当、同泰裕，各施银一两。本邑从九梁龙恒捐银三两，合兴当、公义当、长顺当、兴聚当、同成号、德昌号、恒升局、祥庆当、恒茂店、元成号、歉益当、本立店、益源号、兴义隆。

——《灵石石膏山捐资碑记》，《灵石碑刻全集》，河北大学出版社 2014 年版。

1134.（光绪十年）……丰盛当、聚义当、万兴当……复源当、长盛当……天锡当、全顺当。

——《晋商史料全览·吕梁卷》第 578 页《光绪十年重修龙王庙碑记》，山西人民出版社 2006 年版。

1135.（光绪十一年）当行、钱行各八串。

——《明清山西碑刻资料选》续辑一，283《上华严寺开光碑记》，山西人民出版社 2007 年版。

1136.（光绪十四年）各典铺共捐银六十六两。

——《厦门碑志汇编》第 222 页《重修南普陀碑记》，中国广播电视出版社 2004 年版。

1137.（光绪十六年）大同当行、德裕当、永隆当、万来当、信隆当、和义当、永义当、元贞当、德和当……仁义当、和盛当、元利当、豫泰当、万德当、万祯当、德义当、天五当，以上二十宗各施钱三吊。

——《明清山西碑刻资料选》续辑一，046《重修上华严殿碑记》，山西人民出版社 2007 年版。

1138.（光绪十七年）思义当、源香当、恒义当，以上各捐银十两。

——《明清山西碑刻资料选》续辑二，180《重修后稷庙钟楼记》，山西人民出版社 2009 年版。

1139.（光绪十八年）合邑当行：三合、玉盛、永祥、宏裕、□中、德盛、□□、□诚、恒兴、协成、恒泰、德裕、来阳、刘祥、□生、五□、义合、德升、广济、谦六、协盛、成盛、同泰当捐银三百两。

——《明清山西碑刻资料选》续辑二，024《捐赀碑》，山西人民出版社 2009 年版。

1140.（光绪癸巳）本辖典当虽然无多，而为经营之魁，允应量为资助。议定每当资本钱千串行息二分者，每年抽捐钱三千文以充经费，而广育婴。

——《厦门碑志汇编》第129页《马巷育婴堂碑记》，中国广播电视出版社2004年版。

1141.（光绪二十年）文昌当捐银十两整，恒干当捐银十两整。

——《明清山西碑刻资料选》续辑二，280《重建山门外石栏杆序》，山西人民出版社2009年版。

1142.（光绪二十二年）万恒当、万隆当、裕济当、永和当、万益当、元隆当，各施银二两。

——《明清山西碑刻资料选》续辑一，047《光绪二十二年重修布施碑》，山西人民出版社2007年版。

1143.（光绪二十八年五月）隆聚当、隆泰当、隆昌当、隆记当、隆源当、隆盛当、隆广当，上各施银贰两。裕运当、会垣当、隆茂当、隆怿当、义济当……上各施银壹两。信成当、天福当、九如当、恒泰当、恒义当，上各施银贰两。隆昌当、裕通当、隆泽当，上各施银壹两。

——《明清山西碑刻资料选》第1辑，042《阳邑大社六义堂记》，山西人民出版社2005年版。

1144.（清）元泰当捐银四百九十两，元发当捐银四百七十两，永祥当捐银四百一十两，元益当捐银一百二十两，中信公、川如典各施钱三千文……恒升典……各施钱二千文……同志典……协泰典、恒裕典，各施钱一千文。

——《明清山西碑刻资料选》续辑二，282《洛阳山陕会馆布施碑》，山西人民出版社2009年版。

1145.（清）……德隆当、亿合当、亿兴当、万和当、永庆当、亿亨当、隆泰当、庆泰当，以上七十五家各施银二两。

——《明清山西碑刻资料选》续辑一，052《兴化镇布施碑》，山西人民出版社2007年版。

1146.（清）商号附表：三乐当、元丰当、复隆当、永泰当、义通当……

光绪六年补修蒲县志商捐名单：集义当，八千文。中兴当，八千文。仪象当，八千文。聚德当，八千文。天祥当，八千文。

——《重庆圣寿碑记》，《晋商史料全览·临汾卷》第546页，山西人民出版社2006年版。

1147.（清）大雍当、永泰当、天和当、兴义当、宝源当、三和当、三益当、三兴当、二盛当、公盛当、恒庆当、宝庆当、悦来当、聚庆当、义兴当、和合当、允青当、兴隆当、长春当、恒顺当、聚兴当、天相当、恒昌当、广庆当、广昌当、三□当、万福当、□中当、广兴当、公盛当、永成当、京泰当、义成当、义顺当、元兴当、义和当、成意当、永兴当、义盛当、永泰当、永盛当、太和当、永□当、义兴当、德裕当、顺兴当、□盛当，各施大钱一千。义成当、文成当、复元当、恒裕当、永和当、保合当、源盛当、□合当、大成当、宝轩当、裕庆当、积昌当、三成当、天和当、添合当、合盛当、裕茂当、庆祥当、谦益当、公顺当、三益当、永盛当、永和当、万盛当、德顺号、添成号、宜兴号、宏兴号、宏盛号、公同集、公和祥、裕英□、天顺居、双庆号、金兴生、昌□店、永盛号、三益号、□盛号、□远长、双合全、恒庆号、中和号、□生号、德兴号、复源号、万和号、天兴楼、天兴永、天顺号、□和号、永宁号、永源号、张清运、德成号、采三局、兴盛号，各一千。

——《坛镇乡圪垛村布施碑记》，《灵石碑刻全集》，河北大学出版社 2014 年版。

1148.（清）麦社、花布行、粮社、当行、斗行、白酒行、驼行……

——《晋商史料全览·吕梁卷》第 576 页《重修华君庙姓名碑记》，山西人民出版社 2006 年版。

1149.（清光绪十年十月十七日）务请扬州、镇江两处典当各送一分，如能每当提助原旧布棉衣数百件，全在典中大执事，如能各发天良，总可集成数十万件。窃思普天之下典当不少，每当大东翁提助二三百件，究属九牛一毛，惠而不费，总能望有成效，以补新棉衣之不足。天寒在即，拜托即将四十分速为分送各典商，如能感动推广四十分嫌少，再请来示奉上。弟头批端整封好，五百分送完，五百典当得能再添备，灾黎幸甚，专此鸣谢。恭叩筹安。上海北市山东、江西、安徽祁门三省筹赈公所教弟施善昌顿首谨复，十月十三灯下发局。

——《申报》4184 号《扬州严佑之明经致上海筹赈公所施封翁书》。

1150.（清光绪十年十月廿九日）善昌备函叩托普天之下各省典当大执事转达大东翁，满期当货旧布棉衣提助二三百件，每一典遵而行之，究属惠而不费，核计十八省典当不少，集腋成裘可得数十万件。原布衣善昌迭登申沪两报，代灾黎叩募典商帮弟一臂之力，各发天良，请从速惠赐，方可后批一同起解。前日安徽祁门众灾民又来吁告，竟有四野号寒刻不待缓之势，乞赐棉衣。善昌又不能坐视不救，况祁门与景德镇同时遭灾，如独救景德镇不救祁门，确对不住，即将原信托登申沪两报，不辞劳瘁，代为叩募。天寒在即，善昌只有再飞速先行筹拨三四千件，由九江仍托郑幼载仁兄转解祁门放赈，善士查放。目下各帮市面生意清寥，善昌一人独任，仍恐冬赈分派不济，惟有叩告上苍垂怜敝公所，万善同登册出去，全赖神明眷佑，凡安属乐士者务宜各萌恻隐，除捐助棉衣款项外，尚须随缘佽助，德被穷闾，三省冬赈方可接济。再，各省典商乐助原旧布棉衣汇寄来申，嘱弟代解灾区，一月之内想各处善士由水陆路程飞速运来，倘道经水陆贵卡，请宪台谕饬各巡丁卡役速即查验放行，如能早到一日，敝公所朝夕捆包，早解往灾区一日，善昌之心早安一日，此乃募劝各省典商原旧布棉衣之情也。

——《申报》4196 号《苏省抚辕抄》。

1151.（清光绪十四年十月初五日）当今奉天、河南、皖北灾区广□，遍野鸿嗷，惨地呼天，流离失所，屋宇尽遭冲没，何处栖身？老幼悉属饥寒，终归饿殍。况届隆冬时节，冷切肌肤，绝粒固已难生，无衣尤能惨毙。灾身赤露，奚当雨箭风刀？败楮飘零，僵卧霜天雪地，重罹斯苦，必至云亡。惟仁者恻隐常存，则患者颠连可挽，为此竭诚上启，布告环区，伏求典当富商衣庄宝号垂怜难境，大发慈悲，倡劝同行齐施救济，将满期之絮褐、择残旧之棉衣，量力慨捐，随缘乐助，惠彼御寒之具，真为续命之汤，咸怀挟纩恩施，自必欢声雷动，神人均感，天地同钦。要之，此德此功，的是利人利物，善修原由逢己，福报则在儿孙。谨献刍言，伏惟慈鉴。

——《申报》5589 号《劝普天下典当衣庄众商捐助棉衣小启》。

第二节　典当业在国家财政上的意义

1152.（唐）是时，兵屯河南、北，挐（帑）不解，财用日急。于是度支条军所仰给，月费缗百余万，而藏钱才支三月。杞乃以户部侍郎赵赞判度支，其党韦都宾等建言：商贾储钱千万，听自业；过千万者，贷其赢以济军，军罢，约取偿于官。帝许之。京兆暴责其期，校吏颈大搜廛里①，疑占列不尽，则笞掠之。人不胜冤，自殒沟渎者相望，京师嚣然不阕日。然悉田宅奴婢之直，缗止八十万。又僦柜、质舍、居贸粟者，四貣其一，仅至二百万，而长安为闭肆。民皆邀宰相祈诉，杞无以谕，驱而去。帝知民愁怨，而所得不足给师，罢之。

——（唐）欧阳修《新唐书》卷二百二十三下《奸臣·卢杞传》，中华书局 1975 年版。

1153.（北宋靖康元年闰十一月）十五日丙午，大雪。驾亦登城，三军鼓舞……

张师雄诣都堂，论当用厚赏重罚，以激励将士。

遗史曰：金人连日攻城，其势危甚，将士出战者酬赏太轻，故人不用命……（师雄因与宰相）请括在京质库户，每家出备十人绵袄、绵裤、绵袜、衲袄、衲袜。除鞋外，并不得用麻，如敝损不堪及绵薄之类，皆重作之。行遣一万家，可得十万人衣服温暖，如此然后军兵乐战而忘死矣。师雄亦开质库，愿先倍于众人，出备二十人衣装。

——（宋）徐梦莘《三朝北盟会编》卷六十七《靖康中帙》，上海古籍出版社 2008 年版。

1154.（北宋靖康元年）十二月十四日，士庶纳金帛者纷然。朝廷又命开封府及使臣等，于交质库金银匹帛诸铺家，至户到摊认拘籍，一铺动以千万两计。

——（宋）丁特起《靖康纪闻》，《续修四库全书》第 423 册，上海古籍出版社 2002 年版。

---

① 《旧唐书》卷一百三十五《卢杞》叙此事时言："长安尉薛苹荷校乘车，搜人财货。"疑是。中华书局 1975 年版。

1155.（北宋靖康元年十二月）二十一日，榜四壁毁官屋货卖，以士民缺乏柴薪故也。其日根括金银尚未敷数，又诏：质库户质金银并拘入官。

——（宋）丁特起《靖康纪闻》，《续修四库全书》第423册，上海古籍出版社2002年版。

1156.（南宋）初，子耕得台州……为济粜仓贮谷，麦黄时下其价使不踊。为抵当库储钱，雨雪时，量民急与之。

——（宋）叶适《水心集》卷十七《黄子耕墓志铭》，《四库全书》第1164册，（台北）商务印书馆1983年版。

1157.（明崇祯十五年正月）初四日甲戌，雪，取民间毡被二万件为兵御雪，屡夺贼洞三十余处。巡按召壂曰：大雪湿衣，冰寒难忍，须各给绵被或毡条御之，非立办二万件不可……巡按即出朱牌：仰李总社即刻取绵被毡条二万件为兵御寒，如迟，定以军法从事。壂持立雪中，众环视，每社兵一名出十件，一当店五十件，巨商三十件。

牛兵亦归，告主人出十余件不等……次日雪霁，仍召壂领给原主。

——（清）吴震方《说铃·守汴日志》，《笔记小说大观丛刊》第三编第10册，（台北）新兴书局1978年版。

1158.（清雍正元年奉旨）“发内库银九十万两生息，所得利银赏给八旗并内府三旗官员兵丁，以济婚丧之用。”雍正七年三月十四日，准内务府咨称：“奉上谕，为京城八旗兵丁人等生计，朕悉心揆度，若逢家中红白之事，经费不敷，着实困迫堪悯。特着用内库之银，交付王大臣转用滋息，以备兵丁不时之需。兹念外省驻防之满洲、汉军兵丁亦应一体恩赐……皆由布政司库支用，交该将军、副都统妥为保管，转用滋殖。至者该处驻防兵丁家中红白之事，酌由滋息银中赏赐，于用有利……再其他各省督、抚、提督标下兵丁，亦循此例。”

——日本东洋文库藏《雍正朝镶红旗档》，宿字三十九号，转引自韦庆远《明清史辨析》，中国社会科学出版社1989年版。

1159.［清雍正三年十月十七日谕］从前舅舅佟国维在日，家计艰窘，朕所深悉。朕意隆科多必至愈加窘乏，故将朕藩邸所有之典铺赏给一处。未几，隆科多肆其贪婪，巧诈网利，家赀至数百万之多，实出朕之意外，则朕之加恩赏给典铺者，甚属错误矣。尔等将典铺中现存之价银物件查明，并典铺内现有之人俱行撤出，赏给果郡王。

——（清）《雍正上谕八旗》第三本第39—40页，转引自《北京师范大学学报》1978年第6期《红楼梦背景资料之三——清代前期的高利贷和典当业》。

1160.（清雍正六年至八年，领侍卫内大臣和硕额附尚崇广奏）为请旨事。本月十二日奉皇上面谕，将库银二万两交臣等滋生利息，以为兵们众差人红白等费，以及义学一切应用之项，俱取给于此，钦此钦遵。除臣一面会同贝勒臣允禄，斟酌会计，咨内务府领银外，臣查兵们及当差人等，共计一千五六百名，每年红白以迄义学之费，约略需用二千上下。所有二万金滋生之数，亦约略每岁可得三千，以二千销算红白义学等项，存留一千以备盈虚丰歉，是亦耕九余三之意也。至每年滋生三千之计，臣悉心筹画，拟以一万两买附近膏腴地亩，每年可得租银一千五百两；以一万两买市房开典当，及要紧日用铺面，其利每年亦可得一千五百两。其典当铺面中一切需用之人，即于兵差内，择其家之余丁堪任事者，分别充用，准照各该雇工人价按月给发。非特使余丁糊口，抑亦稍肥囊橐，是亦推广余夫二十五亩之意也。

——《朱批奏折》，转引自《北京师范大学学报》1978 年第 6 期《红楼梦背景资料之三——清代前期的高利贷和典当业》。

1161.（清雍正七年五月）奉旨，赏给内府文武官员等生息银四万两，除派司员开设当铺，其所得利银内，有出差官员人等盘费等项除用外，其余剩银两，年底会总分给各员。

——《内务府奏销档》，转引自《北京师范大学学报》1978 年第 6 期《红楼梦背景资料之三——清代前期的高利贷和典当业》。

1162.（清雍正十年正月十二日，广西巡抚金鉷奏）窃照臣标兵丁蒙恩赏给银六千两营运生息一案。先于桂林省城开设当铺一座，及买米置货，贸易生息。自雍正七年八月起至八年年底止，实得息银五百六十余两，已经咨明户、兵二部在案。雍正九年四月内，收回买货之银，又在桂林添设当铺一座，本年一年共计净得息银六百五十余两，连前共实得息银一千二百余两，将来遇有兵丁吉凶之事，遵旨酌量给与济用。臣复查桂林城守一营，虽属提标管辖，而驻扎省会，与臣标两营实为一体。因咨商提臣张应宗，于恩赏提标生息银内，酌令该营先后领回银二千两，入臣标所开二座当铺内，作为代为营运，其应得息银，另行登记。俟充裕之日，仍咨明提臣，以听均匀酌赏，俾得同沾圣泽。臣仰体皇上恤下隆恩，即将前项银两，交与臣标中军游击杨钦一并营运，令其悉心办理，务使兵民两有裨益。理合奏闻。

——中国第一历史档案馆编《雍正朝汉文朱批奏折汇编》第 21 册《查办恩赏生息银两情形折》，第 658 页。

1163.（清乾隆元年四月二十五日总管内务府奏）为奏闻事。据总理三陵内外一应事务承恩辅国公发尔善等奏称，雍正七年二月十二日，在凌河面奉世宗宪皇帝谕旨：给尔等银二万两设法孳生，利银至五千两后，再行赏与披甲人拜唐阿等红白事应用，其官学内有需用之处，亦着动用，钦此。钦遵。臣等自本年三月由内库领银二万两，开设当铺并买地，自雍正七年四月至十二年十二月，所得当铺利银并地租银二万二千二百九十八两六钱零。

——《内务府奏销档》，转引自《北京师范大学学报》1978 年第 6 期《红楼梦背景资料之三——清代前期的高利贷和典当业》。

1164.（清乾隆五年三月）三月，河南巡抚雅尔图又奏，府厅州县衙门，有盐当商规礼一项，各属多寡不均。有地僻事简，而多至一千五六百金者。养廉又不因此减少，竟为额外多得之项。臣思豫省盗案甚多，臣到任后，悬赏缉捕，两月有余，拏获积盗逸匪老瓜卦子等贼计一百余名。此项给赏，不便动支公项，请即以前项盐当商规礼，酌量拨充。除府州县原数在四百两以下、厅员在三百两以下者，仍留给本官办公外，其余俱提解司库。每年约计银五千余两，尽堪充赏捕盗兵役之用。又祥符县之朱仙镇，凡行户顶换牙帖，先赴县纳银呈认，以杜争端，名曰定帖银两，每年几及五千金。抚臣衙门修理衙署执事，约用千金，臣心实有不安。应以此项拨给本衙门书吏，为添补饭食之费。此外四千金，一半仍留为该县公用，一半于每岁冬间，设厂煮粥济贫。得旨、如此办理，亦不为过刻也。

——《清高宗实录》卷一百十三。

1165.（清乾隆二十八年十一月二十九日，总管内务府奏）为请旨事。臣等钦奉谕旨，命将四阿哥出府一切用度事宜，交臣等照依六阿哥之例，画一办理。臣等查得从前六阿哥出府时，荷蒙圣恩，赏给过原本利银四万六千余两，当铺一座。又赏银一万两，交还慎靖郡王原借宗人府正红旗等处欠项。今因六阿哥用度不敷，经臣等奏请，复赏给现有本利银二万四千余两，当铺一座，每月拨给官房租银三百两，以资费用，等因具奏，俱蒙恩允在案。臣等查现在履懿亲王府内，每年所得房租、地租、当铺利银共四千九百余两。每年府内祭祀，并履懿亲王福晋女子等公费、分例、饮食、茶水、煤炭，以及年节影堂、佛堂香供，上坟羊只、桌张、纸锞，喂养马骡草豆等项，一年计用银一万一千八百余两。若四阿哥出府后，阿哥福晋饮食茶水等项，再福晋女子等公费、分例、煤炭，并阿哥出外盘费、觅顾车辆，尚需银七千八百余两，合计每年用项必需，共约得银一万九千六百余两。除将阿哥每年所得俸银五千两，俸米除用值银二千余两，并每年所进房地租银、当铺利银四千九百余两应用外，仍不敷银七千八百余两。合无仰恳圣恩，亦请照六阿哥之例，于内务府现有当铺视其成本在二万余两者，赏给二座，再于官房租银内每月拨给三百两，以资用度。一切量其所出，毫无妄费。

——《内务府奏销档》，转引自《北京师范大学学报》1978 年第 6 期《红楼梦背景资料之三——清代前期的高利贷和典当业》。

1166.（清乾隆三十年四月甲戌以后）四川总督鄂尔泰奏：川省兵红白事件赏需银，于乾隆二十四年奉旨，令各省督抚就地方情形筹议具奏，经前督臣开泰奏请，将川省各营内交商生息之项，全数彻回，归还原本。其重庆、夔州二处，向无民当，营中自行开设，生息充赏，仍令照旧开张，并请于盐茶项下动银一万四千五百余两，交宝川局，每年加铸二卯，除扣还工价外，可得利银七千七百余两，足敷赏恤，并可陆续归本。而重、夔二当，本银四万一千九百余两，每年息银仅获五千三四百两，较之钱局悬殊。臣与藩司等悉心计议，不若将营员所设官当概停，其当本银四万一千九百余两，定限于三十一年岁底完缴。此内酌留一万九千余两，交钱局随卯带铸。除归还价本，余息足敷添补赏项之用。至停当之后，未经带铸以前，所需赏项，拟于犒赏屯番案内，鼓铸余息拨用。俟带铸获有余息，即行归还原项。得旨：如所议行。

——《清高宗实录》卷七百三十五。

1167.（清嘉庆六年冬十月）甲寅，又谕，明安等覆奏商民所办棉衣、酌量给发价值一折。前因近京一带被水灾黎，御冬无具，曾谕令明安等置购棉衣，以备赏给。经各当商等呈交棉衣六万二千件，并恳请不敢领价。当即谕明安等，仍应量给价值。复据该商等称系当满旧衣，所值无几等语。此项棉衣，既经该商等呈交，即系当满之物，亦不可令其少亏资本。着加恩赏给银一万二千四百两，按各商交出棉衣多寡，均匀给拨，即在提督衙门闲款项内动支。至宛平县民人蔡永清，凑办棉衣二万件，甚属急公。闻蔡永清向在京城居住，每岁经理收养老病贫民及婴孩等事，今年夏秋，曾捐资散给被水灾民，兹又凑办棉衣。种种义举，殊堪嘉尚，着顺天府堂官备办扁额花红，传旨赏给蔡永清，以示奖励。

——《清仁宗实录》卷八十八。

1168.（清光绪廿年十月初六日）计开章程十条：一借款定期收缴也。借款以五属典当为大宗，所有交银、归银日期，自应预为酌定，以昭画一。现议以十一月初一日为交银定期，来年以五月初一日为归利第一期，免得参前落后，致多烦琐。各典交银若干，先至本县呈报到省，将银交付经手。钱庄即自行赴筹饷公局，具呈领取印票收执，并无丝毫留难需索。此外零星缴款随到随收，随时给票……积谷少而存钱多，均系存放各典按年生息，每县多者积有十万余，少亦数万不等。现查苏属各州县共计积存钱一百十余万串，同一存典生息，何妨借济饷需？应即酌提五成合银批解，仍照章予以息银，勉致闾阎借口。

——《申报》7737号《息借商款章程》。

1169.（清光绪廿年腊月初三日）一省垣各汇票号应仿照京城办法，首先倡认劝借巨款，就近缴局外。各属典当责成地方官查明，分别等第，其成本五万两以上者为上等，借银二千两；三万以上者为中等，借银一千五百两；三万两以下者为次等，借银一千两；其典当较次者，亦须借银五百两，不得再少。

——《申报》7792号《息借章程》。

第九章　中国历代典当业的法律与政策

第一节　典当法律的起源及其在唐宋时代的最初发展

1170.（北宋政和二年七月）二十三日，太仆寺丞李孝昌言：窃见抵当所所当金银，自来只是约秤分两，珠子亦不暇细数，（谓如当银五十两，只作四十八九两之类）……（却虑盗）欲乞今后抵当所出限金银珠子，并仰当官重别点检，秤盘分两数目。其珠子仍分大小色额，收上文历，方得送他处送纳，庶得关防，不致偷盗，从之。

——（清）徐松《宋会要辑稿》职官二七之二一，中华书局 1957 年版。

1171.（南宋淳熙十一年）秋七月戊子，右正言蒋继周言："乞诏诸军将佐屯驻去处，自今并不许私置田宅、房廊、质库、邸店及私自兴贩营运。"从之。

——（宋）《皇宋中兴两朝圣政》卷六一，（台北）文海出版社 1967 年版。

1172.（南宋）诸以孤遗宗室钱米历质当，或因举债预借买所请钱米，而每月取利过四厘者，赏钱以钱主家财充。

——《庆元条法事类》卷八十《出举债务·令·赏令》，黑龙江人民出版社 2002 年版。

1173.（南宋）诸以孤遗宗室钱米历质当者，徒一年。孤遗宗室自质当，减一等，钱主各与同罪（钱不追）。即因放债及预借财物买所请钱米，而每月取利过四厘者，钱主杖八十（放债财物不追，已请钱未还主）并许人告。

若甲出钱一百贯，雇倩乙开张质库，营运所收息钱，虽过于本，其被雇倩之人系藉本因而营运，况系主家出本雇人，或凭倩开张质库及所收息利，既系外来诸色人将衣物、金银、匹帛抵当之数，其本尚在，比之径借取利过本者，事体不同，即不合与私债一例定断。

诸负债违契不偿，官为理索……其收质者，过限不赎，听从私约。

——《庆元条法事类》卷八十《出举债务·勅·杂勅》，黑龙江人民出版社 2002 年版，第 903 页。

1174.（南宋嘉泰）四年三月九日，枢密院奏，步军都虞候李郁言："街市铺户典当质库，辄将弓弩箭凿之属公肆出卖收当。乞下所属，重立罪赏约束，但系军器，不许收当出卖。”从之。

——（清）徐松《宋会要辑稿》刑法二之133，中华书局1957年版，第6562页。

1175.（南宋）庆元元年六月七日，权两浙运副沈诜言：窃见两浙州县亦多饥疫……今来米价已高，若罢赈粜，窃虑翔踊，惟是在市之米辐凑，庶几其直日平。探闻商贩之家多有积米，藏积碓坊，质当库户，犹欲待价。欲乞指挥尽令出粜，如有藏匿，许人陈首；诏令礼部给降度牒五十道，付沈诜自行措置，斟量支散。余依之。

——（清）徐松《宋会要辑稿》食货五八之二二，中华书局1957年版。

1176.（南宋）契勘质库户平时开张库店，典质钱物，利息所入，不为不多。才值旱伤岁时，辄以阙钱关闭邀阻，遂致细民急切阙用，无处质当……合行告示，约束施行。

——《朱熹别集》卷九《约束质库不许关闭等事》，《朱熹集》，四川教育出版社1996年版。

第二节　元明时期典当业法律政策变动

1177.（蒙古）祈林院三尊佛为头儿的下院田地、水例、园林、碾磨、店舍、铺席、浴堂、解典库，他每的不拣什么呵，遮么是谁休倚气力夺要者……铺马祗应休拿者，税粮休与者……官差休发着。

——（清）沈寿《常山贞石志》卷一七《祁林院圣旨碑》，《续修四库全书》第906册，上海古籍出版社2002年版。

1178.（蒙古）成吉思皇帝圣旨："和尚、也里可温、先生、答失蛮，不拣那甚么差发休当者……依着圣旨体例里，这林州有关宝严禅寺……寺院里林断事，铺马祗应都休与者，商税粮税休纳者。但是属寺家底田地、水土、竹园、水磨、有底园林、解典库、浴堂、店、出赁房子根底，醋、酵曲根底，拣那甚么人休使气力寺要者。"

——蔡美彪《元代白话碑集录》一二六八年极具宝严寺圣旨碑，科学出版社1955年版。

1179.（蒙古）成吉思、哈罕皇帝（太宗窝阔台）圣旨里：这的每宫观里，房舍里，使臣休安下者；不拣什么人倚气力休住坐者。宫观里体断公事者；不拣什么休放者，铺马祗应休与者，地税商税休着者。但属宫观的水土、竹苇、水磨、园林、解典库、裕堂、店舍、铺席，曲醋等，不拣什么差发休与者。

——蔡美彪《元代白话碑集录》二六八年整厔重阳万寿宫《圣旨碑》，科学出版社1955年版。

1180.（元）诸管军官，辄以所佩金银符充典质者，笞五十七，降散官一等，受质者减二等。

——（明）宋濂《元史》一〇三《刑法二·职制下》，中华书局1976年版。

1181.（元）诸监临官辄举贷于民者，取与俱罪之。诸称贷钱谷，年月虽多，不过一本一息，有辄取赢于人，或转换契券，息上加息，或占人牛马财产，夺人子女以为奴婢者，重加之罪，仍偿多取之息，其本息没官。诸典质，不设正库，不立信帖，违例取息者，禁之。

——（明）宋濂《元史》卷一〇五《刑法四·禁令》，中华书局1976年版。

1182.（元）照得即日在京典库，有每两二分者，五十个月方才本息相对。今应典诸物，周年下架，即系一十二个月日便有过倍之利，如此取息，委是亏民。据应典诸物拟合照依金银一体二年下架，实为民便……遍行各处遵依，永为定例。

——《元典章》卷二十七《户部十三·钱债·解典·解典金银并二周年下架》，中国广播电视出版社1998年版。

1183.（元）至元十六年（1279）六月，中书省钦奉圣旨：石招讨奏，亡宋时民户人家有钱，官司听从开解。自归附之后，有势之家方敢开解库，无势之家不敢开库。盖因怕惧官司科扰，致阻民家生理。乞行下诸路省会，居民从便生理。仍禁戢录事司不得妄行生事，敷敛民户。纵有误典贼赃，只宜取索，却不可以此为由，收拾致罪。

——（元）《通制条格》卷二十七《杂令·解典》，中国法律出版社2000年版。

1184.（元）至治元年四月日，福建宣慰司奉江浙行省札付，准中书省咨：来咨延祐七年三月十一日革后合禀通例……贼人偷盗赃物典卖诸人，典质之家元不知情，在后事发，将元典正赃追纳到官。其贼人元得典质钱物并已招、破用未追，及供指受寄诸人赃物革前已有承伏未纳之数，合无追征。或犯在革前不曾招承，革后问得承伏，合无钦依革拨。若有到官正赃，依例给主。前件照得延祐四年十月十九日，承准中书省札付本部呈：议得贼人偷盗赃物于诸人处典质钱数，典主既不知情，在后事发：将元典正赃留纳到官，贼人元得钱钞并已纳未追。及诸人受寄赃物，革前已招明白，罪经原免，拟合追给。其犯在革前，发在革后，虽有招伏，钦依革拨。若有到官正赃，依例给主，相应都省准拟。

——《元典章新集·刑部·诸盗·征赃·盗贼遇革赃给主禀例》，中国广播电视出版社1998年版。

1185.（元）大德六年十月，中书省河南省咨：淮安路朱忠瑞告称，孔胜将元典衣服说称被盗，不肯放赎。虽于被盗卷内照有上件衣服名件，却缘孔胜不系出名解典正库，系违例加一取息，暗解诸人衣服。切恐指倚失盗，将他人典当衣服欺隐入已，虚作盗去，情亦难显。合无着落，孔胜名下追赔元典价直，先行给主。俟捉贼得获，至日追问。送礼部约会刑部一同照拟得：孔胜不依通例明发解帖，暗行出典，加一取息，俱系违法。设或直盗，实缘御备不周，以致如此，即非力所不及之故。若从破说，恐启侥幸之门。参详合准行省所拟、都省准拟。

——（元）《通制条格》卷二七《杂令·解典》，法律出版社 2000 年版。

1186.（明）其铺行果有典当、布行、杂粮等项，三五百两至千两的，方许编行，其余再不许骚扰。

——（明）沈榜《宛署杂记》第十三卷《铺行》，《笔记小说大观丛刊》第 35 编第 4 册 3，（台北）新兴书局 1978 年版。

1187.（明）夫吴门拥重赀而开典者，徽商与土著杂处其间，此辈以吴门为外藏也久矣。每年仅仅以□课解税盐外，官府不得而役，差解不得而及，且去年又已免税课十分之三，是此辈之获民利而受国恩也亦厚矣……合无示谕，令此辈遇有小民衣饰器具，照依常年规则，值十当七，不得过为克估，且讬言无本，以拒绝贪民，仍着典铺每家赴县，具领宪给印信批文，不论远近，令其籴米来家，银米兼当。而其米一照时价高下，苟非腾涌之甚，官府不为限制。如此，在开典之家既可以米为本，且可以籴获利；在来典之民，不必易米银，而竟可以物博米。况典之铺多则米之途广，前之当者将尽，后之籴者又来，如环无端，流转不匮，此亦以民济民中更一术也。

续附议。夫议籴议粜议当，周且至矣。第籴必用银钱，银钱必取之营业，营业不售，米虽至贱岂能空手来籴？当必取诸衣饰器皿，又岂能空手来当……故须责令典铺收布，比今贱价，每匹少增一二分；或责令乐输之家，即以其所出之米增价收布，收完易银再收，但价增则米以渐而损，约计展转数次，米尽而止；又不然，即以官籴之米收各县之营生，止以苏州一府论，太仓、昆山、嘉定、常塾、吴江收布，长、吴二县收丝线兼收布；亦照时价少增。收完或派乐输之家，或派典铺易银。此议在民为以己养己、在官为不赈之赈，事便而功倍，各自营而不为非，亦救荒之一策也。

——（明）周孔教《救荒事宜·谕典铺以便贫民》，《四库全书存目丛书》史部第 275 册，第 232 页，齐鲁书社 1996 年版。

1188.（明天启元年九月）丁卯，署户部事左侍郎臧尔劝题辽左用兵，算至三十万，计岁用新饷非一千数百万不可。除钱盐事例专疏外，谨辑廷议十款……一京省旧税，俟各抚按查解外，典铺酌分三等：上三十金，中二十金，下十金解部，辽平日止。

——《明熹宗实录》卷十四，（台北）“中央”研究院历史语言研究所 1962 年版。

第三节　清代政府关于典当业务的法律政策规定

1189.（清）民食全赖农田，耕作必资器具。乃村民每际农隙，辄取犁锄半价赴质。质及犁锄，其贫可知，而犹以为轻而易赎也。值此荒年，分厘莫措，而待用孔亟，取赎失时，有误农工不小。在商家逐利虽难，责令减少。然犁锄不比衣饰，所质不过百钱上下，计所让之利无多，而人各取其一件以去，数盈万千，人无遗力，异日有收于南亩，与取赢于区肆者，其益正尔相资。况目击贫农待赈为活，而犹锱铢与较，揆情亦有所难安乎？尔当商人等，嗣后于贫民所质犁鉏及一切农用什物，宜各按每月三分之利，让半听赎。有再能多让少取者，地方官酌量加奖。夫不病农，即以惠商，本道非有所偏也。倘农民恃有此示，过缩钱文，强赎生事，亦即加以惩处。

——（清）方观承《赈纪》卷七《捐输谕禁·劝谕当商减利听赎农器示》，清乾隆刻本。

1190.（清）又题准：凡旗下民人，不许质当兵器及貂鼠猞猁狲等衣服，皮端罩、朝衣、金银器皿等物，违者治罪。其收当之人，计赃坐以窃盗罪，免刺至死者减一等。十二年题准：除兵器不准典当外，其貂鼠猞猁狲等物，对明各主，方许典当，违者俱照例治罪。

——光绪《大清会典事例》卷七六四《刑部·户律·钱债》，《续修四库全书》第809册，上海古籍出版社2002年版。

1191.（清）雍正元年，又奏准：不肖兵丁，将军器质当，应行严禁。嗣后有将盔甲、撒袋、腰刀、鸟枪等物质当者，本人及开当铺之人，一并严加治罪。其该管佐领骁骑校等，交该部议处。

——光绪《大清会典事例》卷一一四六《八旗都统，公式禁令一》，《续修四库全书》第814册，上海古籍出版社2002年版。

1192.（清）一凡典商收当货物，自行失火烧毁者，以值十当五，照原典价值计算，作为准数。邻火延烧者，酌减十分之二，按月扣除利息，照数赔偿。其米麦、豆石、棉花等粗重之物，典当一年为满者，统以贯三计算，照原典价值给还十分之三。邻火延烧者，减去原典价值二分，以减剩八分之数，给还十分之三，均不扣除利息……如典商、染铺及店伙人等，图盗货物，或先有亏短，因而放火故烧者，即照放火故烧自己房屋盗取财物，及凶徒图财放火，故烧人房屋，各本律例，从重问拟。（谨案：此条原载失火门内，道光二十三年增入染店一项，二十四年修并移入此门。）

——光绪《大清会典事例》卷七六四《刑部·户律·钱债》，《续修四库全书》第0809册，上海古籍出版社2002年版。

1193.（清）一典铺被窃，无论衣服、米豆、丝绵、木器、书画，以及金银珠玉铜铁铅锡各货，概照当本银一两再赔一两；如系被劫，照当本银一两再赔五钱，均扣除失事日以前应得利息。如赔还之后，起获原赃，即给予典主领回变卖，不准原主再行取赎。

——光绪《大清会典事例》卷七六四《刑部·户律·钱债》，《续修四库全书》第0809册，上海古籍出版社2002年版。

1194.（清乾隆二年，田懋）臣窃见京城钱价腾贵，上廑天怀。臣日夜思维，计惟有将户、工二部所余之钱文发出变卖，则钱之来源既广，其价必平……今见户部会同提督衙门奏称：工部现有余钱八万串，请于京师内外，当铺赎当钱文，令各官局将兑收银两酌量给各当铺存贮，钱文之多寡，照依市价，公平易出，以为官局轮换之资。将来交春之际，各当铺须钱，仍许向各官局兑换以作资本等因，独是臣见其所议，甚为未协，是以不得不急为奏闻也。夫既主官局，则必定以官价，而官价必较贱于市价，官价既贱而不平其市价，则趋之者必众……其中奸商借此囤积，或于官局贱买，私局贵卖，一举步之劳，而数倍其利。是小民之受福有限，而奸商之抬价勒索且日甚一日。臣恐入万串之官钱，不十日将尽也……至所称官局与当铺交易，尤为未妥。彼诚以当铺为奸商囤积□，则当查其囤积，绳之以法；若以为非奸商囤积，则既能酌量当铺存钱之多寡，令官局以银公平易出……且照市价向当铺买出，而于官局贱卖之，是靡费者国帑，而获利者当商也……以臣愚见，不必设立官局，竟将工部余钱若干，俱发与顺天府五城衙门，议定官价，每银一两若干文。仍令经纪铺户易买，按京城钱铺之多寡，每日约许买钱若干，因照官价□平其市价，为之酌留余利，则商民两便，钱自流通矣。

——（清）《皇朝经世文编》卷五三《钱币下·平钱价疏》，光绪乙未石印本。

1195.（清）乾隆七年，仍设钱牙以平钱价，并定禁止囤积之数……再铺户囤积钱文，向有例禁，未经核定数目，仍属虚文。今酌议，除当铺外，各项铺户所买大制钱积至五十千文以上者，即令赴市售卖。如敢囤积勒价，或经查出，或被人首告，即将一半赏给查出首告之人，一半入官。疏下大学士等议，寻议交与顺天府尹，令大、宛二县召募老成殷实之人，照旧领帖充当。如有铺户居奇高抬价值等弊，责成官牙等严切晓谕，务令平减。该牙等倘敢从中垄断，或别生事端，该管官立即查拿，并令五城御史一体稽查。

——（清）《皇朝文献通考》卷三十二《市籴考一》，文渊阁《四库全书》影印本，第632册，（台北）商务印书馆1983年版。

1196.（清）为严禁私开小押、重利盘剥、以恤穷黎、以靖盗源事。照得设立典当，便民缓急，将本求利，原所不禁。然必须请领当帖，完纳税银，方准开设，每月取利照律不得过三分。若私开小押，屡奉各上宪严禁，无如日久玩生，仍然开设。且有不肖之徒，只知惟利是趋，竟出资本串通军流，擅开小押，每押本百文，于额利三分之外，重取利息，甚至按月二三十文不等，两月为限，其盘剥穷民已属伤天害理。更有一班无赖匪徒，将所偷赃物得以押钱应用，毫无顾忌。是贼匪借小押以消赃，致押店收贼赃而图利，情同窝党，为害地方何可胜言？为此示仰军民地保及该军流人等知悉，尔等既将本以求利，何事不可营生？以优游自在之人，何甘于军流为伍？嗣后务宜别谋生理，不得违禁串通军流，朋开小押。其前押物件，照例三分取赎，不得舞留需索。倘敢怙恶不悛，仍然暗地朋开典押贼赃重利盘剥，一经本府访闻，定即严拿究办，断不稍为宽贷。至尔等军流，从前既已误罹法网，尤宜改过自新，将来得逢恩诏，可以释回，不得违禁取利，代贼销赃，再干法纪，后悔莫及。各宜凛遵毋违。

——（清）张五纬《风行录》卷二《严禁私开小押》，《历代判例判牍》第八册，中国社会科学出版社 2005 年版。

1197.（清）乾隆二十四年七月二十日，长沙县知县张为蕿禀者，窃查现今乡试各属士子及贸易之人云集，业奉宪台派拨员弁兵役四处巡查，卑职亦不时亲行查察，使各匪棍不致潜藏……乾隆二十四年七月二十九日奉抚部院冯批：在配军流私开典押小铺，以销盗赃，实为地方之害。既有此弊，即应查禁，仰按察司通饬各属一体严查，如有军流等犯在配私开典押者，俱即勒令改业报查，此缴。

小押毋许违禁取利，及知情故押贼赃，除照例治罪外，仍不许复开小押。

乾隆三十六年二月二十日，布政使吴虎炳、按察使王太岳详为遵批议详事。案奉督部堂兼管抚部院吴批，据长沙府知府潘金驭禀称，窃照贼匪最为民害，现奉署抚宪严饬所属文武实力查拿禀报，分别提省究拟……乾隆三十六年三月初四日，奉督部院吴批：小押典质微物，为值无多，无非觅蝇头而便贫民，例所不禁。倘违禁取利、知情故押贼赃，事发自有应得之罪。至于安置军流人犯，糊口无资，每多逃窜，官为设法安插，方虑难周，幸而挟有微资，正可听其谋生。若因欲杜销赃之弊，暨追衣物给主，当本充公，不许复开小押，不惟因噎废食，未洽情理，且绝该犯等生路，使不得其所，势必窜逸为匪，转滋事端，应不必禁止。惟通饬各州县留心稽查，并晓谕各小押，毋许违禁取利，知情故押贼赃。如有违犯，照例治罪，永不许复开小押可也。此缴。

——《湖南省例成案》卷三十三《户律钱债 · 严禁私开典押小铺》，《中国古代地方法律文献》丙编第 3 册，社会科学文献出版社 2012 年版。

1198.（清乾隆九年四月丁丑）安徽巡抚范璨奏……今岁二麦丰收，无借平粜，惟查囤户，例有严禁。民因米价易昂，不敢粜尽，而又待用银钱甚迫，暂行典质，此亦人情之常。遂有一种射利之徒，避囤户之名，为典质之举。先与富户当户，讲定微息。当出之银，复行买当，资本无多，营运甚巨。坐视市米缺乏，价值大长，始行赎卖取利，不顾民食艰难，视囤户尤酷。臣现饬行，除农民余米无多，质押者听。如数至百十石，概不得质当。得旨、好，甚应查禁者。不谓汝能办此，勉力以实为之。

——《清高宗实录》卷二百十五。

1199.（清乾隆九年冬十月壬子）壬子，大学士鄂尔泰等奏：京师近年以来，钱价昂贵，实由耗散多端。若不官为查禁，设法疏通，则弊端难杜，钱亦无由充裕。谨据现在情形，公同酌议八条……一、京城各当铺，宜酌量借给资本银，收钱发市流转。查京城内外官民大小当铺，共六七百座，钱文出入最多。现在平减钱价，各当铺如得官借赀本，收钱上市发卖，在当铺既多添赀本，而在市逐日又多添钱文发卖，两有裨益。应将京城各当铺，无论官民，每大当资本丰厚，应派给银三千两，听其营运。将所领银两，存留作本，每一日交制钱二十四串，运送官局，上市发卖。每制钱一串，加钱十文为局费。其卖出银，仍交各当铺收回作本。至于小当赀本，原有多寡不等，有情愿借银者，准赴局具呈。查明现有架本，酌量借给。所缴钱文并卖钱易回银两，俱照大当一例办理……一、京城各当铺现在积钱，宜酌钱数送局，一并发市。查京城当铺六七百座，每于秋冬之际，存贮钱最多。此项虽系各当铺营运之赀本，以济小民一时之缓急，但堆积过多，未能流通，转于民用不便。现在钱价昂贵，议开官钱局平价。而开设之始，钱尚不能充裕。在各当铺时当冬令，正值闲贮之际。应将京城内外大小当铺。无论官民，每大当一，彻出制钱三百串；小当一，彻出制钱一百串，俱自行运送官局，交局员发卖，陆续易银给还。如运局钱卖将及半，各当铺陆续运送补足。倘小当一时不能如数，令将一百串之数，陆续送足交局。如已经领借官局赀本，前项钱免交。

——《清高宗实录》卷二百二十六。

1200.（清乾隆十年二月）癸丑，大学士等议覆、湖北巡抚晏斯盛奏称：钱法关系民用，谨就本省情形，酌陈事宜……一、民间质当，多系零星，不能禁其使钱。惟价在三五两以上者，当给本色。取赎在二三两以上者，亦照本色交还……以上三条，均应如所请。至称各当积钱至十串以上者，随令兑给钱铺，诚恐小民待质者多，存不敷出，尚非尽善之策。应令该抚会同湖广总督鄂弥达，将该省大小当铺，按照每日所出钱文多寡，遵照京师之例，酌定数目，妥协办理。得旨，奏内事情，着鄂弥达、晏斯盛妥协实力为之，余依议。

——《清高宗实录》卷二百三十四。

1201.（清）从前各省产米地方，向有富户。所收稻谷，囤积经年，非遇价昂，坚不出粜……近闻民间典当，竟有收当米谷一事。子息甚轻，招来甚众，囤积甚众，在典商不过从中射利，而奸商刁贩，遂恃有典铺通融，无不乘贱收买。即如一人仅有本银千两，买收米谷若干石，随向典铺质银七八百两，飞即又买米谷，又质银五六百两不等。随收随典，辗转翻腾，约计一分本银，非买至四五分银数之米谷不止。迨至来春及夏末秋初，青黄不接，米价势必昂贵。伊等收明子母，陆续取赎，陆续出粜。是以小民一岁之收，始则贱价归商，终仍贵价归民。典商囤户，坐享其利，而小民并受其困矣……盖因当之弊，江浙尤甚。而囤当之物，并不独米谷也。每年遇蚕丝告成，及秋底棉花成熟，此等商户，一如收当米谷之法，恣胆张罗，竟似小民衣食之计，止以供奸商网利之图。……（请求禁止）无论城乡典铺，如有囤积米谷等货，尚未粜卖者，谕令首出，照值官为收买，免其惩治。（如隐匿，即照律治罪）

——《皇清奏议》卷四十四汤聘《请禁囤当米谷疏》，乾隆刻本。

1202.（清）具领状当商某人今于与领状事，依奉领得商店典当革职某人衣服。某〇蒙差查出送案点验，理宜贮库。弟恐夏天潮湿，皮衣难免损坏，容商领出存架，俟估价之期，再行送案。如有抽换等弊，情愿甘罪，合具领状是实。

批：已经查起在官之物，本不应具领，姑念在库湿燥不时，恐皮衣等掉毛落色，有亏当本，准照数领回存架，俟将来变价之时，仍照票查起。如有舛错短少等弊，惟该是问。

具领当商某人为请领当帖事。本年某月某日，蒙票传谕，案蒙本府札开，蒙藩宪札饬，当帖奉旨理应三抬旧板，尚系两抬，自应另行刊刻更正，以照（昭）诚敬。当即呈缴，以凭转详。现在蒙恩更换，业经发回，理合具禀请领。为此，上叩正堂太爷案下，速发施行。

计呈领当帖一张。

具呈当商某人，为遵传请领当帖，恳恩速发以便收执事。前蒙票传更换当帖，昨已具领在案，至今未发。现在又蒙票传，仰役即将当商传唤，赴县具领。所缴当帖云云，理合具禀，恳乞正堂太爷案下恩准速发，以便收执，感戴无既。

递去未收即将帖发出。

——刘建民先生藏《乾隆词录》。

1203.（清乾隆十四年十一月庚戌）两江总督黄廷桂奏：江右省城典铺质物，皆用银不用钱，缘用银则平色出入，易于巧取。应令一两以外者仍用银，一两以内者均用钱。再典铺多用两戥，应行禁止。得旨：不如听民便之为妥耳。且各省因用钱不用银而钱贵矣，今江西又勒令用钱不用银，则钱不愈贵乎？但禁其两戥剥利者可也。

——《清高宗实录》卷三百五十二。

1204. 钦命浙江等处承宣布政使司布政使纪录一次王，严杜漏典以裕国课事：照得典铺向例，每户输税银伍两，于康熙十六年起至康熙十九年为始，每典共增征银壹拾伍两。后来恩诏，仍照旧例止征银伍两，奉旨通行，钦遵在案。今据遂安县详请，给发典户王有兴印帖，到司合行给发。为此帖给本典收执，所有应输税银，务要争先上纳，倘有地棍兵丁借端骚扰以及赃私质当，该地方官借此需索、株连并违例借贷，许该典户即赴本司衙门告理。致有朋充隐漏并无帖擅开者，即系私当，或被首告，防间定行按律惩治，决不宽宥。如有歇业顶补，赴司缴换，毋违，须至帖者。

计开

严州府遂安县典商，住拾贰都龙山庄地方，原籍徽州府婺源县人

右帖给典商王有兴，准此。

乾隆拾伍年正月廿六日给帖

藩字第叁号。

——黄山市徽州文化博物馆藏《王有兴典帖》，转引自王裕明《明清徽州典商研究》图版一，人民出版社 2012 年版。

1205. 一件详请宪示、勒石永禁等事。乾隆四十一年四月二十五日，奉总督部堂钟批据福州府申详：窃照省会地方，居民丛集，贫富不同，缓急时有，全赖典当开张，可以暂将衣服首饰赴质，以济急需。在开张当铺者亦可权衡子母，藉此经营。通财便民，利至溥也。卑府莅任以来，见各县详报止当者络绎不绝。随经遍加查访，皆由闽省典铺资本微薄，大当不过数千金，小当只有千余两。本少利微，出息有限。兼之年来当多赎少，当物顿滞，资本不充。间遇地方官发办倾销，领买米谷，不无奸胥蠹役，借官骗噬，因此半多歇业……奉批：该府既察悉其弊，亟当永远禁革。仰候布政司会同按察司立即查议，通详饬遵。仍候抚部院批示，缴。奉此，先于四月二十二日，奉巡抚部院余批：质当原所以通缓急，因地方官发办倾销，领买米谷，遂致奸胥蠹役，乘机骗噬，是以纷纷报止。该府访悉弊源，通详禁杜，具见留心。仰布政司转饬勒石通衢，永行禁革，违则官参役处。仍通行各属，如有似此者，一体饬禁具报，并候督部堂批示。缴。奉此等因。业经录报督宪，并移行臬司、福州府查照办理在案。

——《福建省例·当税例·永禁当铺领买米谷》，《台湾文献丛刊》第199种，台湾银行经济研究室印行。

1206. 案据重庆府知府李守转据该县当商周云亭于乾隆五十四年请领绥昌号当帖一张，每年认纳课银五两，今该商周云亭年迈呈缴当帖，另募赵德裕顶补，照额纳课。查赵德裕实系卑县载粮民籍，身家殷实，并无衿役朋充等弊，取具不致误课。供甘各结，加结造具年貌清册，同原帖一并赍缴，请换给恒信号新帖，仍在原处开设，接续办理，除将缴到当帖涂销并详咨外，合行填帖给发。为此，仰县官吏即将发下当帖查收转给商赵德裕承领，以嘉庆十七年为始，每年应纳课银五两，按年征收汇解，以凭造入地丁奏销册内报部查核，仍将收明转给缘由报查，毋违！此札。

——《清代乾嘉道巴县档案选编》上册，八《当铺、钱庄、高利贷》(一)《当铺和钱庄·嘉庆十七年八月十七日四川布政使司札》，四川大学出版社1989年版。

1207. 特授某县正堂加十级纪录十次某为晓谕事。据当商某人呈称，情因云云全叙等情到县，据此除禀，批示：姑准暂停行当，凡有亟需将物质当者，须往别当典质。俟该典赶紧清厘禀报，再行出示召质。诚恐该居民一时未能周知，徒劳往返，合行出示晓谕。为此示仰合邑士庶居民人等知悉，示后该商停质期内，凡有亟需应行典质者，宜赴别典质当。俟该典清厘禀报出示，再行召质。亦勿得于停质期内持物掗当，致滋事端。各宜凛遵勿违，特示。

为无力经营，禀请歇业事。切商山西某县人，携本在治下本城开设某典铺二十余年，本图发荣滋长，渐臻富有，何期办理失宜，每形穷蹙？念自嘉庆十八年间教匪滋事，前任县主垫办军需，勒借制钱四千吊，至今分文未回，此商亏本之原也。后复小旱偏灾，频年喊（减）息，邻封典铺均已规避，抢先停止，合县内只商一家，民食维艰。停闭，甚以二分有余利息称贷，年终一分五厘回赎，一经赔折，动辄数千。商今春核算账目，本资亏损，实系无力再为经营，为此据情禀恳天恩，俯准歇业，详缴当帖，毋令拖延日久，累及借本，益难为情耳。上叩正堂太爷案下施行。

——刘建民先生藏《乾隆词录》。

1208.（清嘉庆十八年十月）壬子，谕内阁、御史李恩绎奏请禁止典当军器一折。各营官兵军器，特平时操演，在所必需，且豫备不虞，尤须取携便捷。着管理旗营大臣，严饬所辖兵丁，勿许将军器私行典当。仍不时查察，违者重惩。着顺天府、五城出示严切晓谕铺户，如有违例收当者，事发一并治罪。

——《清仁宗实录》卷二百七十七。

1209. 据户部谨奏为遵旨议奏事，内阁抄出，臣部左侍郎苏奏：各直省城市、私乡镇，开设当铺官为给票，岁征当税，使例有定，则满有定期，原所以一律便民。至押盘剥重利，计日为满，久在例禁。而市侩无赖棍徒，每有贿嘱衙役地保，违禁开设重利私押，月利五分加一，限期三月半年，愚民便于。若质受其盘剥，苦累甚重。伏思私押借端朦混，实由各地方给予各当铺本处印帖开设，并非部颁执照，应请敕交各直省。嗣后如有开设私押之处，严行驱禁，倘再有开设者，即治以应得之罪。所有各直省当铺，无论新旧开设，将原颁印帖缴出，由本地方官加给结汇总咨部，依盐引之例，颁分发部照一纸，令该商等收执。如有业户更名，即行缴换，不准顶充。查盐商部发盐引，按引计交课银，此系领帑本生理，是以每年销引时，即按例缴课。当商之本虽出自己囊，若发给执照，系永远收执，非节年更换可比，其应如何按照成本定准照费银两，清交户部，议定遵办。并请传知各直省，所得此项银两，均存藩库，以便灾赈河工等项动用。奏请一折，于嘉庆十九年正月二十五日，奉朱批户部议奏，钦此钦遵。于二十八日抄出到部，臣等伏查各直省开设当铺，呈官给帖，岁征当税，本以济商便民。至于私典私押，重利盘剥，原属大干例禁，今臣部左侍郎苏奏称，竟有市侩无赖棍徒，贿嘱衙役地保，违禁私开，愚民受其苦累，实于民生未便，应如所奏，请旨敕交各直省督抚，确切严查饬禁，倘地方官奉行不力，即行参处。

至所称各当印帖，请照盐引之例，按照成案定准，照费银两颁发部照，令该商收执。如有业户更名，即行缴还，不准顶充之处，原系为慎重税课起见。但查各省当铺，例由布政司发给印帖，按年纳税，如有歇业更名，随时换帖，不准假名顶充，已足以昭稽核。若由部颁发执照，事属烦琐，易起借端压搁扰累之弊。至盐商承领帑本，可以计引定课，若当商出自己资，其成本多寡不齐，不难官为计本定课。且各省当铺，每年例税自五两至二两五钱不等，尤未便例外加增帖费，所奏应毋庸议，所有臣等核议缘由，是否有当，伏候训示遵行，为此谨奏请旨。

嘉庆十九年二月初五日，奉旨：依议，钦此。

湖南长沙府正堂张，为传付事案，奉藩宪翁札开，嘉庆十九年三月十九日，奉抚部院广札开嘉庆十九年三月十四日准。

户部咨开湖广司案呈准河南司，将本部议覆左侍郎苏奏，禁止各直省私典私押及当商由部颁给执照，议定照费一折，传付前来相应抄录，原奏移咨湖南巡抚，转饬一体遵照可也等因，到本部院。准此，查商人开设典当，原属以通民缓急，自应由司颁给印帖，方许开设。如有歇业更名，即须随时换帖，不准假冒顶充。至棍徒串贿衙役地保，私典私押，重利盘剥，律例严禁。虽久经饬禁，但日久弊生，愚民仍受苦累，亟应再行示禁。兹准前因合就札行，为此仰司官吏即便移行钦遵，确切严查。如有前项情弊，立即据实详革究办。仍一面拟具示稿，呈请核发，刊颁晓谕。并令各典商承领生息银两，分晰造册，赍送备查毋违等因到司，奉此合行札饬。札到该府即便通饬，所属严行确查。现在开设典铺，如有年老病故及无力歇业，即随时详换司帖，不准假冒私顶。若查有棍徒串贿衙役地保，私典私押，重利盘剥，窝当贼匪赃物情事，立即严拿，照律究办，毋任视为具文徇隐，致干严谴。并将各典商承领生息银两分晰造册，赍送院宪，并本司备查毋违等因，奉此合就札饬，札到该县，立即遵照查禁，并将各典商承领生息银两分晰造册，赍送抚、藩二宪并本府备查毋违，此札。

嘉庆十九年四月二十八日

湖南长沙府正堂张为传付事案，奉盐宪图札，准藩宪转奉。

抚宪行准，户部议覆奏禁各直省私典私押及当商由部颁给执照一案，缘由到府。查此案前奉藩宪札饬，当经转行在案。兹奉前因合再札，行札到该县，立即遵照前檄查办。其各典详领司帖年分、岁纳例税并承领生息各款银数，即日分别开造细册，径赍抚、藩、盐宪，暨本府查考毋违，切切，此札。

嘉庆十九年五月初四日

特调湖南长沙府善化县福为差传事。案奉府宪转奉各宪接准部咨饬查，各典铺如有年老病故及歇业更名，随时详请换帖，不准冒名顶充，并查各典商承领生息银两分晰造册申赍等因到县，奉此合行票传。为此票仰该役前去照依粘单，内开传齐各典商正身，携带原领典帖，亲身赴县，并造具承领生息银两清册，呈候查验，以凭详覆事，关咨毋违任迟延，去役如敢借索滋事，定干重究，速速。

嘉庆十九年五月十四日

十九年六月十三日控藩宪词。具禀：长、善典商为典异牙行，恳循旧例事。案奉部咨，当商毋庸另换部照，咨请查禁棍徒私押行，奉饬查当商有年老病故，随时详换司帖等因。窃牙行当铺，均应请帖开设，牙行只评议物价，并无资本，定例不许年老恋栈子弟接，系防侵亏客货，并易比追。至当铺是出己资，通人缓急，无客本可亏，与牙行情事迥殊，历系子弟相承，并不换帖。盖有帖不为私开，一脉不为私顶，复读侍郎苏原奏，亦云当商之本出自己囊，发给执照永远收执，是听永远开设。已奉申明，即部议亦只云，如有歇业随时换帖，并无年老病故不准开设之语。且部议及现奉院札，亦仅饬禁无帖私押。南省典铺向遇新开，均系呈请给帖，断不肯自出多本，顶冒他人废帖，致贻后累，是以从无冒顶私开之事。商等现俱各按帖名完税，并完纳承领公项息银，其非私开更有确据，似可毋庸将帖缴验。至年老病故，若应换帖，是年老不许懋迁，子不得继承父业，于人情定例似未符协，理合禀乞大人，俯念典商挟资逐末，批准照旧，凡年老病故子弟相承，毋庸换帖缴验，以省纷更查验之繁，沾恩上呈。

六月十八日，奉藩宪批：典商自出己资，原与牙行不同，或有歇业而另立商名，或有异姓而顶充商帖，皆干禁例。如子承父业并未歇业另开及改立典名，自可不必另请给帖。湖南长沙府长沙、善化县为详覆事，据典商潘义恒等禀称，南省当铺系出己资，通人缓急，既无客本可亏，亦无措勒等弊，与牙行情事迥殊，是以历来典铺越百余年，子弟接开并不换帖。有自愿歇业者，将帖缴销。其有接开者，亦系另请新帖，断不可自出多本顶冒他人废帖，致贻后累，是以从无顶冒私开之事。商等现赴抚藩二宪暨府宪台前缕细禀陈，除造具承请生息银两清册呈请核转外，理合禀恳俯念典商挟资逐末，体察部议，下顺舆情，详请仍照旧例，准听永远开设。如有年老病故子弟相承，毋庸另请换帖缴验，以省目前纷更之繁，亦杜日后催查之累。上呈等情到县，旋于八月初九日蒙本府转奉宪台，饬发典商李文章、张宁一、陈昌麟、潘义恒等禀词禀同前由，奉批典商自出己资，原与牙行不同，或有歇业而另立商名，或有异姓而顶充商帖，皆干禁例。如子承父业并未歇业另开及改立典名，自可不必另请给帖等因，遵奉在案。□□等又查县属境内，并无私典私押重利盘剥情事，业经遵□示稿，出示严禁，理合将各典商开造承领生息银两清册照造一本，具文申赍宪台俯赐查该册内各案生息银两，俱系现开各典铺……领按季缴息清楚，并无拖欠，合并声明，除经奉详抚宪外，为此备文具申，伏乞照详施行，至详者。

……

道光元年二月二十六日

湖南长沙府长沙县正堂加五级纪录五次谢，为报恳缉究事。案奉抚宪札，奉藩、臬宪转奉抚宪左批，清泉县详刘公益被窃典铺衣物一案，奉批查十九年奉准部咨，典铺如有更名，随时换帖，不准假名顶充。刘永发既已早故，因何并不随时呈请换帖，辄行滥准伊子承顶，殊属违例，批司核明例案详办等因。查县属额设典铺十座，多系年久领帖未据呈请更换，显有冒执故帖滥行承顶情事弊，合行票差，为此票仰号吏前去，即看本城典铺李长春、潘永达、潘义恒、孙元茂、汤德福、汪昌裕、蔡肇昌榔梨市典铺、蔡安林乔口市典铺、秦松茂、蒋萃升，各将原领司帖亲身携带，限即日内逐一赴县呈缴，以凭查验详办。如有原商病故，即令照例呈请换帖，更名顶充事关上件，该号吏毋得索，致干重究，火速火速。

差陈松

道光元年二月二十五日

道光元年长、善二十五典三月十三日具呈典商潘义恒、潘有恒、陈昌龄、赵恒春等，为违例扰累缕恳批饬事。从来典铺自出己资，通人缓急，部议领帖毋庸另换，许其子弟相承，不比牙行恐其侵亏客货，例定年老病故，随时详请换帖。商等投治领帖开典，均系的名的脉，并无私顶滥充。承领公项生息，按季呈缴，均系各典各缴，亦无诡名假冒。嘉庆十九年商等具呈，奉前藩宪翁批，准凡年老病故，子弟相承，毋庸换帖缴验，由长、善二县详请仍照旧例准听永远开设。宪院广批，准照旧在案。昨忽长、善二县差方忠、陈松持票来典，无端挟制，混称奉示查验典帖，不许年老病故滥充。切典帖定例，除歇业更换外，无年老病故之子弟不许懋迁一条，案经府州县详定，奉总咨定侍郎苏奏定前宪，核定院宪批定。兹忽违例票扰，滋累难堪，理合抄呈详案，禀恳大人赏赐批饬杜扰沾恩。上呈署藩宪胡批，潘义恒等呈批，方忠等果有借差挟制情事，着赴各该县呈请查销可也。抄帖发还。

三月二十三日

院宪具呈典商潘义恒、潘有恒、赵恒春、陈昌龄等，为违例扰累缕恳批饬事。从来典铺自出己资，通人缓急，部议领帖毋庸另换，许其子弟相承，不比牙行恐其侵亏客货，例定年老病故，随时详请换帖。商等投治领帖开典，均系的名的脉，并无私顶滥充。承领公项生息，按季呈缴，均系各典各缴，亦无诡名假冒。嘉庆十九年商等具呈，前藩宪翁批，准凡年老病故，子弟相承，毋庸换帖缴验，由长、善二县详请仍照旧例准听永远开设。前宪院广批，准在案。昨忽长、善二县差方忠、陈松等持票来典，无端挟制，混称奉示查验典帖，不许年老病故滥充。切典帖定例，除歇业更换外，无年老病故之子弟不许懋迁一条，案经府州县详定，奉部咨定。侍郎苏奏定前藩宪翁核定前院宪广批定，禀署藩宪胡批，赴各县呈请查销。但弊系书差串定，明知例案昭然，故意借查滋扰，禀县仍归书差掌握，势必念滋弊害，抄粘详案，迫恳大人赏赐，照例批饬，无任书差弊扰沾恩，上呈院宪左批：潘义恒等呈批，查前准总咨，各省典铺如有歇业更名，随时换帖，不准假名顶充等因，并具长、善二县具详，子承父业并未歇业另开及改立典名者，毋庸另请给帖。经前部院批示，饬遵在案。兹据呈前情，仰布政司查明原案，通饬遵照，具覆毋延，抄粘并发。

四月初八日禀长沙、善化呈稿

为呈请查销以安商民事。从来典铺自出己资，通人缓急，不比牙行恐其侵亏客货，例定年老病故，随时详请换帖。至商等投治领帖开典，均系的名的脉，并无私顶滥充。承领公项按季缴息，均系各典各缴，亦无诡名假冒。嘉庆十九年商等具呈各宪，奉前藩宪翁批准，凡年老病故，子弟相承，毋庸换帖缴验，经前宪会同善化详请，仍照旧例，前院宪广批准在案。昨奉票查，致商等缕案禀明藩辕，院宪请宪查案饬遵。总之典帖定例，除歇业更换外，无年老病故之子弟不许懋迁一条。案经前宪会查详定，奉部咨定，侍郎苏奏定，前藩宪核定，前院宪批定，兹奉请查，恩由一笔，理合录批。缕恳大父师赏赐照例查销，深为恩便，上呈。长沙县批：候奉到宪札查案核夺。善化县批：候查案核详。

湖南布政司程，为违例滋累等事。道光元年三月三十日，奉抚部院左批，据长、善典商潘义恒等呈称上告等情，奉批：等因奉此，本司查嘉庆十九年经侍郎苏奏准部议，各省典铺如有歇业更名，随时换帖，不准假冒顶充，旋即据长沙、善化二县具详，据该商潘义恒等禀称，典商出自己资，原无客本可亏，如有年老病故，子弟相承毋庸另请换帖等情，详经院司批示饬遵。嗣于二十五年清泉县详报，刘公益被窃典铺衣服一案，奉抚宪批查，刘永发既已早故，因何并不随时呈请换帖，辄行滥准伊子承顶？批司核明例案详办，又经前署司通饬确查详办，各在案。兹奉前因合就札行，札到该府即便转饬长、善二县，严禁书差藉端滋扰，一面查照节奉部咨及院司批行事，理速将应行换帖及毋庸换帖各缘由，分别议定详司，以凭转覆院宪，并通饬遵照，毋稍违延，切切，此札。

道光元年四月十九日行长沙府，湖南长沙府为违例扰累等事，案奉布政司程札开等因，奉此，合就札行，札到该县，立即严禁书差藉端滋扰。一面会同善化县查明原案，分别定议详府，以凭转详藩宪核办，毋稍迟延，切切。行长、善二县，兵部侍郎湖南巡抚部院左，为札饬遵照事。案查本年三月内，据长、善二县典商潘有恒、赵恒春、潘义恒、陈昌龄等赴辕呈称，伊等领帖开设典铺，并无私顶滥充情事，被县差方忠等借称，查验典帖不许年老病故滥充故意滋扰等情一案。本部院当查各省典铺前准部咨，如有歇业更名，即随时换帖，不准假名顶充等因。嗣据长、善二县具详，子承父业并未歇业另开及改立典名者，毋庸另请给帖等情，随批司查案通饬，遵照在案，迄今曾否通行，未据具覆查。南省各属开设典铺甚多，从前长、善二县具详，并未通行遵照，似恐办理不免歧异，除饬司、各属转行遵照外，合行札饬，为此仰府、州、县、司官吏即便通饬所各属州县遵照，嗣后开设典铺，如有歇业而另立商名或有异姓而顶充商帖者，即照例随时详给司帖办理，不得假冒私顶。其子承父业并未歇业另开及改立典名者，仍循旧例毋庸另请给帖，以便商民而免纷扰，毋违，切切。

……

——刘建民先生藏《办理减息案呈词·后附典帖不准查验呈词》。

1210.（清）为招商开当以便民生事。照得民无贫富，谁免缓急之需？岁有丰凶，安得盖藏尽裕？世风不古，既无周急之人；友道式微，亦乏通财之义。一旦燃眉莫济，霎时枵腹堪嗟。计惟典质须臾，较胜仓皇称贷。盖当铺利遵令典，不忧子母之相衡；物值公平，莫虑沉浮之有告。故便民裕课，设典原有深心；而巨室富商，开当亦堪生息。乃盱江一郡，惟新城尚有数典，其余四邑俱无。揆厥所由，皆因豪强私当，恃富剥民。若开官典，反虞无利，是以积习相沿，当商裹足。夫私当非独坑课，亦且害民，不拘情理，一味肆贪，估计物价克减数倍，当出银色又多扣折，再有保钱名色，加三行利，衣饰器皿任意取用，破坏则沉匿不还，遗失则物归乌有，稍不遂意，勒不肯当，穷黎无可奈何，一任狼贪虎噬。是私当不禁，官典不开，最属病民之事。除檄饬各该县劝召典商外，合行出示晓谕，嗣后有力之家，作速赴县报名，详请给帖开张当铺，取利悉遵功令，赎限照依大例，公平出入，输课利民。倘有外来客商情愿开典者，地方棍蠹不得阻挠。至于报名请帖，郡县吏书毋许需索勒措。开典之后，亦不许无赖徒棍强当勒赎，如有故违，俱即禀究。一切私当概行严禁，仍敢怙终不悛，一经察出，定即究治重罚。商民务各踊跃争先，慎勿延捱观望。

——（清）魏锡祚《盱江治牍》卷中《召商开当示》，《中国古代地方法律文献》乙编第9册，世界图书出版公司2009年版。

1211.（清）为晓谕事。照得江右典铺，率多开迟闭早。当兹腊暮，贫民为终岁之计，工忙事迫，或持本取赎，或携物当钱，皆属急需燃眉待济。乃或早或晚，偶非其时，不系未开则系已闭，辄令贫民守候典门，任呼不应，以致拥挤嘈杂，渐滋事端，既非所以便人，亦非所以自便，合即晓谕。为此示仰典户人等知悉，届兹岁暮，质钱赎当之人十倍平时，务宜愈加勤早，量时启闭。不得仍前开迟闭早，致使贫民奔走守候。须知济人即以利己，事属两便，慎勿故违，致干察究。

——《西江视臬纪事》卷四《禁典铺开迟闭早》，《中国古代地方法律文献》乙编第12册，世界图书出版公司2009年版。

1212.（清道光）实认得情□□□于乾隆四十二年请领当贴一张，在渝城□□胡知庵义子物故，伊孙胡宝成无力开设，现已辞退。蚁情愿顶补，仍在原处开天佑号，恳恩申详更换，蚁仍照纳课，不得违误。认状是实。

——《清代乾嘉道巴县档案选编》上册，八《当铺、钱庄、高利贷》（一）《道光十七的三月三日刘德生认状》，四川大学出版社1989年版。

1213.（清道光，上残）案奉督宪饬，将牙当各帖如有新增开除者，速即招募顶补逐案详夺，以便奏销核对，毋任久悬致亏课项等因，遵奉在案。兹据该府转署巴县知县缪庭桂详称，该县当商胡和蒂于乾隆四十二年请领当帖一张，每年认纳课银五两，今因该商病故，将帖呈缴，另募刘德生顶补，仍在原处开设天佑号当铺一座，请以接顶之年为始，照例接续办课。并声明刘德生系陕西渭南□□载粮民籍，来川贸易，积有资本，身家殷富，并无衿役朋充等弊，取具不致误课。供甘互保各结，加具印结，造具年貌清册，由府加结同原帖一并赍缴，请换新帖给发承领办课，等情到司。据此，查与顶补之例相符，除将缴到虫伤原帖涂销详明督宪，并填帖给发该商刘德生承领外，合就札行。为此，仰府官吏即便（转）饬巴县，将刘德生每年认纳课银五两，以道光十七年为始，按年征收汇解，以凭造人地丁奏销册内报部查核。毋违！

——《清代乾嘉道巴县档案选编》上册，八《当铺、钱庄、高利贷》（一）《道光十七年四月二十八日重庆府札》，四川大学出版社1989年版。

1214.（清同治二年七月）庚申，谕内阁，前因都察院奏候选主事穆大鹏呈恳投效江南军营，当经降旨允准。兹据顺天府奏，穆大鹏于本年二月间，呈诉经纪杨兴瀣句串帖主周永福谋夺典帖等情。经该衙门呈讯，典字内并无典给穆姓之语，传讯中人薛思曾，亦坚称并无其事。现在该员尚未呈递亲供，请旨暂行扣留等语。穆大鹏既系捐纳主事，乃与小民争执牙帖，私典私押，已属违例。又复砌词控告恃符狡执，并敢于案悬未结之时呈请投效军营希图巧避。似此卑鄙无耻，肆行狡诈，实属有玷官箴。穆大鹏着不准其投效军营，先行革职，交顺天府归案严行审办，按律定拟具奏。

——《清穆宗皇帝实录》卷七十三。

1215.（清光绪七年八月十三日）小押之为害，本馆言之已屡，曾着为论说以详陈其为害之实，而卒未闻有起而禁之者。乃昨见汉阳县出有禁开小押告示一纸，亟取而登诸报，因不禁慨然而叹曰：甚哉，贸利者之不顾害人但求利己，何其不仁一至于此也？民间当青黄不接之时，银钱最为竭蹶，深愿有当铺之开设借以通融流转，故当之名曰便民，盖民间赖之接济。而少取息钱以为当中伙友日用薪水之资，其有踰期不赎者则变卖以作本钱。在开当之人类多巨绅大贾，不过以此为便民之计，而不欲争此区区之利也。若当者即多息钱充裕，日用薪水之外又有余钱，则亦可以安享而无愧。

乃人心不古，以是为贸利之稳途，于是有加利者，有短期者，其取财已属非道。而更有狡黠之徒，苦开当之必须纳帖也，于是易其名曰质曰典，有当之实利而避当之虚名，利则又重于当，期则更促于当，然所质押者尚属首饰衣服成品之物也。降而至于小押，则趋而愈下矣。无物不可以收押，虽破衣旧裤敝冠绽履以及一扇一伞，亦得持往质钱或数百文或数十文，无论其物之来历，来则押之。而且半夜五更，取携极便，押本则值十不过付以二三，息钱则明说二分三分，而其实则一月分作三限，分一限按月核计已及六分，三分一限按月核计已及九分。在贫苦之人或一时手头无钱必需待用，则亦不顾利重限促，暂救目前。若胠箧探囊而得者，则又志在速即变钱，更不他计，故开小押者其获利最易亦最厚，而不知其中之弊病，自不可以更仆数者矣。

贫人日用必需之物，忽焉而付诸小押，虽出被之情愿，然苟无可抵押，则亦不难暂忍。殆即押之后无力赎取，至次日而莫展一筹，有听室人之交谪而愧忿轻生者，此犹非数见之事也。至于鼠窃狗偷之辈，每伺人于夜深人静之时，乘机攫取即顺便在小押易钱，极为便当。故凡有小押之处，小窃必多，是不啻以小押为小窃之媒。更有赌博既负，无可抵偿，夜漏既残，何从借贷？而即有小押，则不难剥衣脱履，付诸押店，以偿博负。有衣履即罄无颜归家因而自尽者，若烟间横卧呼吸云霞，夜色将阑腰囊早匮，遂以衣裤抵押得钱以偿。凡小押中所收押之物往往此类居多。试问设身处地平心一想，虽获重利不亦作孽之甚哉？

且私开小押，本一例禁，律载凡私放钱债及典当财物，取利并不得过三分。今小押巧立名目，按月而计至于六分九分之多，谓非重利盘剥乎？限期甚促，少者不过四月而满，过期一日亦概不通融，是直与劫夺无异，有不贻害闾阎者乎，而况藏垢纳污招诱匪徒，不以便民而以便匪，有不为闾阎之大害者几希。汉阳县锺刺史奉湖督李制军札饬示禁，以为不特重利盘剥贻害贫民，抑且为盗贼消赃之渊薮。此言洞鉴不遗，可知例禁之严，最为有识。特无如例禁虽存，视等弁髦，则若辈乃得逞其鬼蜮伎俩。

今汉阳地方经此一番示禁，吾知令行禁止，从此可以永塞漏卮矣。顾不解汉阳之小押可以官禁之，而上海洋场之小押独不可以官禁之又何故哉？岂以为地属租界，非华官所能主持者耶？顾何以会审委员俨然莅民事而无惭色也？即西员不知中国汉律，华官亦当委曲讲明，苟西员知小押之开其弊如此，合急其禁，有更厉于华官者矣。呜呼！小押之害者，在华人而无与于西人，华官有抚驭华民之责，开小押者亦多系华人，华官而不能为华民除害，而反任华人之罔利而害义，其有不贻笑于西官者几何矣？汉阳县之禁，或亦开具先路也夫？

——《申报》3028号《书汉阳县禁开小押示后》。

1216.（清）晓谕代当宽期为满恤商便民：为出示晓谕恤商便民以昭公允事。照得开设典当，原为便民而设，以物质钱以济一时缓急之用。前因江楚一带有代当名目，准前署开封府刘，仿照江楚成规分别禀移转行劝办在案。查卢氏县据洛阳监生王钧等于同治十一年禀明，该县开设王公兴代当铺生理，三分行息，十二个月为满，业已开市七八年之久，似应查照该县禀拟章程，饬令领帖改为典商。惟据王钧等禀称，本金无多，系由机坊改作代当，且三四两年旱魃为虐，生意益形单薄，现在过期未赎之衣物尚多，实系迫于无力，并不敢居心抗违。本州再三研究，尚属实在情形，然在县率请歇业，未免起灭自由，碍难照准。饬令王钧等于光绪七年正月起照常开市代当，第以十二个月为满，时日太促，穷黎周转不及，殊非便民之道。然便民尤须恤商，应有仍以三分行息、以二十四个月为满、过期不赎准变价归本，其三四两年存架未赎之衣物，查有号簿可凭者，无论目下已历若干月日，统按当本以二十四个月利钱准令回赎，不得勒掯；其无号可凭以及实已满后变价者，各居民亦不得硬赎滋事。一俟本金充裕，再行禀请当帖。除取王钧等遵依甘结存查外，合行示谕。为此示谕仰卢氏县军民人等一体知悉，各宜遵照示内事理。该代当不得借词取巧抑勒居奇，各居民不得疑虑观望、硬当强赎，如有不遵，或经查出或被告发，定即提案照例从重究办，决不宽贷，毋违，切切，特示。

——（清）严作霖《陕卫治略》第六卷，《明清法制史料辑刊》第一辑，第33册，国家图书馆出版社2008年影印本。

1217.（清）兹访闻南楚各属安置军流人犯内，有拨充夫役者，每于马头、地面诈索脚钱，商民称病。或积有微资，即重利放债，名曰印子钱。若还钱稍迟，即任意凌辱，已为可恶。更有私开小押，违禁取利，如小民向押物件，值钱千余文者，止押二三百文，每月加三起利。又定两月为满，不许回赎。查乡曲编氓，遇有急需，以典商不当之物赴彼押钱，虽似有便于民，但重利盘剥，勒定满期，任意转卖，重价取盈肥橐，实为民害。各该地方官只知姑息军流，竟不体恤民隐，遇有欺凌生事之案，类多颟顸了结，不加惩治，以致若辈毫无忌惮。于是本地匪徒见其恃强获利，官法未加，即与勾串合伙盘放私押。又有爬手匪窃，籍小押为售赃之薮，益肆横行。若不严加禁戢，何以剔弊安良？除密行访拿并饬地方官实力查究外，合先颁示禁约，为此示仰各属在配军流及乡保人等知悉，尔等既已犯罪充配，理宜悔过安分。即有余资，亦应各自经营度日，况安置此乡，将来即可入籍。若重利放债，并私开小押，剥削穷黎，更或恃强生事，欺压平民，实为不法。本部院莅任伊始，姑宽以往，是以颁示严禁，尔等务须革面洗心遵守法度，即行停歇小押，并许自行首明免罪，所存物件令各本人照三分月利尽行赎回。该地方官亦不得差役查封，以免扰累。至邻保人等，本有管束军流之责，自示之后，如有藐法不悛，仍行私押，并本地匪徒憨不畏法，勾串如故，一经访拿，或被告发，定即按例严行治罪。知情不举之乡保一体连坐。本部院言出法随，断不稍有宽纵，各宜凛遵毋违，特示。

——（清）陆耀《切问斋集》卷十四《严禁在配流违例私押示》，《明清法制史料辑刊》第 12 册，国家图书馆出版社 2008 年影印本。

1218.（清光绪）两典本拟二月十三日开门，因总督到大名看兵，县催早开，是以初四日开门。

——刘建民先生藏《恒裕典信稿》。

1219.（清光绪六年六月初八日）沪上之当亦约有数端，为典为质，本钱或有多少，限期或有不同，利息或有轻重。然所收之货必先拣择，其为衣服首饰自为估价收买，间或有兼收古玩器用者，已非上等之当可比矣。至于押店则其本钱本属不多，收货尤为不伦，旧帽敝履兼收并蓄，铜壶锡罐细大不捐，甚至值仅数十文之物，亦可付费，故街头攫得之物无不可以易钱，其事亦极便易，而人之受其害更多矣。盖书廛长三，亦属迷魂之阵，而沉迷其中者类多富家巨室，或为纨绔之子弟，或为硕腹之商人。用去成千上万□，亦有倾家荡产者，然尚不至即成饿殍也。大当中收质衣饰，亦有利息，亦有期满。然赴质者鲜衣美饰，或由冬而翻夏，或入绸以出纱。即使瓜期已及限满变卖作本，尚不至家尽室空也。独至花烟间与小押店，其所害者皆贫苦之人居多，此则厉民之尤者矣。夫就沪地而论，厉人之事何止此两端？而此两端者，其心尤不可问，虽秦楼楚馆必无真情，然情虽不真或犹有情趣可寻，烟妓耽耽于夜合资已耳，其视躯壳且若非己有者，又何论情之有无也？质物取息同是图利，然利虽可图，亦必图之有道。小押则是物皆可押，而且半夜三更有人持物付质，无不收者，此其为害为何如哉？沪地人情无不穷奢极欲，然亦多外强而中干，求其腰缠富足挥霍自如者，盖亦十不得三四焉。而独此二者，费钱不多而可以取乐，但有器物无不可以易钱，即以所易之钱以博不费之乐。夫是以朝衣冠而出夜褴褛而归也，虽由于人之自取，而苟无此等去路，或尚不至受害如是之甚也。近者官宪患民穷财尽，亦欲力为整治，烟馆有禁、妓馆有禁，独租界之内为华官号令所不及，然苟果欲禁之则亦未始不可。敌法观于女堂倌花鼓戏之居然禁养，已可类推，若此等烟妓、小押祸人甚烈而竟置若罔闻，一任取蛊惑贫人收押杂物，以致居于沪犊者民愈穷而财愈匮，不亦不可悯乎？故吾以为妓馆不必尽禁，而烟妓则大可以禁。典当不可概禁，而小押则不容不禁，窃愿与有心世道者一商之也。

——《申报》2587 号《厉民之事宜禁说》。

1220.（清光绪八年九月十九日）上海攘利之害，一在小押店过多。设当铺所以便民，禀官请帖以物质钱，贫民偶有急用，一时无从筹措莫可告贷，则出衣饰以赴质库。值十者或当七八，或当五六，为期则以年计，其利则以分计。兵燹之后，当商资本短缺，或恐不敷周转，于是有改为一年之期，而其利亦略增加至二分三分。目下元气渐复，三分利已觉过重，而期亦展至二年三年矣。此虽于贸利之中，仍寓便民之意。

至于小押铺，则同一以物质钱而并不纳帖，其期则一月分作三期，其利则按期定为三分。假如质钱一千，每期须利钱三十三文，每月须利钱九十九文，核计按月加一起息，而又四月而满，逾期即发卖作本。利重期促，贫民何以堪？此前有友人为余言，如所押非甚值钱之物，则虽过期数日，尚可通融赎取。倘系贵重之物，则逾期半日亦断不得取赎，此其居心贪狠不堪设想。且此等押铺往往深夜尚未闭门，凡扒手窃贼之赃每由押铺起出，其贻害于闾阎者尤属匪浅，此大宪之所以行查而地方官所以严密访缉也。然租界之地，此等押铺不下百数，英法公堂所破案之窃赃，亦莫不俱由押铺起出，而公堂判断不过押本无偿而止，此外则更无余罪，此若辈所以明目张胆而愈开愈众也。

窃以为此等押铺，为害于市面者实深，宵小有销赃之路，则胠箧益多；贫人有抵借之门，则花费更易。观于此等铺子，总在妓馆花烟间之左近居多，可见开此店者之设心何等矣！自今苟乘此大宪查访之时下令禁止，倘欲开张必须禀官纳帖，与当一律，则若辈以数百缗开设小押者，断不能步典当之后尘，必将争先闭歇矣。

——《申报》3412号《攘利有害市面说》。

1221（清光绪九年九月初五日）翁太守前奉道宪谕，禁租界质押各店。太守曾经传到公和、公大、祥泰、丰龢四家，谕令改当等情，均列前报。今公大、丰龢无力改当，已经闭歇。昨据公和经手人潘某呈称，遵谕改当，业已禀县详府，请粘在案。惟工部局月捐，当去年开设之时每月出银三十两，至年二月起又加捐，按月五两。无如生意清淡，叩请咨商工部局核减。况吉祥街恒丰典当按月亦不过出银二十五两等情。翁太守谓：此事系工部局主持，当商请翻译官转商工部局核议尔，当另具禀于工部局云。

——《申报》3765号《质伙递禀》。

1222.（清光绪十年八月廿日）宁郡各当铺自本月朔日为始，接踵闭歇者，计有公泰、生泰、致和、丰长四家。其未闭者，每日止开半日，贫民遇有急需，无可通融，大为不便。刻闻广源洋行之西人，拟在江北岸地方开设质当，以便民生。六月为满，三分起息，禀请宁关道给示，未悉薛叔耘观察能准其所请否也。

——《申报》4127号《甬江近信》。

1223.（光绪十九年正月二十）时至岁暮，流氓无赖之辈辄向店铺骚扰，并至典当中持恶烂须捷之物，强求质押，冀得施济。典中人憾之，赴县禀明各节，张太守以冬月典内减价让赎，以恤贫民，何得任不法棍徒向典滋闹？当即出示云。肇庆典中冬月减利分半，以惠贫民，无庸棍徒手持破衣强行典押以及幼童扒柜肆扰等弊。自示之后，如再有前项情事，准扭禀到县严办不贷云。

——《益闻录》1248号《长淮逸气》。

1224.（清光绪二十一年，典当业的经营法规）

一现定新章，试开公典，原为接济贫民起见，应援照新章，按月取息二分；一月之外，过期五日，方准收利两月。

二新章系招徕试办，地方典铺无多，设一时资本不继，应听随时禀请停当，待措资本。

三当货应制钱银洋各从其便，钱当钱赎，银当银赎。银钱出入概以曹（漕）平足色，制钱足百为准。当钱当银，悉听当户之便，不得稍有抑勒，以免争较。

四照新章完税外，城典每月捐钱二十千文，乡典每月捐钱十千文。此外各项公事，一概免捐。

五当货应遵新章，期以连闰十八个月为满，过期不赎，应听变价周转资本。如过期愿留者，按月上利，不得空留。至兵役号衣、军装器械、珠玉古玩、字画翠饰，一概不准强当。至于货物，倘有虫伤鼠咬，各安天命。

六当货现钱取赎，如抽取衣物，均归估值，转换新票，不得强将他物抵押。

七盗窃行踪，本难预测，若有质典赃物，应由失主认明，备本取赎，免其交利。俟获贼追出本银，给还失主。如此之事，原与典铺无涉，失主不得另生枝节，牵案当铺。

八当户失落当票，须开明花色，及所当月日、钱数，邀请的实保人，并典境的地甲承保，由典查明，核算相符，交给本利，填补新票。倘月日、钱数记忆不清，又无的保，不准补给失票。

九典钱出入，向用制钱足百，当户人等不得掺和少钱，短少扣底，强行取赎。

十典铺原为便民而设，军民人等一概不准故违，强当强赎，违者禀究。

——《光绪二十一年宿松县下仓埠同昌典榜规》。

1225.（清光绪廿二年九月十四日）英美法三租界中，质栈宝泰等四十六家架本胜于公典，而规避典税各捐，放大质本以攘夺各典生意，经苏藩宪访悉情形，以重利盘剥、私开质栈、有干例禁；况查悉该质栈存本远过于典当，乃规避捐税并不领取帖照，实属违例；并查有仁泰质栈资本最巨，应即先行押闭。着即饬令照章改为典当，承领部帖完纳捐税。一面传谕宝泰等各质栈速即一律改为公典，不准故违。黄大令接札后，当即遵饬办理，严饬各质铺限期改开公典，领帖完税，以便详覆云。

——《申报》8445号《谕改公典》。

1226.（清光绪廿三年正月初四日）本城大东门内恒和典当系某绅所开，迄今已十余年。去腊廿八日忽然倒闭，闻亏空有十余万之多。诸人纷纷往赎所质器物，拥挤不堪。黄大令闻信，恐其肇事，立饬差役周升带伙往该当弹压。

——《申报》8548号《弹压倒典》。

1227.（清光绪二十三年）钦加同知衔署理鄱阳县正堂加二级纪录四次胡为给示停当候取事。兹据安徽婺源县职商江永泰禀称，于光绪二年在东关外开设永泰质铺。旋于光绪十四年领帖，改开当铺。只以近年来生意冷淡，费用浩繁，甚至入不敷出，职商踌躇再四，非沐恩准停歇，实属力难支持。为此粘呈印帖，恳请据情转详，并请给示，以便收歇等情到县。据此除禀批示并据情详缴印帖外，合行给示，停当候取。为此示仰阖邑诸色人等知悉，尔等须知该江永泰典铺现已禀缴印帖，停当候取。尔等所当衣物等件，赶紧照章措备钱文，携票取赎。若系月期未满，该典铺不得借词不交。已满期者，不准留利，亦不得强取。自示之后，各宜凛遵毋违，特示。

右谕通知

光绪二十三年四月初八日

告示实帖江永泰典铺

——安徽省图书馆藏《江永泰典歇业告示》。

1228.（清末）为详请印结当帖事。案据民人某呈称，缘民稍积资本，欲在某处开张典当一座，但无帖不敢开设，惟有禀恳详给某当某处人当帖一张，饬发承领开张，并请给示晓谕等情。据此查开设典当原属裕课便民，其当出银钱不准取巧折扣，银一两每月准取利银几分，每钱一千文取利钱几拾文，不准扣短期限，历经饬遵在案。今据该民某具呈前情，核与请领当帖之例相符，除由州县给示晓谕外，理合具文申请宪台俯赐查核，给某当某人当帖一张，饬以下州县，以便转发承领开张。再，该当商每年应纳课银几两，请自某年起入额征解，合并声明，为此备由具册，伏乞照详施行，须至册呈者。

计呈册书一本。

——（清）刚毅《牧令须知》卷三《请领当帖》，《官箴书集成》第九册，黄山书社1998年版。

1229.（清光绪廿三年七月初一日）法界典当及质押铺共计三十七家，现经工部局公董集议，□章发出传单，令包探挨户分送。所议章程照录于下：法公董局为给执照事。今据某牌号在某处第几号门牌内，准其开设当押铺。所议规条开列于左：一执照铺户于限期内并未违章另销者，准其开设。一该当押收押各物须要登记簿内，并注明当物之人是何名姓、住居何处及日期、当本、利息若干。一该当押铺收押各物所给之当票应与第二款规条一概载明票上。一该当铺帐簿应准捕房随时查察，所当各物有无来历不明等事，倘当押各物之时见来人形迹实有可疑，务要人赃扣住，关照捕房。一当押各物倘查系窃赃，捕房应将该物充公。如有意收押或不问明来历当押，铺主以收赃例办。如犯以上规条者，即将该照暂行吊存捕房，再行核办。

光绪二十三年六月二十九日

——《申报》8722号《当物不易》。

1230.（清光绪二十八年）步军统领衙门、顺天府、五城察院为出示严禁事：照得本月初四日，准军机大臣字寄奉上谕，有人奏请将私设小押、暂押当局查封提究，开单呈览一折。据称京城盗案层见叠出，实由小押、私当为之罪魁，请将私设各当局严密查抄，永远封禁，并将开设私当之人送交刑部治罪等语。着步军统领衙门、顺天府、五城御史，按照单开各处严密查封，分别究惩。原折单均着抄给阅看，将此各谕令知之，钦此。遵旨寄信前来承准此，查私押小当重利盘剥，实属贻害闾阎，益以代盗销赃，其罪恶尤大。前经本府、本衙门、本察院会拟整顿当商章程十七条，于光绪二十七年十二月二十三日具奏，奉旨依议，钦此。业经钦遵，剀切出示晓谕，严禁私设小押当局在案。乃该匪徒犹不知改业，陆续遍开，目无法纪，现在钦遵谕旨，札饬各该管地方官，按照单开各处严密查封，分别究惩。合亟将奏定整顿章程十七条重行刊示晓谕，为此示仰军民人等一体知悉。尔等须知此次奉旨严密查封小押、暂押各当局，系为弭盗安民起见，自示之后，如有在该小押当局押当之物，限年内前往取赎，毋得逾期自误。倘有匪徒胆敢再开，定即拿获从重究办，并责成各房东随时查察，如有明知故犯，其房屋标封入官。

本府、本衙门、本察院言出法随，决不宽贷，其各懔遵毋违，特示。

计开光绪二十七年十二月奏定整顿当商章程十七条。

光绪二十八年十二月日示，照前全录。

——刘建民先生藏《步军统领衙门、顺天府、五城御史会奏折》。

1231.（清光绪卅二年七月廿五日）商部近札，商务议员□纯伯观察文略云，江苏吴县同源典遵照部章，到部呈请注册，业经本部核准注册给照，札饬该议员妥为保护（永）。

按同源典开设苏州吴县东诸镇，资本洋三万元，无限。

——《申报》11998号《典当注册保护》。

1232.（清光绪卅二年九月十九日）苏垣吴县境西城桥济大典当，资本四万元，近由盛复颐记赴商部呈明注册，奉部札饬地方官保护。吴县张大令以该典系职员王次沂请帖接开，并无盛姓合资字洋，照会潘绅查复。该典原系王次沂出名领帖，与盛康合开嗣于光绪二年，王次沂将股本归并盛绅名下。迨盛绅故后，遗授伊孙盛复颐。本年就近在京报明商部注册。惟王次沂原领部帖遗失，现已具结，另禀详办等情，业已由县给示保护矣（永）。

——《申报》12051号《保护注册典当苏州》。

1233.（清光绪卅三年八月初五日）农工商部札行各省商会，略谓迭接各省当商禀称，近来时有痞棍伪造质票往赎讹诈，或将军器硬当，或借贼赃纠葛，种种扰累，深堪痛恨。请为明定章程，以除后患等因到本部堂。查核各省典当禀词千里一辙，自厅明定妥章力为保护，为此札仰商会遵照，自后无论远近典当，如遇此等讹诈陋俗，准该典当扭赴商会，理直送官究办。如该地无商会者，即赴就近分会办理可也。(幸)

——《申报》12436号《部饬各省商会保护典当北京》。

1234.(清光绪卅四年九月初十日)江督批江宁绅士梅茇等禀云，此案前据王祖庆、黄承祖等先后具禀，当经批饬宁藩司会同商务局议详察办在案。兹据该绅等来禀所陈各节，亦复持之有故，减期减利相辅而行。前次各典商减期之请，本部堂体念商艰，又以其援引苏属各典定章，是以照准现在赎期即减三分之一，则二分取息亦应酌减，方得事理之平，而贫苦小民亦可稍得实惠。应饬宁藩司会同商务局体察情形，并案核议总，于民情商本并顾兼筹，是为至要。至各典写票概归大洋，出入贴水恐多弊窦，所请当大洋者，赎时以大洋计算；当小洋者，赎时以小洋分算，是否可行，一并议复以凭核夺。

——《申报》12814号《江督批饬查议典当洋价》。

第十章　中国典当业在经济史上的作用

第一节　典当业与社会再生产

1235.（宋）掷梭两手倦，踏籋双足研。三日不住织，一匹才可剪……昨朝持入库，何事监官怒。大字雕印文，浓和油墨污。父母抱归舍，抛向中门下。相看各无语，泪迸若倾泻。质钱解衣服，买丝添上轴。不敢辄下机，连宵停火烛。当须了租赋，岂暇恤襦裤。

——（宋）文同《丹渊集》卷三《织妇怨》，文渊阁《四库全书》，第 1096 册，（台北）商务印书馆 1983 年版。

1236.（北宋）寺已余十僧，田不登百数。何以常乏食？强半了租赋。今年失布种，正坐无牛具。六月始分秧，江流冒塍路。水退秧陷泥，经月已无雨。枯根拆龟兆，瘦叶压勃土。邻家饭早占，我方质袍裤。此生为口腹，梦幻相煎煮。阿兹佐井臼，事众耐辛苦。今朝质且尽，父子屹相觑。颓然辄坐睡，欠伸久不语，只个甘露灭，可质请持去。

——（宋）释惠洪《石门文字禅》卷五《七月十三日示阿慈》，《四部丛刊》，上海商务印书馆 1922 年版。

1237.（北宋）熙宁四年正月）臣伏见中使传宣下府市司，买浙灯四千余盏，有司具实直以闻，陛下又令减价收买，禁止私买以须上令。臣始闻之，惊愕不信，咨嗟累日……卖灯之民，例非豪民，举债出息，畜之弥年，衣食之计望此旬日。陛下为民父母，唯可添价贵买，岂可减价贱酬？

——（宋）苏轼《苏轼文集》卷二五《谏买浙灯状》，中华书局 1986 年版。

1238.（北宋元祐）又缘春夏之交，雨水调匀，浙人喜于丰岁，家家典卖，举债出息以事田作，车水筑圩，高下殆遍。计本已重，指日待熟，而淫雨风涛一举害之。

——（宋）苏轼《苏轼文集》卷三一《奏浙西灾伤第一状》，中华书局 1986 年版。

1239.（宋）今人多不先计料，至阙叶则典质贸鬻之，无所不至，苦于蚕受饥馁，虽费资产不敢吝也。纵或得之，已不偿所费。且狼籍损坏，枉损物命多矣。一或不得，遂失所望，可不戒哉？

——（宋）陈旉《农书》卷下《收蚕种之法第二》，丛书集成初编，第1461册，上海商务印书馆1935年版。

1240.（宋）泼袴不容脱，鸟语徒殷勤。输租质农器，有袴那新解。官中催科吏如虎，告时趣耕尔能许。即今春种未入田，安得县胥知愧汝？

——（宋）陈造《江湖长翁集》卷七《布谷吟》，文渊阁《四库全书》第1166册，（台北）商务印书馆1983年版。

1241.（宋）最是不仁之甚者，籴粜一节……又有富贵之家，积谷以邀价，放债以取息，开库以解质，与民争利，不一而足。

——（宋）李之彦《东谷随笔》卷一《谋利》，（台北）新兴书局1983年版。

1242.（南宋）岁饥，畿内小民或以农器蚕具，抵粟于大家，苟纾目前，明年皆有失业之忧。

——（宋）陆游《渭南文集》卷三十四《尚书王公墓志铭》，文渊阁《四库全书》第1163册，（台北）商务印书馆1983年版。

1243.（南宋）契勘质库户平时开张库店、典质钱物，利息所入不为不多。才值旱伤岁时，辄以阙钱关闭邀阻，遂致细民急切阙用，无处质当。

——（宋）朱熹《朱熹集·朱熹别集》卷九《约束质库不许关闭等事》，四川教育出版社1996年版。

1244.（南宋）绍熙二年春，金溪民吴廿九将种稻，从其母假所著皁绨袍，曰：明日插秧，要典钱与雇夫工食费。

——（宋）洪迈《夷坚支丁》卷四《吴廿九》，中华书局1981年版。

1245.（南宋）抚州民陈泰，以贩布起家，每岁辄出捐本钱，贷崇仁、乐安、全溪诸债户，达于吉之属邑，各有驵主其事。至六月，自往敛索，如是久矣。淳熙五年，独迟迟而来，尽十月不返……又五日，或与曾素仇，告其实杀陈泰，埋于舍后竹林中。于是捕送狱，才鞠问，即承伏云：初用渠钱五百千，为作屋停货。今积布至数千匹，因其独来，妄起不义之心。

——（宋）洪迈《夷坚支癸》卷五《陈泰冤梦》，中华书局1981年版。

1246.（南宋）五等下户才有寸土，即不预粜，其为可怜，更甚于有田之家。盖其名虽有田，实不足以自给。当农事方兴之际，称贷富民，出息数倍，以为耕种之资。及至秋成不能尽偿，则又转息为本，其为困苦已不胜言。一有艰歉，富民不肯出贷，则其束手无策坐视田畴之荒芜，有流移转徙而已。

——（宋）真德秀《西山文集》卷十《申尚书省乞拨和籴米及回籴马谷状》，文渊阁《四库全书》第1174册，（台北）商务印书馆1983年版。

1247.（南宋）春蚕成丝复成绢，养得夏蚕重剥茧。绢未脱轴拟输官，丝未落车图赎典。一春一夏为蚕忙，织妇布衣仍布裳。有布得着犹自可，今年无麻愁杀我。

——（宋）戴复古《石屏诗体》卷一《织妇叹》，文渊阁《四库全书》第1165册，（台北）商务印书馆1983年版。

1248.（明）更喜天稍暄，絮衣聊可质，一以修耒耜，一以偿佣直。

——（明）熊人霖《操缦草》卷五《田家》，明崇祯刻本。

1249.（明）佣户贫下，至东作时，质举以备种粮，其势无余力以及畚臿之工。

——（明）姚文灏《浙西水利书》卷上《范文穆公水利图序》，文渊阁《四库全书》第576册，（台北）商务印书馆1983年版。

1250.（明）方司徒采山之言曰："质铺未可议逐也。小民旦夕有缓急，上既不能赉之，其邻里乡党能助一臂力者，几何人哉？当窘迫之中，随其家之所有，抱而趣质焉，可以立办，可以亡求人。则质铺者，穷民之筦库也，可无议逐矣。"

——（明）顾起元《客座赘语》卷五《三宜恤》，中华书局1987年版。

1251.（明）弘治间，江阴汤沐知石门时，徽人至邑货殖，倍取民息，捕之皆散去，阖境称快……虽然，在今日则又有可论者。徽人所为货殖者，典铺也；土著之人既贫甚矣，无典铺则称贷之路穷，而沟壑之患，不在异日而在目前。孰与彼之取什一二之息者，犹有所济，而不至大困乎？

——（清）焦袁熹《此木轩杂着》卷八《货殖》，《续修四库全书》第1136册、第569册，上海古籍出版社2002年版。

1252.（明）育蚕作茧岂徒手博者？饔餐器具皆从质贷，而终岁辛勤，头昏眼白，迨丝缫成，谓卒岁公私取偿，丝市之利，不得独啬。

——万历《崇德县志》卷二《物产论》，转引自孙健《明清商业资本的发展及其历史作用》，《人文杂志》1988年第2期。

1253.（明）吴兴古称泽国……嘉靖廿三年，四十年以久雨。万历十五年，以湖啸最号，凶岁未有如今日之甚者也。四月初十以后，无日不雨。麦已无秋，及至芒种贫民贷本插秧，而淫潦异常，经旬不止。

——（清）汪曰桢《南浔镇志》卷十九《灾祥一·又荒政议上甘中丞》，《续修四库全书》第717册，上海古籍出版社2002年版。

1254.（明）［农桑］……迩来富商设米典，佃农将上米质银，别以下中者抵租，虽丰岁辄称歉收，迁延逋负。日者苕上奸民聚党相约，毋得输租巨室，近虽稍息，然亦渐以成风。官司催科甚急，而告租者或置不问，于是称贷完官而田主病；小民得银耗费，满课为难，其后利归典商。日复一日，逋负益积而佃丁又病，两者交病而廪庾焉得不匮，闾阎焉得不贫也？

——万历《秀水县志》卷一《风俗》，（台北）成文出版社1970年版。

1255.（明）夫素封之家，即有恒产，而要之践更输挽，其奔走于公家者，亦甚繁且苦矣，独旅人之质库不然。其拥资甚厚，其朘利甚渥，其经营又甚逸，而名不挂版图，事不涉催科，抑何其多幸甚也。请极言之……质库不然，其上者每至盈万金，即寡亦不下五六千。是上者一，而当沃壤之役田五六矣，下者亦不啻三之；其于瘠壤，则上者遂三十而盈，下者亦不啻十五六岁以什一而计，而子钱之入可知也；矧其二之而三之乎？是质库之最下者，其一岁之入已当上田之十岁矣。顾此则终岁奔走而不给。彼第高枕卧而子母倍息矣，未几，子复为母而又息之矣。其土著者，人弓人得，犹之乎楚也，不则一袱载之而去，关讥之法，未闻税金，遂令若曹据此全利。即比者榷使出而始议及焉，然仅仅岁数金止耳，是以富室鲜累世之产，而质库多百年之业。当十岁而更版图，一里之中虑无不易其三、四，甚且六、七，而质库无论大小，凡三年必益其一，其甘苦利害较若列眉，岂待智者而后辨哉？……请计岁以为之格，岁输粟若干石以赈，未及三岁者忽输，输至二十有五岁而止。远勿论，其有慕义好施至溢额者，或旌其庐，或锡之冠服，官司以礼优异，用示风励，此非独便于穷民也。于质库亦大有利焉，不然而民无所得食。睊睊而睨其厚入也。终能高枕而偃有之乎？

——刘少彝《荒箸略·赈之五》，丛书集成续编，（台北）新文丰出版公司1988年版。

1256.（明）崇邑田地相埒，故田收仅支民间八个月之食，其余月类易米以供。公私仰给，惟蚕息是赖，故蚕务最重。凡借贷契券，必期蚕毕相偿。即冬间官赋，起征数多，不敢卖米以输，恐日后米价腾跃耳。大约以米从当铺质银，候蚕毕加息取赎。然当铺中持衡搭色，庚困狼籍，一出一入，子钱外不止耗去加一矣。以故民间输纳，利蚕毕，不利田熟也。前征追比之难，有由然矣。

——（清）顾炎武《天下郡国利病书》第二十二册《浙江下》，上海科学技术文献出版社2002年版。

1257.（清）夫佃农岂有两口两腹两肠胃，而称横饱乎？自春徂秋，买牛购种，办壅工作，曰借曰赊曰质当，每食不下咽也，何以能饱乎？

——（清）王有光《吴下谚联》卷一《横饱六十日》，中华书局1982年版。

1258.（清）吾邑游惰日众，有田宅者鬻田宅，无田宅者典衣质□器以谋薪粒。城周广数□里余，而新安富人，挟资权子母，盘踞其中，至数十家。世家巨富，半为所占。康熙十八年邑侯景贞运，奉宪檄，行查禁重利。□□、黄履顺等，啖贞运白镪（指银）二百四十金，即以一案干赃事，词讼之上台，劾景罢官。由是典利三分，视京师及他郡邑为独重。

——康熙《平湖县志》卷四《风俗》，《明清徽商资料选编》，黄山书社 1985 年版。

1259.（清）护持寺，在河间东四十里。有农夫于某，家小康。一夕，于外出，劫盗数人，从屋檐下，挥巨斧破扉，声丁丁然。家惟妇女弱小，伏枕战栗，听所为。而于忽所蓄二牛，怒吼跃入，奋角与盗斗，挺刃交下，斗愈力，盗竟受伤狼狈去。盖乾隆癸亥，河间大饥，蓄牛者不能刍秣，多鬻于屠市。是二牛至屠者门，哀鸣伏地，不肯前。于见而心恻，解衣质钱赎之，忍冻而归。牛之效死固矣。

——（清）纪昀《阅微草堂笔记》卷六，《笔记小说大观丛刊》第 28 编第 6 册，（台北）新兴书局 1978 年版。

1260.（清乾隆五年四月）己卯，户部议准，云南巡抚张允随疏称……云南省山多田少，秋收纳粮而外，盖藏有限。春夏之交，籽种牛工，在在拮据，非典质输将，即借贷完纳。即至稻谷登场，拮据仍所不免。

——《清高宗实录》卷一百十四。

1261.（清）伏思南省田业，每百之产可得租谷十石，其次亦得谷八九石，迩年以来每十金买谷六七石之间，是置田尚有分许之息。今商等远父母、别妻子，奔驰数千之外，觅此蝇头。且前署宪示当质银两，小票照例三分取息。今概议减息四五厘，则实仅得五六厘之利矣，尚不如置产之为愈也。

——刘建民先生藏《湖南典铺减息案》。

1262.（清乾隆十三年三月）是月，两广总督策楞覆奏，各省经办常平，未免心怀欲速，不计年岁价值，严限催督。而不肖有司，甚或扣价勒派……一在禁止质当。贫农耕作之际，家中所有，靡不在质库之中。待至秋成，逐件清理，御冬之具，更所必需。每以食米转换寒衣，交春又以寒衣易谷。年来官之查察颇密，当商恐蹈囤积之愆，遇有米粮，已不愿抵当。近又有囤当米谷之禁，于是穷民不得不卖米以赎当。青黄不接，又不得不买米以救饥。向者出入于当铺，每石不过钱许之利。今则买米必须现银，买价与卖价相较，每石多至六七钱，少亦三四钱。且以从前粗有储粟之农，亦出而零买粮食。墟市之人愈众，米粮之价愈增矣。

——《清高宗实录》卷三百十一。

1263.（清）常郡五邑，惟吾邑不种草棉，而棉布之利独盛于吾邑，为他邑所莫及。乡民食于田者，惟冬三月。及还租已毕，则以所余米舂臼而置于囤，归典库以易质衣。

春月则合户纺织，以布易米而食，家无余粒也。及五月田事迫，则又取冬衣易所质米归，俗谓之种田饭米。及秋稍有雨泽，则机杼声又遍村落，抱布贸米以食矣。

——（清）黄卬《锡金识小录》卷一《力作之利》，（台北）成文出版社1983年版。

1264. 农民至苦之衷，当米是也。盖平等人家，或有钗环衣服可付质库，而乡农则惟米是赖，一遇缓急，不惜重利而为之，而租赋有所不暇，顾其意原欲交春天暖，则若衣若被皆可抵赎取出，以为口食之资。岂知事不凑手，或丧病、盗贼、急债等类相遭，遂至无以取赎。一过清明，业已当没，不啻贱价卖之矣。然典当亦不可怨之也，三斗五斗者，零星难以粜卖，而有米无钱亦无从度日，故当而能赎者亦不少也。至于今冬之铁搭皆当，其情亦可见矣。

吾侪之吃苦而无从说起者，莫如债米矣。当开耕急切之时，家无朝夕之储，告贷无门，质当无物，如有肯借以米者，不啻白骨之肉，价之多寡不暇计也。是以稻一登场，先还债米，非因急救而报德也，为来岁地步也。如有不还，则明年有急只好坐以待毙，故法所不能禁亦以此。然其米价，如今年者，每石以六千结算，二分起息，将来即遇有收，先须两石还一石矣。

——《浦泖农资》，上海图书馆1963年影印清刻本。

1265.（清）乾隆丁丑年（二十二年），海宁农人入城贸丝，得数十金。见天意欲雨，诣富家桥侧伞店买雨具，遗袱包而去。店主某开视，粲然白镪也，大喜藏匿之……少顷，其人回，向某哀恳曰："我所遗丝银，系揭债典衣拮据养蚕而得者。今年收成歉薄，所余无几，失之，则债主逼迫犹可求缓，家中数口嗷嗷，势将就毙，务祈赐还。"店主赖之，其人痛哭而去。

——（清）俞起《见闻近录》卷三，转引自彭泽益《中国近代手工业史资料》第一卷，中华书局1962年版。

1266.（乾隆嘉庆）育蚕必先植桑，五月间，收大桑葚水淘之，少晒，撒于肥土，来春约苗三四寸，曰桑乌，起而宽栽之……养蚕家叶如不敷，往往贷钱买叶，奔走不遑，贫者至典衣鬻钗以济之，丝设欠收，反成负欠，何以赎之，叶少则价日昂，十年中约有二三，与其攒钱买叶，莫若垦地植桑。

——嘉庆《于潜县志》卷十《食货》，清刻本。

1267.（清）质库，邑内五城门及各镇皆有，虽息权子母，实亦便民。曩多新安贾人为之，近则半出靖邑，亦有土著开设者。

——凌坮等重修嘉庆《泰兴县志》卷六《风俗》，清刻本。

1268.（清道光二年，苏州）查民间各机户，将经丝交给机匠工织，行本甚巨，获利甚微。每有匪匠，勒加工价，稍不遂欲，即以停工为挟制，以侵蚀为利薮。甚将付织经纬，私行当押，织下纱匹，卖钱侵用。稍向理论，即倡众歇作，另投别户。此中恶习，甚为可恶。

——江苏省博物馆编《江苏省明清以来碑刻资料选集》，生活·读书·新知三联书店1959年版。

1269.［清道光?］其百石谷之田，饭黄犊、置锄耨，灰草芩通，所费不资。耕耨收获，均倩人力，势不得不贱售。及春间力作，借银粜谷，借谷种田。谷之息借二还三，银息不过二分，而谷贵借银以籴谷，谷贱粜谷以偿银。转移之间，其失自倍，于是种田之家病。租入既多，兴场筑，厌酒肉，市布帛负其力者，得其食，出所有易所无。谷贱则无所取偿矣。于是佣工、匠作、商贾亦病。

——（清）求自强斋主人《皇朝经济文编》卷四三李象昆《平价禁囤议》，光绪乙未石印本。

1270.（清咸丰三年三月二十五日，北京）概各行店铺自本者不一二，全恃借贷流通。若竟借不通，即成束手，必致纷纷歇业……典铺多不肯当，即有当者，亦不过略应门面，百千之物不能出入十千，以致贫民益难为谋。应请并令各典铺财东设法如常应当，不可关闭，则贫者尚有转移。

——（清）王茂荫《请饬帐局不得收本当铺须如常应当以安民生》，转引自《中国近代货币史资料》第一辑第二章《太平天国革命冲击下清政府搜刮人民的币制措施》，中华书局1964年版。

1271.（清咸丰）向年困苦，犹可典衣裳、质农器，今则典质而已空矣。向年饥寒，犹可卖田宅，鬻儿女，今则鬻卖而莫售矣，惟是称贷豪家。

——（清）何国佑等《霍山县志》卷十三《艺文》，黄云锦《上当路言事书》，（台北）成文出版社1974年版。

1272.（清）董蠡舟：贷钱。（农民养蚕乏资，贷于富家，蚕毕贸丝以偿，而息其什一。富家实渔利，而农民亦赖以济蚕事，故以为便焉）盎中余粟食已罄，笥里寒衣典无剩。买叶无钱糊口难，何人肯乞监河润？里中豪右富熏天，千镪万贯流如泉。钻核障篚鄙且悭，今年广放加一钱。贷钱一千息一百，尽许阿侬徒手得。傅别何须合两书，责偿毋许逾三月。负归儿女亦熙熙，养蚕岂复愁无资？只期今岁还宜早，料得明年借不辞。子母偿清丝卖矣，归来依旧囊如洗。青黄不接可奈何？待吃富家转斗米。（四五月后，春收已毕，秋获未至，里语谓之青黄不接）董恂：贷钱加一钱，率以夏至为期，过此必另起息，名曰小利。清明已过将梅夏，村农摒挡无休暇。储无儋石悬罄如，安得余钱计桑柘？趁虚走访足谷翁，人来登门气先下。已惯寅年用卯年，何妨润向监河借？他日甘心重利偿，薪炭今日免赊费。岂料来年足谷翁，悭贪心计尤□诈。较是加一息尚轻，竟使锱铢到叶价。先期买取奇货居，干没还将厚利射。

——（清）汪曰桢《咸丰南浔镇志》卷21，《续修四库全书》第717册，上海古籍出版社2002年版。

1273.（清）董恂卖丝：吾镇丝市最盛，向之趸叶者至此，则转而趸丝焉。

行家得丝还售客，蚕家得钱不入囊。急寻过付算私债，所负加一钱须偿。偿时不难借亦易，小民意计工周防。哪知赢余却有限，年年空为他人忙。

董蠡舟卖丝：相逢南舍足谷翁，亦为贸丝来市中。向予摇手呼莫莫，留待明年高价鬻。深感翁言良不诬，其奈霹雳飞县符。打门胥吏豺狼如，不尔何以输官租？况复私债递相促，二者兼偿犹不足。典去布襦几时赎，袒露两尻跣双足，三旬劳劳睡不足，哪得一丝身上着？

——（清）汪曰桢《南浔镇志》卷22，《续修四库全书》第717册，上海古籍出版社2002年版。

1274.（清）织缎为江宁巨业，咸丰三年以来，机户避寇迁徙，北至通如，南至松沪，多即流寓之地。募匠兴织，贩运各省……按：招来机户典商事，在同治三年十月。曾文正公示谕云：缎业用人较多，使贫户有觅食之所。典铺挟资较厚，使贫户有通财之处。无非借商之力以养农，借稍富之力以养极贫之民。

——《续纂江宁府志》卷6，（台北）成文出版社1970年版。

1275.（清）公惠困穷，鲁困频措，于万家墩，刻期散米……平俗：自来青黄不接，质谷以衣，藉润乏竭，春散秋敛，加息挚还。其息维何，或二或三。贫富交资，各瞻其里。公家行此，凡数世矣。

——（清）李元度《天岳山馆文钞》卷二十《封奉直大夫吴公铸炉墓志铭》，《续修四库全书》第1549册，上海古籍出版社2002年版。

1276.（清）平江故山国，人浮于田。每岁青黄不接，贫者以衣物向富民质谷，秋熟还之，加息十二三不等。岁如其额，俗称头谷。虽取息，而散时值贵，敛时值多贱，几与无息等，而缓急有可恃，艰食者便之。当是时，公兄弟及群从并饶于赀，各以所积谷润乡里，岁凡数万石。合一县计之，不下百万石。虽岁洊饥，不害也。道光辛卯，大祲，谷翔贵，公减息二成以贷。自本邑外，浏阳、长沙、义宁诸州县，踵求者曰千计。洎咸丰初，粤寇警，人思避乱，虑质物遭剽掠，前法遂尽废。民失所倚，识者用为隐忧。余近摹通志及县志，论积贮，于此法三致意焉。每溯公昆仲盛时重粟劝分情势，未三十年而其风已不可复矣。

——（清）李元度《天岳山馆文钞》卷二十三《封武德骑尉国子生喻公琢圃墓表》，《续修四库全书》第1549册，上海古籍出版社2002年版。

1277.（清）《西吴蚕略》云：如值桑叶涌贵，典衣鬻钗，不遗余力；蚕或不旺，辄忘餐废寝……贷钱，蚕时贫者贷钱于富室，至蚕毕，每千钱偿息百文，谓之加一钱……按近来邑之南乡富户放钱，无论冬底春间贷去，总算蚕前至蚕毕，小满日为期，每千钱偿息二百文，富家谓放小满钱，贷者谓借呆头二分钱。又有无门可贷者，鬻钗质衣，典铺拥挤，至昏不得合户。农家举室终岁勤劬，徒为富家作牛马。每至衣食不给，殊可叹也。

——（清）丁宝书等同治《长兴县志》卷八，（台北）成文出版社 1983 年版。

1278.（清代张炎杰乌青文献）近来佃农奸顽，将田中稻谷先时砻舂，或趁新贵粜，或投典贱质，妄希贸易以博利。甚且不安分以图事，又或于春夏时告贷于富室，独租米迁延日月，借口岁歉收薄，冬尽以砻头粞米约略半偿。官司催科甚急，告追，每置不问，于是田主称贷籴米上廒而田主病，佃户贷米以延须臾之死，质粜以作不急之务。其后贸易折阅，息利倍加，自此逋负益积而佃丁又病。

——（清）周庆云《南浔志》卷二十一《农桑一・农事总论》，《续修四库全书》第 717 册，上海古籍出版社 2002 年版。

1279.（清）青桑买罢急忙归，饲得蚕饥自忍饥。几两新丝犹未卜，先教典却旧棉衣。新丝缫罢合家欢，谁料心头肉已剜？富户莫来催米债，朱戳印上欲完结。

——（清）周庆云《南浔志》卷三十曹氏《浔溪竹枝词》，《续修四库全书》第 717 册，上海古籍出版社 2002 年版。

1280.（清）贷钱，蚕时贫者贷钱于富室，至蚕毕，每千钱偿息百文，谓之加一钱（南浔镇志）。按：近来邑之南乡富户放钱，无论冬底春间贷去，总算蚕前，至蚕毕小满日为期，每千钱偿息二百文，富家谓放小满钱，贷者谓借呆头二分钱。又有无门可贷者，鬻钗质衣，典铺拥挤，至昏不得合户。农家举室终岁勤动，徒为富家作牛马，每至衣食不给，殊可叹也。

——（清）丁宝书等同治《长兴县志》卷八，（台北）成文出版社 1983 年版。

1281.（元和县）余尝周历远近村落，窃观夫老稚勤动（劬），男妇况瘁，三时无论矣。其在暇日，或捆屦，或绹索，或赁舂，或佣贩，或撷野蔬以市，或拾人畜之遗以粪壅。都计十室之邑，鲜一二游手也，亦极治生之事矣。而服食日用窭贫，空乏日以甚，终岁不能支一家，遑问盖藏哉？疏布之衣，而补缀不完也；庳陋之室，而什器不具也。质锄耰以待耕耨之需，典絮葛而迟寒暑之赎，户牖床褥筥筐之属，胥足为缓急非常之应，质库物溢，至不能容。呜呼！吴中之田，十九与绅富共有之也。

——（清）陶煦《租核》第 516 页，转引自李文治《中国近代农业史资料》第 911 页，生活・读书・新知三联书店 1957 年版。

1282.（光绪八年四月初八）建德县城南三里有尧渡镇，为商贾辐辏之区，向来典铺鼎峙，乡民赖以挹注。自兵燹后，三足俱折，荡然无存，不免今昔之感。

——《益闻录》第 156 号，转引自李文治《中国近代农业史资料》第 570 页，生活・读书・新知三联书店 1957 年版。

1283.（清光绪九年十一月初六日）宝山僻处海滨，不遇飓风，当海潮汹涌时，常遭水患。地本瘠，民本贫，温饱之家颇少，即丰岁亦鲜盖藏。其地宜棉不宜稻，稻者仅百之一二，所靠惟棉。今岁七月内叠遭两次飓风，稻棉已损□半……往年除耕种之外，犹堪纺织。加以今岁布价大贱，备食用工本毫无利益，所以夏天凑资耕种，将棉被裤袄等当在典中，大望丰收取赎，迄今做一场空梦。

——《申报》3826号《宝山水灾求赈启》。

1284. 平潭本福建巨镇，村市相连，计一万二千余户。居民农商之外，半以捕鱼为生，然所入无多，恒恃质铺两家以通缓急。自永安、乾成二铺于去年停歇后，善门既塞，难济眉燃，故迩来市井萧条，几有十室九空之虑。

——《益闻录》第326号，光绪九年十二月廿二日，转引自李文治《中国近代农业史资料》第926页，生活·读书·新知三联书店1957年版。

1285.（光绪十年二月念九日）浔城自二月初慎和质铺闭歇后，市面萧条，钱路吃紧，城厢远近之穷民，大为制肘，无不呼天吁苦。现在有几处开小押店者奇货可居，声言押金银不押衣物，照四分取息，十二个月为满，就押者亦甚伙。

——《申报》3931号《小押居奇》。

1286.（清）盐典各商及大铺户类皆侨客，贾不服远，士鲜远游。土著之户，除耕织之外，别无生计……

棉花《祷福歌》：秋阳收尽枝头露，晒破青枣吐白絮。田妇携笥采得归，便须织作机中布。大儿来免襦，小儿来贸裤。半拟偿私债，半拟输官赋……尺铁碾出瑶台雪，一弓弹破秋江云。川筵压板搓成索，昼夜纺车声落落。

——（清）程其钰《嘉定县志》卷八《风土志·风俗》，光绪辛巳藏经阁刊本。

1287.（清光绪三十一年，望都县王家营村）村中户口百家上下，内有教民四家。富者拥地顷余，贫者三亩五亩，无尺土者十余家。统计合村足以自给者三五户耳，其余皆负债之户。统计百家借贷之数三千余千，岁时率以为常。男子力田佣工，女亦拾柴灌园，自食其力。

——（清）陆保善《望都县乡土图说·东路》，转引自李文治《中国近代农业史资料》第927页，生活·读书·新知三联书店1957年版。

1288.（清宣统三年九月初五日）开设道前街等处当铺之王驾六及阊门钱庄俞子尚等各捆住现洋数十万，又以阊门某绅富亦藏现洋二十万，中丞得禀后，爰饬苏城商会传谕王、俞二人，各出现洋二十万元，分发各庄流通市面，并充作当本，以备各机户织成苏缎赴当押洋之用。如敢故违，定即究惩。并一面令各机工照常工作，免滋事端。日昨商会已邀集王、俞两人议商，王、俞面允合出洋五万元，备作机户当缎之用。凡机户织缎成匹者送由云锦公所加盖戳记，方可当钱，每匹当洋五元。并拟制印一种钞票，票上书明一元惟只可兑换铜元、银角，不可兑换现洋，计共出票二十万元，以期流通市面。业已由商会禀明中丞，将此项质缎局附设吴趋坊养育巷等处某某典当，即由该典主王、俞二商筹款担任，禀县开办。讵有向来失业之机工多人，突于初三晨拥至古市巷某缎庄家借端滋闹，经巡警得信弹压驱散，旋纷至左近各庄硬索钱洋。三县带同通班差役，先后呵殿而至，当场拘获之人押送警务公所讯办，余皆窜逸散去云。

——《申报》13907号《苏抚安置机匠之手续》。

1289.（清末，建德县）麦欲老时雨如缕，冒雨腰镰裸两股。割来一束釜中煏，姑妇夜舂儿渴乳。人家麦熟忙上仓，侬家麦熟已断粮。半纳田租半偿债，伽板未停捡衣卖。东家老农怜我饥，手分遗穗共作糜。夜深一饱枕蓑卧，蚊雷殷殷湿风吹。

山居宜种淡巴菰，叶鲜味厚价自殊。可怜粪田无豆饼，典衣买饼培田腴。无衣或且借衣典，邻里痛痒关肌肤。六月炎风天忽雨，烟叶沾濡色如土。妇子收烟忙若奔，淋漓遍体无干缕。侬家无田无烟卖，忍饥不负三分债。

——宣统《建德县志》卷十九《艺文》，周馥《述农村苦况》，转引自李文治《中国近代农业史资料》第926页，生活·读书·新知三联书店1957年版。

第二节　典当业与商品流通

1290.（元丰四年）四月十九日诏：茶场司条令中书别立抵当法。先是，特旨令市易司罢除请官钱法，令民用金帛抵当，公私便之，故欲推广其法也。

（元丰五年）五月二十九日，都提举市易司贾青言：市易既革去结保赊请之弊，专以平准物价及金银之类抵当，诚为良法，乞推抵当法行之畿县。从之。

——（清）徐松《宋会要辑稿》职官二七之一二、一三，中华书局1957年版。

1291.（北宋崇宁二年）六月十八日诏：府界诸县除万户及虽非万户而路居要紧去处，市易抵当已自设官置局外，其不及万户处，非冲要并诸镇有监官，却系商贩要会处，依元丰条例并置市易抵当，就委监当官兼领。

七月九日，户部言：湖北提举司申：县镇不及万户处，虽非商旅往来兴贩之地，除市易务不须置外，却有井邑翕集，兼在僻远，正民间缓急难得见钱去处，欲乞依旧存留抵当库，令逐处官兼领看详，欲诸路并依六月十八日已降朝旨施行，从之。

——（清）徐松《宋会要辑稿》食货三七之三五，中华书局1957年版。

1292.（南宋后期荆湖南路的武冈军）吏胥缘奸，重贻民害。质库墟户之往往停闭，以避科买，市井萧然，日甚一日。

——（宋）牟巘《陵阳集》卷八《创大礼例申省状》，文渊阁《四库全书》第1188册，（台北）

商务印书馆 1983 年版。

1293. （南宋庆元元年）六月七日，权两浙运副沈诜言：窃见两浙州县亦多饥疫……今来米价已高，若罢赈粜，窃虑翔踊，惟是在市之米辐凑，庶几其直日平。探闻商贩之家多有积米，藏积碓坊，质当库户，犹欲待价。欲乞指挥尽令出粜，如有藏匿，许人陈首；诏令礼部给降度牒五十道，付沈诜自行措置，斟量支散，余依之。

——（清）徐松《宋会要辑稿》食货五八之二二，中华书局 1957 年版。

1294.（明）兴哥拜完客，回到铺中坐着。忽见一人牵着匹马，进门道：在下是个马贩子，贩了二十匹马来，马价都是百金一匹的。遇着利钱迟钝，众马嗷嗷，只得将一匹来宝铺，当五十两买料，卖出依旧加利奉赎。兴哥心中爱着骏马，一眼看了就笑起来。那伙计道："开口货从来不当，出去，出去？"（兴哥却奉百金而去）

——（明）圣水艾衲居士《豆棚闲话》第三则《朝奉郎挥金倡霸》，人民文学出版社 1984 年版。

1295.（明）成化以前，谋饔飧者，以兴贩为能……今则市廛以质当相先。

——同治《湖州府志》卷二十九，（台北）成文出版社 1970 年版。

1296. 迨夫今日，文胜实衰，风俗不侔往昔……有婚娶论财，嫁女竞侈服舍拟王室者，有妇女侈珠玉，皜素盈头者，有庶民铺张盛丽，多贷客货，家无宿储者……有乡中富室闭籴不贷，四境之利悉归质库者。

——万历《钱塘县志·论》，（台北）成文出版社 1975 年版。

1297.（雍正以来）从前各省产米地方，向有富户。所收稻谷，囤积经年，非遇价昂，坚不出粜。然此犹一邑之中，不过以一己之收为一家之积，为害尚未甚大。近闻民间典当，竟有收当米谷一事，子息其轻，招来甚众，囤积甚多。在典商不过从中射利，而奸商刁贩，遂恃有典铺通融，无不乘贱收买。即如一人仅有本银千两，买收米谷若干石，随向典铺质银七八百两，飞即又买米谷，又质银五六百两不等。随收随典，辗转翻腾，约计一分本银，非买至四五分银数之米谷不止。迨至来春及夏末秋初，青黄不接，米价势必昂贵。伊等收明子母，陆续取赎，陆续出粜。是以小民一岁之收，始则贱价归商，终仍贵价归民。典商囤户，坐享其利，而小民并受其困矣……盖囤当之弊，江浙尤甚。而囤当之物，并不独米谷也。每年遇蚕丝告成，及秋底棉花成熟，此等商户，一如收当米谷之法，恣胆张罗，竟似小民衣食之计，止以供奸商网利之图。……（请求禁止）无论城乡典铺，如有囤积米谷等货，尚未粜卖者，谕令首出，照值官为收买，免其惩治。（如隐匿，即照律治罪）

——《皇清奏议》卷四十四汤聘《请禁囤当米谷疏》，乾隆刻本。

1298. 江阴风俗以世变纪，纪江阴风俗者亦与世殊……土人重农，逐末者少，富商大贾皆行于近地，质库拥资孳息大半徽商，为计然。又有聚水陆之货主于其家，评市价为之贸易，是为居货之贾。黄志称：巨室之妇珍重靓闲，深居简出，无露面行者。中家纺绩不休，贫者躬亲灌汲。

——《古今图书集成》卷七一五《职方典·常州府部·江考九·风俗考》，中华书局、巴蜀书社1985年版。

1299.（清）那陈虾子被毛二胡子一味朝死里算，弄的酒也没得吃，肉也没得吃，恨如头醋，趁空向陈正公说道：“阿叔在这里卖丝，爽利该把银子交与行主人做丝。拣头水好丝买了，就当在典铺里；当出银子，又赶着买丝；买了又当着。当铺的利钱微薄，象这样套了去，一千两本钱可做得二千两的生意，难道倒不好？为甚么信毛二老爹的话，放起债来？放债到底是个不稳妥的事。象这样挂起来，几时才得回去？”陈正公道：“不妨，再过几日，收拾收拾也就可以回去了。”

——（清）吴敬梓《儒林外史》第五十二回《比武艺公子伤身，毁厅堂英雄讨债》，人民文学出版社1962年版。

1300.（清）况查乾隆年间，长、善二县典铺只有十二座，居民只有七万余户，今则典铺增至二十五座，居民增至十五万九千余户，生齿日繁，交易日盛，与从前情形迥不相同，何得借口援引？

——刘建民先生藏《乾隆嘉庆湖南典商减息案》。

1301.（清）现在失业穷民比比皆是，若辈有耳目手足，皆能肩挑贸易营生糊口，所苦者乏本耳。而其本又不在多也，所少者三千、二千耳。有三千、二千文，便可自糊其口，并可赡养其家，而借贷无人，束手坐困，久之渐流为丐，运耶，命耶，亦人事有未至也？兹据倡一借本营生局，或独力承当，或集众公办。许附近失业穷民觅保来局，借钱若干（少则数百，多不过三千）。每借钱一百缴利半文，惟须每日将本钱或存货呈缴取信，以察诚伪。人不论异乡土著，但有保人即准借给。此中可扶植多少穷民，虽取利而不失为方便者，惟有心人早图之。湖北李某，家小康，尝以钱数百千出借，其借法只准借肩挑贸易之人，但有人作保即借之。钱不过二千，每借一千每日缴大钱十一文，或十日并缴钱一百十文，以百日为缴清。或每日缴大钱十文，以百二十日为止亦可。惟不准稍欠，如实在亏本或病不能做活者，另出期票而缓其利。一时因借谋生者甚众，久之得利甚厚。有忌之者以重利盘剥告于官，官拘李至，李屈于法而无词。未几，署外大哗，询之，则有数百人各肩扁担呼冤。官大讶，问故，则皆曰：“我等穷人，步担肩挑为活，欲借小本作营生，无人肯借。若非李先生借钱，我等何以养家糊口？每日出利，我等自愿。今反以害李先生，我等何安？有罪，我等请同当之，毋令李先生独受苦也。”官得其情，立即开释而斥讦告者，众人始散。后李公家财顿发，而扁担之名由是传为佳话云。

——（清）余治《得一录》卷十四《借资作本说》，《官箴书集成》第八册，黄山书社1998年版。

1302.（清）蒋非磷，名坚，先世浙江长兴人。父荣，遭明季之乱，避居江西之铅山，为铅山人。生三子，非磷其季子也。七岁出为叔父后，年十三，父兄皆远游，而家贫甚。非磷念母□然无依，会其叔父已有子，乃涕泣请归养，许之。遂质衣冠，得钱八百，贩米于市，以其赢具甘旨养母。

——（清）吴德旋《初月楼续闻见录》卷八，（台北）明文书局1985年版。

1303.（直隶柏乡县，同治光绪间）地产棉，因土人乏资营运，未发达。（夏鹤孙）为招徕他县富家设典肆，金钱流通。又劝集资，设花市布行，商业渐振。而农产畅销，民生日阜。

——（清）夏孙桐《观所尚斋文存》卷七《从叔父鹤孙公家传》，转引自李文治《中国近代农业史资料》第423页，生活·读书·新知三联书店1957年版。

1304.（清）居民以花布为生，男耕女织，冬夏无间，昼夜兼营……布商莫盛于南翔、娄塘、纪王镇；次之靛商，莫盛于黄渡诸翟村、纪王镇、封家滨；次之蒲□市，向聚新泾镇，同治以来移于徐家行；花商向聚东门外，米商向聚西门外，今不成市矣。盐典各商及大铺户类皆侨客，贾不服远，士鲜远游。土著之户，除耕织之外，别无生计。

——（清）程其钰《嘉定县志》卷八《风土志·风俗》，光绪辛巳藏经阁刊本。

1305.（清）胡元敬耋朽遗言：……记曰：镇去武林关四十五里，长河之水一环汇焉；东至崇德五十四里，俱一水直达。而镇居其中，官舫运艘商旅之舶，日夜联络不绝，矻然巨镇也。财货聚集，徽杭大贾视为利之渊薮，开典顿米，贸丝开车者，骈臻辐凑，望之莫不称为财赋之地，即上官亦以岩镇目之。然世风日奢，人心日恣，上近于杭而下通嘉、苏。且多经商南都，目惯侈丽繁华之习，不觉幻而变焉。

——（清）王同辑《唐栖志》卷十八《纪风俗》，（台北）文海出版社1980年版。

1306.（清光绪八年四月十六日）业丝之人假如资本止有万金，即可作三万金生意，盖以万金购丝，不即出售，先以付质，即以所质之银续购丝觔，如是者一而再再而三，迨屯之即足，而丝则皆存质库中。设有售主，则即以所得之价向质库赎出以付之，一转移间，而所获较为丰富。然或遇销场迟钝，则典当利息日增月积，势必不免亏累矣，此贪多之误事，实自贻伊戚也。

——《申报》3261号《论桑棉之利》。

1307.（光绪十九年正月廿三日）和州一带去岁收成歉薄，民间一岁之资，仰事俯蓄，殊难赡足，以致市上贸易亦甚萧条。年终各店铺收除既毕，将一年开销费用积叠统算，盈余者少，亏折者多，并有耗去本钱无力支持者。惟李源昌典当进出既多，押赎忙碌，年初满盘核计，支去开销外，净余银三万余元，洵属多钱善贾，然乡野贫民之苦于此愈见。

——《益闻录》1249号《和韵传飞》。

1308. 中国工艺，悉听小民自为，故恒守旧法，无所进益。有闲置资财者，无非开典当、钱庄。而此各业，又因趋之者众，无大利益，或且亏本，故常虑有钱无生意可做。

——（清）求自强斋主人《皇朝经济文编》卷105，转引自彭泽益《中国近代手工业史资料》卷二，第285页，中华书局1962年版。

第三节　典当业与城乡人们的日常生活

一、典当业与社会财富形态

1309. 自丙寅年，欲免令庵庄粜租谷六百石。是岁，积两年租米未粜，见管五六十石（疑为千之误）。庵僧梵头执法云：知府与恭人商量，欲以此谷变钱，添置解库一所。继而知府来面说：且要谷子钱作库本。

——（宋）周密《癸辛杂识别集》下《银花》，中华书局1988年版。

1310.（赵时侃）在城江宁、上元两县，有房廊之家，少者日掠钱三二十千。及开解库、店业之人，家计有数十万缗者，营运本钱动是数万……句容县有房廊及开解库，店业之家，富者家计不过五七千缗而止，营运本钱不过三二千缗而止，其日掠房钱一百五十六文足。

——（宋）《景定建康志》卷四十一《申豁和买役钱疏》，《宋元地方志丛书》第二册，（台北）大化书局1980年版。

1311. 四明僧庐，在六邑总大小二百七十六所，只鄞一县，城内二十六，城外八十。天童日饭千僧，育王亦不下七八百人，行仆称是。天童岁收谷三万五千斛，育王三万斛。且分布诸库，以罔民利，等而下之，要皆有足食之道。

——（宋）刘昌诗《芦浦笔记》卷六《四明寺》，中华书局1986年版。

1312.（南宋）大禅明禅师，秀州人，妙喜会中龙象丛林所谓明大禅也……先是阳和王梦一异僧，欲化苏州一庄。翌旦，师忽杖屦徒步而至。王见师奇伟，与梦中无异，首言：苏州一庄为径山供佛斋僧，无穷之福。王未有可否，遂达孝宗。会和王入朝，上为言：闻卿舍苏州庄与径山，朕当为蠲免赋税。和王谢恩，归即以庄隶径山。此庄，岁出二万斛，犁牛、舟车、解库、应用，百事具足，师于缁，素有大因缘，江浙两湖皆号之为布袋和尚再出云。

——（明）吴之鲸《武林梵志》卷十《径山寺》，《四库全书》第558册，（台北）商务印书馆1983年版。

1313.（南宋）丁可福田庄记云……乃访故老，寻废址，筑庄于泄上，曰福田。为屋一区，堂庑库庾两序具备，存施钱千缗为母以倡子，岁又赢焉。因农隙广陇亩，其本不摇而力有余。地岁浸久且将镂谽谺尽为阡陌，高下封畛綦分绮错，利可既哉！

——《嘉定赤城志》卷二十八《寺观·天台禅院一十有五·万年报恩光孝寺》，《宋元方志丛书》第11册，（台北）大化书局1980年版。

1314.（南宋）淳熙十三年三月乙巳，承节郎河东薛纯一……愿以家所有山阴田千一百亩，岁为米千三百石有奇，入大能仁禅寺，祝两宫圣寿……田之顷亩、赋役，及别以钱权其子，本以待凶岁。

——（宋）陆游《渭南文集》卷十八《能仁寺舍田记》，文渊阁《四库全书》第1163册，（台北）商务印书馆1983年版。

1315.（蒙古）祈林院三尊佛为头儿的下院田地、水例、园林、碾磨、店舍、铺席、浴堂、解典库，他每的不拣什么呵，遮么是谁休倚气力夺要者……铺马应休拿者，税粮休与者……官差休发着。

——《常山贞石志》卷一七《祈林院圣旨碑》，《续修四库全书》第906册，上海古籍出版社2002年版。

1316.（元）赵国器，东平府人，做商贾至扬州。一家四口，浑家早逝，儿子扬州奴，媳妇儿李氏，媳妇贤达，儿子无行。东邻李实，号东堂居士，人称东堂老。赵国器因子不争气，气病在床，请东堂老商谈，东堂说）正末云："老兄差矣，你负郭有田千顷，城中有油磨坊、解典库，有儿有妇，是扬州点一点二的财主，有甚么不足。"

——（元）《元曲选》第一册，秦简夫撰《东堂老劝破家子弟》，中华书局1958年版。

1317.（明）成化以前，谋饔飧者，以兴贩为能……今则市廛以质当相先。

——同治《湖州府志》卷二十九，（台北）成文出版社1970年版。

1318.（明代，徽商潘次君）于是盐策贾江淮，质剂贾建业，粟贾越，贾吴，方其蚤计，人不及知，往往策其必败。卒之赢得过当，皆自以为不如，始泽富。

——（明）汪道昆《太函集》卷五十一《明故太学生潘次君暨配王氏合葬墓志铭》，黄山书社2002年版。

1319.（明代，太湖中七十二峰，两山最大）两山之人，善于货殖，八方四路，去为商为贾。所以江湖上有个口号，却做钻天洞庭。内中单表西洞庭有个富家，姓高名赞，少年惯走湖广，贩卖粮食。后来家道殷实了，开起两个解库，托着四个伙计掌管，自己只在家中受用。

——（明）冯梦龙《醒世恒言》第七卷《钱秀才错占凤凰俦》，人民文学出版社 1956 年版。

1320.（明）说这汉末时，许昌有一巨富之家，其人姓过名善，真个田连阡陌，牛马成群，庄房屋舍，几十余处……（儿子过迁不务正业，被过善赶出，其女婿张孝基继承家业）生下两个儿子，门首添个解当铺儿，用个主营，总其出入。家事比过善手内，又增几倍。

——（明）冯梦龙《醒世恒言》第十七卷《张孝基陈留认舅》，人民文学出版社 1956 年版。

1321.（明）话说东京汴梁城开封府，有个万万贯的财主员外，姓张，排行第一，双名俊卿……门首一壁开个金银铺，一壁开所质库。

——（明）冯梦龙《醒世恒言》第三十一卷《郑节使立功神臂弓》，人民文学出版社 1956 年版。

1322.（明）元来那个大商姓张，名全，混名张多宝。在京都开几处解典库，又有几所绸缎铺，专一放官吏债，打大头脑的。至于居间说事，卖官鬻爵，只要他一口答应，无事不成。

——（明）凌蒙初《初刻拍案惊奇》卷二十二《钱多处白丁横带，运退时刺史当艄》，人民文学出版社 1991 年版。

1323.（清）今文武各官，或兼事商贾，质库连肆，估舶弥江。既夺闾阎之利，复脱关市之算，不可不加禁止。

——《国朝先正事略》卷五《施清惠公事例略》，岳麓书社 2008 年版。

1324.（清雍正四年三月十五日，浙江巡抚李卫奏直隶总督李维钧）尚有汪姓当铺，存贮本银三万两……原受汪森绝产当铺四座，据账内所开本银共二十四万两，内实有存李姓银六万两……此外尚有查出田地共二千余亩，住房三所，租房共二百六十余间，前后获算，搜获并报出者，约计共有三十四五万两。

——《世宗宪皇帝朱批谕旨》卷一百七十四之二《朱批李卫奏折》，文渊阁《四库全书》第 423 册，（台北）商务印书馆 1983 年版。

1325.（雍正四年）惇裕堂五大房存留淮安府城外相家湾屋业列后：

一德和典店屋壹所，原系五房公买竖造典屋。

一德和典后门对面住屋两进，原系五房公买，其屋后进系启虞己买。

一德和典前街店面叁所，原系五房公买。汪仪六每年租银二拾四两，程柱臣每年租银二拾四两。

一程永昌当德和典大门外右手门面店屋壹所，当本银贰百两。今取去银，升亦在内，系积珂收。

一淮安城内仓巷口屋壹所，原系五房公买。今系积珂独卖了。

以上淮安所有各业契墨，俱系师旦收执（以下是田产）。

——《陈氏惇裕堂五大房阄书》，《徽州千年契约文书·清民国编》第6册，花山文艺出版社1992年版。

1326.（清乾隆二十八年十一月二十九日，总管内务府奏）为请旨事。臣等钦奉谕旨，命将四阿哥出府一切用度事宜，交臣等照依六阿哥之例，画一办理。臣等查得从前六阿哥出府时，荷蒙圣恩，赏给过原本利银四万六千余两，当铺一座。又赏银一万两，交还慎靖郡王原借宗人府正红旗等处欠项。今因六阿哥用度不敷，经臣等奏请，复赏给现有本利银二万四千余两，当铺一座，每月拨给官房租银三百两，以资费用，等因具奏，俱蒙恩允在案。臣等查现在履懿亲王府内，每年所得房租、地租、当铺利银共四千九百余两。每年府内祭祀，并履懿亲王福金女子等公费、分例、饮食、茶水、煤炭，以及年节影堂、佛堂香供，上坟羊只、桌张、纸锞，喂养马骡草豆等项，一年计用银一万一千八百余两。若四阿哥出府后，阿哥福金饮食茶水等项，再福晋女子等公费、分例、煤炭，并阿哥出外盘费、觅顾车辆，阿哥福晋女子等添补衣服等项，尚需银七千八百余两，合计每年用项必需，共约得银一万九千六百余两。除将阿哥每年所得俸银五千两，俸米除用值银二千余两，并每年所进房地租银、当铺利银四千九百余两应用外，仍不敷银七千八百余两。合无仰恳圣恩，亦请照六阿哥之例，于内务府现有当铺视其成本在二万余两者，赏给二座，再于官房租银内每月拨给三百两，以资用度。一切量其所出，毫无妄费。

——《内务府奏销档》，转引自《北京师范大学学报》1978年第6期《红楼梦历史背景资料之三——清代前期的高利贷和典当业》。

1327. 在徽州地区，从乾隆、嘉庆至道光的四十家地主分家文书中，就有二十六家财产项目兼有田地和店业，也就是说有65%，差不多三分之二的地主之家地权与商业资本结合在一起。至少有十三家载明是由经商发家，或以部分商业利润添置田产的，据章有义撮述，其中与典当有关者如：《乾隆三十六年徽州王姓阄书》，其事约在康雍乾时代，在康熙前期（十七世纪后期），其祖在江西南半经商，“业日隆起”，“历年广置田宅，开创德元、日升两典”。四十六年，奉曾祖挈（携）家归里，承欢暮年，敬宗睦族，修建宗祠书院。雍正十三年以后衰落，仍有田产180亩以上。

——章有义《明清徽州土地关系研究·明清徽州地权分配状况的蠡测·商人资本向地权的转化》，中国社会科学出版社1984年版。

1328. 嘉庆四年二月十九日，合费荫、付森奏：奉旨查抄福长安家产……当铺三座，计房一百七十八间，原价本银七千两，钱十四万五千五百吊。

——《宫中杂件》，转引自《北京师范大学学报》1978年第6期《红楼梦历史背景资料之三——清代前期的高利贷和典当业》。

1329.（清咸丰—同治）大哥原存一款，自应遵请姑母经理为最妥协。惟数千金生息，计除陈州于家典铺似属可靠外，此零星散放，却非善法。似又不如兼置田产，即留为并归他日祭田之地步，或尚可恃……惟张营约是若干，新桥南庄约各若干项，弟以前不太留神……（编者按：项城袁氏指袁甲三、袁世凯家）

——《袁氏家书》卷四《项城袁氏家集本》，转引自李文治《中国近代农业史资料》第一辑，生活·读书·新知三联书店1957年版。

1330.（清末）刘氏自刘镛字贯经，以丝商起家后，除在本乡购置土地外，并经营盐业及当业。张氏自竹斋为丝商起家，亦兼营盐当二业。其余以丝起家者，邢氏为赓星，邱氏为仙槎，皆转营当业……刘、张、邢、邱诸氏，或购引作盐商，或为当商，或二者兼营，其投资形式与众不同。为盐商者，所销为淮盐或浙盐，开典当者分店遍布江浙二省各市镇，最远且及于湖北之汉口、湖南之长沙，其资本之雄厚可想而知。

——《吴兴农村经济》，转引自彭泽益《中国近代手工业史料》第十二章《浙江的缫丝业和丝织业》，中华书局1962年版。

1331.（光绪元年腊月廿六日）如开设典当所以便民，而定例官当月利皆有限数，商人请帖开当必曰官当，犹之钱店之招牌必曰官钱，然其实利息不照官当定例，犹之官钱招牌而搀和小钱也。贫民无行号交易通融，设有匮乏，不当不能，而入门先看朝奉面孔。遇有破损衣物尤欲质一钱而不得，至于柜上抛出、当面笑骂各种揶揄，迨至允当而后，值十者不过得五。假令如限不赎，则物不能归故主矣。有珍重之物者，原不过一时匮空暂救急需转瞬即赎，若夫愈贱愈小之物，往往至于不能赎，故有当而贫民愈苦也。盖人至身无半文，其知出入者犹能忍耐受苦，而稍事节省，即今日以思后日。若稍不更事，恃有典铺之通融，则且过今日以待后日往赎，止此不知艰难之一念，而其后遂至空无所有，岂非典当害之耶？然当商收押物放重利而犹曰折本，何也？此其中亦有故焉。盖别项生意遇有抛盘趸货之时，犹之赌博，然可以一掷千金，亦可以一获巨万。当铺则有定章，从前以三年为满期，近来一年或十四月、十六月不等，本钱既去，押物难变。至于满卖则加利年余，又加年余之开销，则从前十千之货以五千收进，加此二千余已昂至七千余，而出货不过八折，比之别项生意其利有几何哉？故贫民日困，而当商亦不多获利也。人言置房产，其利一分半；置田亩，其息四厘；今当物抛本必十数月，而七千余文始易八千，较之房产固不必论，即较之田亩亦相去无几。然则有开典资者，何不变计而置房产田亩耶？夫房产有烽烟之虑，然典铺遭灾，值十当五者本不能归，尚有赔偿二分半之例也。田亩有荒歉之岁，然虽有饥馑必有丰年，犹愈于十数月而获利少许也。故典铺不能便贫民而转以累贫民，不能益富人而转以耗富人也。莫若各省府州县各设官当，而商人请帖者概行除去，若质押小店尤为例所必禁。正当即不开设，此辈安能以重利盘剥乎？在贫民于有钱之时常念无时之苦，不作剜肉补疮之想，宁自节省以防后患，则虽无当可入而亦未必日有冻饿人也。况乎士农工商各有恒业，食贫居贱分所当然，苟不作非分之想，则劳心劳力亦足以仰事俯蓄而无待于当也。近已岁毕，大小典肆其门如市。

——《申报》第1250号《论开当》。

1332. 光绪二十年十一月二十九日，奉上谕：有人奏已革总兵卫汝贵，起自盛军营兵，巧善逢迎，不数年而流淮军十七营，兵多缺额，饷入私囊，拥资数十万，悉由克扣盘削而来，清江浦一处即开设典当四座。比即事败，电致亲属将当业倒填月日，改易商名。是其为利孳孳已可概见……其五河县之允泰，邳州之允祥，睢宁县之允仁、允隆、泗州之允升五典均系卫汝贵所开，据沈守谦、谢元福、王立清等分别督同地方官严密调查帐簿，逐细盘查，允泰典：实存架本并现钱三万八千串零，典屋一所，市房二所；允祥典：实存架本并现钱四万八千串零，典屋一所；允隆典：实存架本并现钱五万二千串零，典屋一所，市房一所；允升典：实存架本货物并现存借出银钱约值十万串，典屋市房各一所，通共约计钱二十八万余串，房屋十所。又宿迁县，开有同升、永升二典，卫汝贵前曾入股伙贸，嗣于光绪十四年、十九年，先后拆出，将股本抽回，归并周家谦等独贸……至卫汝光原籍合肥县……查明抄获房屋一所，及米谷器具等件，并调核租簿，有租一千二百余石，田七十八石。并无银钱、衣饰及田产契据……（此典铺（页188）田产情形也。须清理之事有以下数端……各典存有官私各款必须确切核对，实有证据者，方能提还，不准稍涉冒滥；允升典前曾分设允隆衣庄，出有钱票，凡当取及民间交易率皆用之。该衣庄被火后，除已收回处，散在民间票钱计尚有九千六百六十串。一闻允升抄没，凡执有是票者，无不疑惧，纷纷求取，不得不准其赎当，取钱悉数收回以顺舆情，而免滋事；各典现虽招顶，同前固海防未靖，多存观望，而乡民所当衣履农器，皆穷黎御寒力耕之具……自应限期听赎，酌留店伙以司其事，并派人稽查，严禁出入隐匿之弊。

——《张文襄公奏稿》卷二十三《查抄卫汝贵家产折》，《续修四库全书》第510册，上海古籍出版社2002年版。

1333. 若问他（左连城）财有多大，列位尊座听我明。大粮民田有千顷，骡马成群拴满棚。开的当铺无其数，收买杂粮记不清。又加三座珠宝店，六十四座绸缎铺。还有三座人参店，八只海船在广东。

——《刘公案》第一回《因逼粮怒斩进士文举，见县官代替百姓封粮》，《中国古代珍稀本小说续》贰拾，春风文艺出版社1997年版。

二、典当业与各阶层人们的生活

1334. 朝回日日典春衣，每日江头尽醉归。酒债寻常行处有，人生七十古来稀。穿花蛱蝶深深见，点水蜻蜓款款飞。传语风光共流转，暂时相赏莫相违。

——（唐）《全唐诗》卷二二五杜甫《曲江二首》，中华书局1960年版。

1335.（唐，周愿性诙谐）一日，馔亲宾，愿亦预焉。李公有故人子弟来投，落拓不事。李公遍问旧时别墅及家童有技者、图书有名者，悉云卖却……复问曰："有一本虞永兴手写《尚书》，此犹在否?"其人惭惧，不敢言卖。云："暂将典钱。"愿忽言曰："《尚书》大屯。"李公忘却先拒其谈谐之事，遂问曰："尚书何屯?"愿曰："已遭尧典、舜典，又被此儿郎典。"李公兴怒之意大开，自此更不拒周。

——（唐）赵璘《因话录》卷四《谐戏附》，文渊阁《四库全书》第1035册，（台北）商务印书馆1983年版。

1336. 唐江西观察使韦丹，年近四十，举五经未得。尝乘蹇驴，至洛阳中桥，见渔者得一鼋，长数尺，置于桥上，呼呻余喘，须臾将死。群萃观者，皆欲买而烹之。丹独悯然，问其直几何？渔曰：得二千则鬻之。是时天正寒，韦衫袄裤无可当者，乃以所乘劣驴易之。既获，遂放于水中。徒行而去。

——（宋）李昉《太平广记》卷一一八《韦丹》，中华书局1961年版。

1337.（唐）汧国夫人李娃，长安之娼女也。节行瑰奇，有足称者，故监察御史白行简为撰述。天宝中，有常州刺史荥阳公者……有一子，始弱冠矣，隽朗有词藻（在京识李娃，遂相爱慕，耗尽钱财）……生不知其计，大喜，乃质衣于肆，以备牢醴……（后用计遗生于空宅中）（出《异闻集》）

——（宋）李昉《太平广记》卷四八四《李娃传》，中华书局1961年版。

1338.（北宋大中祥符六年三月丁未）诏京城徼巡宜参用马步军士。时巡卒三人，因寒食假质军装赌博，既不胜，遂谋以五鼓未尽，伺击陌上行人。弃尸河流，取衣物贸易，以赎所质。上曰："太宗朝巡警兼马步卒，盖营校不同，可以互相觉举。"遂复其制焉。

——（宋）李焘《续资治通鉴长编》卷八十，中华书局1992年版。

1339.（北宋）三年京国鬓如丝，又见新枝发故枝。日典春衣非为酒，家贫食粥已多时。

——（宋）秦观《淮海集笺注》卷十《春日偶题呈钱尚书》，上海古籍出版社1994年版。

1340.（北宋）渐飞大片纷如靴，更扑惊风乱似麻。为谢妻孥衣但典，莫愁米贵酒难赊。

——（宋）刘挚《忠肃梦》卷二十《雪中次韵王巩廷平四绝句》，文渊阁《四库全书》第1099册，（台北）商务印书馆1983年版。

1341.（北宋）余建中辛巳，始归赵氏。时先君作礼部侍郎，丞相作吏部侍郎，侯年二十一，在太学作学生。赵、李族寒，素贫俭，每朔望谒告出，质衣取半千钱，步入相国寺，市碑文果实归，相对展玩咀嚼，自谓葛天氏之民也。

——（宋）李清照《金石录》卷末《后序》，文渊阁《四库全书》第681册，（台北）商务印书馆1983年版。

1342.（南宋）尝有一名公，初任县尉，有举人投书索米，戏为诗答之曰：五贯五百九十俸，虚钱请作足钱用。妻儿尚未厌糟糠，僮仆岂免遭饥冻？赎典赎解不曾休，吃酒吃肉何曾梦？为报江南痴秀才，更来谒索觅其瓮。熙宁中，例增选人俸钱，不复有五贯九百俸者。此实养廉隅之本也。

——（宋）彭乘《墨客挥犀》卷一，文渊阁《四库全书》第1037册，（台北）商务印书馆1983年版。

1343.（南宋）至于贫者，亦解质借兑，带妻挟子，竟日嬉游，不醉不归。此邦风俗，从古而然，至今亦不改也。

——（宋）吴自牧《梦粱录》卷一《八日祠山圣诞》，（台北）文海出版社1981年版。

1344.（南宋）淳熙间，木工周宝以小商贩易安丰场……（来杭）又骤贫，郁郁绕西湖而行。过赤山，见军人取质衣于肆，为缗钱十余，所欠者六钱。而肆主必欲得之，相诟骂。宝为之解纷，视箧中才余五钱，为代偿。而主者又必欲得一钱，宝亦大恨怒。

——（宋）佚名《鬼董》卷五《知不足离丛书》，《丛书集成新编》第83册，（台北）新文丰出版公司1985年版。

1345.（南宋，王邦义之妻欧阳氏，世居庐陵之林平）年十八，归修职郎王邦义……至鬻簪珥典衣服资其子，使从四方名士游。次子峤，年十七荐名礼部。

——（宋）杨万里《诚斋集》卷一二六《夫人欧阳氏墓志铭》，文渊阁《四库全书》第1161册，（台北）商务印书馆1983年版。

1346.（南宋）儿时行乐几时愁，老去情怀懒出游。市上人家重时节，典钗卖钏买灯球。

——（宋）杨万里《诚斋集》卷十二《郡中上元灯减旧例三之二而又迎送使客》之四，文渊阁《四库全书》第1160册，（台北）商务印书馆1983年版。

1347.（南宋）公晚岁居贫，而好客，客至辄饬家人趣治具，无则典衣继之。须尽，乃白。夫人敬以承命，未尝以匮告。

——（宋）刘宰《漫塘集》卷三十四《故公安范大夫及夫人张氏行述》，文渊阁《四库全书》第1170册，（台北）商务印书馆1983年版。

1348.（南宋）贾似道当国时，一日退居湖山，有一蜀僧徘徊于其侧。问之曰：汝为何僧？对曰：某诗僧也。贾适见湖中有渔翁，遂命咏之。僧请韵，贾以天字为韵。僧应口曰：篮里无鱼欠酒钱，酒家门外系渔船，几回欲脱蓑衣当，又恐明朝是雨天。

贾大器之。

——（明）叶子奇《草木子》卷四上，中华书局1959年版。

1349.（文仪，嘉定乙亥，宝祐丙辰卒于京）“……（课天祥兄弟读书严而勤）虽贫，浩然自怡，有未见书，则质衣以市。”

——（宋）文天祥《文天祥全集》卷十一《先君子革斋先生事实》，中国书店1985年版。

1350.（元）皇庆二年五月……唐兀卫百户即力嵬尼，克落军人口粮，令史田泽状首。本官将所带银牌，分付质当银锭。

——《元典章·礼部二·牌面》，中央广播电视大学出版社1998年版。

1351.（明）伯虎一日，与诸友人浪游。大醉，时酒兴未阑，遍索杖头无有也，乃悉典诸友人衣以佐酒资，与诸友豪饮，竞夕忘归。乘醉涂抹山水数幅，明晨得钱若干，尽赎诸典衣而返，其旷达若此。

——（明）《唐伯虎先生外编》卷三《唐伯虎遗事》，《续修四库全书》第1334册，上海古籍出版社2002年版。

1352.（清）迨三十二而举于乡，三十六而试春官，叨第，遂登仕版，开府江浙，今官少宰。吾腹便便，吾貌丰伟……乃母九十而乏甘旨之供，吾年六十余而婚嫁尚频贷，甚难。嗜酒不赊，春衣时典。知我者笑我疏略，不知我者谓我欺饰而矫诬。

——（清）赵士麟《读书堂采衣全集》卷二十《杂著·仿送穷文》，《四库全书存目丛书》集部第240册，齐鲁书社1997年版。

1353.（康熙时的朱彝尊，年二十即以诗、古文知名于江左）四方知名士往来于禾者，辄造梅里。孺人治酒肴必丰，虽夜分区画，立办。宾客过者谈燕极欢，或淹留旬日方去，花钿无多，尽付质库。昼夜纺绩以赎，客至复质，如是以为常。

——（清）朱彝尊《曝书亭集》卷八十《亡妻冯孺人行述》，《四部丛刊》集部第142函，第十八册，上海商务印书馆1922年版。

1354.（清）昔广东邝舍人湛若有嗜古之癖，其生平所聚，琴剑炉钵之属，充栋接架者，皆希世之珍也。然贫甚时，或绝粮，即以所有付之质库。及不时有余资，又复赎之而归，如此者不一而足，湛若皆为文以记之，世所传《前当票序》《后当票序》者是也……雍正癸丑，献艺于仪曹之贾，货不中度，南辕已有日矣。俄而因他事留滞不果，长安米贵，居大不易，于是不能不出其书质之。

——（清）全祖望《鲒埼亭集》外编卷十七《春明行箧当书记》，《四部丛刊》集部第153函，第二十一册，上海商务印书馆1922年版。

1355.（清）许旦复《除夕杂咏·饯岁》：度日艰难望岁终，朝朝累我泣途穷。质衣炊米范丹（舟）济，乞米人谁仁祖同。华烛他家饶乐事，寒毡有客忧愁衷。何如速去无相溷，化□从此换一通。

——（清）周庆元《南浔志》卷三十三《风俗·十二月》，《续修四库全书》第717册，上海古籍出版社2002年版。

1356.（乾嘉时）宋荀谷寓居城南，无人事于外。值秋试，技痒莫遏。而典质已尽，假贷无所得，惟藏一海螺图，灵奇诡变，自谓传家宝。割爱售去，得银十两。挟赴省门，归后意甚得。届报期，粮瓮殚竭。会友馈百合，遂煎代粥糜，终日只啖百合汤数瓯耳。

——（清）诸晦香《明斋小识》卷三《海螺图》，《笔记小说大观丛刊》第21篇，（台北）新兴书局1978年版。

1357.（清）海昌马生，家贫甚。年二十余，孑然一身。时值大比，应试无资斧……僧出元宝一枚，曰："仓猝无碎银，君持此至典铺质钱，迟日取偿可耳。"生大感激，携宝赴典，得十金，而质券藏之行箧，恐致失落。返之于僧，至寺时已暝，见僧负手立于门外，遂以券交之。次早将赴试，忽典伙跄踉至，诘生宝所自来，曰："昨质钱时，明明是宝，今视之乃冥器耳。"僧言为寺僧所贷。因同往踪迹，并无此僧。至森罗殿，见泥塑无常鬼，颈间悬纸镪二挂。左挂缺其一，质券系焉。伙召生曰："鬼神假手于人以助君，孰敢相较?"即于神前焚其券，誓不责偿。是科生领乡荐，不逾月而卒。盖其命中应登秋榜，故助以考资。而白日遇无常，宜其不禄矣。

——（清）陆长春《香饮楼宾谈》卷一《无常鬼助考费》，《笔记小说大观丛刊》第2编第10册，（台北）新兴书局1978年版。

1358.（清）翰林院地望清切，而每有空乏之虞……近某太史作口号云：先裁车马后裁人，裁到师门二两银。（师门三节两生日，例馈贺仪银二两）惟有两餐裁不得，一回典当一伤神。艰窘之状，情见乎辞矣。

——（清）陆以湉《冷庐杂识》卷二《典当》，中华书局1984年版。

1359.（清）吾乡所称，本以太平县王姓为最传。相传其先有一诸生，言信行果，而家极贫，教读邻村。岁暮撤馆归，辄将所衣之蓝衫质之典铺以资度岁，新春必赎回披以上馆，岁以为常。一年持蓝衫往质，店伙嫌其敝，不纳。生具道春间必赎，年例如此，试查故簿自知。店伙仍斥之，生叹曰："我若开典铺，有可以济人急者，虽死尸亦必受当……"乃开小典铺于前所质铺之对门，开张日，仍披蓝衫祀神。闻店前喧争声，出视之，有人裹一死孩来当，店伙呵詈。其人争曰："汝家主人曾亲口许当。"心知为某铺所为，乃云语："实有之，欲当几何?"答云："一两。"如数给之。店伙无不怒且笑者。生持入于园中，掘坎埋之，坎底灿灿皆白金也。因以致富，甲于通省，远近悉称为太平王。

——（清）梁慕辰《北东园笔录》初编，卷三，《笔记小说大观丛刊》第1编第8册，（台北）新兴书局1978年版。

1360.（同治光绪间）辛酉之秋，里中疫大作，吾家病者三人，予亦继病。家本贫，至是而甚，不能具一餐。病之中，予妻以粥一瓯进……食既，微有汗，寻不药而愈。妻兄自篁溪来……为之具一馔，虽不半而称是。吾甚讶之。既而视其瓶，则储粟以斗计矣，爨下之积薪亦厝厝矣。吾始诘其所来，则曰："自子未病时，兼日而食者屡矣。及子之病，而乃罄无所有也。索负者望于门，又谁可贷者？计惟有当耳。虽然，自吾为尔家妇，靡岁不病，亦靡岁不当，力不能赎。今所遣者，非常御之服，即其甚弊不值钱者也。吾谋诸姑，得葛衣四，棉衣四，裹以巾而嘱邻子使质焉……而质库中又以当者环集，不能猝投。盖由辰至午，而始以钱来也，以钱来而始有此粟与薪也……此辛酉八月，病中作也。阅月而大乱作……不得已而贷富家票钱五千，核之官板制钱仅三千。盖票钱犹纸钞，以钞易钱减十之三四。以时为赢缩，名曰贴水……

全鲒埼《春明当书记》，谓当字不见于《六经》，案《左传》哀公元年，以王子姑复当之。注言：求吴王之子以交质。交质者，当也。是当字见于左氏，受业蔡云章跋。

——（清）陆廷黻《镇亭山房文集》卷八《后当票序》，清刊本，上海古籍出版社2010年版。

1361.（清）石埭苏某，性浮诞，读书不成，质产得数百金，赴都谋充供事，冀一小官……

贷银谋职二事：海宁查某，年四十余，困于场屋，贫甚。祷于关圣祠，谶诗有南贩珍珠北贩盐之句，遂拟之都。遍贷亲友，得二十金，以十金付夫人作家用，以十金作川资……入都，寓骡马市某店。年余，典质渐尽。店主见翁醇谨，延教其子。

京师幻人甚多……余尝观一戏法者，于壁上笔画一门，随意问坐客索一玩物，或一衣。启门纳入，少间，门内出一质票，并钱若干。持往质库取之，则原物俱存，丝毫不误，亦奇也。

——（清）张培仁《妙香室丛话》卷四，《笔记小说大观丛刊》第27编第9册，（台北）新兴书局1978年版。

1362.（清）《雨村诗话》中，有翰林改部《京官叹》四首，今录于此，恐非过来人不能道也，传为杭州韩太史所作，词云：儿曾见伞扇旗锣红黑帽，叫名官，从来不坐轿，只一辆破车儿代腿胞，剩个跟班夹垫驮包。傍天明将驴套，再休题游翰苑三载清标。只落得进衙门一声短道，大人的聪明洞照，相公的度量容包，小司官登答周旋敢挫挠，从今哪复容高傲？少不得讲稿时点头摇脑，登堂时垂手哈腰。待公事了，拜客去西头路须先到，借债去东头路须亲造。亟归家栅闭沟开沿路绕，淡饭儿刚一饱，布衣儿刚一觉，怎当得有个人儿细把家常道？道则道，非絮叨，你清俸无多用度饶。衙门里租银绝早，家人的工食嫌少。这一只破锅儿待火烧，那一只破箩儿等米淘，哪管他小儿索食傍门号，怎当得哑巴牲口无草料？思量着明朝，几家分子典当没分毫。此韩君所云京官之苦况也。

至外任之难，则更有甚者。通州仲进士，需次粤东，有羊城候补曲水令云：省垣需次最无聊，况南蛮荒疆海峤。十年寒士苦，万里故乡遥。抖擞青袍，叹头衔七品县官小，此恨难消。乍出京来甜似枣，这才知道，一身到此系如匏。三分西债利难饶，零星小帐门前讨。心暗焦，常常把跎子虚空跳。乔牌儿你因官热闹，俺为官烦恼。

——（清）张培仁《妙香室丛话》卷二《京官叹》，《笔记小说大观丛刊》第27编第9册，（台北）新兴书局1979年版。

1363.（清）宁河某甲有典衣癖，每日检已衣服及妻孥辈衣饰、婢珥妪簪，敛为一箧，悉付质库。所质钱置床上，十缗为埒，如黄标、紫标故事。而一月子钱计若干，预于灯下盈贯，付床头，凌晨赎归，朝饔后复质焉。自奉极俭，家仅中人产，青鞋布袜，意趣恬如。惟一日不典衣，即疾首攒眉，如负重恙。质券到眼，则如服对症药，通体畅然，笑容可掬矣。岁以钱十余千，雇一奚奴，往来踝躞质库中，四十年如一日。有腴田数顷，坐是化为乌有。卒之日，无以敛，子孙竟无立锥云。

——（清）《蜨阶外史》卷三《某甲》，《笔记小说大观丛刊》第2编第2册，（台北）新兴书局1978年版。

1364.（清末）典肆之设，所以裕国课而济民生，至于文则不尽然。文之地滨海，地瘠民贫，力田多而逐末少，所赖以适用者惟典肆而已。百年以前，文、荣尚属一县，其时典肆不下二百，凡乡里小有之家，有闲舍二区、识字一人，则于其家开设小当，赀本二、三、四、五百千不等，未有及仟钱者。至城市大当，始以仟计，亦不过二三千而止。请帖之费四两，缴者半之，岁纳税银五两，贫衣一两件。衙署毫无需索，隶役绝不登门。三分行息，冬腊正三月减息一分。人情质朴，乡民无绮罗之衣、裙钗之饰。春初开市，先将男女改岁布衣质钱，以治田器。天道日燠，布被棉袄拆洗洁净，败装敝囊，及穷裤袜履之未着者，俱可质钱。无不可当之物，惟无丝衣，首饰间有之，值亦不昂。麦秋将至，商无余钱，民无遗衣。麦一登场，司簿人扃户归田，遇婚丧等事，持票来取，始一启户，余则常扃而已。至秋后，万宝告成，农计一岁赢余，悉易钱以待二分。二分期至，旬日赎取过半，复以田器易之。所以必需二室者，一藏衣服，一贮田器，故农器亦无风雨之伤。及岁逼近，其不能赎者，浼一中保，借出一用。灯节以后，原物送还，利息补上，名曰倒号。有急难事，借亦如之。通计国税几及千金，利民如左右手。利国便民，莫此为甚也。乾隆三四十年间，海运通利商贾，越海贸易，获息既多，乃于各市开设大当，本各四、五、六千钱不等。意在兼并小当，扬言以二分易三分。乡民狃于其便，且总计二分，亦无大异于三分，莫为所动。又复勾通吏役，关说县令，贪冒者受贿，出示严禁三分，详上谓当商情愿减息。自三分利改，当赎皆无定期。乡间小当，终年不得闭门，钱不足用，一概停止，所余不过七八十座而已。故虽以市易乡，制仍未改，犹未大为民困也。至嘉庆六年，文邑大饥，贵州翟令翔仪岁暮莅任，无可征比，每当捐银二十五两，大小一例，岁以为常。众悍其威，各交纳如数，巨履小履同价矣。至来年春，无赎亦不能当，黄县富商，赍银十万两，在邑东关开设大当三座，本各三万有奇，专取绮罗之衣、雕镂之器，世族家藏一概搜出，败裘破被多不见收。农人荷田器至，予以薄值，置诸天井上，润溽暑即腐其半，两伏不赎，化为朽木。借当一概无有，而农始病矣。三年限满，赎者不及其半，而世族亦病。士子应试，各有衣数袭，其当不能赎者，无以应试，多逝辽教读，客死他乡，及流落异域者不乏，寒士亦病，文风亦因而不振矣。翟令去后，当商咸思减捐，而衙署已有成规，莫之能易。且银价日昂，二三千之当一概停止，所存不过四五十座而已。邑中大当无可搜罗，仅留其一，以其二移之乡间大市。凡渠所到之处，小当不能与抗。且官捐春初全纳，小当迟至麦后，始拮据半赀，亲赍赴署，欲效上下忙之例，阍人拒之，谓人皆春初全纳，汝至此时仅纳其半，何故？婉言辨之曰：“彼资本皆三两万，吾等不过数千，焉能与比？”叱之曰：“谁不教汝三两万？其速携以去。”不得已怀归，隶役踵至，言与阍同。当商既不获息，复被叱辱，又停止过半，所余不过二十余座而已。令以停止过多，恐干吏议，乃昂其缴帖之费，非百金不纳。贫商焉措百金，甘输税银五两，有停止十数年，尚纳空税。至道光六年，江苏徐令钤莅任，按籍捐派，半属空虚，减价严追当帖，始皆缴销。小当又乘机停止数座，所余遂不及二十焉。邻邑闻知，间有至乡市开设典肆，本皆不下万千，黄县又于各市遍设大当。今虽有当三十余座，而旧规全改，凡破被敝袄值钱少而占地多者一概不收，贫人借人细衣质钱，不及其值之半，一不能赎，偿价三倍，遂大困矣。甲午以后，文邑荐饥，十余年间，所存小当，冀收夙债，困守穷庐。有质物者，答以无钱，亦莫与较。大当见人情平善，各减当资，至海滨贩粮，其利倍蓰。获息既多，恐招物议，乃运粮于室，以市价作当本，又扬言室中实不能容，创为套粮之法：用粗粮二三斗，计值不过七八百，放去则作千文，照例行息，必用略有家资者作保，麦熟收麦，豆熟收豆，视市价损值一分。于是利徒起而攘之，不须中保，每粮一套，质地一亩。及期不偿，略有仁心者仅持典券索租，为富不仁者，逼索绝卖文契。贫民终岁勤劬，不知麦菽之味，悬鹑百结，败灶无烟，田归富人，家徒四壁。虽渔利尽属市侩，而作俑实始富商，其困遂不堪言矣。典肆原以利民，何独至于文则利弊适均？良以沃土瘠土情形各殊，比而同之，迂地弗良矣。伏望当路君子，以此情形告之上宪，将文邑小当亦与西府一例，三分利息，冬腊正三月减息一分，各予告示一纸悬之室中，以作凭信。再谕县令，凡有捐派，各照资本，千千者捐制钱五千，万千者五十千，照本递加，勿拘二十五两成数。数十年后，小当渐复，国税日增，民困日释，文风亦庶几日振矣。

——光绪《文登县志》卷三下《邑人林培玠记典肆始末》，《中国地方志集成·山东府县志辑54》，凤凰出版社2004年版。

1365.（清光绪四年二月初五日）做官惟有教官穷，早把衣裳典当空，注册十年才选缺，领凭还要使青铜。

——《申报》1798号《通家生李嘉端序》。

1366.（清光绪六年腊月廿八日）然而南北两市中之典押各铺，则无不获利。盖典当之利名虽二分，而满期各有长短，故得利较厚。不知该业之所以获利者，以当者之多故也。夫人苟可以敷衍，孰肯以衣物归诸质库，以代该铺生利，必有不得已之用然后为此。而近来人贫世富，凡事奢华，不顾所入之多寡，而惟习大场面，以致囊空衣尽、质票盈箱。而犹不知返朴还醇，甚至一年所入不足供典当之息，故当典之利愈厚，世道之忧愈深，正不得为典押诸店幸，而实当为典押诸人悲也。

——《申报》2784号《庚辰年本埠市面总论》。

1367.（清光绪八年七月十八日）至于城内各行业清淡异常，惟典当生意甚好，求质者几立无隙地。有一当因资本不足，甚至典押房产以应付，计押得洋三千元，而四日立尽，其情可想见矣。嗟乎，何各处灾歉之多耶?

——《申报》3352号《温州荒象》。

1368.（光绪九年十二月十五日）清江公济当铺，本系官商公设。自减息以来，出入之间大为计较，十仅当一，质物者愈觉艰难。且该处只此一家，故拥挤异常，每有失物伤人等事。论者谓绅商富户，当不乏人，何不再设一家，以救贫民之困哉?

——《益闻录》324号，转引自李文治《中国近代农业史资料》第925页，生活·读书·新知三联书店1957年版。

1369.（光绪十七年十月廿四日）泽国中有崇明一县，周围仅八百里耳，平时赋税所入，仅供在地官项之用。今届荒歉实甚，又经阴雨连绵，益形木饥可叹。近又米价大涨，每石增至四五百文，贫民当此收成时候，反多典衣质裤，典铺中殊觉应接不暇，该民之苦为何如。

——《益闻录》1120号《崇明荒象》。

第十一章　近代中国典当业的衰落

1370.（清末）境内各镇质库，嘉庆间见于旧志者犹三十余铺，今且不满二十，销于丰？销于俭？莫得而名之矣。

——《滦州志》卷八《封域中·风俗》，成文出版社 1969 年版。

1371.（清末，捻军一部）皖城既陷，遐林自狱中逃归，自谓时事多艰，官如木偶，起意揭竿啸聚，先寻报复。旬日之间，有众万人，焚烧驿号，抢劫质库，附近村庄，掳掠殆尽。

——（清）方浚师《蕉轩随录》卷二《书周文忠公遗事》，中华书局 1995 年版。

1372.（清光绪四年三月十六日）传闻上月底三更时，句容城内某当铺突来强盗数十名，明火执械，用大块石将门打开，一拥而入。旋将前后出路守住，不准一人擅动，肆意搜括，计劫抢金银首饰并银洋等约值三千余金，余如衣物等丝毫未动。收拾即毕，群盗乃在橱屋内将残肴剩饭饱餐而去。幸典中自管事者以及学徒上下数十人均未受伤，盗即遁始赴县报案。县令暨城守各弁旋即诣典内履勘，一面传知各城，次早匆遽开城，派役在城内挨户搜查，毫无影响，料必越城而逃。次日午初城门始启，旋又签差构线分途缉获，并在邻境县示赏格，一体访拿，务在必获。但刻已旬日，仍未缉获一名，恐盗踪远扬则愈难获案矣。

——《申报》1833 号《盗劫典当》。

1373.（清光绪五年正月廿四日）然如日来所闻镇海李家典铺一案，则诚异矣。盖大溪头设有典铺，亦离城之一大村落也，烟火万家，市廛森列。其地之有巡防宜也，顾巡防无多，兵丁不过装点模洋、虚张声势而已。五更之鼓、天明之炮、岸上之柝、水中之栅，岂足以威群盗阻来路哉？设明火执仗数十百人以至，亦惟有听之抢而去也。以是谓地方疏于防范，其情尚可原也，若夫放火助威乘机抢物，刀械软梯火药之筒遗失于路。事后拾得证据，则此一案较之寻常盗劫情迹尤重。即不能防护于先，宜如何紧缉于后，而乃报案之后，必令事主改为自己失火抢火失物，始而邑令此意，继而府尊亦此意，然则事主其奈之何哉……且例有明条，典当自失火者，烧毁之物酌量赔偿。今该铺虽大半抢去，而即自认失火，亦当议赔。李家虽富，横被此难，不惟不能追回原赃，而且事已之后尚须酌赔，几成冤乎不冤。

——《申报》2087 号《论镇海盗案》。

1374.（清）光绪十一年，又奏准湖北自军兴以后，各当铺荡然无存。

——《皇朝续文献通考》卷四十七《征榷考十九·杂征》，《续修四库全书》第816册，上海古籍出版社2002年版。

1375.（清光绪十六年正月十九日）或疑典当上以裕国，下以便民，当此银根紧迫、世道艰难，彼取之内府、藏之外府者，数当倍蓰，奚难获利？孰知典当于往年冬月当者赎者络绎如织，去冬则赎无可赎，当不敢当，岁除前一夜漏未二鼓即闭关绝客，不似平时扰攘通宵，获利之难又可概见。

——《申报》6033号《市面凋弊》。

1376.（光绪十七年九月廿六日）宣化南地镇当铺，于某夜来盗伙百余人，均系南直口音，施放洋枪，光刀雪亮，将典中物掳掠一空，邻店无敢出，敌至鸡鸣始去。该典主赴抚民府署禀报，当即饬差缉捕。又复大张告示，严查南来行旅，洵稽查匪徒之要务也。

——《益闻录》1112号《抢典报案》。

1377.（清庚子之变后）二十四日，大街小巷各按洋人分界插满白旗。莠民土棍，皆倡言无处换钱，籴粜粮米，纠约匪徒肆行抢掠，钱铺、烟铺、粮店、米铺、当铺、布铺、绸铺、估衣等铺，城内城外均被抢夺一空。

二十七日，合京城当铺二百余家，钱铺三百余家，俱被匪徒勾结洋人，抢劫无遗。紫禁城内各宫殿，尽是洋兵分国占据。

——（清）仲芳氏《庚子纪事·洋兵进京逐日见闻记略》，藏图书馆藏本，中华书局1978年版。

1378.（清末庚子之变后）上年兵燹后，京城内外及大、宛地面税当二百零二座，多被抢夺，其未被抢及被抢未尽者，只余十座。

——刘建民先生藏《步军统领衙门、顺天府、五城御史会奏折》。

1379.（清光绪二十七年）具禀为赔累异常、碍难遵办、恳恩矜全以苏商困事。窃顺属频年饥馑，加以兵荒，乡间民不聊生。去岁自春以来，无论贫富，当者到处接踵而来。直至七月间，各当铺以钱地两尽，无力支应，始一律止当，满望秋冬回赎。讵于八月保定府遭乱，时局尤艰，贫者糊口不遑，不能回赎。富者复虑被抢，不敢回赎，以致各当铺有出无入，万分拮据。开除之多，倍于往昔，得利之少，亦减于往昔。终年统计生意，虽云架满而入不敷出，各家尽皆亏本，方惧今春无法应当。不意去冬十一月，蒙札谕提缴龙冈书院生息成本，本无力措交，因赔洋款，需用孔急，商等安敢邈视，致误大局？不得已俱向外一分五厘揭借抵还。此项业已开报东家，复蒙札谕，将前交之项变还为借，以七厘行息。原本提如未提，仍照旧行息等因。商等食毛践土，苟可勉强遵办，断不肯推诿。无如商等处极困之时，何堪此一本而两负重利？就令抵价七厘，尚在二分三厘之多，是以公共商议，实在无法再与东家开报，不得不将商等苦情，沥陈禀渎，伏恳老公祖大人俯察商艰，垂怜格外，仍照前谕从缓，另筹款项弥补，则此举原为嘉惠士林起见，凡有血气，莫不钦感，未为不可，何忍独令商等向隅？倘蒙俞允，则商等感沐鸿恩，不啻再造矣。

光绪二十七年正月初八日。

——刘建民先生藏《当商禀文》。

1380.（清末）嗣值庚子之变，京津两处各当典被抢者不一而足。商与族人朋合之业，资本为之一空。以典商而论，原入资本大钱八万有奇，并借外生息共有十四五万之谱。而数年以来，上架不多，开除不少，外号所借之款，有经数年而不能归还者。以账目计算，不为不足，而综核实数，亏空已愈大半，是以原入资本，虽实若虚，每逢上架之期，现钱缺乏，周转甚难。况广宗经兵荒以后，时事孔艰，地面生意俱形滞塞，而商典赔累尤为特甚。

——刘建民先生藏《当商禀文》。

1381.（清光绪卅三年十月初八日）初三夜，署院信怀帅接新市镇绅商学界电禀，谓近有大帮枭匪拦入本镇，围抢阳太典当，开枪乱击伤毙居民。德清县闻警，督率兵差往捕，半途被截逃回，复派哨官带兵往拿，该匪等竟敢放枪对敌，轰毙兵丁数名，环请迅派兵队或饬两府会剿等语。闻浙抚当于连夜电饬湖州府及湖防张管带，迅速会同驰往巡缉围捕，勒限十日以内务将该匪一律拿获重办云（远）。按此事已略志初五日本报专电。

——《申报》12499 号《湖属枭匪劫当情形湖州》。

1382.（清宣统二年五月廿四日）鄂垣典当共有八处，近因年荒物贵，民生日蹙，持物质当者多，赎取者少，以致各典资本全流于外，不能收回；而市面银根又异常吃紧，各典周转欠灵，日昨遂有晋丰、保康二典止当候赎，一面赴首县署呈报歇业。首县李大令以典当与贫民关系甚巨，值兹米贵人心不靖，小民持物无处质押应急，必生意外之变，亟应设法维持。爰会同总商会禀准鄂督，拨银二万两发交该两典生息，作为官本以资接济，刻该两典已领款照常交易矣。

——《申报》13431 号《鄂垣当商困难之一斑武昌》。

1383.（清宣统三年八月十三日）又闻湖州安邑下昂镇地方，自邻近之洛舍、菁山二处发现打抢绅富，遂受影响。本月初三日起，四乡到处鸣锣，联络左近共二十三庄乡民，于初五日到镇。连队到镇，典当被围，有先锋中三仇哨长之师船同被捣毁，军装劫失，掳去兵丁三人。下午一句钟，报知吴护守，飞请刘统领亲往查办。延至夜间一句钟时，始率师船会同吴护守于黎明到镇查勘灾。民万余人划船三百余只，受伤之灾民闻尚无多，死者一人，当经吴护守验，明令地保棺殓。劝令郑绅伯荫每日抚恤死者之母钱八十文，并由吴护守当场给抚恤洋七十元，为棺葬之资。大帮乡民当即解散，店铺照常开市，该典当幸赖防兵围护得力，尚未遭劫，惟当门毁损而已。然灾民以打当不果，遂迁怒防营，以致先锋营飞划营师船共被用石击伤五艘，被拔之兵士三人业已押回矣。

——《申报》13885 号《浙属饥民纷纷暴动》。

1384.（清宣统三年八月廿八日）各典当亦因此搁浅。凡当钱至数两以上者，即被却不当。连日人心惶惶，大有不可终日之势。日昨商会总理尤先甲理吴理，夥同典业董事潘祖谦，均起抚辕谒见程中丞，面陈市面危急情形，可否商请拨借官款维持市面。中丞已允许由藩库借给现洋四十万元，发各典当具领应用；并拨借现洋十万元，给裕宁分局以资流通，均由商会担保。一面已札由苏藩司巡警道出示晓谕，各项钞票一律通用，勿得阻碍。并为电商督院拨款接济，以资维持。昨日各典铺中，有长春巷某典铺，午后二时即行闭门止当。苏府何太实暨三县深恐贫民慌乱，将滋事端，亲到商会会同典业董事商议维持办法，转饬各典照常开市。如有闭门停市摇惑人心者，应即指名查报，回明上宪究办。至银楼饰铺争向兑买赤金者接踵而至，二十四五两日由六十换飞涨至六十四换，有中市著名某药铺之店主一日间收买金条五百余两，各银楼底货空缺，难以应付。现在限制买客五两以外概不兑付云。

——《申报》13900 号《鄂垣革军之影响种种》。

1385.（清宣统三年十月十四日）典商进退维谷，杭垣民军散勇滋扰典当业已多次，众商不得已禀请暂停，致酿纠众围轰伤毙无辜情事。虞标统先后拿获多起，送交军政府，概被保释。致十二日上午，竟有纠集大队百余人或二百人，围攻江干及候潮门内过军桥各典，甚至善兴典之大石槛轰成三段，每家各被索去洋三四百元不等。某典见机俟若辈拥入时，即称伙友逃散，质物一概奉璧。另备小洋二百角，求诸君曲谅赏收云云。众兵默然，当场匀分而散。下午二时，某典伙驰赴标营告急，并闻该营管带亲自拿获一名，亦被司令部释出。虞君顿足大怒，立刻召集全营管带队排官，群往都督府辞职。四点钟全体典商继至，由参谋官金某出晤，言近日军饷不继，应请贵业筹助二十万金，本部当极力保护等语，致众商愤激，同一禀求军政府，一律发封停当待赎。俾得汇缴官项而已。另有某某等数，拟请某国领事担保临时兵险，暂支危局云。

——《申报》13946 号《新杭州种种》。

1386.（清宣统三年十月廿日）本月十二夜，该邑东乡重固镇忽到枪船七艘，约有匪党五十余人，明火执仗，先抢典当。幸该典早已防备，将铁箱一只满藏小石片以给盗党，各匪竟竭尽膂力，先将铁箱抬去。后再搜索衣饰等物，约计所失已有二万八千金之谱。

——《申报》13944 号《青浦甚不安靖》。

1387.（清宣统三年腊月初六日）巡防军之罪状，成都于十八夜巡防兵变时，南门外有某当铺老陕（成都当业皆秦人经营），见有叛兵数十来铺抢劫，因即避于门外。俟该叛兵等入内后，即用洋油登屋放火，将该叛兵等全数烧毙，无一得免者。事后拨出尸身二三十具，远近闻之莫不称快。有大股叛兵得赃后连夜逃赴简州，又将简州城内之商号当铺抢劫，幸经该邑乡团极力抵御，民间损失尚少……自遭变后，民间经济无不困难，富者一变而为贫苦，小康者一变而为极贫，虽有衣履无处典质，金融机关不能复活，典当全行倒闭，市面如此恐终有不了之势也。

——《申报》13987号《川省兵燹记》。

1388.（清宣统三年腊月十三日）苏城各典当，近来每有形似军人恃强硬当情事，虽经军政厅出示禁约派兵弹压，而此风迄未稍戢。日前娄门外同昌典突来营兵十八人，各以破旧衣服硬当去每名洋六元。该店见人众势凶，不敢与较。昨日闾邱坊巷洪盛典又来营勇两人，以破巾硬当洋元，并且拔刀恫喝。旁观围聚不平，即经报知军政厅派员弹压，该两人始扬长而去。各典因之咸有戒心，每日迟开早闭以避危险，商业遂因此愈形衰落矣。

——《申报》13993号《苏垣军警现状》。

1389.（民国元年二月十二日）商店居户之被劫者，自阊门越城至山塘南豪渡僧桥上下两塘大街，均挨户抢掠，银洋货物掳毁一空。马路口晋丰典当先撞大门不开，乃从隔壁煤炭店内攻入，将饰房包房各物搬取无遗，后又灌浇洋油付之一炬。闻该当架本计有二十万之谱，今已具禀呈报。此外各店损失，一时尚未开报。

——《申报》14045号《要闻一·苏州兵变警耗二》。

1390.（民国元年三月初六日）杭垣粥厂业于三月杪截止，而平粜亦开办无期，日谋升斗之徒不能不恃典当为尾闾。各典当为维持贫民生计起见，不能不勉力支持，每日黎明限开二小时，当本限定五百文。不料近数日中，当户异常拥挤，二小时有多至一千数百号者。取赎之户虽百计，招徕百无一二，致成本愈绌，万难支持。二十日上午十时，群集总商会，沥陈困惫不济情状，要求呈报歇业者，几乎全体一致。嗣经各议董一再磋商，佥谓商市岌岌，多数穷民赖此一线生机，设再杜绝其生路，则地方立见糜烂，决拟将商情危迫内容呈明官厅，要求拨借官款以拯民命，不知能邀准许否也。

——《申报》14068号《杭垣当商之呼吁》。

1391.（民国初年）具报告书：同福典经理人汪钺，窃以开设典铺，贫民转移，因之是赖。今觊水灾浩大，市面孔慌，尤甚曩昔，典质者几与山荫道上，应接不暇，小典为谋公益起见，勉力支持。自武汉起义，各省响应，频闻金融机关，为之闭塞，而典质者仍倍于前，赎取者寥寥无几，来往既不流通，敷出复增百倍，资如山积，难保终倾。小典惶恐异常，极思止当，无如欠岁贫民，一经实行禁止，或恐人心思乱，窒碍治安，万分无法，只得量力交易，籍纾民困，勉于维持。自我大汉光复，文明日益发达，商务振兴，翘首可待。讵意本月十九、二十、二十一、二十二等日，小典每日拥挤多人，有着制服悬徽章似兵士者，有行为猖狂似本埠之流氓地棍者，均以破败衣服，勒索重价，小典同人，告以厉害得失，婉言开导，非但置若罔闻，益发凶横无状，窥其用心，势将抢夺。小典此即饬伙报告宪兵司令部、巡缉队、二街民团，幸蒙均已派兵弹压，其势稍平，而勒索情形，依然如故，小典恐滋事端，勉力如愿以偿。于二十三日，又复拥集数百人，其凶横状态，较前四日尤为可畏，并禁止乡市人等来赎者，复蒙总司令部、宪兵司令部、巡缉队、二街民团队长兵士等，剀切排解，小典又只得如愿照当。先后计五日，共计付出当本龙洋二千一百八十五元七角正。小典有限资本，受此亏折，野蛮手段，已达极点，如事则法律何在，公理何在？况市面维艰，财政窘困，如此勒索重价，日复一日，小典焉有现款支持？再禁止乡市人等赎当，小典进款绝无，势必朝不保夕，不闭自闭。惟此种种情形，小典若照常交易，彼等相习成风，依然勒索，则小典乃何现款济急，思维再四，事关不了，只得于本月二十四日，先行暂闭，以避其锋，情迫不已，据实申明。

——安徽师范大学图书馆藏《典业杂志·同福典因兵士强当报告司令部书》。

1392.（民国初年）自从五月风潮大作，先是皂市竹根滩、周家矶等处退伍军队接连土匪折墙入典，竟将首饰、现元、台票、现银、纸洋、零星什物相继毒抢。一至六月，自九江唱首，江西、南京、芜湖、镇江、江苏、杭州、湖南等省，挨次独立，其目讨袁伐北总司令黄兴。嗣后江洋兵变，沿及襄河、里河一带，几乎扰遍。所到之处，竖旗出示，保商安民，就是勒苛钱钞，说一不二，四六拾万、拾来八万、万数八千不等。忽于前数日传言，该等蚁然招集四路进发，来取荆州，以致人心惶恐，生意停滞，纸洋台票市价跌落，惟铜元稍稳不跌者，因其本是缺乏，故此不能跌落。至于风潮愈传愈紧，荆沙所扎北兵只有壹千五百名之多，无奈只得分数开往防堵各口岸。不意廿八日俨然四路明来人数不少，甚是凶猛，当时出城折吊桥，正在乱际，镇守使所召满兵曾在全义、合盛，因鼓当不遂，行凶进去，将该两家钱房一抢而空，幸而未动别处……日前王总司与弟坐谈，南省被抢当铺等行，层见叠出，民不聊生，甚属可虑，饬弟寄信详达。处此乱世，不得不虞望阁下维持范防内藏沉重字迹，饬物（勿）外结绅士团体，无非尽其人事，听其天命，否则起团，或者警察添人，咱典年终多费百数十吊，只得如此耳。

次云建阳驿河运等典，已被匪徒抢去台票、铜元等不计其数，至于我典前者送沙之台票，但彼时因行市不佳，故未售出，必待稍涨，祈我号酌办。不期有此一惊，我号风闻惶恐，竟将典所存之票，概行以五钱四八出卖矣。且云及恐其因小失大，脱祸求财等语。近者李脚沙返，亦尚道及台票有五钱五六之行市。由此观之，时势恍恍惚惚，令人皆无主裁耳。总之我典时运所致，每事必有打，刻今既如此出售，亦只好忍气吞声，吃此巨亏，岂能挽回乎？

——刘建民先生藏《民国商人信》。

1393.（民国初年）新市被匪徒蹂躏一节，想早在洞鉴，勿陈细陈。然亦通市大受惶恐，商民逃躲者十之六七。幸小记蒙天默佑，人事平安，皆仰诸东君福庇。而众伙大受惊骇，不堪言其状耳。但现在时世，皆在锦腹，其别行生意，皆可任意而为，惟当业一行，困难危险不言可知。若此景象，弟恐难负其责任，务望东君大为栽培是要。昨已与沙东致信，只看列君来信如何裁处，再为报命可耳。本拟早为致函奉慰，无奈自风潮发生后，赎取颇涌，每日除出，净进钱八九百串，旬日之内，陡下架本万串之数，以致迟口于兹，祈原谅为感。笔下实存架本五万五千五百串，得票利二千八百七十串之数。

——刘建民先生藏《当商信稿》。

1394. 两镇典业在商业极盛时，相传有十三家之多，洪杨前犹有七典，本镇严氏、曹氏、沈氏均有当铺，至今存者有一心当、和泰当、元泰当等典，自遭清咸丰庚申之乱，悉数被毁。光绪间有惇泰典，在北栅；丰泰典，在西栅；葆昌典，在东栅；宝生典，在南栅；汇源典，在中市。各典惟汇源典为本镇徐氏开设，其余均为湖州南浔近镇富商来设。惇泰典在清季停闭，民国十七年，南栅大火，宝生典被焚，即时停业。十八年，本镇遭湖匪洗劫，各典均大受损失，丰泰典因此闭歇，葆昌典勉力维持三载，至二十二年力不能支，乃宣告停业。现惟中市汇源一家，亦连年亏耗，因为本镇徐氏所设，顾全贫民起见，力为维持，但金银饰物概不受质，其期限以十八个月为满，每月息二分。在未满期限前，任何时期可以赎回，质件利息按月计算，每月有五天宽限……其满货售于衣客，每本百元，另加贯利二成、三成不等，内提一成分给各伙友，谓之亚禄……典家开支全恃取赎，多满货、少取赎谓之厚利，近来农村破产，无钱赎取，致满货囤积，兼之衣服色样变化甚速，十八个月已不合时，销路呆滞，金融变轧，不得不贬价出售。从前典商财力充足，当本均用己资，不用外款。惟地方公款挨存，未便谢绝。近来本家外强中干，故有间用庄款者。公款既为另用提去，钱庄又为时局关系，激增利率，所取质户利息，仍照旧章，不得超过二分。各伙友薪金向薄，全赖益串、亚禄两项……但工会成立，薪资陡增，照原额竟加数倍。

——民国《乌青镇志》卷二十一《工商》，民国二十五年重修（上）。

1395.（清末）按：原先城乡共典当十三座。经咸丰三年兵燹，一律歇闭。现新开泊镇德隆当一座，岁纳课银五两。

——苗毓芳《交河县志》卷二，（台北）成文出版社1968年版。

1396.（民国）完县僻处山麓，幅员狭小，交通梗塞，地瘠民贫，商业向不发达。自清末迄今，天灾人祸，相逼而来。民力既竭，商业益形不振。乾嘉之际，城关尚有当商七家，钱商五家，较大商号不下数十……庚子之乱，完县商业损失颇具，自是元气大亏，迄未恢复……资本稍厚者，率皆因亏累，前后歇业，当商钱商竟无一家存在。所存者不过小本经营，以为糊口计而已。且多息借款项，以为流动资本，年终即小有赢余，而息金实相去大半。合全县商户之资本，远不如巨埠之一中商，其凋落衰微亦甚矣。

——民国《完县新志》卷七《食货·商业》，民国二十三年铅印本，（台北）成文出版社 1968 年版。

1397.（清末）境内商业，向以典商资本较厚，于金融调剂亦有相当价值。因其营业与他商时间不同，故彼此得互相通融。官民遇有缓急，亦无坐困之苦。在官立金融机关未设之前，关系金融为至要。清末凡八处，县城、牛驼各二处，知子营（咸丰间歇业）、马庄、宫村、骆驼湾各一处。事乱后只余县城万祥、万生、马庄万增源三处。入民国后，城内万祥及马庄万增源先后歇业，城内万生当于民国二十六年停止。

——民国《固安县志》卷二《经制志·商业》，民国三十一年刊，《中国地方志集成·河北府县志辑 28》，上海书店 2006 年版。

1398.（清末）境内典铺，乾隆时凡六家。厥后增减不常，同治中增至十一家。后又减少。光绪初本城一家，界首一家，临泽二家，三垛一家。后临泽歇一家，本城增一家。共计五典，利俱二分，期二十七个月为满。宣统初，典商因衣式屡变，过期不赎，难于销售，乃禀请缩短期限，十八个月为满。

——《三续高邮州志》卷一《实业》，《中国地方志集成·江苏府县志辑 47》，江苏古籍出版社 1991 年版。

1399.（民国）典业，嘉道间十二三家，光绪间七家，每家架本十余万，利率定章二分，满期二十四个月。宣统间因铜元损折，相继歇业，仅存四家。嗣改用银元较为平稳，改革后因地方数见兵事，一律收歇。民国七年，二街开设一家，本年北门内、河南各增设一家，利息加至三分，满期十八个月，俱改典为质云。

——民国《芜湖县志》第三十五卷，江苏古籍出版社 1998 年版。

1400.（民国）当铺家数之减少，大率由于政治、经济及社会三项原因。军事战争、政局变动、税捐加重，皆为政治之原因。币制紊乱、饥旱灾荒、农村凋敝，皆为经济之原因。服式变迁、风尚转移、盗匪抢掠，皆为社会之原因。山西当业所受上述各项原因之影响，光绪以前，已不可考。光绪以后，则第一次之影响，为光绪三年，是年岁遭饥荒，死亡众多，灾后人口减少，当铺亦因之闭歇甚多。其次为戊戌政变及庚子之乱，地方不安，社会骚动，各项商业咸受损失，当铺自不能例外。再其次为辛亥革命，武昌起义全国震动，当铺被焚被劫，掳掠一空，纷纷倒闭，幸免者寥寥无几。民国以后，通行铜元，当铺元气未复，而民国八、九年制钱跌价，至十三四年间，每元换钱达八千文之多，当铺钱当钱赎，资本亏折殆尽。民国十五年后，国家多事，战争连年，北路受晋奉战祸之糜烂，南路受客军驻境之蹂躏，加以兵差频繁，摊派日增，复因社会风尚时易，服式变换靡常，营业困难万分，当铺有减无增。迨十九年南北失和，晋钞跌价，当户纷纷以跌价之晋钞赎当，仍照面额价值使用，向日当铺以足价押入之架货，至此取赎一空，悉成落价之晋钞。一元之钞，由七八角跌至四五角，乃至二三角，最后于民国二十一年仅值四五分，于是当铺饱受亏折，原有资本，仅存十之二三，无法继续营业。晋钞跌价以后，继以金融枯涩，满货滞销，当业衰颓，于此为甚。二十二年全省仅存当铺三〇六家，尚皆止当候赎，并不营业。

——陆国香《山西之质当业》，《民族杂志》1936年。

1401.（民国）北京典当业，乃旧式商店之典型，其制度之整备、组织之完密为各业冠。惟自逊清末叶迄今，典当业因内乱之蔓延及社会经济之凋弊，日趋衰落，倒闭之讯时有所闻。按光绪庚子以前，统计北京当业，共有二百一十余家，迨民国元年壬子兵变以后，则一落为一百七十余家，后又递减为一百二十余家。目下全市仅存有八十七家。典当业之衰落，几有一落千丈之势。考其衰落原因，可分为数端，兹一一述之：

一兵匪扰乱。北京在昔年为首都所在地，又为精华荟萃之所，国家遇有事故，则北京必首当其冲，例如拳匪之乱、壬子之变，北京典当同遭兵匪抢劫，罄尽无余，可谓全部消灭，甚有将房屋烧尽者。经此一劫，即无继续营业之可能。壬子以后，频年内乱，工商各业动遭损失。若以损害程度而论，实以典当业所受打击为最大也。

二币制紊乱。典当因币制所蒙受之意外损失，亦不在兵匪扰乱之下。咸丰年间，当行屡遭各种大钱钞票之损害，官号之钱票，受伤亦为最重。及私钱盛行，赎当时每不遵街市通行行市，从中取巧，因之成讼者叠出不穷。以后北京当业交易，故以银两为本位。自光绪三十年间，京师市面交易渐改用洋元，当行乃改用洋码。迨民国三四年间，中、交两行纸币价格跌落，每元跌至四五角，于是从前当物，纷持中交票取赎，因此不时发生争议，官厅亦难于处理。嗣经当业商会陈请主管官署，乃一律改用银码，以杜争端。但狡猾当商，遂利用此种抵制货币价格之法，如收当时无论当钱多少，必以银两计数，书于当票之上，再以极低银价折成银元或铜钱，付与物主。及取赎时，又以最高银价折合银元或铜元，令物主取赎。故当商对于货币复杂时，亦有利益可图也。自改元废两以后，此弊始息。民国六七年间，政府令造币厂造一种辅币，采十进位，不许折扣。典当以为此种币制或可持久，不致再亏。乃不出数年，辅币行市大变，比旧有龙洋变化更快，由十角换一元而变为十一角、十二角、十四角余换一元，北京当业亦受连带之影响。其次各地不兑现之军用票，亦予典当以重大打击。例如民国十五六年间，张宗昌统直鲁联军北上，随军发行不兑现之军用票，强令商民行使，稍加拒绝，即以军法从事。故一般投机分子，皆以低微价格收买军用票，取赎当物，其军票价格在市面仅二三折，甚至晨当夕赎，将军票价格下落之损失，均委之于典当。

三杂税。典当在昔日与盐商并视为安全有利之营业机关，光绪二十三年，户部以当商取得较厚，税额犹轻，因奏准自是年起，每年当税每家自五两增至五十两。迨民国三年，财政部以典当为人宗营业，又有厘定当税、加重征收之举，较昔加倍。余外尚负担各种捐款，如铺捐、慈善、冬防、地方借款、御匪、供应等，亦均较前增加。虽此种杂捐不限典当一业，但典当在各业中，一般视为第一等，当业所负担之数额，自较其他营业为多。

四资金枯竭。逊清时代北京各典当，皆有官款存放，以资调济。且昔时绅商富户遇有现款，亦多交与典当存贮取息，其利率不过三四厘。因典当为金融机关，而保藏各种有价物品，较钱庄、票庄为可靠，当时典当得运用低利资金，以从事业务，故获利甚丰。今则不论政府公款，或私人积蓄，均由典当而逐渐移存于银行。典当每遇资金缺乏时，势唯有向银号或银行告贷，常出息一分左右。近来因与银行竞争，吸收外界存款，出息亦多在月息一分以上，典当营利方法，惟以高贷低借为宗旨，如出重利告贷，其营利能力自然薄弱。

五满货亏损。北京典当，率以十八个月为满期。现在妇女衣服，每年改变式样，经十八个月以后之衣服式样，已违时尚，无人问津，价值锐减，及实在出售，亦难得以善价。且质料脆弱，亦不若昔日之坚固。至于金银首饰，因金银价格上下不定，典当人员又缺经济常识，自不能应付今日之环境，典当致受意外损失。例如金价上涨，当户可随时赎取，决不能使满期不赎。而金价下落，当户可听其消当。盖当物在未满期以前，典当又不能自由处分也。以前满当货物售价，大概较当本加一二成，满货数额，亦较为多，故典当能从此售货中，得相当之余利也。在民国二十二三年间，受社会不景气之影响，全国物价暴落，北京亦不能例外，故满当货物售价，常照当本打七八折不等，非仅利息不能收回，即当本亦受重大损失。迩来物价上涨，在理想中典当业必能得重利，然最近查明真象，恰又与之相反。盖以各种物价昂贵，人人所知，当户有力取赎者固不待论，其无力取赎者，将当票售于专业收买当票之商人，并可得相当价值，此利皆被收买当票之商人所吸收。典当期满，货物积压至五六月，向来值在数千元者，今值数百元而已，此点为典当业致命之打击。如不设法救济，斯业只有日趋衰落。

——《北京典当业之概况》第三章《北京典当业兴衰及现状》，中国联合准备银行 1940 年。